我想创作一个剧本，

让它矗立在舞台上，

如同天上掉下来的石头般，不 可 抹 灭。

文学的一生
Timebends: A Life
阿瑟·米勒自传

Arthur Miller

[美]阿瑟·米勒 著　蓝玲 林倍加 梁彦 译

上海译文出版社

目录

前　言

　　好的自传往往讲述小故事，但少有人物能在生活与文学之间找到平衡。阿瑟·米勒度过了美好的一生，《自传》可圈可点地记录了这一生中的前七十年。我很幸运，能够在随后的十九年与他相知相交。

　　阿瑟写了三十多个剧本，并且持续写到他去世。他在八十九岁时，还有新剧在芝加哥首演，还在为《纽约客》写短篇小说。他最后的剧本是诙谐呈现了《不合时宜的人》制作过程的讽刺剧，该剧被命名为《完成那部电影》，堪称完美的讽刺。阿瑟·米勒去世后，哈罗德·品特说："我可以肯定地说，他直到去世那天还在写作。他生而握着笔。"米勒为他的戏剧赋予了社会的、政治的和道德的内核，这些戏剧在百老汇剧院获得了成功，其中至少两部剧是无可争辩的经典，并且，在它们问世五十年之后还在世界各地的剧院不断上演，赢得喝彩。写这篇文章的时候，《推销员之死》刚刚在西区开演，好评如潮。我亲耳听一位女孩在看完纽约重排版后对她父亲说："简直像面对科罗拉多大峡谷。"

　　米勒在《阿瑟·米勒戏剧选集》的序言中写道："一个剧本，应该让普通人也觉得有意义，唯一值得为之付出努力的挑战，是最广泛的和最崇高的,即民众本身。"米勒和尤金·奥尼尔、田纳西·威廉斯一起,为美国戏剧带去了激情、严肃与诗意。

他的写作为他赢得了接连不断的荣誉:一次普利策奖,多次托尼奖和剧评人协会奖,一次奥比奖、奥利弗奖、肯尼迪终身成就奖和国家图书奖,以及来自全世界的数个荣誉博士头衔和学位。晚年的他,马不停蹄地在不同城市间穿梭领奖——可能是去东京,也可能是去巴黎或牛津。让人惊讶的是,尽管在世界范围内,他因为捍卫言论自由享有盛誉,也因为写作屡受表彰,他却被诺贝尔奖忽视。

他可能是自萧伯纳以来全球知名度最高的剧作家,并且和萧伯纳一样,兼具高尚情操与过人才华。但米勒的勇敢与自由天性所经历的考验,是萧伯纳从未有过的。他从不畏惧表达政治立场以及承受由此带来的后果,比如,1954年美国国务院拒绝发护照给他去比利时出席《萨勒姆的女巫》的演出,1956年被众议院非美活动调查委员会指控藐视国会罪,他说是因为他拒绝"说出1947年一场左翼作家会议的参与者名单"。

他有过三次婚姻。最后一次婚姻美满地持续了四十年,妻子是来自玛格南图片社的杰出摄影师英格·莫拉斯——如果你有幸和他俩共处,你会被这对伴侣的热情、机智与人道主义深深打动。2002年,当我在百老汇剧院执导《萨勒姆的女巫》(五十周年纪念版)时,英格是我们的彩排摄影师。她在去世前两周还在和我们一起工作,她机敏,满怀同情,低调,手里总是拿着小徕卡相机,偶尔举起拍照。"我学摄影的时候,我们的胶片很少,我得谨慎地拍。"她和我们在一起的最后一天,当被问起病情,她耸耸肩,避而不答,但显然,她痛得挺厉害;她最后的照片拍的是约翰·普洛克托和他妻子伊丽莎白的最后一幕,照片构图精致,但已经失焦,仿佛被泪水模糊了。那一定是我们的眼泪,因为她才不会把时间花在自怜上。正如嫁给米勒终身好友、制片人罗伯特·怀特黑德的演员佐伊·考德威尔所说:"米勒足够幸运,他一生都有非凡的女性相伴。”

当然，他最特别的，或者至少说是最引人瞩目的婚姻，是与第二任妻子玛丽莲·梦露。米勒去世时，梦露正占据着英国报纸的头条。他们发问：“阿瑟·米勒会以娶了玛丽莲·梦露的男人而被记住吗？”他们忽略了那个事实，1956年俩人结婚时，梦露作为明星固然已经在银幕上光芒四射，但在全世界的戏剧演出领域，阿瑟·米勒当时也是明亮的星，他是北极星和南十字星：他已经完成了二十世纪最棒的四部剧本。以及别忘了，和所有破碎的婚姻一样，他们的婚姻的开端，是两个将对方理想化的恋人的结合。对米勒的恶意嘲讽背后是这个问题——它始终潜伏在小报记者脑海里——全世界最性感的女人为什么要和一个剧作家约会？

正是相同的感受——混杂着色情与嫉妒——驱使众议院非美活动调查委员传讯米勒。几年前我曾经问过他这事儿。“我很清楚他们为什么要传讯我，”他说，

> 因为我和玛丽莲·梦露订婚了。不然他们才不会想到我。他们在很久之前就开始调查作家了，但从未接触过我。一旦我作为梦露可能嫁的人出名，这就成了宣传的好机会。当我前往华盛顿，准备出现在委员会面前时，我的律师收到了委员会主席的消息，他说，如果他能拥有一张和梦露的合影，就可以安排取消听证会。我觉得这事儿真是彻头彻尾地讽刺，让人窒息。

我第一次见阿瑟是在国家剧院，我做导演时执导了他的四部戏剧，但我直到排演《萨勒姆的女巫》那会儿才开始了解他。他喜欢我们的制作，也密切参与。我很享受那份喜悦与自豪，坐在他旁边，和他一起看他完成那么棒的作品，听他高兴地念叨：“这可真是好得要命。”

那会儿这剧格外出挑，因为它引起了两方面的共鸣：一方面，人们会想到塔利班，与其类似，萨勒姆的清教徒也生活在神权治理之下，有着严苛的性道德与残酷的惩罚；另一方面，一个将所有持不同意见者视为反对意见的社会，对"9·11"之后一年的美国而言并不陌生。这部剧是受1950年代众议院非美活动调查委员会所作所为的启发，却令人不适地呼应着当代社会。最近出台的《爱国者法》，放宽了很多规则以保护嫌疑人免遭不公正调查和起诉，司法部部长说，质疑或者反对该立法的民权运动人士是在为恐怖分子提供方便。"一个人要么是这个法庭的朋友，要么是这个法庭的敌人，没有中间路线，"副州长，相当于司法部部长的丹福斯在剧中这么说。

还有其他让人不安的共鸣。布什提出"邪恶轴心"，"正义"之师与撒旦军团相向而立，星条旗出现在橱窗、操场、汽车引擎盖和夹克衫的领子上，每条街道上的人都要求上帝保佑美国，其坚定程度一如清真寺里的毛拉。你会觉得，和美国的基督教原教旨主义浓郁气息一样，真正的信仰是美国本身。"这是关键的时刻，珍贵的时刻，"丹福斯说，"我们不再生活在迷蒙的下午，邪恶与善良混为一谈，世人不辨是非。现在，靠着上帝的恩典，灿烂的太阳升起，不惧阳光的人必定会赞美它。"所有看了这部剧的人都说它"恰逢其时"。他们的意思是这部剧打败了时间。

米勒在他的剧本里，总是把过去作为理解未来的方法，他反复书写的主题是大屠杀和大萧条，私人生活和公共生活中的背叛，愧疚和纯真的失去：该隐在灵魂的旷野中徘徊。大萧条给了他情感教育：家族生意被毁，家庭陷入贫困。有一次，我和他散步时聊到这个，当时我们走在布鲁克林大桥桥柱的阴影下，俯瞰东河。他说："美国，意味着一个又一个承诺，大萧条本质上是一个破碎的承诺。我觉得总体而言美国人都生活在悬崖边缘，等待另一只靴子掉下来。我不在乎他们是谁。或许这是这个国家活力的一部分。他们永远在对抗即将发生的灾难。"然后他停顿了一会儿，望向大桥，"这些是我们的大教堂，"他说。

"我觉得那些才是，"我说，指向河对岸的商业区，以及世贸中心的双塔（当时还是 1999 年）。

"哦当然，'美国的事情就是做生意'，卡尔文·柯立芝说过。他是我记忆中的第一个总统。"然后他盯着建筑。"我住这里的时候那里什么都没有。一个都没。在这些窗户后面总会有人在计算数字，点钱。"他苦涩地笑了笑，"以及吸可卡因，我猜。"

阿瑟是一个棒极了的朋友，了不起，处着愉快，会讲故事。我有一次问他《推销员之死》在费城首演之夜的情形。他肯定已经跟人讲过无数次这个故事了，但他还是重复了一遍，讲讲停停，好像在寻找遗忘的细节，如同第一次讲一般：

> 演出结束了，现场悄无声息，我记得我和卡赞一起在后面，什么都没有发生。人们也没有起身。然后一两个人站起来，拿起大衣。有些人又坐下。很嘈杂。然后有人开始鼓掌，剧院沸反盈天，人们继续鼓掌，天知道鼓掌了多久……我记得有位老人被扶上过道，原来是伯纳德·金贝尔，他的公司是美国最大的连锁百货之一，当时他是真挤不出去，别人帮了他才走到过道。结果他被这部剧打动了，第二天，他下令，在他的百货公司——我不确定他在全美有八家还是十家店——不许任何人因为超龄而被解雇！

讲着这个，米勒笑了，笑声沙哑低沉，他摇摇头，好像这事儿就发生在上周。

他是一个极富魅力的男人：个儿高，威风，肩膀宽，下巴周正，还有一双最漂亮的手，大，有力，却也温柔的手——木匠的手。他坦坦荡荡，从没小家子气，尽管他在写作中热衷于揭露美国公司的恶行和政客的贪婪，但他是个兴兴头头的乐观主义者。随着年龄增长，他越来越重要，但也越来越随和，比以往任何时候都松弛。《推销员之死》首演结束的晚上，我们坐在后台的时候，他苦涩地叹道："我八十六岁了，还在开新戏。"英格的离世给他带来很大打击，但当他出现在舞台上，观众给他和他的戏毫无保留的赞美，他仿佛又年轻了二十岁。他说："至少这出戏还活着。"

当我发现我对阿瑟·米勒及其作品的赞誉，通常不会得到那些自认为是美国戏剧界灵魂人物的群体认同，这让我惊讶，简直堪称震惊。几年前，我在《纽约时报》读到过一组讨论，三位剧评人探讨英国剧院和美国戏剧的不同：

> 甲：阿瑟·米勒在那里很受欢迎。
> 乙：那是因为《推销员之死》，哎呀。他对美国的文化和政治如此偏激。英国人喜欢这种。
> 甲：可《推销员之死》在伦敦首演时反响并不大。
> 丙：还有一个原因是他的诚意。

阿瑟·米勒在英国仍然受到推崇，那是因为我们有好习惯，我们把他的剧本看作是同时代的作品，并且懂得，它们能够和今天的我们对话，并不是因为它们的"严肃性"，而是因为它们是严肃的——它们有关紧要，它们有让戏剧变得重要的野心。

这种野心并非凭空出现：写《推销员之死》的时候，米勒看了田纳西·威廉斯的《欲望号街车》，这为他打开了"一扇不一样的门，这扇门并不是关于故事、人物或者走向，而是关于词语及其解放，关于写作者写作时的快乐，写作过程中释放的能量，这比剧本的感染力更打动我。它成为了一个桥梁……通往赤裸裸的文字游戏的欢愉……而我们早已背弃了这个传统"。

受威廉斯的启发，米勒在《推销员之死》中创造了一种新的口头语，新的戏剧表达——即便观众更熟悉奥尼尔《送冰的人来了》中希基那样的推销员，这个角色更有典型性。米勒为威利·洛曼提供了一套词汇以及句法，混杂着日常生活中的陈词滥调与自欺欺人的鸡汤——"美国到处都是漂亮的城镇和挺拔的人"，移民寓言——"怎么这样，男孩们，我十七岁的时候走入丛林，在二十一岁走了出来"，带着"我"的成功口号，"被人喜欢，你就永远不会匮乏"。这些是被威利一再重复的成功学，它们和米勒的生动想象——"男孩们，森林在着火呢"——与丰沛修辞融为一体。

他带着毫不掩饰的热情，使用这些饱满又富有激情的语言，这对莎士比亚熏陶过的英国演员和观众来说可谓充满吸引力。1950 年，那段时间英国戏剧界多是做作的诗性戏剧——T. S. 艾略特和克里斯托弗·弗莱的剧作——但在米勒的戏里有真正的诗意，准确地说，是现实的诗意：关于生活在布鲁克林街头或者马萨诸塞农场的劳动阶级生活的戏剧，他们在体面的边缘挣扎，与美国梦和美国梦魇共鸣，既充满激情又充满绝望。

在英国，阿瑟·米勒的作品就像远方一场让人无法忽视的森林大火——那火焰，在很大程度上激发了约翰·奥斯本、哈罗德·品特、阿诺德·韦斯克这些英国作家；以及之后的爱德华·邦德，大卫·斯托里，以及特雷弗·格里菲斯；再往后还有大卫·埃德加，迈克·李，大卫·黑尔。米勒和田纳西·威廉斯一起点燃了英国戏剧，并且证明了，这是值得为之付出的艺术形式，值得敞开怀抱认真对待。这些作家在米勒身上找到了本能的力量，即那些超越理性与不够理性的感知，以及直面大主题的野心。

阿瑟独具特色地用"问题"（issues）这个词来形容他的主题——倾向坚持捍卫道德感——而他最关心的"问题"是美国对自身的历史缺乏认知，以及与过去、现在、未来之间连接的脆弱。他说："在美国，不管是谁写美国，都喜欢挖苦美国梦。其他地方的人们对美国梦的接受程度要高得多，生活的真相与人们的自命不凡往往相左。"尽管他知道如何在作品中表达主题，但他是一个剧作家，他也知道通往糟糕剧本的捷径是写带有过多大主题的东西。

他的剧本展示了人——通常是男人——掌控自己生活的艰难和可能，"那种时刻，在我看来，是一个男人不再和其他男人一样，那种在漫天繁星中，他找了属于自己的星星的瞬间"。他的英雄——推销员、码头工人、警察、农民——在维护他们的独特性、他们的自我、他们的"名字"的时刻，这些人都在寻找某种程度的救赎。他们挽回了自己的尊严，甚至不惜自杀。威利·洛曼大声喊道："我不是廉价货，我是威利·洛曼……！"埃迪·卡蓬在《桥头眺望》中，被性的负罪感和公开的耻辱击垮，怒吼道："我想要我的名字！"约翰·普洛克托在《萨勒姆的女巫》中，拒绝诬陷同胞，宣称："没有名字我要怎么活？我已经交出了我的灵魂，把名字给我留下！"米勒最能体现他的美国性的，莫过于对个体掌握自己生活的正当性和必要性的主张——除此之外，还有如何调和个体和社会关系的问题。简而言之，你如何过好你的一生。

但他既不是一位政治作家，也不是一位道德家；他仅仅是一位现实主义者，他关心影响了人们生活的各种现实，而不是现实肤浅的表象。他在剧本中诘问我们是否该为彼此负责：我们是社会动物吗？米勒在谈到《都是我的儿子》中的主人公时说："乔·凯勒的麻烦，不在于他无法分辨是非，而在于他的思维模式无法体认他作为个体与他的世界、他的宇宙或者他的社会有真切的联系。他与社会不是契约关系，而是其中的一员，也就是说……"如果说他的写作中有布道者的影子，那么他想传递的信息就是：如果存在社会这个东西，那么艺术应该被用来改变社会。虽然很难说艺术能拯救生命、为饥饿的人填饱肚子或者改变选票方向，但《推销员之死》比任何作品都接近作为社会疗愈物的艺术。

"他也有夸张的时候，但总体而言他讲真话，"哈克贝里·芬这么评价他的创作者马克·吐温。这话也可以用在阿瑟·米勒身上，这也是为什么说这不是一个巧合，我对阿瑟写作的热情几乎和我感受到马克·吐温的天才同步。因此也不奇怪阿瑟·米勒对马克·吐温的评价完全可以用来评价他自己：

> 尽管他有着极少作家才拥有的严肃品质，他最终成功避免了自视甚高的自恋，在他的头脑中，在他的写作中，他首先是个普通人。

阿瑟去世前不久，我收到一封来自纽约我和他共同朋友的电子邮件，那位朋友刚去医院探望他回来。阿瑟才接受完治疗，还不能说话。邮件里写道："我周日见到阿瑟时告诉他，我上周在伦敦和你一起吃饭，阿瑟回复了一个有爱的笑容。"我在邮件里回复朋友，我准备在周末给阿瑟打电话，等他在康涅狄格安顿好。我在那个周五下午听到了他的死讯。回家后我在桌上看到一张写给自己的便签条："给阿瑟打电话。"

理查德·艾尔

2005 年 5 月

（苏菲　译）

引　言

　　大约十年前，我不过才七十岁的时候，就接到过好几份传记作家的建议书，引起我对死亡的思考；想到不得不没完没了地对着某个人讲述自己的过去，这个前景也同样令人沮丧。看得出来，要阻止这些作者绝不是一件容易事，尤其是我的虚荣心一旦被他们的关注引诱出来后。不过，起码还有一种办法可以拖延他们直至我离开人世，那就是，发动一场先发制人的进攻。就这样，我的自传诞生了。

　　开始时，我以为二百多页就足以涵盖我那些或许值得一提的经历。可是，我很快就开始享受这种和自己聊天的状态，自传也不断地变长；而且我渐渐意识到，这么做的背后起码还有这样一个动机：想和年轻人分享我的过去。对于美国人来讲，"过去"不是他们自己人生的前奏，而是可以丢弃的东西，就像市中心的老房子要为即将修建的新超市让位，或者像老人，抑或像圣诞节的包装纸一样，这种情形早已被无数次地注意到了（如今，恐怕在其他一些国家里，尤其是在过去的影响仍然很强大的地方，过去对于年轻人来说同样也是和他们毫无关系的无聊事情了）。的确，就说我的父亲吧，他八十多岁时我母亲去世，之后他曾经在老人公寓里住了一段时间。一天下午我去看他，问他觉得这个地方怎么样，他回答说："这里的老人太多了。"事实上，我也正有同感，所以很容易理解他这个颇具荒诞性的观察。尽管他自己已经年迈，可是他仍然喜欢周围都是年轻人，带着他们年轻人对于未来的计划，乐观的期待，紧张不安的躁动，以及他们漂亮的女朋友。

在英国、欧洲和拉丁美洲，这部自传是我的作品中得到评论最多，最受关注的作品之一。然而在我自己的国家里，它却遭到几个批评家的强烈否定，甚至遭到两三个人的痛恨，忽略不提就更是常事儿了。对此我只能想到两个原因。头一个原因是，对于任何一个曾经被马克思主义和苏联社会主义文明那一度显得更为优越的前景吸引的人，一些美国评论家始终抱有长期的敌意；更重要的是，此人事后还不肯躺倒在地，为他的错误痛哭流涕地认罪忏悔。第二个原因是，关于玛丽莲·梦露的性感，这本书竟然缺乏直截了当的研究；似乎关于一个人，如果没有了一个他的或她的性倾向的完整记录，就不可能还有什么值得让人知道的事情可谈了；做过的事却不肯谈论，真是一点意思都没有，更不用说一点也算不上诚实了。对于没有能做到这两点，我想不出该如何抱歉，但是，就像我自己也曾希望此书可以达到所有人的合理期待一样，谁也不可能样样都得到。

这本书当然也不是书写历史的尝试，即使我的确试图坚持我对二十世纪里那几个关键年代的个人认识，并将事后聪明降低到最小程度，因为这些事后的聪明只能给我的渐进过程蒙上雾水，把它们假设成别人的认识。

通常，很多人都会谈论大萧条对我这一代人的巨大影响，而事实上，这只是我所认识的人在当时极为关注的一个主要事件。我敢肯定，从1929年的经济崩溃，到我们迈进四十年代，工业商业开始崛起，即第二次世界大战发生的那十个年头里，这也是整个国家忧虑的焦点。但是，对于整个知识分子群体，尤其是激进的年轻人来说，还有另一个同样黑暗、同样具有威胁的阴影，笼罩在我们的头上，那就是西班牙内战，这场战争几乎持续了四年，直到法西斯主义在 1939 年获胜。

如果说我无法证实希特勒的脑子里在想什么，我却能够回顾我当时生活在怎样的一种氛围当中：英国、法国甚至美国，都拒绝向合法的西班牙共和国政府出售武器，以反击军队对政府的反叛，这种情形似乎在证明，西方各国的政府是不打算反抗希特勒和墨索里尼在整个欧洲扩大其法西斯统治的了。为了孤立西班牙共和国，面对德国日益猖獗的反犹主义，以及它对文化和人权的肆意侵犯，西方各国政府还一致同意了那个不干涉政策，加上希特勒正在派遣的德国空军部队，还有墨索里尼对佛朗哥的军事武装，所有这些使安妮·默罗·林德伯格 * 的评论听起来更加具有令人恐惧的可能性："法西斯主义是未来的潮流。"过去这一百年不是容易做出预言的世纪，但是，在左派所有的预言当中，关于西班牙是另一场欧洲战争之预演这一项，却留下了深刻的印记。的确，就在佛朗哥占领了马德里不久，富兰克林·罗斯福便对他的内务部部长哈罗尔德·伊克斯悄悄耳语说："西班牙是我所犯过的最大错误。"因为伊克斯曾经一直向他呼吁应该帮助西班牙共和国，却始终没能奏效。这是根据伊克斯本人的自传。

当然，未来是无法预言的。但是，我们当时面对未来所感到的无能为力，同第二次世界大战前的情形还不完全一样。即使是平安的生活，对一些人来说还包括理性本身，都随着 1929 年的股票市场一起土崩瓦解了，可我仍然相信，关于进步的理想还在继续前进（对于大多数美国人来说，1938 年世界博览会的口号"进步的百年"，绝对不是吹嘘之词）。对于激进派和保守派都一样，问题并不是美国能不能继续

---

* 作家安妮·默罗·林德伯格是首位驾机飞越大西洋的飞行员查尔斯·林德伯格的妻子。欧洲法西斯主义盛行时，林德伯格夫妇是著名的亲纳粹分子。

增加财富，或者失业者是否还会重新回去工作，而是在什么时候，用什么方式。欧洲可能是一条已经在港口抛了锚的生锈船只，远航的日子早已成为过去；而我们的情形虽然糟糕，可我们并没有进港，而且正在前往某个美好去处的路途之上。

现在的情形当然已经完全不同了。绝望早已成为一种名副其实的必要风格，美国的未来则早已失落在它的过去里。右派大军以"基督教"的名义组织起来，对他们认为是精英的、世俗的和开明的政府深表痛恨；左派则挣扎在对政府的一种说不清的不信任当中，因为政府似乎注定要被大企业腐蚀。这两个互相敌对的阵营，使任何一种在有组织的社会里共同生存的可能性成为问题。任何人在过去都无法想象，社会的生存甚至合法性，竟在如此大的程度上，如此沉重地取决于善意的信任本身。从三十年代激进左翼运动中的宗派之争以来，主流政治的对话还从来没有被如此激烈的仇恨和如此偏执的怀疑支配过；而这一次，处于主导地位的右翼激进派自称是保守人士，而开明人士说起话来则试图尽可能地像保守派。

判断一个医生的能力，看的是他对病程的预知能力；判断一位律师的智慧，看的是他考量各种可能性时的预见能力；可是，对于政客和政治家，我们有什么合适的标准尺寸来衡量吗？记忆缺失似乎是现有的最好办法了。

若想随着时下的任何教条而摇摆，就需要忘记，不论是左派、右派，还是中间派，无论谁说自己掌握了智慧的钥匙，其实都没能正确地预言；只有极少数的例外，例如在过去的半个世纪里，起码还有一个最为重要的事件，那毫无疑问就是苏联的崩溃和解体。从政治上讲，这是颗从外星际飞来的彗星，一头撞到了地球上，可是它的种种含义却被各方面故意的漫不经心压在了干冰里面。因此，这个灾难性失败的含义，似乎并没有引起任何人的困扰不安。所有的政治学系、大企业的权威人士，以及记者和编辑们，都应该被挂出去晾晾干了。相反的是，迎接这个迹象的，却是一个被拉得长长的虚无；而这似乎只能证实，我们对各种社会政治生活的了解，大约仍在查理大帝之下。我们真正应该超越的观念是，那些被我们称之为洞见与智慧的，不过是又一个没人肯承认的意识形态的伪装而已，在这种心态下，定罪在先，而事实却姗姗滞后，假如事实真的还能来的话。作为意识形态的塑造者，知识分子群体在二十世纪的最后这些年里，得到了 A+ 的高分，然而，作为自相矛盾的现实的观察家，知识分子群体有史以来还从来没有这么丢人现眼过——因为他们从来也没有意味着如此大的权威。剩下的不过是承认自己的傲慢自大，也许接下去，我们可以开始以很不适应的谦卑方式，驱散眼下折磨我们的谴责感，在北大西洋的迷雾中，茫然地就地转圈打转。但是，出现这种情形的危险并不大。

在个人的层面上，假如我可以重新开始的话（还是死了这个念头吧！），我觉得我可以写出讲述同样年代、内容却迥然不同的另外一部自传。因为我在写这部自传时，不得不留出许多理性的空间，而且还要在活动记录中，保持一种条理。

我原本还想多写写那些虽然不甚重大，但绝非毫无意义的事件，例如我在青少年时代对体育的热烈追求，尤其是在布鲁克林 M 大道和格雷夫山德大道之间的空地上踢足球的情景。那是三十年代初，秋天清爽的空气刺激着我们，把那块四周由人行道做边界的空地当作所谓的"球场"，不戴头盔也不戴护肩，彼此都全力以赴地冲向对方那令人害怕的肘部，以及硬邦邦的膝盖，四处散落着酒瓶子的碎片，那是过路的酒鬼随手扔下的（还有在街道上同瘦瘦高高的爱泼斯坦双胞胎兄弟一起玩非正式的触身式橄榄球，他俩比我大七八岁，整个儿是一对古怪的爱开玩笑的人。我记得他们似乎高中还没毕业，就急急忙忙去了好莱坞。不过他们后来在好莱坞，终于写出了那个算得上倒数第二名的《卡萨布兰卡》）。还有在大洋公园路滑冰场上的各种表演。要想在那个地方向女孩子炫耀一番，你得花上沉甸甸的一枚二十五分硬币，这是好不容易才赚到的，然后，为了不白花这笔钱，在溜冰场上一直待到关门，尽管临到关门时，已经快饿得半死了。至于书——有那么几本——当然很重要；虽然当时痴迷体育，可我还是在动脑筋，试图解开格特鲁德·斯泰因那篇《一朵玫瑰是一朵玫瑰》的谜。书是科尔盖特大学一个体重达两百磅的橄榄球防守队员送给我的，他那时迫切地盼望能创作诗歌。不过，对于男孩子来说，毫无疑问，世界上最重要的事情是体育比赛，以及关于体育比赛的争论。

海明威的某些文字固然会令人心向往之，不过，除此之外，一个神奇的长击，一次底线得分的接球，这类记忆都会长时间地留存在记忆当中。为了支持我们的投手惠逊，就必须克服被那个岩石般坚硬的球打中头部的恐惧，而这对一个人的自信心影响可是不小；还有，当没有接到那个长击，或者当惠逊的球就从你的脸颊擦边而过时，你竟敢不闭上眼睛……接下来的冲突最终会成为精神的冲突，而这又肯定会影响到一个人自尊心的塑造，或者是自尊心的丧失。此外，回想起那些声嘶力竭的争论，真的很难让人不脸红：关于扬基队的接球手，或者巨人队的左外野手的各自才能，以及雷德·格兰基、路·盖理格，或者斯坦·穆夏尔——然而，这些毫无意义的冲突，却提供了抓住这个迅速转动的宇宙的扶手，我肯定，这个无可替代的扶手，至今仍然行之有效。

我想，所有这一切的背后，是一个年轻人对个人身份的寻找。由于某个无法知晓但相当迫切的原因，我当时认为自己是个二垒守垒员。既不是一垒，也不是三垒，既不是投球手、接球手，也不是外野手，而是二垒守垒员。思考这类地地道道的强制性念头，承认这个令人费解的没头没脑，可以说是一种启发心智的训练。在过去，个人身份一度取决于对某个几乎没有，甚至丝毫没有真正内涵的抽象概念和坚定信念的忠诚，认清了这一点，能够使人的心扉豁然开朗，准确地看到在人类活动中，哪一类事情会比其他任何事情引发更多的流血事件。

我原本也想更多地谈一谈《圣经》，这是我至今无法解开的又一个谜。坦率地说，我不知道应该如何去理解上帝，或者应该说，不知道一个神灵会不会，比如说，对我这个渺小生命产生什么兴趣。我相信我离神灵最近的一次，是我七岁或八岁的时候。当时，在一位上了年纪的希伯来语老师的帮助下，我解谜般地阅读着希伯来文。上帝创造了一切，包括叫做"天空"的东西。这东西和大地不大一样，我的长胡子老师说。那么，它是什么呢？"它就是全部。"他不耐烦地解释。接着，他明确地指出，大地是平坦的，而天空是一个实实在在的蓝颜色的穹窿，你可以沿着大街一直向前骑自行车来证实它。有了这个合情合理的建筑结构，我很容易就想象出一个老人坐在穹窿的顶部，注视着下面所发生的一切情景。现在想起来，那更像是个剧院，而且这样想还具有某种可信性，因为我从来没有将大地想象成圆形。我想，这里面的主要原因是，如果圆形的大地在不停地旋转，就不会有地方让上帝以威严的姿态坐着了。

我有没有考虑过上帝是否爱我，我已经记不起来了。上帝肯定创造了世界，不过在这之后，他似乎就消失在犹太教的会堂里面了。他在那里和老人们一起，处理着严肃的事情，还要管理结婚典礼和葬礼。很久以后，我听说乔治·华盛顿、杰弗逊以及其他开国元勋都是自然神论者，认为世界就像一座钟，上帝给它上了一次弦，然后就优雅地离去了；这种说法颇能引起共鸣。

然而，曾经有过一些时候，理性崩溃了，我便完全处于那些被人们称之为迷信和其他知性的摆布之下。理解犹太人的恒久不变而又不踏进神秘主义的轨道，起码对我来说是不可能的，因为神秘主义是一个危险的范畴，在那里任何事物都是可能的，因此，任何事物也都是不存在的。迦南人、莫阿布人、腓力斯人，以及其他和《圣经》中犹太人同时期的那些伟大的氏族和部落，现在都在哪里呢？它们为什么没能像犹太人那样，进入西方的文明？

我觉得肯定没有人知道这个问题的答案，所以我期待自己能找到一个答案。我可能已经把我儿时学到的那点儿希伯来文都忘掉了，我也从来不去犹太教的会堂，我甚至还觉得，准确地记住那些犹太历中的赎罪日，以及它们所代表的意义，是相当麻烦的事情。但是，我内心有一种东西在坚持认为，这个世上必须有犹太人，否则世界就会终结；还必须有一个正义的人，否则整个人类社会就会化作烟雾；可以说，必须有一个揭露秘密的人，否则我们陈旧的谎言就会淹没一切；我认为我相信这一切。我认识到，和其他任何一个种族一样，犹太人对自己所遭受的痛苦，要比对其他人所受的痛苦感觉更强烈；对他们自己的胜利，要比对其他人的胜利感觉更自豪。而且，我也期望所有人，对他人的痛苦能够像对自己的痛苦一样，感同身受。但是，除了这些高尚的思想，我还知道，发生在特拉维夫的炸弹爆炸，可能会比其他城市的爆炸更加严重地刺伤我。一个信仰犹太教的爱因斯坦，也会比信仰其他宗教的爱因斯坦，更多一点骄傲。这种身份的认同和品德没有丝毫关系，而在这方面，犹太人普普通通，不好也不坏。事实上，我必须面对的事实是，这和什么都无关，仅此而已。

我不想让自己的剧本或小说以彻底的绝望结束，甚至在客观事件仿佛也在要求一个同样完全彻底的结论的时候，例如，一个大屠杀的故事——可我不是犹太人或基督教徒中唯一的此类作家。但是我对绝望的抵抗似乎也和犹太人的某种特点有关，那是某个飘忽不定的细胞在我的血液中流动，它似乎在呼唤：黑暗降临之后还应有一线光明留存，在黑暗深渊的边缘，必得有一丝救赎的希望出现，不论它有多么遥远，多么不可追寻；否则那个故事就离真实还有一些差距。

《约伯记》是《圣经》里的唯一一个剧本，而且是最当代的一章。如果认真地看待这个剧本，美国有一半去教堂的活动都得停下来。《约伯记》肯定地告诉你，即使你一辈子规规矩矩，对他人好心好意，可你却失去了一切，而且是完全没有任何明明白白的理由的，那你也没有任何理由去抱怨。《约伯记》告诉你，你必须有信仰，即使这辈子不仅没有任何回报，而且还会有最最严重的惩罚。《约伯记》是对集中营最准确的预言，是最纯粹的上帝的思考，是没有回馈的爱。这是没有奇迹的宗教，绝对没有公开或暗中行贿上帝的企图。《约伯记》是关闭教堂之作。可是，如果没有了《约伯记》——没有了这个可能通向群星的最最纤细的线索，世界会好一些吗？

　　至于性，我原本还可以多写一些。可是，我觉得对这个话题已经想不出任何新东西可谈了——即使还可以想到——这是比起任何其他念头都更值钱的一个用之不竭的财源。在布鲁克林，人们通常不把性和爱联系在一起，如果说有联系的话，它们也是互相对立的。你爱你的母亲、你的姐妹、你的姑姑和姨妈，但是会和她们有性行为吗？绝对不会。而作为女人，她们也不想性，因为穿衣打扮、买菜煮饭、收支平衡，以及鼓励丈夫等等，已经把她们的心思占据得满满的了。就此而言，我们的情景大约很接近马克·吐温笔下那些密苏里的拓荒人物，那是美国人的典范。他所描写的那些人物做了上百种各色各样的事情，但是，作为成年人，他们绝不谈恋爱。

　　我也忽略了深入探讨我早年对娱乐人士、歌唱家、演员以及他们职业生涯的迷恋。我属于对二十、三十以及四十年代流行文化态度较为朴素的那类观众，不过我也记得我的批评姿态，例如他们刚刚出现时，我严重地游离于拉斯·科伦波和平·克劳斯贝之间。弗兰克·辛纳屈最初只是给女孩子听的，这一点怎么讲都是必然，这个唱歌的性机器让我花了好一阵子才懂得欣赏——初听上去他又甜又腻。不知为什么，我能够欣赏弗雷德·艾伦，尽管并不真的喜欢他，同时我还喜爱上了马克斯兄弟，以及杰克·本尼的多数但不是全部的小品，还有阿莫思和安迪——这些人怎么会流传下来，挺令人惊奇的，不是么？——因为没有哪类观众会比流行音乐的观众更挑剔了。和比较有教养的和懂行的观众不同，那些人"被期待"听下去；可是只要过了能够抓得住流行观众的那个点，流行音乐的观众可不需要听下去。只要不喜欢，他们就会关了它。

说到当代流行乐，我可有些麻烦，因为它们似乎重复得令人无法忍耐，天真得虚假失真。那些演员怎么能一边做广告，一边继续歌唱生涯？真是莫名其妙。当一个男人或女人，用完全相同的方式，为失去的爱人或某个品牌的洗发露发出哀鸣时，很难不让人怀疑这里面含有某种冷嘲热讽，而这注定会在他或她转向严肃的艺术追求时，损害其效果。我回忆不出克劳斯贝、埃拉·菲茨杰拉德、霍基·卡迈尔克，或者哪怕是比他们稍显逊色的演员做过推销，不过这也许只是由于缺乏机会而已。对于上了年纪的耳朵，现在的自动重击和猛敲电子鼓实在是太多了，并把那些百老汇的朴素歌曲挤出市场，包括它们的每一个音符、每一行歌词，其目的显然是冲着钱的。很可能，由于年轻时对科尔·波特、山米·坎恩、理查德·罗杰斯、洛伦兹·哈特等人的音乐和歌词，以及对演奏本尼·古德曼、法茨·沃勒及其音乐的情感投入，我的记忆镀上了一层金。这些人当时展示的，是一种亲密的隐蔽的性，和时下这种完全公开的，仿佛从机关枪里直射出来的玩意儿正好相反。但是，面对年轻一代的趣味之谜，老年人应该闭上嘴巴——不论是现在还是永远。

无论怎样，这些都是部分记忆的颜色，起码时间还没有令其褪成白色，因为我肯定，我已经忘记了我的大部分所见、所梦和所思。

（申慧辉 译）

文学的一生

一

我趴在地板上抬头望去，先是看到一双黑色尖头鞋，长及腿肚，其中一只还抖个不停。鞋子之上，从脚踝到衬衫底下是一条梅子色裙子。再往上，是那张年轻的圆脸。圆脸的主人正用挂在墙上的电话机和两个姐姐中的一个闲聊，声调丰富多变。恐怕她在有生之年，会一直这么聊下去，直到她们一个个拔掉电话线升了天。此刻，她低头看到我正趴在门厅地板上望她，于是弯下身子，想把我从她脚上挪开，可我就是要赖在她鞋子上。她看到我如此执拗，开心地笑了，笑声从上面高高的地方，透过裙子，穿过黑暗，传到我的耳边。

后来，稍微高一点，离地板约有两英尺半看去：她就坐在可以俯瞰中央公园的六楼窗边，午后的阳光给她的侧面镶上动人的金边，一头长发盘成圆髻，双臂压在男式衬衫的薄棉袖子上，下面是一条更短的裙子和一双绒面浅口皮鞋。她的膝盖上摊着一本书，双手搁在书上，她正仔细听一个年轻人说话。这人叼着烟斗，戴着厚眼镜，蓄着短胡须，是她从哥伦比亚请来的学生，每周来和她谈一个下午的小说，报酬是两美元。她知道家里家外没什么人读过书，但她自己可以下午开始读一本小说，晚饭后又接着读，午夜前就全部读完，并且一辈子都记得所有的细节。她甚至能记住整个英国皇室成员和他们德国远亲的名字。可是她在轻视中又流露出暗暗的嫉妒，她嫉妒卢佩斯库夫人，即罗马尼亚国王卡罗尔的犹太情妇。她相信，她还是他的高参。

再后来，就在离地板大约有五英尺的地方看，她穿着镶有莱茵石扣环的高跟鞋，一件带串珠的黑色及膝长裙，一顶银黑色钟形女帽扣在短发上，上了口红，嘴唇红艳，酥胸袒露，双臂圆润。只要是打扮好了准备出门，她都习惯性地咬住上嘴唇，以便让粗短的鼻子看起来细长一些。她手指上戴着钻戒，拖着银狐大衣走过房间，一边还答应把他们要去观赏表演的活页乐谱带回家，科恩、格什温或赫伯特的曲目。第二天早上她还要在柯纳比小型平台钢琴上弹奏这些乐曲，并以快乐的、略微高亢的女高音歌唱，歌曲如此适宜、浪漫、时尚。她总是仰起头，掩盖双下巴，但这也是因为与那个男人同行时缺乏自信，才摆出这副样子。那个男人高她一头，双眼湛蓝，皮肤白得近乎透明，一头鬈发金中泛红，更加深了他市议员的善良形象。警察要向这个男人敬礼，领班要为他安排餐位，出租车司机下雨天也停车等他。这个人在餐厅吃饭绝不用厚水杯，这个人是一家大服装企业的老板。在当时，这样的企业在全国也不过两三家。不过他却目不识丁。

更后来，是在那间位于布鲁克林的小房子里。她趿着毛拖鞋来回地走，一会儿叹气，一会儿咒骂，嘴角边含着一丝嘲讽；突然流泪，然后又平静下来。到了冬天只能往壁炉里添上小小一锹煤让它继续燃着。饭钱都是她在米德伍德区和弗莱特布什区大大小小高额职业桥牌赛中赌出来的。有时遇到警察突击搜捕，她就向他们苦苦哀求，让她回家准备晚饭。经济大萧条时期她穷困潦倒之极；当时情形不同今日，为挣一分钱被拘捕并非一件名声扫地的事情。时移世易，我的母亲一生甘分随时。

渴望与时俱进、脱胎换骨的性格——或许算是一种与时俱进的天分——遗传给了我，好像命中注定、浑然天成。不断转变，一直保持转变，这就是她和我父亲所了解的一切。母亲出生在曼哈顿下东城的布鲁姆街。她的父亲，卢易斯·巴内特，是个服装承包商，同千万个在曼哈顿奋斗的商人一样，争先恐后地抓住机会发财致富。卢易斯同我父亲的父亲塞缪尔一样，来自波兰一个名叫拉德米左的小村庄。我一直觉得，他们很可能就是远亲，因为两人如此相似：肤色非常白皙，性格内敛冷淡。不过，爷爷塞缪尔个头矮小，弯腰驼背。奇特的是，当时他的妻儿身高都在六英尺以上。两人还是孩子的时候生活在欧洲，身处多种文化背景：奥地利-德国的语言和影响，波兰的农民阶级，以及他们的犹太血统。从那个时候起，甚至早在1980年代移民美国之前，他们就一直在不断转变。影响他们最大的是德国文化。

卢易斯·巴内特蓄着范戴克式短尖髯，头发压得服服帖帖，夏季每天洗两次澡。领带、衬衣要人熨平，帽子要在专属帽盒里放好，手帕袜子要折好才放进洗衣篮。睡觉要三个枕头，最大的那个上面放个窄一点的，再上面放个小小的靠枕。他睡觉的时候还戴着犹太人的白色缎面圆顶帽，也是要熨好能看见从帽檐到帽顶的一条折痕。晚上他躺在床上，腰板挺直，双手合十放在大肚子上，一动也不动。直到第二天早上醒来，睡衣还和昨晚穿上之前的一样挺直平整。我知道这些，是因为经济大萧条时期，他失去了自己的房子，只好和我同住在布鲁克林那个小房子的一间小房间里。卢易斯·巴内特睡着的时候，灵魂脱体，直到早上醒来开始用早餐时才归位、工作。我从没听他说过一句表明想法的话，也没有过一句废话，更没有一句纯粹的问候或道别。1940年，我母亲告诉他我要娶一位非犹太白人女子时，他一言不发。可是等她来到布鲁克林的家等候答复时，他在起居室十二英尺之外的地方，伸手拿起不知道是谁留在旁边桌子上一只笨重的闹钟，向她扔去，差点打中他自己女儿的头。其实，在二十年代，他生意做得有声有色，不过别人也知道他正伺机行动。他把他手下的工会组织者请到顶楼楼梯口谈话，趁其不备猛敲他们的头，然后趁他们目瞪口呆之时将他们推下楼梯。他认为，富兰克林·罗斯福不能同赫伯特·胡佛竞选总统，因为罗斯福从未经商。这一想法一经提议很快就得到共和党人广泛认同。但是，五年后，他却认为罗斯福应当加冕称王，并且在他去世之前都要取消所有选举。卢易斯认为选举是对在位者的侮辱。此举充分体现他身上德国人的品性。后来，他才慢慢消除对我非犹太妻子玛丽的敌意，但也仅仅因为她在这个家族中的长久存在代表了一种秩序。当初他扔闹钟也是为了反对原有的秩序被打破。

不过，这些都是经济大崩盘之后的事情了。1929年的经济大崩盘再一次改变了他们的生活。二十年代，我们住在哈莱姆区边上公寓六楼，下面是漂亮的中央公园，在窗边眺望可以看见远处的市区中心和再远处的港湾。那时候，我们对政治毫无想法。在我的父亲伊西多尔看来，把像社会党领袖莫里斯·希尔奎特的人叫做"自由思想家"，真是件奇怪的事，让他觉得既费解又好笑。"他自由思考！"意思是胡思乱想，没有负担。每个星期天，《纽约时报》就摊在起居室的东方地毯上，其中，深褐色的影印专栏特别赏心悦目。上面有穿着箭牌衬衣的英俊男子，身边还坐着他那只德国牧羊犬，两耳高高竖起；有探险队队长伯德，一身白色制服，英姿飒爽，旁边附带介绍他的极地探险经历。我曾梦想参加探险，但是我要先参加童子军，因为就有几个幸运的童子军被伯德选上；还有德国总统兴登堡，骑着一匹高大的黑马列队出行，他的眼袋就和英国国王甚至威尔士亲王的一样，还和我父亲、我爷爷、我外公的一模一样。家里看新闻版的只有母亲，她至少都要扫上一眼才转去看关于戏剧的趣闻。当时百老汇有六七十家剧院。她还看社交版，上面会介绍许多名门望族，像洛克菲勒、摩根、比德尔家族等等她都了若指掌，就好像跟他们沾亲带故似的。复活节的时候，卡尔文·柯立芝总统和夫人在白宫前的草地上合影，他们家的贵族名犬苏格兰牧羊犬忠心守卫在旁边，身后美国国旗高挂杆头，飘扬在他们的神话家园之上。照片中，他脸色苍白，面无表情，还和之前担任马萨诸塞议员时一样。而她，优雅端庄，尽显夫人风范，就像我母亲会做的那样。在非正式场合的照片中，柯立芝正垂钓江头，身穿黑色休闲西服，头戴灰色软呢帽，衣领和领带笔直硬挺，一派硬朗庄严的偶像风范，殊不知一遭遇经济大崩盘便风度尽失。另外也会有我们的小市长，詹姆斯·J. 沃克，脸上露出他爱尔兰式的迷人笑容，身穿剪裁工整的夹克。照片显示他正走进一家夜店，要在辛苦管制了城市一天后放松一下。在他前面的是市长海兰，他买下了斯塔腾岛的全部人行道。(有人卖掉了吗？)这种买卖，在我们看来好似滑稽可笑的偷窃。但是，偷窃正是政客最平常不过的把戏。事实上，他们在反复的偷窃中获得了一种安全感，一种温暖的虚伪感。可是与此同样神奇的是，总统，或者就这一点而论还有州长，却出淤泥而不染，在他们心里，同主教和教皇一样不可亵玩焉。二十年代早期某年夏天，我们在法洛克威租了一间漂亮的平房，在那里度过了许多个夏天。那条街上，我们这间平房是第一间能看到洁白的沙滩和纯净的大海的房子。我在一家商店橱窗里看到一张搭着黑布的照片，是总统沃伦·加梅利尔·哈定。他两鬓斑白，仍英俊如电影演员。我经过那里时，一脸庄严肃穆，因为他是我们的总统，已经与世长辞。多年之后我才了解他执政的联邦政府腐败无能。其实之前，至少自格兰特总统以来的政府都一贯如此，只是家丑未曾外扬。

影印专栏似乎特别喜欢刊登那些英国人的照片。他们去到非洲、印度、马来西亚，接触华人长相的民众以及侏儒部落，连续几周和埃及人在一起，研究他们刚刚出土的图坦卡蒙法老陵墓，里面黄金满室。我读书时看到的世界地图上布满了粉红色，它们代表大英帝国的领土，包含其所有次大陆和成百上千个各种气候种类的岛屿。在影印图片里，这些英国人摆好姿势站在棕榈树下，头戴软木遮阳帽，露出漂亮笔挺的鼻梁，或是身穿毛皮大衣和爱斯基摩人在一起，或是出没于阴森黑暗的森林、炙热的沙漠。事实上，美国也是直到二十年代早期才成为一个债权国，终于摆脱自美国独立战争以来作为英国银行众多债务国之一的身份。当然，当我躺在柯纳比钢琴脚边翻阅那些影印图片的时候，想到的不会是银行，而是埃及当地人的探险。他们手持电筒，第一次从图坦卡蒙法老墓室墙上那个新开的洞口看去——单是想象那个情景就够吓人的了。如果他醒了呢？我最初读过的报纸文章中有一篇就是关于之前探险队员强行入墓之后接二连三地神秘身亡的报道——报道认为，他们死于法老的诅咒，那间被亵渎的墓室吹起一股阴风对他们施下了咒语。咒语固然可怕，但是对于我母亲以及后来的我却有某种吸引力，大概是因为咒语能以一种含蓄模糊的方式证实母亲对于鬼魂存在的迷信。空气并非空洞无物；她直到生命尽头都在尝试穿越未来。二十年代显灵板风行一时。三四个人围坐在一起，用他们的膝盖架起一块神奇的板子，直到其中一人伸出手令板子飘浮在空中。能否成功主要取决于天气，空气湿润更利于引导鬼魂出现；尤其还要取决于参与者全神贯注、平心静气。如果她从来没能成功地让板子从膝盖升起，那只说明她的方法不正确，而非个骗术。母亲其实相当清楚这套把戏，但是既清醒又盲目是她的天性。她会一面跳下悬崖，一面还站在上面看着自己俯冲穿越空中。我还在地板上爬行度日的时候就已经在学习这种既轻信又冷静的天性。当然，这是她艺术家天性使然，但是对于任何一个必须寻求真实可靠性的孩子，这种过程却会扰乱其心智成长。

很久之后我终能看透，在那些踌躇满志的年头里，我们都随波逐流而不自知，但潮流自有方向。某个周日的中午，父亲正躺在起居室的沙发上沉沉入睡。我在地板上爬着，抬头便能看到他和蔼可亲的脸庞，就好像看到一只美洲野牛。这只白色的野牛，即使我吵闹至极，也是睁一只眼闭一只眼，分外温柔；即使其他人都在上蹿下跳，他还是款步向前，不急不躁。我父亲在七岁前就独自一人从波兰中部来到纽约。现如今他有了一辆国豪，每天早上，专属司机就在路边等着载他到位于市中心第七大道的成衣区。这样的转变一点也不奇怪，甚至在那时都不值一提，多年后亦是如此。生活好像一幅无穷无尽的长卷，读到的虽有失意，更多的是惊喜。只有泰然处之。

　　我以为伊西多尔那次漂洋过海、横穿欧洲的只身旅程，按理来说，本该激发出人性中各种负面情绪，例如对父母先他离开的愤慨，或是看到三个兄弟三个姐妹能被父母带上、一同迁徙到新大陆而愤愤不平。但是，这些就是我们家族传奇的一部分，和其他事情一样，没有人会去质疑。大人的说法是因为爷爷没钱再买一张票给爸爸，但最多几个月，只要他在美国赚了钱就会立刻想办法送钱回来。而这段时间里，这个被撇下的小男孩只好藏在一个叔叔家里，不久叔叔却去世了。之后他换了一家又一家，同住的有年事已高的奶奶们和低能弱智的亲戚们，睡觉的时候都会弄脏床单，半个晚上呼噜呻吟不断，哪里去管和他们同睡的人。可怜的伊西，这样忍受了好几个月之后应该以为自己如同孤儿一样了吧。我也是在知道这个故事的六十多年后才慢慢猜测到这一点的。事实上，也许正因为他身上的这种孤独，才会让我的第二任妻子玛丽莲·梦露感受到他传达出的源源不断的温暖。她有一种直觉，能够一眼看出满屋子的人当中有谁在童年时失去双亲，或者在孤儿院待过。我后来学会了这种本事，但也不是准确无误的。孤儿的眼睛会问："你喜欢我吗？"那是一种来自孤独深处的恳求，不是孤儿的人是不会了解的。

　　最后，父亲的票终于送来了。他被送上了开往汉堡港的火车。他脖子上挂着块牌子，写着希望有好心人把他带到于某日驶往纽约的那艘船上。显然欧洲人依旧彬彬有礼、乐于助人。于是坐了三个星期的统舱，他终于抵达了纽约。那三个星期是在暗无天日的船舱底层度过，就在发动舵机的锚链旁边。每天有两顿腌制鲱鱼，但是几十户移民人家只供给一桶鱼，自然，分到一个只身出门的小孩时就只有残渣剩饭。最后他上岸的时候，牙齿松动，头上结痂，据他们说有银币那么大。他爸妈太忙，不能到花园城堡接他，便派他二哥——十岁的亚伯——去找他，带他顺利通过移民局的审核，回到位于斯坦顿街的家中。那是套廉价合租公寓，有两个房间，既是他们八个人的住所，也是工作间，用来缝制当时非常流行的大件多扣长披风。亚伯小毛头一个，带着我父亲逛到上城的住宅区，指着一栋又一栋的房子说，那些房子都是他们父亲的。伊西被送去读书，几个月后他的座位就换到了公寓里的缝纫机旁，之后就再也没踏入学校一步。十二岁的时候，他自己另外雇了两个男孩，和他一起在地下室的工作间，负责缝外套袖子。十六岁的时候，他手提着两个大衣箱，被父亲塞缪尔指派出去做推销，衣箱里塞满一排要卖到中西城区商店的衣服。不过，半个多世纪之后，在我家后院门廊上他说道："我到了火车站，可还是跑了回家——我一个人太孤单，会想妈妈。于是第二年我又动身，这次就好了。"他跟我说起此事时已经七十多岁，却还为自己对母亲的依赖感到不好意思。他三十二岁结的婚，在这之前他都把自己丰厚的周薪交给母亲，当作她给他零用钱的回报。他们三兄弟都是如此。这个令人敬畏的女人，在经济大萧条时期特别困难的时候，却拒绝借钱给我父亲。不过这事远在我蹒跚学步之后，更早在我俩那次门廊谈话之前。

直到我五岁，我哥哥克米特才和我走近一些。想到要去上学，他很兴奋。在那之前，他就是个讨厌鬼，事事和我作对，无论是我想写字，还是要从杂志上剪贴点东西，或是想在留声机柜上钉钉子。现在既然我要和他一块上学，便开始崇拜他，爱戴他。作为长子，他承担了所有责任，而我负责玩耍。不过，他长得很好看，我却长着一对招风耳，滑稽又可笑，常受调侃。每次我母亲的弟弟莫来做客，都不免打趣我："把耳朵收进来哦，我们要过隧道了。"父亲这边的亲戚全都身高体壮，白肤碧眼，就像野牛在吃草时一样相当洋洋自得。所以他们一见到我都拿眼睛瞪我，带着傲慢的笑问："这个家伙从哪来的呀？"家里的小孩只有我肤色较深，棕色的眼睛，黑色的头发。当然，我母亲也是这样。可在这些亲戚眼里，那是造物弄人。嫁进这个大家庭的只有她一个人肤色较深。非同寻常的是，这个家族都是近亲结婚，配偶都是彼此相像的人。事实上，我有一个非常漂亮的堂姐不顾拉比的警告，嫁给了她的亲叔叔。两人相爱数年，双手紧握，爱慕之情缠缠绵绵。尽管如此，她还是败给了罪恶感，我想。因为她才四十出头却莫名地形销骨立，没有医生能查出病因为何。最后去世时像个驼背巫婆，头发脱落，并且由于某种内心创伤，几乎双目失明，病因仍是未明。我那肤色较深的母亲对他们而言算是个异类，甚至让他们自惭形秽。特别她还是家里最聪明的一个。他们都有一样的柯纳比小型平台钢琴，但只有她会弹奏，他们只有假装欣赏了。每次我打电话去告知我小孩出生的消息，父亲着急问的第一个问题就是："孩子肤色深吗？"话里暗含的种族歧视让我很是气愤。不过那时候我早就从那个家族对待我以及母亲的态度中了解到排斥的意味。那种排斥是你走进一个房间，甚至还没开口，就可以感受到的。

也许因为如此，我们潜意识里去选择自己的性格来维持在家庭这个小小世界里的某种平衡。克米特大我三岁，早些时候被我归到爸爸那一类人，都是秩序与美德的代表。他和父亲如此相像，都是蓝眼睛白皮肤。我则和母亲相似，不仅肤色较深、长相相似，还共同密谋，反抗现实的清规戒律。比如说我逛街回到家向大家说，我看到一个警察穿着双旱冰鞋在街上走，她就会惊奇地站起来询问详细情形；父亲则微微皱眉，忍住不笑；克米特直翻白眼，觉得这种胡话丢人现眼。

我经常问自己，这种荒诞不经于我的人生还有别人的人生有多重要呢？很简单，我趴在地板上看到的一切，尽管带有误解，却充实完整，也是最本真的面目和发源地，其内容日后很难更改。爬在地毯上看到的、听到的，其影响如此深刻，每当我回忆起来都还能为其真实性感到更为惊讶，因为这些景象为自己独有，对现实的误解亦是我们私人独有，不为他人分享。所以，这一切是诗歌的土壤，是我们更改单调现实的自由。正是出于这种误解，而不是尊重文化、循规蹈矩的知识，我们解开了编织着每一位艺术家独特视角的细细长线，而这些细线预示着世界将由他们改造、创新。几乎从一开始，我毫不自知地努力重建我的人生。在不同时期，我变成我哥哥、父亲、母亲，套入他们或者别人的形体面孔，这样就可以从我自己以外的角度来审视看到的景象。偶尔，我得用上几年时间才能跳脱那些伪装，找回自己，那是相当痛苦的。总之，有时我们难以消除既定印象，难免对它们误解甚深。因此，生活至少不会失去神秘之处。

例如让我决定自己是二垒守垒员的神秘之处。我最终做出这个决定就像某天我决定当剧作家一样。二垒守垒员就是"我"，而克米特是投球手，也是跑垒球员。这些身份是命中注定的，从天而降，铁面无私。我不得不好奇，我选择的这个身份有什么零件莫名其妙地脱了架。我们经常在中央公园赛跑，为什么克米特几乎总是在离终点线还有一两步就摔倒？住在110街面朝公园那排公寓的一群男孩给他加油打气，于是他双腿有力地上下移动，步伐平稳，可就在他打开手臂之际倒了下来，输了比赛。这一切背后是怎样的选择呢？是否与他志愿入伍，在第二次世界大战中当上步兵队队长并在只有摄氏零度的天气里背着一个人一连走好几个小时才走到救援站，而他自己脚趾都已冻伤也毫无关系呢？一个人甘愿失去双脚甚至生命，这样的光辉形象从何而来？如果在你需要拯救的时候他恰好出现，这是否就是你的救赎呢？

这样的时刻，身边最需要的人一直是克米特。不过，有时候他近乎病态的诚实会让母亲沮丧。比如有次他的老师给全班同学布置画画作业，需要他们独立完成。他选择画一栋房子，相当用功地画，可是怎么都画不好烟囱的角度。他把烟囱擦了重画，一次又一次，但总是画错，好像烟囱没安好在屋顶上似的。到了晚上十点钟作业还没完成，母亲（极其擅长勾勒人物模样，其精准程度简直不可思议）于是自告奋勇，甜笑着建议让她来画烟囱。他大声抗议起来，声音吓人，把我给吵醒了。我赶忙从走廊下来走进餐厅一看，他坐在那里，紧紧把那幅图画抓在胸前，母亲则半歇斯底里地央求着只要让她画上一条透景线，烟囱就像烟囱了，而不是卡在屋顶上的盒状风筝。当时，股市呈现长久持续的上升，加上服装公司生意又更上一层楼，父亲自然是酣然入睡，雷打不动。最近，他父亲的 S. 米勒父子公司解散了，于是一大波兄弟以及他们忍气吞声的亲戚全都过来投靠伊西多尔和他的米尔特克斯服装公司。这家公司是他在第一次世界大战之后自立门户开办的。他对家族忠心孝顺，所以被迫给所有人安排工作。几年后公司倒闭了，母亲认为原因就在此，为此责备父亲。但对父亲而言，那样做能令他开心，因为那个总被撇下的伊西，那个总被嘲笑的伊西，那个头上结痂的伊西，终于转身成为整个家族生计的主要来源。不过现在，他正幸福地睡着。

我也和母亲一起恳求克米特让她完成他的画。"不行！这是我的画！"我们两个邪恶的同谋试图说服他，除了烟囱其他都是他自己完成勾勒、选色和上色的。可是他根本不听这套花言巧语。最后的解决办法，就是等他累了为止。大多数情况都是如此。生活中许多重大的决定都是因为过了凌晨五点而做出的。他要上床睡觉，我们也一样，那就等到早餐前再来考虑好了。克米特答应了。接连几天他一直在画那栋房子，调整上色、门窗位置，累得几乎抬不起头来。于是他走过走廊回到卧室，把那幅画留在了餐桌上。但我有种感觉，还会发生点什么事。他是不是也有同感呢？早餐的时候画上添了个漂亮的烟囱。难道他把画卷起的时候没有注意到这点吗？是不是如我一般有点坏心眼的人才会注意呢？

　　大约四十五年后，当年那张餐桌搬上了舞台，作为我的剧本《代价》在百老汇首演的道具。1968年我并不知道那张老餐桌还在，也想不起它的样子。而我的老朋友、布景设计师鲍里斯·阿伦森喜欢跳脱现实，追着要我描述我父亲过世后他房间里层层叠起、堆积如山的每一件家具。父亲去世时，我们兄弟俩回家分配家中财产，在那之前彼此已多年不见。剧中角色的原型并非我和克米特，简直迥然不同，但是那种潜在的处境如魔力般深入我骨髓。

　　我的妹妹琼（我叙述到这里时她还没出生）听说布景设计师需要二十年代的家具，便提醒我，我们父母晚年住的那间小公寓腾不出地方，已将那张老餐桌送给了父亲的小妹妹，当时已经七十多岁的布兰奇。于是我赶到布鲁克林布兰奇姑姑的公寓。她是父亲家里最小的一个，长相甜美可爱，性情温和柔顺。年岁虽高，还是常常开怀大笑。我一问才知道，当时她正和一个旧货商人协商要出售那张餐桌还有八张椅子，因为她和丈夫山姆准备搬到一间更小的公寓去住。山姆在大萧条时期是我父亲的合伙人，多次尝试经营另外一家服装公司，却都时运不济。

　　我看着那张餐桌，它依旧结实牢固，桌腿带有竖琴支架的雕刻，桌面是扇形花边，样子显得有些逗趣。母亲曾不止一次在新年前夕（包括她的结婚周年纪念日），起身站到餐桌上翩翩起舞。不过这样狂欢喧闹的表演，他们从不让我观看，都是在我入睡很久后的鬼魅时分才上演。我不确定餐桌的风格是否符合鲍里斯的设计，于是当场打电话向他描述。

通常，鲍里斯不会轻易接纳他人的建议。事实上，要他毫无异议地接受任何事情极其困难。数年前，他还未凭借担任《酒店歌舞》《小夜曲》以及成功音乐剧如《萨勒姆的女巫》《桥头眺望》《两个星期一的回忆》等的布景设计师一举成名。有一次我俩的一个朋友邀请我们离开纽约市到他位于威彻斯特郡的奢华豪宅处避暑。我们坐在游泳池边，我躺到阴凉处伸展着身子，同时感叹那些可怜的人们不得不待在市区忍受酷暑。鲍里斯立即提出不同的看法。

"我不知道。我喜欢炎热的纽约，更甚于它天气好的时候。"

"你怎么会喜欢炎热的纽约？"我问。

"因为心情得到放松。我的意思是，当我走在七月烈日下纽约的大街上，我知道，不管见到的是谁，都一样在遭罪。"

鲍里斯讲的依地语夹杂着俄语口音，他对语言的态度自由随性。这些给了我灵感，塑造了《代价》剧中八十九岁的二手家具商格雷戈里·所罗门。虽然这个角色的真正原型和鲍里斯截然不同，但是站在那里看着老餐桌来询问他要不要把它买下当剧中布景，还是相当怪异的，因为《代价》讲的就是向一个商人兜售旧家具，他讲一口混合英语，和鲍里斯的一模一样。我站在那里，仿佛置身于一堆镜子碎片中，延伸到无穷无尽：镜片反射出我的样子，我的样子又反射出鲍里斯、我的戏剧、我的父母、他们的餐桌……

"它是什么风格？"鲍里斯问。

我不知道该叫它什么风格，于是找布兰奇帮忙。她就站在那里，为把餐桌搬上百老汇舞台的主意激动不已。我问她："你知不知道这是什么风格？"

"嗯，有个商人来看过，说它是西班牙乡村风格。"

"你开玩笑吧。"

这个形容的确有点傻，她大笑了起来，但向我保证那个商人的确是这么说的。

"鲍里斯？有个商人来看过，说它是西班牙乡村风格。"

"买了！买了！"他立刻愉快地做了答复。

就这样，这张餐桌被搬上了舞台。大卫·彭斯，一个喜剧天才，用他的小手在这张餐桌上使劲一拍，把沾满灰尘的黑色软呢帽向后一推，扫了扫耷拉的黑大衣翻领上的烟灰，解释道："大家听着！你们不能把它搬走。坐在这样一张餐桌前的男人不仅明白他是结了婚的，而且懂得他必须维持婚姻——没别的责任……你们都笑了。我来告诉你们实际情况。今天的关键词是什么？'即用即抛。'抛弃得越多生活就越美丽。车子，家具，妻子，孩子——一切都要即用即抛。因为，你知道，当今的主题就是：购物。"

奇怪的是，这张餐桌被搬上舞台，我竟然没有一丝伤感。诚然，它曾经是我们生活的中心。哥哥在上面写功课，我学会了阅读，妈妈静静地给我们画素描。那种静默，比毛毯或者炉火还要温暖。唯一的声响，是铅笔在纸上划过的声音，以及暖气管的嘶嘶声。即使偶尔从远处上城哈莱姆区某家屋顶传来一声枪响，大家连头都不会抬一下。

那时当然还没有电视。我们的超外差式收音机能收听到匹兹堡的 KDKA 广播电台以及纽约的 WJZ 电台。不过没人愿意只开着收音机，让莫名的背景音乐充斥空气。我们要么认真聆听，要么把它关掉，可能是因为音响过于尖细，仿佛只是音乐的传真摹本。不过，这台收音机常常坏掉，原因就是克米特几次尝试修理它。克米特一旦动手修理钟表或是任何一类机械装置，它必死无疑，就像是被吓死的。残余零件被藏在花瓶底下、钢琴里面。几个月后他突然又在那些地方发现这些零件，修理又开始了。如果第一次能侥幸不死，这次则是彻底完蛋。很快我发现我修理东西的能力比他好，因为对于机械故障，他习惯狂轰滥炸，并且以为凭着坚毅的决心，问题就会向他俯首称臣。不过让我嫉妒的，是他的记忆力，和母亲一样，一篇文章他只要读上两遍，就能轻易牢牢地记在脑中。我却因胡思乱想而分了心。

我第一天上学时，一位名叫萨默小姐的老师拿着张硬纸板做的钟面教我们分辨时间。她神秘地摆弄指针，引导我们说出几点几分。我真正感兴趣的，却是她是如何移动指针的。我悄悄爬过去，终于看到她是在转动钟面背后的一个把手。临近下课，她允许我自己来转转看。不过最后我得请母亲教会我如何分辨时间。同样令我分心的是萨默小姐角质架的眼镜，很是让人喜欢。我认识的人当中没有戴眼镜的。慢慢地我开始喜欢眯着眼到处走，就像我快失明了一样。一直到母亲怕我真的出问题，说服眼科医生给我配了一副没有度数的眼镜。我戴了大约一周就在公园草地上给弄丢了。最好玩的要数模仿。我快长到父亲后裤兜那么高的时候，看到他兜里一直吊着手帕。多年来，我挂手帕露出边角的距离和他的完全一样。我很早就发现——通过位于地板的有利位置进行观察——男人总是侧身放屁，女人就不这样。做试验，我从不在乎结果，只看角度，但这毕竟是成长的另一种诱惑，是无助的童年结束后必将要发生的大事之一。

我对新鲜刺激的爵士乐时代的体会主要是通过在离地板几英尺高的地方观看女士，包括我母亲和她的朋友们。她剪短了长发，克米特吓得躲到房间里哭，并责怪了她好几天，尤其怪她没有预先警告。我才五六岁，尽管懵懂无知，还是意识到女人之间兴奋而秘密的生活。我记起有个温暖的晚上，自己拿起一顶父亲的草帽，乘电梯下楼，坐在我们公寓大楼前的一个箱子上面，希望多少能够引起女性的注意。这种性意识只是一朵彩云，而不是生理状况。我靠这朵彩云度过了大部分时间。也许那是因为我不会放弃，会一直等到愿望实现。一旦我想要某样东西，我就要得到。看见一样好玩的东西，我就要拥有它。构成我人生的是满满的欲望，迫不及待想要得到满足。哥哥的则相反，是自制和责任。很快，我就为我认为是罪恶形象的东西所困扰，它们虽然幼稚却真实。暴风骤雨势不可当地从我们公寓大楼顶层的窗户冲洒进来。隔壁公寓闪烁的灯光照到玻璃外边，闪现出一个暴怒的大猴子形状，它龇牙咧嘴，双臂伸开，好像要进到我的房间里来（就像那年之前一个夏日我在洛卡威一条街上看到的街头手风琴师的猴子。我拍了拍它的头，它竟突然咬住我的手指，紧咬不放，直到主人扇它耳光才松口）。慢慢地我习惯性梦游。双眼直视，却还沉睡，常在公寓走廊上出没，最后走进父母的卧室。有一次我醒过来，发现自己的身子从窗边伸出去老远，俯视六楼下面的院子。清醒的那一刻，恐惧从血管里嗖一下蹿了上来，我一辈子也忘不了。

大概等到离开家去念大学，我才第一次听到犹太人被称为"书上的民族"。我还把"书"误以为是一般的书籍，没想到是《圣经》。这个称号，虽是美誉，我还是不甚了解。我在一个犹太家庭里长到二十岁，记忆中读书的只有我母亲。我那些住在110街的朋友家中，书架上摆放的不是书，全是装饰品——穿着圈环裙的十八世纪淑女瓷像，马匹小雕像，穿着木鞋的荷兰小男孩准备把手指伸到堤坝里，挂在水井上面的水桶，也许还有林肯的半身像。即使是我母亲，也很少买书。她通常是到第五大道边一条街上的公共图书馆借书，或者在搬到布鲁克林后，到杂货店的沃拉斯书店租书，一天两美分。

不过，我们倒是很早就懂得应该尊重书籍，它们就如公认的《圣经》，占有神圣的一席之地。我把书正面朝下放的话，就会遭到哥哥的训斥。书和人一样，有脊梁，会被折断。我们家最早看到的书是《知识百科全书》。书里面有一页让我第一次了解作家这个概念。那一整页是查尔斯·狄更斯的侧身画像，在头部周围还有匹克威克先生和大卫·科波菲尔以及其他角色的椭圆形半身像。母亲已经在给我们念《雾都孤儿》了。我想，一个人的头脑里能创造出能说能走能感受的真实人物，这太神奇了。像是海市蜃楼那奇妙的幻象把虚幻的和真实的生活融为了一体。我从未质疑过奥利弗的真实存在。

三十年后的五十年代早期，我在准备一部关于海滨诈骗案的电影（虽然从未拍摄制作），曾到布鲁克林红钩区的码头装卸工人家中拜访。他们房里几乎看不到一本书的影子，让人失去活力，也觉得奇怪得可怕。

母亲虽然希望自己顺从父亲，言谈之间对他赞誉有加，充满敬佩之情，但其实我知道，她也敢违背他，有时甚至受不了父亲的某些笨拙而大声斥责他。母亲这个女人内心所迷恋的，是一个她无法触及的世界，是她无法阅读的书籍，是她无法出席的音乐会，更重要的，是她无法结识的有趣人士。事实上，她以优异成绩从高中毕业后几个月，就被作为交易安排结婚了。但甚至是这种真人交易也有动人之处。她笑盈盈地说："当年外公和爷爷米勒走进客厅，拿出两家账簿相互比较。他们在里面待了几个小时，最后出来，"——母亲大笑不已——"宣布我要结婚了！"这两个服装制造商确定彼此财力相当的样子，宛如好几百年前的两个大地主。说到这儿，她的脸色会突然一沉，下巴因为怒火而紧绷。"就跟母牛一样！"她喃喃低语。父亲常常和我们两兄弟坐在那儿听着，甚至还点头肯定这个故事是真的。他得接受这种安排，因为这是不变的传统。话虽如此，我还是同情他要忍受这种羞辱，尽管他看上去如此淡定。不知怎地，最后情形常常演变成由我来负责分散他们的注意力，避免矛盾冲突。这都成了一种高超的表演。

不过，母亲也得到补偿。她可以让司机用国豪载着她和两个儿子到市区参观米尔特克斯服装公司。我们的父亲穿着衬衫和背心，高大威猛，主管派头十足。他非常得意地把我们介绍给坐在机器前面的一排排工人，还有职员和销售人员。其中许多人都是他做少拿多的亲戚。

二十年代中期这个公司代表的就是希望和安稳。厂房又宽又大，灯光暗淡。货架上堆满了大捆大捆的布匹，一直到天花板。我最喜欢坐的铁手推车颤巍巍地被推来推去，货运电梯大如洞穴，前面的办公人员手戴袖套，头绑绿色护目镜。助手注视我们的眼神里充满了尊敬和对我们两兄弟的称羡，因为我们可以生为老板之子，母亲又聪明美丽。这就是和谐美满，是我一直努力促成父母享有的幸福：全权在握的父亲和满足自豪的母亲。她的仰慕让他骄傲坚强，他的力量给她安定平稳。另外，这里还有另一个世界的人们——父亲的员工——见证此番崇高的场景。这种场面在我脑海里宛如一场井然有序的重大盛典。伴随我和哥哥的加入，这场盛典更显璀璨。这种职位等级产生的不只是压抑，还有愉悦——对这一点的理解在日后非常有用——以及人性的矛盾。对于这些人的友好，母亲表示了开心、优雅以及近似皇家的感激。但是我知道，她同时又多么瞧不起那些卑鄙贪财的"伪君子"——那一群眼中只有生意的犹太人。即使她看到父亲身上有某种高尚品德令他得以避开这一称号，我觉得他也离得不远，因为他对她所谓的品位一无所知。几十年后我才明白，他的品位与她相比，也许稍显幼稚，但更为优秀、更有个性、更加真实。他的无知反倒歪打正着，让他不必顾虑什么是时尚潮流、落伍老土，不受媒体资讯影响，可以对所见所闻做出简单纯粹、完全个人的反应。一首歌，一场电影，一场戏剧，都和他的帽子一样，可以满足他实用主义者的官能美感。艺术是要让他感动。当然，同大多数美国家庭一样，"品位"是妻子的事情，男人只负责挣钱和午睡。他压根儿都没想过，他对艺术的那些看法值得一提，虽然那些看法和他幼稚的感觉一样敏锐深刻。他没有受过什么教育，这让我为是否需要学习矛盾了许多年，因为我非常希望能和他一样。在了解精神分析学以前我早就清楚地告诉自己，我毕竟不是他，我非常擅长背书以及考试。学会读书就是超越了他，当上作家更是大获全胜。同样，我更像母亲，这有点危险。我和她一样，对于父亲的不善言辞和顽固不化，即便不轻视，也是心怀不满的。

我们有太多理由来质问命运为何如此捉摸不定。我记得有一次是在1920年代。母亲第五十次提到，1915年他们拒绝借钱给比尔·福克斯真是太愚蠢了。看来，我差一点就成为好莱坞巨头的儿子，过着完全不同的生活。这就是命运，也许不比死糟，但亦不远。福克斯原是个毛料"缩水商"，想在加利福尼亚开设一家电影制片厂，但是困难重重。为筹集资金，他走遍各个毛衣厂家。听父亲说，他困难的原因不难知道，那就是缩水商不以诚信为本。他们这个行当的本质就是投机取巧。毛布料剪裁做成衣服之前先要预防缩水。所以，制衣商把布卷拿给缩水商，展开放在蒸汽缸上。可是谁又知道一卷七十码长的布料实际缩短的长度？两码，十码，还是十五码？缩水商也许会说真话，也许直接剪掉几码，然后当作缩好水的布卷还给制衣商。相信他的话需要很大的信心。于是就有这个缩水商找到我父亲，要他投资五万美元在遥远的加利福尼亚拍摄电影，一分也不能少。福克斯找到父亲的时候，他几乎耗尽所有的成衣业务往来，正准备把公司的一大块拿来换取他需要的最后一大摞现金。

父亲喜欢电影，真见到个演员，他一定激动到不行。于是他有点动心。但最后还是理智获胜。他只是不能信任福克斯，于是拒绝了他。那天下午他把这个坏消息告诉福克斯的时候一定没有想到，没过几年，他要花钱买票看场二十世纪福克斯公司的电影竟是非常困难的事情。如果当初他冒险投了资，我就会在洛杉矶长大了，永远不知道会在中央公园、哈莱姆区和布鲁克林的大街上做过什么，可以避开就要来临的经济大萧条，而且毫无疑问地，性格完全不同。多年后我在去波兰的旅途中，也有过类似的体会：如果我的爷爷们没有在世纪之交前断定在那个国家他们没有未来可言，那么我一定活不到三十岁。一旦纳粹的武器横扫波兰平坦沉闷的大地，那里的犹太人几乎无一生还。

不过在1918年以及以后的日子里，我们家有一种氛围，不认同"战争在过去是精神打击、现在依然如此并且应该如此"的说法。当然，我现在说的是我自己对降临在我的祖国、那块大地上的那些事情的看法。第一次世界大战结束时我才三岁。母亲的两兄弟都参战了，海米在海军，却从没到过海边；莫在法国中了毒气。如果说我还不懂得察觉母亲对自己兄弟的担忧，我依然感到了《贡比涅停战协定》给家里带来的欢腾和庆祝的气氛。我肯定当时听到母亲给所有的姐妹和朋友打电话宣告战争结束，因为估计他们没谁读了报纸。她以个人方式憎恨威廉二世，就像她厌恶米库什一样。米库什是我们公寓大楼的管理员，一个傲慢的波兰人，令人沮丧。我们得求着他才能打开涂有彩画的窗户。但是我们知道，夏天我们不在家的时候他会擅自闯入我们的屋子。可是没有他生活又不方便，因为只有他一人会用工具打开或者直接撬开找不到钥匙的行李箱，只有他能移得动钢琴，也只有他能在煤气炉开关拴卡在打开位置时把煤气关掉。与威廉二世不同的是，米库什从未被打败过。所以母亲对威廉二世的恨掺杂着一丝想象中的快感，她想象着米库什处于威廉二世的境况，流亡到荷兰的多伦度过余生，还得自己劈柴生火。《时代周刊》的影印专栏刊登的威廉二世照片标志着又过去了一年。出于某种原因，照片刊登在《贡比涅停战协定》签订的周年纪念日那天，上面是威廉二世在多伦砍柴的样子，他面无表情，蓄着山羊胡，穿着灯笼裤、高帮鞋、短夹克，双眼死死地盯着人看，好像杜宾犬一样。

我趴在地板上看到的是，打败德意志帝国就意味着莫舅舅要带着黑色手提箱来看我们。箱子里装满德国马克，面额从百到千。当然现在全都不值钱了，妈妈还是想留着以防万一。他还带了个德军的头盔，用细绳捆在棕色的纸里，上面露出矛头。只是摸一摸闻一闻它，就能浮现许多画面。就像我在报章杂志上看到的图片一样，尸横遍野，狂轰滥炸，极其恐怖。再想到戴过这顶头盔的人现已死去！我想着这些，结果自然就是梦到自己成了军人并有幸上了战场。我想象着头盔里面皮革头巾上泥土和汗水的气味。现已生锈的头盔，外壳粗糙，一定曾经在同盟军的炸弹爆炸时被溅起的泥块埋起。（"同盟军"——一个裹挟着温暖与信心如巨浪般滚滚而来的字眼！浪花深深地冲刷进大脑，一直向下流到地板。很快就有本名叫"少儿同盟军"的儿童读物出版了，描写我们穿着短裤打倒残暴的德国兵的情景。）不过，头盔太大，会滑下来盖住我的脸，所以走路时我只好两手撑在头上。直到有一天我才想到，我竟为成为德国人而洋洋得意，这太可怕了。我最后一次看到那个头盔是多年后我打开壁橱，它就从架子上掉下来砸到我肩头，仿佛一个死人头，过世后还回来骂我。它也像莫的头。那时他在法国感染了肺结核，还要忍受毒气残害，最终病情加重而死。每次母亲提起他，我总能从她的语调中明白，莫注定只有短暂的一生。他从法国给她写信，就像维多利亚时代上唇僵硬吐字不清的人们一样，不说"写信"说"写字"，不是"故事"是"传说"，"重大"（事情）说成"著名"，还有他"见证"了某些场面。写作语言过于口语化，这或多或少说明文化程度低下，言行粗俗。毕竟写作的目的必然是文雅，任何一种写作风格也必然以得体为目标。

这是公立学校弘扬传承的一个理念。即便是在111街第24小学上学，我们也是要以文雅如淑女绅士为目标。我们不读惠特曼、德莱塞或辛克莱·刘易斯，而是读济慈、雪莱还有华兹华斯，因为他们才是真正用英语写作的人。我们需要的应该是神圣的优雅和成就。否则你去上学做什么？我们学习帕尔默式字体规则，要求书写每个字母都必须遵循规定的高度、宽度模式。就像在古代中国，所谓"心正则字正，书品即人品"。这种关联展现了犯罪、邪恶以及市民动乱的新景象：能够清楚表明一个罪犯性格的标志之一就是字迹是否潦草不清。我们课程里有一门叫品德课，是要像算术课那样打分的。早上就开始检查双手、手指甲、鞋子。每个学生转身面对离自己最近的过道（在第24小学两人同桌）给老师检查。这个老师通常是个爱尔兰老姑娘，穿着黑长裙黑皮鞋，头发绑到后面盘成髻，幸运时能闻到她身上樱桃肥皂的气味，倒霉时就闻到洗衣房的气味。看到手脏，她就让我们掌心朝下，镶着钢边的尺子啪的一声敲到指关节上。两人同桌很容易讲小话，结果就是自己的头和邻座的撞到一起——老师从身后悄悄摸过来，然后你们就会感觉到片刻的眼冒金星。

如果被叫上去写黑板，就要自动收拢自己所有的东西——钢笔、擦笔布、吸墨纸、笔记本、橡胶鞋套、毛衣——把它们放在地板上，回到座位时又把它们都放回去。因为东西一旦远离你的视线就不安全。这说明了我第一次看卓别林电影时为什么会感到困惑。他在电影里经常从水果摊上偷个苹果，或是从口袋里拿个钱夹。我一边跟别人大笑，一边却很紧张。对于这样的滑稽场面，我有些不解。十三岁时我们全家搬到布鲁克林，我进入詹姆斯麦迪逊中学念书。是母亲说服他们在我从文法学校毕业之前先收我读一个学期，"这样他就可以和表兄弟们在一起啦"。上课时，老师叫同学上去写黑板。我第一次看到大家把东西留在座位上时都吓呆了。我们第24小学在中央公园举行运动会的时候，这边田径队队员穿着短裤正骄傲地奔跑，那边却有人把他们的便服从寄存柜偷走了。我七八岁时有一天傻傻地一个人在公园溜旱冰，结果被一群意大利小孩打劫。很久了我都还记得他们把我压制住后往我鼻子迅速挥上一拳的滋味。然后他们就拿着我的旱冰鞋跑走了。回到家，母亲叹了口气摇摇头。还有黑人和波多黎各小孩，他们大多是从乡下过来的第一代移民，当了小偷也不会太吓人。面对这座城市，还有质问之前总先挥动警棒的警察，他们还是很胆怯惊恐。公园禁止溜冰，如果被巡警发现，你就准备好被他挥舞的警棒击倒吧。有些警察真的很喜欢玩这招。

不过，警察里面也出英雄。在110街和利诺克斯街的街角，车流成河。一个年轻的警察正指挥交通，突然几颗棒球从我们身边飞过。他左手一伸，抓住棒球扔回街上去。偶尔，棒球打得非常高飞出他的路段，"左撇子"就会追着球跑。于是宽阔的110街上所有车辆突然转向，接着传来急刹车的尖叫声。纽约警察可能比较粗鲁，不过如果旅行中你弄丢路费，警察就会成为你的患难之交，你可以跟他要个五分硬币。二十多人的警察骑马队每次神气地经过时都留下许多马粪，我们每天下午都得扫走它们，开道来玩弹珠。我们宝贝的彩色玻璃弹子，需要用指关节敲打珠子边缘。等到上楼时脸都冻僵了，手上还留着热烘烘的马粪味。另外还有送奶工和街头卖冰的马车。马匹就站在公寓大楼前等候主人，眼睫毛温和地一开一合，好像水底珊瑚在扇来扇去。有一次，我们站在那里看到它们勃起变长的玩意儿，觉得困惑不已。

大多数时候，随着季节变换，我们的游戏层出不穷，痛苦就随之消散。可是不时地会发生一些事情，让你内心备感煎熬。因为克米特有一张图书证，所以我也得有一张。上学后我获准加入110街上第五大道旁的那个图书馆，终于在春天一个炎热的下午走进那个地方。里面幽暗凉爽，跟我以前去过的地方都不一样。桃花心木柜台光可鉴人，靠在后面的女士双颊红润，说话轻声细语，仿佛身处于葬礼上，那里有种神奇的东西，而正常的音量会破坏它的神圣。于是我踮起脚尖尽量靠近她，耳语般回答了她的问题。名字，地址，年龄，学校，妈妈的名字：奥古斯塔。说到这里，我的胃里好像有什么东西开始纠结。大家都只叫她古斯或古希，所以此刻我好像是说了谎、化了装。接着那位女士问我父亲的名字。我从没想过会这样。我原以为只是来到这里，开开心心地办理我的图书证，就跟哥哥一样，要轮到我摆脱小孩子身份。我抬头看着她的蓝眼睛，却怎么也说不出父亲的那个犹太名字——伊西多尔。呆若木鸡的我只是摇头。"你妈妈叫他什么？"我中了圈套。笑容从她脸上退去，仿佛在怀疑我什么似的。我脸颊发烫。不可能是"伊西"，最后我说"伊兹（Iz）"。她不解地问："伊兹（Is）？"我点点头。"那是什么（Is what）？"我冲到了街上，我很肯定，几分钟后，我就回到家和同伴一起玩圈圈捉迷藏，或是玩弹弹球，把球砸到大楼墙上。

我在六岁上学之前，应该是没听过一句反犹言论。事实上，如果我有想过这件事情，那我是以为全世界也许除了那个"左撇子"警察和米库什之外全都是犹太人。我趴在地板上研究别人的鞋子、沙发下的棉绒、钢琴脚底的铜轮那短短几年里，我的皮肤已经吸纳了欧洲两千年的历史。虽然对它一无所知，我已成为它的一部分，就像成为一部我不知道的史诗中的一个人物，或是浮在美国这个神秘大熔炉上面的一块不溶物。用后来的话来说，就是我已经被人"编程设定"，摒弃出身的自豪感，选择其他东西，从而瞧不起父亲自以为是的威严、和警察的打成一片以及吆喝打车的派头，甚至也瞧不起把对上帝的恐惧放到棕熊身上的米库什先生。不知为何，父亲身上散发出一种威严，大概是因为他身材高大，白皮肤蓝眼睛，方头红发，模样好似有权威的爱尔兰侦探。他牵着我走在小巷边时，常走着走着就停下来，两眼愣愣地看别人玩掷骰子游戏。他觉得餐厅好好招待他是理所当然，根本用不着他示意，服务生就要过来。如果菜没做好，他会毫不犹豫地退掉，而且认为这没什么大惊小怪。我虽然了解他的过去，但还是不明白这种爵爷的派头从何而来。甚至在听别人说话时，他的脸上没有一点质疑的表情，却还是会令说话的人注意收敛言辞。他坦率自在地凝视，蓝眸一派纯真，没有自信的人看了就脸红耳热。如果有人称赞他拥有某种道德力量，他一定会惊讶不已。事实上，他不大理解什么是道德力量。对于大部分人来说，生活太艰苦了，没有太多时间来大公无私，尤其是他。可是我能肯定，他把那种对身为少数民族的忧虑遗传给了我。父亲的建议总是言简意赅，仅一句话就能明白地说明那一点。有一次，他一手牵着我，一手牵着我哥哥经过110街，看到一起摩托车事故。我们两个正要奋力向前一探究竟，他把我们拉了回来，领着我们慢慢向前走，只是说了一句："不要凑热闹。"这就够了。

不过我怀疑自己如此害怕那个图书馆管理员，即便不是主要但也有部分是遗传于他。父亲一辈子本能地拒绝对犹太人忧形于色，母亲则不同。她总是期望从他们身上找到更多的情感、更高的道德，所以总是失望气愤。她这些幻想波动反复涌现，折磨着她，有时令他很不耐烦，对于她的天真甚至又嘲笑又摇头。不过并无明显担忧能扰乱他那份含蓄的自信。我母亲的父亲，卢易斯·巴内特，有一次教导我永远都不能从挂在利诺克斯街教堂外边人行道上亮着灯的大十字架底下走过。如果我不小心走过了，并发现自己做了什么，就要马上吐口水来净化自己。自此以后，我对那个十字架总是有着轻微的恐惧，不过主要是怕它没挂稳掉下来砸到我。没有人跟我解释这番训诫背后的理论或是历史来由，令它带有种迷信或恐吓的内在象征意义。

实际上，人们不大愿意解释清楚一切亵渎圣灵的事情，即便是我们的希伯来语老师。他每周来我们家几次，教导我和克米特为我们几年后的成人礼做准备。这个蓄着胡子的老古董只会教我们死记硬背，他先读一遍希伯来单词，然后再领我们读一遍。这本书里有关《创世记》的篇章的英文翻译有希伯来文的对照，但没有对这些英文的英语翻译。"苍穹"是什么意思呢？最糟的是，我把一篇文章都读对了，竟被这老头儿吻一下，感觉就像被一丛玫瑰抱住。有一次他大笑着靠过来，掐了下我的脸颊，很痛，还叫我 tsadik，意思是"聪明的人"。他这样夸赞我的原因，我在那个时候不明白后来也不明白。我不得不使出全力控制自己，做出欢迎他的样子。他的课无聊又没意义，不过我的厌恶可能仅仅是出于一种不安分的精神。我同样厌恶钢琴课，或者说厌恶任何一套有碍我对立竿见影的幻想的规矩。后来小提琴突然变成"我"的乐器，就像二垒成为我的位置那样不可预测、无法改变。母亲给我找了个老师，这个可怜的男人借了把小提琴给我开始练习。我发现将橡皮球打到琴背后会弹得老高，而且琴弦全都嗡嗡作响。于是我跑下楼把它当作网球拍来打，最后把琴颈打断了。母亲小心翼翼地把散件放回琴盒，还给人家。我又开始梦游，这比学习可有趣多了。我已经把当初看着图书馆管理员和蔼的脸庞时那种突如其来的令人窒息的恐惧深深掩藏了起来，现在只能想象自己一直坚持不懈地、默默地排斥那些我趴在地板上听来的东西——故事，谈话，充满恐惧的声调——它们一点点地把我推进一个圈子，旁边围满了凶狠的陌生人。

　　毋庸置疑，米库什就是其中一个。我所知道的那些神秘的敌人中只有他一人有名有姓。不过，对米库什的害怕，倒不是因为那种神秘的仇恨，更多的是来自公寓里所有男孩在屋顶上跟他玩猫捉老鼠的游戏。那是我们最喜欢的游戏，我哥哥还是个中高手。玩法是，站到屋顶平台上，从这边跃过一条走道跳到这栋六层楼公寓的另一边。尽管我已经在梦游时体会过悬空六层楼高有多恐怖，还是忍不住想要看克米特高高地站在平台上面。这时米库什会从小窗口跳出来一直追我们，不是担心我们有人会掉下来，而是在意我们的鞋跟在屋顶的沥青上弄出洞来。发现我们为躲开他从铁楼梯噌噌地窜进大楼，他便大叫一声："不准碰那屋顶。"等我们飞奔窜到楼下，他那波兰人的狂啸怒吼仍回荡在门厅的瓷砖地板上。

他是波兰人，所以公寓里的犹太人都相信他恨他们，就像他在拉德米左的大部分同胞那样。在拉德米左，犹太人大屠杀和有关故事满天飞。在他们歇斯底里的牧师的鼓动下，波兰人想把那里的犹太人赶尽杀绝，只有奥地利国王弗朗茨·约瑟夫和他的军队阻止了他们。不过，我跟米库什还有一种说不清道不明的关联。我有一辆几乎全新的自行车。有一天我在公园练习脱手骑车，结果车架撞到路灯灯杆上，三角架弯得厉害。他空凭两只手就把它给扳直了。我觉得世界上没有人能够这样孔武有力。不管他是不是波兰人，我都相信他对我心存善意，对他，我就没那么害怕了。有了这样的关系，就能理解一点，即十几年后希特勒上台，德国犹太人即便有能力，却不会马上离开德国。假如我们住在德国，米库什很可能就成为公寓里的纳粹代表。但是现在，即使他依然仇视犹太人（这一点不容置疑），我们也很难想象他会拿着名单挨家挨户地把我们押上车送到集中营处死。毕竟，他把我的车架扳直了。

在图书馆里自己的恐惧是如此毫无防备、惊慌失措，也许是因为我这一生都无法相信所谓现实是看得见摸得着的。我们受到的教育是学会接受感觉和体验。我最重要的老师就是我母亲。她在任何地方都能看见来自其他世界的秘密信号。没有电话，她也能和远方的人们甚至死人通话。正因为她让人亲近，我想这让她更加觉得自己在事情发展过程中何等重要，也让生活更加有趣。不管原因为何，我刚把自己对人性残暴的天真看法清除得干干净净的时候，那个管理员突然的出现好像一种威胁，让我觉得自己如同被迫害的预备人选，结果落荒而逃。我被教导要会发现危险，即使是在它不存在的地方。但是我没学到如何应对危险。这种困境将持续很长一段时间。相同的困境下，如何在人类间寻求一股对抗任意杀戮的力量，正是我的剧本《维希事件》

探讨的政治主题。但是，诚如历史所示，这股力量只能是人性。何其不幸。

在我看来，母亲的神秘招来死亡无所不在，导致我心存偏见，后来不让孩子学习宗教。通常上帝代表死亡，那么人们崇拜的、爱戴的不正是死亡吗？如果我早点学会忽视她的悲观灰暗就好了。事实是，她的悲观时常具有先见之明。她弟弟莫曾经负责赶骡运输弹药到法国前线去。有一天下午，正下着雨，她和他参加完一个葬礼回来。他刚在客厅那张粉红色缎面的某某刘易斯牌直背椅上坐下，她就双手撑着头，尖叫着让他马上到门外擦掉一只鞋跟上的灰色水泥块，否则家里必有人死。那双鞋很好看，棕色牛皮的，鞋底和鞋身中间有一圈白色珠子。他马上跛着脚走出客厅，不让那只鞋跟碰到地毯。

我长大后应该和莫很像。这个高挑、温和的男人却被第一次世界大战摧毁了精神。仿佛除了身体在苟延残喘外，其他都已万念俱灰。那时候连我都注意到在他身上感受不到一丝快乐。甚至他结婚也没有举办重大的宴会，没有举行仪式迎接妻子西莉娅。她娇小玲珑，几乎不足五英尺高。走路的时候，他经常弯下身去，一只手护在她背后，当她是孩子一样。二十年代他顺应潮流，跑到佛罗里达投资房地产。不久，出现房地产热，有人发了大财，有人无知受骗。莫是后者。他脑袋进水发了晕，结果所有投资化为泡影。回到家时他只剩下一身晒得黝黑的皮肤，我母亲看到后还很欣慰，以为他的身体完全康复。谁知不久，他就被送回萨拉纳克湖的军人疗养院，并最终去世。我忍不住想到他鞋子上那块水泥块，开始隐约怀疑那个迷信是否确凿可据。只有母亲懂得迷信的种种规定、忌讳，想到这个，我开始觉得担心害怕，明白拥有先见之明毫无成就可言。"我就知道！我早就知道！"我们听到他去世的消息时，母亲号啕地大哭大喊。

还有一次也是如此。我们在大西洋城一家酒店过大节期。她突然从沉睡中醒来，坐起身说："我妈妈去世了。"果真如此，时间正是那天晚上那个时刻。当然，她这神秘的能力并不全跟坏事有关，常常也让她乐天知命，尤其是跟我有关的事。我只是画了条直线，她就把我夸成"明日的达·芬奇"。我要是事情没做好，她全当是老师的错，或是我一时迷糊，对我既往不咎。所以我能太平无事，直至第24小学校长费舍尔小姐把她叫去谈话，说我不守规矩。

母亲念的小学跟我是同一所，当时校长也是费舍尔小姐。母亲握着我的手坐在办公室里，听着她以前的女神说："我不懂，奥古斯塔，像你这么优秀的学生，怎么把他教成这样呢？"母亲像犯了错的小女孩，羞红了脸。费舍尔小姐脖子上蕾丝网状的衣领有细细的象牙色勒条箍住了下颌，所以她的脖子一直高高地挺着。每次看她都要抬着头，累得我斜头歪脑，要忍住做鬼脸还真是困难。她已经一头白发，裙子长及脚踝，穿着长袖衬衫，胸前褶皱上浆硬挺。母亲开始眼泛泪光。那位尊贵的女士继续说道："克米特倒是真的很乖。学习方面非常聪明伶俐。"我也开始哭了，还觉得母亲扶着我的头的地方开始刺痛，让我以为就要眼冒金星了。但是更糟的是，母亲一脸失望黯然。我是怎么啦？我为什么会是这个样子？上帝呀，求求你让我像爸爸妈妈还有哥哥一样优秀吧！每到这种时候，我的人生就如一艘小船般在悔恨的汪洋中摇摆前行。

从图书馆的惊恐事件到费舍尔小姐的谈话这段时间里，我像加入了某种三教九流的地下组织。我父亲和哥哥属于那条闪亮蓝色界限之上的世界。他们全都品学兼优。但是要给母亲划分就没那么简单了。我们刚走到111街上，她就抓着我的手腕用力摇，还用皮夹子在我头顶上用力一敲，然后弯下腰冲着我的脸大声叫道："看你都对我做了什么？"真是双重斥责呀！在那时我就知道她不是为了她自己来骂我的，我做什么，她都喜欢。她是代表费舍尔小姐、我父亲、克米特甚至整个美国来斥责我的。这样却令她更痛苦，因为在她内心深处并没有觉得我做错了。所以，回到公寓的时候我们俩比以前更亲近了。我假装愧疚不已，她则伤心绝望。过了一会儿，我们两个喝到了热腾腾的巧克力。只有此时她的声音才透露出一丝与我一丘之貉的事实。她开始了。"听着，"我从杯沿边上抬头看她，"我想你要乖一点了。"我答道："我会的。"态度非常认真，后来也有说到做到，不过，只维持了一段时间。

当然，无论是私底下还是台面上，总有些榜样我们奉若神明，并用他们的品质来包装我们自己，而那只会东施效颦。母亲最小的弟弟海米虽然智力平平，但年轻俊美，最得母亲欢心，因为母亲非常喜欢俊男美女。时髦的他领带打得又紧又细，衣领笔挺紧绷，连皮肤都勒皱了，帽子都斜斜地戴在头上，正好遮住一边眼睛。他大笑的时候一口白牙衬着黝黑皮肤闪闪发亮。他创办了一间小工厂制作人造花。每次他来看望我们时都会送花给我们。那些花摸起来痒痒的，不过做工非常精致。

一天下午，他和一位身穿白大衣黑皮领、身材纤细的金发女孩一起出现。他说，这是他的挚爱，斯特拉。我发现母亲第一眼看见她就不喜欢她。她兄弟的妻子她没一个喜欢的。米隆的妻子敏妮又胖又矮又蠢，还用人造水果装饰帽子。她甚至在自己儿子染上肺结核后还陪他睡，因为她觉得儿子需要安慰。我母亲从未听过弗洛伊德，可是她知道这样做有点可笑，有点变态。她还会四处模仿敏妮讲话时的哭腔：皱着眉，用手捏紧鼻管，发出猫一样的声音。而哈利的妻子远远配不上他——总之，他们选择的配偶都让他们有失体面。贝蒂曾经是歌舞杂剧团的舞者，斯文的哈利大概是被她那丰满的身材迷住，这点可以理解。可是至少他还可以找到一个更体面点的。事实上，斯文的他的确被这个女人迷到神魂颠倒，在一天夜里溜进他父亲的办公室里想要偷保险柜的钱。

其实，我母亲对她们的反感恰恰说明她在自己婚姻里的束缚感。在她的后半生，经济大萧条掐断了她想要改变的最后一丝希望。这些女人反而全都变成她最亲密友爱的同盟和朋友。敏妮还是跟儿子睡到他二十几岁结了婚。不过，丈夫倾家荡产的时候，她不离不弃，坚强陪伴。就像俗话所说，是个好人呐。也许贝蒂真的在三流舞厅跳过艳舞，但是，大萧条时期她非常坚强，第一个孩子——一个可怜的唐氏综合征患者——生下来后她也非常勇敢。她说这是上帝的警告，让她信教。所以，她也是个认真的女人，一个拥有真正品质的女人。

斯特拉在孤儿院长大。我母亲老觉得那是她自己的错。有一天她把海米单独留下，要求他不要把自己的一生浪费在这个女人身上，不值得。她的头发明显染过，人还瘦骨嶙峋，手粗脚大，马一样的牙齿，嘴大得可怕，笑起来声音既像喇叭又像男人。于是母亲以为，一定是斯特拉怀孕了。可是海米发誓没有。那两个人能在一起真是令人匪夷所思。这么英俊的男人怎么可能娶一个长得丑而且生活贫困的孤儿呢？还有，她为什么把头发染得那么俗气呢？海米和他哥哥莫不同。莫性格内向，好像总能透过我的眼睛来探寻我，让我感觉到自己的存在。海米就不会注意到我。他只忙着对玻璃窗或者墙上相框顾影弄姿。他孤芳自赏这点和他父亲卢易斯·巴内特倒是如出一辙。大萧条最困难的时候，他一无所有，口袋里的每一分钱都是我父亲给的。即便如此，每周他还是会散步到理发店，把范戴克式短尖髯修剪得有模有样，还上了粉，秃顶的头上还喷了香水。连那位意大利理发师都觉得他虚荣过了头。

卢易斯和海米都是奇才一个，但海米有个本事是别人没有的。他可以一边微笑一边从他门牙间将猎鸟子弹射穿房间。这项才华一定是在海军军队里磨炼出来的。那里有各种类型的猎枪，都是哈莱姆区所没有的。家庭聚会就是他射击才艺的表演时间。巴内特家和米勒家都是大家庭。四分之一个世纪过后，几乎每个月就会有一次葬礼。此时正是家族的青年时代，举办过许多的婚礼和成人礼。那些年女人们把晚礼服都穿破了。在举办这些仪式的大舞厅里常常看得到海米的身影，还有他瘦骨嶙峋的金发妻子。她高兴地大声打着招呼，声音嘶哑刺耳，时而和男士们低声耳语，惹得他们哈哈大笑。女士们则相互对看，似笑非笑，觉得受到冷落。他在场中面面俱到，笑容优雅。神奇的是，他的周围就好像突发跳蚤症，人们不停地用手扫过脖子背后或是额头上面。很快，无论是跳着舞的还是站着喝酒的，舞厅里所有人都在瘙痒。我母亲冲到海米前面，重重地打了他胸口一拳，喊道："不要胡来！"但他申辩自己是无辜的，吻了她一下，便牵着她跳起舞来。她可喜欢跳舞了。一边跳着华尔兹，他还一边朝其他舞者微笑，然后那些人又开始扫脸上的跳蚤，让她简直受不了，忍笑忍得快要疯了。海米能把一手的猎鸟子弹含在嘴里，而且枪法极准。他能随意地射穿耳朵，百发百中，绝对不会射中眼睛。当然，被射中的耳朵开始泛红后，人们就连别的地方也想挠痒。他试过教我这招，可我怎么也学不好。后来他改教我把两根手指放到口中吹口哨，真是响亮有力。这个是我收到过的最棒最有用的礼物之一。

海米跟坏小子演员乔治·拉夫特很像。三十年后有个下午，我去看电影《热情似火》。他走上台的样子让我想起了海米。几名贴身保镖随其左右，他神情轻松惬意，眉脚高高挑起。保镖们左右观望，一脸防备，警惕任何人会威胁到他的人身安全、尊严或鞋油。即便只是参加社交应酬，和这部电影的导演比利·怀尔德说几句话，注视玛丽莲·梦露一两分钟后转身离开，他都完全一派君临天下的气势。他带着种魄力，仿佛他一到来成败立即分明。后来，辛纳屈和梅勒走入人头攒动的房间时也有这种气势。海米倒是没有随从，也许将来有一天会有，但是等不到了。二十七岁的一天，他走进位于利诺克斯街与111街转角的一家药店买消食片。等店员转身递给他药时却发现他倒在地上，死了。

母亲戴上黑色面纱去出席葬礼，我和哥哥不能跟着去，说是不好，尤其他是这么早离世，不合天理。母亲接到消息后哭了一整天，哭得上气不接下气。她第二个弟弟三十岁未到就英年早逝。"那该死的药店店员，"她边对着梳妆台的镜子调整面纱边说，"如果早把药给他，他也就不会死了。"后来，虽然不太情愿，她还是承认应该是死于心脏病，而不是药店店员的错。不过，从那以后她对那个人总是冷眼相待，再也不待在药店里聊天。她还让我一个人去买菝葜和蓖麻油。我得当着药店店员的面皱着眉把那玩意儿喝下去，他看得可高兴了（有一次她也派我一个人去看牙医，住在一楼的赫伯特大夫。那时我才七岁，凌晨两点钟突然牙疼。于是我走下楼按他家门铃。他穿着睡衣开了门，看到穿着睡衣的我，一句话也没说，拖着拖鞋走进办公室，打开灯，示意我坐到椅子上，然后拿出钳子，问："哪一颗？"我手才一指，他就把它拔了出来。整个过程，没有循循善诱，不做准备活动，一下子就结束了。我还没来得及喊叫就出了门，按电梯回到了楼上。家里所有人都还在沉沉睡梦中）。

海米过世后斯特拉当上美甲师。一年一年过去了，她没有一点想要再婚的迹象。仿佛从中看到她可贵的忠贞不渝，我母亲更加喜爱她。事实上，斯特拉在理发店碰到的男人数不胜数，只是不会再婚。多年后有一次我低头剪脖子后面的头发，她对我说："小子，那是因为世界上只有一个海米。"正如以前他们所说，她真是个"硬"女子。她笑起来永远是张大了嘴巴，声音洪亮，语气愤世嫉俗，好像觉得整个世界都滑稽可笑。我有几十年没有她的消息，直到1961年一个凄凉的下午。我在24街的百老汇看见一家理发店，忽然想到要剪头发，振奋心情。我透过窗户打量那个地方，却惊讶地看到一个背影好像斯特拉，背部以我熟悉的角度微微拱起，带着防备的姿态。当时她正在和一个边抽雪茄边剪头发的客人说着话。其实他也没几根头发。我走了进去。她没有转身。我看到她一手端着美甲盘，听到她沙哑的声音哇啦哇啦地说着，语气兴奋得叫人难为情。那时的她快七十岁了。我一想到她会认出我来就胃不舒服。刚刚和玛丽莲离婚，我不想有人问我这件事情。我肯定她会很好奇。但是我也不想这次以后再也见不到斯特拉。理发师指了指她身边的椅子，我坐了下来，静静地说了声："斯特拉？"

海米去世已经有四十年了。现在我母亲和巴内特家的其他人——她拥有过的唯一的家人——也都不在了。她转身看到我的那一刻我突然明白，因为长相的关系，我可能是她看到的这个家族中最后一人。讽刺的是，看得出她转身时正准备要跟顾客打趣逗弄一番，但一看清是我，她紧绷的嘴角有了一丝软化，出于爱而一时有些哀伤，却很快被她沙哑的大笑掩饰过去。"阿瑟，"她叫我，语气平缓、友好。我的衣服照旧皱巴巴的，头发早该修剪，样子和万人迷海米差远了。那个男人兼具时尚和品位，绝对不会以这番憔悴模样示人。我觉得自己和斯特拉一样，一定会因此惊叹，生活太不公正，活下来的人本不该是我吧。多年前的那种感觉又回来了，她的特立独行让我既着迷又畏惧，只有任凭她摆布。

她很快觉察到这一点，开始问："你在这儿干什么？""这儿"是指那里的二等办公楼区，五点后成功人士都已下班离开。我当然住不起这种地方，虽然那时这种街区也有破旧的公寓和几家级别参差不齐的宾馆。

"我住在附近，"我回答道。马上，阵阵风从我耳边呼啸而过，道出我已没落却拼命挣扎着想要将之遗忘的窘境。"在切尔西酒店。"

她先是惊异、不可置信，然后觉得好笑，最后变成同情。不过至少我不再是她关注的焦点——我高兴地看到她心里的疑问在转来转去：他是落魄、破产、东躲西藏还是精神失常？她牢牢地注视着我，不带任何情绪，令我自惭形秽。"我在报纸上看到了。"她说。我知道她是指我最近的离婚。我点点头，承认我们两个同为天涯沦落人。她很同情地说："真是糟糕。"

她大概以为我现在的状态一定是欲求不满。于是我看着她灰色的眼睛说："是，也不是。婚姻走不下去了而已。"

她一脸的惊讶以及不满。我觉得就像是不赞成我靠在钢琴边上要求山姆再弹奏一次。那些年里我反复看过这种反应。接着她问候了她未曾见过的我的孩子们，还有我的哥哥和妹妹，不过语气已经冷淡了下来。她和琼一直有联系，因为琼当了舞台和电影演员，她现在可是密切关注着。等理发师过来开始给我理发，她就逛回到角落她的小桌子旁，开始和一个中年男人聊起来。那男人正小心翼翼地把肚子上的夹克扣好，同时从镜子里检查刚刮好的脸。我能听到他们大笑时她那沙哑的笑声，还有她对他的样貌的职业性关注。当时我想，她的满意对我为什么这么重要。她是个笨女人，只要乔治·拉夫特甚至诸如阿尔·卡彭或者"臭虫"西格尔之类的人向她点点头，投以诚挚的目光并加上一句"亲爱的，你好吗"，就能让她感到荣幸之至，如同置身天堂。

她那位矮胖子客人正要离开，于是她也开始收拾工具。我注意到店门窗格上已经挂起一块板子，所以说我是最后一位顾客，可以有时间来和她谈一谈。但是似乎她并无此意。我是不是令她想起太多关于海米以及她曾经拥有过的生活？我从两边墙上对挂着的镜子中看着。她脱下白色外套，把稀疏的头发刷了最后几下，第一万次照了照镜子，就像是一个面对全世界的十八岁女孩。她仿佛神话中的某种鸟，配偶虽被猎杀，却成为她眼中永恒的形象。这个女人，我一辈子跟她也不会待上几个小时，却对我如此重要，这多么奇怪呀！现在她倾身照镜子，抿了抿涂了口红的嘴唇，仿佛今晚她正准备回到她空空的房间去见她的男人，那个跟她认识几乎不超过一年的男人。可怕的是，她原本会和这个男人厮守一辈子。我想，是海米一闪而过的形象还在支撑着她的精神和力量。于是，我脑海中浮现出那样一幅画面：她身穿白色皮领大衣站在110街一扇窗户灯光之下，而拥有魔术师般敏捷身手的海米，在我坐着的母亲面前，像拉手风琴一般来回翻动一沓明信片，上边是他们蜜月之旅的目的地佛罗里达度假胜地。我不想海米发现母亲对斯特拉的冷淡，于是从他手中拿走明信片，看到他们打算前往的每一处海滩每一个游泳池都哇哇大叫。我人生第一次成功地引起他的注意。坐在理发店的椅子上，我仍然能够回忆起那种注意带来的激动。现在我觉得那次注意是因为感激吧。海米喜欢我！海米赞赏我！他显然是母亲最疼爱的弟弟。母亲永远不能原谅上帝将他带走。在那一刻，我和他分享着她那超凡的爱的光芒。

"亲爱的，再见，"斯特拉出门前在我身后停了一下。透过镜子我看见她穿着一件精心缝制的英式雨衣，戴着一顶男式帽子，围着一条暗紫色的软绸围巾。真是精神！我坚持转身跟她握手，于是她走到理发师一侧，在我身旁站了一会儿，似乎是出于怜悯。忽然一瞬间我才明白，我走进这家店就把她曾失去的一切带了进来，包括我刚刚去世的母亲。她后来慢慢喜欢上我母亲，两人拥有许多相似之处。她们都喜欢听黄色笑话、龌龊的妙语、性丑闻、绯闻，还喜欢豪放女的私语世界和她们的香气。

我握着她的手，最后只能微笑。她倾下身子吻了吻我的脸颊，我满是感激。

"我会再来看你，"我说，但心里知道我不会再来，因为我们俩的生活中已经没有再留下什么，或者我再来时她已经不在这里了。她点了点头，似乎也明白，然后走出门，在暮色中消失在昏暗的街道上。理发师剪完头发，马上脱下我身上的围布，抖一抖让头发掉到地板上，一语不发。他已经看出我给她带来的困扰，这让他对我非常冷淡。

虽然夕阳还没落下，23街已经空无一人。销售香港发条玩具和仿制银制餐具的玩具批发商店、二手办公用品店以及二手电动机店全部关门过夜。第七大道几码之外停车场前面的水泥地板上镶嵌着巨大的黄铜字母"PRO"（普洛），从中间被人行道一道缝隙折断开来。耸立在这里的是普洛克托的歌剧院，纽约最刺激的剧院，经常有杂技与大型表演。我父亲年轻的时候它就耸立在那里，多年后父亲只能回首追忆了。停车场夜间也是空荡荡的。这座城市发狂般向未来挺进，同时还拽着回忆不放。我站着等待红绿灯的时候明白了一件简单的事情：斯特拉对我戏剧创作的影响并不少于我母亲。那些创作的背后隐藏着这样一条原则：如果可以的话，永远不要让一位没有教养、粗俗直率、喜欢染成金发的女士失望地走出剧院。这些秘密的关联总是那么奇怪：一开始是无意中吓到我的图书馆管理员，让我对人们的反犹情绪感到困惑不解，最后是名寡妇，加上墓地和死亡，仿佛一个真正的三角洲正呈扇形般没入大海，但是我的困惑又将它从大海深处推了回来。

但是，实际上对犹太人的回忆当中更清晰的部分充满的不是恐惧和逃亡，而是力量和坚定。我记得在114街的犹太教堂里，自己坐在留着长胡子的太外公巴内特膝盖上听他祷告。他低沉的声音在我耳边回响，身子前后摇晃，我好像坐在旋转木马上一样跟着摇摆。偶尔，他的大手摁着我的头把我推到一边，然后大吐一口气往他专座旁边敞开的大门咳出一长条烟痰。我看见痰从太平梯上滴落下去。四五岁的我自然还不识字，更不用说是希伯来语。可是他会一直把我的脸转过来对着祈祷书，然后指着那些单词让我看。就像我之后了解的那样，它们全是本身具有魔力的单词。除了含义之外，它们的笔画也是一门艺术，最初由那些见过上帝之光的人来书写。那些单词引领人们走向地球中心，迈入苍穹之外。尽管我还一无所知，但是有时这一切令人惊恐，因为这全是男人的天下——女人们被安置在阳台上，享有观看和羡慕的优待——其实好似俘虏等待救赎。只有回到家，那里才是他们做主的地方。

我坐在太外公膝盖上望过去，这一切像是一场清醒的梦：起立坐下，人们深情地说着一门难以理解的语言，声音抑扬顿挫，响彻云霄。偶尔向阳台瞥去一眼，可以看到母亲正注视着我和克米特，还有坐在一排位子上的太外公、外公和我父亲。有时会看见她流泪，我以为是因为坐在阳台上特别自豪。我从未弄清正在发生的这一切，这甚至都是自然合理的。因为每次我一提问就受到一声严厉的"嘘"，唯恐上帝向我投以不耐烦的一眼。所以我只能闭上嘴，发明自己的宗教，它由许多特写镜头构成，包括胡子根部、眉毛、鼻孔、手背、指甲以及《托拉》律法经卷的特长镜头。人们有时候会碰一碰这些经卷，有时候把它们从约柜里面搬出来（它们一起住在约柜里，待门关上后彼此还会交谈），或者把它们轻轻地搬离约柜，给整个教堂的会众传递致吻，因为它们是律法，它们是心脏的心脏。这个世界一直希望将它们扔到九霄云外去，从此分飞离散，罪该万死，可是偏偏永远也摆脱不得。当然宗教信仰不能没有敬畏。但是如果说114街犹太教堂里的一条小生命还有意义的话，所谓信仰的事业如排山倒海迎面而来，接踵而来的则是了解到人已经避开宗教的极恶后的宽慰。不过，我了解这件事情的方式，正如其他事情一样，显然都有点古怪。

我后来慢慢相信，太外公是喜欢我的，尤其喜欢坐在"会堂"里有我在他身边。他祈祷的时候会把他的大手放在我肩上，身上气味强烈刺鼻，也很独特，混合了亚麻布料的霉味、烟味、梅子白兰地的酒味，还有人味。周五晚上他身上的味儿特别重，因为从上周六起他就没洗过澡。那个时候好像人们更多地依靠气味来相互辨认。对于一个小男孩而言，每一个人当然有不同的气味，而我的太外公身上好像一个气味乐队，一举一动都会发出不同的气味：抬起胳膊拥着我，抖动他宽厚有力的肩膀上那条祷告披巾，用手指梳理胡子，或者转身从裤子后口袋掏出手帕。

我仿佛已经进入一幅幽暗美丽的挂毯，它的所有图案彼此相对地既流转变化又恒定不变。当然那中间，就是站在又高又黑的天花板下面的我，旁边是太外公，低声解读经卷里的希伯来语。我身旁的哥哥已经无所不知、英俊、爱干净、无比诚实正直，越来越像父亲。而我的父亲在犹太教堂里的时候却是在祈祷书中寻找"那个地方"，就像他一生会做的那样。他会拼凑出足够的希伯来语，让自己对它有些感觉。只是每当我们眼神交会，他就会用那双蓝眼睛一本正经地对我眨一眨眼，好像在说："坚持住，很快就结束了。"至于我外公卢易斯·巴内特，在他身上我只能看到不苟言笑、沉闷小气。一点也不像他自己的父亲，为人那么开明灵活、喜欢微笑。人类的进程永远都是此一时，彼一时。

那样虽然懵懂却非常有趣的宗教生活终于在一天傍晚达到了高潮。那天只有我和太外公两人，他教我遮住眼睛不要看，然后做了一件不可思议的事情。他脱下鞋子，露出光溜溜的白袜子，然后站起来，举起祷告披巾盖住他的头，并且最后一次警告我不能看。等我用手遮住眼睛之后他竟然悄悄走开，留下我一个人坐在短凳上面对诵经坛的一面，而它旁边的就是他的长者座位。

我在一片漆黑中乖乖等待着，听到我面前只有几码之外的诵经坛周围聚集越来越多男人们的说话声。诵经坛安放着沉重的烛台，还铺着饰有流苏和金色穗带的红色天鹅绒桌布。诵经坛的上方是圣柜，一个与肩齐高的小壁柜，两扇饰有雕花的门背后摆放着《托拉》经卷，好像一间小型玩具屋。我感兴趣的自然要数那两扇小门，大约三英尺高，大小刚够我钻进去，我可喜欢这么干了。我一直喜欢看着那两扇门开开关关，然后有人小心翼翼地把同我一般大小的经卷轻轻地放到有幸能够搬运它们的那个人的肩膀上。在这个仪式的整个过程中我一直屏住呼吸，因为我知道万一把它们弄掉下来我将永远坠入黑暗。这是毫无疑问的。

现在，我的手指凭借对宗教顺从的所有力量摁在紧闭的双眼上，在所有的事情中，我竟听到男人们开始唱起歌来。不是像合唱队那样和谐一致，而是几十人唱出各种不同旋律，轻柔独特。接着我听到低沉的敲击声，并且越来越多，越来越重。歌声也越来越响亮，其中一些似乎凌驾于忧虑的男中音基调之上，突然一个高音如同鸽子一飞冲天，同时敲击声越来越快。我开始害怕起来，于是把一只眼睛上面的手指分开，透过睫毛缝隙窥视，然后看到了最令人震惊的事情——大约十五个老人弯着腰，全身披着他们的祷告披巾，脚穿白色袜子，正在跳舞！我吓得直吸气。太外公一定也是其中的一个。而我看到不该看的东西。但是禁忌的东西到底是什么呢？是他们把鞋子脱了，还是他们竟然如此为老不尊？！或许是即便年岁已高他们仍然以隐蔽而神秘的方式来享乐吧。我之前从未听过这种音乐，如此狂野。而每个人随性起舞，不必在乎彼此关系，只为外面那个黑暗的空间，那个地方超越了家人和人类，那个地方倾听我们的祈祷，你也许会这么说。

现在他们开始掀起头上的披巾。我迅速地遮住眼睛，假装自己不得不坐在那里等到太外公回来让我睁开眼睛。这种骗术其实特别伤人。关于他的回忆是如此鲜活，因为我在那么小的时候的确已经感觉到他是如此爱我，潜移默化中他已成为我写作努力效仿的榜样。可是还没等到我上学他就去世了。

　　这个老人讲故事的本领相当有名。我虽然听不懂依地语，每天晚餐过后还是坐到母亲身旁，和十多个家人一起听他说故事。他坐在餐桌尾座上，拂着长长的胡子，一直不停地讲，中间只有要吐痰或者猛抽一口烟的时候才暂停一下。对他精心赢得的这块舞台他可是非常享受。当我叫母亲给我解释他讲的某些内容时，她总是向我摆摆手并大声地"嘘"。于是我只有沉迷在他施展的魔力以及他那音乐般的声音中。现在我只记得一个故事的片断，当时母亲在听他讲的同时抽空给我翻译了。在老家有一个男人。一天夜里，他穿过一处墓地想抄近路回家。这时，墓碑背后走出一个——"等等！"她停了下来，眼睛睁得大大的，像个孩子似的，还张大着嘴巴，想听清楚太外公接下来要说什么。老人接着说下去，一分钟过去了，两分钟过去了。我再也等不了，拉着她的衣袖要她翻译。"嘘！"她一声回绝了。看来是没希望了。我只好瞪着餐桌那头那位魔法师，看那些大人们由他攥在手心里不能自拔。

　　几十年来我一直看着这些跳舞的男人们穿行于我的回忆里。每一次我都决心弄清楚他们那次仪式的意思，然后却忘记要完成。直到最近在写这本书的时候，我最后不得不要说清楚那次到底是否真实发生过或者只是一场梦。一位拉比朋友听完我的描述后笑着跟我抱歉地说，他属于改革派的拉比，只能猜测那像是一种正规而古老的东正教活动。不过那次是在什么季节呀？他接着问。我想从当时自己的穿着上找些线索，但想不起来。然后我想起通往有痰滴落下去的太平梯的那扇门。这意味着当时一定是春天或者秋天，因为夏天的时候我们一直在法洛卡威。我的朋友现在判定就是秋天且是律法节，三大节假之一的住棚节的最后一天。律法节的意思是"沉浸在法律中的喜悦"，是庆祝主把律法恩赐给他的子民。住棚节期间，会众一起欢快起舞，也只有在这个节期才有机会把所有的经卷搬离约柜，给整个教堂会众传递致吻。唯一令人不解的是让我把眼睛蒙起来。这种做法连这位拉比也闻所未闻。它一直是我对那次情形记忆里密不可分的部分。可是朋友的玄虚之词又令我怀疑，我是真的被禁止不能看呢，还是因为过于畏惧——那种场景当然非常刺激吓人却又美妙——我只敢在回忆里幻想自己瞥到一眼？可以肯定的是，我的确看到了不该看的东西，那就是原本神圣的事情得以平凡化。不过回到那时候，太外公也许只是开玩笑地拉着我的腿警告说："不准看。"而我对他太过敬畏，就把话当真了。无论如何，他就是唯一很爱很爱我的那个老人，六十五年之后当我想起他的时候，只觉阵阵暖意涌上心头。

他的逝世，虽然算不上是他本性的写照，但一直投射出他本性中某种诗意的光芒。他八十多岁的时候觉得生命即将走到尽头，于是一天早上他把小妻子叫到床边，让她去请那个年轻的拉比。夫妻两人共处七十年了，她从没看过他那样的眼神。她以最快的速度把拉比带来，此人显然是114街犹太教堂新来的。他同老人坐着，伴他一起祷告直到他睡着，然后便离开。几个小时里，我焦虑的太外婆把她的孩子们都召集到位于哈莱姆区一栋赤褐色砂石建筑二楼的公寓里。老人一直沉睡。医生被请来给沉睡的他做了检查，只是证实了如大家所想，老人同其他所有人一样，即刻就要回到亚伯拉罕怀中。医生走了，孩子们也走了，他们都有自己的生活要过。就在太阳下山的时候，老人醒了。妻子问他感觉如何，他躺在那里想弄清楚自己的头为什么明显比以前低了下去。他慢慢地翻身，因为他依旧是个大块头。然后在枕头底下摸了又摸，接着坐起来拿起枕头和睡衣，最后看着一脸困惑的妻子问："谁把它们拿走了？"

在经济动荡那几年，太外公不免俗地把许多财产换成珠宝，那要比现金省地方又容易收藏。显然他属于少数派，总是认为没有一家金融机构会百分之百的诚信或是安全。持同样想法的还有 W.C. 菲尔兹 *，另一个世纪之交的人。对于自己的冷漠态度，他总是直言不讳。无论是多次口诛笔伐，还是将储蓄分别存进全国各地多家银行这种几近疯狂的行为，都表明他认定总会有那么一天，一些银行将携款潜逃，或者伪造破产申请。事实上，就在太外公在枕头底下搜寻他一生的积蓄之时（这可能显得有些精彩或荒谬），纽约证券交易所总裁、金融圈德高望重的领袖人物理察·惠特尼正因为赃私狼藉被判入狱，被关押在新新监狱，在那里他不乏同伙。而经济大崩盘也证实了太外公和菲尔兹的怀疑，并粉碎了多数派的信赖和幻觉。

　　虽然生着病，太外公还是绝对记得自己曾把那不甚丰厚的所有财产藏在枕头底下。于是他询问有谁来探望过他。妻子立刻颤巍巍地报上名单，当然，没有遗漏那位新来的拉比。不顾她的反对，他命令她帮他着装，然后拿起橡木拐杖，也不让她搀扶，一步步走上麦迪逊大道，从 112 街走到 114 街，最后走进犹太教堂，找到了正伏案工作的那位拉比。他对拉比说，他希望拿回自己的珠宝。拉比抬头看着他，面无表情地复述了一遍："你的珠宝？"听到这个，老人举起拐杖，趁拉比还未闪躲逃跑就一把架到了他脖子上。真是一阵混乱。太外公追着拉比满屋子跑，其他人则试图抓住他挥动的那根正义之杖。不过此时太外公的身上仿佛注入了新的生命力。最后，两人都气喘吁吁，拉比停下来转身面对他。他举起双手，走到盖在椅子上的大衣前，然后伸手摸进一个口袋，拿出一块打结的亚麻布。老人弯着手指解开，看了眼并大致算了下，便把它塞进自己大衣里头，走了出去。他回到家，却几乎上不了楼，只能勉强穿过那条狭窄的棕色走廊躺回床上。消息

* 　W. C. Fields（1880—1946），美国著名电影演员，以刺耳的嗓音、蒜头鼻和爱讥讽的性格而知名。他出演的电影包括《我的小山雀》（1940）和《你不可欺侮老实人》（1941）。

不胫而走，我母亲和她父亲以及整个继承人军团立刻集合，看着他从枕头底下拿出他一生的财产分给他们，然后他叹了一口气就合上了眼睛，再也没有醒来。

三十年后，1952 年一个寒峭的春日，我参观了历史协会的"女巫博物馆"，里面收藏的关于马萨诸塞州萨勒姆的巫术文献应有尽有，馆内只有我独自一人。当时这个协会在学术界几乎无人知晓，不过在我的戏剧《萨勒姆的女巫》受到公众关注之后，游客便络绎不绝。引起我注意的是几幅蚀刻画和木刻画，作于 1692 年萨勒姆迫害案开庭审判期间。画中再现了萨勒姆迫害案的前后经过，这样波士顿和其他边远地区的人们就可以掌握第一手信息，了解受到女巫毒害、诱惑、哄骗的人们是如何歇斯底里。画中几个受尽折磨的纯真女孩恐惧地指着一个农夫的妻子，这个暗中残害她们的女人傲慢地站着，对于基督徒的指控根本不屑。旁边画的似乎是教堂或法庭的一扇大窗，前面隐约可见一名法官、大约十五位下属官员，还有基督教牧师。牧师们身穿及地长袍，蓄着好先知一样的长胡子，怒不可遏地看着那位在恶魔驱使下顽固到不可理喻的被告。画面上的光亮与阴暗邪恶的区域形成强烈的反差。

那时我正在为《萨勒姆的女巫》收集资料。看着这几幅画，我突然觉得巫术和清教徒崇拜有一种熟悉的内在关联。它的幻觉，它的愚蠢，还有它的庄重。某种更为个人的东西而非大众对自由正义的追求，回到我的生命中。原本我写这个剧本几乎是为了自己，但是就在那一刻我奇怪地发现自己竟是如此熟悉这些新英格兰人，我头脑中最暗处为某种直觉所触动，我本能地将他们看作是希伯来的先人，二者同样拥有激昂的理想主义，对上帝的虔诚，克己复礼，一样追求纯粹、知性、优雅的言论。上帝令他们如此疯狂，就如上帝令犹太人努力坚持对主的信仰那样，好像盛放在一只独特的不锈钢容器里般牢固。现在在这些图画里，他们也蓄着胡须。奇特的是，建筑和灯光让我联想到114街上那间阴暗的犹太教堂。在那里我经常抬头仰望，眼睛还未触及尘世的天花板，光线似乎就已经隐没在天堂暗淡的未知世界。结果人们都在移动，仿佛悬浮在并不属于这个世界的冷光中，没有明确的轮廓。这种印象我想是来自于我最初透过眼皮在迷蒙中看到的那场魔幻舞蹈。将来当我与某位"神"、某位童心未泯的老人不期而遇时，我不止一次地感觉到我们的关系压着一份无以名状的重量，它来自一种古人的重复再现。也许《代价》里的格雷戈里·所罗门就是其中一位。另外一位则是《维希事件》里那位沉默的老犹太人。

　　对于一个大家族而言，生老病死周而复始已是常事，不可避免。有时候在往来公墓之间会形成一种共鸣，一种节奏。某位住在布朗克斯或克利夫兰的姑妈或是伯父去世了，于是先送葬至墓地，聚集在起居室用完咖啡蛋糕，然后再次与少于来往的他们道别，因为他们即将从我们的人生中永远消失。对于小孩子而言，没有什么场合比葬礼更开心的，几乎比婚宴还要好，因为婚宴时已是深夜，人都已经昏昏欲睡。可是在葬礼上，男孩子绝对不会遭到严厉斥责，因为看到死神降临的大人们更会宝贝他，心想，感谢上帝他还完好无损。在这一不可忽视的事实面前，他所有的缺点也就荡然无存。
　　的确，如果愿意的话，男孩子可以利用死亡来约束自己的无法无天。当初导致费舍尔小姐把我母亲叫到学校去的违纪事件就是我在最不合时宜的时候咯咯大笑。那是一个美丽的春日，我们班六七个黑人男同学开溜跑到112街对面一处屋顶上面冲我们挥手，引我们大家注意。当时，我们的老师，六十岁左右的丹尼尔斯小姐，正在朗读《尤利乌斯·恺撒》的片段，只是她读的一字一句没有一个学生能够听懂。就在她相当陶醉之时，她感觉到孩子中间涌动着一种压抑的骚动。于是她抬头望去，看见街对面那些小坏蛋。于是勃然大怒，命令我们所有人连瞥都不能瞥一眼过去，只能全心全意地听她讲莎士比亚。我跟其他人一样努力克制自己，也许甚至比他们还要努力，因为我母亲和克米特都指望我能表现良好。另外，那时我还有了一个小妹妹。那可是一个全新的责任，需要我以身作则呢。

这六名逃逸者大概是最糟糕的煽动者，班上同学很快就归顺于丹尼尔斯小姐，甚至几乎都站到她那边，一起反对那几个辜负她用心教育的家伙。我直直地盯着她，希望能忍住不朝窗外看一下。刚觉得自己做得不错，肚子就开始作恶，阵阵鼓动。我知道我准会捧腹大笑一场，笑到嘴巴咧到后面都能把耳朵吞下去。无奈我只有绷紧下巴，使劲抓住课桌。突然我就想到死去的海米舅舅。他已经不在了。他的确葬身黄土之下，任凭风吹雨打。英俊的海米舅舅呀，我的母亲，我可怜的母亲总要为他痛哭失声。我的肚子平复了，大笑也没了踪影。从那一刻起，我只要强迫自己想我去世的英俊的舅舅，就能控制住笑声。有时候，我不仅仅是想到他而已，我还想象自己在他弥留之际将他抱在怀里，甚至有几次和他走进棺材，轻拍他的脸颊。他一直是值得依赖的源泉。

岁月流逝，就这样在这种反复的节奏中停停走走——葬礼、婚礼和成年礼，出于某种不为人知的原因只在恰当的季节进行的游戏循环。在人行道上画格子棋盘下跳棋必须得在春天，在路边遛玻璃弹子只在秋天。总会有一两个男孩把上一年的跳棋和玻璃弹子存着，待来年当季又卖给其他孩子。我和我哥哥都不会这么做。乔·鲁宾就是其中一个令人讨厌的放债人，后来他自然成为华尔街一位重要的律师。另一个则是我最好的朋友，希德·弗兰克斯。他父亲是位真正的银行家，而他后来成了纽约警察。希德那时候就会做晶体管收音机，真的能收听到广播节目。下雨的午后，他不再疯子似的在楼道跑上跑下，而是对着从图书馆找来的数学课本努力解题。他是我认识的人中第一个会具体谈论未来的人。他讲到未来好比楼梯，每一级阶梯必须依次攀升——包括某些循序渐进的科学程序，某些申请入读的学校，某些被认为是一个人的专长的科学领域。

希德的父亲是市中心一家银行的总裁。每天早上从公寓出来，昂首阔步地走向一排由专属司机驾驶的轿车。这些车子是专门在路边等候他以及其他大人物的，他们每天出门的时间相当规律。弗兰克斯先生抽着烟斗，烟斗里插着半支雪茄。他穿裘皮大衣。有一辆机车牌汽车，是所有车子中最漂亮的。那是一部米色的敞篷旅行车，有漂亮的辐条车轮，两只米色的备用轮胎用帆布包着装在前面挡泥板槽里。车子本身已是雍容华贵，根本不屑把名字印在轮毂或是水箱上。那个时候的汽车几乎都是手工制造，这也是它们更为骄傲的一点。主人们都希望自家的车子跟邻居的不尽相同。希德和我攀在六楼窗台上辨认底下开过 110 街的车子，我们俩都能叫出每一部车子的牌子，因为它们的特色如此分明。这个时期车子品牌要比 1929 年后多得多。我们瞧见过由专职司机驾驶的密涅瓦牌汽车，或者，是一辆西班牙-瑞士牌，甚至更豪华的帕卡德牌或皮尔斯-箭牌，马蒙、富兰克林以及斯特恩斯-奈特牌汽车，有些车子司机的驾驶座还不设顶篷，暴露在天空中。看到这些就能了解到真正的权贵，感受到所谓权势的震撼。这些车子就是滚动的雕像，就是擦拭得锃亮的钢图腾，仿佛反射着星星光芒的透镜。毫无疑问，它们所代表的社会权势绝对不曾衰退、不曾从地球上消失，因为它们唱着属于自己的轰鸣声。那是从喉咙深处发出的自信，因为那闪亮的玻璃窗背后坐的都是大富之人，连他们的司机也成了有钱人。那时富人还不会像经济大崩溃后那样因为富贵深感内疚。

有些车子不仅有专属司机，旁边还坐着一名仆人。两人身穿搭配完好的制服，双眼牢牢直视前方。他们的制服常常是好看的糖果颜色，有淡紫色、巧克力色、白色、蓝色，还有黑色。我很喜欢在他们等候自家老板的时候跟他们聊天，希望他们允许我在方向盘后面坐一小会儿，或是看一看引擎。我一直想知道汽车是怎样开动的，但是没人告诉过我。我想是这种糊弄让我觉得挫败，以至于后来觉得读书是一件非常困难的事情，不过原因恰恰相反：我几分钟就能明白的东西老师解释起来却没完没了，所以我会分心晃神，然后还得收心回来跟上。我还很小的时候有一次坐亚伯伯伯开的车，是一辆帕卡德。我就坐在车子前座我父亲和亚伯伯伯中间——就是当年被派去迎接乘船来美国的我父亲的那个伯伯——我听到父亲问他车子性能如何，他回答道：“噢，她非常优良。”我透过挡风玻璃看到沿着长长的蓝色引擎盖往下有支镀银温度计从镍水箱上伸出来，好像一位奔跑的女人踏在车子上引领着车子开动。“那里面是不是有位女士？”我问亚伯伯伯。他和我父亲闻言都哈哈大笑起来。不过他们自然也不懂得汽车的原理。既然那里面显然没有女士而车子却在跑动，我只有认为它的动力来自它的女性化，这是它自己的鲜活人格。我身边的人对机械原理都一无所知，这更让我觉得希德和他分析型的科学态度越来越有用，甚至必不可少。

二十年代中期，白人还不必空出房子让黑人和波多黎各家庭入住，也根本没有人以为哈莱姆区整个地区会成为黑人贫民窟。实际上不可思议的是，纽约市一些最好的餐馆能够在7街、利诺克斯街以及125街区生意兴隆。棉花俱乐部位于哈莱姆黑人区，光顾的却大部分是白人。利诺克斯街起码有一家舒伯特剧院，就在115街附近。还有一些合法剧院散布在哈莱姆区，演奏的百老汇热门戏剧实际上都是路边公司制作的。我母亲喜欢去舒伯特剧院看日场，我就是在那里看了我生平第一场舞台剧。当时我八岁，只有我陪她去。哥哥大概忙于学习或是去市中心让一位牙医给装牙套。哥哥这样的苦差事可不少呢。当时这还是新技术，要给牙齿去色价格不菲。我的牙齿和下颚一样往前突出，不过因为我不是长子，而且他们认为我去整牙也不值那个钱，当时可是令我松了一口气。如果说这样令我失望，倒也让我不必像克米特那样背负重任。对此我虽很敬重，但并不想要分担。这一切在他的成年礼上达到高潮。这可怜的孩子要用三种语言发表同一篇演讲，有英语、希伯来语和德语（此时仍然是文化上的高级语种）。其目的，我想就是要传达我母亲对愚蠢无知、傲慢无礼的米勒家族的蔑视，因为家族中虽然有许多人受雇于我父亲却依然认为他低他们一等。听完克米特的演讲后，他们向他表示祝贺，同时觉得不舒服想要捍卫自己，于是转过身看看我，像之前经常做的那样询问彼此："这家伙是从哪儿来的呀？"这早早地给我上了宝贵的一课，知道该如何离群索居。这也是我每个月离家出走三次的原因之一。

我夹在琼和哥哥中间，琼显然取代了我从前家里最小的宝贝的位置，而哥哥的身高不是我能望其项背的。琼还在我和克米特之间制造了新的竞争，并很快发展为两个男孩因不能同时抱这个小宝贝而经常打斗的情形，随后几年里也将会如此。离家出走好似自杀的另一种形式，可用以惩罚所有人。这个主意我是跟奥利弗·特维斯特学的，我唯一不想向他学习的习惯就是捧着空碗讨问"要多一点"。这个乞求令人心碎，简直可化作库鲁圣插画里名垂千古的一幕。而我的问题却是如何拒绝他们强迫我吃食物。最激烈的一次战况发生在一天早上。我们讲波兰语的女佣萨蒂总是在母亲睡觉的时候给我们做早餐。那天早上她要我吃黏糊糊的燕麦粥。最后我的脸被她推进滚烫的粥里。萨蒂尖叫起来，说着一堆波兰语，夹杂着我自己的叫喊，哥哥的惊呼，最后还有母亲的叫声——她披着睡袍来到我们跟前，一边给我擦脸一边在我头上轻轻打了几下——这一连串高低起伏的声音把我大脑的分子结构重组了一遍，最后形成一个计划：要永远地离开家，将到现在为止我在家里所占的地方空出来。既然他们不希望我存在，那我自己走掉好了。

出走的念头除了受狄更斯小说的启发，一定还有其他原因。这个想法一直浮在空中，并且坚信自己真是个孤儿。因为除了和母亲有点相似，我和其他人完全不像。这让我心寒，并明白了为什么我做的一切都是错的：虽然没人承认，至少没人当着我的面承认，偏见早在我出生以前就存在，我的所作所为都属徒劳。我只是不属于这个家庭。在低俗小说、电影、连环漫画中，出走的男孩总是用根分叉的棍子挑着包袱，里面装着他们所有实用的物件，可能再加上一个三明治。他们消失多年，最后改头换面，衣锦还乡，并且准备宽宏大量，原谅自己的父母，因为他们也已饱受惩罚。在霍雷肖·阿尔杰*的故事里——当时绝对不是玩笑——人们普遍（当然也包括我）认为那个孤单的男孩未来一定会成为资本家。哈克贝利·芬†对自由的强烈渴望不是虚幻的文学创作，而是我自己内心的真实写照。

我没有木筏，只有单车；没有密西西比河，往南只有中央公园，往北则是利诺克斯街和哈莱姆区。我选了哈莱姆区。我没有留下纸条，以免到时改变主意决定回家会很丢脸。另外，不做任何解释应该更能让他们伤心吧。当然那天我还是要上完学，直到三点过一点点才回到家。天还是够亮，有时间让我在天黑前将自己和这间讨厌的房子之间的距离拉长。萨蒂竖着一头纠结如弹簧的红发正在厨房煮亚麻布。这样我就不能偷偷地自己做个三明治，于是我不经意地要她给我做一个。

---

* Horatio Alger（1832—1899），美国著名教育家、小说家。一生共创作了一百多部励志小说，其代表作有《菲尔是如何成功的》《小贩保罗》《衣衫破烂的迪克》《乔伊历险记》《沃尔特的考验》《格兰特的勇气》等，塑造了一系列出身卑微但依靠自身勇气、信念和努力终于获得成功的少年形象。
† 马克·吐温《哈克贝利·芬历险记》的主人公。

她很高兴地答应了，因为她最喜欢的事莫过于看到我吃东西。用亚麻手巾包起三明治，我就出发了，很快来到路上。我没有分叉的棍子，110街没有这种东西，若是去公园砍下一根一定会被警察鞭打一顿，所以我把三明治挂在车把上。

故事里，逃家的孩子很快会被百万富翁的马车撞到，从而结识他们，被他们收养。可是越往北部的哈莱姆区走去，我意识到遇到富人的可能性就越来越小。以前我从不敢冒险走出116街，除了和家人一起到125街的餐馆吃饭，或者和哥哥一起去上城某个文法学校参加田径运动会。因为没有想过一旦天黑该怎么办，我无所畏惧，沿着偏离利诺克斯街的小巷辗转骑向上城，即使我知道黑人与我们之间应该存在一丝敌意。不过我和学校里的黑人小孩从未起过冲突。和其他一些小孩尤其是波多黎各小孩相比，他们心地更善良，反应更迅速，更容易发笑。而波多黎各小孩则比较紧张，经常喋喋不休地说着别人听不懂的语言。不过，我最好的朋友里面有一个名叫卡里欧的男孩。我很羡慕他十二三岁就可以毕业去学玻璃装配业。我会喜欢上切割玻璃的，虽然同时我也为自己能够进修"专业"课程、考上大学而感觉高人一等。这种体制毫不掩饰自己的阶级意识，这在当时看来极为自然实在。我们的神话已经掌控我们的思想，我们的角色甚至我们的穿着都已经在未来规划好了。我慢慢穿行于哈莱姆区，心中担心的是不要在麦迪逊大道东侧迷路，那里住的是意大利人。和其他任何一个民族不同，他们不知为何总是凶猛残暴，随时准备打斗。在哈莱姆东区我比较有可能被人推下单车，但在麦迪逊西侧则不会。

我越往上城走，在街上和门廊台阶上看到的黑人面孔就越来越多。这里熙熙攘攘，这是在市中心感受不到的。我当时还不知道这种过度密集暗藏着哈莱姆即将沦落成贫民窟的秘密。几年后，我们周围所有好的公寓大楼都被房东切分成单间公寓，租给两三户黑人家庭。连我父亲都对此愤怒不已。1928年我们搬到布鲁克林区时，我们的房东正高兴地预备把那套六室的公寓租给两家人，以收得更多房租，他才不管房子会因此破损多少。

如果说我踩着单车从130街前往上城时没有感觉到危险，或者说我觉得注视着我的那几个黑人和蔼可亲，那也绝不表示我认为自己和他们是一样的。之前我和白人男孩打过架，却从没和黑人小孩打过，也从没有被他们抢劫或恐吓过，所以和他们一起我觉得更安全，不像在白人社区我反而是个陌生人。不过黑人自有神秘之处。首先，我发现很难明白他们的说话方式。作为一个天生的模仿家，我经常发现自己把它夸张化滑稽化。当然，电影里面他们总是头脑简单、行动迟缓的家伙，两眼因怕鬼而转来转去，但从不危险。最后这一点要归功于好莱坞，让我对黑人奴隶有了错误的印象，以为他们完全不具威胁性，从属于白人或者是低人一等。我父亲的一个富翁朋友有过一个黑人仆人，每次穿新鞋都会穿出个洞来。他那样做时我觉得很好笑。

到130街上面一条街的时候，我看到有一小群人聚集在一起，于是停了下来。一个黑人男子躺在人行道上，他的头扭向路边一道正在流淌的脏水，将舌头伸了过去。有人说了"煤气"这个词，我想是那个人吸了家里煤气炉里的煤气，所以被熏到口渴至极。他鲜红的舌头离污水只有一英寸，可是没有人帮他靠得更近一点。他们静静地站在那里，向下瞪着他，看着他奋力想要喝上一口。我将车骑走了，穿过大树拱起的树枝底下，经过黑人房屋干净的前门台阶和明亮的窗户。这里的一切看起来和市中心没什么不同，除了房间里的人更多一些。

待暮色四合，我想起还有三明治，于是跨坐在单车上吃了起来。我已经忘记了生气。此时街上到处都是出来买菜做晚餐的黑人老太太。她们当中好几个又肥又胖，几乎举步维艰。许多小孩光着脚跑来跑去，我想这不是由于家境贫困，而是因为他们来自南部，在那里住时他们习惯光着脚。他们大概是这么跟我说的。在哈莱姆我终于心平气和，于是又优哉游哉地骑回了家。等我把车停在门厅时，心里非常期望能再见到我母亲，看看晚餐有什么吃的。那块逃家用的亚麻手巾让我给塞进抽屉里了。

大约五十年后，在七十年代我有一次到纽约城市学院做讲座。大约四点半，一个美丽的春日午后，我走出校园，独自一人在修道院大道上信步而行。那次我骑车出走就快要来到这个山头。讲座结束后，表演系的学生为我表演了我自己戏剧里的几场戏。《桥头眺望》里面有一场精湛的演出让我既惊讶又感动。由一名韩国学生扮演埃迪，犹太人学生扮演贝特丽丝，黑人学生扮演马可，还有一名中国学生扮演他弟弟鲁道夫。他们的表演质朴而富有感染力，我走出这座都铎式校园时还深深沉浸其中。1932年我曾经想要在这座校园开始夜校课程学习，不过不到两周就不得不放弃，因为白天在一家汽车零件仓库工作八小时后我已是睡眼惺忪。我对城市学院的记忆只有在化学课上睡着了，甚至还有一次我手上摊着一本参考书站在拥挤的大图书馆里也睡了过去。那间宽敞的图书馆里坐满了人，花饰铅条窗台的每一个空地也都让人占着书本和笔记。我来得晚，连窗台下也没有位置了。此时已近午夜，而那天我早上六点就起床，坐一个小时二十分钟的电车和地铁，从布鲁克林赶到第63大道和第10大道我上班的地方（林肯中心后来就建于此地），然后赶到哈莱姆，还要努力背下与《凡尔赛条约》相关的史实。就在那个晚上，我把参考书还给图书管理员，然后离开走进黑夜中，明白自己办不到。

现在我再次走出城市学院，但这一次是带着我对观赏到的那些表演的愉快回忆，以及从位于高处的房间里所看到的这座城市最为壮观的景色。我走到街角，四下张望找出租车。奇怪的是竟然看不到什么车子，只有一两辆轿车驶过，宽敞的街上行人也很稀少。我抬头望向天空，广阔清澈，万里无云。我发现几家窗户背后有人在看我，全都是黑人。一群二十出头的年轻黑人男子，大约四五个人，高声谈论着朝我这个方向走来。他们一看到我立刻变得沉默，随后分成两列从我身旁走过，脸上掠过惊异的神情。我转身看见他们回头瞥了我一眼。怎么回事？他们为什么对我这么好奇？这时两个中年黑人妇女从学院那边走了过来。她们打扮漂亮，衣着整洁，微笑地走近我。

"在等地铁吗？"

"我想叫辆出租车。"

"出租车？在这里？不，不，这里你叫不到出租车的。"

她们是学院的行政管理人员，刚听了我的讲座，也看了学生为我表演的戏；还事先查过我 1932 年的成绩单，笑着向我汇报说我那两周的成绩全都是 D，不过至少我从未缺勤。我们聊了一会儿，不过我注意到她们的笑容里有一丝紧张——她们也没有急着要在街角和我熟稔起来。简单交流后其中一位提出要陪我到几个街区之外的地铁站。结实的黑人妇女对我总是非常友好。我谢过她们。即便猜到她们比我更为强悍，似乎有着身为中产阶级的惊人体重，但是想到要由她们保护我仍不免感到尴尬。

"我想我再等几分钟好了，不过还是非常感谢。"我说。

她们走了，不必再掩饰不安。我又独自一人站着，朝那几扇窗户看了一眼，那几张黑人面孔还在注视着我，毫无疑问好似在等小鸡被拔毛。我当然知道自己陷入了遥远的过去，记起自己还是个孩子时拼命踩着单车，千辛万苦拿下分数，就为了前途一帆风顺。我可能还从许多公寓的门面、飞檐和窗框上的徽章联想到一种中产阶级的时尚（其中一些很像巴黎 16 区优雅但乏味的建筑）。无论是哪种情形，既然那时的我不愿意面对事实然后逃离，现在的我也做不到。站在哈莱姆那条街上，我仿佛回到了家。如果说我有灵魂之根的话，那它就藏在那些人行道里，那一道道大门仍向我散发出温暖的能量并将我包围。我怎么能够像一个陌生人、一个入侵者那样一走了之呢？不过，等我意识到自己站在那里已经超过十五分钟、太阳就要下山了，我才想着回到学院去试一试能不能打车。我太后知后觉了，才明白那两位女士不仅仅是想要将我带到地铁站，而且还会陪我回到市中心；她们说顺路，其实是暗示我一个人进地铁站也不安全。

正在这时，我看到三个街区之外好像有辆出租车正朝我慢慢驶来。车子漆成了棕色，中间涂着圈泛白的宽条纹，不是纽约市出租车的颜色。不过车顶上立着一块破牌子，我隐约看到上面写着“出租车”。车子过来了，我看见两边窗户破破烂烂的，保险杠用电线拴着以免掉下来，水箱电子扇也没了，司机还是个黑人。车子慢慢停在了我面前。后座的乘客给司机付了钱，打开门走出来。那是我这辈子见过的最漂亮的女人之一。她一手抓着食品袋站直后和我对看了一眼。是个模特，我心想。巧克力肤色，整齐的牙齿，闪烁着智慧的双眼，貂皮帽，米色大衣——她的妩媚迎面袭来，我几乎就要窒息。此时此地我完全为之臣服。

她眉毛微微一挑，嘴角浮上一丝微笑，假装惊讶地问道：“你要坐这辆车吗？”

我笑了起来：“如果他让我坐的话。”

“哈！那我可是大开眼界了。”说完她蹬着高跟鞋走了。那是我自五十年代以来看过的最细的高跟鞋，踩在鞋子上的那两条腿真是撩人。

我倾身看向司机，小个子，蓄着胡子，三十来岁。他正忙着把钱叠好，没怎么看我，甚至不愿意和我攀谈。

“你能送我去市中心吗？”

“我怎么去得了？”

“为什么去不了？”

他终于把钱收好，才看了看我，问道："你去市中心的什么地方？"

"嗯——"我想了一下——"你能开到96街吧。"我知道，这辆车只能定点停靠，又没有营业执照，算是违法驾驶。

"可以呀。不过我可能就被吊在那里了，接不到返程的客人。"

我当然早就知道，两种文化之间那条坚不可摧的界线就是96街。我只是不去理会这一点。我内心深处仍然拒绝承认那条边界如此清晰。

我问："不如我付你双倍价格，这样你回来就不算空载，你看如何？"

他转过身来，透过挡风玻璃看了我一会儿，然后答应了。我上了车。座位已经低到车子地板上，离靠背还有一大截距离。我使劲扳它，多少调到对的位置，但还是坐得不舒服。垫子好像被小鸡用爪子扒过一样，露出里面的泡沫橡胶。有一扇车门连把手都没有。我们慢慢地开往市中心。我快乐极了。

"这车子真够可以的。"我说。

"这个？这可不是一部车子而已，它就是历史。"我倒是没想到他能说出这样有文化的话。"你来这边做什么？"他突然问道，语气略带一丝怀疑。

他脸上沾着一层灰白的粉尘，看得出已经疲惫不堪。他的手指细长如笔杆，指甲扁平椭圆，很长很黄但是很干净。他穿着两件粗针毛线衣，开车时两手紧紧抓着方向盘，好像担心车头随时会甩出路面。

"我给学院做个讲座。"我解释道。

他没吭声，继续开过一个街区。然后他又问："讲些什么？"

"戏剧。我给剧院写剧本。"

他又没吭声。再开过一个街区。"你到哥伦比亚大学做过讲座吗？"

"做过。就在几年前。怎么了？"

又是沉默。接着开了一个街区左右，他终于决定回答："我曾经在那里教社会学。"

我之前没有走开真是正确！

"后来政府撤销了我参与的项目，所以我现在干这个。"

"那你挣得到钱吗？"

"多少有那么点吧。"

"你当时参加的是什么项目？"

"对纽约的埃塞俄比亚人的研究——我是埃塞俄比亚人。"

"在那里出生的吗？"

"是。我留在美国，只因为我曾在军队担任军官，一下飞机就被他们抓了过来。"

"可是你开出租车能开多久呢？"

"这就是问题所在——我也不知道。我赚到的钱真的不够，但是我并不打算回到那个残酷的战场。"

"怎么回事呢？我消息不太灵通。"

"当官的都喜欢战争，就这么简单。他们想要名利双收。"他的声音轻轻柔柔，好似一阵轻风。

开到96街后，他提出一路送我回到23街的切尔西酒店。然后我们到隔壁酒吧喝了杯啤酒。我问他我一个人站在街角是不是很鲁莽。他浅灰色的眼睛和窄长的脸庞有种修行者的神情。他低头看啤酒，然后抬头看我，耸了耸肩，沉默地摇了摇头。他和我一样困惑，不愿放弃某种坚定的信仰，同时却因为精神麻痹而不能再去信仰什么。人类最神秘的莫过于要求人以群分，拥有种族和党派。但其实这违背了理性，结果是种族拥有了杀戮整个世界的权力。

此后不久的一个美好夜晚，我和妻子英格从剧院出来，决定走路回到切尔西酒店，就不从西40街剧院区坐出租车了。将近午夜，42街往后人烟渐渐稀少，34街以南更是渺无人迹。第七大道几乎没什么车。毛皮区也已人去楼空，路上一个行人也没有。除了运送报纸的卡车或流动式出租车偶尔经过，没有其他动静。你如果在这条大道上扎个帐篷，也不会有人来烦你，但白天这里可是挤满了商业用车。我们边往南走边谈论着刚看的那出戏。这时候，我发现有三四个男人站在27街的角落里。在离他们大约半个街区时，我听到一阵爆笑声，我想是酒后的肆意使然。我把英格拉过来靠近些，从他们身边走过。他们是黑人，很年轻，二十来岁。我快速扫了一眼，心里稍感安定——他们的头发都理得很整齐。不过，我们经过时他们却沉默了。我们继续向前走。我忍不住四下张望，看如果需要的话，大道那头能不能找到援助。可是什么也没有，只有这条空旷黑暗的大道。不过我不是害怕，而是感觉到灵魂奇妙的终止、内心生命的终结。我想那一刻若是真的怕他们，一定也会有恨意涌上心头。可是我当时并没有恨意和其他情绪。接着我听到身后传来跑步声。有几双脚重力踩踏人行道快速奔跑着。我把英格推到路边，我想我们唯一安全的做法就是把他们引到大街中间来，以避免被他们推进一扇门里面去。

只听一个低沉的男中音大声叫道："米勒先生！米勒先生！"

我难以置信地转过身来。四个高个儿黑人青年叫着我的名字向我们冲来。出名真好！他们气喘吁吁地在我们面前停了下来。

"您就是米勒先生，对吧？"

"正是我本人！"

"我就知道！"其中一个人获胜般地冲其他人喊道，然后转身对我说："我认出了你。"

"唔，说实话，你们几个刚才在那边可吓到我了。"

大家哈哈大笑。认出我的那人握了握我的手说："朋友，我一直都很喜欢你的音乐！"

该说什么好呢？"你们还在读书吧？"我问。

"我们是纽约大学的。"

"噢，那你们认得的是另一个米勒先生，去世很久的乐队指挥格伦*。我是作家。"

他们尴尬地道了歉，不过因为之前学过我的剧本，还是贴心地装作很热情，好像我就是吹长号的似的。我们再次握手，确认这次没有认错人，最后愉快地挥手道别。

从紧张到惊喜，我们自得了好一阵，好像不是运气而是我的才华在我们身边画了个有魔力的保护圈——我后来意识到这种反应很荒谬。不过我告诉自己，如果我对向我们逼来的跑步声没感到害怕的话，那一定是我的才华所画的保护圈起了作用。是我不能面对真正的失望吗？又或者这座城市不像人们说的那么糟糕？

我知道我对哈莱姆区的温馨回忆带有欺骗性。甚至在我梦里，黑人形象虽然有时含糊吓人，但通常都是受难者和受伤者。例如六十年代我做过一个梦，梦到一个男人坐在咖啡馆桌子旁低头喝酒。他戴着顶草帽，帽檐罩住了他的脸——梦中我是浮在半空向下看着他——我飞近一些后看到帽子一侧剪了个孔，一双黑人的眼睛正透过孔瞪着我，神情既不恐怖也不友善，就看你如何揣摩。他的眼睛长在脑袋两侧，可以看见四面八方。这或许是判断力的一种无言象征，或者是对我高空臆测的一种衡量，又或者二者兼而有之。

哈莱姆区这样一个模糊地带，还是充满生机与活力。每当天气暖和夜幕降临，希德·弗兰克斯和我就把我们捉到罐子里的萤火虫放出来，看着它们从前门窗口飞扑下六楼，穿过 110 街，消失在公园里。

---

* Glenn Miller（1904—1944），美国乐队指挥，曾担任本·波拉克、瑞德·尼可斯等爵士乐队长号手。1939 年组建米勒乐队，次年凭借唱片《月光小夜曲》《棕色小罐》《喜悦心情》声名大噪。1942 年参加空军，两年后被报道于执行飞行任务时失踪。

冬季寂静时分，我们坐在窗口旁不耐烦地等待，两眼盯着船库上的旗杆，一直等到红球旗帜飘上来宣告已经结冰，便大呼小叫地冲出电梯穿过马路来到湖边，开始和不耐用的夹合式溜冰鞋奋战。还有 111 街东边那家"乔·奥格的哈莱姆"自行车店。自从我十四岁的堂兄理查德开始在胸口口袋挂着个避孕套在那家店里转悠之后，我便觉得那个地方是酒池肉林。那是我第一次看见那种东西，它的尺寸很吓人，同时又令人有所期盼。理查德就是那个跟母亲同睡的人，因为他处于肺结核初期——我一直没想明白这二者之间的秘密所在——如果这些禁忌的杂七杂八信息还不够的话，他还主动当乔的助手和职员，虽然他只是对自行车着迷。七岁时我也觉得骑车有很大乐趣，即便只是想想自行车也觉得很开心。大约三十年后我做了个梦才明白原因：我看见一辆被倒放的自行车，齿链轴承盘下面有三个洞，洞下面有个单词——"谋——杀"——就像剧场华盖下的词一样，每个字母都闪闪发亮。那个时候我正处在面对女人不知所措的艰难时期，而自行车的三角架总让我联想到女性。

不过，我记忆最清晰的一次去乔的店，倒是和女性没有太过悲剧的关系。我敬爱的外婆因为糖尿病把一条腿截了肢，需要用东西隔开床单以免碰到伤口。我想我那部自行车的后保险杠应该可以用得上。在母亲的鼓励下，我去乔那里把它拆下来。乔是我们家的朋友，他妹妹西尔维亚还在读中学。我母亲曾经雇她做帮手，她什么都做：当我们的博物馆向导、开心果、临时保姆，在我母亲衣服的褶边别上别针，听我唱歌会欢呼赞叹，帮我回教室拿落下的书本，对我回到家讲的每个故事都惊叹连连。

乔瘦瘦小小，为人和蔼可亲，永远叼着一支烟。他眯着眼睛拆下自行车保险杠时，理查德堂兄则牢牢地抓着车子。当下的气氛如此严肃认真，我却不合时宜地忍不住盯着他口袋里挂着的避孕套看。虽然理查德将来可能会成为一名出色的商人，但是那个时候的他还不太受人尊敬。他常像一只心情愉悦体态慵懒的猫咪咧嘴微笑，满嘴说着粗俗下流的话，惹得乔哈哈大笑，我则尴尬不已。我夹着保险杠骑车离去的时候，理查德在我身后商店门口喊道："小心骑呀！当心你的肚脐眼噢！"我可是拿着可能延长寿命的东西回去给我快要死去的外婆，他竟说出这种特别不敬的道别的话。我回到外婆家，轻轻地敲门。棕色红木门慢慢打开了，母亲低头看到我，我就知道她已经忘记了保险杠这件事。我走进起居室，好几张焦急的面孔低头看着我，眼神迷茫，不清楚我打算做什么。于是我把保险杠藏到门口旁边，退出起居室，好像自己不礼貌地打扰了他们。几天后巴内特外婆去世了，我曾想过去把保险杠要回来，可是又不敢提。我怀疑没有人用过那个保险杠，我得到个惨痛的教训，不过或许也为我将来更多的创意遭人拒绝做好了必要的准备。

我第一次看电影的经历如此诡异令人难忘，也加深了我对所谓真实的误解。有一天晚上，不知什么原因，我们公寓的屋顶被改造成临时剧院。几张长凳和折叠椅前面悬挂着一幅大帷幕。但那时我还没上学，个头才只能看到父亲的裤子口袋。他从口袋里掏出硬币买了门票。那是个温和宜人的夜晚。我头一回在夜晚上到屋顶。（他们是不是得到米库什的批准能踏过他宝贵的黑焦油沥青啦？）突然一道光打在帷幕上，巨大的人体在上面走动着，笑着，追赶着。他们拿桶向对方泼水，然后，全身湿透了，转身面对我们，身子一滑跌倒在人行道上。一个女人像在哭泣，可一个友善的男人走进她的房间后她又笑了。

此时灯光暗去——这个过程不过十分钟左右——我问父亲那些人哪儿去了。他当然也不知道。于是我抓住他的手指，等那小群观众站起来后让他带我绕过长凳跑到帷幕跟前。那里怎么又没声音了呢？我抓着父亲的手紧紧不放，盯着帷幕看，还是希望能看到明亮灯光之下那些美妙的光景、奇特的景象以及我刚看到的一切所发生的那个房间。可是那里只有几根管子插在屋顶上，以及头顶上夜晚那片寻常的星空。"那些人在哪儿呢？"我又问父亲。他困惑地摇摇头，轻轻地笑着。我很生气，不是气他解释不了，而是他不愿意把我努力要弄清楚的问题当一回事。假如是我母亲，她一定会编出一个说法，至少表示对这个问题有所重视。

三年后，在利诺克斯街上的舒伯特剧院里，当我第一次看到幕布升起，又感到另外一种惊奇。这次，是活生生的人在一艘大船里相互交谈，大船甲板真的在随海浪起伏漂荡。在这之前，我每周六下午都会去看电影——卓别林的幽默短剧，"大胖"阿巴克尔 *，还有珀尔·怀特 † 系列——她总是以悲剧收场，不是头差一寸就要挨着圆锯，就是火车从她被捆绑的身上呼啸而过，又或者她的木舟架在瀑布边上。我还看过知名牛仔，威廉·S.哈特，长得很像他的坐骑，长脸，平颊，面无表情。后来还有威廉·波伊德和汤姆·密克斯。他们总是兴高采烈，乐于助人，当然印第安人除外。不过一旦你了解电影的运作不同于戏剧，也就知道什么才是真实发生的，因为电影里的一切和你坐在剧院里看到的不一样。但是坐在舒伯特剧院里看着大船甲板起伏漂荡，看着人们出现在梯子上端后又消失在门背后——他们从哪里来，又去往哪里？当然，他们无非就是在哈莱姆区115街的现实世界中进进出出。这一切真是惊人。

---

* Roscoe Arbuckle（1887—1933），默片时期美国好莱坞的喜剧明星。体重达三百二十磅，人称"大胖"，但表演动作敏捷矫健，深受观众喜爱，当时与卓别林齐名。

† Pearl White（1889—1938），美国默片女演员。六岁开始登台，十三岁进入马戏团，1910年初登银幕，一举成名，代表作有《水牛比尔》《来自亚利桑那的姑娘》。1924年拍摄《恐惧》后隐退，留居法国，直到去世。

于是我懂得了存在两种真实，只不过舞台上的更为真实。随着戏剧情节曲折展开，我开始焦虑不已。因为船上有个食人狂拿着炸弹想要轰炸所有人。舞台上所有人都在找他，一个穿草裙的小个子黑人，头发上绑着两根打结的骨头。等白人离开后他会偷偷摸摸地出来，悄无声息。他们在柱子、箱子后面以及横梁上头找个不停。最后连观众都看到他跳进桶里拉过盖子盖上，大家大喊："他藏在桶里面。"可是那些乘客全都聋了。急死人了！炸弹随时都会爆炸。我一直抓着母亲的胳膊，同时还看看剧院的墙壁，想证实这一切都是不真实的。最后食人狂被抓了，我们开心地离开剧院，走到阳光明媚的利诺克斯街上，内心才又踏实起来。

舞台上的反面角色不仅有黑人还有东方人。赫斯特出版公司定期大肆鼓吹"黄祸"的来临，以唐人街的堂斗为例来证明中国人嗜血好战、卑鄙狡猾，还有贪恋白人女色——这一点我是从一出反映与吸毒抗争的特别杂耍表演里了解到的——许多报道的头版位置印着大号黑色标题："堂斗！"旁边有幅画：中国人砍下对方的头，抓着长辫子高高提起以示胜利。对此我很奇怪人们为什么还要去唐人街。我问父母什么是"堂"。但他们不喜欢谈论这些事情，自然是因为他们并不知道"堂"实际上就是兄弟会组织。事实上，和美国这个大社会一样，唐人街这个小社会也充满着不法分子的血仇宿怨。假如我早点知道他们的存在应该就会比较安心吧。

每周六都有杂耍表演，那也一直是一周里我们最期待的一天。开场是中国杂技家族惊人的演出，包括转盘子、空中飞人（小孩子），不过当你看过二十遍后就有点乏味了。接下来的表演是在大钢琴伴奏下的古典女高音演唱，那感觉总是如同去看了次牙医。一看到那架钢琴被推到台上，屋里每个小孩都哀叫连连，然后开始和朋友打斗，到座位底下满地乱爬。《夏日最后的玫瑰》唱罢，女高音继续一首接一首地演唱，没完没了，她们全都挺胸收腹，两手习惯性扣握着文雅地放在滚圆的肚子前。后来我把她们看作是对我们清教徒良心的一种惩罚，观众们也当作为了另外两个小时的享受同意接受这样的赎罪。

这两个小时包括小丑和歌唱表演。有歌手埃迪·坎特、乔治·彭斯、艾尔·乔森和乔治·杰塞尔，踢踏舞大师黑人巴克、巴布斯和比尔·"柏贞格"·罗宾逊，以及我父亲几乎敬为天神的压轴表演的克莱顿、杰克逊和杜兰特。父亲已是行家。他出门在外的时候经常看见这些表演家，以至于可以告诉我他们对常规表演做了哪些改动。他喜欢吹口哨。如果有好号数足以令他开心好几周，在哪儿都能听到他用口哨吹着曲。他对表演者最高的赞誉就是："我跟你说，他演得真好！"最差的批评也只是"表演生涩"。他的判断就其领域而言是正确的，而且那些领域并不狭窄。要他看一个小时莎士比亚的戏几乎是不可能的。但是，有一天，在我的戏剧开始上演之后，他想起多年前他在中西部无意中看过的一部依地语舞台剧。他记不得那出戏的名字，但是记得里面的明星雅各布·阿德勒。

"他扮演某个国王。你知道，那是古时候的故事。他有三四个女儿。我想应该是三个，也可能是四个。他打算分些钱给她们每一个人。其中最爱的那个女儿，他却以为她并不爱他。结果他几乎完全疯癫，到处寻找他的纽扣。可是他怎么也找不到，独自一人站在雨中。这故事真不怎么样。不过那个阿德勒，那个演员，我跟你说，他演得真好！那场戏我一定看过四十几次，因为他们一直巡回演出来着。每次我走过剧院都会问他们什么时候演最后一幕，因为那幕最精彩。他就那样站在雨中，他那声大吼，真是令人于心不忍，不敢看他。"

有时他对表演也有所偏爱。如果说他喜欢雅各布·阿德勒，那他可是几乎看都不看蒙蒂·伍利一眼，一个睿智的蓄着胡须的喜剧演员，曾在《晚餐的约定》中大获成功。电影对从大萧条时期到四十年代的大部分观众而言是廉价的止痛药膏。他与我母亲总能找出二十五或五十美分买票到本地电影院看电影。伍利一出场，我父亲就坐不住了。让我母亲好气又好笑的是，他会不停地换座位，把整个剧院前前后后走个遍，希望找个不那么讨厌这个演员的观赏角度。不论是之前的屋顶上还是后来，他一直都没弄明白电影是怎么一回事。我第一次见到玛丽莲·梦露是在我们结婚之前，那是在一部电影的片场，她在其中演个小角色——这部电影捧红了蒙蒂·伍利，真是父亲的不幸呢。

一天下午，在116街和第七大道上的摄政剧院——杂技家族来了又走，女高音歌唱家仁慈地结束了对我们的折磨——一位西装革履的男子，剧院经理，突然出现在半降的帷幕前中断了表演。他简短有力地宣布，我们现在要来"见证"一场伟大的演出，从而让我们所有这些年轻人，甚至还有一些大人警惕到毒品的危害。他保证我们即将看到一出震撼且具有教育意义的戏，然后就走开了。帷幕升起，我们看到唐人街的一张鸦片床上躺着上城的白人，为了进入"梦幻之地"，愚蠢的他们偷偷摸摸地吸食鸦片并沉醉其中。靠着后墙边摆着张上下铺床。除了寝具零乱外，它们就跟夏令营宿舍的床一模一样。一对中国夫妇留着长辫子，穿着宽袖衣服和黑色布鞋，往烟枪里填鸦片给顾客。那些客人一进来就躺下吸食，顾不上跟这些魔鬼的手下说上半句话。

这时进来一位身穿纯白色晚礼服、年轻貌美的女子，两名年轻英俊的男子陪着她，他们身穿燕尾服，头戴硬草帽。他们到这里来过夜生活。走在前面的那位趾高气扬，拿了根烟枪点上，然后坐到床铺边上心满意足地躺了下去，还咯咯地笑起来，好像只吸一口他就进入到梦境里了。第二位男子略为理智，但稍微推脱就被那个中国人给说服了。我知道既然她的两位朋友都魂亡魄失在那烟枪之下，她绝对也逃脱不了这些中国人的纠缠。果不其然，紧接着就有人递给她一支烟枪，不过她看起来有点担心犹豫。我强忍着冲到舞台上去把她手里那个脏东西打掉的念头。这样摧残一个漂亮的姑娘真是太可怕了！可是没有什么能够阻止她吸上一口，不一会儿她的眼皮就耷拉了下来。再吸一口，她就摇摇晃晃地走到床边。两个中国人马上把她推到床上，用他们古怪的语言兴奋地讨论着。此时剧院经理又出现在舞台边上，他解释："他们正在讨论要把她变成白人奴隶，并计划用船把她送到新加坡的妓院里去。"我已难过至极，奇怪经理为什么还不让演出停止。不过还是要继续。他转身走下舞台。

这时其中一个中国人开始爬上那个女孩的床铺。观众惊恐地低声耳语。坏疽般惨绿的灯光罩住整个屏幕。唉，她为什么要去唐人街呢？她应该待在公园大道她温暖安全的家里。那个中国人的一条腿跨在床铺边上。哦，她虽然吸了几口，显然还是清醒的。她挣扎了几下，可是力气很小。可怜的人。他的同伙伸手进来抓住她的手臂。她奋力挣扎，大口喘气。可是她那两个白痴同伴却一点动静也没有。噢，我恨他们！就在那时，台下突然一阵骚动，有人高喊着奔跑过来，接着上来一位老当益壮的绅士和两名警察。原来是她父亲来了！这位穿着整洁、已然出离愤怒的富家白人男子在蓝色警服的协助下，捶了中国人几拳，然后揪着他俩的领子把他们撵出舞台。那位父亲把那两个同伴摇醒后狠狠地骂了他们一顿，并警告他们绝对绝对不能再碰鸦片。随后他用强壮的胳膊搀扶着他那惭愧不已、心怀感激的女儿退场离去。那惨绿的灯光也随之转成令人宽慰的玫瑰色。感谢上帝！我当然也受到了教育。许多年后我才知道，其实是英国人逼迫中国政府解除禁运，允许他们从印度向中国运输鸦片，从而引发鸦片战争，至此中国人抵制白人毒害宣告失败。不过当我们——我和母亲两人——自信满满地从利诺克斯街往110街的家走时，这种令人费解的新闻并没有影响到我们白人至上的优越感。

那时的纽约市同现在一样，其奇妙之处就在把不同群体的经历区别开来。这座城市好似丛林，其间小道盘根错节，不同物种各行其道，各踞一方筑巢造穴，繁衍生息。除了我们的老师和米库什，我们家族认识的几乎都是犹太人。我们彼此虽然不离不弃，可是家族的繁荣却越发将我们封闭在神奇的疏离之内。母亲是通过读万卷书加上天马行空，父亲则是行万里路，给我们开了眼界，了解其他不以犹太人为关注焦点的世界的情形。他并不认为所有的犹太人天生就品行优良，高人一等，他也不认为所有非犹太人都有反犹情结。他的这种态度如果算不上是对博爱思想的一种信仰，至少也是一种期许，在我心里生根发芽。谈到种族差异，他是同意与怀疑兼而有之。忠于家庭和享受自由性爱，完美主义和投机取巧，这些矛盾的特性不仅属于犹太民族，也为他出门在外所见到的非犹太种族所有。他白皮肤、蓝眼睛的长相为他能近距离观察提供了很大方便。

二十年代，正值父亲事业发达之时，三K党也正猖獗，成员人数逐年剧增。随着可被威胁的黑人奴隶所剩无几，犹太人就成为他们攻击的主要目标。那个时期人们还远远没有意识到，种族主义和偏执情结根本不等同于爱国主义和尊老敬贤这种值得称赞的自然观念。假如说有哪个犹太家庭曾经融入谚语所说的那个大熔炉，那就是二十年代我们这个家庭了。我的确梦想过马上能入读西点军校。在我最私密的幻想里，我不是那种苦读犹太法典的人，而是像佛兰克·梅里威尔或汤姆·斯威夫特那样的英雄模范，拥有运动员的体魄和军人的英勇。结果我们自己却建造了一座无视现实的堡垒，直至爆发两次大规模杀戮才被攻破，那就是经济大萧条和希特勒战争。事实表明，这不仅仅是因为犹太人拒绝接受这个世界的现实，同样也是我们民主本身的一次失败，它提出最为神圣的要求，希望可以更为得体和理智地对待不公。二十世纪四十年代早期，全世界都知道所有犹太人正遭到德国人的捕杀，1942 年他们被焚烧至死。可是美国国务院和英国外交部的反犹情绪如此顽固不化，以至于拒绝签发官方入境配额单——小小一张单子却可以救助至少几千个犹太民众。此外，即使他们已经轰炸了德军在同等距离的设施，也绝对不会轰炸开往集中营的火车专线。而美国的犹太人社区不敢要求政府实施救援行动，是因为害怕会加剧美国人民的敌意，不单是针对犹太人，还针对一般的外国人。1942 年这个时期，纳粹主义公然挑衅民主体制，铸成滔天罪孽，祸根就是种族主义。如果这样算可怕的话，那么二十年代末期三 K 党在全国上下横行霸道却不受阻拦，这里面秘而不宣的真相又是如何呢？不过那时的我正梦想着打赢比赛就读耶鲁大学，或者投奔汤姆·斯威夫特，乘着我们自己的第一次世界大战少年潜水艇一起反抗德国军队。但是正如我所说，逃避与漠视也不是犹太人的专利。一个作家，也许尤其是一个美国人，内心最强烈的愿望就是要揭露曾被隐藏以及否认的一切，就是要揭开那层面纱。

我想正是那次哈莱姆区之旅使我日后遭遇挫败时都会开始自省。我骑着自行车穿行于哈莱姆区时，110 街与 145 街之间的一切似乎都在我的掌控之中，因为当我绕过街角转进一个新街区的时候，身后的那条街就被抛诸脑后，我继续前行，带着我的孤独——叛逆的兄弟——无所畏惧地奔向未来，盲目地探索着如何开启这一生的寻找自我之旅。多年后我做了一个梦，梦见一列祷告的队伍，他们都是我的亲戚，一边徐徐前行一边向上苍祷告。当我惊讶地发现领头人居然是年少的我时，吓得逃之夭夭，幸好没人发现我的离去。甚至早些时候我就发现，摩西是独自一人登上山顶去接受上帝的戒律，没有兄弟、妻子或者队伍的陪同。我躺在地毯上阅读《知识百科全书》，看着狄更斯的铜版画旁边那些奥利弗·特维斯特、匹克威克先生、小杜丽等十多幅插图，不禁惊叹：这些人物都是他一个人想出来的，并不需要任何人的帮忙。

这位独树一帜的英雄作家是如此孤独而伟大、神圣。多年之后终有一天我能与之抗衡，但是现在我还无能为力，我仍要尽我所能来创造。

假如有人问我十三岁之前快乐吗——当然，还尚未有人会想问小孩子这样一个问题；如果他能逃过白喉、猩红热、小儿麻痹症、肺炎、肺结核、败血症、重症中耳炎以及其他所有绝症，这个小孩就是幸运快乐的——但假如有人问我的话，我只会大吃一惊：我的看法也很重要吗？生活也许令人无奈，但也有生机盎然的时候。人们通常不会显得了无生趣。一方面是生活在继续，另一方面人们做每件事情都竭尽全力。周六一整天，厨房里弥漫着水蒸气，因为炉子上大锡盆里正烧着热水烫洗衣服，萨蒂、外婆、母亲或者单独或者全部一起轮流在水里推着一根长长的圆木棍来搅动衣服，然后将沉甸甸的亚麻床单搬到屋顶的晒衣绳子上晾干，再搬回房间用在炉子上烤热的铁板熨好。每个周五，母亲都会做面条——我特别喜欢帮忙把面条挂到厨房木椅子靠背上晾干——然后开始剁三四种鱼肉来做鱼丸。还没有吸尘器之前，地毯要定期卷起来拿到屋顶上使劲拍打。女人们要一直将身子伸出窗外去洗窗户，或是趴在钢琴下面擦琴脚。至于冰冻的问题，会有送冰人将马车停在街边，扛出冰块送上楼来。不过他要么迟到太久，黄油都融化了；要么就是到得太早，冰块储存箱还没腾出地方来放那么大的冰块，于是萨蒂只好跟在他后面来到门厅，一边用波兰语嘀嘀咕咕地骂着，一边擦掉滴到地板上的水滴。送冰人穿着皮革马甲，右肩吊着块湿麻袋布。一旦把冰块滑进了储存箱，他一定会扯下那块麻袋布任它滴着水，然后站在那里等着拿钱。

人们不只是买买鸡肉，他们还会去屠宰场，看一看关在木条笼子里的活鸡，然后把手一指，那只鸡就要大难临头了。鸡贩子将手伸过去，笼子里立刻群鸡乱舞、鸡毛飘飘。他一手抓住鸡的双腿，刀子一刮就切断动脉，然后把鸡吊起来开始拔毛。这个过程最是让小男孩看得津津有味。更棒的是能让他帮忙选出水箱里游动的一条梭鱼、鲤鱼或者鲆鲽并确定是要打捞的那一条。然后鱼贩子用棍子在鱼头上重重一敲，把两侧鱼鳞刮掉，用剪刀"咔"的一声剪掉鱼鳍和鱼尾，再用闪着银光的小刀划开鱼肚，啪嗒一声甩掉内脏——一切处理得干净利落，全世界又相安无事了。甚至在商店关门前一分钟派他去买些新鲜的山葵也能让小男孩心满意足。看着卖蔬菜的把两三根二级山葵根扔进垃圾箱之后再选出似乎是他最喜欢的一根，然后把它碾碎。中间他有时会给那小孩摇一摇粉碎机的曲柄。这些交易费尽时日，涵括了生命、死亡与交接的过程——好像这白白长长的山葵根变成一坨黏糊，还发出浓烈得呛眼的气味。腌菜也得从泡制它们的桶里面选出来。能否选到好的腌菜全凭眼疾手快，就好像在水果摊上——因为不可能挑到完全无瑕的苹果、梨子或者樱桃——那么要判断果子里面坏了多少就要费些心掂量。

　　除了电灯开关，那时候的机器都不用按按钮。留声机得要上发条。许多车子得要拉动曲柄来发动引擎。咖啡也得要摇动曲柄来磨碎。我们的手除了用来数钞票和指示外也还有别的用处。用手改造东西简直等同于创造神奇。我会在学校花上几个月的时间来复印赫斯特报报头那只美国鹰图标，用来装饰一个雪茄盒。我曾拿铁钉尖头在我们家的留声机面板里刻上维克多公司那个名叫尼伯的短毛猎狐狗的商标图画。六岁的时候，我把婴儿车的一组车轮绑在一个用木板搭建的临时演讲台上，就做成了一辆我可以骑的货车，虽然说不上是驾驶。几年后，在我们位于布鲁克林那间小房子的地下室里，我正实施着制作滑翔机的计划。父亲这个几乎连如何打开窗户都不懂的人——尽管他因为从小就开始学习从而能够非常熟练地使用缝纫机——走下楼来，天真地问我打算怎么把我的飞机弄出地下室。被一个对飞行原理一无所知的人要求不得起飞，这件事情简直太难以接受了。

二

"我还是觉得——自己有点漂泊不定。"威利·洛曼对他哥哥本说。在 1948 年的春天写下这句台词时我笑了，当时我还没有想到这句话其实概括了我自己当时以及后来一生的生活状态。在我半梦半醒之间此时此刻总是交织相融。我二十岁时才明白十五岁应该如何过活，三十岁时才知道二十岁意味着什么。而我现在七十二岁了，不能够再当自己是五十岁、前面还有很长的日子。

我在二十多岁时就觉得自己老了，觉得时间像个砂轮要将我碾碎。不过我害怕的不是死亡，而是微不足道。1940 年我结婚才一个多礼拜就要出门，独自一人乘坐一艘将在墨西哥湾多个港口停靠的货轮。这次单身蜜月是情理之中、势在必行，虽然即便是对我自己而言也有点古怪。我和玛丽·格蕾斯·斯莱特里站在可巴可巴汽船的船尾。这艘货轮是沃特曼轮船公司的，准备离开霍博肯码头。我的父母也来给我送行，站在我们旁边，依着栏杆凝望纽约上空。我和玛丽从密歇根大学毕业后同居了两年，不过我还是保留了自己位于 74 街与麦迪逊大道上那栋破旧公寓的个人房间，而她也留着她那间布鲁克林高地的合租公寓房。我已经构思好一个剧本，讲一群德国人假借采矿之由准备在南太平洋上秘密设立纳粹基地。我想我需要了解有关轮船和海洋方面的知识，不过，对于这次出行我另有所望。我既渴望安稳有序，又渴望有所阅历。我所知道的一切几乎都来自书本，于是我迫不及待地想要体验生活，了解自我。

战前的布鲁克林高地宛如宁静悠闲、郁郁葱葱的村庄。玛丽的房间位于皮尔庞特街上，向窗外望去，可以看到船只载着各自庄严的神秘驶向外面的世界。我也想离开，至少离开一小会儿，独自一人。她在一家出版社做秘书工作，这样无论如何都不能陪我同行了。我们站在烈日下那块炙热的甲板上面越久，就越觉得我现在要离开这件事情很奇怪，更何况我们是才结婚几周的夫妻。不过，玛丽对我的信任胜过我对自己的信任。她性情中有一种固执的忠贞，一旦全情投入就坚信不疑。她眼神坚定，给我支持，令我力量倍增。出行使我更爱她，胜过让我逗留在家却心系那片大海。这次早期的分离和我们的婚姻一样——也许和我们那个时代的大多数婚姻一样——说明我们都不愿意放弃自己想象中将拥有的无限种选择。那时我还不相信性格给予我们的选择要少于我们想放弃的。

那时候，犹太人和非犹太人通婚会蒙上厚厚的阴影，如果这个非犹太人还是个天主教徒，阴影则更厚。玛丽在俄亥俄州读中学的时候就不把自己当天主教徒了，就如同我奋力将自己融入整个世界中去，而不是一个小种族的一分子一样。我们两人都以为自己将狭隘的保守主义、顽固的种族主义和丧失理性的偏见抛诸脑后了，而在我们看来，这会在法西斯主义和纳粹运动——其力量在各地正日益膨胀——中取得最终胜利。

无论如何，我们——或者任何人——的想法在这个世上都不应被忽视，对此我们深信不疑，并且用行动来反映我们内心真实的世界。我们期待这个星球爆发一场社会主义革命，从而让我们拥有一种更为高尚的意识，它会令我们内心团结一致。对于这样一种内心而言，这将是最后一刻：当你同这全新、公正的体制必然取得的胜利站到了一边，你就购买了正义之票。这张票的其他益处还包括允许你克服任何矛盾心理，从而消除你对社会主义，或者同样重要的是对你自己的动机和价值观的怀疑。

事实上，我们的理性之神隐藏着一种未被认可的体系，它同任何宗教一样神圣、缥缈空灵。当然，我们将宗教视为迷信不屑一顾，但相信宗教的同时我们还是持有一种信念，即选择的权利自在我们心中。我甚至还对太平盛世报以怀疑，以为历史将会因为我们这一代人而终结。在开心愉快的日子里，我们清醒的意识战胜了习俗与文化那些盲目的主导权力，它们在我们的胜利面前仿佛雾遭遇日出一样随风飘散。犹太教对于我，如同天主教对于玛丽，都是死去的历史，都是故作神秘的文化。人们对它们一直进行修正，主要是令民族互为对立从而授予神职。社会主义才是理性。可是现在本能的池子已经开始发臭，法西斯主义聚集了希特勒、墨索里尼以及后来的弗朗西斯科·佛朗哥，他们挖掘出人类内心深处那黑暗的返祖性，它只受非理性与战争控制。只有苏联才高举理性之光，为大众谋福利，反复呼吁人们联盟捍卫集体安全，西方同苏联联合起来一同反抗法西斯主义。如果人们怀疑苏联一党制并不民主，那么还有许多否定的说法足以让怀疑的视线移开（同样，几十年后卡斯特罗领导的古巴政府亦是如此。另一方面，智利、阿根廷和土耳其的独裁政权例证同样不少）。这真的很简单：我们必须怀有希望才能找到希望，即便是在幻觉中，只要它们显示了存在希望的可能。现实令人难以忍受，永远都是失业大军，美国一片挫败萎靡之象，令人恐惧的种族主义无所不在，珍宝尤其是青年人的潜能反而被弃若敝屣。如果罗斯福毫无疑问是站在道义一方，他也只是暂时延迟了经济完全大崩盘那一天的到来。能够拯救我们的只有严厉的理性和社会主义，生产不是为了利润而是为了使用。

甲板的油漆在太阳逐渐升温的炙烤下开始变得黏糊，热铁皮发出苦涩的臭味令我们恶心。我们吻了对方最后一次。因为在俄亥俄州那次奇怪的婚礼之前的一周我们经历了一种考验，这令我对离开的内疚减少一些。我刚刚把我第一部广播剧本卖给哥伦比亚工作室，参与了由诺曼·科温主持的哥伦比亚广播公司一个鼎鼎有名的实验性广播剧系列。这是出政治讽刺剧，名为《猫儿与男水管专家》，会在我出海的时候广播。虽然我不在现场，我的声音却能够真切地让别人听到，这当中也有一种奇怪的权力感。不过，我知道我会在旅行袋里带上一项——被我隐藏起来的逃跑心理。

虽然在彼此以及我们的朋友看来，我们两个都是开明的进步人士，可是那场戏剧化的婚礼却暴露了我们之间矛盾的激烈程度。刚决定结婚，玛丽马上要求，看在她那对宗教愚忠的母亲的分上，我们到俄亥俄由神父举办婚礼，不过不必到教堂里面。我们与其承受整个教堂羽翼的压抑，不如只承受一片羽毛，后者要好得多。玛丽的母亲和我母亲一样，我很容易理解她想要迁就母亲的心理，所以我同意将所有的仪式典礼委托给我们共同的精神博物馆。

和我母亲一样，斯莱特里夫人被迫服从习俗，在重压之下日渐衰弱。她富有才智与同情心。例如，她能从教会对西班牙佛朗哥的支持看出法西斯叛乱所造成的苦难，她能从丈夫对罗斯福福利机构的深恶痛斥看出这些机构解决了多少困难。不过她认为将生病当正职很有必要，或是很聪明的做法。她才四十多岁，但说到自己时已经一副老气横秋、惆怅伤感的口吻，诉说着过往的重重心事，好像上帝正掐指计算着她的时日。她的未来好似一条光滑的渠道，已经稍微倾斜了，她的身子正向前滑行靠近坟墓。届时，她已完成在尘世的种种审判，将在进入坟墓那一瞬间的黑暗得到感恩戴德的接收。她极度克己慎行，笑声尖锐刺耳——尖声发笑时马上用手捂住嘴巴，另一只手紧紧拉过裙子盖住膝盖。不过她明智豁达：能够接纳非天主教徒。斯莱特里先生则有些愚笨、缺乏同情心。他退休前是克利夫兰市的锅炉检测员，现在靠微薄的退休金生活，只同贪得无厌的人、富人和所有穿制服的人士来往。他曾跟克利夫兰市一个德美反犹组织有所接触，喜欢参加他们的集会以消磨时间。所以我对他而言一定是颗最苦的药丸，虽然从未有所表露，但他生怕玛丽就此万劫不复。玛丽宣布要带新郎回家举办婚礼的这一举动，倒不是因为她回归到原本的天主教信仰，而是要顺从家人的意思。不过她慢慢就表现出觉得某些事情无关紧要，知道这一点时我相当寒心。我们必须拿到罗马颁发的特许状才能举行计划中那个小小的仪式。

那年夏天酷热难当，我们抵达克利夫兰火车站时正是最热的一周。朱丽娅·斯莱特里夫人穿着碎花棉布裙，已经热泪盈眶。她僵直着身子倾身向前亲了亲女儿的脸颊。马修·斯莱特里先生那辆道奇的后门一直打不开，气得他面红耳赤。他转过来对我说："都是因为工会，你也知道——他们就是不让工人好好干活。"我现在开始感受到一种氛围，那种小市民的惺惺作态如果说还没有达到彻底癫狂，也已经接近胡搅蛮缠。在我们驱车离开克利夫兰市前往郊区的莱克伍德的路上，我第一次听到所有的桥梁、公司总部以及公共设施是用所有格做称谓的——"这里是我们的美孚石油公司大楼，那里是我们的克亚胡戈郡公路局，那边是我们的伊利湖。上次我们开车去纽约的时候经过你们的乔治·华盛顿大桥——"这让我觉得一切崭新而陌生。但是这里还是战前那个纯真古朴的美国中西部，还是那个人们投以各种政治热情的真正的美国。这里是居住着亚当子民的保留福地。这里的人们需要得到安抚，否则他们就会从迷蒙中醒来，怒从心起，一举扫荡国会大厅。

他们家的大房子位于绿荫葱葱的街边，房间没有一幅明快的图画，只在起居室墙上挂着个耶稣受难的棕色小雕像。每样东西都沾有些焦灼的味道，甚至包括餐桌上碗里的那个水果。看来我们得等到下周五才能举办婚礼。虽然屋里睡床不少，但按照习俗，我们不可以随心所欲地同睡在一个屋檐下，于是我只好睡到几个街区之外的出租房里，好像被隔离消毒一样。其实她父母应该清楚，我和玛丽已经差不多同居有两年，可是大家还是正正经经地参演了这场分开住的闹剧，每个人都尽其所能地装糊涂。不过，玛丽的自律就是源自于此吧。对于这一点，我个人——或者说我心里某个部分——是相当敬佩的。

虽然这一切离犹太人缤纷绚烂的生活如此遥远，但其实两者在一定程度上还是很相似，这真令我惊讶。早餐时，斯莱特里夫人在《诚实商人报》读到一名男子因为伪造公司文件被捕的报道后，说"希望不是天主教徒"。这简直和我母亲会说的一模一样，只是她的担心会换成"犹太教徒"。于是我生平第一次觉得天主教徒也是个需要捍卫的少数族群，尽管他们源出强大的基督教，拥有众多大教堂，政治影响力巨大。我还发现我和玛丽的关系远比之前以为的还要紧密。我才了解到她单枪匹马，排除异议，与这一切一刀两断，得需要多大的勇气呀。从这点来看，美国好像一张剪不断的挂毯，编织它的是循规蹈矩，是咬牙切齿，是因长年累月逆来顺受而导致的昏昏入睡。

到了晚上，"沾亲带故的"各位姑姑婶婶、叔叔伯伯以及表亲都聚集在前门门廊，细细打量我这个异教徒，他们可是第一次有这样的"亲戚"（原定典礼有个正式标题：致迎娶天主教徒的"异教徒和犹太教徒"）。有些人待了一个小时左右，其他人则只是与我握了握手，点头欢迎，然后就离开了。总之，来的人应该超过二十个，每个人都紧张兮兮的。女人们坐在摇椅里扇着扇子，斯莱特里先生往草地上吐烟汁，他妻子却哀叹连连，几近绝望，偶尔迅速瞥我一眼，我假装没有看到。直到玛丽的表亲来了，气氛才有所缓解。他们同玛丽年龄相仿，都是年轻的男孩女孩，只是单纯地为见到她而高兴，并与我交谈，就像我们是同一个民族的公民。

这时，那位将为我们主婚的年轻的牧区神父正式登门拜访。他到时正好碰到有趣的一幕：曾任警察局局长的西奥多·梅斯叔叔最近刚刚退休，是个长相滑稽、个头矮小、全身肌肉的男人。他正在讲他如何骗过他的儿子巴尼。巴尼刚当上警卫队副队长，也是玛丽最喜欢的堂兄。整个中学阶段，他们两人常常结伴，多次驾驶着他喜爱的小船在附近的伊利湖上航行。那时有人报案说当地一家妓院敲诈顾客，西奥多便命令巴尼这个警察新手穿上便衣去调查。提到"妓院"这个词时，所有人的眼睛往我这边扫过来，想看看我听了会不会兴奋。同时，女士们爆出阵阵咯咯的笑声，一浪高过一浪，将她们憋在肺里的那口气稍稍呼了出来。西奥多·梅斯接着讲述，于是大家又安静了下来。等巴尼进入妓院后，西奥多派了支警察小分队随后前往，命令他们突然冲进那栋楼房，闯进房间看到谁就抓谁——包括他儿子。巴尼虽有辩解，但是那些警察并不相信他是来这里办案的。当巴尼的父亲大笑着重复巴尼愤愤不平的辩解时，门廊上拥挤的人群哄堂大笑，整条安静的街区顿时喧闹了起来。他说："我叫手下把他跟那些女的都关到囚车里啦！"哇，真是太好笑了。不过还是会有不安的眼神飘到我这边来，担心我的家庭观是不是就此颠覆。

就在大家的笑声几乎要将屋顶掀起来时，神父出现了。我惊讶于他如此年轻，看起来比二十五岁的我还要年轻。不过我更惊讶的是大家一看到他竟然立刻鸦雀无声，噤若寒蝉。他脸色苍白，身材如少年般瘦弱，从通往大街的那条窄路走上门阶。他问候大家晚上好，然后跟我握了握手，立刻转身。跟玛丽握手的时间更长一些，随后坐下。他发言的时候轻声细语，大家好像在执行某种仪式，内心焦虑万分，所以倾身向前专注去听他的每一句话。他并不打算讲得幽默诙谐，可是引来笑声不断。"今天真是漫长。"人们对此抱以同情，长长地"啊"了一声。"天气太热，于是我想到湖里游游泳。"大家感到惊讶，发出一阵笑声，极力赞赏他天性如此纯朴。大约十分钟后，他向大家道晚安离开了。那位前警察局局长得以说完那个妓院的故事。

那天晚上晚些时候，亲戚都离开后，我和玛丽逃出来在附近散步。她看起来情绪低落、灰心丧气，因为她父母如此固执于遵守礼仪那些愚蠢的观念，对所谓教会的要求言听计从。不过我现在倒觉得他们也是受害者，我们最终会成为朋友。她很抱歉让我经历这一切，但假如女儿的婚事得不到教会的恩准，哪怕有那么一点点不同意，她母亲都可能会内疚至死。这天晚上，闷热挥之不去，想到还得继续若无其事地伪装下去，我们两人都焦躁不已。

每天都有新的惊奇。现在看来，我们还得跟那位年轻的神父学习教会对家庭生活的规矩细则。第二天早上，玛丽更加愁眉苦脸，领着我到神父的办公室。我们坐在那里听他宣讲禁止避孕，教会坚持我们的孩子要受洗礼成为天主教徒，可是没有一样是我们打算照办的。虽然他很年轻，几分钟后还是察觉到我们沉默的意味，匆忙再讲解了几条清规戒律后就问我们有没有问题。事实上我的确有个真正的问题想问。早几年前，《纽约时报》的戏剧评论家布鲁克斯·阿特金森曾报道过跟一位肯塔基州的农夫在门廊上的一次访谈。那位农夫是位虔诚的教徒，常去教堂做礼拜。阿特金森问他知不知道圣灵是什么。农夫想了一会儿，回答道："我想是一种模糊的椭圆形物体吧。"出于某种原因，阿特金森的这个故事让我开始寻找关于这个神秘物体的一个清晰定义，可惜未果。现在有个专家在我面前，我便急切地请教圣灵指的是什么。

他闭紧双唇，目光瞥向铅框窗户外边。窗户玻璃清澈如水的光亮映衬出他额骨嶙峋，皮肤紧绷。他转过身来，蓝色的眼睛掠过我，明显闪过一丝怒意。"我想我们的学习最好就先讲到这儿吧。也许另外再找机会继续。但是我有义务告诉你，"——这时他转向坐在我身边的玛丽——"根据我们的经验，这样的婚姻从不会长久。"

我们两个惊呆了，一句话也说不出来。神父起身，握着玛丽的手说了声再见，然后淡淡地向我点头以示告别，便走出办公室，留下我们独自走到户外。等我们来到外面，玛丽开始大笑，好像一根弦最终被某个真实的东西割断，生活又真正回到轨道上来了。她仿佛摆脱了与她个性毫不相符的缩头缩脑，重新振作起来。"他们真绝，不是吗？"她咧开嘴笑着说。她再次清楚地认识到自己是在什么地方。她再次将那条界线划出来了，那条她在十五岁就跨过去的界线，她不会再跨回来了。神父的打击让她看清了自己的忠诚，以及目前的责任，那就只是体恤母亲的感受。所以，现在我们还要做的就是在接下来两天继续避免矛盾直到周五的婚礼仪式。

或许我们想得太过简单。斯莱特里先生忍着酷暑载我们四处瞎逛了一天，无所事事，郁闷至极。晚餐用过切片火腿后，他在我们折起餐巾的时候宣布，显然那份特许状出了些问题。虽然还未能确定，但是婚礼很有可能得推迟到周末以后，从周五改为下周一。一想到被迫要在这样一个把人逼到伪善、丑陋的地方再待三天，我头脑里好像有什么东西啪嗒一声断了。我听到自己跟桌子那头的斯莱特里先生说，我大概不能待到周五之后，因为我下周一一大早在纽约有重要的事情要办。开心地编完这个借口，我的形象好像在餐桌上提升了。斯莱特里夫人还是双眼低垂，专心看着忙着抚平餐巾的双手。令我惊讶不解的是，我说话的时候斯莱特里先生竟然点头赞许。

他赞许的原因很快就浮出水面——他事先预订了当地一家饭店来招待来宾，婚礼推迟的话他将损失两百美元定金。那时候两百美元对于一个城市的退休职员来说来之不易呢。这个矮小秃头的男人对我一直小心谨慎，好像我是只横空入室的大鸟，而现在正机械地努力跟我熟悉起来。他张着嘴，露出了里面的假牙，用手指碰了碰我的肘部，神情严肃认真，像对同伙那样嘱咐我耐心些。但是难道他不可以求求什么人吗？我问道。可以的，他正想试着去拜访一位神父大人——不过，这肯定是他出于愧疚刚刚想到的办法。

第二天早上用早餐时因为想到要做这件事情，我们全都行动迅速。凭着这股劲头，我们一路驱车前往市中心，走上克利夫兰市商业区的一栋办公大楼顶层，在一间幽暗的橡木等候室坐了一个小时。斯莱特里一听叫到自己的名字，几乎都要跳了起来，悄悄地快步走进那扇门。二十分钟后会谈结束了，他抱歉地解释说他还是无法肯定我们能否在周五前拿到特许状，因为只有在华盛顿的教皇使节能够颁发特许状，但是他现在度假打高尔夫去了，联系不到。现在，灰心丧气的斯莱特里尽力让这个理由显得合情合理。在开回莱克伍德的路上，他和自己的女儿都沉默不语。我看得出来，他因为在我这个陌生人面前出了丑正觉得惭愧不已。回到他房前下了车，我都不忍去看他赤红的眼睛、闪躲的眼神。

和玛丽单独在一起的时候，我感觉到她也觉得丢脸，可是跟她父亲一样无能为力。我受不了她的逆来顺受，于是走到电话号码簿前，查到那个号码，往那位神父大人的办公室拨了电话。斯莱特里就厚着脸皮站在几英尺之外偷听，听到我说要和神父大人本人讲话的时候，眼睛瞪得老大。

电话那头一个平静的声音回复说神父大人没空。我一听心头一阵翻滚，怒气冲天。部分原因是因为，为了这个婚礼，我大热天大老远地从纽约坐火车过来，在这个家里吃的尽是难以下咽的不当季的食物，还要傻傻地睡在闷热的全套出租房里。墙上十字架上挂我那位受难的亲人一直散发出责难的神情，让人毛骨悚然。而这里人人都压抑着人类天性。想到我当作家的未来遥不可知，我也惶惶不安。而就在数周前法国已被纳粹攻陷。还有，我对家人没能出席婚礼深感愧疚——一方面他们没有提出想来参加，另一方面我也付不起这趟行程的所有费用。这股怒火在这里造成一个新的事实，一个关于玛丽的事实。我以为我不顾一切爱上的是个坚决果断的女孩，结果现在却是个畏缩脆弱的年轻女人。我很开心。

"我打电话，"我尽可能心平气和地说，"是要告诉你，无论有没有特许状，我们明天都要结婚。"

"请稍等。"那个声音例行公事般说道，口吻同前一刻他告知联系不到神父大人时一样。

等待期间，我不禁想宪法应禁止建立宗教。我突然就想到，只要自己愿意，婚礼可以不由教会主持。那些信仰教会的人才需要特许状。这个浅显的事实真是我们的奇迹和福音呀。

这时另外一个声音响起，说自己是神父大人："是什么问题呢？"

我跟他解释了斯莱特里的那笔定金、我们从纽约过来以及其他种种事情。

"可是教皇使节去度周末了，联系不到他呀。"神父大人的解释简直就是睁眼说瞎话。

"那么好吧，我们只好让地方法官来主持婚礼了。"

"她不能那么做。"

"那难道不能往华盛顿发封电报吗？这对这一家人很重要。"

"亲爱的先生，天主教会近两千年来一直按照这种方式执行公事。你不可能在明天前让它改变。"

"我没打算要改变它。"

"那么你就要下定决心好好等着过了这个周末吧。"

"先生，我们明天就结婚。如果你想这个婚礼有特许状恩准的话，那最好明天这个时候把特许状送到这里。"

那头一阵沉默。"我会再追问一次，不过我肯定我们帮不上什么忙。"

"那么好的，非常感谢。"

斯莱特里激动不已，往痰盂里用力地吐了一口痰。斯莱特里夫人好像重获生机，忘记了虚弱，大步走进厨房泡上冰茶给我们提神。他们想知道神父大人到底说了什么，于是我不得不把对话反复演说了几遍。突然电话响了。前后还不到一个小时。斯莱特里拿起话筒，蓝色的小眼睛一下子睁大了。他捂住话筒，私下里大声说出来电者的身份：当地那位年轻的神父。接着他又掉过头讲电话，只听到他说："谢谢您，神父。好的。谢谢您。好的。谢谢您。好的。谢谢您。"特许状明天将会按时送到。奇怪的是，我必须这样赢得玛丽，这种方式令我对我们是否属于彼此的所有怀疑全都烟消云散。

不过，斯莱特里夫人的害怕没那么容易消除。第二天早上那位脸色苍白的神父流利地念完仪式流程后，她紧张得扯断了念珠，珠子撒到锃亮的地板上满地乱蹦，害得所有人到处乱摸，一边还要继续勉强应和着神父。她内疚地看了看我，好像她的手自顾自地在婚礼上松开是个毁灭的预兆。她整个人因此都瘫住了。

幸好到午餐时情况发生了改变。随着桌上少得可怜的几瓶威士忌和夹鱼烤面包被一扫而光，早上的招待仪式结束了。于是我们离开内陆，前往贝利亚。那里有斯莱特里夫人老家的农场，也是她出生长大的地方。榆树和老枫树底下有一座方方正正的维多利亚式房屋。树枝在宽阔的院子上空伸展。院子周围是片片平整的田地，有干草地、甜菜地、玉米地。两列小孩跑上跑下的，穿梭于五十个大人之间，里面有十几个是玛丽年轻的表亲。有些人正拍着大腿哈哈大笑，其他人脸上神情内敛哀伤。另外大部分人都是粗壮的农夫，还有小镇居民。所有人的一日三餐尽是烤肉片、火鸡、六英寸高的巧克力蛋糕。

人群上方，坐在门廊深处摇椅里的，正是斯莱特里夫人八十高龄的母亲娜恩。她来回迅速地摇动着，目光在每一张面孔上扫来扫去，认出家族里好久不见的亲戚时，表情会有所变化。她穿着件花哨的蓝色印花棉裙，一看就知道是新买的，还很硬挺，戴着顶同样面料的老式打褶软高帽，帽檐有十英寸长。她骨瘦如柴，双手莘莘确确，紧紧抓着摇椅的扶手，兴奋地前后摇摆。我们到了后，玛丽激动地亲吻她，她看着玛丽的眼睛说："你永远这么漂亮。"此时，我恰好独自一人在门廊几码外的草地上站了一阵子。我听到她尖声叫我："阿瑟！"我转过身，看到她正偷偷向我招手。我走上门廊，坐到她身边，于是她便开始给我讲她的生活。玛丽的母亲坐在人群不远处的桌子旁，不停向我们这边瞥上几眼，脸上的笑容局促不安。不过斯莱特里先生倒是判若两人。他时不时向我挥手，窃窃地笑着，好像我俩心照不宣似的。现在在他眼里我可成了能人，他一辈子循规蹈矩，最是敬仰像我这样的人。

我告诉娜恩农场很漂亮，她说它已经被租出去好多年了。女孩们全都嫁出去了——她没有儿子，只有六个女儿，这是农民夫妇的不幸——她丈夫去世得很早。

"你可不知道，我们是驾着马车从纽约州来到这里。我们先到了湖的那边，我很喜欢那边。可是他想要土壤更为厚实的田地，于是我们就来到这里，结果他却被这片泥土害死了。当初我想落脚的地方现在已经成了克利夫兰市中部。"她轻轻地笑了，瞪着外面那群人，突然扯开嗓子朝一个经过的人大声喊道："博蒂！"

玛丽的母亲立刻站起来，尴尬地过来叫她不要那样大叫。老太太极认真地听着。玛丽的母亲训完话后又回到桌旁重新坐下，可是她脑后仿佛长了双眼睛似的。

老太太接着往下讲。"我丈夫喜欢阿尔萨斯*那种厚实的土壤。他老家就是那个国家的。可是他却被这泥土害死了——"她好像看见门廊一侧有什么东西，于是站了起来。我跟着她走到栏杆边，那里用钢丝隔着间养鸡房。我听到里面传来一阵紧张的咯咯叫声。她走到房屋墙边立着的一张滑动沙发前，低低地弯下腰从下面抽出一把小斧头，然后回头盯着养鸡房。我问她怎么啦，她说："老鼠跑了进去。"

"你拿小斧头要干吗？"

"哎呀，拿斧头扔过去呀。"她答道，好像我问了个愚蠢的问题。

玛丽的母亲突然站在我们身后，红着脸把小斧头从老太太手里拿走。"妈妈，你今天不用——"然后把她牵回到摇椅上坐下。我也跟着重新坐到她身边。斯莱特里夫人非常不好意思，爬下门廊台阶回到桌前，疲倦地把头发从脸上拨开。要顾及吐痰的丈夫以及拿斧头砸老鼠的母亲令她深感痛苦。

"你要投票给谁？"娜恩忽然问我。我告诉她是罗斯福。

"是。嗯，看下来也就他最好，我想。不过我一直投给农工党。我能投票时一直是投鲍勃·拉福莱特，虽然他从未够格参加总统竞选。不过既然我是这个党的党员，他就永远是我的领袖。"

"你是个社会党人？"

"噢，当然。不过他们——"她朝那群人挥了挥手——"他们现在都变保守了，成了共和党人。"忽然，她直起半个身子开始大喊某人的名字，不过又停了坐下来，不耐烦地等着那人转身看她。然后她便得体地挥挥手轻声说："你好！"继续迅速地摇来摇去，仿佛自己在驾马驰骋，眼睛扫视着地平线上有趣的情景。

----

* 法国东北部地区名及旧省名。

毫无预兆地，她转向我说："你这么高，我很喜欢。我丈夫也很高。"

"我也喜欢你，外婆。"

她拍拍我的膝盖，转头俯视着人群。玛丽走上来，在她另一侧坐下，握住她的手。过了一会儿，老太太转身对我说："她永远是最漂亮的女孩，你知道吧。"我们就那么坐在那里，在美国中部，我感到自己沉浸在一种巨大的安全感里。

不过在将近半个世纪之后我再仔细审视那个场景，却发觉那种祥和开始瓦解。我过去一直以为的安全感已经所剩无几，原因大部分是政治因素。1940年的俄亥俄州孤立主义根深蒂固，我知道草地上那群人中有许多人相信，美国好不容易太平了二十年，没有必要去参与另一场欧洲大战。我也这么认为。可是跟他们的判断不同，我的想法比较激进。我认为德国与英法之间的矛盾就是上一次世界大战中帝国主义国家老矛盾的新体现，是另外一次垂死挣扎，是资本主义体制的自我毁灭。草地上的人们，即使暂时失去福利，也还是信仰资本主义的。有些人还相信，只要反对美国参战，就能阻止遍布全球的犹太银行家企图把我们卷入二次大战的阴谋。

这种主张逐渐发展成一位做电台广播的传道者的主题思想，他就是全世界听众最多的查尔斯·E.库格林神父。到1940年他已经说服一千万颇受大萧条影响的听众相信，总统是个骗子，不仅受到犹太银行家的掌控，更令人震惊的是，他还受到犹太共产党的摆布。并且正是犹太共产党在二十年前策划了俄国革命，并发誓要把华盛顿也——用神父的话来说——"俄式化"。我只看到斯莱特里先生把耳朵贴着飞歌牌收音机，一边心满意足地微笑着，一边摇头晃脑地听着神父故弄玄虚。他同草地上那些芸芸众生一样，经人教导后相信，希特勒主义是德意志民族对共产主义威胁的正当防卫，希特勒打击的只是那些"犹太坏人"，尤其是生在德国以外的犹太坏人，就像他打击那些思想激进的"非犹太坏人"一样。草地上的人们不知道库格林的广播内容只是将纳粹宣传部长约瑟夫·戈培尔在德国政府官方宣传单《世界新闻》上发表的社论逐字逐句翻译过来的。这对于他们某些人来说也不算骇人听闻吧。我和他们一样反对参战，但无法认同他们的理念。这不幸折磨着我，令我陷入一种异样的迷惑混乱。每一代人都渴望回首一个更单纯透明的年代，一个未曾堕落的年代。但是 1940 那一年——我青春的单身生涯结束了，大萧条停止了——对我来说还意味着，经过邪恶的希特勒主义对我们明目张胆地浸染之后，一种简朴的民主理想主义结束了。这一点，至少在纽约很显而易见。但是，越往内陆，希特勒的形象越显人性化，他只是另一个好战的德国领袖，目的是为 1918 年的德国战败而报仇，这么想来，这一动机未必就是完全可耻的理想，所以我们无论如何都不必干涉。

总之，我的良知开始困惑，就像一个人原本以为自己与朋友或伙伴莫逆于心，却意外发现根本没那么亲密无间。我怀着如苏联国家那样的善意依然相信，我刚刚认识的那些姻亲和他们的朋友坚持着他们正统的天主教信仰，在他们的观念里最主要的还是发展出反基督徒。不过我并不绝望，因为我认为他们只是因对和平的渴望而被人煽动误导，从而同情法西斯主义。

我最终平息了内心一切混乱，但那样的困惑却把我的两个愿望——成为剧作家，拯救共和党——更紧密地结合在一起。另外它让我更加相信，如果我要赢得一批观众，那么他们一定不仅仅是知识分子或者饱谙世故之人，而应该是包括了各种各样的人，因为正是这样的大众才拥有气吞山河的、能粉碎一切（包括我自己）的力量，也才能创造许多美好。无论如何，我已设法扮演起调解犹太人与美国人以及美国人与美国人的心理角色。毋庸置疑，法西斯已在国内以及欧洲造成巨大威胁，我甚至尽我所能将此威胁解释为我自身受到灭绝的威胁。所以，即使我还无法全然确定，仍然希望通过艺术传达人类融合的信念以及人类共同的情感和思想，以抵挡法西斯的威胁。而就在这里，就在俄亥俄，我已经获得某种明示：我们所有人内心的渴望都是一样的。

斯莱特里果真四处和大家说我拒绝接受他们推迟发放特许状的事情。结果在他们眼中，我，一个纽约人，一个"作家"，甚至可能还是一个犹太人的形象，立即变得气宇轩昂起来，尽管实际上我身无分文，对未来还迷茫困惑。不过此时，坐在门廊上老太太的身旁，我开始享受人们不仅把我当作一个个体来看待，而且还是一种改善后有着令人惊讶的差异的象征。于是大家开始向我夸奖玛丽，说她从小就很爱读书，是唯一一个喜欢学校的孩子，似乎她最后嫁给一个知识分子乃命中注定。草地上宴席餐桌旁那些真诚的乡亲们在纵情欢笑，那些女人说话时带着浓重的鼻音，大家狂吃烤肉、火鸡还有蛋糕，那个乡村一切绵密的美好向我述说着人类的和谐融合。父亲说过他并不认为非犹太人没有公正、友好地对待陌生人的能力。这一点他一直都是对的。

当然，与此同时，与这种欢欣鼓舞的希望并行的是我确信，如果我突然站起来宣布这一切是个错误，我要一个人回纽约去，玛丽的母亲连同整个家族，一定会兴高采烈地谢谢我。

照例，最后还是交谈消除了我的困惑。此时人们时不时走上门廊来跟我们说话。娜恩转向我，带着老人在和难以明了的年轻人讲话时偶尔会流露的锐利眼神，问："你怎么看这份条约？"

《苏德互不侵犯条约》的签订令全世界震惊。希特勒的主要敌人一直都是布尔什维克主义，它对德国的威胁令希特勒有理由施行一切野蛮暴行，也使他获得西方世界许多保守人士的支持。苏联支持者中没有因嫌恶而辞去军衔的人都在为这份条约辩护。他们说，纵观数年来苏联人一直恳请要跟法国和英国签订反纳粹协约，结果枉费心机。现在他们只不过是扭转一下局面，他们的立场是与德国保持中立，为的是给自己多些时间为之后德国必不可免的进攻做好准备。换句话说，那个神话依然相信，这些体制不仅不同，而且完全对立。

我还没来得及回答，老太太接着说："看似苏联人等法国人已经等得不耐烦了。"她来自德属阿尔萨斯，说到"法国人"一词时语气稍带厌恶。"我也根本怪不了他们。"

这样的想法来自中心地区一位真正的国人而不是纽约激进分子，这在我看来已是欣慰。事实是，随条约而来的是纯真的湮灭，青春晴朗的上空笼罩着层层乌云，天气阴晴不定。每一个世代都有这样的时候。这个大萧条期间，无论我们有多少挫折，无论政治形势有多么曲折，我们纯粹的语言不必假装婉转，不必粉饰太平；我们只需直接开启左脑，联系理智。还有一个选择就是，让疯狂变成合理的存在。例如，一边是销毁粮食以确保价格继续上涨，一边是城里人饿着肚子没粮食吃。不过没有什么比这更显而易见的了。

"好吧，我希望这次我们可以置身事外，"她继续说道，"不过你等着瞧——那些英国人就要来游说我们，直到我们再次送我们的小伙子们去帮他们摆脱困境。"

参战与否可是那时唯一重要的事情，我正为此惴惴不安。她说出那么简单的道理，让我有一会儿不再感到不安。实际上，她的意思是，纳粹与他们在西方世界的对手之间并没有观念上的冲突；他们的冲突只是权力之争的持久旧仇。这一次是因为德国自二十年前第一次世界大战战败后复苏，西方国家希望重新划分帝国主义势力。

当然，这件事情本身已经过去很久了。但是我自己的（可能还有那个时期大部分美国人的）合理化心理机制那种本能的反应方法依然存在，并作用于其他事情。七年来我真的一直做着有关纳粹的噩梦，但愿只是因为他们根本就坚不可摧，真正如安妮·默罗·林德伯格所说的是未来的潮流。然而在我的想象中他们就是黑暗的潮流，就是一个由一群变态、恶棍以及胡说八道的疯子组成的政府。我怎么会以为纳粹的胜利不比英法的胜利更糟呢？在那十年间英法两国对希特勒唯唯诺诺，已经变得腐朽颓废、软弱无能。可是这种矛盾的想法正是三十年代偏激思想的主流。

民众困惑的是如何看待即将来临的那场大战。部分原因是源于那次大崩盘之后美国人前所未有的愤世嫉俗心态。股市对于大部分中产阶级民众而言，不仅仅是一种投资或者合法赌博的机制，而且还承担了资本主义经济本身的威望。股市是财产"价值"直线上升的视觉标志，甚至也是制造某种无产阶层的证明，因为整个国家几乎全面掀起一股投资热。当股市真的在一夜之间彻底崩盘，没有一个厉害的领袖或机构能够力挽狂澜，他们甚至不知所措，所以人们精神上深感恐慌，开始质疑官方的任何说法和看法。有人出于鄙视，在一片照相机的闪光灯中把一个侏儒扔到伟大的投资银行家 J. 皮尔彭·摩根的膝盖上，当时他刚刚解除隔离。其他金融家要么坐牢要么跳楼。股市大跌，一发不可收拾，也彻底打破了为第一次世界大战编织理由的那派说辞，此时不过又是证明投资的威力只会为了让富人更富而无情地压榨无辜者的生命。看清这一点之后，俄国的革命更显意义重大，因为它们清除了沙皇的军队，阻止了他们的疯狂杀戮。从长远来看，这才是人类一次崇高的明智之举。

1940 年的此刻，他们又开始行动了。又是苏联人选择退出战局，他们的盟友正是他们一直痛骂的法西斯分子。如果说这是一次愤世嫉俗的转变，那么那份条约也就不会只有达成一致的表象，假如那是你希望看到的话。1940 年的苏联没有殖民地，没有吞并邻国（与德国瓜分波兰、占领波罗的海共和国可解释为捍卫国土），因此他们可以宣称自己没有反帝国主义的记录。同时，与每一个欧洲大国不同，他们没有失业。那么它与德国的联盟难道还不能说明即使必须付出与可恶的纳粹握手言和的代价，它也决心要退出一场烂仗？难道还不能说明它在争取时间，准备与他们一战吗？

理解人类错觉的难处在于很难发现这个错觉产生的前提是什么，很难在非逻辑之中发现逻辑之处。一旦由像英国张伯伦与法国达拉第这类人领导的西方民主国家将拥有欧洲力量最强大战备最精良的军队之一、极有可能阻止德国人的捷克拱手相让给希特勒，一旦同盟军拒绝将军火卖给西班牙共和国从而成为意大利与德国法西斯的帮凶破坏了西班牙历史上第一个民主制这样的事实摆在眼前，我们就不难相信，英法政府的秘密美梦就是由德国战胜苏联，从而保证在长久的未来里没有一个共产主义国家存在，也没有一个社会主义国家，大家各据一方，相安无事，全部都由德国纳粹、英国贵族、法国富翁和他们的雇用军队妥善管理。我们当然也就不难理解，苏联一边把这条新生幼龙的尾巴留给巴黎和伦敦而不是莫斯科和列宁格勒来砍砸，一边跟它握手想要防止它为非作歹。

这一分析里忽略了权力因素，取而代之的是道德考量。正是我们对礼仪之邦的渴望，正是我们对尊德尚礼的深切期望，才造成我们对政治的幻想，而且以后还将继续如此。国有工会、青年组织、秘密警察、单位和家里无处不在的告密者、大批政治犯以及最核心的对政府和领导的偶像崇拜——所有这一切都源自一种体制。法西斯主义和纳粹主义"模仿"的是同一种模式，只是他们将狂热的民族主义和种族主义作为核心的"精神"内容。两种体制之间的普遍矛盾也没有比历史上那几次英法或德英之间的矛盾更深。我们更喜欢关注的道德矛盾掩盖了民族主义和地缘政治学才是那个时代的驱动机器这一事实。

对某种倾向——确切地说，是倾向于某种法西斯主义——的恐惧，隐藏在《吉星高照的男人》创作源泉的某个地方。那是我早期的一部剧本——算是部题材剧，讲的是和这些政治事件没有任何关联的美国中部地区。可以说是一个爬上门廊坐到玛丽、娜恩和我身边的女人给我讲的故事。她就是斯莱特里夫人的妹妹海伦，丈夫前不久上吊自杀了。和其他作家一样，我也被问过创作灵感从何而来。假如我知道的话，我一定会常去那里寻找更多灵感。其实我们只不过是在某些场合收集故事，写成剧本，就像实验室盘子里的细菌，最后要么被杀灭要么被治愈。

海伦急切地想要认识玛丽带回老家的这位陌生人，好像非常渴望听到外面世界的消息。她很苗条，一张苍白小脸上一双棕色眼睛好似纽扣。她自然地跷起二郎腿，没有发现发髻上的发簪松松地吊着，衬衫领口斜斜地歪着。那姿态带着一种心不在焉的纯真。她身上散发出一种不安分的能量，一种美国中部探索者的气质。

玛丽告诉过我，一天早上，海伦醒来，从卧室窗户外看到谷仓敞开的大门橡木上，她年轻的丈夫已经上吊自尽了。"听说了你丈夫的事情，我很难过，"我说，"听说他是个好人。"

她毫不犹豫地直接说起这个话题，好像如果她把故事重复了一遍又一遍的话就没那么真实了。

"我们从幼儿园起就在同一个班，你知道吧，一直读到高中。不过后来彼得不得不退学找工作，而我还是读到了毕业。每个人都很喜欢他，所以他从来不缺活儿。我是说大家都喜欢看到他，他那么开朗，你知道吧……"

像念连祷文一样，她好像经常反复讲述她的故事，让我想起密歇根杰克逊市监狱囚犯的妻子们。那是全国最大的一所监狱。我还是学生的时候，有很多个周末都去那里看望一个朋友。他在安阿伯市修了一门心理学课程后就在那所监狱里当心理医生。那些女人跟海伦一样，好像数年来都在跟所有的倾听者重复着同样的故事。

"后来他就变了。就在一夜之间。突然开始从床上起来后穿上衣服就走了出去。"

"他去哪里？"

"很多次都是去了加油站……"

彼得经营一家加油站，收入可观，也是他二十来岁时创立的唯一资产。他喜欢搞突击检查，查对油量和现款结存。即使没有查出过数额差错，他还是担心他的员工会从中牟利。"你不能反驳他，否则他会发疯。"海伦说。

他的朋友们虽然天真善良，但还是觉得他有病，最后把他送到克利夫兰市一家医院治疗。有一段时间他似乎有所好转，可就在海伦和他计划到加拿大度假时他自杀了。

听完这个故事我全身涌起一种熟悉感，让我莫名不已。我对正经的心理学几乎一窍不通，但我从没想过只把彼得当作一起病例、一个妄想狂。相反，我能感受到他不合逻辑的行为背后那神秘的精神活动。海伦仍然无法恢复信心来面对这个赤裸裸的社会现实；和她一样，我则深深执迷于一切没有答案的世界。为什么这么成功的一个年轻人非要自我了断？尤其还是在这么古朴、远离了城市压榨和竞争压力的乡村？有什么我们平常从未留心过会掌控我们生活的道理要他以死相对？

《吉星高照的男人》起初是本小说，但是我找不到一家出版社愿意出版。后来我把它改成了剧本，又折腾了三年，直到1944年才制作完成。它是我在百老汇上演的第一部舞台剧，演了四场就悲惨地消失了。但是，正是通过将这个故事发展成各种版本，我才开始尝到当剧作家的滋味，甚至可能也才有了做人的感觉。

首先，海伦让我想到她和我堂姐珍有点像，这有点奇怪。珍是埃丝特姑妈的女儿，就住在布鲁克林东3街我们家的街对面。她们两个都是年轻女子，讲话轻声细语，性情勇敢开朗。可是同样遭遇亲人猝死，从此一蹶不振。珍的丈夫摩·费希勒英俊潇洒，牙齿整齐洁白，洁白无瑕的脸颊上有一颗迷人的黑痣，头发乌黑发亮，身材精悍匀称。他也是刚三十出头就事业有成，全身上下散发出明显的精明能干、万事亨通的气势。大萧条时期，别人都节衣缩食，他却一直稳步前进当上了纺织厂经理，生意兴旺发达。可是他和妻子之间显然出了什么问题，两人几乎不再交谈。

这一家人几至苛求，他们现在全靠喜欢擦擦洗洗还貌似一家人。摩甚至会把他那部红色别克的发动机擦得如车身那般闪亮。珍来自一个有三个女儿的家庭，她们的娱乐就是在她们的母亲，也就是我埃丝特姑妈的指挥下，头顶着大手帕，把她们的小房子打扫得一干二净。而埃丝特姑妈这个女人，坐到凳子上之前一定先用手掌边狠狠扫一下，永远都会拿指尖掸一掸低胸礼服，以免头皮屑落在上面。

有一年夏天，在一个炎热的下午，摩决定独自开车去两英里之外的布赖顿海滩游泳。直到日落他还没有回来。天色渐渐暗蓝，太阳只剩最后一抹晕黄照在他们房屋的窗上。珍一个人站在高高的砖块门廊上看着街角，忧心忡忡，可是因为过于胆小不敢叫警察。这时独有一辆轿车绕过街角。那车她以前从没见过。她静静地看着，好像小鹿看见猎人一样，看着它慢慢停在她家台阶前面。一个驼背的小个子男人穿着泳衣从司机座位上滑了出来，站到人行道上。他像只摔坏的大型玩偶，一瘸一拐地绕过车子走到五级台阶下，抬起头看着珍。他的声音、他的一举一动都充满了歉意，他把手伸向她。"他在我车里。"他说，没有一句介绍或解释。因为从她睁大的眼睛里，正如从他手里拿着的钱包里摩的身份证中，他已经确定，她就是他在寻找的那位刚刚成为寡妇的人。

她走下台阶，仿佛走进她人生中最后一场梦。她朝车窗里面看，看到的是她漂亮的摩已经死了。驼背人是个内科医生，发现摩崩溃时正躺在沙滩上，并想要救他。摩的母亲穿过纱门出来一看，开始尖叫起来，叫声无助而充满悲怒。所有邻居来到人行道上——老人、孩子、抱着婴儿的女人、年轻夫妇，以及街上那个非犹太人克拉克先生。克拉克先生个头小小，头发灰白，住在隔壁，在一家银行上班，总是带着一把小手枪（这天晚上，他穿着一套旧的耐洗长裤和汗衫，刚刚给他的福特 A 型车上好油。车停在车库里闪闪发亮呢。他在车库地板上挖了个坑，好让自己能站在里面给车上油。几年后他去世时，摩的姐姐梅和她丈夫向克拉克太太买下了这部车。这车克拉克夫妇买了六年，可是其间开了不到三百英里的路。说它是车，不如说它是个圣像。夫妻俩无儿无女，也不想去什么地方。他们只是需要有东西让他们疼爱、操心和保护，只求万无一失）。

在克拉克先生令人敬佩的帮忙下，摩从车子里被抬了出来。不过驼背医生被歇斯底里的珍拦住一直不能靠近。摩的母亲怒不可遏，语无伦次地冲他喊道：这个穿泳衣的畸形侏儒干吗给他们带回一个依然英俊却已往生的儿子来？"你是谁呀！"她一直冲他喊，好像假如她能抹去这个畸形生物与摩的所有关联，摩就会复活一样。他们也不让这个小个子医生进家门，仿佛他受到诅咒一样。我看见他穿着软塌塌的泳衣，弯着瘦骨嶙峋的双腿，一瘸一拐地走到车前，流着泪把车开走了。

珍和她婆婆几乎崩溃，极需安慰。奇怪的是，在墓地的时候，她俩因为受到震惊开始抽搐，不停地说着"不不不"，反反复复，无休无止。那是一种拒绝相信的举动。而站在俄亥俄门廊上的海伦也一样，即便没有抽搐，心里还是同样不愿相信。要消除这种心态，珍得好几个月的时间，她婆婆则更久。日落时分，她总是继续站在门廊栏杆旁，眺望着几个街区之外的墓地，不可置信地摇着头。

摩令人难以置信的猝死以及海伦丈夫的自杀让我酝酿出《吉星高照的男人》。这个剧本围绕着一个没有答案的问题——命运是否公平：一个人失败了，而另一个和他同样能干的人却活得光鲜亮丽，这一切是为什么呢？也许是我在折射自己对内心聚集着的一股神秘力量的感觉，把它同它在别人内心的缺失作了对比。但是早在1939年，战争还未开始，我刚刚大学毕业，已经完成了一部关于科尔特斯毁灭蒙特祖玛的大悲剧，情感主题与此相关。蒙特祖玛同《吉星高照的男人》的主人公成功的戴维·比弗斯一样，最终被一种以为自己无能的错觉所毁。蒙特祖玛让自己相信，因为他已经成功地领导阿兹特克人占领了所有已知世界，以为人生再无追求，所以那些来自大海的奇怪的白色生灵注定成为他的主子，同时将他尊为神灵。虽然表达方式不同，但是两个剧本都涉及同一个问题——成功与权力如梦如幻。还应该提到的是，两个剧本同样暗示随着希特勒势力一周又一周逐渐控制整个欧洲时那些民主国家意志的瘫痪。

《吉星高照的男人》经历了无数次改写，也让我第一次一点一点开始真正领悟父子、兄弟之间的矛盾。戴维·比弗斯一开始是个孤儿，随后奇迹般地在他那个小镇上平步青云。他的朋友阿莫斯是当地一位年轻的棒球投手，他父亲帕特从小就开始疯狂地训练他。甚至在长长的冬季，他也要儿子在他们家的地下室练习投球。总之，阿莫斯的一生绝对不会离经叛道。但是，最终，因为帕特把底特律老虎队一名球探骗去看了一场比赛之后，阿莫斯被告知不能参加职业棒球联盟。那位球探认为，只要有人在他背后上垒，他就心理瘫痪——而在地下室他没什么要担心的，只要对付眼前那个打击目标。原来能够避免失败的东西反而导致他失败。这件事情对戴维影响极大，他耀眼的成功令他与小镇上的同辈人格格不入，这事相当危险。

一天，非常突然地，我明白了阿莫斯和戴维是兄弟，帕特是他们的父亲。现在这个故事多了一种不同以往的痛苦，我可以由衷地说，那是一种全新的不可言喻的信心，确定我看到了别人没有看过的东西。

到1940年我已经写了四五部多幕剧，连续两次得到密歇根的埃弗里·霍普伍德戏剧奖，还得到纽约几个制片人和演员的青睐。我的第一部戏剧是《天下无恶》，讲述一家制衣厂发生罢工令儿子与业主父亲反目成仇的故事，原型就是我的家人。另一部戏剧则是讲一位监狱心理医生注定要努力阻止心智健全的人陷入疯癫。这个故事也有兄弟心结，不过当时我没那么想过。

我之前提过，我有很多个周末都会去杰克逊市监狱。我的老同学席德·莫斯考维奇早我一年毕业，因为有一门心理学入门课的基础，他就被委任到这所全国最大的监狱当心理医生，而且是那里唯一的心理医生，负责大约八千名囚犯的精神状况，以免他们疯掉。不难发现，大萧条时期大多数罪行显然都是经济方面的。为了吃饭，人们只好偷窃。我认识几名杀死治安官的犯人，是因为治安官要没收他们的牲畜交给银行抵押债务。还有几十个被判七年监禁的小商人，是因为他们用空头支票骗过钱，但数额不大。

不过吸引我一直去杰克逊市监狱的是些令人费解的案例——几乎与经济因素无关。其中有一位，我叫他道奇。他原是印第安纳波利斯赛车冠军，根本没必要犯罪，然而十多年来一直在秘密操纵着一伙盗车贼。我在杰克逊监狱的机械工场里遇见了道奇，他正在那儿给囚犯们教授汽车修理的知识。四十多岁的他是个整洁帅气、聪明过人的贼，机智乖僻，常常自嘲苦闷。我一边跟他以及其他犯人聊天，一边借机了解他过去的记录以验证他是否言过其实。他讲的都是真的。

无论是进口车还是国产车，只要特别昂贵就一定会被道奇那伙人盯上。得手后，把车开一小段，送上等候在一旁的带有斜梯的卡车。然后，卡车沿路飞奔开往另一个城市时，机械师就在里面更改发动机号，换上新牌照，喷上新颜色。等到晚上到达合作商的地方把车子脱手。他们可以白天弄好一辆，晚上又弄好一辆，等到第二天早上再运出去。道奇在中西部有几组人马同时行动。其中有一个是来自堪萨斯州洛林的失业印刷工人，他可以做出完美的假号码注册证书。十几年来，道奇已经通过盗车致富，甚至在赛车方面的名气也大增。

他的落败纯属巧合。他在密歇根州的福林特偷了辆劳斯莱斯，然后停在一间公寓后。他早就安排好，他在那里过夜，等到黎明前汽车失窃的警报平静后再离开，这样就可以及时把车开进等候输送的货车。不幸的是，他找到的可能是福林特唯一一间由一名警察出租的公寓。警察回到家，发现车库里停着辆漂亮的劳斯莱斯。更糟的是，此时道奇突然灵光一现，悄悄走下楼。他刚进到车里，正要把它从车道上倒出来，就从后视镜里看见警察拔出了手枪。于是他开枪射中引擎，希望将警察撞倒。他被判十五年监禁，所有车子都被密歇根没收。不过最糟的是，他知道那种情形应该怪罪的人是谁。

有一天，我在监狱宽敞的露天大院里看到他。那个院子有几个街区那么大，他们可以四处走动走动，投投棒球，或者只是坐着晒晒春天的太阳。道奇正眺望围墙墙头。那是一块笔直的水泥板，大约五层楼高。一周前，四个犯人翻过墙头成功逃跑了，这真是不可思议。现在，工人们正在上面忙着安装电眼系统，以后一旦有人跨过那柱光线，警铃就会大作。逃跑的那四个犯人之前都在监狱的电工部干活。他们用了好几周时间收集起一截截一英寸长的电缆线，最后线头接起来总长十二英尺，再加上从监狱剧院礼堂的帷幕上剪下的一段长绳。某天一大早他们取出电缆线，把其中一头弄弯，再把它们拧在一起，挂到墙头。他们顺着绳子爬上墙头，再用绳子从墙的另一面遛了下去。一周之内他们在圣路易斯全都被枪决。

道奇眯着眼睛，望着墙头上的工人们若有所思，最后摇摇头叹了口气。

"怎么了？"我问。

"纯属浪费时间。只要一只三节电池的手电筒就够了——我的意思是，假如他笨到想要从这里出去的话。"

"手电筒？"

"对呀。将它冲那个接收器照过去，穿过去，然后关上手电筒。你绝对不会碰到那些光柱，就可以重获自由回到家，直到他们逮到你一枪把头打爆。"

"天啊！"我惊呼，"也许你该告诉他们。"

"那又怎么样？他们得自己费些工夫，但是他们迟早也会想到。"

道奇肯定没有发疯。但是监狱的每一个角落都游荡着陷入不同幻梦的人。我慢慢觉得，监狱不只是处罚罪犯的地方，它更像是精神病院。其实，精神最正常的是那些诈骗犯、造假犯、保险箱窃贼以及道奇那样的高档车盗车贼，他敢于与法律体制斗智斗勇，只是在一场纯技术的较量中一时失误，他心头的怨恨并不比撑杆跳运动员对地心引力的怨恨更甚。

我最后完成的那部关于那座监狱的剧本叫《大逆不道》。这也是我经过实地调查的第一部剧本。我希望将自己抽离出来，以外面世界为主题。这种制度施加给人们头脑的负面压力还有待揭露。获得两届霍普伍德奖之后，我在大学四年级没有拿到一个奖项，评委认为这个剧本"过于矫情"。我对杰克逊监狱的感情的确如此。它以全国最先进的监狱而闻名，但回到安阿伯市后我无法安然入睡，直到我忘记了那个囚禁犯人的城市，忘记了散发着动物园麝香般臭味的闷热潮湿的牢房，忘记了牢房里层层叠叠的八千个犯人，忘记了他们永远回荡在空气中的空洞低沉的嘈杂声，忘记了他们狂野放浪的笑声以及时而响起的凶狠叫嚣。因为害怕被犯人从栏杆后突然伸手勒死，没有警卫敢走近离牢房一手臂的距离之内。最糟的是，假如让我管理那座监狱，我知道我一定改变不了什么，除了打开大门让每个人都离开那里。然而也不能那么做。我想至少有四分之一的人是彻底疯了吧。

这部剧本的失败并没有削弱我对艺术的信念，我仍然坚信艺术对于改造社会应该有用处。这种想法在三十年代已是寻常，部分是因为这个道理太浅显易懂。斯大林曾将艺术称为革命的"武器"，而作家是"灵魂的工程师"。的确，这样的概念在人类历史上古已有之。正如莎士比亚作品反复肯定君权神授，中世纪和文艺复兴时期的某些作品就借用《圣经》形象化的程式来赞颂基督教。这些作品从不同方面体现了对艺术的相同追求：艺术要强化一种政体的崇高与正确。接近我们这个时代、我所熟悉的两位最伟大的作家就是托尔斯泰和陀思妥耶夫斯基。从英国或美国要求作家超然对待所有社会与宗教责任的意义上说，他们两位都不"超脱"。他们的创作殊途同归，对他们而言，艺术的终极目标并非用于消遣或者逃避现实，而是要强化基督的主旨。那时候契诃夫受人喜爱的作品通常被认为是俄国人天性阴郁沉闷的典范。不过正如希腊悲剧——我正逐渐喜欢上这种悲剧，好像井底之蛙喜爱梯子一样——试图将宿怨血仇转变为正义的伸张和法制的建立一样，契诃夫正发出一种声音，传达一种打破俄国人散漫的传统、迈入一个生机勃勃的新时代、要求人们朝着目标工作、理性分析问题的社会需要。总之，这些不只是借用大师们的"视角"来胡乱卖弄时髦的理由，这些正是人类希望进化的必然结果。

三十年代的安阿伯市因为登记的签署了《牛津誓约》的学生人数居全国第一，而被视为中西部心脏地带激进分子的聚居地。所谓《牛津誓约》，是源于英国那所同名大学的一个誓言，即永远不携带武器参加战争。当然我们发誓不参加的，事实上是过去的那一次世界大战。到第二次世界大战来临时，这批热衷反战的和平主义者，除了少数几个，全都投身到抗德抗日的战斗中去了。

改变是必要的，但是有些改变却令人啼笑皆非。校园和平运动的负责人是个四年级学生，名叫 G. 门南·威廉斯，他也是剃须膏家族企业的继承人，所以那时得了个绰号"滑头"，并沿用至今。他给编辑写信，信中满是冷嘲热讽，着实会令那些反对运动的保守分子每周至少安分一次。1935 年和 1936 年，常常可以看见"滑头"在图书馆的台阶上对怀疑者高谈阔论。

之后不到二十年，麦卡锡时代在 1953 年进入最黑暗时期。《假日》杂志的编辑特德·帕特里克要我回安阿伯市去报道三十年代后那里的转变。校园许多地方都认不出来了。学生委员会一名成员告诉我，她因为住在一栋合作社公寓里，越来越多的人与她不和。他们认为她没住私人房子或大学宿舍，一定是个共产主义分子。我以前的英语老师艾瑞奇·沃尔特已升为院长，他跟我说有一位联邦调查局人员正在让老师和学生们相互检举揭发。他还建议我可以同现在那位"导师"谈一谈，以便求证此事。社会主义俱乐部——其实是个反共组织——的成员们说，人们不再开车来参加社团的每周例会，因为有个州级警察就在外面登记车牌号码。不过，我这趟小调查的高潮却是去拜访我心爱的《日报》办公楼。

在三十年代，这栋大楼被每个好辩的激进小党派当作自己的家园，同样的还有攻击他们的自由派人士和保守派人士，因为所有政治党派必然希望主导《日报》对于当日事件的编辑方针。记者工作的竞争是相当激烈的。可是现在，才下午两点大楼里似乎已经空无一人。我很快还了解到报社居然被迫要打广告来聘请工作人员。为了唤起我对旧时光的记忆，我提出想从资料室拿一些三十年代的《日报》。于是我来到二楼编辑部，坐在尽头那张橡木大圆桌旁，开始翻阅一张张发霉的报纸。不久，一个魁梧的中年男子出现了，他坐在桌边，仔细查看报纸上近日发生的一些事件，还做了笔记。一个学生记者来到我身边，轻声对我说，如果想知道这个地方发生了什么事就跟他走。

在那间冷清的编辑部偏远的角落里，那个学生带着明显的骄傲介绍自己是最近那篇分四次连载的题为《共产主义在校园》的报道的作者。那篇报道揭发了一对学生激进分子。他不无遗憾地说，他们可能很快就会被开除。他还开心地告诉我，这次检举的结果是洛杉矶一家报社给他提供一份工作。这个学生年纪轻轻，个头矮小，皮肤紧绷似羊皮纸，头上斜戴一顶软呢帽，就像《满城风雨》里的角色一样。最后他言归正传，指着那个仍坐在圆桌前翻阅报纸的中年男子对我耳语：“他是一名州级警察，每周来一次，浏览读者来信专栏和新闻，然后把每一个发表类似左翼言论的人的名字记下来。”

“然后会怎样？”

“哦，名单就会收入州长办公室的重要文件里啦。你知道，密歇根州州长就是州级警察局的直接指挥官。”

现任州长当然正是“滑头”G.门南·威廉斯。我回到桌旁继续研究旧报纸，而桌子对面坐着的那位粗脖子警察正在浏览专栏，搜寻危险分子的名字。想到这里，我忍不住笑了。我开始翻阅报纸，心存一丝希望能够找到“滑头”写给编辑的一纸书信。命运之神真是眷顾我！我面前摊开的编辑寄语专页上恰好是一封回信，显然是对一天前一位署名“保守人士”的投诉反唇相讥。这位“保守人士”表示他由于得知“只有激进分子才参加这些所谓的和平会议”而深感沮丧。

“亲爱的保守人士，”和平运动主席回信道，“假若你们保守人士愿意拨冗参加我们的会议，一定就不会再说出席会议的只有激进分子了。"署名 G. 门南·威廉斯。我拿起那张发黄的报纸，绕过桌子走到那名州级警察跟前，把它放在他正在阅读的新报纸旁边，指着那封年代久远的信。他抬起头疑惑地看了我一眼，然后读完那篇将近二十年前的文章，再次抬头看着我，说："你是谁？"

我告诉他我的名字（这个其实对他毫无意义），还向他解释了《假日》派给我的工作任务。"麦卡锡主义"对他也毫无意义，于是他又尽职地继续审查报纸，查找危险分子名单。

麦卡锡年代有种秘而不宣的心理无处不在。我那篇关于密歇根大学的文章在《假日》发表一两周之后，特德·帕特里克邀请我再写一篇，内容随我喜欢。可我因为很少给杂志写作，便谢过他，几乎不假思索就拒绝了。几天后邀约陆续而至，直至我终于交给他一篇回忆三十年代我在布鲁克林生活的短文，他亦正式发表。数年后，帕特里克去世后我才明白他古怪坚持的原因。通用汽车庞蒂亚克分公司的广告部曾警告帕特里克，只要再发表一篇阿瑟·米勒写的文章，庞蒂亚克就撤销在《假日》的所有广告。可是结果，我第二篇文章也没有让庞蒂亚克停止支付账单。不过那些日子他们四处散播这类威胁。我很遗憾没能当面称赞帕特里克捍卫自己身为编辑的正直，这一举动在当时尤为勇敢。更多时候威胁还是可以得逞的。我在自己那篇关于密歇根大学的文章里引用的一份文件，可以证明这一点。那是全国制造商协会主席发布的一份内部油印文件，建议会员们停止攻击那些据说具有激进思想的大学教师（此乃该协会一项历史悠久的传统），因为在这类组织的协助下，激进分子现在已经被彻底"清除"。

这所校园尽管在三十年代出现了各种激进思想的混乱局面，但是，且不提学校教师，就说当时的大部分学生都是左翼分子，这就是个神话。其实到目前为止，大部分学生以及几乎全体教师主要关注的还是他们的专业，并且一贯如此。我本要在《日报》上发表社论，抗议大学拒绝约翰·斯特雷奇来校谈论他的名著《即将展开的权力之争》，不过我还不至于幻想自己是了解他的作品或观点的少数几个人之一。

如果密歇根大学算不上真正的左翼机构的话，它也因民主的态度而赢得美誉。我只写了两封请求信并许诺改进学术作风后，它就愿意继续接收我，就是证据之一。二十年代，学校教师岗位向社会主义者、计划生育倡导者以及其他被较为传统的学校拒之门外的怪家伙开放，而它也是三十年代可以在教室里公开讨论马克思主义的少数几所大学之一，上课老师尽管大都反对马克思主义的基本原则，但至少他们愿意参与辩论。

对我而言，那个时代马克思主义的标志性人物是一位名叫乔·费德曼的优秀学生。我至今仍认为他是我认识的最聪明的人之一。我第一次见到乔是在二月一个寒冷的夜晚。大约午夜时分，他踩着一双帆布鞋跑进《日报》编辑部。他一头茂密的棕色头发，鞋子同头顶一样，全都一片白雪，睡衣外面穿着件质地良好的粗呢短夹克，手上拿着一大把纸。他很高，身手敏捷，一下踩到书桌上面，向全体编辑和记者打招呼。大家从打字机上抬起头，向后一靠坐等他的表演，因为乔的演讲声情并茂，几乎无所不知。尽管他几乎没上过一节课，成绩却绝对不会不优秀，因为他能以惊人的速度消化课本知识，考试复习只需一两天。"同这所大学弱智的教育体制相比，埃德·温*就是莫里哀，杰克·本尼就是福斯塔夫——"他的窃笑魅力无穷，他满腹经纶。

我记不清那晚他为什么会出现在我们面前，不过通常都是因为他坚持要给他机会来反驳一些社论文章。事实上，他是想要羞辱执行编辑，因为他正跟他争夺美丽的莉娅·布鲁姆。而她总是无精打采地和

---

* Ed Wynn（1886—1966），美国百老汇喜剧演员，拍过多部电影，1959年被提名为奥斯卡最佳配角奖。

他的房东麦克尔夫人一起跟在他后面进到大楼。当他对着工作人员高谈阔论的时候，麦克尔夫人像母亲一样捧着他的大衣，站在下面恳求他穿上以免冻死。同时，莉娅逼他穿上塑胶套鞋或者戴上围巾。不过屡次将他逼疯的却是《日报》力求客观的风格，尤其事关西班牙的时候。乔低头对着矮小的执行编辑窃笑不已，编辑则抬头对他嗤之以鼻，间或对着莉娅语带讽刺重重地叹息几声。乔于是大叫起来："所谓'据说'纳粹飞机是为佛朗哥而飞是什么意思？看在老天的分上，难道你们是想变成《纽约时报》？我们难道都没有拍到被击落的发动机上印着德国纳粹标志的战斗机残骸的照片吗？"但是编辑认为，谁都能拍到的东西，他又如何知道那张照片不是在汉堡拍到的呢？"你是说他们故意让飞机在汉堡相撞坠毁的啰？醒醒吧！别这样惧怕那原始而野蛮的法西斯，振作起来吧。别再糊弄自己了。就把这张照片登在报纸上。如果你没被《纽约时报》采用那又如何？你还这么年轻，难道就如此堕落吗？"诸如此类的话，直到编辑再也忍不住了，两人在结了冰的街道上扭打起来，而房东太太和莉娅就在一旁尽力不让乔着凉。

莉娅最终谁也没嫁。我自 1938 年毕业后便与乔失去了联络。直到 1940 年有一天，我跟他在纽约市中心的一条街上不期而遇。他脸庞光滑，穿戴整齐，头发一丝不乱。此时西班牙已经为佛朗哥所控制，我们两个同班同学已在那里为共和政府战死。我正要动身前往俄亥俄准备完婚。乔已决定当一名舞台设计师，只因为他偶遇当时最受人尊敬的设计师克利恩·斯洛克莫顿，并说服他收自己为首席助理，尽管乔几个星期前才对舞台设计产生兴趣。他在短时间内看完了所有与舞台设计有关的英文资料，可能正要开始指导斯洛克莫顿，纠正他的错误呢。

我恭喜他平步青云，他却瞪着第五大道上来往的车辆，说他快要辞职了。我大吃一惊。"我要参加空军。"空军！他怎么能为了一场帝国主义战争投身空军呢？"我想我们将要参战了，"他说，神采奕奕的眼神荡然无存，"我们没有选择。"果真那样的话，如果到时苏联还是德国的盟友，他会不会攻打苏联？他几乎屏住了呼吸，眼中浮现死一般的怪异神色。"我想他们不会一直支持德国人。不过若真如此的话，那么会的，我们只有攻打他们了。"我和他握了握手，脸上没有一丝笑容，心里明白他等于在拿生命去赌对于现实的幻想。

他后来死于缅甸上空。六十年代的一天，夜色初上，我记得自己去一个朋友家里共进晚餐时，路过96街和麦迪逊大道的交叉处，突然看到街角有家商店挂着一块牌子，上面写着"费德曼药房"，于是想起乔的父亲曾是那一区的药剂师。此时距离乔踩到《日报》办公室书桌上已有三十年，离他中弹身亡也有二十多年。现在他父亲可能已经退休，甚至恐怕已过世。柜台边有个小个子白发女人，她隔着一排排的口红和梳子看着我。我说我是乔的朋友，她会不会碰巧就是他的母亲？女人疲惫无神的脸色立刻变得满面红光、精神抖擞。她从下面抽屉里摸出一个信封，里面装着一张十英寸长、八英寸宽的照片。我以为会看到乔开心的脸庞、充满讽刺和痛苦的眼神，可是上面是块大墓碑，大约六英尺高，立在一片空地上，周围全是丛林植物，碑上刻着包括乔在内的十几个人的名字。她把照片递过来，指着它说："这是在缅甸。"我们交谈了几分钟。他们只有这个孩子。她谢谢我顺路拜访，也好奇此举为何。我说我也不太清楚，只是我永远都不会忘记他。泪水开始涌上她的双眼，她于是转过脸去。

他们彼时正在越南出生入死。不久前，我回到安阿伯市出席了第一次宣讲会并作了发言。全校停课三天，只为讨论那场战争以及如何反战。我没有准备讲稿，因为与会者有让·拉库蒂尔这样的专家，我的出席纯粹代表象征性地支持反战运动。我站在宽敞的希尔礼堂台上

（这座礼堂是二十年代一位木材大王捐资修建的），却想起1935年的某个下午，我就坐在这里听日本传教士贺川丰彦的演讲，那时我觉得他就像个兜售崇高事业的商人。随后我目睹了大约五十个中国留学生起身离开礼堂，因为他在提到日本军队当时占领的中国东北省份时，按照日本人的叫法，称之为满洲。一天，在礼堂的台阶上，一名中国留学生跟我攀谈起来。当时他提着一小桶票在卖，想筹钱把一位中国名人从中国接来，让他告诉全世界日本人对他的国家做了什么勾当。我问他："你为什么需要一个名人？干吗不自己说？"听到我的建议，他吓了一跳，原本半睁半闭的眼睛瞪得老大："谁，我？我只是个小人物。"

现在六十年代，我能在反战学生中感受到一种好像普天同庆的欢乐气氛，一种志同道合的欢乐气氛以及某种我认为不太真实的个人防线的坍塌。所以当给我的掌声渐渐平息——我觉得掌声太过热烈了——我不禁说道："我想起了曾在这座礼堂举行过的其他抗议活动。我不得不告诉你们，这些活动将人们团结起来，整个过程真的非常美妙。但是大家不要忘记，联邦调查局就藏在你们中间。有一天你们可能被迫为来到这里作出说明。"

此时此地说这样的话其实并不恰当。此时，一场为了结束不义之战的崇高运动正方兴未艾；此时，一代人正开始破茧而出，结伴同行，一起抗议。对于我的话，他们迷惑不解，缄默不语。于是我接着说，尽管有间谍存在，尽管有一天他们可能会被要求出来否认并批判他们今天感受到的激情，但是，能感受到此刻的激情是人生必不可少的风险。再者，即便这场运动最后不会以一种震天撼地般的胜利落幕，而是落得人心涣散、后悔白费时间的苍白收场，我们到时也不应该万念俱灰，因为我们必须继续追寻下一个美好的梦想。事实上，如果没有精神动力，人将一事无成，尽管其最终结果只是证明了它同其他任何一次运动一样错得多么离谱。

五十岁的我站在那里，前面是卡尔·奥格尔斯比、鲍勃·摩西、让·拉库蒂尔和汤姆·海登，他们都是斗志昂扬的年轻人。我马上意识到他们并不需要我这样的提醒，因为他们不是三十年代那一代人，完全不是。这些年轻人正热烈讨论的这个组织完全具有美国特色，从某种意义上说甚至与政治无关。这个组织是会葬身于坦克车轮之下的。这不是希特勒主义时期那种意识形态上象征性的夸大其词。希特勒主义无论如何恐怖，都远在千里之外，没有人真的以为美国会加入又一场欧洲战争。这些将希尔礼堂围得水泄不通的学生却知道，他们自己是在赴汤蹈火，他们也知道如果美国不愿改变立场，自己将难免一死。但是，他们想拯救的不是别人，这就是他们同三十年代的父辈们的差别所在。三十年代那个时期的生活只有贫困与动荡，一个学生想要投身革命还得深思熟虑一番；到了六十年代，革命的门票就是钱夹里那张兵役应征卡。

和抗议携带武器的《牛津誓约》在美国的运动一样，反对越战的宣讲会潮流亦起源于密歇根大学。全校停课三天三夜，无数个宣讲人讨论着东南亚和越南的历史、语言、诗歌、宗教。一种悲伤里透着兴奋的情绪笼罩着每一个人，或者说几乎每一个人，因为我不相信学生和知识分子足以终止一场战争。听着他们演讲，我忍不住在想象中把我父亲置于观众席上，就像当初在剧院里一样，即便是他也应该能够听得懂，并为之动容。

有天晚上，午夜过后，我和几个学生正走着，一个穿着制服的年轻士兵追上我，跟我们一起在树下走着。他在这里入伍直到后来去了越南。"你要知道，你们这些人都错了。这场战争我们能够获胜，我们真的可以。"

这番话我私下也曾对奥格尔斯比和让·拉库蒂尔说过（我说他们

低估了美国对这场战争的胃口），所以我很想知道这个年轻士兵的想法。"你们要做的就是把一百万人送到那里。"闻言后其他学生大笑起来——一百万人！士兵冷冷一笑："一百万人就行。我相信他们不会不努力。我想只是政府现在还没看清这一点。不过他们迟早会明白的。但是如果没有一百万，绝对没戏。"

这跟三十年代如此相似：边缘群体有远见却没实权。1936年和1937年我们确信，只要打败佛朗哥就能避免一场新的世界大战，因为在希特勒旁边安放一个民主的西班牙等于给他装了个刹车。相反，假如法西斯强强联手，那么欧洲战事必然全面爆发。可是，英法两国已经说服自己接受"民主即共产主义胚胎"这种观点，而罗斯福也甩手不管。佛朗哥最终在马德里宣布了与轴心国结盟。开战前那一声巨响只是时间问题。从各个角度来看，西班牙都是西方下半个世纪陷入两难境地的根源。当时心照不宣的最大假象就是，这些少数民族对右翼的独裁统治相当满意，例如当时的西班牙人以及后来的伊朗人、中东地区民族和拉美人，并且认为民主模式只适用于西欧各个古国和美国。因此，各国本土对右翼的威胁将让共产主义趁虚而入，因为贫困国家也能产生真正的民主人士简直是不可想象，那些声称自己是民主人士的一定只是欺世盗名。

当然我们不可能在1965年未卜先知，等到参谋长联席会议、国会、总统以及美国大众清醒地认识到那次宣讲会所透彻传达的事实，已经有大约五万八千个美国人葬身沙场，全国一蹶不振。年轻的一代人由于这场战争同政府保持了一种难以想象的、广泛而彻底的疏离。然而，即使那三天三夜，人们也明白这不会是三十年代的重演。我走过北州大街411号那座房子，三十年前我曾在那里写出我的第一个剧本；又走过市中心一家小小的比萨连锁店。十几年前的麦卡锡时代，我受《假日》杂志之托到此一行，就坐在这家店里与几个学生交谈。

他们总是深思熟虑、谨言慎行，唯恐被划为激进分子。宣讲会却营造了一种直抒己见的崭新氛围。到了夜间老师们的讲座还是座无虚席。他们直言不讳地说就因为美国阻挠了越南全国大选，不然其国家总统无疑一定会是胡志明，而现在国家又在鼓动美国人民去干预越南人民的意志。

安阿伯市的那些日日夜夜孕育了反战运动。其组织者有一天会相信，他们最后是失败的，因为单是这场战争就持续了十多年。不过，我认为宣讲会还是粉碎了人心之间的淡漠，让人们看清上层人士的心狠手辣。这一点同 1929 年大崩盘极为相似。当我在密歇根大学学生活动中心大楼（三十年前我在此度过我大学生涯的第一个晚上）躺下休息时，我很想知道，一个国家要被自己充满活力、才智过人的年轻一代否认多少次，它的结构内部才会松裂直至再也无法修补？心脏的收缩与舒张，思想的激进与谨慎，理想主义张扬之后急转直下的怀疑主义与顺其自然——还得有多少次，记忆才会追得上刚刚萌发的理想却又在它成熟之前用愤世嫉俗将它粉碎？总之一句话，自由还有多久？美国会因此成长还是渐渐灭亡？这些是出生前的阵痛还是死亡前的痉挛？

我第一部专业制作的戏剧《吉星高照的男人》貌似并非一个与大萧条有关的故事，但是，剧中弥漫着的对失败的恐惧感和对成功的内疚感足以令它名副其实。1941 年，我开始创作这个剧本。尽管失败的迹象一目了然，我隐密的命运却充满了希望。给我鼓励的还是那两次霍普伍德奖，加上创新戏剧奖部门一次更为重要的表彰以及一次全国大学生比赛后纽约知名的戏剧协会剧团 * 颁发的一千二百五十元奖金。

---

* 戏剧协会剧团（Theatre Guild），又译"同仁剧院"，是 1918 年在美国纽约成立的实行预约订票制的戏剧团体，旨在上演一般商业化剧团不愿制作的、具有较高艺术水平的戏剧作品。

后一项殊荣的另外一位获奖者来自圣路易斯州，名叫田纳西·威廉斯。真是令人难以置信。在我的想象中他应该是身着鹿皮、手持步枪的。

《吉星高照的男人》于1944年在百老汇演出的时候，评论家中除了两位之外（纽约当时有七家日报，每家各有剧评人）着实感到难以下笔。然而，必须指出，这部戏无论有怎样的不足，换在一个不同的戏剧时代，它也很可能榜上有名而非门可罗雀。可是四十年代的百老汇正处在每种艺术势必经历的所谓"古典派"时期，因此戏剧创作必须绝对循规蹈矩，离经叛道者必遭失败。不应该有什么能比戏剧创作更为客观的了。毕竟，每个角色自有他对主题的看法，作者仅仅是维持秩序的指挥家，而非偷偷安排剧本最终含义的设计者。人们非常注重这样以假乱真的客观性，所以即使到了六十年代，即使是像沃尔特·科尔这般明察秋毫的评论家也会宣称着重社会观念或者道德观念而不求娱乐的戏剧，终将令观众从剧院离席而去。从这个意义上来看，《吉星高照的男人》显然毫不客观，因此被称"不自然"。此外，我和此剧导演，一位名叫乔·菲尔兹的可爱小伙子，的确不明白它在什么地方是反现实主义的。

乔的父亲曾是二十年代知名杂耍团"韦伯与菲尔兹"里的一员。乔是作词人多萝西·菲尔兹的哥哥，曾写过多部成功的音乐喜剧，因而最不可能喜欢百老汇所谓的"高深之作"。但是当他因一部俗不可耐的滑稽大剧《面团女孩》大捞一笔的时候，菲尔兹自己却把时间用来逛美术馆或者阅读他钟爱的法国作家的作品，尤其是夏尔·佩吉，夹克口袋里总是揣着他的一本书。他信任我的剧本，于是争取到夏柏香水公司的创始人赫伯特·H.哈里斯的支持，由公司赞助我们排戏。

剧评人在说到他们的难处时总会接连提及一个荒诞之举，即一个像阿莫斯·比弗斯那样擅长投球的棒球投手只因投球时有人上垒而大失水准就被一位棒球联盟球探拒之门外。他肯定应该受过此项训练的呀！反之，评论家兼前体育记者伯顿·拉斯科却在《纽约世界电讯报》上发表长篇文章，向他的同行们保证：他认识许多运动员都毁于一次失误。他还为我预测将会好事连连。即便如此，第一次受到专业人士的赞赏只是因为我的确懂点儿棒球，还是让我稍感尴尬。

另外一次更为重要却也神秘的鼓励来自一个不可思议的人物：约翰·安德森。他在赫斯特报业一家耸人听闻的反主流报刊《美国纽约日报》担任评论员。他邀请我到纽约运动员俱乐部喝一杯，谈谈我的剧本。我之前从未见过评论家。他四十出头，长相英俊，着装做工精良，为人非常真诚。他觉得这部戏有一种隐晦，"可是我觉察出角色背后有一个奇特的影子世界，将黑暗藏纳其中，真是无比奇妙。我很好奇你是否想过写悲剧。这个戏剧里笼罩着一种悲观，这种东西能让你写出悲剧"。

我说我打算再也不写剧本了。"现在这是我的第五还是第六个剧本了，我好像还一无所获。"

安德森低头看着地板。记忆中的他一头棕色鬈发，还有一副质问、极为严肃的神情。"你写了部悲剧，你知道，风格却是民间喜剧的。你要尽力弄清楚自己在做什么。"

这是我第一次和评论家交谈，以后也许还有过两三次。虽然直到三年后我才重新创作剧本［其间我发表了唯一一部小说《焦点》］，我还是将他的话视为珍宝。那次谈话后仅三个月，安德森突然死于脑膜炎。

安德森的另一个问题从过去至今天一直纠缠着我。"你信教吗？"他问我。我不仅对自己认识不清，对自己的作品想要传达给我的东西同样熟视无睹，所以我觉得这个问题意外而荒诞不经。真要与此问题有关，应该就是《吉星高照的男人》是一出反宗教的戏剧，讲述一个年轻人声称放弃掌管上天的权力，只通过劳作来肯定自我、获得救赎。

但是戏剧如果可以遵循自身原则，甚至可能出卖作者的成见或者盲目。真相是，戏剧的情节发展似乎要求戴维悲剧地死亡，但是我的理性主义无法容忍如此。四十年代早期，这样的结尾对我而言带有反启蒙主义的意味。一部戏剧的情节好似一个人的行为，比言语更能反映思想。而《吉星高照的男人》反映了戴维对身份自我认同的绝望追求，和想要打破宇宙寂静从而信任生命自身的渴望。换句话说，戴维成功积累的财富铜臭熏天，而他的灵魂已经逃之夭夭。这种悖论贯穿了我之后的每一个剧本。

我站在后台看着每一场表演，勉强还能忍受，但心知一切皆咎由自取。我知道自己弄巧成拙，弄出了一个粗制滥造的玩意儿，就像弹奏乐曲却选错了乐器，弹错了音阶。我再也不写剧本了。一定不写了。终场演出结束后，我向演员们道别，如释重负地搭乘地铁回到布鲁克林高地，看着纳粹占领的欧洲被同盟国空军狂轰滥炸的新闻。总算有些地方还有真实存在。

一想到宗教，难免就会唤起我第一次听到别人提到马克思主义时的记忆。那是1932年秋高气爽的一天。我因故磨磨蹭蹭前往位于M大道的一间神殿，说实话，是想寻找上帝。几年前，我的成人礼演讲大获成功，得到父亲最高的赞赏——"你果然搞得定！"——也可能因为我正处在性冲动期的痛苦中，苦于不能发泄，所以心里就把那间会堂跟那个成功的自我表现的辉煌日子联系在一起，即使那天我只是做了一个演讲。无论如何，我在那栋见证了我成功场面的大楼里面发现的是三个老人，他们正坐在办公室里抽着土耳其香烟。我向他们解释自己需要找人问几个宗教方面的问题，这几个旁观者看着我，双眼湿润，眼神迷惑。毫无疑问，他们此时正为大楼的开支亏损和礼拜出席人数的锐减以及其他大事忙得不可开交，无暇顾及宗教这个问题。

而我可能又是唯一一个问这种问题的少年，尤其现在还不是礼拜日。他们全都听得目瞪口呆，等回过神来，他们对看了一眼仿佛在寻求提示，最后一个人建议我周六再来参加安息日仪式。可是我已熟知诵经活动，而且我认为它真的只适合自我认知已经完善的人。而我需要的是能够了解以及平定我不安的东西，能够让我跟别人一样的东西。

于是我晃悠了两个街区回到家里，内心那不可名状的饥渴仍未得到满足。家对我而言意义重大。下雨天的午后，无所事事的我喜欢拿吸尘器打扫地毯，把凳腿上松掉的横木粘上，或者春天的时候在后院种上郁金香——还能挖出罐头盒和旧靴子，那层泥土表层纯属装饰，下面可是应有尽有。种郁金香时我得贴近一片十英尺高的篱笆，篱笆围着罗伊的狗屋。罗伊是隔壁林德海默家养的狼狗，总是叫个不停，一直冲撞那片篱笆，双眼赤红，下巴淌着口水。它真的就是一匹狼。林德海默的岳父伊根先生会戴上大礼帽，穿上靴子，驾着一辆双轮马车停在广场酒店门前，然后一手拉着沉沉的铁链牵着罗伊，一手拿着短鞭开始遛狗。只要罗伊左转右挪，两眼就会正正吃上一鞭。

一天我正在郁金香丛中挖着，突然发觉四周一片安静。罗伊没在篱笆后面。我直起身子歇一歇背，眼角余光却瞥见罗伊正站在我们院子当中，就在我身后，没有拴着铁链，也没人陪伴，而四周空无一人。它正抬头看着我。我完全僵住了。我们对看了好长好长一段时间。我知道我只要动动手指、松一松抓着铲子的手，它一定会扑上我的喉咙。我怀疑那时我有没有眨一下眼睛。仿佛过了几个月那么久，它变得轻松自在了，只是一脸困惑地转过身，绕过他们家车库回到了狗屋。我小心翼翼地一步一步回到家中，打电话到隔壁。在中学担任游泳老师的强悍的林德海默夫人出来把罗伊的门锁上。这个虎背熊腰的女人似乎总不开心。林德海默先生是位肉类批发商。他俩似乎全身都是肉。最近他们买了部崭新漂亮的帕卡德，价格不菲，结果却发现车道比车子几乎窄了三四英寸。她在将车倒出车库时被卡住，困在车里开不了车门向人求救，也无法脱身，害她快要疯了。最后她一点一点把车挪到街上，一路撞掉了我们家墙上的灰泥，还把一根锃亮的保险杠刮花了。她似乎还怪我们把房子建得离他们家太近，所以每次在街上遇到她，我总觉得好像要因为点什么而向她道歉。但我没有报复心理，从未梦过她会溺水身亡。

我们家的火炉对我也是意义重大。它让人捉摸不透。我们从不知道如何围封炉子才能让火彻夜不熄。我尤其喜欢看炉火蓝色的火焰在黑煤堆上均匀地燃烧，而不喜欢火苗躲在角落里轻舔，最后其他地方全是灰烬。你要知道，这种情况下灰烬一定会慢慢扩散，直至炉火完全熄灭，剩下完好无缺的煤块，你还得从炉灰里将它们一块一块地抢救出来。

我喜欢看司机把煤车倒退着开进院子里，把滑道架在地窖窗口，然后倾斜车身，煤块"嗖"的一声就滑进箱子里。那一声听得人心满意足，甚至感到热气腾腾、有滋有味。满满一箱煤块足够我们温暖很久很久。

清晨四点下到地窖去可是寒气逼人。打开火炉门发现火并未熄灭，这次我终于掌握了围封炉子存火过夜的秘诀。接着我把溜冰穿的毛袜套在格纹大衣袖子上，走过一个半街区来到我工作的面包房，于是分外觉得家是如此安全。

面包师是个和蔼可亲却总是忧心忡忡、气喘如牛的胖子。他用一支粗短的铅笔把客人的地址草草地记在单子上，因为用力过猛必须不断削尖笔头。然后他再把地址抄在每个棕色纸袋上，里面按照顾客的需要装着不同数量的小面包卷、面包圈和黑面包。我卷起袋口，小心地把袋子装在铁丝篮里，巨大的篮子挂在沉重的送货单车车把上，悬在前面车轮的上方。春秋两季骑车沿着空无一人、静谧的街道经过还在沉睡的屋舍，感觉真是非常美妙，你几乎还能听到躺在床上的人们的呼吸声。我虽然刚进入性冲动期，却还未想象过他们会在做爱——我只是还没想到这件事情。我停下来，小心地把车子靠在路灯柱上，打开手电筒，找到写着这户人家的袋子，轻轻地放到厨房门旁边的后门走廊上。遇到下雨天，我就得找有遮挡的地方挡住袋子；有几户人家则装了个带盖子的木盒子。

到了冬天，有时早早地温度将近零摄氏度，会有猫咪成群结队跟在我后面，渴望着我的体温。它们热切地蹭我的裤腿，抬头冲着我嗷嗷叫。它们的责备让我后背发凉。

有些早上，有六个车道那么宽的海洋大道上会结满冰，就像农村结了冰的池塘一样洁白无瑕。偶尔会有一辆出租车的司机在另一条空旷的路上玩耍，他踩住刹车，让车子在光滑如釉的冰面上快乐旋转。有天早上大约四点半，我看见两辆出租车就这样轻快滑动，尽可能靠近对方却互不相撞。有时我几乎不能在冰上保持平衡，只好推着单车走完全程。有一次车子倒了，所有袋子从篮子里摔了出去，口子裂开了，光溜溜的面包圈像冰球一样滑出一大截，消失在黑暗中；小面包卷和黑面包则像扇子般铺洒在人行道上、大路中间。我不得不打着手电筒找到它们，然后设法依照袋子鼓起的大小来分配面包圈、小面包卷和黑面包的准确数量。等我回到面包店时，电话已经响起。人们要求知道，他们要的小面包卷和面包圈通常总是各三个，现在却有四个小面包卷和两个面包圈，他们该怎么办。他们愤怒的声音从话筒里蹦出来。我很为自己的工作担惊受怕，但是面包师原谅了我。

和童年一样，单车就是我的慰藉、我的女人、我逃亡的战马，永远将我带往某个角落，在那里最终会突然出现一个神奇的我，我不再只是空空皮囊。记得有一天，我跨坐在车上看人们对着多兹克先生杂货店的墙进行手球循环大赛，四个男孩打双打，其他十二个站在四周，或呐喊助威、出谋划策，或悄悄合计着把某某的妹妹弄到手，或想法从鲁宾先生店里偷一便士糖果，如果失败就想法参加一次前往纽堡的童子军军事化野营。我坐在车座上，被比赛与当时的一切谈话所深深吸引。然而这样呢喃的兴奋背后一直掩藏着的是对我自己和家人未来的忧虑。

1932年秋，家人已不可能再掩饰内心的恐慌。甚至每个月要拿出五十元缴付贷款都成了问题。我哥哥不得不从纽约大学退学到父亲另一家成衣厂帮忙，其实这家厂也即将倒闭。家里没了主心骨，让人非常心痛。父亲现在开始习惯在家就睡个不停，或者偶尔看着我问道："你今后想做什么？"那就是，过好我的生活。原本我最想到电台唱歌，成为像平·克劳斯贝那样的明星，赚上百万家财。实际上我中学毕业的时候算是有个经纪人了。他名叫哈里·罗森塔尔，又矮又胖，抽着雪茄，好像从你家隔壁走出来似的。他挨个向发行商推销歌曲，有时会帮我找到在俱乐部唱歌的工作。

我有一副高亢、扎实的男高音嗓音，按罗森塔尔的判断那嗓音"稍带爱尔兰特色"，唱民谣还不赖，尤其适合欧文·伯林的东西。不过我倒是觉得这些歌让我听起来像埃迪·康托尔。在我看来，他只是个业余歌手。几个月后罗森塔尔带我乘地铁进入曼哈顿，去叮砰巷歌曲的心脏地带——位于50街百老汇的布里尔大厦——参加唱歌工作的面试。每层楼都有许多放着立式钢琴的小房间，词曲作家可以在里面给发行商弹奏他的新歌。所以当各种乐声透过细薄的隔层混合交错时，无论你待在哪间屋里都能听见整层楼每个地方发生的事情。而我就要在这片喧闹当中站在一个奋拉着眼睛、一脸苦恼的男人面前努力唱好我的偶像洛伦兹·哈特一首轻柔的民谣。甚至没人向他介绍我，因为我在这个圈子里地位太低了。我几乎听不到自己的声音，因为心里害怕唱得一塌糊涂。唱到一半时，我心想我来这干吗？不，这不像我。

但后来罗森塔尔竟然在布鲁克林一家电台帮我安排了一场十五分钟的个人演出——当然没有酬劳。他们提供了一位盲人钢琴师，是个老人，患肺气肿，喘得上气不接下气，大概随着我的歌声一同播了出去。他手指患关节炎，指节僵硬只能弹和音，几乎没有单个音符；头发只剩一半，沾满雪茄烟灰，为了演出他把头发弄湿从旁边梳到头顶中央。我的歌唱似乎打动了他，所以我们第二个节目后——没料到也是最后一个——他建议我打着"年轻的阿尔·乔尔森"的招牌进行宣传。虽然谈不上过分，我还是觉得这样有点言过其实了。

可是我的演唱生涯已经接近尾声。十六岁的我生平第一次发现自己的大脑正将歌词译成现实。当我惊讶地发现几乎每句歌词都含有男人想同女人欢爱的意味时，我觉得极为尴尬。之前我居然对着一个女孩唱"假如我曾幻想过你——噢噢"，那时我只是一味天真地投入在唱出这些歌词，丝毫未曾想到它们还有什么意思——它们只是我展现歌喉的甜美音符，就像另一门语言。只是现在我无法忍受，永远封锁歌喉，至少像个上进的专业歌手那样。等到我能运用那些歌词背后的含义了，我的歌艺却几乎消失殆尽。

像人生道路上大部分突如其来的转折一样，我那天在多兹克杂货店外第一次听到马克思也是如此出乎意外。那一刻简直不可思议，如同静止的油画一般凝固在我的记忆深处。商店砖墙被球打得砰砰响，几乎要毁了那个温和纯良的男人的生活。因为尽管他的商店大窗偶尔被球击中，他还是得从饮水机里倒出几杯冰水来拿给孩子们。多兹克个头矮小，戴着厚眼镜，嗓音尖细，心地太过善良，不忍拒绝口渴的男孩们。最终，他别无他法，只好让人把苏打水饮水机全都拆走。结果还是没用。他又装了一块十英尺长、六英尺宽的金属牌子，打了块瓶装莫克西（一种畅销的软性饮料）的广告。牌子从墙上伸出几英寸长，假如球打中牌子，就会变了方向射不中目标。不过我们很快又学会如何巧妙地射到牌子旁边，当它不存在似的。当然有时球还是会碰到牌子惹得哐哐作响，引来多兹克从门里跑出来求我们住手，看在上帝的分上，只要不砸到牌子就好。我们总会道歉，然后努力射得再准一些。最过分的是他还得给我们缝合伤口，一边对付一些相当复杂的紧急手术，一边抱怨着他不该这么做。当流着血的男孩子从街上晃进店里时，他总嚷嚷："我哪里够格呀！"有一次我哥哥也跑去找他，为了追球，他的头擦过一辆驶过的福特侧窗，几乎把左耳给切掉。将近二十年后，多兹克因《推销员之死》给我写了一封感谢信，以为我不记得他了，以为他的名字不会印在我脑海中，哪怕只是一英寸那么深。我可是看过克米特平躺在他商店后面的书桌上让他缝合耳朵（他的隔壁住着另一个小个子犹太人，富克斯先生。他开一家小小的裁缝店。付他一元钱，就能把裤脚放长，加上一块布，裤脚就会和你的鞋子一般宽。那个街区缝缝补补的可多了）。

就是这一天，一切平淡无奇，大街上阳光明媚，我跨坐在单车上观看球赛。这时有一个大一点的男孩，名字我早就忘了，站在我身旁解释，尽管肉眼可能看不大清，社会上的确存在两个阶级，即无产阶级和资产阶级。现在全世界，当然也包括布鲁克林，正兴起一场革命，势如破竹，必将改变每一个国家。到时商品生产是为了满足人民需要，而非追求个人利润。所以将有更多的物质进行人均分配，一切都将公平分配。我现在记不清他的样子了，只是确定他已经上大学。他为什么挑中我来发蒙振聩？他在我身上看到什么素质让他觉得可以在我这片肥沃的土壤上播种他奇妙的思想？可是我立即明白他的话。我记得那时该轮到我上场比赛了，但我留下来对他说："一切都反了！"意思是，我家里的工人一直都是麻烦；当然他们必不可少，但是却一直妨碍商人的生产销售。生活的结构如此牢不可破，所以对于那个罗斯福胆敢妄想同胡佛总统竞选下一届总统，不仅共和党人的外公巴内特觉得愤愤不平，我也深有同感。我觉得实际上是因为我们都是保皇主义者，权威对我们而言代表着一种超凡的光环。

许久之后我才明白这位无名大学生带给我灵魂的一切震撼。对于我、对于之后成千上万的年轻人而言，那种创建一个没有阶级分化的社会的观念里含有一种使人松弛的甜蜜，唤起青春的意气风发。人类真正的生存法则似乎跟我以为正常的竞争机制截然相反。竞争机制之下是对立与仇恨狼狈为奸。生活本该如同友好的怀抱，人们相互帮助，不会想方设法苦苦相逼。我知道，这一天颠覆了我对世界的一些认知，它改变的不仅是我的思想，还有我最重要的人际关系，即我与父亲的关系。马克思主义许诺的那个友好世界的深处藏着的是忤逆行为。对于那些已经准备好去完成那个古老冒险的人而言，它让暴力变得高尚，结果使之令人愉悦；它一面赞美理性，一面却又将抑制俄狄浦斯暴怒的种种因素扫除，为暴力披上人文理想的华服。它产生的影响力使我们想起耶稣，他命令门徒离开父母追随他而去，因为一仆不侍二主，他的话里也隐藏着忤逆父亲的影子。

不管是过去还是以后，我从来没有顶撞过父亲，他也从未斥责过我。我深知令我愤怒的不是他这个人，而是他对于一贫如洗的困境无能为力。于是我便有了两个父亲，一个真实，一个徒有其表。我愤怒的是后者，因为他不知道该如何绝处逢生。我有心想要帮忙，同时又对他心生怜悯。先是辞退了司机，接着七人座的国豪车也没了，夏天度假的平房也弃之不用了——我们开始等待昔日复返。可是现实如幻影般缠绕着我们，就像一根布满尘土的青藤扎根在起居室地毯里，被清除还没超过一天它又繁荣滋长。父亲从不抱怨，甚至从不提起他生意上的困难。他只是越来越缄默，午睡时间越来越长，嘴巴似乎说不出话来。我免不了也能体会到母亲对他一蹶不振的愤怒。失败的时候，人们就会在对方身上找缺点当作问题的原因，就像古代国王杀死带来噩耗的信使。父亲就是我们与外界联系的途径，可是每晚他捎回来的消息都很糟糕。我对待他失败的态度一定跟母亲开始时一样。灾难来临时她脾气暴躁，情况恶化时她惊慌失措，最后对他说话满是冷嘲热讽。

同时，她挺身而出，力挽狂澜，救了全家人。她开始削减每一项开支，精打细算，做好家用预算。在这之前家用一直没人在管。最后，她母亲去世了，我们没有理由再住在哈莱姆区，便举家迁往布鲁克林。一开始住在一栋两户一套的房子里。我们住的那半间足够宽敞，有个带围栏的宽阔的门廊，房间通风透气。后来每况愈下，搬到了东3街一间六室的小房子，房价五千元，另外还用了一大笔贷款。没有比这更寒酸的生活了。但一直到1932年，她都得讨好国王大道上那家银行里的一个人，好把我们一个月的贷款再延迟一个月。三十年代初期，她最后一件可以变卖的珠宝都被典当或者变卖了，独剩她母亲送的一枚钻石胸针以及几件结婚礼物。她不想跟它们分开，因为如果连它们都得舍弃，几乎就扑灭了她最后的希望。这些东西就像留作第二年的庄稼种子，万万吃不得。

假如我能和母亲一样对父亲彻底失望，我的道路也许会直顺一些，我的痛苦大概也会减轻许多。可是当她对他戟指怒目时，我忍不住替他脸红，我在对他的无知大失所望的同时也钦佩他温和文雅的风度。她的方式绝不直截了当。她会性情突变，变得通情达理、悲天悯人。她知道遭受这一切的是一个人格高尚、诟如不闻的男人。因为爱我、爱我们所有人，她无意中造成我们彼此的分歧决裂，因为她相信（正如我开始相信自己一样），只要头脑足够聪明，就能人定胜天。他为什么就办不到呢？因为他自私的母亲逼着不到十二岁的他去工作，这样每个周六晚上可以在她餐盘上放上他一周的薪水。她恨他母亲（还继续住在两公里之外弗莱特布什一栋很好的老式房子里，对时世的艰辛显然毫不知情）。因为他母亲，她也恨女人。她认为女人天生下来就是要吸食男人的精华。当然也有例外，这得看她当天的心情而定。对此，以及其他所有事情，她都觉得没有什么自相矛盾的烦恼。她会为丈夫的坚韧刻苦、任劳任怨感动到落泪，可是不出一个小时又开始痛斥他愚不可及。前一分钟我们全得为胡佛总统祈祷——这个诚实的贵格会教徒毕竟跟其他人一样都是经济大崩盘的受害者——可下一分钟他就成了没心没肺的杂种，看看他一遍又一遍地重复，经济即将复苏，他难道没有看到人们全要疯了？他难道没有看到人们现在已经疯了？绝望真的从大门底下渗透进来——到1932年年底，我们默默害怕自己甚至连鸡舍也难保住。接下来还会怎样呢？

人们常说经济大萧条时美国没有爆发革命，是因为美国人对于自己的失败乐于引咎自责而非指责制度。失败的父辈们肩上满是愧疚的尘土，他们当中不知有多少人将不再有尊严与自信，至死都如行尸走肉。三十年代初期大萧条发生一两年期间，根据报道，单是纽约城已有将近十万人精神崩溃，很可能再也无法工作。这不仅仅是因为缺乏食物，而是他们已经失去了希望，失去了对生命的幻想，失去了再次信任的能力。正如阿奇博尔德·麦克利什*写道，美国代表着希望；对于一些人而言，大崩盘在真正意义上等同于希望的破灭。

如果说马克思主义隐喻地阐明了忤逆行为，我想对我而言它同时也让我原谅我的父亲，因为透过一场他无力避免、几乎遍及全球的灾难，他暴露出来的只是数字问题而已。不过，这个可怜的男人不必再用单薄不堪的事实回应我的演讲，那样只会让我对他的愚蠢更为生气。他不得不变得激进，不得不承认事业失败错不在他。

---

*　Archibald Macleish（1892—1982），美国诗人和剧作家。

"可是，"他说，"如果没有利润的话……"

"利润是恶魔，利润是错误！"我抬高我十六岁的男高音尽力说服他。

"哦，可是做生意的钱从哪儿来？比方说，旧机器破损后谁出钱来买新机器？又比方说，你可能去年不太景气，你总得有钱周转直至生意好转吧……"

我再一次听到这样的反驳言论是在半个世纪后的中国。彼时，他们刚刚经历了痛恨利润的时代，正努力东山再起。

当然，大萧条对这样的父子冲突而言，既是原因也是结果。多年后我惊讶地发现有许多男作家的父亲的确是失败者，或者他们的儿子认为他们是失败者。菲茨杰拉德、福克纳、海明威（他父亲自杀身亡）、托马斯·沃尔夫、斯坦贝克、坡、惠特曼、梅尔维尔、霍桑、契诃夫和陀思妥耶夫斯基以及斯特林堡——这一列长长的名单足以说明这种现象并非特例。这些作家虽然各有千秋，却都渴望创造一种新的宇宙观，而不只是描述身边那个物质世界。假如有能力，他们将创造出一种全新的理解方式，仿佛透过他们的眼睛整个世界将焕然一新。如果这个名单上的美国作家与大部分欧洲作家有所不同的话，那就是他们缺乏一种革命的宏观视野，无论在社会、宗教还是政治方面。这些美国作家中只有斯坦贝克的创作在三十年代就已成熟，并经历过西部的社会斗争，故其作品里包含了政治觉悟，有时还有革命的觉悟。的确，别处似乎没有一个作家能以绝对的美式风格出场——仿佛舌头已同过去做了切割，独留他一人从头开始，从上帝创世开始，从首次见证万物命名开始。他是屹立在神奇山巅的永远的科尔特斯；他是脚踩摇摆甲板、耳听大洋陌生彼岸浪涛拍岸第一声巨响的永远的哥伦布。别处的作家也许偶尔写下他们年轻榜样的名字，例如斯特林堡们和查拉们，托尔斯泰们或者沃们，他们以为延续传统既是荣誉也是惯例。但是美国作家好像自己拔地而起，或者从天而降，全都自生自灭，其实就像他们轻视的商人一样。仿佛他们全都无父无母，被过去遗弃，转而也抛弃过去。写得更好的不是"美国伟大的小说"或"戏剧"，而是美国真正的"第一部"作品。

那时我还无法厘清我的感觉，但是我知道大萧条不只是金钱的问题，相反，那是一场道德灾难。美国社会背后的道貌岸然暴露无遗。因此，无论在他时还是在今日，对于有左派倾向的人们而言，表面现象没什么太大意义。没有什么比道德上的愤怒更虚幻而盲目。青春期的痛苦只有时间能够治愈，那种灼热无影无形。不过如果此时社会秩序混乱无形，传统权威软弱无能、空洞贫乏，那么成熟的办法只有激进主义。一切伪善和陈旧都要清除得一干二净，重建和谐新构架，释放被理性束缚的力量，这些正是马克思主义宣称要给予世人的一切，现在仍旧如此。即使人们视它为宗教之敌，然而它给我注入了相同的信仰力量，它也向人们提供选民权，宗教团体正是因此而令人着迷。沉睡者已苏醒，他们的歌声就是未来之音，必要的时候，他们带来的不是和平而是利剑。那场转变命运的手球比赛之后过了二十年，我在萨勒姆历史协会研究 1692 年女巫审判案的案卷时，竟能清晰地听见那些判处绞刑的审判官说话的声音。能真正懂得他们的只有那些自己体会到什么是绝对真理的震撼的人。事实上，假如我没在那场手球比赛中发现马克思，我可能根本不会去萨勒姆。

一旦体会到被救赎的滋味，那么如果有人愿意听我倾诉，再要我待在家里那简直难以忍受。但是父亲总是昏睡不醒，哥哥说是愿意帮忙，却总称忙于让自己做好准备而没空拯救父亲。父亲成了他浪漫幻想中没落的巨人。克米特一心一意希望重振家业，或者至少能在资本主义经济全部崩溃之前尽力重建家业。这也不是没有可能，因为大家都知道，要求罗斯福将银行收归国有的是银行家协会而非激进分子，因为整个系统已经完全失控，并非他们所能掌控了。都二十世纪了，革命形势竟然如此发展，的确是件怪事。但是，容易信以为真的也并非只有我们。人们逐渐看清，这次危机不会像二十年代初期那次导致又一次的经济衰退。罗斯福重整旗鼓的号召尽管煽情，尽管他要求新政府有关机构把解决失业人员当作最为迫切的紧急需求，其改善结果收效甚微。所以，知识分子越来越不谈及展望社会深层变革之类的话题，谈得更多的是人人共产的问题。可是事态不可能如此发展，就像船只在落水沉没之前人们会开始呼救，会为了再次扬帆起航而无所不做。

"格利克先生"——别人总这么叫他，而不是叫"格利克"或"哈里"。他是一家五金店店主，三十来岁，一眼就可看出依然未婚。在布鲁克林，至少在这个街区，没有人这个年纪还未婚。不过，这位红发格利克先生除了近视之外，身强体壮，一个人住在位于 M 大道上那间店铺里倒是过得心满意足。煎一煎自己养的鱼；生意到了淡季，就坐在店门前的折椅上晒太阳，跟路人点头眨眼，笑一笑，笑容里暗藏一丝嘲讽。他那家五金店的生意大约因为都是些修修补补的活儿，竟撑了过来，是这个街区唯一一家没有倒闭关门的商店。我早已跟机械建立了交情，所以喜欢跑到格利克先生那里晃悠，还有其他几个男孩，特别是唐氏综合征小子萨米。他大概跟格利克先生成了最亲密的朋友。萨米那时也是三十来岁，认得街区所有小屋子里的每户人家，不过记得的不是人家的名字，而是电话号码。

"你听说杜威 9-6557 的事了吗？"

"没。怎么了？"

"她跟纳瓦尔 8-3280 订婚了。"

格利克像是听到丑闻一般神情恐怖。接着他问："那个埃斯普拉纳德 7-4579 出了啥事？"

"这个嘛，我也不知道从啥时候起她就不跟他约会啦。"

"我听到的可不一样，"格利克说，"我听说跟杜威 9-6557 好的是纳瓦尔 8-3281。"

"1! 3281 是个女的。"

"女的！什么时候的事情？"

"一直都是！"

萨米看起来就快哭了。格利克可一点也不心软，非把他逼到无话可说才肯罢休。他整天就以取笑他人为乐。我之前也被戏弄过。每次经过第 5 街旁边他那家店时，他总问我："第 3 街在下雨吗？"

我总回答他："没下，就跟这边一样。"

"嗯，太好了。"

不过，他慢慢博取女人信任的过程就像品尝熟透的果子一样。M 大道上为数不多的几家店构成一个村庄，陌生人仅凭肉眼是看不见它的界限的，这边界牢不可破。村里的大事就是操心，至少大部分人大部分时间都在操心。人们常常趿着卧室拖鞋在人行道上走来走去，他们出门去拿报纸或者买沙丁鱼罐头时都不愿费神换双鞋子。天气暖和的时候，家庭主妇们会穿着睡衣和摇曳的袍子出门。看到这场景格利克便开始浮想联翩。我和我朋友越是板着面孔，他越是想入非非。

一个女人拿着一只电烤箱进到店里，把它砰的一声放到柜台上，说："烤不了东西。"

"什么烤不了东西？"

"这玩意儿烤不了东西，格利克先生。"她边说边拢了拢睡衣。

"你冷吗？我可以把温度调高些。这房子是我的。"

"冷？现在可是七月份！"

"您太漂亮了，我都快忘了现在几月。好吧，这烤箱到底有什么问题？您说它烤不了东西是什么意思？"

"它热不起来。"

格利克深深地、专注地看着她的眼睛："它热不起来，所以你不知道该怎么办？"

"听着，我说的是这只烤箱。"

"没错呀，亲爱的。好吧，我跟你说过，无法加温的时候先要做什么？"

"我照办啦。我把插头插上了。"

"你插了插头？"他挨近她的胸部。

"是热了一点儿。仅此而已。"

"告诉我你当时穿着什么？"

"我穿什么！当然是衣服啦！"

"很好。因为这些烤箱都很敏感。"

"我可没打算光着身子做饭。"

"你要是知道这个街坊干了什么一定很惊讶。我有过女人——我不会提她们的名字的——她们来我这儿跟我说她们烤东西的时候可是一丝不挂。"

"你说的是谁？"

"她现在想知道我说的是谁了！金发妞！褐发妞！黑发妞！这个街坊都是光着身子烤东西呢！"

"你疯啦？我可绝对不会这么干的！"

"很好。那你告诉我，你放了什么进去？"

"你什么意思，我放了什么进去？有排骨、汉堡……"

"你说了汉堡吗？"

"对呀，汉堡。怎么啦？"

他一脸哀伤，摇了摇头，把烤箱倒过来指着安全检验所认证号码："你看见这里这个号码尾数为九吗？你知道那是什么意思吗？"

"不知道。它是什么意思？"

"安检认证号码尾数为九的意思就是禁止烤汉堡。不过！"——她还没来得及反驳——"看在你的面子上我就不计较啦。我现在就给你拿只全新的烤箱。"

"……那也是因为我知道错的不是我。"

"亲爱的，一个长得像你这样的女人是不会有错的。"接着，他拿出一只新的烤箱，一脸严肃："这可是升级版的。有了它你就可以光着身子烤东西啦。"

"你疯啦？我可从没听说过有这种事情！"

他打断她的话，笑得既亲切又随意："亲爱的，我只是跟你开个玩笑嘛，因为你让我伤心透了。"

那女人已经晕头转向了，似笑非笑着问："是我让你伤心啦？"

"因为你已经结婚了嘛。"

她这才恍然大悟，在他脸上轻轻拍一下，然后手下夹着烤箱趿着拖鞋走了。

几年后的一个春天，我从大学回家，经过那家五金店，看见格利克先生坐在门前，旁边放着一辆婴儿车。一个五短三粗的女人，也是红头发，站在门口。后来，又过了许多年，我再次回家。这次是和加拿大广播公司一组电影工作人员一起。导演是哈里·拉斯基，他要给我拍纪录片。格利克先生的店已经不在了，整座大楼也消失不见了，取而代之的是一间刻印着岁月痕迹的公寓。

像格利克先生那样的商人会花上许多时间坐在自家店外等候客人。他们算运气不错的了。走到哪里，都能看见空店铺的窗上贴着"出租"的招牌，几乎每栋公寓都永远贴着"有空房"。人人把一个铜板掰成两半来用，结了婚的人带着孩子回到父母家一起过。街道后面常有触式橄榄球赛，参赛队员大多是二十岁或者以上的小伙子。他们没了工作，甚至没了盼头，就像小孩一样玩闹度日，每次花一便士跟 M 大道上糖果店老板鲁宾买上一根骆驼牌或者好彩牌香烟。该做的都还来不及做，年少时光就这样一晃而过。1932 年我从亚伯拉罕·林肯高中毕业时，不只是我家没人来出席毕业典礼——我也不希望他们来。我知道，毕业后的我只不过是待业大军里一名新的年轻成员。不管怎样，俗话说，有个硕士学位才有可能到梅西百货公司里卖领带呢。

那时全国的一项消遣，我想就属闲逛了吧。就是到街角或者沙滩上站着，等待转机。每天晚上我不想待在家里丢人现眼，便出门走到多兹克杂货店门前，和十几个家伙唱唱热门歌曲。有时遇到比自己技高一筹的就跟他比一比（有一两个便士就可以买到最新歌曲的盗版油印歌单）。十五岁的我一开始觉得这些比赛太幼稚，可还是继续充当这群谐星中的一员，一起瞎编废话，模仿"活宝三人组"，尽管当时我们有点瞧不起他们，觉得他们是"马克斯兄弟"的劣质翻版。我们还有一支沙滩橄榄球队，有个中卫名叫伊兹·列诺维茨，是个大块头，下唇粗大，因为害怕他保龄球一样的膝盖，没人敢拦截他。他曾拍着我单薄的背恳求我："噢，阿蒂，来嘛，跟我们一块儿玩吧。"受到充分鼓励后我也会即兴来段独白，运气好的话，能说个五分钟或者更久。无意之中我所做的一切已经开始让我脱颖而出：我走出了观众席，独自面对观众。

我曾说过，除了母亲和哥哥，我不记得邻居中有谁愿意看书，好像看书没什么实际的好处。街区上那些男孩想的都是别的事情，主要有：如何泡妞。女人就是男人性欲的无辜受害者——那个时期的我特别像那个年近三十、胸大无脑的女人玛丽·克斯蒂格利亚诺。据说谁只要给她一盒惠特曼糖果，她就受宠若惊，对他百依百顺。不论是真是假，她一经过，大家就会窃笑不已。偶尔她会停在街上，冲着某个恶意取笑她的男孩子大声叫骂。有一次我走进一间地下室，竟然发现我们整支橄榄球队队员在相互手淫。这似乎有违我认为球队所代表的某种理想主义，更别说羞与为伍。另外，我更喜欢自己私下幻想女人。

在我还有一年才读完文法学校时，母亲让我入读高中，导致我有种奇怪的想法，觉得自己做什么都还太小。大约一年后，可能是想要变得成熟，我不顾自己骨瘦如柴争取加入了亚伯拉罕·林肯高中橄榄球队第二小组。我跑得很快，臂长利于抢球，但体重只有一百二十磅，要是被重我五十磅的男孩拦截的话那可不是开玩笑的。我拦截别人时只能狠下心来扑向对方脚踝，却又总怕被踢中脸部——谢天谢地，大多数都没被踢到。但是在与A组一次重要的混战中，我闭上眼睛扑向我们1号中卫——一个可恶的小混蛋，大家都认为他打橄榄球前途无量——不幸的是，我扑到他脚上，砰的一声把他绊倒了，令他出乎意外，我更是始料未及。我们要站起来的时候，他的球鞋正夹住我的脖子。不过想要将他再次绊倒的机会已经失不再来。反之，几分钟后我接到一个传球时，却有人从侧面把我绊倒，令我摔断一根韧带，导致此后我的膝盖弯曲多年，腿一伸直就必定痛得让我直掉眼泪。大约八年后，因为这次伤痛，我得以免服军役。

我好像一直都很清楚自己就是木匠和技工。十四五岁的时候我用打工送面包的积蓄（一个星期四元薪水，辛辛苦苦赚了总共十二元钱）买回木材，给第3街一间小房子的后门搭了一个门廊。寻求意见时，我第一个找的人是我的一个叔叔，他和另外一个叔叔是最早在二十年代早期就把全家搬到布鲁克林的。当时米德伍德区还是一片空地，他们可以目送他们的孩子走过十二个街区去到那片郁郁葱葱的平原对面的那所学校。曼尼·纽曼和李·鲍尔萨姆都是推销员。他们和我们不同，有自己的锤子，休假的时候就拿着锤子给两家毗连住宅周边的东西修修补补。但是只有李愿意借锤子给我，因为他没太把手工活当一回事。而曼尼不但规定工具不外借，竟然还矢口否认自己有那样的工具（例如铲子），即使他知道我一眼就能看见铲子正挂在他身后车库的那面墙上。天暖的时候，他喜欢穿着内衣裤和邻居在车库里玩牌。

李·鲍尔萨姆宅心仁厚，总是轻声细语，可是心脏不好，所以一举一动总是若有所思、慢条斯理。他和我即兴设计了一道门廊，效果良好，只是直到完工后我才发现，门廊和房子竟然连不起来。不过，还是使用了长达二十年，只是逐渐跟厨房一寸寸地脱离开来。那是我第一次体会到建筑的狂热。想到第二天，我就彻夜难眠。就在1948年4月寒冷的一天，我再次有了相同的体会。当时我在自己位于康涅狄格的第一栋房子边上建了一间十二米长、十米宽的工作室，想用它来写一个关于推销员的剧本，想在人间创造新的影子世界这种念头对我的诱惑永远不会消退。既然中产阶级遮遮掩掩地想逃避手工活，那我可得花一些工夫来想想，我热爱手工活、我敬佩工匠的根源何在。

二十年代，当米勒全家乘坐豪华轿车自曼哈顿远道而来拜访之时，纽曼-鲍尔萨姆两家的毗连住宅旁边只有另外四套两户型房屋，一排平顶小木屋，门槛只有三级，四周都是开阔的平地，生长着高大的榆树、野玫瑰和蕨类植物。人行小径在草地间交错纵横，与那种不设人行道也没有铺砖砌石的道路不同。因为两英里以内没有商店，马铃薯就得一大袋一百磅地买，把自己种的西红柿制成罐头。地下室一股泥土味，不像曼哈顿的地下室全是猫屎、老鼠屎还有尿味。搬到布鲁克林之前，他们两家人在纽约上城寒冷的小镇上住了好几年。讲话时带有农村口音那种浓重的卷舌音和鼻音，女人尤是如此。他们和纽约市人不同，自有小镇的思维方式。他们喜欢花时间坐着闲聊，甘为平凡的美国人。身为犹太人，他们却不会孤立独处。他们隔壁住着非犹太人家庭，彼此来往密切。和我认识的曼哈顿的犹太人不一样，他们从不请水管工人或者屋顶工人，都是自己动手。

李和埃丝特的三个女儿出嫁前的生活好像就是整天围着印花大头巾打扫那间小屋子，擦亮那辆纳什车，甚至打着肥皂水擦洗门槛。这些事纽曼家也都干，但他家就有种幽幽的昏暗，散发着一股活色生香、如梦如幻的气息，充满了诳言谎语，最重要的，充满了矛盾与惊奇。

曼尼·纽曼长相丑陋，像只矮脚鸡，棕眼凹陷，鼻子又肿又塌，暗褐色皮肤，手臂节瘤众多，讲话口齿不清，但个性可爱，活脱脱像地里冒出来的潘神。每当我走进他家，他就盯着我看——通常穿着连身式内衣站在那里，手拿锤子、起子，也许还有装满他收藏色情明信片的鞋盒——就好像以前从未见过我似的，或者即使见过也宁愿不要再看见了。自始至终、事无巨细、每时每刻，他都是个斗士。他看到的我和我哥哥始终在他想象的某场永不停歇的赛跑中与他两个儿子并驾齐驱。他生了两个女儿和两个儿子。老大伊莎贝尔尽管长得像他，却真是个美人。老幺玛吉温柔可人，却为长了粉刺不能出门而发愁，个性多愁善感但机智勇敢。在那间房子里即便是她也不敢丧失希望。我后来为此认为这是美国的进步——因为总会否极泰来的，不只是好事，还有惊奇、转机和胜利。那间房子里没有讽刺，只有雄心壮志，只有呼喊着胜利的到来，不在今日必在明天。两个男孩有能力成为老鹰童子军成员，赢得所有奖章，还能整理床铺，自己搞好卫生，常把家庭荣誉挂在嘴边，语气庄重严肃，然后跟着伯尼·克里斯特尔和路易斯·弗莱什曼一起走进鲁宾糖果店，把鲁宾支开，好让他们够时间偷走他摆设用的、装着一便士糖果的三英尺高球形玻璃瓶。或者是花上几周时间煞有介事地准备一次熊山宿营之旅,其郑重如同探险家计划南极之旅一样。他们一路严守童子军所有行军规定。一旦到了那里却到当地小旅馆找了个老妓女带回他们的小狼窝,整夜轮流跟她寻欢作乐。到了早上却说,两兄弟应该只算一人消费,便扣除她一半的钱。我们每个人对他们都羡慕不已,尤其羡慕哥哥巴迪。他打垒球、篮球还有橄榄球,被布鲁克林的《鹰报》提过两三次。他约会的时候得花两个小时打扮自己,给黑发上油,脸上抹粉,猛搓肚子,对着镜子张嘴大叫检查牙齿。他像他父亲皮肤偏暗,个头更高,也像他母亲安妮和巴内特外公一样虎背熊腰。他母亲是个令人感动的女人,为他们所有人忍受了现实的苦难。她让人可怜的地方是,曼尼从富尔顿街的火灾受损物品拍卖会上低价买回几加仑橙色油漆的时候,她得一面小心翼翼地暗示他房间可能不太适合漆橙色,一面心平气和、灿烂地微笑着以免让他觉得没人领情。对待女儿她自然更直言不讳,年复一年地循循善诱,要将她们几艘破船引入婚姻的正港。玛吉的皮肤问题着实令人头痛;伊莎贝尔难抵诱惑,过早地献出了至少本该可以保留再久一点的资本。

说起来,曼尼在我人生中的存在实际上总共不超过两个小时。但是他如此荒诞不经,如此离经叛道,如此奇思妙想,尽管长相丑陋,但却热爱名利、渴望家业必定千秋万代,因此他一直令我捉摸不透,直到我大体看清他对所有动作、言语或者看法的反应。他对事实难以预料的运用方式令我茅塞顿开,想象如天马行空。但是这一切的背后流淌着他的悲伤之河。市井之徒把他和安妮说成是井底游鱼。但是他们的人生却最有意思。原因有很多,其中一个是他们仍然相亲相爱。其实他们当年是背着巴内特外公私奔结婚的。尽管她体大胸宽,现在更是博硕肥脯,笑声如雷,一脸粉红痘疮,常因高血压面红颈赤,也许因此六十岁就要了她的命；而他，尽管长得好像烧焦的印第安人，想法总是异想天开，然而时至今日他们显然依旧如胶似漆。新年前夕最棒的事情就是，在纽曼那间小小的地下室里，八至十对夫妻围坐在火炉旁热热闹闹地共进晚餐，等我们小孩子都被送上楼之后他们才让曼尼拿出那个装满明信片的鞋盒（其实我们一年之内已经把每一张图片看过五十遍了；曼尼也心知肚明）。跟每一次社交活动一样，这些聚会最后都变成纸牌游戏。曼尼要是无聊了，就蜷起身子躺进安妮的大腿里假装喝奶。她虽然有点害羞倒也不至于拦着他。那间房子似乎因为男欢女爱总是阴暗潮湿，尤其是跟我们家或者鲍尔萨姆家或者我认识的其他家相比。我们家空气清新明快，而纽曼家骄奢淫逸，仿佛他们全都荒淫无度——这个当然纯属我的个人幻想而已。

我和纽曼的儿子同样痴迷于体育运动，可是能力却不及他们。我骨瘦如柴，貌不惊人，不比他们有优势有潜力。所以每次到他们家，我总是觉得似乎有人在暗暗讽刺我那可能就是我一生当中最大的失败，即便我还不到十六岁。但是这丝毫不减纽曼一家对我所散发的不可思议的诱惑力与神秘感。只要一靠近他们那间小房子，我就会期待里面即将发生一些非同寻常的事情。也许是活色生香的场景，也许是别种惊人的发现。

正经人是瞧不起曼尼的——他喜欢作怪搞笑——但又很难对他无动于衷。我猜是因为人们能在他疯狂的想象力下面感同身受那种痛苦。这种痛苦在于他并非淡然处之就能消除。他典型的做法就是，背对着车库墙上他头顶上方明明挂着的铲子，从赌局里抬头看着我说："我没有铲子。"这也很正常。李和我父亲以及其他跟他玩的人从未想过公然说他睁眼说瞎话，大家都知道他解决任何难题的办法一贯如此——改变事实。大家都以他为荣，好像只要大家够勇敢，说真的，他们自己也想这么做。人们对他嗤之以鼻的同时其实相当好奇（如果不是佩服羡慕的话）他敢于叛逆正常的性爱的勇气。我想他这个人对于我来说似乎也是包罗万象，意味深长，无人能及。例如，他矢口否认有铲子，其实是在表明他的生活主张，即萦绕在他心头的竞争意识。实际上他说的是："你父亲为什么不自己买把铲子？如果他这么神气又瞧不起我，"——他肯定保守派一般都这样——"那他就不会打电话叫我借工具给他了。他高贵就用不着买铲子啦？或者他儿子也是如此。所以他认为你就可以上门来拿我的铲子？我可是在这把铲子上投了资的。那么，对于米勒一家我就是没有铲子。"不仅如此，当时那把挂在他脑后的铲子在他心里真的是不存在。

当然，从我父亲、李叔叔以及家族其他男人那里我学会对曼尼绝望。但是我的视线永远不能从他身上移开，他们也一样。没有曼尼，杜松子酒比赛就只是杜松子酒比赛。六七个有点无聊的人坐成一桌，唾沫横飞地大聊特聊。比方说买卖、孕事、旱涝灾害、谁有可能当选、或者最重要的，谁赚了谁赔了以及平·克劳斯贝或者鲁迪·瓦利一周赚了多少钱。但是曼尼在的话，开始不到十分钟他一定就会决定宣布那晚的主题。例如："我一个在普罗维登斯的朋友告诉我鲁迪·瓦利这个家伙打破了那里所有的纪录。他们两个晚上进账三千万美元。"

"三千万？"

"三千万，还不包括日场。"

接着他们都不作声了，开始计算剧院里大约多少个座位，再拿三千万来除以……不过宽宏大量的他们并没有真正去揭穿这笔收入的荒谬之处。曼尼也已用笑话转移了话题，还向听众们眨了眨眼，有点儿不打自招的意味，引得大家猜想他说的究竟是真是假。纸牌玩完的时候，所有人被他逗得有喜有怒，最后都跟他这个老顽童称兄道弟了，而他继续说学逗唱。他妻子安妮从头到尾白皙的脸上一阵红一阵白，一会儿害怕他出了丑让别人看笑话，一会儿又庆幸没有状况发生。后来没有了观众，他就找不着自己了，开始痛苦绝望。那时她才真的遭罪。丈夫开着小车，愁云密布，她就坐在他身边一起穿越新英格兰。冬天的时候，小车那台加热器过于古老，车里几乎维持不了零摄氏度以上，而她却坚持不懈地劝导他要积极乐观。那些日子里，除了专用车道和高速公路，他得开车穿过每个城镇，停车等候红绿灯。他还在行李厢里放着一把短柄铁铲，在有积雪的地方挖出一条路来。那时还没有雪地防滑轮胎，一旦遭遇暴风雪，许多城镇只有自己扫雪开路了。

正是那种变幻莫测，让他的人生更具浪漫的传奇色彩。他从事的工作不是那种薪水固定的乏味职业，因为这样你永远别想飞黄腾达。希望是他的粮食酒水。我想，要把生活的最高期望寄于一趟推销之行，有些不切实际吧。五十年后，中国人要将《推销员之死》搬上舞台。扮演威利的演员英若诚努力想找一份相应的职业，希望能吻合这种浪漫的期望，因为在中国推销员这份职业一直不体面，当然更加不浪漫。最后他抓住了保镖这个职业。在中国古代这是一群雇佣打手，负责陪同和保护商队、防范强盗。他们历尽千难万险，相互间称兄道弟，夸夸其谈，时常在偏远之地相遇，彼此讲述着胜败之事。后来有了铁路，人们不再需要他们服务了，最后就跑到地方集市上表演打靶、吞剑，喝到不省人事（就像我们的"水牛比尔"一样）。

威利·洛曼的原型不止一个。事实上因为很少见到曼尼，他的存在在我青年时期既是事实也是神话。但是许多这样有血有肉、个性鲜明的形象，如果作家没有具体的信息，就只能视为艺术的创作。

实际上，曼尼在结束一次推销之行时把一个推销员朋友带回了家。这个人在我看来甚至要比曼尼更生动有趣。我撞见他的那天晚上他正坐在纽曼家的厨房。毫无疑问，我当时又冒险跑来窥视那个活色生香的家里有何动静。他之前来过几次。有一次让我印象深刻，只是我知道他不会记得像我这样一个小孩。我开始从他旁边走过，想要回起居室。这时我听到他说:"你好呀,阿瑟。过得好吗?"

我停下脚步,回头看着他。我记得他有两点特别鲜明,一是人到中年仍旧未婚,二是他有条木腿,当时正搁在椅子中间。跟曼尼不同,他不苟言笑,善于倾听,一双棕眼似笑非笑,头发稀疏,常常若有所思。我想着他腿瘸,就能体会他的一些痛苦,心想是不是就因为这样他才一脸疲惫、神色沉重。我还知道他不能开车,出门只好坐火车,拽着大包小包,同搬运工讲价,像个受伤的士兵跋山涉水,勇往直前。依我看来,他跟所有在外奔波的人一样,有种大无畏精神,必须不断努力推销东西,必须忍受拒绝。在某种意义上,这些男人活得就像艺术家一样,就像演员一样。他们的产品首先就是他们自己,永远得在一个要么忽视他们要么否定他们存在的世界里幻想成功。可是,许多时候为了将游戏继续下去,他们当中有人便从自己身上解下梦想之绳,再将之抛到月球上去。

"挺好的。"我回答他,觉得受宠若惊。我不知道接下来要做什么,就站在那里等着,任凭他疲惫的双眼在我脸上逡巡。事实上我很紧张,希望自己的视线尽量不要盯着他搁在椅子上的义肢,那上面的鞋子笔直地朝向天花板。

"你变了,是不是?"他说,"你变得严肃了。"

就这一句话,他让我感受到我个人的庄严。那一刻之前,我和缠绕着我的所有东西一样,如同被时间尘封,如同孤叶无助地漂在河面上,仅仅只是稀松平常的存在。"变了"意味着我不是过去的样子了。无论如何,这都让人心生希望,至于原因我却无法想象。之后好几天好几周我在脑中反复播放那个片刻,想要明白我哪里"变了"。我在浴室镜子里研究我的脸,想要找到我"严肃"的迹象,试图回想我之前是什么样子。假如我曾知道那个推销员的名字,很久以前也已经忘记了。但我不会忘记他那几句耐人寻味的话,它们帮我敲破围绕在我的周围令人窒息的主观之壳。

曼尼成功地将他儿子打造成两个强壮、自信的年轻人，一对荣辱与共、以家人为荣的火枪手。但是他们两人耐性不足，也许能力亦不足，无法独坐学习，所以都没能上大学。巴迪在大战中加入海蜂队，在太平洋诸岛焊接飞机着陆垫子，后来娶了个比他大的、带着自己孩子的女人，最后四十岁时死于癌症。当时他已是一名企业家，用筹钱买来（或租来）的一辆小面包车卖三明治给机场工作人员。艾比则到安齐奥攻打步兵。那次着陆称得上那次大战中计划最失败的一次。他的装备被德军大炮从四周高地炮轰击落到沙滩上。他说他失去了意识，最后爬出散兵坑，在硝烟弥漫的战场上若无其事地走来走去，仿佛毫发未损。跟他述说的其他所有故事一样，这个故事破绽不少（他提到的一些日期似乎不是在安齐奥的时候，而是其他地方），不过作为纽曼家的人他的确很有可能不顾现实状况，到战场上溜达了一圈。

我最后一次看见艾比是他去世前的很多年。他去世时才四十出头，跟他母亲一样死于高血压。我给他打电话之后他请我去他在曼哈顿的单身公寓做客。我从战前就没见过他。他穿着蓝色真丝睡衣和拖鞋把我迎进他那间小小的起居室，从这里可以俯瞰下面的列克星敦大道。那是一个周六的下午，《都是我的儿子》正在百老汇上演，《焦点》一两年前已经出版，我也有一妻二子了。而他的收获——两个美艳绝伦的年轻女子——正踩着高跟鞋从他卧室里走出来，朝他坐的地方扑了上去，在他脸颊两边各亲了一下。他像帕夏一般洋洋自得地给我做介绍，她们才稍停片刻对我点点头，然后扣好上衣拉好直筒袜，匆匆忙忙离开了。她们说上班要迟到了。门砰地关上后他笑呵呵地说："我喜欢一次玩两个。"

他跟我们去世已久的神射手海米舅舅非常非常相似，一样的鹰钩鼻，一样的棕眼勾魂摄魄，一样浓密卷曲的黑发，一样洁白整齐的牙齿。他看起来总是油头粉面的。是不是刻意安排那一幕来显示他的性能力让我嫉妒呢？那他的确成功了。我们三天前就约好时间，所以他有时间精心策划这一出戏。当他坐在那儿对我微笑的时候，那张脸似在宣布他性能力非凡。我发现，尽管从现实层面来看这件事好似荒谬不经，但从长远来看则是因为我们一直竞争了很长一段时间，希望看看谁能领先。所以我才认为是他策划好了女孩们的出场时间。他一定认为我的成功毫无疑问只是依靠一部获奖戏剧，为此而愤愤不平。总之，他不会写作，做爱却是了得。当然，他脸上显示的只有他自以为是的非凡能力。据我所知，其实却是软弱无能。一直以来，他一辈子都自恋成癖，和他相处我常局促不安。要与这样的人为友就得自欺欺人，因为他们永远爱听好话。唯一的问题是我们为什么要那样做。当然，最后没人愿意那么做。

我来这里还有个目的，但我没告诉他。很久很久以前我们谈论过那场战争以及他在安齐奥时的利令智昏："我们刚攻破防线，他们就让我退伍，到军警部任个副职官员。我们正努力追踪一批货车里面丢失的轮胎，是从罗马往下福贾周边消失不见的。最后我查到了这些家伙安排的一套全新路线——那些车子先被开进森林，卸下货后又给放回大路上来。"他哈哈大笑起来："那可大有赚头。不过我当然没那么干啦。"我想他的意思就是，他参战回来兜里有钱了，同时又高风亮节没有接受贿赂。在纽曼家看来，这两件事同等重要。真相只有上帝知道了。无论如何，他的基本意思很清楚，即他是个成功者。

现在，话题突然转向有关不幸福这个哲学命题。"我想我自己永远不能只跟一个女人过。你怎么办到的？"

"谁告诉你必须这么做的？"

"我不知道……"他愁眉苦脸地看了一眼窗外。"有时我会想要个孩子。"他转头看我，脸上有种快乐的悲伤："你能明白吗？"

"不太明白。人们有时两个都想要。"

"可是我不知道自己能不能受得了。我是说如果我开始厌烦了呢……如果她让你觉得烦了怎么办？"

"等到不烦为止。"

他叹了口气："我也是这么想的。"

但是他还是结了婚，去世之前生了个孩子。

"你老爸想要什么？"我问他。这才是我来找他的目的。

这些日子我一心想着的就是一些只能称为"轨迹"的捉摸不透、令人兴奋的影像。那是故事叙述的拱形弧线，既没有对话的过渡，也没有单个的固定场所。这种模式将打开人们的头颅，让戏剧在人们头脑中发生。剧情乃共时而非历时发展。到这时为止，我知道的三起自杀事件中有两位是推销员。我只知道曼尼的死因非同寻常。我也已经完全忘记十年前读大学的时候我曾经创作一个有关推销员及其家人的剧本，只是后来放弃了，直到大约九年后我因为婚姻破裂必须把各种材料搬出布鲁克林那间房子，我才发现用来写这个剧本的那个笔记本——那已经是《推销员之死》首演很久以后了。

"我的意思是，如果要你说出他最想得到一样东西，一样他经常想到的东西，那会是什么呢？"

我高大黝黑的堂兄艾比——内心情感既澎湃又矛盾。对我这个竞争对手又爱又恨，对他晚年一败涂地的父亲既鄙视又怜爱，甚至对那个男人的勇敢有着可笑的钦佩——坐在那里的他不久前也已进入我的梦里。也许正是那场梦让我过了这么多年才给他打电话。

夕阳西下，一大片紫色平原延伸至天边，融入那一片橙红。我光着一只白皙的脚，向下伸进一个浅洞里。洞底一小池晶莹剔透的清水。水面下伸展着五条银绳，细如竖琴琴弦。我把脚放下去碰了碰绳子，只听乐声大震，水面泛起了涟漪。再靠近一看，却见紫色平原上面立起一面白色水泥墙。我向前走去，只见两只长得像山羊的小鹿前腿离地，两脚行走。它们正对着那面墙打手球。它们竟是我的堂兄艾比和巴迪，正用前蹄去打黑色硬球，力大无比，响声震耳欲聋。

"他想给我们开一家店，这样我们全家就可以一起工作了。"我堂兄说道，"给儿子们开一家店。"

这个世俗的传统愿望像电击一样将我脑中所有杂乱无章的铁屑导向同一个方向。那个不务正业的曼尼已经变成一个脚踏实地的男人。他那些年的奔波劳碌只为换回一样礼物；他所有那些谎言，那些奇思妙想，那些夸夸其谈，甚至他用来训练儿子们的近似军规的清规戒律，在这一刻都有迹可循。可以肯定的是，一家店既代表了他的个人主义也代表了他的大爱。毕竟那个貌不惊人、荒诞不经的小个子男人为了某种成功而奋战终身。他可以在这个社会获取的唯一成功，就是通过推销找回迷失的自己，换回他自己的家业——一家刻有他自己和儿子名字的店铺。忽然间我深深地理解了他。

大约一年前的一次偶遇促使我想出刚才的那个问题，并期待我堂兄震撼的答案。那是晚冬一个午后，我走进波士顿科罗尼尔老剧院的前厅。《都是我的儿子》刚刚在这儿开演，再过几周还要在百老汇首演。这时我意外地在正在离场的最后一批日场观众中看见了曼尼。他手上挽着一件漂亮的灰色大衣，头上戴着灰白色帽子，脚上一双小皮鞋擦得锃亮，脸上还有哭过的痕迹。我已经有近十年没见过他了。尽管遮篷上有我的名字，他显然没有料到会在这儿见到我。

"曼尼！你好吗？在这儿见到你真是太好了！"

我能想象他身后旅馆里陈旧的房间，他开着那辆小小的车子从纽约远道而来，还有他对当天生意不抱期望的希望。他甚至没有理会我的问候，张口就说："巴迪过得很好。"接着我看见他脸上闪过一丝尴尬，就好像他一直没希望我也过得好似的。

我们聊了一会儿，他就离开宽敞的前厅走到街上。我想我明白他在想什么：在他心里的那场他儿子和我之间的比赛，他输了。我看着他没入门外人群之中，心中涌起无限悲伤。多年以后再看那场比赛，如梦如幻，胜似幻象，败似幻象。但是此时此地，站在前厅的我仿佛回到年少，需要他的认可，怨恨他的轻视，羡慕他和他儿子的风流倜傥，当然也有点瞧不起。他滑稽可笑的存在凝聚的是生活的全部。同时我心里一些游离的分子知道这一切全是我幻想出来的。现实中的他只不过个夸夸其谈、庸俗不堪的小个子鼓手。

但是萦绕在我心头的却是那句"巴迪过得很好"之前缺失了过渡衔接的部分。这个部分对我来说预示了一种至今只在我的猜想中存在着的新形式。那时我压根儿没想过要写一部关于推销员的剧本，而是一心一意投入在我当前的创作中。但是我想不用做任何过渡衔接就完成一个剧本该是多好的一件事。对话只要在一副骨架上跳动翻跃，然后一刻不停地往上面添加骨骼，最后形成一个有机体，如树叶一般俭省，像蚂蚁一样有条不紊。

更为重要的是，戏剧向观众呈现的东西可以就像曼尼在我们那次邂逅对我做的那样：像一刀切开夹心蛋糕一样或者像一条小路切穿大山地层一样，戏剧切开的是时间；不要局限在时间框架里历时安排情节，而是同时呈现过去和现在，两者永远不必有始有终。

在我看来，过去只是形式而已，是一个已经暗淡了的现在。因为我们的现状才是时时刻刻活在我们心中的部分。一部真正优秀的戏剧，不该让大脑的即时反应变得迟钝，不该让人"忘记"，而该使人由古见今，由今见古。戏剧形式本身，除去内容和含义，应该是一种心理过程，汇集了一个人的社会生活灌注在他身上的一切。这个走上大街的小个子男人身上似乎汇集了我所有的青春。我想，因为我比他更为敏感，在某个意义上我便已经创造了他。

不过那个时候的正事是《都是我的儿子》。

这部戏已经在纽黑文上演，并且反响良好。不过，伊利亚·卡赞仍然继续每天分段排练，以期高潮更加激昂。每天排练就像演奏乐曲一样，这里要拉长，那里要收住。为了不让演员对他们角色的冲突习以为常，他便假装对演员有所偏爱，埋下小小的嫉妒之菌，让他们为博得他的欢心再度明争暗斗，从而激化他们之间的冲突。这个短小精悍、脚底生风的男人精力充沛，清楚如何留意作家或者演员想要告诉他的东西。他有办法让每个演员都以为是他的密友。我想他的这个策略（如果还能配得上这样一个难为情的称呼的话）就是要演员自己说服自己投入表演。他通过引导而非命令让演员通过自己的发现来激发自己，然后反馈给他，就像孩子把找到的东西还给父母一样。因为知道这不是一种成人的职业，演员最好的创作源泉是来自他们的童年，所以对待他们的幼稚他只有尊重而非嘲笑。因为觉得真正打动人心的东西总是让人有些不好意思，所以他要把一件重要的事情告诉一个演员的时候，就会本能地在私下和他推心置腹，而非在人前进行指点。和他不同，哈罗德·克勒曼 * 热衷于讨论，引导演员的方式是向他们传达自己楚楚可怜、孤立无助的信息，等于在向他们求助一样。卡赞却是常常微笑以对，尽量少说话，于是没人能看透他神秘的想法，演员只好自食其力啦。

卡赞来自感情浓烈、亲密无间的民族，他们尊重家族传统和竞争原则，他们了解七情六欲。他让我感到最安心的一点是他生来擅长发现事物的本质，然后因势利导。这次之前我崇尚一种生物学戏剧创作方法——大自然厌恶一切无用之物，一切无法对生物体生命作出积极贡献的东西都该抛弃。卡赞也有相同的偏好，所以他并不适合莎士比

---

* Harold Clurman（1901—1980），美国著名戏剧导演和剧评家。

亚，对待田纳西·威廉斯也自有难处，后者的作品有时台词本身缺乏文采。卡赞知道，戏剧同人际关系一样，分分合合全由人们需要而定，并非他们口头承认与否认。他听音乐亦同理。古典乐也好，爵士乐也好，他要体会的是其中的真情实意，是作曲家内心的呐喊。他安排埃德·贝格利扮演《都是我的儿子》里的父亲凯勒。不仅因为贝格利是个好演员（当然还未卓越不凡），而且因为他虽然戒酒成功，但仍怀有酒鬼的负罪感。凯勒这个角色虽然并非酒鬼，当然也是心怀愧疚。所以两人虽然愧疚的原因毫无关联，表现倒是相当吻合。凯特·凯勒这一角色，他则安排一位失业已久的名角贝丝·梅丽尔来扮演。不仅因为他认为她会演戏，而且因为她身上有一种悲哀。她仍假装自己是大卫·贝拉斯科的最后一位明星。那位怪才不允许她抛头露面，给她一辆配有司机的车子供她使用，以免她在公众面前失去神秘感。事实上，我会在遇到曼尼的那个下午来到剧院，就是因为我们跟她有个小小的问题：她觉得受了冷落，为此深感委屈，提出辞演。但是日场结束后我在她化妆间见到她时，她正兴高采烈。我还注意到旁边有一大堆鲜花。不久我便得知那是卡赞送给她的，真正是贝拉斯科的作派。卡赞看出她渴望自己周围的环境有些档次，便打着领带穿着夹克献上这份大礼，虽然那样显得矫揉造作，因为我们所有人穿得好像机械装配工一样。排练的第一天，她朝那些看似路人的同事们扫了一眼，苦着脸问卡赞："他们就是演员吗？"

　　卡赞那时已经是小有名气的导演了，一年后他导演了《欲望号街车》，创造了奇迹。而我对于剧评人和报纸戏剧专栏而言几乎完全陌生。我们的戏尽管在波士顿好评如潮，到了宽敞的科罗尼尔剧院却从不曾座无虚席。波士顿的观众仍然端着也许可称之为顽固的高姿态，让我很难从他们的沉默中看出些许的反应。第二幕幕间休息时间我在人群中看见一个高大尊贵的男人站在前厅。显而易见，他为那场高潮深深震撼，双眼哭得通红。他的同伴问他对这部戏的看法，他薄唇微颤轻声说道："我很喜欢。"

这出戏里看似有些偏离传统的东西。可能是莫迪凯·戈列利克的舞台设计。那是一间郊区阳光充足、一派祥和的屋子，加上开场前十分钟营造出来的稀松寻常、欢乐逗趣的氛围，衬托出了后面剧情的震撼远比人们所能想象的更叫人心惊胆战。至少在1947年，鲜少有人会从这种平静的美国后院联想到谋杀和自杀。《纽约太阳报》剧评家沃德·莫豪斯前来纽黑文观看这出戏，并邀请卡赞和我跟他喝一杯，以便他能开门见山地问我们："它讲的是什么？"他的问题正如几个月前著名制片人赫尔曼·舒姆林说的"我看不懂你的戏剧"一样，都让我困惑不解。我只能搜肠刮肚找个说法解释一下这个对我和卡赞在任何情况下都一清二楚的故事。最为难的是，几周之后我们的宣传经理吉姆·普罗克特要我给《纽约时报》写篇文章，"解释一下这部戏剧"以及我写它的用意何在。除了对要冒昧地指点评论家感到尴尬之外，我完全不知需要作何声明。

戏剧开始演出之后，一种普遍的批评就是，情节过于离奇，个中巧合极不合情理，像有个关键时刻，安妮拿出了以为早已死去的未婚夫拉里（凯勒的儿子）在战争期间写给她的一封信。拉里在信中宣称他因为报纸上所披露的他父亲向军队销售不合格飞机配件的罪行而深感绝望，因此想要自杀。就此一笔交代了拉里的确已经身亡，还给安妮自由之身，得以嫁给他弟弟克里斯。同时，乔·凯勒不仅将无数无名战士置于死地，而且万万没有想到自己成了儿子身亡的罪魁祸首。如果说这封信的出现可能合乎情理，但就我们的口味而言太过取巧图便，那么我想知道当代评论家又该如何评论这个剧本——讲述的是一个婴儿被预言将来会弑父而被弃至山边等死，后为牧羊人所救，大约二十年后，与一陌生人发生争执并将其杀害，结果此人不仅碰巧正是其父而且还是他即将占领之地的国王。一切恰如预言所示。如果《俄狄浦斯》背后那个神话允许我们用常识来判断其合理性，那么《都是我的儿子》里那封信的出现对我而言正符合安妮的性格和她当时的处境，所以要比命运赤裸裸的一击更为容易接受。不过我也想过真正的主题是否如两件事情所象征的那样，都是再一次感受到压抑。远古之手无论何时从墓中伸出，总是有些荒诞惊人的。而我们总想抗拒它、否认它，因为要从怪诞不经、杂乱无章的事件背后挖掘出隐蔽、无解的逻辑，要比我们对它的理性理解更为奇妙。不过，当然啦，那封信的出现正是《都是我的儿子》的主题——有时候事情的确如此巧合。

后来几年里我开始认为，也许让有些人感到不安的不是那个故事，而是这个戏剧的寓意。那就是，这些住在郊区的平凡人身上有一种悲剧性格。放大来看，他们能够使整个社会面临道德考验，从而刺激了观众本身。我心中第一次产生这个想法是在1977年，当时我和妻子英格·莫拉斯访问耶路撒冷，并观看了一场声势浩大的演出。《都是我的儿子》已经从时间长度上打破了以色列到那时为止由一部正剧保持的纪录。坐着观赏的观众显然全都惊恐万分。我们右边坐着以色列总统伊弗雷姆·卡齐尔，左边则是晚到的总理伊扎克·拉宾。据第二天早上的报道，拉宾晚到是因为他刚刚把职位输给了梅纳赫姆·贝京。戏剧结束时掌声响起，但似乎并不能消除观众对宗教色彩的关注。我问拉宾个中原因。"这是以色列的一个问题——男人在外日夜出生入死，空战、陆战，死伤无数，我们却在这里大笔大笔地挣钱，所以还是上演以色列戏剧为好。"我应该补充一点，非常优秀的女演员汉娜·马伦的表演为这出戏的成功增色不少。1972年慕尼黑奥运会发生了"慕尼黑悲剧"，有恐怖分子在苏黎世炸了一架以色列飞机，马伦的一条腿因此被炸飞。虽然很少看见她的义肢露出来，但显然大家都知道战争带给她的残疾。也许只是我的想象，但是我觉得她的残疾似乎让凯特·凯勒在另外一场战争中遭受的精神折磨显得更为真实。

这次演出的中心变成了母亲凯特。我们最初的版本因为侧重父子矛盾而绕开了她。几年后在伦敦，迈克尔·布莱克莫尔导演也做了相同的改动，安排罗斯玛丽·哈里斯扮演这一角色，由科林·布莱克利扮演父亲。令我疑惑的是，难道是凯特·凯勒身上那种模棱两可让舒姆林和评论家莫豪斯感到困惑吗？因为，她从一开始就对自己的丈夫真的向军队运送不合格的飞机发动机配件心知肚明，却装作视而不见；她一方面深感罪孽深重，另一方面却麻木不仁。这样可以解释为她既希望否认儿子死亡的事实，同时，也许甚至是更为主要的，她还希望报复她罪有应得的丈夫，从精神上折磨他，迫使他最终屈服，自杀了断一生。

附带说一下，在对这部戏在百老汇的首演作出评论的前一个月，莫豪斯特意前来看戏，此举若说不上另类至少也算非同寻常了。对于那个时期的某些评论家来说，这表明了他们和戏剧的关系几乎是完全失败的。我想那时很少有评论家愿意亲近作家、演员和导演，偶尔才会有乔治·吉恩·内森*与尤金·奥尼尔那样的友谊。我现在都不确定那时大家为什么硬要道貌岸然。评论家似乎高高在上，远离戏剧这个庸俗的行当，他的责任只是传达自己对于戏剧的印象而已。假如真的能完全肯定他的褒贬永远合宜、永远正确，那也可以听之任之。但显而易见，评论家对于艺术家、对于艺术的主题和风格自有喜恶偏见，那么他们就和他们评论的作品一样至少也会犯错、难免判断错误。所以关于戏剧对他们如此卑躬屈节的情形，大家为什么要像清除病菌一样撇开不谈呢？毕竟，即便是法官也经常过问他们主管的法庭受理的家常琐事纠纷，因为在一个民主的社会这就是他们的职责所在。他们承认，自己的确有可能有违公

---

* George Jean Nathan（1882—1958），美国作家、编辑、戏剧评论家。

正，甚至有可能涉嫌非法事件。我们的戏剧在很重要的程度上经由评论家们批准而存在，他们把自认为我们不应观看的戏剧过滤清除，并强加给我们从未明文规定过的标准，特别是有关品位或者意识形态的标准。

这种情形倒也并非举世并存。例如在英国，评论家各抒己见乃例行公事：评论家会告诉读者，他本人讨厌政治色彩过浓的戏剧；或者他厌倦了荒诞派风格；或者他希望看到，在对待性与爱的主题上回归到更为浪漫的手法——或者反之。英国评论家一向开诚布公；他们一点也不假装至高无上，或者大公无私，故而摆出一种极度客观公正的姿态。这种姿态自始至终并非人类对待艺术的真正反应。也许是因为一种社会形态与我们的大不相同，才会产生这种人以群分的认知。英国仍有许多报纸相互争取读者，为此它们的评论家被迫开宗明义地为自己据理力争。可是在纽约，戏剧只能屈服于唯一一家重要的报纸，一个权威的声音，一种可称之为自动反应的机制。它迅速掌控任何季节任何一位在职评论家的风格，而从事这个愚蠢行业的我们只能惟命是从，人云亦云。托克维尔里在一百五十年前就发现我们有一个非常古老的习俗，即成群结队而行。美国人总想要随波逐流，如果他所认可的唯一一份权威性报纸对一部戏剧有责难之词，那么评论家的影响力以及骇人的票价和惊人的停车费都将是致命的。实际上，美国当代戏剧出自纽约，代表的是《纽约时报》任何一位评论家的品位，其他评论只是虚张声势。此番局面并非《纽约时报》所为，但世界上的确存在着一种如文化控制机制般有效的独裁。事实上，当苏联政府决定禁演一出戏时，那不是出于一个人而是一个集体的决定——至少在斯大林去世后是如此。

任何领域的垄断不仅是祸害还是个隐患。实际上，在1967年《先驱论坛报》消失后不久，当时《时报》的执行编辑克利夫顿·丹尼尔召集了大约一百位作家、新闻记者、制片人和演员在中城一家餐厅开会，讨论该如何减弱该报日益扩大的权力及其不健康、不民主的隐患。丹尼尔宣称，这种垄断并非《时报》所为，《时报》也不希望一直守住历史传承下来的权力不放。大家七嘴八舌讨论过后，我建议，既然问题的核心在于由一位评论家承担《时报》所有巨大的声望导致了不公平这个危害，那么也许可行的办法就是委托两三位评论家自行评论，甚至可以偶尔邀请一位资深戏迷写一两段他的观后感。身为剧作家，我自然明白这可能招致最后《时报》上同时出现不是一份而是三份恶评的可怕后果，但我还是乐意为了一种更加出于双方自愿的评价冒这个风险。我认为另外一个好处就是不同的评论将会吸引人们读报，开拓大众视野，从而明白所有的评论实际上并非清楚的事实，而是虚构的言论，也就是说，是主观的判断。我还说，并非评论家比别人懂得更多，而是他们虽略知一二却能写得头头是道。这种情形也许是由于评论只由两三位专业人士围绕同一主题展开而造成的。

丹尼尔想了一下，说我的想法不可行。我问他为什么，他回答说："那样的话还有谁来代表《纽约时报》发言？"屋里大概可以听到一两个人笑了，仅此一两人，因为我们即便不认为垄断专制正确无误，也已完全被迫接受垄断的确存在，所以我们即使看清了这一点，却只好视而不见。我能问丹尼尔的只有，如果我们不是来寻找办法削弱《时报》的主导权，那大家是为何来开会？他的反对难道不正是重申《时报》的确希望守住历史传承下来的权力不放吗？但会议岔开了话题。

撇开这些不谈，事实上《纽约时报》对我和我的作品一直善待有加。正是由于布鲁克斯·阿特金森的大力宣传，《都是我的儿子》才得以经久不衰，我这个剧作家也才得以一举成名。虽然我无法证明，我依旧相信，他这么支持我和这部戏剧的原因之一就是，他希望纽约戏剧能够兼容并蓄所有重要的作品。假如他不尊重这部戏剧，他当然也不会支持它。但是我现在认为，他也将它当作杠杆，给他期盼的其他声音打开了一扇大门。总之，他不曾忘记振兴整个戏剧大业的职责所在。

无论如何，观众证实了他的眼光。到了春季，这部戏成为百老汇的固定剧目，并获得剧评奖以及其他几个奖项。几周后，我和玛丽坐在我们位于布鲁克林高地的屋里吃饭的时候，想到今晚皇冠剧院将座无虚席，想到我的文字具有了一种力量，一种超越了我自身的力量，心头兴奋之余难免又略感不安。成名之后偶尔会在街上遇到人们向我致意，他们两眼放光；这虽令人愉快，却也令我感到矫揉造作、局促不安。我的名气妨害了我对人生失败的认知，以至于《都是我的儿子》首演几周后我便向纽约就业服务中心申请了一份工作，被派到长岛市的一家工厂站上一天放置啤酒箱里的隔板，领取最低工资。工作枯燥乏味，我隐姓埋名很是尴尬。不久我就从那个地方跑了出来。问题依然存在，我还是不知该如何一边生活，一边同戏剧界称为的平民百姓保持联系。他们是平日里缝制裤子和补牙的观众。这不仅仅是继续从生活中取材的问题，还是个道德问题。我还未读到托尔斯泰在变得家喻户晓时跑到莫斯科一家店里做了几天鞋子的故事，却心向往之。

尝到成功后心怀负罪感的并非只我一个（偶尔加上左翼人人平等的信念更是雪上加霜）。我虽然对此有所怀疑，却也无计可施；这种负罪感变成一种保护措施，用来隐藏自己超越了他人——尤其是对所爱的那些人，像哥哥、父亲或者朋友——的那种幸福感。这种负罪感以一种伪良心不安的形式变成对他们的补偿。不过，这并不全是空洞无物的做法，因为我们内心知道那些被超越的人也许暗藏报复之心，一旦实现必将非常危险，所以我们透过这种负罪感告诉他们："别老看我不顺眼，我也失败过。"随着我的戏剧开始在欧洲各地上演，《焦点》在英、法、德、意各国出版，我的悲伤也如期消退。不过我还是觉得庆幸，《都是我的儿子》为我带来的不仅有数量可观的敌人，还有许许多多的朋友，因而让现实保持了很好的平衡。

那个时候我们住在皮尔庞特街上一间改建后的赤褐色石屋里。一天下午，屋外走廊上传来嚣闹的吼叫声，将一贯宁静的街道炸开了锅。思想暴力即将爆发。我打开门，发现一个穿着军装的小个子年轻人坐在楼梯上，旁边还坐着一位年轻漂亮的女人。我认出那个女人是我们楼上的邻居。他们一见到我便沉默不语了，所以我猜一切还未失控，于是转身回屋。后来那个年轻的士兵沿街向我走来，此时他脱下了军装，他介绍自己是个作家，名叫梅勒。他刚刚看了我的戏剧："我也能写出那样的戏剧。"他说得如此直截了当，傻愣愣地。我开始笑了。但是他一本正经，真的就在后来的许多年里陆陆续续写了不少剧本。而我当时正苦心经营自己在圈内的一席之地，因此没交什么朋友。梅勒给我的印象不像是要交朋友，反而更像是皈依者，所以我们的动力虽然基本相似，却难以啮合（我现在这个年纪最好还是与人为善为好）。我们尽管同住一个街区长达数年，却几乎形同陌路。

三

随着《都是我的儿子》越来越受欢迎，像往常一样，我不知下一步该如何。我已决意绝不改变生活的水准。但对玛丽和我们两个年幼的孩子简和罗伯特来说，一大家子挤在小小的公寓里显然不合理，因此我在靠近河边的格雷斯巷买了幢漂亮的两层老房子。我们搬进了二楼，一楼继续租给老房客达文波特一家。亨利·达文波特是布鲁克林储蓄银行的董事长。每晚他和妻子都一定会盛装打扮吃晚餐。她会穿上晚礼服；而他，脸色红润，身形修长，打着黑领带，身着天鹅绒晚宴夹克，脚穿橡胶底浅口帆布鞋，看着就像哈佛监察委员会成员，他也确实是。达文波特家偶尔举办晚宴时，街道两边停满了加长高级轿车。达文波特先生喜欢打电话给楼上的剧评界奖获得者，抱怨窗户打不开了，水龙头漏水了。我恨不得把房子卖了，再买另一幢。但要等我再写一个剧本，运气好的话，挣到更多的钱。

每天我都会想上三四遍：不工作，我也会挣很多的钱；周末时，我会变得比星期一更富有。我老想着这异常现象，想早点习惯。如果我外出，沿着街区散步，我的钱还是会越来越多。即使我睡个午觉，或花半个小时看些愚蠢的杂志，又或是去看电影，我还是在不断挣钱。

版税这个词有了更确切的含义。三十一年来，我一直从窗外挠着玻璃窗，而现在我从里面挠着玻璃窗，想要跟普通人的生活保持联系，因为我的作品源自于生活。恐惧缓慢地向我袭来：也许我已江郎才尽。

像往常一样，我和这个世界格格不入。以一种特殊的方式，我清醒地意识到，我这一生对古典易卜生式戏剧的兴趣已在《都是我的儿子》中消耗殆尽。现在，让我越来越着迷的是——思想和感觉同时存在，而自由又与这两者相违背。我甚至萌生了学习音乐的念头，希望能学会作曲。使思想和感觉同时存在成为可能的唯一艺术就是音乐。语言无法形成和音，人们必须得依次挨个说出词语。

我开始无休止地步行，通常会跨过布鲁克林大桥到达低洼的曼哈顿。成功似乎让我更加觉得矛盾，而新的力量驱使我去感知那些矛盾。对立物的张力中，美丽无处不在——事实上，地心引力通过挤压让大桥钢制的拱形结构更加坚固（改造前，横跨公路的桥拱两侧架上了粗糙的加固钢桁支架，破坏了大桥那像鸟一样展翅飞翔的外观）。我变得富有却试图想象自己是贫穷的，以此来坚持一种苛刻的力求平等的对自我的看法，即使此时我的精神乐于接受感官刺激。但是坦率地承认内心的悖论已经是一种刺激感官之举，是铁板一块的清教主义的失败。我知道，由于《都是我的儿子》的成功，我赢得了新的创作自由。我站在桥拱的高处，迎着海风，极力拥抱从前难以想象的更大的世界。虽然我没有主题，但我有一种难以言表的新感觉；它既极大地压缩，又无限地扩大，且无比从容。这舞台上前所未见的故事将既奇特又平凡。思考这些使我兴致勃勃，使我深爱我的妻子，难以置信的是，同时对所有的女性满怀爱意。我开始认为真正的艺术必定有一种博爱。当然，爱可以用技巧和讲究文学风格的有说服力的劝说来伪造。而以上两者，我并不具备。所有这些未经整理的错综复杂的事物在我脑海里盘旋，我渴望找到一种方法在舞台上把它们表现出来。《都是我的儿子》的问题不在于它过于现实，而在于它留给无声的黑暗的时间太少，空间过窄，而这黑暗正是构成言语真相的基础。而我再次认为，有些东西，也许只有音乐才能使人想到。

即使不在采访中，我也直言不讳地承认我是一名相当没有耐心的道德家。采访中，我非常天真地承认：对我来说，没有道德原则的艺术是矛盾的；如果艺术家认为他知道解决方法，他就有责任指出来。不知不觉中，我接过我所深爱的俄国作家留下的事业。但如果没有像托尔斯泰和陀思妥耶夫斯基那样得到上帝的眷顾的话，对于《罪与罚》中所描写的神的非尘世的变革，人们没理由要相信，而只需凭感觉来证实。我极力去感知宗教的超现实。而这超现实不能背离尘世的条件。它是一种避开邪恶的幻觉，甚至无神论者都会为之兴奋，指引他们"进入天堂"；这幻觉也许甚至会使牧师和拉比羞愧地认识到，他们对纯朴生活的精神化如何使得宗教变得一文不值。人物或困境越真实，就越被精神化。

对我而言，散步似乎渐渐地意味着某种人格失败。我热爱这座城市，对人们在这里的生活抱有狂热的好奇心，却独自于城市中穿梭，不与任何人联系。我的羞怯让我备受折磨。生活总是在别处。然而，矛盾的是，出于我的孤独感，我每周要在剧院和成千上万的陌生人交流感觉。但我仍然避开过多，谴责过多。天真如我也知道，对我而言，性和艺术之间几乎毫无空隙。无法解释其中原因，我甚至感觉到，在极力保护我所写的东西的同时我也隐约地为之感到羞耻，似乎这是个性秘密。散步时，指控的真相有时会在我脑海里闪现，揭露我对一夫一妻制表示满意的欺骗性的伪装。而此时，我的性欲愈加强烈，简直是对我的奚落，令人混乱不堪。我时常觉得，出于恐惧，我和玛丽、和女人之间的关系都很脆弱、谨慎；而这种恐惧往往压倒性本身。弗洛伊德带给我的并不比传闻的多。我终于能在意识里对自己承认：我知道在我性渴望的背后隐藏着对妹妹和母亲的乱伦的污点。强词夺理一点，我本可以压抑住不去想的。闹着玩似的，我在脑海里摆好了棋盘，棋子是父亲、母亲、哥哥和妹妹。每一颗棋子都有不同的能力和通行权，在某一条道上可以专横跋扈而在另一条道上却易受攻击、不能正常活动。不管这棋怎么下，结局都一样：得到了妹妹和母亲，把哥哥赶出有效活动范围后，我要和父亲正面对抗。父亲可以在棋盘上随心所欲，四面出击，无疑，他惩罚的裁决总是死亡。

六七年来，我们夫妻俩不能相互容忍，逐渐摧毁了我们的婚姻。为了挽救这场婚姻，我在分析中学到的比分析所证实的要少得多。不知何故，自童年起，家庭成员之间的关系成了我日常观察的问题，这些关系通常过于令人生畏而难以清醒地觉察到。即使承认这些关系的存在是"有罪的"，在我隐秘的想象中，它们总是清晰存在的。但它们仅与我真实的父母和兄弟姐妹有关。我似乎总是同时在两个平面上行走——真实的现实和比喻意义上的现实。例如，在比喻意义上的现实中，我父亲是教务长式的、可怕的复仇者，我知道这既是又不是我实际上的父亲。我母亲既是又不是这样的女人：她用性诱惑我把她从父亲身边带走。由于不忠于父亲，她有罪；但同时，她又是完全无辜的。这双重的现实令我痛苦不堪，直到我开始写剧本。然而，一旦我在第三个平面——艺术的平面——上把这些冲突模拟重塑出来，我便可以享受我的权力——即使羞耻的刺痛感仍然伴随着剧本而来。

但没有主旨的权力感就像单手鼓掌。我不断地走着，试图找到进入这个城市的道路，找到了解自己的方法。一天，我注意到，几星期以来我一直经过的墙上和人行道上满是涂鸦："鸽子皮特·潘托？"你甚至不用花心思去想，就知道这句话的意思是"皮特·潘托在哪里"。靠近码头的地方，到处写满了这个神秘的问题。不难猜出，这是另一世界存在的又一证据。位于宁静的、陈旧的布鲁克林高地脚下，危险的海滨码头上，遭受到黑帮骚扰的工会，充斥着杀戮和打斗，以及晚上被扔进美丽海湾的尸体。现在，这句子开始出现在地铁站，用粉笔写在法院街办公大楼墙上。最后，自由的新闻界接过担子，和 PM 一起大声呼吁。PM 是一份进步日报，诞生于二战期间，只发行了几年。PM 解释说皮特·潘托是一名年轻的码头工人，他准备率领大众反抗国际码头工人协会领导人约瑟夫·瑞安主席和他的同事，据说许多人都是黑手党成员。某天晚餐时分，皮特被一名未知者的电话引诱出门，此后便失踪了。他所领导的运动随之落幕。

我开始在码头区的酒吧街转悠，尽力挖掘潘托的消息。那时候，英雄几乎消失在舞台上，人们对悲剧也毫无兴趣。年轻的男子跟邪恶作斗争，最后消失在河底的淤泥中，我对这故事很感兴趣。

仅在码头待了几天，我便发现人们很害怕，甚至不敢谈论潘托。他们中绝大多数是意大利后裔。许多人出生于意大利，完全依靠头领的恩惠才能找到工作。隔一年，我去了趟意大利南部和西西里。此后，我才了解，布鲁克林和曼哈顿码头的雇佣制度源自西西里乡间：代表地主的工头骑着马到小镇的广场上，找工作的大群农民谦卑地围着马排队。工头屈尊般用短马鞭指着一张张讨好的脸挑来选去，用这些几乎不可察的动作解救他那天所需的劳工，使他们免遭饥饿。一旦工作完成工头就又骑马离开，神一般地自信，沉默无语。困难时期多增加一个要素——持枪的宪兵。待在卡拉布里亚区和西西里时，我曾看见六个手持来复枪的士兵站在一旁，无言地告知农民，这种历史悠久、漫不经心地雇用劳工的方法永远不会改变。

但意大利人还是要来。此刻，布鲁克林红钩码头，冬日清晨四点三十分，雨雪交加，我和码头工人们挤作一团，站在哥伦比亚街面对码头的门道上，等着雇工老板的到来。他来了，大家蜂拥而上，围成半圈，吸引他指指点点的手指。刻了号码的铜牌意味着一天的工作。

幸运儿安静地交完钱，他就把牌发下去。之后，他总会发现有那么几个人留了下来，便慷慨地把剩下的牌子扔给这小撮人，引发一阵疯狂的抢夺，男人们互相扯破手掌，有时甚至大打出手。他们像牲口一样接受这羞辱的过程。他们的行为让我愤慨不已，甚至超出了过程本身。他们似乎对生活早已不抱哪怕最微弱的希望。意大利犹太作家和画家卡尔洛·莱维曾被墨索里尼放逐到荒凉的恩波利，在那里待了好几年。后来他写了本流放的回忆录：《基督停留在恩波利》。这本书让我想到哥伦比亚街那些漆黑的早晨。我想，美国停留在哥伦比亚街。

布鲁克林大桥上，车流在人们的头顶像浪花一样安静地向前涌动。毫不夸张地说，人们在与中世纪一样的环境下忍耐着。一想到一名码头工人站起来反抗这种权势的傲慢自大，我就很震惊，满怀敬畏。尤其当看见路过的警察都一脸的安乐祥和时，更是如此。这表情表明，任何想要改变的人从这座城市的掌权者那里看不到任何希望。对我而言，皮特·潘托是个英雄。然而，几个星期后，我明白，我永远无法穿透恒久地笼罩在码头区上空那层无声的恐怖，即使那地方离我宁静的公寓不到三个街区。我只能把码头区视作无望的计划，从脑海中驱逐出去。直到几个月后，一名我没听说过的男子打电话给我，想和我见面，谈一谈这个话题。

那天下午，文森特·詹姆斯·隆吉和他的朋友米契·贝伦森来了。我很快就了解到，贝伦森试图继续皮特·潘托的事业，组织工人反抗瑞安对码头工人工会的统治。他的后台是红钩区年轻的美国工党。这个区对他们的人很不友好，因为他们是黑手党攻击的对象。四十年代后期反左狂热时，黑手党让他们消失的话，几乎不会受到惩戒。这两个男人的设想让我回想起十多年前我们那个时代激进主义者的某种措施。

二十多岁的贝伦森是个乐观的工人，圆而胖，麻子脸，光头，高高的鹰钩鼻，像贝多芬一样宽阔的前额。他体重超重，但长相权威感十足。破旧的鞋底，磨损的衬衣袖口，污迹斑斑、长期打结的领带，牙间叼着的五美分的雪茄烟，都在表明他贫困交加。廉价的食物使得他肚子发福，皮带都快勒不住了，走起路来，就像是在分得很开的两条腿上加了个圆桶。他看起来如此强硬，对自己的想法坚信不疑，很难猜出他在经受着斗争的躁动的冲击。我时常觉得，我看到了他大脑中一些诗的片断掠过，却转瞬即逝。

这酒吧里的新成员文尼·隆吉，政治上野心勃勃，是另一种类型的男人。身高超过六英尺，肤色黝黑，英俊不凡。他圆滑健谈，至少跟我说话时是这样。很明显，他试图改掉意大利式的大街口音，变得更有教养。他对我的小说《焦点》及戏剧《都是我的儿子》推崇过高，有点令人尴尬。但他本人却完全没意识到他追逐偶像魅力那过分热情的言语。他那泰然自若的夸夸其谈让我想起了我的堂兄弟和高中时的那帮家伙，他们活着的唯一目的就是把女孩子们带上床。他不能自制的好色使他注视的目光如糖浆般湿润甜腻。那天，他穿着一套律师喜欢的蓝色西服，有力粗壮的手腕，袖子贴身舒适，即使动作太过剧烈，他也不会感觉不适。

他们称他们曾和皮特一起组织当地人反抗瑞安。他们约略说了些码头上惊人而堕落的敲诈勒索现象，例如强迫工人们给佣金。要想在工作上得到优待，就得付钱给黑帮分子。一名工人要拥有一天的工作，就必须到附近特别指定的杂货店花十美元买一瓶价值二美元的酒，或是到理发店花七十五美分剪个头。尽管从码头区就能看见布鲁克林大桥上的车流和低洼的曼哈顿那些夸张的摩天大楼，但这里就像是一个由封建地主统治的与世隔绝的村庄。贝伦森和隆吉兜售的改革主要就是建立一所职业介绍所。工人们去那里登记，找工作，先到先得，没人享受特殊待遇。这当然意味着敲诈勒索的结束。但到处去散布这一想法很危险，因此他们想要组织一次活动来筹钱，好发起一场新的工人运动来清理码头区。我是他们第一个寄予希望的捐款者：无异议的百万富翁，因为是百老汇的红人，毋庸置疑地跟同类型的许多人都是老友；对于这种宣传，这些人很可能会上当受骗。现实生活中，我在剧院和电影里接触的只是一些普通演员和未来的剧作家。但如果我筹集不到钱的话，我很乐意找别的解决方法。我会写写城市里这个被封锁的地区。比起任何别的东西，它似乎总是特别上镜。他们迫切地想要带我四处逛逛。我终于走进了这个海滨世界——对我而言充满了危险而神秘——一个从未被戏剧和文学所触及的世界。

现在，回头看，我发现这个决定是多么冲动。我根据这个事件写了一个电影剧本（绝不会拍成电影）；写了一个剧本：《桥头眺望》；去了一趟好莱坞，认识了当时还寂寂无名的年轻女演员玛丽莲·梦露；与此同时，还与地下权力组织发生了直接冲突，他们强硬地把电影剧作家、演员和导演列入政治黑名单，对其进行思想教育。

当然，那时，我只是凭直觉认为这是个悲剧故事。但也许还有别的东西。直到1947年，我相信我察觉到文化变迁的开始，依我的经验来看，这是一次全新的变迁。也许我在极力避开某种不断增长的含混不清，它既存在于我的生命中，也在这座城市里和这个世界上，那里只有英雄是真正可想象的。因此，和我认为果敢干脆的男人一起像英雄般与邪恶势力作斗争，这相当具有挑战性。当然整个过程中我也在寻求某种刺激。

我很快就了解到码头区就像狂野的西部，是置于法律之外的沙漠。一台大得足以点亮非洲一整个城市的发电机，被捆绑好，放在平台货车上有两层楼高，价值好几百万。一夜之间，这台发电机竟从布鲁克林码头消失得无影无踪。黑手党在这全世界最大的港口对贸易进行高额定价，实际上，就是征税。相比之下，剥削工人只是个小问题。就像领地的最高统治者是公爵一样，在布鲁克林税收这一块，站在顶端的男人名叫托尼·阿纳斯塔西娅，红钩街的人叫他"硬汉托尼"。

在布鲁克林拜占庭，一切并非表面看到的那样。"硬汉托尼"如此令人生畏，主要是因为他的哥哥艾伯特曾经是谋杀公司的头儿，人们相信他杀过一百多个人。九年或十年以后，艾伯特会犯个大错：从泽西城——他被纽约当局放逐到那儿——过来，在纽约第七大道和 53 街交会处，躺在理发椅上，四肢伸展，眼睛上盖着热毛巾，被两个杀手前后夹击。但此刻，他还是活生生的，而他的弟弟托尼沐浴着他血腥的荣耀，当上了当地国际码头工人联合会的头儿，掌控着布鲁克林码头区的税收。因此，当贝伦森和隆吉准备把托尼的工人组织起来形成改革派，挑战他的权威，并且通过他挑战乔·瑞安——乔统领曼哈顿的整个工会——的权威时，他们知道，托尼听说这件事只是时间问题。

和他之前和之后的独裁者一样，"硬汉托尼"把自己视作正派的、努力工作的码头工人的保护者，绝不是压迫者。确实，他会向当地人发表恶狠狠的演说，为工人们争取到更多的工资，付给船运公司更少的钱。人们都知道怎么绷紧着脸，而当他把放着点三八口径史密斯威逊左轮手枪的枪套别得高高的，让枪托从衣服左边翻领折叠处露出来时，几乎没人敢当众对他笑。托尼是如此复杂，使得贝伦森寻思着，也许有一天，他会成为工会成员反抗瑞安领导的借口。这想法几乎等于在说他会被杀，可能文森特·隆吉也会。

就我看来，贝伦森不是传统意义上的激进主义者。他出身于工人阶级，而不是知识分子。他父亲是个木匠。1905 年革命失败后，随之而来的是暴力反应。在那之后，他父亲和妹妹移民到了美国。十五岁时，贝伦森是女装工人联合工会的全职组织者。事实上，他过去曾使用过一些更加灵活的组织策略，在当时非同寻常。例如，爬上排水管或是撬开窗子让工会的督察员进入老板的办公室偷看公司账本和一些重要信息。在一次有组织的运动中，工会利用男孩贝伦森和他的体操技能打破了许多僵局。很快，他们开始受人尊敬。

但随着他越来越频繁地被逮捕，尤其是在他姑姑丽娃的影响下，他花更长的时间来思考。他姑姑是那种不识字却睿智的女人，似乎是大革命经历通常会带来的那种智慧。她扩大了他的教育范围，让他阅读用丰富的俄罗斯词汇书写的小说和诗歌，当然还包括马克思的著作。大概同一时间，他在追求一位美丽的女画家。尽管他长得并不英俊，却赢得了她的芳心，凭借的是他坚信她应当跟他在一起，正如他也坚信他应当参加那会改变美国的激进的工人运动一样——一个仍在历史的子宫中孕育的不确切的梦想。两三年之后，他才明白这一点。但当时他正处于生命的转折点，他取代了被扔进海湾的那个男人的地位。如果我不曾在他的脸上看到恐惧的痕迹，也许只因为那时他仍把自己视作历史的浪花中一个刀枪不入的、无实体的波动起伏。他迈着摇摇晃晃的步伐，吸着廉价的雪茄，迸发出粗野的笑声，在码头上到处走动，在与各大势力的较量中寻找机会。

对文尼·隆吉来说，袖手旁观、保持客观，这很不容易。和贝伦森不同，他会忍不住要用水边码头区某些重量级人物很有风度的庄重态度来表明自己的身份——即便他也许憎恨自己这样做。这些人指手画脚，或者相当拙劣地模仿着封建的意大利那由道德准则驱使的言行举止。正如绝大多数激进的物质主义者一样，这两人表面上运用逻辑推理，实际上都是好幻想的人；他们认为自己能环视周围天真得多的资产阶级敌人。自私的利益使敌人们的视野变得狭隘，而他们没有个人的利益，只有历史的利益。因此，和那些为获得利益而参与游戏的人相比，他们能更自由地灵活操纵。因此，他们的力量——假如人们愿意跟随他们的话——会是一种协助历史诞生的精神上的自我满足感。

他们像清教徒一样严格地遵守道德，但隆吉无法避免有些行为失检，毕竟他如此英俊。

此后六个月，他们试图打破码头区的控制领域，我定期地和他们中一个或两个人待在一起。隆吉是码头上有影响力的、相当戏剧化的演说家。黎明前的薄雾中，码头工人站在哥伦比亚街上等着被挑选好得到一天的工作时，越来越多的人被他吸引了。就像十月革命中列宁劈开了天空一样，隆吉就最重要的主题作进一步阐述，即意大利诚实的儿子们被不公正的工会机器削弱了力量。当然，问题在于，工人们其实比他更了解这一点，但不管怎样，听到有人这样说总是好事。不用很长时间就可以意识到，只有力量和控制他们的势力相当，才能获得他们的信任。但这儿会允许这样的事情发生吗？对此我不抱任何希望。

但与此同时，我不断地在码头工人们的房子里进进出出，交了些朋友，倾听他们用古怪的、变形了的西西里式英语所作的出色演说，充满了隐讳的暗示和调制得不可思议的奔放情感。过了一段时间，隆吉提到他最近听说的一个故事。一名码头工人跑到移民局去告发他的亲戚——非法住在他家里的两个兄弟——想要毁了其中一个和他侄女的婚约。告密者不受欢迎，没人知道他去了哪里，有传闻说他被那两兄弟中的一个谋杀了。但我对这故事没兴趣，我还在调查关于皮特·潘托的蛛丝马迹。

我胡乱摆弄一个电影剧本，放弃了，又捡了起来，漫步走回红钩码头，寻找我没意识到我已拥有的东西——《桥头眺望》。

情节剧再次让我激动万分——一天下午，托尼·阿纳斯塔西娅突然出现在贝伦森总部所在的阁楼，威胁要当场杀了他和隆吉。甚至还有必不可少的、过分戏剧化的人群聚集在楼下的街上，观看这庆典。托尼很愤怒。因为很喜剧化地，他被一家大公司雇用，用两条拖船装了几百名破坏罢工者，沿着哈得孙河往上游开，这些人要从河边进入工厂，因为岸上的入口已被电气工人联盟严密监视。隆吉已经摸清他的意图，把他列为反抗瑞安统治的盟友。托尼事先请求贝伦森和隆吉打电话给他们工会里的朋友，劝他们不要打他这些工贼。对于这个不可思议的请求，这两位的回答是给他上了一堂关于工人阶级团结的课，让这黑帮分子脑袋发怵。

托尼用船闯入工厂的企图被工会的摩托艇挫败了——实际上，两支舰队还交了一小会儿火，直到拖船的船长认为他们已经做得够多了，开船把人运回了布鲁克林——然后他很快发现红钩码头的人对他的耻辱窃笑不已，当然人们在背后叫他"舰队司令"。这太过分了。他气势汹汹地走到贝伦森的阁楼，当着邻居们的面要求贝伦森就激进主义者们的背叛给他一个满意的答复。他大脑一片混乱，不知所措。

被迫正面冲突，大汗淋漓的隆吉和贝伦森依靠口才——这方面托尼是笨蛋，而他们，尤其隆吉是大师——严厉责骂他，因为他玷污了对他深爱的先父的回忆。托尼满怀敬爱地回想起他的父亲，帽子掉到地上，眼里含着泪水。一百五十年间，他父亲每天早上来到码头，当一名码头工人，汗流浃背，辛苦工作，养大了一大群孩子。他的儿子托尼却背叛了工人们，破坏罢工。但他本可以成为一名真正伟大的工人领袖，如果他选择这样做的话，他将会成为受到迫害的意大利人民（姑且不说全人类）的荣耀。他们不再相互责骂，至于是否成为了朋友，姑且不谈。高潮是，他们提出给他弄到两张《都是我的儿子》的票。确实，几天后，我在剧院前遇到了托尼。当时他还抬头看遮篷，看到我的名字，然后看看我，说了很少的几句话。他让我想起我波士顿的叔叔曼尼。他上了车，坐在司机旁边，开车走了，没看这部剧。我猜他只是想要确认隆吉和贝伦森没有在我的事上跟他开玩笑，没有再一次侮辱他。

令人不安的事实是，我发现码头区既无理性又充满悲惨。正由于其中某个无理性，我最后和隆吉一起去意大利和法国旅行——这次旅程的回忆预示着我此后的生活中将发生的许多事情。

我遇到贝伦森和隆吉时，他们这两个老手多次组织反抗的尝试都失败了，毫无成果。1946年，他们意识到缺乏政治势力来保证能向每一个敢于跟工会和黑手党联盟对抗的工人提供保护，他们想出个主意——让隆吉竞选议员，加入国会。但这选区的民主党由国会议员约翰·鲁尼掌控，也就是在约瑟夫·瑞安的掌握之中。于是贝伦森在其标新立异的想象中催生了个怪念头：既然历史上共和党人从未在这一区的竞选中胜出，也许出于娱悦的绝望，他们可能会被说服在这意大利工人阶级区让隆吉当候选人。

贝伦森带隆吉到法院街去见共和党的领袖：约翰尼·克鲁斯。把一条弯着膝盖的腿搭到另一条腿前，机智的苏格兰人很快明白，在这个意大利人占大多数的地区，一位意大利候选人可能是满足共和党人愿望的办法，即使他是激进主义者。他很快和他们达成交易，支持隆吉。

荒谬的一天开始了，他左右打量，谁将会把他们扔进河里。接下来，拥有国会议员的共和党候选人提名让他们两个不敢相信，以至放声大笑，但这样的情况从来不会是完全没有意义的。时间会证明，走进克鲁斯的办公室时，贝伦森是投机取巧的冒险家；出来时，他已经不一样了。他和隆吉之间的关系、他们和国家之间的关系有了微妙的改变，而这将会导致无法想象的后果。尽管竞选胜出的可能性无法控制，但文尼现在已经踏出了封建统治的码头那个黑暗冰冷的世界，走进明亮的美国。那儿，确实，绝大多数令人惊异的事情仍在上演。

对约翰尼·克鲁斯而言，文森特·隆吉的候选人资格只是象征性的，甚至是一出富有幽默感的戏剧，会让鲁尼惊慌失措好几个星期。

但文尼确实想要赢，好站在白宫的台阶上和总统合影，用快递把照片寄给他十分敬慕的母亲。作为共和党人参加议员竞选，得到美国工党的支持，隆吉在第十二议员选区不知疲倦地做着巡回政治演说，强烈呼吁进行改革。这是场竞争激烈、充满苦涩的竞选。由于鲁尼公开指责共和党支持一名左翼新贵，清点选票时，文尼以三万一千票败给了鲁尼的三万六千票——结果惊人地接近，考虑到本可以很容易就从他那儿偷到几千张票。

初次涉足主流政治活动使隆吉受到了鼓舞，他决定第四十八届选举时再次跟鲁尼较量。这一次共和党按党里的常规慎重行事，隆吉按工党的方针参加竞选。现在，他真的求我给他募捐。我生平第一次也是唯一一次为了募集政治捐款去与人打交道。过去一年中，我陆陆续续见过田纳西·威廉斯几次，跟他提起我对码头区很感兴趣。结果发现和他一起住在曼哈顿公寓的弗兰克·梅罗，是新泽西州黑手党首领的儿子。弗兰克比我更了解码头区。还是个小男孩时，他就跟着他父亲去开会，坐在他父亲脚边，听他们讨论、处理这类事情。他坚持要田纳西写了张五百美元的支票，那可是一大笔钱。我想，田纳西觉得我的兴趣跟他没多大关系，我也是一个跟他关系不密切的作家。然而，我的兴趣却跟他的感觉——他一生都活在一个不公正的、残酷的世界——相对应。他坐着听我述说码头区那些不光彩的行径，腿上抱着英国产的、脾气暴躁的白色哈巴狗——为了不让它在床上撒尿，也是对它的宠爱——同时，梅罗作为老练的社会专家，向他详细解说。他似乎被感动了，尽管不是工人的普遍状况，而是特别的人和特别的言辞更触动他的心。

尽管文尼的口才不错，但很显然只有出人意料的妙计才能打败鲁尼，这谋划要够出色才不会被破解。他很快想到个妙计——他必须到卡拉布里亚及西西里走一遭，尽可能多地看望码头工人们的亲属，带回他们的美好祝愿，亲自向好几百个家庭传达。这计划很有特色，能有效地赢得工人们的好感。此外，它还有个更有效的特别吸引人的地方——这几百个码头工人都有两个家庭、两位妻子、两群孩子。大多数情况下，他们既不隐瞒美国的第二位妻子，也不欺骗意大利的原配。他们会继续赡养原来的妻子，甚至会为了多生个孩子而定期回去看望。但他们经济窘迫，使得回乡的旅程通常时间相隔甚久，如五六年或更长。对从家里给他们带来妻儿第一手消息的人，他们将感激至深——很自然地以选票回报。

我在文尼之后也做了决定。美国让人飞黄腾达，而欧洲却是思想纷呈之地，或人们常作如此想象。美国逐渐变得虚幻不真，令人生疑。一位名叫李维特的营造商，想象力丰富，正在一座以他的名字命名的小镇上建造一些价格合理、绝妙的好房子——带两个卫生间，还有用狭长的、精加工的木材建成的阁楼。相比之下，上代人的房子显得那么粗糙。我驱车前去拜访年老的无神论者朋友和同辈。令人不可思议的是，他们正忙着为被称为"神殿"的建筑捐献；战前，我很难想象我们这一代会有人再上犹太教堂。然而，人们听说了来自欧洲的新人，如萨特和加缪。他们来自抵抗组织，出自欧洲的黑暗境况，提出新的、可用于政治的民主观，而这观点显然与莫斯科无涉。法西斯主义亡了，然而讽刺的是，我的抵抗法西斯的生活方式也随之结束了。我迫切地想知道未来的存在是否有新的意义。阴阳失去了平衡。1947年至1948年间的意大利是思想的重心，关乎欧洲的未来，因为意大利有着苏联境外最大的共产党。文尼能操意大利语，这很有用。

简刚上学，鲍勃更年幼，而那时平民出国旅行并不是容易的选择。看来，我必然得独自出门三个星期或更久。离开熟悉的环境无疑会引起人的性欲，令人焕然一新，对未知敞开怀抱。另外，我还有点担心不能再写出另一成功的商业剧本，我要省钱。简而言之，我逃向未知，就如我曾骑自行车去哈莱姆区一样。每当我被生活缠住了脚步，又不想周遭有熟悉的事物时，就会这样做。

穿越大西洋最便宜的方式是搭乘蒸汽客船美国 SS 号。船舱三分之二是空的。高高的船颠簸地行驶在二月狂暴的海面上。我绝望至极，整天独自待在游泳池里，假装那是真正的海洋，在那里不会晕船，直到海面上风浪过大，他们关闭了游泳池，以免我撞死在池里的瓷砖墙上。最后二十四小时的大部分时间里我都待在酒吧，和艾伯特·夏普站在一起。他刚从《彩虹仙子》辞演，挣的钱足够他余生都待在爱尔兰乡村小屋。我脑里塞满了他那一个接一个吸引人的爱尔兰故事，直到晨光透过舷窗，照亮了休息室。我们走上甲板，迎接岸上的雾。

欧洲给我们的第一个打击就是一连串粗暴的荒诞行径。庞大坚固的瑟堡码头被炸毁了，倾斜倒入水中；乘客被带上驳船，前往临时码头。这更像是文明废墟，而不是军队打仗后遗留下来的残骸，令人费解。我以前从不认为自己清白无辜，但现在我这样觉得（我第二次有同样的感觉是许多年以后，在哈莱姆区的街上走过，熟悉的公寓建筑已被焚毁，矗立在废墟中）。接着，我们看见，建于十九世纪的火车站那庞大的教堂式玻璃拱顶，有几层楼那么高，延伸到好几个街区外，已是废墟一片，不堪入目。这完全是骇人听闻的恣意破坏、狂怒和怨恨，使人生畏，心怀恐惧。

我们火车包厢内有一名年轻的美国人。大家相安无事待了十五分钟。他突然大声叫嚷："射击比赛什么时候开始！"我们——欧洲人、文尼和我——都大笑起来，为他对周围遭到的损失状况无动于衷而感到尴尬。同时，火车乘务员对我们、对"超人"、对大地之主、对美国人的谄媚也显得荒唐可笑。尽管不应得到这样的谄媚，当从他们愤恨、嫉妒的眼里看到我们时享受着这种感觉。

太阳似乎从未升到巴黎的上空。冬天的天空像个铁盖子，让手上的皮肤变灰，让脸色变得苍白。一片难逃一死的寂静，到处无精打采。街上几乎没有车，偶尔几辆卡车驶过，装的是用木材作燃料的发动机，还有几个骑老式自行车的老妇人。我经过的人中谁曾与纳粹勾结？谁曾躲在地窖里，心惊胆战？我在旅馆对街的部委饭店里点了个橙子、一份吐司及两个煎蛋做早餐。餐厅的主管女士、厨师，还有两个男招待都跑出来看我吃这分量巨大的早餐，看着我用一大卷贬值的法郎结账。位于巴克街的皇家大桥饭店的服务员身着燕尾服，袖口敞开，下巴经常带有用冷水刮胡子造成的小伤口。一位艳俗的年轻女子，面带饥色，腿穿黑色的蕾丝袜，裙子上有垂下的花边。为了方便客人，她被允许整夜坐在大堂里，随时为客人提供服务。她带着哲学家般优越的好奇看着我的到来。旋转门上的圆形铜条不见了，许多管道和金属配件也同样没了影儿。在前几个月那令人绝望的日子里，这些东西都被德国人撬走了。这位服务员每天不得不在巴黎市里来回奔波，喂养兔子。兔子救了许多人的命。

街上似乎无人能穿着得体，夹克和长裤搭配不合理。许多人貌似专业人士，却披着围巾遮挡住赤裸的胸膛。满眼尽是自行车——三十五年后我在北京又回忆起了这一幕——公车上挤满了人，外面还挂着许多人，气味熏天，一如开罗的巴士。后来，在中国、埃及、委内瑞拉看见的许多事物都会勾起我对这座光明之城的回忆，想起那段逝去的时光。欧洲人的非凡创造力使得他们对欧洲狂轰滥炸，成了一片废墟，沦落到了那时还未命名的第三世界。路两旁房墙饰板下的人行道边，鲜花盛开，让人们铭记被纳粹击毙在那里的抵抗者。纳粹毕竟也是欧洲人。那么实际上发生了两次内战，分别在1914年和1939年？我写信给玛丽，我很想念她，觉得很孤单。我在信上说，这个国家就好像伤痕累累的动物，再也站不起来——法国完了。听说萨特常在蒙大拿酒吧出没，但我从未在那里看见他。就我看来，法国的报纸正依赖美国来重建新文明——即使对于该拿这战败的大陆怎么办，我们也一无所知。一切都令人失望，我不得不重新沉醉于想象一种这里肯定不会存在的未来。

里沃利街附近有座宫殿，那里有一个作家聚会，我被韦科尔邀请前往。他是午夜出版社的创始人，《焦点》的法国出版商。罗马天主教徒、共产主义者、戴高乐主义者——艺术家们和非关联人士试图重建战时抵抗联盟，再次聚在一起，通过政府的无线电台朗读他们的诗歌和发表演说。电台建在这座宫殿宏伟的十八世纪门厅，俯视着它的是盲眼厄洛斯的法式半身雕塑像，还有圆圆的鬈发情人如皮拉姆斯和西斯贝的半身雕塑像。站在大理石的地板上非常寒冷，即使手上拿一杯红酒，和好几百个男男女女一起也不会感觉暖和些。不知道这些知识分子能从这姿势得到多少的快乐；他们的战时精神联盟和政府的宽容被新的、迅速深化的冷战击垮了。

韦科尔是一位小说家、散文家，是宇内最受尊敬的抵抗英雄之一，作为我的朋友，引领我在小巷中穿梭。他曾避开德国人，骑着自行车在这些巷子发送抵抗文学作品和报纸。如果他被那些欧洲人发现，他们会射杀他，让他卧死街头。一想到在这些迷人的巴黎大街上，法国人被追捕，像恶兽一样被猎杀，就觉得很奇怪。我不得不再次思忖在那样的环境下应该怎样做，因为道德、文学和政治是三位一体的。会议在有回音的铺着大理石地板的大厅进行，朗读似乎没有感情，语调阴郁，显得冗长不堪。韦科尔低声解释说，这可能是保持法国文化某些相似之处的最后尝试，很快政治辩论就会彻底撕裂法国的文化。他向我指出那些意见相左的作家，路易斯·阿拉贡和艾尔莎·特丽奥莱、加缪和萨特、莫里亚克和其他罗马天主教徒作家。我看见作家们读完作品，安静地离去。

苏维埃的优势仍然十分巨大。大家普遍赞同是苏联军队拯救了欧洲，使它免遭上千年的纳粹主义的摧残，因而，要人们相信斯大林主义的恐怖故事并不容易。韦科尔身形修长，有着运动员般的英俊外表，宽容，公正。像韦科尔一样，人们在这些事件的报道面前，仅是保持沉默。这些事件抹去了过去十五年那些反法西斯斗争岁月的所有意义。摩尼教的世界，只有简单的、不摇曳的火焰。这火光照亮了周围的黑暗，却在刚刚熄灭。真相挂在墙上，正如一幅故国风景画，既没被丢弃，也无人欣赏。苏维埃的英雄主义仍然盛行，左翼的剩余势力仍然强大。战争期间，玛丽生下了我们的第一个孩子，简。她哭号着，半昏半醒，在痛苦中大喊："啊，那些可怜的南斯拉夫人！"——他们那时正遭受纳粹的入侵，纳粹军队越过了积雪覆盖的山脉。

寒气袭人的剧院里上演着让·季洛杜的戏剧《水精灵》。由于生病，路易·茹韦穿着毛衣，裹紧围巾，坐在椅子上表演了一整夜。观众不断蠕动鞋里的脚趾，对着手呵气。每个人都裹着大衣，坐着欣赏表演。这是这个国家关于死亡的哀伤故事中又一感人的一页——法国的剧院里不再开暖气。到处都是不幸，真的有被打败的民族。但茹韦以一种我从未感受过的私密方式与观众交流，用观众最喜爱的语言与每一个人交谈。台上成串的对话和无动作表演让我厌烦，但我能理解，正是语言拯救了他们的灵魂，他们一起聆听，被它所治愈，留下一个联盟、一个希望。我为人们对他的温柔所感动，我来自的剧院要一直和观众战斗。茹韦和观众交流，我觉得他不时地跳出剧中角色，赞赏作者对叙述的转换，观众也为之欢欣、鼓掌。剧中的一个要素一直萦绕脑海，尽管当时只是一个较法国式的奇异之处——茹韦的感情看上去真实、确凿、持续不断，但他却被不真实包围着，这多么奇妙。因此，语言本身就在事件、文字和他的情感中。我重新审视《都是我的儿子》，删去过于虚饰、过于书面化的句子，而那时它们却是我所想到的自然现象。

不知怎么的，马歇尔计划每天都出现在新闻头条上。而法国和英国政府则满腔怒火，德国人也得到了美国的金钱资助，还没修复他们在英国和法国毁坏的每一块砖之前，就重建了他们的工业。很显然，德国人成了我们的新朋友，而救世主俄国人是敌人，就我而言，这是一件卑鄙可耻的事。新的三角开始运转——二十年后我在法兰克福遇见西奥多·阿多诺，他告诉我，此时此刻，在美国人的压力下，写有希特勒故事的德国教科书被回收，新书里的纳粹岁月只留下一片空白，德国新的激进一代会为此痛骂美国人。

此后的岁月里，世界经历了这样扭曲痛苦的改变，从一个国家身上撕下善与恶的标签再贴到另一个国家身上，对我而言，即使是从理论上讲，这无疑也损毁了"世界"这个概念。如果上个月的朋友如此迅速地成了这个月的敌人，什么样的现实能分清善与恶？无政府主义——更糟的是，成了无聊得让人打哈欠的娱乐——针对的是道德律令这个会变成国际文化印记的概念，会在希特勒死后世界秩序重新排列的八到十年内出现。就我而言，我愿和那些屈服的人站在一起，不是因为我相信自己是好人，而是因为一种感觉：没有道德的世界，不会有美学形式，它只有一些音符，没有乐谱——一种无法证实但感受至深的坚定的信仰。

关于意大利，我要介绍的是在米兰火车站的小摊上买的、用意大利白面包做的意大利熏火腿胡椒三明治，那是我有生以来吃过的最美味的食物。在意大利，我和意大利人相处愉快得多，和法国相比，这里没有严肃的事。

埃齐奥·泰代伊是一位无政府主义者，也是个写短篇小说的作家，被墨索里尼囚禁在监狱长达十四年。在寒冷的二月前往罗马时，他只身着长裤、鞋子和一件旧式的粗花呢外套，没有衬衣、袜子和内裤。他睡在户外敞开的阳台上，那是他从六个贫穷的家庭那里借来的。他们一起有大概二十个孩子，全部住在一栋豪宅里——那曾经属于一位法西斯高级官员。我坚持要他收下了一件衬衣、一条短裤、刮胡刀片和袜子。几天后他再出现时，还是和往常一样赤裸着。他解释说，他把礼物给了需要的人。数不清的家庭成员来来往往，他就坐在阳台，在桌子上写作，没有注意离他耳朵不过一码远的谈话声、喊叫声。这张雅致的桌子，来自某个被没收的画室，有很多抽屉和分格，可以放面包和杂货。他的手稿和珍爱的派克钢笔也存放其中。

　　一天，我们在罗马穿行，我注意到处处都用沉重的铁链锁好窗上的百叶窗——法律对所有妓院都做这般要求，埃齐奥解释道。我立刻想去逛一下，他有家特别中意的妓院，我们立即前往那里。那曾经必是座宏伟的宫殿。刚走进入口，门道那里矗立着一根柱子，柱顶是一对在交媾的情人的青铜雕像，女子的头发好像在大风中飘扬。深红的地毯沿着大理石楼梯铺到一个华丽的舞厅，从地板到天花板都镶嵌着巴洛克风格的镜子。深雕的天花板悬挂着数量繁多的巨大水晶吊灯。灯开着，尽管布满灰尘的灯泡使得光线微暗。大约二十五名年龄各异的男子沿一面墙而坐，有人在看报，有人在下棋，有些睡着了，有些盯着房间那头靠镜墙站着的一整排十几个女人。女人们有些身着摩尔人的女式背心，腿穿罩纱裤子；有些穿纯白的参加坚信礼的裙子；有些作日常主妇打扮；有些穿短裤，或戴或不戴胸罩；有一头长发、短发，或盘起头发；有打着赤脚，或穿着高跟鞋、凉鞋、便鞋，或镶水钻的闪闪发亮的鞋子。这是我们的世纪，满是戏剧和演员。我和泰代伊跟男人们坐在一起，等待着。下棋的继续，看报的把报纸折过来又打开，女人们茫然地等着，就像在公交车站排队。很明显，漠然把我们凑到一起。这时一个男人站起来，就如一只独身的鸥飞离鸟群去呼吸空气，没有更明显的动机。他踩着镶木地板，向一个女人走去。他们一起消失在门道，仿佛她打算为了鞋子而配合他。这就像旧服装拍卖会那样刺激。我记得契诃夫曾写过因为他曾参观过这样一所房子而厌恶自己。我也记得十六岁时那种空虚和与世隔绝的感觉。那时，平生第一次，我哥哥和他朋友带我去上西区一所公寓。但这儿没让我觉得恶心。泰代伊像骄傲的主人一样咧嘴而笑，为他出生的城市里那些更有趣的、具有吸引力的事物。很显然，至少现在，经历了二十五年的法西斯主义和一场恐怖的战争后，人们对性感兴趣，这点是肯定的。但和有饭吃、有屋住、有衣服穿相比，远没有那么重要。也许那些女人有存在的必要，她们像必需品一样受到应有的尊重，但仅此而已。战后意大利伟大的新现实主义电影纷纷涌现，《罗马，不设防的城市》《偷自行车的人》诸片，反映了同样的性与生活的融合，这种生活是基于迫切的需求，是基于保持采集食物、维持家庭和友情、维护人类团结的和谐。1948 年，意大利还从未有过过剩的问题，更别说供过于求，以及随之而来的对无边际、无限自我的幻想。在这污秽的舞厅里，在人类的天性前，在一种惩戒性的认可前，共享着某种谦逊。

我想象在欧洲能隐约看见西方世界的未来，可所窥见的远景就像布鲁克林的未来一样让人困惑。意大利共产党也许是欧洲最大的共产党，但它却平静地劝说人们在即将到来的大选中给基督民主党投票，以免美国切断食物运输，整个国家要忍饥挨饿；而红色政党大选获胜时，俄国人什么也没给。这是否就是世界末日？对于这个历史观点，我仍摇摆不定。我得不断地提醒自己，街上的人群，我们所遇见的人，远非墨索里尼的愚蠢、傲慢自大、故作姿态的无辜受害者，他们多半支持或不反对法西斯主义。惊人的是，足以构成危险的极少数几个人，如埃齐奥·泰代伊，已被投入监狱。即使现在，如果他不是天真地在等待一场革命的来临的话，他似乎是极其无辜的。革命的迹象，我还没看到。

　　罗马城外围着所谓的圈，成千上万无家可归的家庭，在悬崖峭壁和山边挖掘洞穴，生活其中，没有光亮。我们爬上去，和他们坐在一起。瘦得只剩皮包骨的人们生活在肮脏的环境里，要从下面很远的街上的消防栓那儿吃力地用桶提水上来。有些洞里的人认为，会在高速公路附近盖全新的公寓楼。二月的雨水淋湿了他们的脸。这是《偷自行车的人》里的罗马。当然，我不可能明白，此后的四十年里，战争造成毁灭性的破坏后，纽约会比罗马收容更多无家可归的人。我也不会轻易地相信暴行会减少，大部分情况下我习惯性地认为，在宏伟的纽约市，这个世界上最动人心弦的城市，这场灾难仅仅是生命的悲惨结局。

　　福贾市的南面，市政厅上空一面面红旗在迎风飘扬。我、隆吉和农民们待在一起。他们刚从床底下拽出大庄园的地图。一旦共产党在即将到来的全国大选中获胜，这些地产就会分给他们。他们在地图一块块土地上写下名字，已经弄清楚每个人的地界在哪儿，高兴地用发黑的手指指给我看。差不多是战争结束后的第三年冬天，我在意大利来回奔波。一天，我突然意识到，在意大利，我们没看到一个胖子。肥胖的大妈、腹大腰粗的大叔们哪儿去了？意大利完了，这一情绪笼罩全国。到处有人在问我们，意大利有没有可能被美利坚合众国接纳为第四十九个州，他们并不是开玩笑。

　　意大利的悲惨处境和法国还是不同。无论事态如何发展，意大利人有着野草般的力量，到处可生根发芽。文尼的姑姑艾米丽亚，五十多岁，是一名教师，终身未嫁。她生活在南部的一个小镇，会在每日下午四点左右匆忙出门，来到广场。广场上，一台高音喇叭轰炸般播放的演说，是基督民主党从位于省府福贾市的总部打电话发过来的。几码远的地方，另一台高音喇叭里吼叫出的激烈演说，是共产党用电报从罗马发过来的。这制造出惊人的刺耳声音。艾米丽亚充满激情，待人诚恳。她力图纠集闲人围着基督民主党的高音喇叭，不让他们去共产党那边。五点三十分，高音喇叭停止播放，好让夜间散步得以开始；党派的界限模糊了，正如千年以来那样，人们沿着广场漫步，年轻夫妇停下来闲聊，像企鹅般相互凝望。得知我是犹太人，艾米丽亚很是痴迷，她想当然地认为犹太人不存在了——不是因为大屠杀，当时还不曾如此命名；而是出于某种未经核实的想法。她以为耶稣复活后，犹太人都皈依了基督教，或不知何故，已消失于《圣经》的篇章中。"但是，"她安心地微笑，"你当然也信仰基督教。"当我说不是时，她瞪大眼睛盯着我，我觉得她虔诚的眼睛里闪过一抹惊骇。然而，我们很快就重新变得友好，部分是由于她的信念，生命中不是每样事物都能被理解的；另一方面，我仍设想着，没有什么是我理解不了的。

一天下午，教堂的队列从街上走过，造成了小小的交通堵塞。我们等待着唱圣歌的唱诗班男童抬着金色的十字架和圣人塑像走过，我思忖着古老的习俗是否真如人们所想的消亡了。一名中年男子站在我们跟前，低着头，手拿着帽子抚于胸前。队伍过后，隆吉小心翼翼地问他是在庆祝什么神圣的庆典。"鬼才知道，"他回道，使劲地将帽子戴回到头上，不耐烦地匆忙过街而去。对我来说，这就是意大利，动人的演出，包含着的是愤世嫉俗的玩笑。法国人更多的是心理崩溃，似乎他们被某场胜利不正当地欺骗了，或者由于勾结纳粹、通敌叛国而良心不安。意大利人好像懂得如何像往常一般用墨索里尼的夸张来欺骗自己。不管怎样，主旨是活下去，而不是为什么而死。

下午五点左右，莫拉-迪巴里镇迷人的亚得里亚海沿岸的防浪堤上，刚高过靴跟的地方，走来一支别样的队伍。隆吉手上握有许多地址，由红钩码头工人家庭提供，到这儿查找。他一家家寻访，仿佛仅有一人的红十字会，带来布鲁克林的消息，对孩子们的年龄作注释，写下女人们过得如何。丈夫在布鲁克林的第二个家庭自然不会提及，但都知道他们存在。女人们的戏剧，在经济需要的白齿间一点一点地表演出来。尽管某些"第一任妻子"现在没有了吸引力，逐渐老去，但其他的才三十多岁，她们雌鹿般的眼睛透露出她们多么害怕最后被彻底抛弃。文尼喜欢去安慰这些女人，很少有什么能与之相比。女人们爱慕地仰望着他，意大利人如此高并不寻常，还带来如此美好、如此健康的食物。

大约五点，我们看见海滨区有几个异乎寻常的单身男人在一起散步。有些人手挽手，一种很常见的习俗，但他们的穿着与其他意大利人不同：他们头戴纽约式灰色帽子，帽檐上翘，身穿纽约式黑色外套，里面的白衬衣扣全扣上了，没打领带，尖头、薄底的皮鞋亮得耀眼，是城里人的打扮。面向大海的咖啡馆里，有四个人在喝咖啡，我们上前与之攀谈。他们起初说意大利语，但文尼诙谐的龇牙咧嘴换来会心的微笑，他们愉快地改回布鲁克林口音。显然，他们正在逃亡中。"男孩们"在国外等待纽约、芝加哥、费城或洛杉矶的起诉的威胁过去，被迫在这美丽而乏味的流放之地，徒劳地观看日出日落。等到起诉被处理好了，他们又可以在美国纵横驰骋。

意大利给了我勇气，《桥头眺望》的剧本在我脑海里慢慢成形。但我仍不肯定我敢于按剧本的要求亲密地描写意大利人。我所能肯定的是，我明白美国与欧洲的差异在于欧洲人总有许多亲戚，而在美国，血脉相连的牵绊已荡然无存。在罗马，文尼觉得必须去拜访一位表亲，那是名上尉，在意大利陆军部担任高职。着装庄重、大踏步行走的卫兵穿着白鞋罩，戴着白手套，手中紧握来复枪，举于胸前，在大门口前跳芭蕾舞般地交叉穿行。此处就是他们的五角大楼。小小问讯处的边门上，文尼要求见佛朗哥·隆吉上尉，小铁柱后的管理员表示遗憾，访客必须提前预约。

"隆吉上尉是我的表亲。"

窗后那男人一脸平静。"你的表亲？"

"我从美国来，布鲁克林。"

"布鲁克林！"

他立刻拿起电话，我想我看到他的眼睛湿润了。不一会儿，我们就上了电梯。出了电梯，我们受到热烈欢迎，三四名上校、两位将军，还有几个女秘书——隆吉上尉拥抱文尼时，她们双手紧握，顶着下巴，眼泪汪汪。意大利人即刻一分为二，成了观众和演员。我们围桌而坐，至少有半个小时听着这对表兄弟喋喋不休地谈论每个亲戚的消息，某人死于这场或那场意大利战役，某人老死了，某人病死了；意大利的军事心脏中，一切工作戛然而止。最后，一位将军下令上尉领我们去吃午餐。吃着沙拉，他问文尼是否在美国派克钢笔公司有门路；1948年的意大利，绝对能销出去的就是真正的派克钢笔。很不幸，在那不勒斯，人们造了很多假货，而现在，人们都知道那是假货了……

我们沿着那不勒斯的人行道散步时，"世界就是这样毁灭的"这句话不断地在我的脑海里翻转。这些人行道两边装有巴洛克风格的灯柱，或倾斜着向海湾延伸，或被炸成了碎石。这时，面对人行道的旅馆开着足够多的灯，以招徕不存在的客人。一帮年轻的妓女在路上游荡，或聊天，或在我们腿间蹲下，或大笑，因为没光顾她们而叫我们同性恋。白天，妇女们头顶洗衣篮，穿过外国人饭店附近的人群，用奇迹之手抓走过往陌生人的帽子，飞快地丢进篮子里，留下受害者不停地转悠，寻找消失于空气中的帽子。一次，文尼到银行去兑换钱，我独自坐在附近的马车里等他。这时，一个年纪轻轻的家伙跑过来，从我脚下拽我们的旅行箱包，就好像我们吩咐他拿一样。我用英语斥责他，他抬头望了我一眼，显然是听懂了，却仍然要把包扯出马车。我用鞋跟踢他的手，他又抬头看看我，然后耸耸肩走了，一点都不觉得难堪。

又一场演出。

下面要讲的是一些缺德的那不勒斯人的故事。教区牧师偶然看见附近居民在一栋房子前排成了长队，他沿着队伍上到二楼的一套公寓，进了门，发现是教区一名年老的信徒在向每个人收几分钱，好让人们进卧室参观他年幼的、未出嫁的女儿——她和她刚出生的婴儿躺在床上。婴儿的皮肤是黑色的。那时那不勒斯有许多美国黑人士兵。白人妇女生出黑皮肤的婴儿虽然丢脸但也令人难以置信，就像奇迹一样。牧师当然气得要爆炸了。"你女儿没结婚就够糟的了，你还当着邻居的面从她的不幸中获利，真够厚颜无耻的。"女孩的父亲把牧师带到一旁，悄声说："别担心，牧师，那不是她的孩子。"

在意大利，一切都完了，到处都一样，除了罗马城外一家在后院临时搭建的餐馆。餐馆里摆了四五张摇摇晃晃的桌子，头顶上挂了张招牌，写了这样一行字："进来！吃吧！这儿没死过人！"这历史性的一刻，我们待在这个地方，极大地享受着生与死的区别，享受着幸存者的贵族气派。

然而，在大风凛冽的莫拉-迪巴里沿海地区的，是另一类幸存者。镇长吐露说，已向"犹太人"——逃离德国死亡集中营的犹太人——提供了庇护所，就是沿壮丽的海岸而建的豪华住宅，那是已逃走或现已被投入监狱的重要的法西斯分子所建。文尼发现这条路很难，因为英国人向意大利政府施压，不允许集中营的犹太人进入意大利，一旦发现有进来的，就阻止他们乘船前往巴勒斯坦。因此，没人愿意向陌生人提及他们的所在。所有的莫拉-迪巴里人和巴里人共同保守着秘密。最终，夜晚时分，我们发现了他们的踪迹。几百上千人住在大约二十所面朝亚得里亚海的大房子里，许多人几乎是一个叠一个地睡在走廊上。一走进去，我就感到一股我不曾体会过的冰冷敌意，仿佛我不存在似的，有种透明感。妇女们转身离开，去照顾孩子，男人和男孩们如空气般从我们身旁走过。但我知道，只要走错一步被认为是侵入的话，我们就会被撕成碎片。我走近两名年轻男子，他们没刮胡子，但很整洁。他们看着我，毫不掩饰脸上的威胁。我试着讲英语，文尼讲意大利语，最后，我还试图混杂着讲了些意第绪语–德语，只是为了表达美好的祝愿，和表明我是犹太人的身份。他们对我的问题不感兴趣，也看出我不能帮助他们。他们只想登上去巴勒斯坦的船，永远离开欧洲这座坟场。他们的不信任就如当面讽刺我一般；我在与燃烧的木头、烧黑的铁、长着眼睛的骨头交谈。此后许多年里，我寻思着为什么我从不曾想过要与他们同甘共苦。那时，他们的确是灾难，那种我会用尽各种方法、即便牺牲我的写作生涯也要力图阻止的灾难的产儿，直至今日，想起他们待在漆黑的门廊，安静地密切注视海面，搜寻接应的船只，不想被任何一个文明当局抓住——他们在这儿是非法的，受到英国外交干涉的威胁——的情景时，就觉得自己空虚、淡漠，为我的愚蠢、为我不能获得他们的认可而羞愧。

这让我想起我心中有个类似的洞，是我在阅读完对广岛的第一份报道后产生的反应。我怎能觉得如此惊奇？怎能觉得如此欣慰，欣慰战争终于结束了？我怎敢研究对于炸弹工作原理的第一手描述并为人类的智慧感到骄傲呢？

这种淡漠从何处开始？有一天，这似乎会是问题的核心：失去想象力，我们将灭亡。

文尼操着流利的意大利语，热情洋溢地询问饭店的接待员，我们能在哪儿找到地方吃午饭？棕榈饭店的外国人仍很稀少，接待员尴尬地告知巴勒莫还没有餐馆，除了镇子另一头有一家，但只提供晚餐。确实，如我们所见，那场美国投弹轰炸的灾难过后，就连我们住的饭店也只剩下一半。就我看来，此时的欧洲就像一个中年门房，穿着带上浆翻领的燕尾服，打着一条有污渍的灰色丝领带，指甲断裂。大堂里，环绕着用厚重的扶壁支撑的精心设计的拱道，适合偷偷摸摸的幽会，合法性可疑的商务会谈也适宜于在此处安静地进行。这座大堂突然间成了一块巨大的、用褐色帆布做成的裹尸布，半幢建筑倒塌下来的废墟堆在上面。

现在，饭店的侍者领班插话了，他是个更年轻、更时髦的男人；他认为镇子另一头的那家餐馆可能也提供午餐，但很难找到，因为窗子上也还没挂招牌。他双手交握，教我们怎样穿越这座破烂的城市。昨天，我们和许多西西里工人一起登上小船渡过了墨西拿海峡。他们知道要带吃的，而我们从昨天开始，除了早上喝了点咖啡，什么也没吃。我们精神勃勃地出发了。

从外面看，饭店的窗户干干净净，一尘不染，显露出想要活下去的意愿，让人安心。但侧墙那边碎砖瓦砾堆积如山，雅致的墙纸还紧粘在墙上，石膏雕刻的藤蔓呈拱形缠绕在用砖砌的门口。我们每走一步，就扬起一阵水泥灰，眉毛都被石灰染白了。每条街上都能看见人们拎着砂浆桶，还有死沉的湿水泥，在梯子上爬上爬下；偶尔还会看见穿着围裙的男招待爬上梯子，手上的托盘装着给上面老板准备的咖啡和面包。一个男孩赶着驮着铁杆的毛驴，想让它走过瓦砾堆，毛驴伸嘴去咬他的手臂。一辆菲亚特小卡车发动机一直在转，似乎要把运载的二十英尺高的货物翻下来。女人们身穿黑衣，举止从容，上唇冒出淡淡的胡髭，沙哑的低音在不停抱怨，回荡在整条街上。十六岁大的少女因犯了种种错误总是被拍打着赶回家中。男人只跟男人说话。两层楼高的地方，窗里的女人举起她的幼儿，向城市展示一个赤裸的小小神灵。和那不勒斯不同，巴勒莫街上没有妓女。残破的港口一带，码头被炸翻了，浸泡在水中。一棵倒下的棕榈树上，一大群褐色的老鼠上蹿下跳，一点不受路过的我们干扰，似乎这座城市给它们发了许可证。美丽的蓝天下，阳光照耀的水面上，只有一艘货轮，在卸载一袋袋美国面粉，装到驳船上，只为让城市生存下去。离全国大选只有几周了，美国大使来发表了一次演说，据说他抓起一把谷粒，洒在一个大笑的小男孩头上，宣布（这丝毫没有必要）：如果共产党赢得大选，粮食自然不会再送来——这仅仅是给到处显露的征兆又增添了一个，意大利要完了，只剩下乞丐和妓女。不时会有一辆马车嘚嘚地经过，十八世纪九十年代后就消失了的马车又回来了，这个国家似乎回到了过去。阳光下，凭着意大利人对湿水泥从古到今的喜爱，工人们仍在梯子上上下不停，在墙上涂抹灰泥，重建家园。

　　毁坏的小广场上，餐馆是唯一全部重建好的建筑物。而且，的确，窗户上没标志。从日照强烈的外面走进来，我们还以为铺着白桌布的八九张桌子全都空着。店主是目前为止我们看到的第一位胖的意大利人。他从餐馆后面的蓝色棉门帘后走出来迎接我们时，很是惊讶。不知怎么的，他略带紧张地询问我们要吃什么，仿佛我们是他战后的第一批顾客。坐下后，我不经意地四处张望，发现有十二张桌子沿墙推靠在一起，大摆宴席，席上出人意料地坐着一整排人，沉默无语。这一瞥让我很是疑惑，他们来自完全不同的社会阶层。一个夜总会的金发女郎，穿着褪色的银灰色衣服，露出深玫瑰红的乳沟；挨着她坐的是一位传统的西西里大妈，一身黑衣，头披黑色的披巾；脸色红润的十四岁少年，身旁坐着一个穿着牛仔衬衣的粗鲁的工人；一个脸色惨白、戴眼镜的男人，他也许在报社工作或是个知识分子，两旁分别坐着的是身材粗壮的劳工和一脸苍白、胡须浓密的生意人；两个男人身穿双排扣上装，胡子修剪过，他们肯定是黑帮分子；另一个妓女头上戴着珍珠发饰，坐在一个看上去温和、仿佛家庭医生的男子身旁……

　　所有人都静寂无声，毫不掩饰地观察我们，似乎我们置身于别的空房间里。突然间，一切逆转过来；我们成了演员，西西里人成了观众。菜单也是一份惊喜，上面列有我们到意大利后提供的第一份羊肉；即使在那不勒斯和罗马，也只有鸡肉和鱼。店主揉搓着双手，是通常表示欢迎的姿势，但他的眼神里紧张多于热情。他离开我们，走到——我想要用"舞台后部"这个词——然后消失在店后面的蓝色门帘后。

隆吉研究着菜单，满脸通红，似乎在强迫自己的眼睛盯在上面。他面无表情，从唇间吐出话语："现在别看，你知道后面坐着谁吗？"

"墨索里尼。"

"他妈的别再四处张望。这事儿严重了。"

"维克多·伊曼纽国王。巴尔扎克。路易斯·伯特·梅耶。"

"拉基·卢西阿诺。"

和许多新闻读者一样，我知道特别检察官托马斯·埃德蒙·杜威逮捕了卢西阿诺，罪名包括黑手党首领，残忍的杀手，卖淫组织、赌博业以及其他从事五花八门的非法勾当的组织的头子。之后，卢西阿诺被放逐到意大利。起初以为根本不可能成功，但最终成功地给卢西阿诺定罪，使杜威闻名全国。现在，他想要第二次当上共和党的总统候选人，并在接下来的大选中击败杜鲁门。卢西阿诺是窃贼王子，穷凶极恶，是真正的危险人物。

"别点那东西。"

我听到了布鲁克林的口音，抬起头，看见那张我在照片上看过的令人难忘的脸。他跟店主说："照我的午餐给他们同样来一份。"然后，他拖过一张椅子，跟我们坐一桌。店主欢快地逃走了，仿佛获得了他想要的许可，不再焦虑。

"查理！上帝！……"文尼冲卢西阿诺——他真正的名字是查尔斯——亲密地伸出手，似乎这名字的荣耀是他几乎难以承受的。然而，文尼的脸上却在冒汗。

"你从哪儿来？"

"美国，查理。"

"具体哪儿呀？"

"布鲁克林，查理。我叫文森特·隆吉，这是我朋友米勒。"

很显然我不是意大利人，他便随意地冲我点一下头。他感兴趣的是隆吉。首先，布鲁克林是他的大本营。我终于想起，毫无疑问，文尼是第一个从布鲁克林来到西西里的意大利人。对此，他事先没有得到任何警告。

"布鲁克林怎样了？"

"呃，查理，我现在主要是在红钩码头。"文尼很亲密地笑道。"家，啊？"

"对，太对了。你是干什么的？"

"我是律师。"

卢西阿诺快速地点了下头，又转向我。"你也是律师吗？"

"不是，我是作家。"

"哪份报纸？"

"不是的，他写戏剧，查理……你知道，剧院。"

卢西阿诺满脸疑虑地点点头。"里面放了什么？"他指着我的皮箱，里面放着八毫米柯达电影摄像机。

"我的摄像机。"我说。

"我看一下？"

我似乎感觉到从地上传来人的体热，便转过身，看见我身旁站着个六尺高的大汉，就站在摄像机箱子旁。他佩带一支大口径手枪，都从夹克里戳出来了，可能是三八式手枪。他低头看着我打开箱子，取出摄像机。他立刻从我手中拿走转了半圈，好让它不对着他老板，然后打开，关起来，递回给我，说："谢谢。"

他转过身，我的视线追随着他。靠墙的一整排食客都不见了，走了，消失了，没发出一点声音，没有鞋底接触地板的声音或椅子的摩擦声。只剩下我们。

卢西阿诺的满面春风就这么轻轻吹走了，他礼貌地对我们笑了下，有点儿低落。"那么，你们在这里干吗？"

"只是四处游览一番。"我回道。

他听了我的话，差点大笑。"在巴勒莫旅行？"

这时终于安下心来的店主端上我们的午餐。隆吉向卢西阿诺解释他计划找到那些家庭以及他想当议员的雄心。和阿纳斯塔西娅一样，卢西阿诺也很重视一名年轻意大利人表现出来的进取精神，深深地看了他一眼，不断赞许地点头。现在我有机会认识到，我从没看过一张脸这样正好从中间一分为二。右半边一脸歹徒相，嘴角向下撇，脸颊变得扁平。这半边脸他用来杀人。然而，左边脸上的那只眼睛一点也不冰冷，反而显得饶有兴致，透着睿智和好奇。这是他用来社交的眼睛，适合做家庭牙医。他戴着适合中年男子的无框眼镜。林肯是另一个有着如此截然不同的脸的男人，至少我只能想到他。

"你认识谁？"卢西阿诺问文尼。文尼吸一口气，滔滔不绝地说出一串黑手党成员的名字。那些人，我肯定，他一个也不曾真的见过，但由于他们取得的巨大成功，他们的名字在社区里闪着金光。和阿纳斯塔西娅一样，卢西阿诺对以法律的名义对他施以的不公愤愤不平。他甚至被禁止踏入意大利本土一步，更不用说去他最爱的那不勒斯看看。他声称，他母亲有个姑母在那儿卧床不起，生命垂危，极想见他最后一面。他坚持要为我们付账，一沓钱数都不数就丢在桌面上（"狗屎，不管怎样，钱都很有趣"）。我站起来，说我们要走回去，继续小小的探险之旅。一开始他只是提议，后来就坚持要开车送我们回饭店，我们也不想再花好几个小时走回去。

我开始瞎编："我想写点关于西西里的东西，想四处看看。"

"不，不，不，来吧，我们有车，送你们回去。"他坚持道。很显然，他不允许我们走出他的视线之外。这时候，低头弯腰的店主打开了临街的门；我压根没注意到它锁上了。

"车子真漂亮。"我说，很喜欢他这辆绿色运动型蓝旗亚大轿车。上车后，保镖开车，我坐在副驾驶座，文尼和卢西阿诺坐在后座。

"随时都可以来找我。"他说。他肯定是想家了。这样一种拘谨中，我们坐车回到饭店。对我来说，这是一场恼人的喜剧，但对文尼不是，因为他不够慎重，焦虑不安。

我跟着文尼去前台。我们向前台要钥匙，卢西阿诺刚拿到他的钥匙。"你们就住在我隔壁！"他看着我的眼睛说。我只能证实，是的，钥匙上的号码表明我们的房间是连着的。我一点都不想上楼，不过进电梯的时候，还是发现自己走在卢西阿诺的前面，而不是后面；尽管我提出让他先进电梯，因为他较年长。没人说话，等电梯到达我们那层楼时，他背贴着电梯墙。在门口，我们跟他点头告别，想不出能说什么。

文尼倒在床上，仰面躺着，手抱着头。"耶稣基督啊！我们住他隔壁，天！"他真的担忧，这让我很是诧异。"但，伙计！我们可能是联邦调查局探员，或是某个帮派成员，来给他脑袋上开个洞！……"

如果有危险的话，那也只是让我昏昏欲睡，加上刚吃过一顿异乎精致的午餐。我躺下来睡着了。文尼还说了一会儿话，但最后放弃也睡着了。那些日子，我相信很多东西，其中一样就是美国护照神秘的保护作用。

敲门声把我们吵醒了。文尼站起来聆听。又敲了一下。他看了我一眼，吞了口水。我大笑起来。他被感染了，弯下腰，忍不住进出一阵大笑。门敲了第三下，他站直了身子。有人肯定非常想要看到我们，而且知道我们在房间，那只能是卢西阿诺或是他的人。文尼打开门。

一名英俊不凡的年轻男子站在那儿，个子很高，戴一顶蓝色的海军编织冬帽，穿一件整洁的麦基诺厚呢格纹短大衣，脚上是双农民穿的劳动靴。"隆吉先生，"他微笑着说道，整个人散发出一切尽在掌握的气势和自在的神情。这名年轻男子，世界为他而造。"我得知，"他边说边和我们一起坐下，带着一种漫不经心的自信脱下编织帽，仿佛他拥有罗马南部的一切，"你们想在西西里游览观光。"

"是的，"文尼说道，"但别人告诉我们说买不到汽油。"卢西阿诺是唯一知道我们想在岛上游览的人。

"有汽油。"年轻男子说道。

"但我们没车，租车也难……"

"有车。你想什么时候出发？"

"那——明天早上怎么样，行吗？"

"好的，没问题。"

"我们有些钱，但不多。要花多少钱，你知道吗？"

"噢，不，不用，你们是我的客人。除非你们有美国香烟？"

我们当然有。我们打开袋子，想给他几包。他看到我们有四条，就拿了三条，夹在腋下。我们的礼物融化了他的高傲。在文尼的催促下，他开始讲他的故事。他的牙齿像一排方形珍珠，他徒手就能打倒一匹马，然而，他看上去体态优美，腹部平坦，就像一个为人生地位获得了惊人提高而感到骄傲的英雄。

他如今二十四岁，但德国人占领这个国家时，他还只是个青少年。那时他想办法通过"和农民合作"控制了巴勒莫的蔬菜供应，简而言之，就是让持枪的农民控制了进城的道路。到德军占领时期的最后一年，他已完全掌握了岛上汽油的运转，以至于德国人——说到这儿他会心地笑了——决定不再跟他的手下、这些他们称为土匪的人争斗，而是直接为每辆开进城市范围的油罐车付税给他。这下他心满意足了。

他的故事讲完了。他站起来，跟我们握手，谢谢我们的香烟，便走了。

"他一直没说他的名字。"我说。

我们继续步行参观这一半成了废墟的城市，并在黄昏时分朝唯一那家"夜总会-餐馆"走去。在拐角转弯处，我们差点撞到一个男人。他身高不足五尺，披件黑色斗篷，戴顶贝雷帽，蓄着恶狠狠的胡子很引人注目，还拄着手杖。

"路易！"

"文尼！"

文尼一把抱起这个小个子男人，举离地面，亲吻他。自三十年代被墨索里尼政府驱逐后，十多年来，这个人一直生活在纽约。现在，他回来复仇了，被选为西西里议会的参议员。

餐馆对他的到来给予王子般的欢迎，给了我们台边前排的一张桌子。文尼迫不及待地向参议员说起我们的冒险历程。路易作为政治犯曾经被墨索里尼关在监狱五年，对于文尼兴致勃勃所重述的恐怖经历，实际上就是和拉基·卢西阿诺以及后来的神秘年轻男子的会面，我觉得他越来越不感兴趣。

这时，大约二十英尺外，一小群客人在另一张台边前排的桌子坐下。一个胸部浑圆、头上戴着珍珠发饰的女人，隐约有点熟悉，还有——可能吗？——卢西阿诺和他那暴力的手下。臭名昭著的杀手看见了文尼，坐下时只点了下头。我尽可能镇定地转过身。"他在这儿。"我嗫嚅低语。

文尼瞄了一眼，低下头。"耶稣啊！他会以为我们在跟踪他！"

"跟踪谁？"参议员问。

"卢西阿诺。他就在那边！"

小个子参议员往卢西阿诺的桌子看过去，伸手探进胸口的口袋，拿出一支手柄上镶着珍珠的短管左轮枪，动作流畅，仿佛那是支自来水笔，把它放在白色的桌布上，紧挨着酒杯。他浓密的胡子下，嘴巴一咧，笑了，满是鄙视之意。他用高得足以叫出租车的声音大喊："卢西阿诺？卢西阿诺是我的鸟！"

　　我总是缺乏逃跑的反应能力；反射神经拒绝做出反应，冻住我，让我行动缓慢。我低头看着盘子，假装要记住饰边的图案，而从眼角打量卢西阿诺、他那暴徒手下，还有那戴珍珠发饰的女人。他们也没什么反应。男招待不停地走来走去，领班有条不紊地领着另一帮客人到位子上。

　　参议员还是没把手枪插回口袋。他解释说黑手党最近杀了几个社会党人组织者和共产主义者，如果能在此时此地解决此事，他将十分高兴，他觉得卢西阿诺也意识到这一点。我和隆吉，不必说，并不像他那么乐观。但美味的意大利通心粉、浇上辛辣酱汁的烤鱼，又让我们精神振奋起来，我想卢西阿诺和他那帮人也一样。我们吃完晚餐，仿佛什么都没发生过。

　　"我们在卢西阿诺的掌握中，"躺下睡觉时我说，"明天早上会发生什么事？我们接受那辆车吗？"

　　"也许他现在就取消了。"文尼半怀着希望臆测道。虽然担忧，但肚子里装满美味的食物和好的红酒，我们睡得很沉，尽管我断定我们那三条烟是浪费了。

　　第二天早上，一辆菲亚特小轿车和司机如期而至，在饭店的前门等候我们。司机是一名中年男子，神情忧郁，穿着发皱的职业装，没戴帽子，绿色的领带好像被老鼠咬过。他立即明白我们是要逛全岛。于是，我们出发了。

　　不喜多言的西西里人民拥有的这座岛屿，仿佛多山而经常缺水的伊甸园。我们从村庄和村里的街上穿过时，田地里的、房子里的人们朝我们扫一眼，似乎我们很快就要被处决，最好别搭理我们。但文尼愉快地搜寻他的那些家庭，做小型的演说，收集活着的和死了的人的名字。这十分令人怀疑进而感人至深。事实上，他非常需要与这些隔着一个海洋的人交流。构成这海洋的，不只有海水，还有对他们可怕的孤独的漠不关心。妇女们，其中有许多年轻、强壮，起初满腹猜疑地接待我们，似乎我们是天外来客，是幻觉。在这个地方，有陌生人来就意味着没有好事。她们很快就被征服了，满怀虔诚地坐着，一脸仰慕，听文尼报告远在布鲁克林的丈夫、兄弟、儿子的令人高兴的消息。当然，他喜欢这个高尚的角色。

我们得到燃油的方式让我很困扰。我们停在村里偏僻的杂货店外，路边有个孤零零的、布满灰尘的加油泵。司机关掉发动机，只是安静地等待。好一会儿，没有生命的迹象。但不久，一个男人出现了，一句话不说，径直向加油管走去，扎进油箱，加油，盖上盖子，走回店里，没收一里拉，也没跟我们说只言片语。这开始看起来像被称为不劳而获的沼泽，不会回馈任何东西。同时，司机开着车，一英里接一英里，一小时接一小时，也不吐一个字，尽管文尼能明白他说的话。在锡拉库萨，由于战争部分地方仍是一片废墟，他突然停下来，关掉发动机，下车，给我们打开车门，在身后做了个手势，说："皇家剧院。"

我下了车，那有铁栅栏的废墟实际上是一座巨大的古希腊剧院。他为什么在这里停下？——除非卢西阿诺和那年轻的匪徒指示他这样做，因为，我是剧作家。依山体雕凿的巨大的圆形剧场，爬满藤蔓，暴晒在阳光下。我下到石制看台上，最后站在岩石舞台上。舞台延伸到陡峭的悬崖边，下面就是蓝色的海洋，头悬苍穹。我有种近似羞愧的感觉。我们的剧场变得多么隐蔽，令人窒息；心理学使之多么贫瘠，不再与命运的多样性密切相关。让一万四千名观众坐下来面对我正站着的这个舞台，可能吗？难以理解，如何能为数量如此庞大的观众写出那些悲剧？我们这个时代，大部分的观众只要通俗化。如果戏剧实际上不是宗教庆祝仪式的一部分，难以想象是什么把它们从绝大多数人类娱乐活动的日常庸俗中隔离开。然而仅有宗教并不能完全解释这建筑、雕塑以及戏剧本身的永恒性——它们那朴素、笔直的线条表现出无尽的张力，从意图到最终实现的结局的焰焰之火。令人诧异的是，过去对现在的影响竟然让我放心这块希腊殖民地的治安。这座城市几乎没有和平时期，这片土地不曾平静过。石器时代末期起，它就遭到从北非到丹麦几乎每一个欧洲部落的攻打。然而，这城市如此混乱却又如此和谐——怎么可能？什么使得他们不陷入绝望？为什么这些戏剧里充满阳光？对于人类希望的破碎，对于孩子们的死亡，他们懂得的绝不比我们少。埃兹拉·庞德版的《埃阿斯》*译本中，英雄最后痛苦地大喊："一切都联合起来！"胜利地宣布生命是公平的，即使他遭到背叛并且死去。是否联合就是成功，就是秩序的体现，因而也得到上帝的认可？而我们不断改变选择仅仅抚慰了那领导者没有部落归属、独自战斗的孤独灵魂？当然，有一种声音永远不会在这儿响起——掌声；它们必已留在人们的惊愕中，作为月亮和太阳的兄弟姐妹重新响起。

差不多十年后，我在飞机上，发现旁边坐着青年导演彼得·布鲁克。他给我看一份报纸剪报，他想要把它拍成电影，内容是：萨尔瓦多·朱利安诺，一个可怕的西西里匪徒，遭到一支真正的意大利军队的追捕，最终在一幢村舍的院子里被枪杀。这时朱利安诺在整个欧洲

---

* 《埃阿斯》(*Ajax*)，古希腊剧作家索福克勒斯的悲剧作品。

已成了传奇。记者们不能肯定他是否曾劫富济贫，或仅仅是一名流浪汉，毫无区别地向每个人乞讨。他是黑手党一名小角色？很显然不完全是。那么，是英雄？肯定也不是，他太过嗜血。但据说女人都爱慕他，他必定真的很有魅力。我翻过一页，看到一张死人的脸部大特写。在这张模糊的放大了的照片上，我肯定我看到了我们穿着格子短大衣的朋友。

隆吉竞选失利，这次一败涂地——这只是信号之一，政治气候变了。现如今我换了方向，在写另一本书：推销员把码头挤出了我的大脑。

但意大利影像总在我眼前晃，就如画上的风景。那是一个冬日，阳光明媚。在位于西西里中部某地的一座小镇上，名字我已忘了，我看见布满尘土的广场中央，十来个男人围井而站。他们二十多岁，或三十出头，体魄健壮，硬实的手掌因长期握锄头而微微弯曲，皮肤像农民、泥瓦匠和伐木工人一样黝黑。我们在一家破破烂烂的乡村咖啡馆前停下，喝杯果汁，并得知男人们习惯在正午时分聚在井边，说不定附近的大庄园中午会需要一名额外的工人。因为没别的事可做，他们会在这儿晃到天黑，然后回家。他们总是饿着肚子，要自己带吃的，但他们能吃的只有时间。突然，这幅景象和地点吻合了，并和几个月前隆吉告诉我的那个红钩码头工人背叛他非法移民的亲戚后消失了的故事联系起来。我在西西里看到这样绝望的一幕，饥肠辘辘的失业工人围站在井边，成功地避免在太阳下慢慢死去后，打着背叛的邪恶主意。不知怎的，他们的故事让我想起我在锡拉库萨爬过的那个剧院。但我不准备写这样一出戏剧，还没这个打算。

回到纽约时是严寒的冬天。一天下午，在市中心处理完一些事务后，我准备去地铁暖和暖和。这时，我看到42街的一顶大帐篷上写着

《马布斯博士的遗嘱》。这是一部老电影，我决定顺便再去看一遍。自从我第一次看了这部电影，它已成为我梦幻之作的一部分，就如我自己创作的东西一样亲切。

这间昏暗的剧院在下午三点时几乎是空的。上班时间看电影仍有淡淡的罪恶感。更糟的是，我在为推销员剧本准备场景和故事梗概，我本应坐在家里的桌前。给家里打电话时，我还做思想斗争，试图说服自己，我能给洛曼一家的故事找到结构框架。一天晚上，我在随手记下自己游移不定的念头时，这名字突然出现在我笔下，但我仍然难以相信我会给下一部作品制订这样的计划。"洛曼"听起来很真实，似乎是某个真的活在世上的人的名字，尽管我从不认识叫这一名字的人。

现在，看着弗里兹·朗的老电影，我被这惊心动魄的故事吸引，过去的记忆逐渐涌现出来。巴黎不时发生火灾、火车出轨、爆炸，安全局局长困惑不解，因为他找不到这些灾难发生的原因。他开始相信这些不是意外事故，而是犯罪分子所为。但他想象不出这么做是出于什么目的，对谁有利。他拜访了伟大的心理学家马布斯博士，他是巴黎郊外一家著名诊所的院长。听完局长的话，博士解释，确实，这些可能不是意外事故，但罪犯很难找到。他们可能是律师、职员、家庭主妇、技师或各个阶层的人。这些人有个共同点——反文明，只想破坏。从心理和道德层面来看，是不可能追查到这对谁有利的。

局长由奥图·沃尼克扮演，一位体形庞大的演员，块头赶得上李·J. 科布（他，顺便提一句，我未曾见过、也没怎么听说过）。他继续派人出去，监视那些聚集在火灾及其他灾祸现场的人群。一位年轻探员适时地注意到一名男子在盯着一家孤儿院发生的特别可怕的火灾看，回忆起在上一场火灾中也看到过他。他开始跟踪这家伙，穿街走巷，来到一家晚上关闭的大型印刷厂。在朗的导演下，那种紧张气氛几乎令心脏难以承受。黑暗中，探员在大型印刷机器间挪动，眼睛盯着嫌疑犯——现在，他打开铁门，走了进去，不见了。探员跟过去，打开门，走下一段铁楼梯，发现自己站在一个地下礼堂里，大约四分之一的地方挤满了巴黎各个阶层的男男女女，从装腔作势的生意人到普通劳工、学生和店主。他们似乎毫不相干，坐在那儿，互相离得很远，都盯着舞台上拉好的幕布看。此时，幕后传来一个轻轻的声音，很像商人的口吻，提醒观众关注下一个目标：巴黎一家医院将会被炸，被火烧毁。探员冲上舞台，拉开幕布——一架留声机在播放一张唱片。追逐还在继续。

探员溜进一间小小的办公室，轻轻地关上门，打开灯，坐在电话旁，给他的老板——沃尼克扮演的局长——打电话。他把听筒夹在耳边，小声说："喂！喂？洛曼（Lohnman）？洛曼！"这时，摄影机跟进，给了年轻探员绝望的脸一个特写。他还没能说出他的位置，灯突然灭了，银幕一片漆黑。下一个镜头，他被关在一家精神病院里，穿着白色长袍坐在床上，一手抓着不存在的电话听筒举到耳边，神情十分惊恐，不断重复："洛曼？洛曼？洛曼？"

当我意识到我是从哪儿得到这深嵌脑中的名字时，后背一片冰凉。此时距离我上次看这部电影已经五年多了，如果有人问我，我可能永远都想不起电影里安全局局长的名字。此后几年里，我看到某些评论家信心满满地嘲笑《推销员之死》拙劣的对"底层人民"（Low-man）的象征手法，不禁十分沮丧。这名字对我而言，其实意味着被恐惧击垮的男人，徒劳地寻求永远不会到来的帮助。

记忆不免浪漫化，逼迫现实像痛苦一样退却。逃亡的希伯来人看到海水奔腾而入，淹没上帝排干的海床，淹死追击的埃及军队。他们坐在岸边休息，顿时忘记了以前那些充满令人痛苦的争论和自相残杀的恶意的岁月。

现在，眼前只有宁静的蔚蓝海洋，他们立刻跟孩子们说过去的时光多么美好，即使受到埃及人的压迫。那时，虽然在埃及人的统治下，但他们至少不允许忘记自己是犹太人，因此必须互相帮助，要有同情心。不像现在，每个人都只为自己……大脑像治愈伤痛一样把过去遗忘，过去总比现在要美好。

我已经六十多岁，还是惊讶于这样的大众趋势：大家普遍认为在四十年代末和五十年代初，纽约的戏剧存在着某种复兴。如果真是这样，我可没察觉到。我认为剧院这座神殿已被商业垃圾所腐蚀。大多数情况下，很偶然地才会有一出好剧，还通常裹着某种流行文化的外衣，例如由某位电影明星领衔主演。

这一说法现在需要修正；那时也是这样一个时代：基本上，观众既喜欢音乐剧和轻松的娱乐，同样也喜欢雄心勃勃的东西。和五十年代中期不同，观众还没被分成年轻的和老年的、嬉皮的和守旧的，甚至还没有从政治上被划分为左派、中间派和右派。所以一个作家不是要取悦一个敏感的、支持你的小圈子，而是要取悦一个几乎能代表所有美国人的观众。票价在合理范围之内，这意味着作家在为他的同侪而写；而即使情况的确不是如此，那也足以维持一个基于现实的幻想。毕竟，将 T. S. 艾略特的《鸡尾酒会》搬上百老汇，或是让劳伦斯·奥利弗演一部希腊悲剧，或是季洛杜的《沙依奥的疯女人》，或其他几部雄心勃勃的作品，也不会被认为是特别胆大包天之举。可以肯定的是，这些演出的生命力会比垃圾演出短得多，但这是意料中事，因为绝大多数人更愿大笑而不是大哭，更愿看到演员被人用猪尿泡打头，而不是被令人痛苦的真相所击倒。

所有这一切的纠结在于，严肃作家们合理地臆断他们在向整个美国的每个阶层讲话，他们的戏剧也是，不管成功与否，极力写出每个阶层都能明白的作品，而无需寻求专家或圈内人士。奥尼尔思想迥异，他试图为广大的观众创作。克利福德·奥德兹[*]也不甘落后，和其他的作家一起，从惠特曼、梅尔维尔到德莱塞、海明威等，都渴望预言美国的未来。

对欧洲的剧作家而言，情况则完全不同。社会已经被工人阶级及其盟友和资产阶级思想撕裂，难以愈合。工人阶级及其盟友致力于承担社会主义者的使命，资产阶级思想则寻求一种能宽慰人心的艺术，让人忘记大街上发生的事而及时享乐。（观看完最初的那些美国戏剧后我总要思量，这些人物来源于何处。我认识的人全都奋力于生存下去，但舞台上的每个人似乎都有着神秘的、有保证的收入；尽管每出戏剧必定与"爱情"有关，却与性无关，但性在布鲁克林随处可见，至少我看到的是这样。）因此，如果只因为社会被中产阶级所掌握而觉得没多大挑战性，一名美国文艺先锋就不能简单地从布莱希特，甚至是萧伯纳那儿窃取灵感，然后期望它的声音能触及那群与社会疏远的一小撮人以外的心灵。这一小撮人已坐在职位上，转而谋取阶级的利益。这不是改变世界的方法。

一出戏剧要改变世界，它必须能恰好触动那些对一切照单全收的人的心；伟大的戏剧要么提出伟大的问题，要么除了技巧什么也不是。一出不想改变世界的戏剧，更像一名富有创造力的科学家想要证明已知的一切都是正确的，我无法想象那值得我花时间观看。我只认识一名使用同样方法的作家，尽管他作品中萦绕的气氛总大不相同。他就是田纳西·威廉斯。

在他成名的时代，同性恋还没有被社会承认、被公众接受，所以威廉斯无疑应归属于一个少数人的文化圈子。他从骨子里明白，如果多数人要共同起来对他不利的话，那将会对他构成多么残忍的威胁。

---

* Clifford Odets（1906—1963），美国著名剧作家。

我也承受过几乎相同的异化感，尽管原因不同。当然，我从不把他看作是封闭的审美家，尽管别人以为他是。他的灵魂里有着激进的政治思想，就如投票箱和警戒线所代表的一样。如果他不是一名活动家，不是因为他缺乏对公正的渴望，他也不认为那种深切关注社会和政治的戏剧——这古老的传统可以追溯到古希腊时期——在某种程度上是缺乏美感或超出他的兴趣范围。

真正的戏剧——用来反对隔离社会的学术戏剧——总是在尽力改变一个社会内置的惰性，那总想拒绝必然会有的改变和痛苦的惰性。但就在这样的努力中，一部重要作品的肌肉系统形成了。在不一样的时代，也许甚至只是十五年后，到六十年代，威廉斯面对的可能是一群宽容得多、思想异化的观众。那会减轻他身上的压力，使他致力超乎拥护的、狂热崇拜的环境之上。而我觉得这多半会局限他作品的宽度和降低它的强度。总之，美国四十年代的戏剧没有复兴，但观众间存在某种平衡——一种平衡，人们可能这么叫，存在于思想异化者和循规蹈矩者之间——给心灵赤裸的呼喊以充分的支持，同时，也给予它充足的抵抗，迫使它成为一下子就能广泛理解的语言，而又忠实于迫使作者开口说话的痛苦。

卡赞邀我去纽黑文看威廉斯的新剧《欲望号街车》——对我来说，这个标题似乎相当华丽、引人注目——我已经感觉到一些嫉妒的好奇心，因为我还是不能全心投入推销员那出剧，狐疑地不断围着它打转、嗅探。但同时我希望《欲望号街车》是出好剧；不是我情操高尚，仅仅是因为我对那个时代有同样的臆断：百老汇上演的数目众多的令人兴奋的戏剧越好，对我们每个人就越好。至少在我们心里还有近似戏剧文化的东西，我们几乎都为属于这一文化而骄傲，它所获得的成就越高，我们所分享的荣耀就越大。那时，山丘之王是剧作家，而不是明星演员或导演，当然更不是制作人或剧院的拥有者。和后来的情况不同（最近，电视上播放了托尼奖颁奖典礼，典礼上承认戏剧所取得的成就，但没有为公众介绍一位剧作家，反而有两名经营连锁剧院的律师获得所有人的感激。这使我想起盖乌斯·卡里古拉，他让他的一匹马当上了参议员）。

《欲望号街车》——尤其是它还如此鲜活，演员几乎和观众一样惊叹于剧场体验的活力——为我打开了一扇特别的门。不是故事、人物角色或导演手法，而是台词和它们所释放的能量、作家在写这出戏剧时的喜悦以及它们构成的生动雄辩，比所有哀婉的词句更令我感动。它为我搭了一座通往欧洲的桥梁，通往茹韦在《水精灵》中的表演，通往坦然的文字之乐的整个传统。这个传统，除了奥德兹外，我们要么早已背弃，要么和马克斯韦尔·安德森一样，只是古奥地使用，似乎只有披着感伤的浪漫主义的外衣，雄辩才能正名。

回到纽约，我感觉现在被迫要加快行动了。因为《欲望号街车》的成功，威廉斯放开喉咙恣意地发表言论。当我写威利·洛曼时，这给了我力量。威利是一名推销员，总是说个不停，而更好的是，他从不放弃，像亚当一样，一生梦想着出名和奇迹的降临。我一直知道这个剧本不能采用传统的现实主义手法，其中一个根本原因就是：在威利的内心，过去和当下发生的事同样鲜活，有时，过去甚至会不请自来，彻底占据他的心。我早就很明确，我想要形式也同样流畅，而现在我很清楚这必定主要表现在语言上。语言当然肯定要以能辨别他角色的对白来开场，但现在，用超意识贯穿其中似乎也可行。毕竟这出戏牵涉到他的儿子、妻子和威利自己，他们想要弄明白是什么杀死了他。而要弄明白就意味着要将经历融入毫不避讳、坦率的临场演说中，而不是通过晦涩难懂的戏剧化暗示和"自然的"托词来表达。如果结构必须尽可能直接地反映那种心理，那仍是一种被社会、威利经历和曾经相信的业务生涯锤打成的奇怪心理。这个剧本反映出，我一直感觉到的是，人类和社会是一个完整的组织，一个单独的个体而不是两个。

到 1948 年 4 月，我感觉我能找到这样一个结构，但我觉得，必须在白天或晚上独自端坐才能做到，我也不知道为什么。我不再在我们位于布鲁克林高地格雷斯巷的家里做笔记。一天上午，我开车前往我们前一年买的村舍。我们在老旧的农舍里度过了一个夏天。它上一个主人菲利普·杰夫曾把房子翻修过，弄得挺现代的。杰夫先生是个贺卡制造商，副业是出版一份名叫《美亚》的杂志，面向的是中国研究专家，发行量不大。玛丽做过他一任秘书，因此首先得到他想卖掉这地方的消息。一年或两年后，他因未经许可出版国务院约翰·S. 谢伟思的报告而受审。谢伟思和许多其他中国研究专家都认为毛的胜利是必然的，警告美国继续支持亲信蒋介石是无益的。《美亚》这份刊物毫无价值，部分是出于杰夫想要名留史册的渴望才得以诞生的，但它仍然不顾中国游说团日益高涨的愤怒情绪，反对质疑蒋的军队德行的任何观点。审讯时，政府出示了谈话文本，杰夫断言，只有用长距离麦克风才能录到这些谈话，因为当时他和朋友是在房子后院偏僻的小路上散步。许多人包括谢伟思被清洗出国务院，使之对中国的现实视而不见但在意识形态上的态度一致。

但这一天，这一切都远离我的脑海；我在我的土地上寻找一个地方，打算建一间简陋的小屋，能把世界挡在外面，把注意力集中在眼前的事情上。我在附近的树林找到了一座小山丘，而后回城。我没在写剧本，而是给小屋画结构平面图，对此我真的知之甚少，也没经验。两个木匠本可以最多两天内就把这十英尺宽、十二英尺长的小木屋搭建好，但由于种种莫名的原因，得由我亲手搭出框架，在这地面上，用我做的地板，坐在上面开始危险的自我探索之旅。现实中，我只有最初的两行字和一个人的死亡——"威利！"和"好的，我回来了"——我不敢也不会更进一步冒险，直到我能坐在完工的工作室里，那儿有四面墙、两扇窗、地板、屋顶以及一扇门。

"好的，我回来了"一直在我脑海中盘旋，与此同时，我力图弄明白怎么独力把屋顶椽条连接起来架在空中，直到我最终在地板上把它们组装起来，摇摇晃晃地放在位置上，全部钉在一起。当我完成屋顶时，简直是奇迹，似乎我能呼风唤雨。而我始终恐惧我永远不能越过那最初的两行字。一天早上，我开始写作——小小的工作室还未上漆，闻起来有原木和锯木屑的味道，几包铁钉以及我的工具仍藏在角落。四月的阳光透过窗流泻而入，野生苹果树上，蓓蕾摇曳枝头，展示第一片淡蓝色的花瓣。我从白天写到天黑，吃完晚餐再回去，继续在黑暗中写作，直至午夜和凌晨四点间的某个时刻。我跳过几个地方，知道那不会在写作上给我造成麻烦，然后直奔要插进适当位置的那几个部分而去。到第二日上午，我已完成了前半部分，两幕中的第一幕。躺下睡觉时我意识到我在哭泣——眼睛仍灼热，因为想说的话全都倾诉了出来，以至于大喊大笑而喉咙疼痛。睡醒时，我全身僵硬，阵阵酸痛，仿佛踢了四个小时的足球，或是打了四个小时的网球，而现在我得面对另一场游戏的开始。大约要花六个多星期完成第二幕。

我写作时会发笑，大多数是因为威利的自相矛盾如此显而易见。一天下午，剧名在大笑中诞生了。正如《死神来迎接大主教》和《死神与少女》四重奏——死亡在标题中总显得严峻和严肃。现在一个爱开玩笑的人声称死亡来临了，一大堆流血的矛盾冲突，一个小丑，也发生了一些有趣的事情，例如把拇指插进眼睛里。是的，在我脑海某个偏僻的角落可能有些与政治相关的东西；空气中弥漫着一股气味，仿佛一个新的美利坚帝国正在形成，那仅仅是因为，如我亲眼所见，欧洲正在落没或早已死去，我要在新船长们和如此自鸣得意、过分自信的国王们面前放一具信徒的尸体。首演夜，一个女人——不应提及她的名字——震惊不已，称之为"美国资本主义下的定时炸弹"；我希望如此，或者至少在资本主义的胡扯下，这种以为站在冰箱上就能触及云端的虚伪生活，向月亮挥舞着已付清的抵押贷款，最终赢得胜利。

但大约三十五年后，我的《推销员之死》在北京上演，中国人的反应证实了一点——在过去几十年里，在全世界巡演了几百场，这点越来越明显——即威利能代表这个时代各地处于不同体制下的我们。中国人可能不赞同他那些谎言、自欺欺人的夸夸其谈和对女人道德败坏的行为，但肯定在他身上看到了自己的影子。这不单单因为他是个典型人物，而是因为代表了他们想要的东西，那就是出类拔萃，获得成功，摆脱无名与无意义，去爱与被爱，也许最重要的，是变得有价值。他怒吼着："我不是大路货！我是威利·洛曼，你是比夫·洛曼！"现在经过三十四年的平等后，这一声大吼几乎就是一个革命宣言（这出戏剧恰和中国革命同龄）。我不知道 1948 年我在康涅狄克即给 1983 年的中国发出了个人主义复苏的信号——尤其当革命意味着期待已久的理性的统治以及混乱的自我中心和膨胀的自私之心的历史终结的时候。啊，是的。我没指望一名年轻的中国学生在剧院大堂对哥伦比亚广播公司的采访者说："我们被打动了，因为我们也想当第一，想变得富有和成功。"除了人性的不可预测外，还能是什么？这种不可预测正在冲破不自由之网。

给卡赞送去剧本后，我有两天没怎么远离电话。安静的第二天结束之前，我应该会接到他的电话，告诉我那是一盘炒鸡蛋，一具不能通过的、搬不上舞台的残骸。然而他最后真的打电话来时，忧郁的语气令人担忧。

"我看完剧本了，"他的声音听起来不知所措，似乎不知该如何告诉我坏消息，"上帝，太悲哀了。"

"就应该这样。"

"我刚把稿子放下。我不知说什么好。我父亲……"他说不下去了。他是第一个说威利是他父亲的人,后来还有许许多多男人——以及女人——也这么跟我说。我还以为他会轻易让我失望呢。"这是出伟大的戏剧,阿蒂。我想秋天或冬天排演。我要开始考虑分配角色了。"他说话的语气好像我们俩共同认识的某人刚过世,而这让我充满了快乐。这就是艺术。

几个月来的第一次,挂上电话时,我又能再次看清我的家人。玛丽满怀骄傲但默默地接受了这个好消息,这是她一贯的风格,似乎表露更多会宠坏我。我也觉得应该保持普通人的身份,甚至当个匿名的普通人(尽管我的确看了眼新款的司蒂蓓克敞篷车,由雷蒙·洛伊设计,那是当时最漂亮的美国车,且这出剧一上演我就买了一辆)。但玛丽的母亲大为吃惊,这周她跟我们待在一起。"另一出戏?"她说道,似乎觉得人的一生有《都是我的儿子》的成功就足够了。她曾闲聊起俄亥俄州中部某地的一位年轻姑娘,向联邦调查局告密,说她父亲在战争期间制造了有问题的飞机部件。这无意中激发了我写那个剧本的念头。

但该由谁来制作《推销员之死》呢?我和卡赞在公园里散步,讨论制作需要哪种风格,然后向百老汇走去。卡赞和哈罗德·克勒曼的合作关系最近破裂了,而我对制作人一无所知。他提到谢里尔·克劳福德,这人我几乎不认识;又说到柯密特·布卢姆加登,由会计师转而做制作人,我上次看到他时,他正在仔细查看赫尔曼·舒姆林的账本,那还是舒姆林拒绝《都是我的儿子》的前几年。我从没看到过布卢姆加登笑,但他曾为"团体剧场"工作,而卡赞也认识他,并且仿佛冥冥之中似的,我们刚好在离他办公大楼几码远的地方停了下来。卡赞说:"嗯,我们上去打个招呼吧。"我们站在那里,与他隔着张桌子。卡赞说有个剧本想让他看一下，布卢姆加登挤出一个阴郁的微笑，或至少是种暗示他打算下个星期才笑的表情。

这出乎意料地改变另一个人的生活的方式，让我想起和卡赞的一次相似的散步。那次卡赞把他的那辆旧庞迪克丢在26街的一个修车厂维修，然后我们从那儿走到上城。他开始大声地问自己，他该找谁去担任一所新的表演学校的校长。学校名叫演员工作室，由他、克勒曼、罗伯特·刘易斯以及谢里尔·克劳福德共同组建。没有一个创始人打算经营这间工作室，卡赞、克勒曼、罗伯特·刘易斯忙着他们成功的导演事业，而克劳福德忙着做制片人，都没时间。"李·斯特拉斯伯格可能最合适。他肯定有时间。"没过多久，斯特拉斯伯格不仅成了演员工作室的头儿，而且是它的心脏和灵魂，而对大众来说他还是它的组织者。那时他恰好没有工作，使得他在那里工作成为可能。但想想看，那种被抛入世界级名望的怀抱的方式，并不比别的方式差。

威利必须个子矮小，我想。但我们很快意识到洛曼·博赫南、欧内斯特·特鲁斯和其他几个很好的演员虽然体形合适，但个头似乎并不符合角色的要求。剧本已经送给李·科布了，这个演员我主要记得他在欧文·肖一出戏里扮演山地巨人，在土耳其浴室里裹着毛巾的形象，以及永远受压迫的商人似的非常滑稽的哇的讲话方式。乘坐他自己的双引擎飞机飞越整个国家后，他坐在布卢姆加登的办公室里，面对着我大声宣布："这是我的角色。没有别人能演。我了解这个男人。"而他似乎确实就是那个男人。稍后，在楼下的咖啡店里，他仰头看着女招待，露出惹人喜爱的微笑，似乎他得先赢得她充满爱意的拥抱，引诱她先给他端上土耳其三明治和咖啡——先于其他所有男人，且在送给他特有的泡菜后再赠送她充满渴望的亲吻。

然而我虽信任他和卡赞的经验，却说服不了我自己相信他，直到一天晚上在我们位于格雷斯巷的起居室里，他低头看着坐在地板上的我儿子鲍勃，然后我儿子说了些有趣的事，我听到他大笑起来。笑声中满含着的哀伤迎面扑来，触动了我；那深深的忧伤，同时又充满喜悦，都透过男中音的嗓音流露出来，这嗓音很是脆弱。那么高大英俊的一个男人假装完全安逸于一个他显然无法适应的世界，这可能会让观众深受感动。

"你知道的——你知道吗？——"大约一个星期后的某天，排练要开始前，李在布卢姆加登的办公室里对我说："这出戏将是个分水岭。美国戏剧从此会截然不同。"我只能大吸一口气，冲他的自命不凡默默地点头——我担心这自命不凡可能会预示着一场庄严的演出——希望不管怎样他都会把威利演得栩栩如生。我们在 42 街位于新阿姆斯特丹（今纽约市）破烂的高处，一家将会按时被丢弃的小剧院里进行排练。二十年代，齐格菲尔德*曾在那里登台表演过一些意义深刻的时事讽刺剧。但随着排练的进行，李似乎在野牛般傻愣愣的出神中游移不定，喃喃地念着台词，走位时脚步沉重，慢得要命，像个头上被人用力打了一拳的男人。"他只是在学习。"三四天后，卡赞让我放心，但显得不是很坚定。我等待了一星期，然后是十天，而李·科布的喉咙里只发出高低起伏的哼哼声。别的演员快达到演出水平了，但当他们从李那儿得到回应时，节奏就慢下来，变得支离破碎。卡赞不再那么肯定，总和他待在一起，想让他振作起来。李没有任何解释，我想他是否真的要把这角色演成一脚踏进坟墓的人。我和卡赞，我们之间开始称他为"海象"。

大约十二天后的下午，埃迪·库克（我们的灯光供应商）、吉

---

* Florenz Ziegfeld（1867—1931），美国早期百老汇音乐剧界最负盛名的制作人，制作的音乐剧往往被称作"齐格菲尔德歌舞剧"。

姆·普罗克特（我们的记者）、卡赞和我，我们一起坐在座位上观看排练。李像往常一样从卧室的椅子上站起来，转身面向梅瑞德·丹诺克，高声叫喊："不，现在有更多人……有更多人！"同时，他向空荡荡的舞台上方应是窗子的地方做着手势，我脑海里突然浮现一幢公寓，那儿过去只有泥土的气味，现在却弥漫着厨房的馊味，然后他开始害怕地挪动。如此不祥的真实，让我感觉胸口上压着千钧重担。这段表演结束后几分钟，我瞄向四周，看别人的反应是否和我一样。吉姆·普罗克特低着头，双手捂着脸在哭；埃迪·库克满脸震惊，眼泪在脸颊上汹涌而下；卡赞在我后面像恶魔般咧着嘴笑，双手紧贴太阳穴抱着头。然后，我们知道，我们成功了——空荡荡的剧院里，一道生命的波浪在空中涌动，那是威利痛苦和反抗的波浪，确定无疑。我自己也开始哭泣，在某种程度上我觉得不是特别悲伤，而是因为对于我们所创造的艺术的骄傲，以李的魔法般的想象力，收集起自创世纪以来的每一粒生命尘埃，凝聚于心，然后让它连续不断地流出来。他站在那儿，像个能搬动落基山脉的巨人。

在表演的最后，我们贴心而固执的、绝对全心投入的、能干的舞台经理戴尔·休斯，从侧翼出来看我们。他瞠目结舌的眼神让我们都大笑起来。我跑上去，亲吻李。他假装很惊讶。"你期望的是什么，阿瑟？"他说道，眼里满是戏谑般的自大。我的天哪，我想——他真的是威利！在回布鲁克林家的地铁上，我再次感到肌肉阵阵酸痛，看演出时绷得太紧了，就像写作时一样。过了一会儿我想起来，李花了那么长时间揣摩和研究角色，简直就是对我在敢于开始写作前那几个月里所干的事情的原样再现。

整个演出，我想，就每个艺术家参与其中、寻找真相的开放性而言，是非同寻常的。那完全是对思想日复一日、几乎是每时每刻的考验。关于这出戏剧有许多事情是以前从没做过的，这让我们异乎寻常地兴奋，讨论什么是观众能理解的，什么是理解不了的。对于布景，我曾设想过，要有三块光秃秃的平台，厨房和两个卧室里只有最少量必需的家具，波士顿的旅馆房间以及霍华德的办公室将设在开放的空间。乔·梅尔齐纳负责那些平台，设计四周的环境，要很浪漫，很梦幻，但同时又能看出是下层中产阶级。他设计的背景，一句话，象征着威利过去对飞黄腾达的强烈渴望，这实际上跟他现在的思想状态总是冲突不休，因此这个设计得既热情奔放又富有戏剧化。乔早期想法中唯一明显的错误是把燃气热水器摆在厨房的中间。我认为那显然是危险的象征。卡赞也认为它对演出来说是个危险，最终把它搬走了。通过在对于逼真的正常限制边缘取得平衡，乔延展了真实以符合剧本的要求，正如卡赞通过切分演员的说话节奏来达到同样的目的一样。他让梅瑞德·丹诺克用正常语速的两倍向小伙子们说她在第一幕冗长的台词，然后再提高两倍的语速，最终她——直至最近做了演讲教师——站在那儿，用她非常灵活的舌头尽可能快地有节奏地说出台词。逐渐地，他让她慢下来，但排练时让她挺直脊椎，她扮演的琳达满怀怒火与抗争，而不是自怜以及纯粹的困惑。同样地，为了表现出戏剧的内在生命力，某些表演和某些部分，说话的频率被不自然地加快或减慢了。

　　一个我担惊受怕的时刻来临了，威利和小伙子们在餐馆展开的斗殴是全剧的高潮，但所有的一切预示着这一幕将变得支离破碎、不连贯。我曾写了个场景，比夫决心告诉威利，他曾打算从前任老板那借钱做点生意，但被拒绝了。老板甚至拒绝见他，也不记得几年前他为公司工作过。但在餐馆跟弟弟和父亲会面时，比夫意识到威利的精神压力不容许他告知这灾难性的真相，便开始篡改坏消息。每时每刻，这一幕像原著一样有如此多的阴影掩盖真实，以至于阿瑟·肯尼迪这个事实上非常聪明的市民，无法从真实转到半真实，到真实的碎片，再回到整个真相，这一切都通过用飞快的语速念出简短的台词来表现。三位演员一起，卡赞站在他们旁边看着，用整个工作日反复排练这一段，但还是没办法稳定下来。"我不知道怎样才能把这段演出来，"那晚我们离开剧院时卡赞说道，"也许你应该试试简化这一段。"我回到家，通宵工作，重新写了一段，它演起来要好很多，并成为最终演出的一幕。

别的改动很小，每次改动都让我感到快乐，因为需要添加台词而不是删掉或改写。第一幕里，威利独自站在厨房里喃喃自语，当他的记忆掌控着他时舞台灯光亮起来了，房子外面笼罩在树叶的阴影里，看起来老旧不堪。就在此时，传来一群男孩的声音，他们用年轻的嗓音喊他，走进舞台，好像一群十几岁的孩子。然而，没有足够的时间让他们在黑暗中从放在特别设计的升降机上的床上下来，完成脱下睡衣，穿上套头毛衣、裤子和运动鞋这一连串动作，因此我必须增加威利独白的时间。但那很容易，因为他喜欢自言自语，说着他的孩子们和他对他们的梦想。

对现在的切入、切出不能简单处理，必须是可触知的转换，观众能感觉到，能理解，并且担心重拾的记忆会把威利更推向死亡。闪电因此有决定性的意义，非常重要。而梅尔齐纳，也要和埃迪·库克一起负责演出的照明。库克曾花整个下午做一张椅子的照明。

威利在老板的办公室里，再一次发怒了，而霍华德没理他，出去了。威利转向那张办公椅，以前是霍华德的父亲弗兰克坐在上面。弗兰克曾向威利许诺给他公司的股份，作为他工作出色的回报。威利这样做时，这椅子必定充满了活力，似乎他以前的老板还坐在上面，而他对他说："弗兰克，弗兰克，还记得你跟我说过什么吗？……"椅子没打灯，反而隐隐约约像在开始发亮。而这不仅是戏剧魔术的一次演练；它证实我们走进了威利失落的内心，即使当我们保持重要的距离，自己观察的时候，我们也像他一样观看世界。

为了搬开椅子，让灯光有所变化，所有的背景灯都要微微调暗。那时，埃迪·库克对与这出戏剧有关的工作都非常着迷，以至于他在世纪灯光公司的办公室只能停止营业。他转过身对我说："你一直在问我们为什么需要那么多灯（我们用的灯比大部分的音乐剧都多）。原因就摆在你面前——让它变暗要用更多的灯。"灯少意味着每一盏灯都必须更明显地调暗。而如果有更多的灯，每一盏只需稍微调低亮度就能创造出变化，无需使用明显的电源或工具。

《推销员之死》首次公演是在费城的蝗虫街剧院。那天下午，街对面的费城管弦乐队在演奏贝多芬《第七交响曲》，而卡赞认为科布应该去听一听，我觉得他是想让承载着我们全部希望的伟大巨人振作起来。我们三个不停地琢磨要让每个部分都紧密衔接，现在我们意识到威利的独白是所有戏剧里最多的，而李正露出疲态。包厢中，我们分坐他两旁，邀请他——可以这么说——汲取音乐中表现出来的英勇精神，进入今晚的角色，不要退缩。我们认为自己，仍然，是那悠长而不朽的过去的某种延续。

就像以后巡回演出中时有出现的那样，第一场演出最后的帷幕落下时，没有掌声响起。奇怪的情绪开始在观众中弥漫开来。随着帷幕落下，有些人站起来穿上衣服，然后又坐下；有些人，尤其是男人，倾身捂着脸；而其他人则毫不掩饰地哭泣。人们穿过剧院，安静地站着，与别人交谈。这一刻似乎成为永恒。然后，人们记起了要鼓掌，掌声经久不息。我站在后台，看到一名相貌出众的老年男子被领着沿过道往前走；他正对貌似秘书或助理的男子的耳朵兴奋地说话。我得知，那是一家连锁百货商店的总裁伯纳德·金贝尔。那晚他下令百货商店的任何一个人不会因为超龄而被解雇。

现在，人们开始排队去参观纽约剧院，他们要亲自看看。我记忆最深的是库尔特·魏尔*和他的妻子洛特·莱雅。和他们一起去的还有马克斯韦尔·安德森的妻子玛布。我们在一家小店里喝咖啡。魏尔不断地摇头晃脑，盯着我看。而玛布说："这是有史以来写得最好的戏剧。"我敢于这样复述，是因为接下来的几个月里人们经常这么说，而这开始改变我的生活。

纽约的开幕之夜有两件事让我难忘。迷人的摩洛斯科剧院已经被房地产商的贪婪和这座城市的冷漠毁了。在剧院的后面，我和卡赞坐在通往阳台的楼梯上，这时李说："他那样死去，推销员的死亡……"一切都变得那么美妙，而我已几乎筋疲力尽，因为观看演出时，我都在心里扮演所有的角色。突然间，我听到"……在纽约、纽黑文和海文的男人社交活动中"，我想观众肯定会捧腹大笑——但没人笑。落幕跟在费城一样制造出同样的魔力。后台同样情绪高昂，极度兴奋，像我现在期望的一样。从走廊到化妆室挤满了带着良好祝愿的人群。第一次有电影明星来看我的戏剧演出，但我的脸仍是不出名的，因此我可以站在角落观察他们而没有人注意到——露西尔·鲍尔和戴西·阿纳兹、弗雷德里克和弗洛伦丝·马奇，和许许多多我久已忘却的人的脸孔和名字，他们的到来使我意识到我现在已深涉演艺圈，让我有种近乎不舒服的感觉，因为那太过物质，太过真实，与它有关联的更多是矫揉造作和流言蜚语。

最后，我慢慢向前挪动，走上舞台，希望能在那儿找块地方坐下来歇歇。我看见三位男侍者身着华贵的深红色路易斯·雪利牌夹克衫，在几乎横贯整个舞台、长得惊人的宴会桌上摆放餐具和银器。这一幕令我感觉犹如置身于颁奖典礼和为巨大的成功而庆祝的场面。白色的亚麻桌布上摆放着一个个大银汤盘，盛着牛肉、鸡肉及海鲜的大浅盘，

---

* Kurt Weill（1900—1950），德国作曲家，晚年归化美国籍。

还有置于冰桶中的一瓶瓶香槟。会是谁的主意呢？在这个成功的夜晚，这是多么荣耀的高潮！想到冰凉的香槟那令人飘飘然的美妙滋味，我伸出手去拿一个闪闪发光的玻璃杯。这时，一位侍者走过来，礼貌但坚定地告诉我，这晚宴是道林先生为私人宴会订的。罗伯特·道林是个好交际的家伙，年近六十，曾绕曼哈顿岛游泳，他似乎还记得这项丰功伟绩，挺着胸膛，站得笔直。他的城市投资公司拥有摩洛斯科剧院以及其他好几家百老汇剧院。我喜欢他的孩子气和他的积极性。我说道林先生肯定不会因为这出戏剧的作者在庆祝开始前喝了完全应当的一杯酒而感到不快的。但这位侍者，显然奉命行事，很固执。我哑然失声，肯定有人在开玩笑。但稍后，我和玛丽和全体演员以及他们的朋友离开时，我们都在后台稍作停留，半带兴奋，不相信地看着，这十分符合礼节的庆祝晚宴真的在威利·洛曼暗褐色的布鲁克林房子里进行：女士们身穿精心设计的晚礼服；男士们穿着晚宴夹克；适宜皮埃尔饭店餐厅的低低的礼貌的谈话声中，侍者们端着食物来回穿梭；就餐者们，当然，完全没有注意我们这群人在观看，在大笑，说着笑话。这让我想起苏联电影沙皇宫廷中那些麻木不仁的末日场面。道林只是在展现东道主令人着迷的冷漠，要不然就是个慷慨大方的家伙。百老汇开始会看到越来越多这样的事，但也许规模从没有如此盛大，如此优雅和荒唐。

私底下，当然，我怒极了，但足够多的赞美慢慢平息了我的怒火。大约一小时后，在首演成功的庆祝派对上，吉姆·普罗克特一把抓住我的手臂，把我拉到电话旁。电话另一端传来山姆·佐罗托低沉的声音。他是我们同时代的剧院内部的预测结果者和《时代周刊》的记者。实际上，评论家布鲁克斯·阿特金森一边写对我们的评论，他一边从打字机上直接念出来——我能从电话里听到打字机噼噼啪啪的声音。阿特金森一边在他鼻子底下写，他一边兴奋地用纽约口音逐字地低声念——"阿瑟·米勒创作了一部极好的戏剧。无论从哪一点来看,戏剧的内容丰富,值得记忆……"——随着赞美词一个接一个冒出来,山姆的声音变得越来越惊讶,越来越热情,似乎他张开双手,在给我一个拥抱。这阴谋始于我,传给了卡赞、全体演员、梅尔齐纳,以及所有别的人,现在波及佐罗托、阿特金森和《时代周刊》,直到有一刻,似乎一个群体形成了,他们十分在意,他们那个时代生活的共同感觉被表达出来了。

凌晨三点沿着较低的百老汇街开车回家,我和玛丽都沉默不语。收音机刚播完一个特别节目,念着早晨报纸上对我的戏一面倒的热情赞扬。我的名字一再被提及,似乎这名字已飘离我,落到了别人身上——也许是我的鬼魂。现在一切都松弛下来了,箭已射出,而弦绷紧那么久,再次慢慢松开。我努力奋斗一生,赢得这一夜。就在这儿,我成了大名鼎鼎的人物。可令人惊讶的是,他与我毫无关系,或者说我与他无关。

实际上,我发誓我一点没变,只是在观众眼里我变了,但这仅仅是名誉带来的第一个幻觉。事实是——花了更多的时间去了解——这样一个认知顺序盖下了自大的印记,就像一个人掌握了一种新的力量,这种力量能把所能想到的一切变成现实。这种力量还能开启一扇门,对生活贪得无厌,对坚持继续做些徒劳无益的事的老朋友不耐烦。艺术家张开双手盲目地凭直觉行事,只有敲开那块岩石,现出隐藏其中的形式之后,他才会创建理论,解释那些永远无法解释的事。但我秉持理性主义者的传统,我觉得必须把我的成功归于此。

我开始希望我有理由说,我是从书本上和研习中学会我能学到的,但我不知道怎么去做我显然已做过的事,整件事也可能成了我对它所理解的一切的一种祷告方式。简而言之,戏剧形式或者有存在的道理,或者没有;对于有舞台价值的对白和文学性对话,没人能完全明白为什么是这种对话而不是另一种；为什么戏剧化的一行文字在观众心里着陆，而文学性的一句话语却从他们的大脑中驶过。相反，还是有些分量颇重的采访甚至声明——最糟糕的是，有新近赢得的头衔——用以防御无可避免的狙击手。设法爬出水桶的螃蟹使得许多别的螃蟹力图把它拉下去，落回到它该属于的地方。螃蟹是这么做的。

恐惧再次涌上心头，我不会再写作了。我和玛丽开车回家时，我在沉默中意识到陪我经历过那些艰难岁月的妻子兼朋友身上有些不适。我从未想到她可能会因被我急剧高涨的声誉所淹没而感到焦虑，需要安慰。我一直以为她比我要更易懂，更有决心。我曾经想要的某种幸福此刻我们并不拥有，我也不知道那种幸福是什么样子，只知道它缺席，它的缺失——那么快。事实上，名声这剂春药，它不可名状，来到车上，安坐在我俩之间。

不可避免地，我有种逃离一切的渴望，再次幸福地变得默默无闻，又害怕我已无意中走进危险的炮击范围。一切都不自然；名声是孤独的另一面，不可能解决的矛盾的另一面——匿名，同时又不失名望。简而言之，分成两个人，可能偶尔待在一起，也许必要时在一起公开露面，但通常各过各的生活，属于公众的家伙浪费时间游荡，而作家坐于桌前，像往常一样郁闷、焦虑、工作。我真的不要这我曾想要的力量。那不"真实"。什么真实？

尽管似乎很奇异，道林在洛曼的起居室里举行的宴会却开始象征困境的一部分；我剧中表现的痛苦、爱情和反抗可以转换成纯粹的香槟。我多年以来的梦想只变成该死的现实，而现实不能超越梦想，缺乏全心投入。

接下来的几个月里，不时地，我会站在剧院后台观看部分演出，试图弄明白是什么让我心烦意乱。这惊人地有效——尽管李的停顿有时拉得太长，我都可以开辆卡车从中穿过，这些停顿更多是种自我放纵的暗示，破坏了他的表演。卡赞离开去做一个新项目。李接手重新指导阿瑟·肯尼迪和卡梅伦·米切尔，享受角色的痛苦而不是忍受痛苦。但这些问题只是使我更相信，在我的同谋下，我原来超然得多的意图，不知怎的已经被制片观念本身弱化了。我那时对布莱希特或者别的戏剧间离理论一无所知；我只觉得威利有太多的身份、太多的哭泣，而戏剧的讽刺力量被所有这些移情作用弱化了。毕竟，我提醒自己，我为了三块未经装饰的黑色平台而写的这出戏剧，只用一根长笛吹奏出的音乐飘荡在空中，没有温和的过渡——我曾经以为的尖锐的结构。但同时我不能否认自己倾向于这些特性。

我投入电影剧本《铁钩》的写作中，它讲述了潘托试图推翻封建的黑帮对纽约码头区的控制并最终失败了。读了剧本后，卡赞同意执导，但觉得我们必须先一起去趟好莱坞，试图得到大电影制片厂的支持。卡赞那时跟二十世纪福克斯公司有合约，但他们不会跟这个污秽的故事和悲观的结局扯上关系。所以我们决定去接触其他人，其中就有哈里·科恩，他是哥伦比亚电影公司的总裁，而他本人出身于低洼的曼哈顿海滨码头五顶区，是个自信而坚决的男人，他会乐意去了解这个剧本是讲什么的。

1950年春天的一个上午，我和卡赞登上"超级首领号"火车离开，再次合谋。两个少数族裔男人谋划将残酷的真相搬上美国的银幕。或许我们已经过时了，此时这个国家正要将理想主义消耗在与朝鲜的战斗中，这些消息只让我们觉得很抽象。现在我已经有好几个月没与隆吉和贝伦森联系了，也不知道在接下来的半年里，码头置于一个新的海岸警卫队安全系统的监管之下，要求进入码头的人必须出具个人通行证，导致他们无法进去。

"超级首领号"火车往西开去，我们把剧本摊在腿上进行研究。卡赞认为，这部电影应该舍弃《罗马，不设防的城市》和其他意大利新现实主义电影中的传统。但制片厂真的会投钱拍这样一部如此强烈地与他们的娱乐观念相背的电影吗？好莱坞确实拍过反映社会问题的电影，相当大众，夹裹着大量美好的愿望。但这不是一部反映社会问题的电影；它接近于现实，它所涉及的工会只能是国际码头工人联合会，不是其他，港口必须在纽约，又聋又哑的警察必须是纽约警察。我们被拒绝的可能性大得简直令人绝望，但如果我们能以某种方式拍成这部电影，我们将会为自己获得某种荣耀，甚至以微弱的力量帮助未来的到来。在 1950 年，与过去相比，未来甚至更不可确定。但不管怎样，人属于未来，就像即便是松垮垮、拉不开的帆仍属于风一样。

四

　　意大利之行让我对码头工人的真实生活有了更深刻的理解，因为此行让我了解到这些码头工人移民之前在欧洲生活的背景。另外，二战期间我在布鲁克林海军造船厂工作了近两年，那里的大部分工人都是意大利裔。我在下午四点到次日凌晨四点的上班时间里，逐渐体会了他们的生活方式。他们以家庭为中心，但彼此间的勾心斗角又可能很复杂。造船厂上西西里式的戏剧场面不断：某人正躺在别人老婆的臂弯里时几乎被人给逮了个正着，侥幸从房顶上逃走了；或者某人把朋友支走，把他的女朋友夺了来。埃帕纳·麦克*是我的头儿，他没有门牙，因此得了这个绰号。麦克总是将帽檐侧在一边，在午夜时吃六个菠菜三明治（此时三明治面包片往往变成了绿色且渗出了水）。他总是没完没了地和他的女朋友们打电话，其中一个是梅西百货店的夜班包装工，我常常到造船厂外打电话给她，安排他们俩的幽会。离开她热乎乎的臂弯，麦克得匆匆赶回家，他老婆还在家里给他暖着被窝呢。有时候到了中午，麦克又去见第三个女友，她在艾伯拉汉和斯特劳斯百货店工作，趁她午饭休息时间约会一场。麦克实在是个大忙人。

　　麦克对他妻子很不满意，他是在三十年代末被他的意大利裔爷爷哄着结婚的。当时他和一个爱尔兰裔女孩打得火热，他爷爷坚决反对，要求麦克和意大利好人家的女孩结婚，并答应如果麦克按照他说的去做，就把他从卡拉布里亚带来的一只箱子给麦克。这可是只宝箱，人们说里面装了满满一箱钱，是爷爷移民之前卖房子所得。新婚之夜，麦克发现宝箱里大沓的意大利里拉折合成美元才不过三百零五块，于是拒绝和新娘同房。爷爷可不答应，他守在麦克家的客厅里等新娘出来报告他们同房与否。对此麦克没有选择，他要么屈服，要么被爷爷痛打一顿，爷爷有一双铁拳和像铅管一样强硬的规矩，虽然麦克的拳头也不差，但爷爷他是打不得的。

　　和造船厂其他工人一样，麦克深谙偷懒之道，总能在工作的舰艇上找到不为人注意的角落睡大觉，一方面是因为麦克认为有没有他的服务对海军来说都无所谓，另一方面则是他所持的"操他妈"式的工作态度。因为舰艇场人手过多，工作安排又往往很混乱，一个懒人在偌大的蜂巢中并不惹眼。最极端的是有个偷懒天才在一艘大型巡洋舰的发动机房角落里收拾出一张床呼呼大睡，等到第二天早上醒来准备下班回家时才发现自己已经在看不到陆地的大海上了，这小子六个星期后才又回到舰艇场，继续他的捉迷藏游戏。

　　但是，麦克也有他的道德观，在他相信他没有被欺骗时，他会是一个很出色的工人，尤其是我们乘卡车从舰艇场到停靠在哈得孙河的海军舰艇上进行修理工作时，这些舰艇正在整装待发，它们不久将会遭遇躲藏在哈得孙河入海口沙湾的德国潜艇。在冬季刺骨的寒风中，我们无数次地拉直钢筋，在平台上焊接断裂的支架，麦克从来都不抱怨。我们那时很齐心，因为我们得互相依靠才能免于掉进冰水中，不过这并不意味着我就此成为了光荣的西西里人。此外，麦克恐怕对我

---

* 埃帕纳（原文 Ipana），美国当时著名的牙膏品牌。

闭口不谈来舰艇场工作之前的经历不大满意，我没跟舰艇场的工作伙伴们谈及我放弃给电台写广播剧而来这里工作，我觉得麦克和其他工人都不会理解我为什么要放弃一份赚钱的好工作而来河上冻得半死修理舰艇。

但在与萨米·卡萨里诺渐渐亲近后，我发现没法再回避我先前的工作经历，特别是此时有人开始猜测我一定蹲过几年监狱，我终于告诉萨米我是作家。萨米年纪和我相仿，同是三级修船工。他高中毕业，自认为对文化和艺术很有感觉。在意大利人中，他的婚姻也算叛逆，他太太是犹太人，他会说"我痛恨种族歧视"，他不仅反对造船厂里普遍的反犹言论，而且反对意大利裔工人殴打英国水手的行为。舰艇场的工人偶尔会在半夜等在亚当街上堵住英国水手揍他们一顿，因为英国政府向意大利宣战，而这些工人同时又在新建或修理盟军舰艇以摧毁意大利，这显得赚钱养家是多么不易。但事实是这些意大利裔工人不单同情墨索里尼，对与之交战的罗斯福和美国也感情深厚，这一切不过是无所不在的无政府主义，免不了会时不时地以荒谬的形式浮现出来。比如舰艇场主管贴出通知，要求大家不要浪费镉螺帽，因为镉不会生锈，镉螺帽和焊条常被用于舰艇的水下部分，而当时镉必须通过危险的海路进口到美国来，价格昂贵，但通知发出后的第二天晚上，就有许多工人忙着用镉螺帽为他们的心上人打造戒指，用焊条做手镯。

由于对舰艇场上发生的这类事情不满，萨米和我变得亲近起来。有一天午夜休息时，我们在一起吃三明治，他告诉我他做了个梦，令他很是烦恼。"我走进我表妹瑞达的卧室，她躺在床上看着我，你知道怎么着？我倒在了她身上，正正地倒在她身上。我惊醒后出了一身汗，你说这见鬼的梦是什么意思？"我谨慎地说这个梦有可能暗示他喜欢他表妹。"噢，当然，我一向很喜欢她。"那么他可能潜意识中希望和她做爱？"和她？看在上帝的分上，我跟你说过她是我表妹！"这场对话就此结束。

正如我预料的，告诉萨米我是作家对他来说反而证明了我恐怕是有过蹲监狱这类的事情瞒着人，现在我不再闭口不谈自己的过去，而是努力希望用事实来使他信服。当时正巧我有个剧本要在电台播出，这是我为杜邦公司的卡弗凯德美国广播剧系列创作的关于阿米莉亚·埃尔哈特的故事，她是名飞行员，几年前在南太平洋神秘失踪，剧中的埃尔哈特由电影演员玛德琳·卡罗尔扮演。广播剧的播出时间是在星期一晚上，我们的工休日。星期一早上四点我们下班时，走过舰艇场大门海军陆战队门卫后，我说："我写的一个剧本今天晚上会播，萨米，你会听到我的名字的。"

萨米看着我，那眼神半是怀疑我的脑子有问题，半是担心我在作弄他。"真的？"他说。

"真的，"我说，"八点在NBC播，结束时会提到我的名字。"

星期二，我们回到正在修理的英国巡洋舰上，我等着萨米提起广播剧的事，期待了好几个小时，我终于忍不住了，问他有没有听广播剧。噢，他当然听了。那么听到我的名字了吗？是的，他听到了。那怎么样呢？

"但那全是真事。"他说。

"这什么意思？"

"这个故事，除了结尾，没人知道她到底是在哪里、怎么掉下去的。所以我想这个结尾是你写的。"

"不是的，整个剧都是我写的，萨米。这个剧本是基于事实创作的，但是在曼哈顿由演员们演播的，得有人把他们要说的话写出来，我的意思是，卡罗尔不是埃尔哈特。"

"我知道，看在上帝的分上。"

他黯然地凝视着天空——"写作"意味着虚构，我想他站在那儿意识到他原以为卡罗尔的角色真的就是埃尔哈特在说话，但这又实在不可能，因为埃尔哈特已经死了。让他越发不明白的是，我告诉他我是自愿到造船厂来工作，为二战效力，而他现在知道我可以在电台赚更多的钱，况且电台的工作还有名气。所有这些使得萨米觉得他被欺骗了，从那时起他对我不再那么接近，只是客客气气而已。但这只持续到下一次他忍不住要再告诉我他做的有关他表妹瑞达的怪梦，他现在看见表妹穿着浴衣到门外人行道上放垃圾桶，在弯腰摆正垃圾桶时，"她让她的浴衣束带松开了"。另一次是她在梯子上，而他在下面扶着梯子，但她在梯子上摇晃起来，"所以我不得不抬头往上看……老天！"每天下午四点差一刻，萨米穿着铁头安全工作鞋，迈着沉重的步伐走向舰艇场，严实地裹在暗褐色的麦克纳外套中，帽檐的护耳垂着，在门口打开马口铁午餐盒给海军陆战队门卫过目。萨米看起来和其他六万名舰艇场工人没有任何不同，他们用同样的马口铁午餐盒，每个人都有着独特而神秘的梦。

每当干船坞放了水、舰艇安全地浮上水面，浮到港口，向海湾驶去时，我绝对不是唯一盯着这条船感叹奇迹发生的人。在一片嘈杂声中，我们修理水平不高，时常出错，还游手好闲和偷窃，但只在凛冽寒风中集中精力工作一阵，居然把舰艇修好了。目送着驶向战场的船消失在晨雾中，不止一个人会对旁边的人说："这究竟是怎么发生的？"

* * *

由于征兵部门拒收我入伍，我一直努力为电台创作体现爱国主义的战争广播剧，以此来为二战效力。这些广播剧大多是由杜邦公司和美国钢铁公司赞助的。我们同属一个快乐大家庭，联合起来和共同的敌人作战。但是随着我对这类广播剧越来越在行，我越发觉得枯燥，这些文字对我来说更像是喊口号，而不是写作。但是，写广播剧的收入很好，花的时间又比教书和其他工作要少，因此我可以继续创作我自己的剧本和故事。导演和制作广播剧的是霍默·菲克特，此人一头金发，很魁梧，又高又胖，他在麦迪逊大街上当时最有名气的广告公司拜腾-巴登-德斯廷和奥斯本公司（BBD&O）制作这些广播剧，BBD&O 公司也是当时美国大企业的喉舌，它们将赚大钱的宗旨表达得具有崇高的服务意向，公司创始人之一布鲁斯·巴登宣称耶稣是天下最成功的推销员，依此类推，广告商也是传教士的化身，那么 BBD&O 就成了培养新传教士的神学院。BBD&O 公司的秘书们散发着梨牌香皂的香气，霍默白净的面孔不时泛着红潮，我则把我的正读着的期刊《国家》《新大众》或《党派评论》赶快收起来，免得让某位脸刮得白白净净的公司主管看到。

霍默需要我，我渐渐成了他的杂务助理。他如果急需一个半小时的短剧本，我能在一天之内赶出来。一年里总有两三次临到排练时他才发现剧本太差，没法用，而此时离演通常仅有两三天，这样我就会收到一个紧急电话，如果我同意，他会马上派人送来一本有关该历史事件的书，我在星期三晚上读完书，星期四赶写出半小时的本子，星期五早上将剧本送到他麦迪逊大街的演播室。他就此选定演员开始排练，然后在星期二晚上播出，演播时他用三十人的乐队现场伴奏音效。为此我拿到了五百美元，这是很实惠的报酬，当时我的二手车才花了二百五十美元，而我在格雷斯巷的房子是两万八千美元（我上一次得知这幢房子的房价，是在六十年代：七十五万美元）。

但是偶尔霍默会送来很有意思的题材，比如十九世纪墨西哥领袖贝尼托·华莱士，BBD&O 公司认为这一题材很好，因为杜邦公司在墨西哥拥有分公司，也和墨西哥有许多其他商业来往。这回剧本不用急赶，所以我决定自己享受一番，用诗歌体来写，把华莱士一生中无数事件以诗歌体格式浓缩起来也比较优雅。

华莱士和林肯总统同时代，他崇拜林肯，尽管他是农民起义领袖，但他崇尚民主。这是长久以来头一次我充满激情地为霍默写剧本，和小说不同，诗歌体对想象自有其结构需求，这也有助于把华莱士不平凡的一生压缩为二十八分钟。一天下午，我写完剧本后，决定先去曼哈顿拿给霍默看，再把它打出来。

NBC 广播公司的 8A 演播厅相当大，许多重头节目都在这里播出。推开隔音门，我走进篮球场大小的演播厅，听到一个很响亮、似乎有些熟悉的浑厚的男中音。一开始我以为是演员正在演愤怒的场景，但等我走近后，发现有七八个演员一脸焦虑，其中几个人低着头以避免正视那个正在咆哮的人，这时我也认出了在吼叫的是奥逊·威尔斯。

他不是在表演，而是在对音响控制室大骂。在他咆哮的间歇，音响室传出来微弱的回答，是霍默，他在努力让他的明星息怒。"好了好了，奥逊，这本子实在没这么糟……"

威尔斯的拳头从膝盖处挥上头顶。"这是歪曲，我告诉你，这是谎言，是故意篡改历史来开脱不可原谅的事实！"

"但是，奥逊……"音响室传出来霍默底气不足的声音，他仍在试图打断奥逊，但奥逊不理他，继续发火。埃弗雷特·斯隆、乔·科顿、梅塞德丝·麦坎布里奇，几乎水星戏剧公司的全体演员都在场，等着。

威尔斯如此大发雷霆，针对的是当时坐在音响室里的另一个人，耶鲁大学的历史学家摩纳根教授，他负责审查美国历史剧的真实性。据威尔斯说，他这次要么是喝醉了，要么是收了贿赂，居然放过了剧中歪曲历史的内容。威尔斯能这样权威性地吼叫是因为他家先祖吉登·威尔斯是那时的海军部部长，剧中提到美国在拉丁美洲某一事件中取得巨大成就，其实在历史上是场很丢脸的失败。

发完脾气后，威尔斯静静地站在那儿。霍默从音响室出来，请求他继续排练，但威尔斯坚决拒绝。霍默急得脸发白，离正式演播只有一两天了，这样僵持下去，可能得闹上法庭，但威尔斯依旧不肯。

霍默往我这边看过来，我示意他走到大演播室的角落里去。我拿出装在外套衣袋里的华莱士剧本，对霍默说我认为威尔斯扮演伟大的华莱士很合适，尤其是他喜欢用人物地方口音这点最合适不过。霍默此时犹如一只困在海滩上的海狮，扫了几眼我递给他的散页剧本，就朝威尔斯走去，将我的剧本递给威尔斯，并把我介绍给他。威尔斯狐疑地看着我的手写草稿，但很快注意到占了半页纸的诗歌体开场白，似乎很是惊讶。旁边的演员默默地看着他，这时他的嘴唇开始动了，没看我一眼便径自走向麦克风，朗诵开场白。他铿锵清晰吐出的每个词句都像是对躲在音响室里那位教授的指责。本来站在一旁的演员们现在松了一口气，都集中到威尔斯的麦克风周围，他们传递着我的剧本散页，几个脑袋聚在一起朗读，表演了起来。我和霍默一起走进音响室聆听，我对威尔斯在麦克风前的天赋非常钦佩，他仿佛钻进了麦克风似的，他富有感染力的声音可以穿透听众的大脑。没有一个演员在麦克风前有这么亲切自如和精彩的表现。他和我年纪差不多，当时也就二十来岁，但他已经能轻松地用腹腔发笑，而且风度翩翩，一副贵族气派。剧本读完后，我从音响室走出来，威尔斯把我拉过去，给了我一个亲切的拥抱。之后我坐地铁回家，一路上因为成功而得意不已。

到家后我马上告诉玛丽这个下午不可思议的经历，她和我一样高兴，可我们几乎话没说完就接到霍默的电话，他说杜邦公司对剧本可能有些意见，让我明天去他那里和杜邦公司来的一个小规模的委员会成员会面。

在麦迪逊大街上的演播厅里，我和杜邦公司派来的三四个人见了面，因为时间紧迫，他们专程从杜邦公司位于特拉华州的总部赶来和我进行讨论。他们中打头的是杜邦公司的公关部主任阿普盖特，一个头发花白、脾气挺好但很固执的人。讨论的问题之一是"鹦鹉一掠飞过"这句，他们指出华莱士逃离囚禁的地区是没有鹦鹉的，我马上答应改掉这句，而阿普盖特因他的建议被如此尊重地采纳感觉特别好，居然用接下来的近一小时大谈墨西哥的热带森林，我正纳闷着难道这班人马如此兴师动众从特拉华州赶来就为了改这个句子时，关键问题被提了出来。

根据 BBD&O 公司给我的历史书，有这么一个情节：华莱士的起义军在夜间越过里奥·格兰德河到美国境内来取林肯总统留给他们的一堆步枪，林肯总统支持华莱士的起义军反抗马克西米利安皇帝，他原是哈布斯堡王子，是法国安排的统治这个国家的傀儡。杜邦公司来的人说这一段得删掉。

"但我是根据你们给我的历史书上的史实写的，而且这一段很有意思。此外，这也显示出美国对华莱士起义的支持，和华莱士对林肯总统的钦佩相呼应。"

事实上，BBD&O 公司选中华莱士的故事是为了庆祝泛美日，并安排这个广播剧在这天播出。阿普盖特很坚持，这个情节不行。我也很坚持：我们得在二十四小时内播出，现在删掉这个情节再换另一个已经来不及了，何况我脑子里也没有可以替代的情节。我一直追问这个情节到底有什么问题。

阿普盖特有些迟疑地说，他们不想让人们再度指责杜邦公司曾经在拉丁美洲动武。

但下令把武器留在那里的是林肯总统，不是杜邦公司。

"那是雷明顿牌的步枪，雷明顿和杜邦公司是有协作关系的。"阿普盖特说。

四十多年过去了，我已经记不清当时我是否删掉了这一情节，我想他们最终还是保留了，但无疑我对其可能带来的麻烦战战兢兢。无论是在美国还是在其他国家，有权势的人所做的决定往往都很奇怪。还有一次，他们让我写梅里特兄弟，并给了我两本书，其中记载了在我看来是最为残酷的企业掠夺吞并的故事。这里简要叙述一下：十九世纪末，梅里特兄弟在明尼苏达州开矿，他们在一个当地印第安人的引导下（尽管用他们自己的话说，是在神的引导下），发现了含量很高的露天铁矿，立即宣布对此拥有开采权。这一矿藏后来被证实是世界上最大的露天铁矿，也就是具有传奇色彩的莫沙比牧区铁矿。发现铁矿的消息很快传到了纽约，洛克菲勒马上派自己的浸礼会牧师去游说梅里特兄弟把开采权卖给他——洛克菲勒信仰宗教，他打探到梅里特兄弟也笃信上帝——但是梅里特兄弟并不打算出售开采权，他们决定自己筹款开采，然后把利润分给印第安人和穷人。这一崇高计划让洛克菲勒深受感动，并且暂时停止了行动。但很快，这对单纯的兄弟刚把采矿的设备搭建起来资金就用完了，洛克菲勒的牧师立刻又回来了，这次他表示愿意为梅里特兄弟帮助穷人的计划提供财政资助。渐渐地，洛克菲勒给出更多的诱饵，终于，正如两年后梅里特兄弟在美国参议院调查委员会的证词中所说，有一天他们醒来发现"洛克菲勒拥有了整个莫沙比地区，而他们居然连买到德卢斯*的车票钱都没有了"。拥有这一取之不尽的铁矿使得洛克菲勒家族在大湖对岸建立美国钢铁公司成为可能，这也是密歇根州和俄亥俄州的中西部城市工业飞速发展的真正原因。这是个极妙的故事，更有趣的是，这个广播剧不仅由杜邦公司赞助，而且在播出那晚杜邦的高级管理人员以及该公司在全美各地分公司的头脑们将举行晚餐会，共同收听这个节目。

---

* 德卢斯，美国明尼苏达州东北部港市。

我打电话给霍默，问他是否读了背景资料。是的，他知道这个故事。"他们要播这个故事吗？"我问。

"先写出来，我们看看再说。"

我如实写了这个故事，非常忠实原作。剧本很快审检通过了，然后是排练、演播，纽约的杜邦人士非常喜欢这个剧。有消息说杜邦家族有不少人耳朵不好使，得用特制的助听器连接到收音机上才能听得到，但他们对这个剧也很欣赏。

事后我让霍默解释其中原委。"他们和我们看到的不一样。"他说，"对他们来说，这个故事显示出洛克菲勒的远见、敏锐和有效管理全球最大的矿业之一——事实上是全球规模最大的矿业——的能力，这是有益于人类的事情。对他们来说，这故事显示了企业管理和想象力所能取得的成就。"

"但是，"我说，"他的牧师欺骗了他们，牧师说洛克菲勒将会把盈利分给穷人，如此等等，他欺骗了他们，参议院调查委员会对此非常气愤。"

"这没错，"霍默回答，"但是他们不这样看。他们认为梅里特兄弟没有能力管理这么巨大的财产，洛克菲勒拥有这个矿于国于民都有利，这个矿应该由能者所得。"

"换句话说，上帝在他的天堂里。"

"上帝绝对他妈的是在那儿呢！"

我们都只看到我们所希望看到的，几年后我创作的《吉星高照的男人》在特拉华州的威明顿首演时再次证明了这一点。此剧后来在百老汇上演。特拉华州是杜邦公司的总部所在。在剧中扮演戴维·比弗斯的是卡尔·斯温森，多年来他一直在《美国队伍》广播剧中担任主角，所以某一场演出之前，杜邦的公关部主任阿普盖特邀请我们到杜邦大酒店喝酒。和阿普盖特同来的有他的妻子和他的两个高级雇员及妻子。阿普盖特对我们以前杜邦戏剧的撰稿人即将要登上百老汇高兴不已，不可避免地，大家的话题自然转向政治。当时罗斯福正在进行第四次总统连任的竞选，和共和党的汤姆斯·杜威的竞争异常激烈。阿普盖特显然支持共和党，斯温森作为富有的演员，在阿普盖特看来也必然是支持共和党，他转向斯温森，以十拿九稳的口气问："卡尔，你怎么看这选举？"

斯温森其实是支持民主党的，他看起来有些不自在，假装考虑了一会儿。那些日子里银行和其他大公司的雇员往往把支持罗斯福的徽章藏起来，等出了办公室再戴上；此外，杜邦公司是当时极右组织"自由同盟"的幕后赞助者，所以阿普盖特对此问题是有一定把握的，他一脸自信的微笑。斯温森决定说出他想说的话。

"啊，"他慢吞吞地说，仰头喝了一口酒，露出英俊的笑容，"我想我不得不说，就我的印象来看大多数人是要投罗斯福的。"

"罗斯福！"阿普盖特几乎嚷了起来，不满地眯缝起眼睛，"为什么？这不可能，我们认识的人中没有人要投他！"他看了他的两个下属一眼，以确认他们和他持同样的观点。而选举结果当然是罗斯福获胜，连任了总统。

阿普盖特无疑是被他自己的愿望和政治取向所驱使，而到了如此可笑、对事实视而不见的地步。他对罗斯福及其新政几乎怀着宗教狂热般的痛恨，但他从来不把这些情绪带到杜邦公司的广告及公关部的工作或他的日常事务中。我和阿普盖特的政治观点完全相反，但我们在处理工作和政治观点的关系时态度相似。这一双重性和对社会公德的服从态度显得有些不真实，我想这是由于战时状态中人们受到社会公德感驱使所致。因为随着二战结束和罗斯福去世，美国作为世界第一强国，作为当时唯一有经济实力的国家，不再受战时状态的约束，一个放纵的甚至可以说是以指控为快的新时代开始了，这个新时代包括议会的政治调查委员会、麦卡锡主义、公开反对左翼观点的法案，如麦卡伦-沃尔特法案，该法案居然规定所有来美国旅游的人都要进行所谓的政治背景测试，这让我想起几年前的情景，阿普盖特所说的"我们认识"的那些人对以往二十年他们不喜欢的政治和文化环境所作出的报复就是对一切现实作出自由派和左翼倾向的假设。事实上，若斯·阿普盖特可笑的褊狭，在多年后提醒我看到我自己的褊狭。

我第一次尝试写的剧本是一个父亲和两个儿子发生劳工冲突的故事，自然这也是我生平创作的最具自传性质的剧本。这是为争取霍普伍德奖而创作的，该奖是密歇根大学的诺贝尔奖。那时我全日注册上课，再加打两份工，我每天去餐馆洗三次碗，还在一个位于城郊的基因实验室喂整整三层楼的老鼠，每天晚上我都会精疲力尽地倒头大睡。这是我的第二学年，头一学年我已经几乎把银行本上的五百美元全用完了，密歇根大学当时要求学生向校方显示他们至少有五百元的存款才准许入学。喂养实验老鼠的活儿每月挣十五美元，这工作是由罗斯福的全国青年联合会出资，通过大学行政部门协调管理的，这是我主要的零花钱来源。每天下午四点我要走两英里的路去基因实验室，在那里和另一个学生卡尔·贝茨一起把从安阿伯市里各超市收集来的一箱箱烂菜叶子打开来喂实验老鼠。这些实验老鼠被关在铁丝笼子里，从地面一直到顶棚，有成百上千个老鼠笼子一架架地排着，每天这些老鼠听见我们进入这幢安静地矗立在树林中的老鼠楼时，会在笼子里兴奋地乱窜，笼子上的实验标签由此晃动发出的声音让我的后背直发凉。另外有两个年轻的生物学家在一楼的一间小办公室里工作，一男一女，似乎从不说话。他们做的是长期的基因实验，要求对不同家族的老鼠进行绝对隔离，每只老鼠耳朵上都被打上不同形状的洞眼以代表它们的基因特点。一旦有老鼠跑出了笼子，老鼠楼就会发出刺耳的紧急警报声，万一有老鼠进了别的笼子，那整年的研究就白费了。自然，我表示愿意设计出不会伤害老鼠的鼠夹，但是经过半个学期的试制，我不得不放弃这个计划，因为老鼠楼里的老鼠个头差异太大，有的小到踩在夹子上都夹不到一根头发，而一个能逮住这么小的老鼠的鼠夹对大个头的老鼠来说可能就要么夹住它们的尾巴，要么夹住脖子。

这楼里还有其他一些骚动，比如在小办公室里那两个不怎么出声的研究人员偶尔会在他们的办公桌上做爱，他们的兴奋和那些关在笼子里的老鼠的行为相呼应，因为老鼠们做爱时笼子上的标签也会发出响声。此外，大约每周我得把一笼完成实验的老鼠拎到实验楼后面一个小黑棚子里。那里没有窗户，顶棚低矮，住着两只猫头鹰。每次我把老鼠笼子放进去，两只猫头鹰必定威胁式地吼叫，扑动着翅膀，在架子上跳动，不耐烦地等我把它们的美食放出笼子。这对我来说可不是件容易的事，因为老鼠紧紧地抓住铁丝网，我得使劲摇晃笼子才能把老鼠给抖到铺着干草的地上，为了躲避猫头鹰，有时候老鼠还会爬到我的腿上。每当我跳着脚走出黑棚子满是木刺的老旧木门，并当心着别踩着受惊的老鼠或者是让猫头鹰逃出去时，我总是要提醒自己这一工作也是有研究意义的——每个星期都会有研究生来检查、登记小黑棚干草里幸存的老鼠，以决定哪一种颜色的老鼠幸存机会大，结果显示那些浅色如白色、橘色和黄色的老鼠都被猫头鹰吃掉了，幸存下来的总是深色如灰色、深棕色的老鼠。在我看来，这一结论应该是不难预见的，不过我还是挺佩服这些研究人员把统计数据一一记在板上，我想其中一定有我不懂的东西。其实并非如此。

老鼠楼是一幢建在树林中的钢筋混凝土建筑。每天下午我匆匆赶去上班时，楼里往往还有人，但想到里面成百上千只老鼠坐在笼子里各自琢磨如何逃出去总让我觉得怪怪的。此外，卡尔·贝茨每天从喂老鼠的烂蔬菜水果中为自己挑拣出一顿饭来，他会把橙子、胡萝卜和生菜的腐烂部分切掉，也让我觉得毛骨悚然。卡尔得省着花钱，他赚的钱不仅要养自己，每周还得寄给家里。卡尔满脸粉刺，但他出奇地乐观，我想这和他生长在密歇根北部的土豆农场有关系，农场里总是从早忙到晚且又很安静。和我所熟知的犹太人及纽约人的反复无常相比，卡尔不动声色的深沉让我大开眼界。卡尔的哥哥新近皈依了基督教科学会：他的右手拇指被工程系一台倒下来的汽车引擎压伤后，他坚持祈祷，不去医院。一天，我和卡尔去看他。卡尔陪哥哥坐在那里，安静地说服他去医院，因为他的拇指看起来在坏死，但他不出声地诵读着玛丽·贝克·艾迪*，直到一个多星期后的一天，他的拇指开始渐渐愈合。我和卡尔都是唯物论者，我们不相信这是祈祷的功劳。那是1935 年，美国就如一座正在倒塌的桥梁，远不是祈祷所能挽救的。

我决定春假的那周不回家，留在安阿伯写我的剧本。为什么我想写的是戏剧，而不是短篇或长篇小说？我始终不很清楚，但就像对艺术家来说雕塑和素描是不同的一样，我觉得戏剧更实在。剧作家可以在剧本中走动，剧本会让人产生一种建筑上的快乐，而单纯的文字就无法做到这一点。但这也可能主要是因为我热爱模仿，喜欢模仿别人说话和声音：和许多剧作家一样，我有一部分也是演员。

我那时其实没看过多少剧目，其中大多数是童年时在哈莱姆看的，加上刚在大学里上演的《亨利八世》，我在其中演一个主教，很幸运，没有一句台词，只需板着脸点点头。我住在北州街 411 号，房东姓多尔，这家有一个儿子吉姆是为当地剧院设计制作服装的，他的房间正对着过道，他就在自己房间里工作。他以很有限的资金，设计制作出一屋子华丽的文艺复兴时期服装，甚至有亨利八世著名的 S 形项链，是吉姆把从便宜店里买来的窗帘钩子漆成金色制成的。临近春假时，

---

* Mary Baker Eddy（1821—1910），基督教科学会的创始人。

我问过吉姆每一场应该有多长，他说大约半小时左右。我开始写作，用了大约一个白天和晚上写完了第一场。我把闹钟上到半小时，开始大声朗读剧本，这让我很开心，闹钟正巧就在我念到落幕的时候响起来了。在那个时代里像这样的固定程式当然是很正常的，后来我才了解了斯特林堡的作品，以及易卜生不仅有社会改革家的一面，还有神秘主义的一面，以及其他一些德国表现主义作家。当时为数不多的先锋戏剧杂志几乎都有左翼倾向，从中我读到了描写矿工、码头搬运工这类人的单幕的社会抗议剧，但没有一个剧本能比得上克利福德·奥德兹的，我当时觉得他是唯一真正的诗人，不仅仅是社会抗议剧这方面，而是从整个纽约戏剧界来说的。纽约是美国全部戏剧的所在，学术型的剧院几乎全在重演百老汇当红剧目，那时通常是喜剧。其中比较有雄心的剧院则偶尔会上演希腊古典剧或莎士比亚剧，而这些剧目往往能演得让观众打瞌睡。

从一开始，创作剧本和我对自己的看法就不可分离。剧本创作从开始到现在始终是一个自我发现的过程，它好像给了我一张许可证，让我说出本来没法说出来的话，好像从来只有让我自己脸红了的作品才是好作品。而且从一开始，写作就意味着自由，就像是展开的一双翅膀，一旦我意识到其他人感受到了我所写的，我就觉得我是在为公众做一件事情，让我困惑或感动的也一定会让其他人困惑或感动。好像是我给我自己创造了一份恩赐。当然，这恩赐有一天会离开我，但那是很久以后的事情了。

那几天里我整天整夜地写，每天只睡几个小时，我用五天时间完成了全剧，然后把剧本拿给吉姆看。我担心得要命，生怕他说这个剧本没意思，但我实在筋疲力尽，整个身子好像要飘起来似的。如同父亲对待没法解决的压力那样，我把剧本给吉姆后就倒头大睡。接着我被一阵大笑吵醒，笑声是从吉姆的房间里传出来的，我觉得胃直发紧，又担心，又期待。

吉姆·多尔有六英尺八英寸高，他家父母兄弟都是大高个，在他们老式的建于十九世纪的中西部房子里，全家人过门道时都得低下头。吉姆对我很有吸引力，他是我认识的第一个戏剧界人士，在和他谈论一些我阅读的剧本时，他让我意识到这些剧本的失误和斧凿之处。另外吉姆也是我认识的第一个同性恋，那时在保守的中西部他的情形是很不容易的，而这些反而让我们成为朋友。他对欧洲剧作家了如指掌，指点我去读他们的作品，特别是契诃夫的作品，吉姆非常崇拜契诃夫。

吉姆的房门终于打开了，他穿过走廊走进我的房间，把剧本递给我。美感带给人的欢愉会让人显得脆弱，吉姆瘦长的脸现在看起来就像孩子一样，尽管他笑的时候总是习惯将左侧的上嘴唇微微弯下来盖住他缺的门牙。在那个年代缺几颗牙很常见。"这是个剧本，不错，真的是个剧本！"他天真地笑着，我从来没有见过他这样笑。"让我吃惊的是这个剧本每个场景都流动自如，不需要人去追寻其中的意味，我觉得这是我读过的最好的一个学生剧本。"他脸上如同恋爱一般放着光，像是充满了爱和感激。

安阿伯的户外显得很空旷，学生们仍在春假中，我想在静夜里独自走走，但一路上跌跌撞撞，大腿僵硬得就像铁棍子似的。我沿着上坡跑到空旷的市中心，穿过法院再冲下大学北街，感觉自己就像位于天上的星群中。我的作品让吉姆发笑，我让他刮目相看。写在纸上的字句具有如此神奇的魅力，可以让别人理解，让他看到我所看到的，感受我所感受到的——我在地球上留下了新的影子。

而且如果我能以这个剧本获得霍普伍德写作竞赛戏剧奖的话，想想看！那就是说一个星期的写作拿二百五十美元！我那时仍旧习惯用体力劳动的标准来考虑报酬，我辛苦打工两年才积攒了来密歇根读大学的五百美元，那是乘地铁早出晚归、在汽车配件仓库里忍受酷暑和严冬的两年。

查笛克-德拉梅特仓库位于纽约 63 街和 10 街的角上，现在那儿是大都会歌剧院了，那儿是我当年走出学校和家门进入社会的一站。查笛克-德拉梅特仓库当年是密西西比以东最大的一家汽车配件仓库，这是一家向整个美东地区的零售配件店和汽车修理行出售汽车配件的老字号公司，五层楼的仓库中排满的货架和盒子中既包括了最新型车的配件，也有一些根本已经不生产的一战前的老牌车的配件。

乔·夏普斯是我在林肯中学的同班同学，他爸爸的汽车配件修理行坐落在 59 街上，离长岛桥不远，这家配件修理行也是查笛克-德拉梅特仓库的客户。毕业后，我为乔的爸爸山姆·夏普斯开了几个月的送货卡车，去查笛克-德拉梅特仓库取过几次配件，开始对这行有了些了解，尽管我每天开在长岛市里都会迷路几次，算不得山姆最出色的送货卡车司机。1932 年夏天该是经济大萧条的最低点，山姆几乎没有什么生意，很简单，因为谁也没钱买东西，共和党在执政了二十年后气数将尽，已经没有什么办法了，而对我们在底层的百姓来说，连口头上表达的希望都没了。我对这个夏天记忆最深的是开着货车在街上看到的萧条景象，从布朗克斯到布鲁克林区，街上渐渐被灰尘覆盖，曾经繁华热闹的街区上，现在不断有新的房屋出租牌子挂在搬空了的商店的肮脏窗户上。还有让人难忘的等待救济的队列，七八个壮年人站在一幢仓库样式的房子外等着，从看起来同样营养不良的市政人员、救世军或教堂人员手里领取一份救济汤和面包。

那时人们在街上看别人的眼神很特别，好像眼中总是带着疑问："你还过得去吗？你正干什么？我能干你正干的事情吗？你在里面吗？我怎么才能进去？这样的结果会是什么？"在一定程度上人们彼此间的防范少了些，特别是在工人阶层居多的长岛市。当然，暴力也存在。

我们都在同一条搁浅的船上，我们在甲板上走来走去，每天早晨眺望远处的地平线，然后看到的总是一模一样的情形。也就是在这种情况下，山姆不得不解雇我。山姆是个小生意人，脾气好，一生都支持共和党，他支持胡佛总统，但这时已经不再为总统辩护了，事实上，他已经闭口不谈政治了。政治太让人不解了，一连串的大灾难，没人能阻挡。

这样我又回家闲着了，开始每天早晨急切地从《时报》上为数不多的招聘广告中寻找可能的工作机会。那时的广告会特别标明要"白人"或"非犹太人"，有时会标明要"基督徒"，我的眼睛会习惯性地跳过这一整栏广告，只停留在没有特别标明要什么人的广告上。那时犹太人有点像黑人，这两个族群还算彼此理解。有的广告甚至详细地标明要"基督教清教徒"，偶尔会有要"天主教徒"的，仿佛纽约是由许多唯恐血统不纯的氏族组成似的。我对这类种族界限很反感，这可能是我后来娶了非犹太姑娘的原因。

一天早上，我很兴奋地看到一家曼哈顿的汽车配件仓库在招聘保管员的广告，没有任何种族要求，一星期可以挣十五美元。广告上的地址和电话看起来很眼熟，原来是查笛克-德拉梅特仓库。我马上给山姆打电话，问他可不可以用他的名字作推荐人。他当然同意，"但是你一定要告诉我，你申请这工作时他们是怎么说的"。我当时不知道他为什么要这么说。

去申请工作时，我认出接待我的是威斯利·莫特，我早先去那里取货时就认识他。我那天衣着整洁，打着我唯一的领带，坐在他办公桌旁。我把脚平放在地面上，以便遮掩鞋底的洞。我告诉莫特我给山姆工作的经历。莫特约莫三十岁，是整个仓库的总管，每星期挣三十六美元。作为高级雇员，他穿着扣到领口的衬衣，打着条纹领带，他把衬衣袖口卷到小臂中间，一般工人都把袖子卷到胳膊肘以上。莫特挺严肃，但也不是完全没有笑脸，一头红色的鬈发，方脸，粗粗的脖子。他的办公桌设在朝街的窗前，在他办公桌旁边，有四位文书在办公，三女一男，这部分白领办公区的墙是很单调的水泥板，在和莫特说话时，我意识到仓库里还是有些日光的。莫特给了我五分钟时间，其间他点了一两次头，记下了我的电话号码，然后对我说他会通知我结果。

第二天，我几乎什么也干不成，整天守在餐厅的电话机旁。任何一样东西，你盯得久了，就好像会动似的。这天的电话机在我看来宛如一个佯装冷酷沉默的精灵，我对这份工作的渴望如同蔓延全身的瘙痒症，我努力试图忘掉它。这份工作每星期能挣十五美元，不仅比通常男孩子的工作多出三美元，而且证明查笛克是一家高质量的公司。作为一个送货卡车司机，查笛克公司总让我觉得有派头，货品全是好牌子的：拜尔启动器、廷肯滚珠轴承、底特律轴心、布朗和莱普变速器、派卡德莱卡德启动电线、普雷斯顿防冻液、盖茨垫圈等等，这些都是当时的名牌，这些公司很强大，不会在经济萧条中垮掉。查笛克公司一进门就是水泥地面，人走进去比走进那些木地板已经陈旧磨损了的汽车配件仓库感觉要好，查笛克给人的感觉好像是银行那样的大公司，比如在布鲁克林联合煤气公司大楼里的那些公司，那时我们家每个月要去这栋大楼里付煤气费。显然查笛克公司支付十五美元的周薪，而不是像其他公司的十二美元，是有它的道理。他们对应聘者的要求也会高，对刚满十八岁、等着进入劳工市场的我来说，我是站在起跑线上，时刻准备出发，但电话始终没有响。

等我冷静下来想想，查笛克不雇用我的原因很简单，但这并不特别让我沮丧，当时这样的行为还没有被命名为歧视，不过是习以为常的事情，这件事仅仅表明我必须找到另一条进入美国社会的途径。

这天晚上山姆打电话来，问我是否被查笛克雇用了。当我告诉他我没有得到这份工作时，他说："你会得到这工作的，你比他们可能雇用的其他任何男孩子都了解这行当，他们不雇你是因为你是犹太人，但是他们的许多客户也是犹太人，我明天一早就给他们打电话，你准备好去上班，听明白了？"

第二天临近中午时，莫特打电话来，告诉我他们雇用我了。我于是坐电车沿格雷夫山德大道下到教堂街地铁站，然后乘地铁到时代广场，再走一小段路来到 63 街，沿着铁台阶走进安静凉爽的查笛克公司。这里的工作人员除了莫特和另一个人外，其他人都是爱尔兰裔，在我走近他们时，我好像得站直了被他们每个人都闻一闻，很简单，这地盘里从来没有过犹太人。三个女记账员最先对我表示友好，多拉看到我在一堆轴承后面，主动和我说话，她是单身，瘦瘦的，手腕如同布里克森男爵夫人＊那样透明（二十五年后的某天下午，我和布里克森男爵夫人见过面）。多拉说话时会露出她突出的门牙，她小声告诉我，等过些天我熟悉了就会喜欢这儿的。多拉鼻音很重，后来我才知道她鼻子长期感冒。我很感激多拉的好心劝告，但是我意识到在五层货架上那么多货箱中寻找各订单所要的配件的工作只能在我熟悉了什么在哪里之后才会变得容易起来，所有的订单都在包装组头儿盖斯办公桌上的一个尖钉插上插着，盖斯有六十五岁了，留着和棒球球星恺撒·威汉一样的胡子，一对白眉毛看起来很凶，将军肚挺得圆鼓鼓的，就像医疗球一样。我初来时得到的那一点点欢迎很快就消失了，因为其他工人没过几小时就对我不断提问哪个配件在哪里不耐烦了，所以到了五点一刻，其他工人都下班后，我爬上梯子，从最后一排的货架开始一个一个的货箱看过去，不一会，我听见底下水泥地板上有脚步声，低头看去，只见莫特从我的梯子下面走过，往洗手间那边去，我向他

＊　即凯伦·布里克森（Karen Blixen），丹麦女作家，代表作《走出非洲》。

点头打招呼，准备向他解释一下我这样显然应该受表扬的工作表现，但我还没来得及开口，他就抬头对我笑了笑，目光显得冷淡，不想要受到打扰，他说道："琢磨着拥有这地方吗？"说着他拐进了去洗手间的走廊。

我的一肚子凉气直到快到家的半路上才算暖了过来，也许我不应该压抑我已经意识到的同事们不喜欢我的那种感觉，我想，多拉来和我主动说话，意味着向我显示她和其他人不一样，但这一点点同盟实在太微弱了。在晚餐时，我什么也没有对家人说，没有必要破坏他们原本为我找到工作而大松一口气的心情。克米特看待生意总是比较浪漫，他认为我被这样一个很有根底的公司雇用是往前迈出了一大步，当然大家都知道我能得到这份工作全靠了山姆的干预，但是心理上大家已经开始拒绝考虑这一点了。我当时是极其想要这份工作，因为担心一个季度的无所事事会毁了我，会像周围的许多年轻人那样，既找不到工作，又没有钱继续读书，就那么荒掉了。我这种心理使得我对老板莫特憎恨我的态度根本不去理会，第二天早上，我高高兴兴去上班，和所有看起来像是会友好说"哈啰"的人点头致意，一整天都兴冲冲地按订单取货。在订单做完了，人们空闲下来的时候，大家会站在后面的桌子旁休息，我学会了如何站在边上观望，不插嘴，不去寻求他们的友谊。

几个星期下来，我就和他们混熟了，和他们一样说些愚蠢无聊的话题。他们意识到我其实不比他们聪明，事实上有些地方比他们还笨。人们害怕犹太人首先是怕他的才智，认为这才智既神秘又可恶，不当心的人会遭到难堪甚至受骗。此外，人们总是对不是按自己方式生活的人有些惧怕，犹太人对非犹太人也是如此。在查笛克公司，我还学会了如何握住一双发抖的手。那是休依，一个高大的金发小伙子，口齿不太清楚。头天晚上，在他那没有钱取暖的公寓中，他们的新生儿几乎送了命，他当时吓呆了，几个小时后，才回过神来，意识到差点儿发生了什么，他突然开始发抖，脸像中风般扭曲着。二十八岁的休依有四个孩子，就是不出这事，他平时也是生活在重压之下，用每星期十八美元的工资养活这么多孩子不是件容易的事情。

时光流逝，查笛克公司包装车间窗外的季节变了数次，透过车间肮脏的玻璃窗，我们看得见后院里茂盛的艾兰撒斯树和对过街上新修的一幢五层楼的妓院，我们可以向裸体晒太阳的年轻妓女们招手——她们早上像印度人那样盘腿坐在床上晒太阳。查笛克公司工人的坚定意志让我感动，尽管我知道我不该认为我们是"一样"的人。每天早上从布鲁克林到公司上班的一个半小时车程中，我总是看小说或《时代》，查笛克的人往往是以怀疑和恭敬的态度来读《时代》的，他们小心地用手指尖翻着《时代》，好像在触摸丝绸。当多拉告诉大家我是在为上大学攒钱后，他们得出的结论是：犹太人是不会把工资都用来喝酒，将之喝光的，这样我又成了和他们不一样的人。此外，因为我想升学，这表明我是要摆脱和他们相同的命运，在他们看来，我虽没有明说，但其实是在暗示我比他们高明。但他们对犹太人仍有许多疑问，主要是关于我们的家庭习俗和规矩的，因为像我这样身强力壮的年轻人竟然可以不把工资交给家里，而是为自己的教育留着，对此他们有些吃惊，也不太理解。大部分时候，我把每周十五美元工资中的十三美元存进银行，这样到1934年7月我的银行户头上可以有五百美元的存款，这是当时学校对申请秋季入学学生的要求。

仅有一次大家打破了接受我的表面——如果我可以这样说的话，露出了真面目：我当时在像往常那样取配件，没有听见休依过来的脚步声，我把梯子往后推时，轮子碾过了他的脚趾，他是个壮汉，扁平足，削肩，通常他得穿特制的鞋以减轻脚趾的负担，这一碾让他疼得大叫，他挥手照我的鼻子抢来一拳，"操你妈的……"我能几乎听见

"犹太人"，但并不很清楚。拳头被我躲开了，直接打进了我身后的配件箱里，他花了好几分钟才拔出来，他的指关节处在出血，他用手帕包住伤口，一脸怒容地走开了，但他没有再说什么。

1934年8月当我离开查笛克时，我教会了彼得·戴蒙如何工作，他是第一个在查笛克上班的意大利人。他阴沉着脸，从不笑，是个中规中矩的西西里年轻人，有些隐秘的事情之前有人多少还跟我说一点，但对彼得，他们很快就什么都不说。我还教会了另一个人，他叫丹尼斯·迈克曼，刚移民来美国，人很高大，说话带可爱的爱尔兰口音。他把包装纸贴在后窗上，这样他就不必看见对面楼里的妓女。不久他开始酗酒，正如大部分工人或迟或早都会做的那样，我觉得他们这样做是因为他们看不见未来，与此同时又很庆幸在那样的日子里能有一份工作，不过这样借酒浇愁并不见得有效。

在许多人排队等待工作的年头，我们似乎实在没有多少理由抱怨我们的工作，我们学会了不去多介意别人的嘲讽。比如在我们碰巧拿到刹车垫衬的配单时，我们就得自己在机器上切割石棉垫衬。这个切割机没有安全挡板，我们也不戴任何面具和安全镜。尽管刹车垫衬经过高度压缩，切割时石棉粉末还是会充满库房，有时在前面的办公室里也能闻到石棉味。有时磨砂轮破碎后，锋利的小碎片会飞得满库房都是。但那时没人想过这样的作业环境是很危险的。有一次一块碎片打中了我的胸部，那时是冬天，室温总在华氏五十五到六十多度，所以我总穿着毛衣和外套，因而几乎没觉得疼。我仿佛没事人似的，马上给切割机换了个磨砂轮，就接着干活了。当时报纸上报道许多新的工会正在组成，我把这消息告诉休依和其他工人，他们有些担心地看着我，他们不想和大老板有麻烦（二十年后，我把这个老板写进了讲述这家公司的剧本，他在剧中的名字是鹰先生，但他的真实姓名我已经忘记了）。当时我们都知道我们不是技术工人，任何人都可以顶替我们，事实上，当时有不少技术工人也和我们一样，对自己的工作既没多少自信，也没什么成就感。即使那时有人来组织工会，我们也会觉得我们不够格。

据说老板鹰先生拥有好几家公司，所以他每星期只来我们这里一天或两天。多拉说他是普林斯顿大学毕业，并且热衷于航海。透过前面把鹰先生的办公室和我们车间隔开来的一圈玻璃窗，也是公司唯一干净的玻璃窗看过去，我们知道多拉这一说法是真的：办公室的一面墙上挂着一幅大型蚀刻画，画中酷热的夏日下一艘帆船在海上行进。这幅画对我们来说是一个嘲讽，因为我们的库房不仅没有空调，连电扇也没有，前台挂着一个三英尺长的温度计，以红蓝两色印着"普雷斯同"牌，上面常常显示华氏九十多度，但没有人想过要求莫特去问鹰老板装台电扇。大家只是不停排队，一个接一个在那间正对着妓女楼的包装桌旁的唯一的洗手间里，在脏兮兮的棕色洗手池上的水龙头下往脸上撩把不够凉的凉水，鹰老板本人也是用这个洗手间的。另外大家也从未想过老板太太偶尔把两条狗单独留在我们工作的库房有什么不对：鹰太太是个看起来彬彬有礼的年轻妇女，总是穿戴得像是要去参加晚会。她会把她两条大块头、脾气暴躁的西班牙狗拴在库房那根大铁秤的柱子上，自己出去逛几个小时的商店，因为大秤下住着一窝老鼠，所以这两条狗一个劲地对着大铁秤底座吼叫，如同它们在乡间狩猎那样，对它们来说这是最自然不过的了。而在这几小时中，那条公狗免不了会在秤上撒尿，这就给我们出了个谁来打扫的难题，我们心照不宣地抗拒此事，让那摊狗尿慢慢地自然干掉，然后幸灾乐祸地看着鹰太太回来领狗时小心翼翼地避开脚下的狗尿，从大铁秤的柱子上解开狗绳，并且谢谢我们容忍她不习惯城市生活的狗。

在五十年代创作的独幕剧《两个星期一的回忆》中，我试着描述这段经历，但是这一剧目只在海外比较有反响——在拉丁美洲、意大利、捷克斯洛伐克以及其他一些欧洲小国，那里仍旧有在类似环境下工作的工人或仍旧对这样的工作环境有记忆的人们。在 1955 年的纽约，股市开始上扬，美元是当时全球唯一的通用货币，一部关于工人的剧作实在是人们最不关心的事情。在创作这个剧本的时候，我已经有五部剧在百老汇上演并且受到好评，但我从骨子里觉得，这些剧本其实是被当时的美国社会所拒绝的，我把那段艾森豪威尔年代看作美国社会的非正常时期。我觉得写这样一个探讨公众团结互助的剧本是在宣称除了金钱外还有其他真实的东西存在，哪怕仅仅是对一个久远的年代的回忆。不过我想，怀旧是专门留给欢愉的记忆，不是给痛苦和现实的。

不管怎么说，在 1934 年夏季末我离开查笛克公司时，多拉是唯一表现出关心的人，正如同两年前我刚来上班时那样。甚至连丹尼斯，我在那儿最亲近的朋友，在我向他说再见时也没抬起头来说什么，当时他正忙着包装一个轴承。吉姆·史密斯，一个八十多岁的印第安武士，嘴里叼着雪茄从我身边走过，他微抬着头以便能透过双光花镜看清手上的订单。还有约翰尼·德罗恩，同两年前一样鼻子两侧依旧长满粉刺，戴着肮脏油腻的深蓝色领带——他有三条这样的领带——他向我微微点了一下头，不断颠换着两只脚，就好像站在火炉上似的，一边说："你应该考虑学财会专业。"我们这个包装车间现在还有两个新的爱尔兰工人，我几乎不认识他们，因为他们很少干活，常常好几个小时躲在货运电梯里和从街上找来的游手好闲者掷骰子。为了激怒天真单纯的丹尼斯（说起来，此时丹尼尔脸上来自爱尔兰乡村的气色早已褪光），有天下午他们坐在丹尼斯的包装桌旁，大谈上个周末他俩如何从帕特森舞厅把一个女孩带回家，如何轮流开车、轮流在他们借来的卡车后座上把那女孩强奸了。丹尼斯听了大发雷霆，三个人打了起来，这是我在那里第一次也是唯一一次目睹斗殴。威斯利·莫特从前面的办公室冲进来，朝正照着丹尼斯的肚子猛打的罗奇大吼，我把丹尼斯从地上拉起来，多拉和另外两个女同事嚷着要叫警察，好一阵忙乱。

在四十年代中期的某一天，我碰巧路过查笛克公司一带街区，那时距我离开那里去密歇根读书已经有十年了，这么多年来我第一次对我和这里的人们的关系感到好奇，我决定弯进去看看。我从百老汇大街走过去，走上台阶，打开那扇铁门，惊讶地看到这里完全变了。柜台现在贴了深色胶合板，墙上装了护墙板，显出先前没有的雅致，既挡住了车间过道上一排排的零件箱，也把这部分和办公区隔开了。几个修车技师在柜台外等着，很快从里面出来一个很胖的金发男子。这是休依，十年的时光使他成了臃肿的中年人。他穿着衬衣，打了领带，衣袖卷到胳膊肘处，虽然看不见他的脚，但我肯定他不再穿着带有切痕的鞋了。修车技师拿到他们的汽车配件后离开了，我走到柜台前向他点头打招呼。他等着我给他订单，我说："你好，休依。"

他没认出我，一脸疑惑，还有些惊讶和怀疑。我觉得很不好意思我得告诉他我的名字，显然，他手头有许多事情在忙着。"你想要什么？"他问道，仍旧在等我给他订单。我向他解释我早先在这里工作过两年。我在查笛克公司工作的那一段时间正如经济大萧条那样已经成为过去的一场梦，休依不仅记不起我，而且对不得不思索我想要干什么显得很不耐烦。他居然连试着回忆一下过去的兴趣都没有，这让我很懊丧，我们的对话无法再持续下去了。大约两分钟后我离开了那里，那是我最后一次关上那扇铁门。在我离开以及多年前初次来这里时，我都能闻到一种我说不清的钢铁气味，这种气味让我联想到纽约的造船厂和其他一些工厂，那里产业工人之间的团结情谊往往让我感到激励和乐观，但最终又让我感到沮丧，因为每个人最终总是回到他们刚开始的样子——独自一人。

这天下午我从那里离开后，我在想我当时究竟希望从重回查笛克的经历中得到些什么。是向他们炫耀我终于如愿成了作家吗？写了一部不成功的百老汇剧本，还有一本销量相当不错的小说《焦点》？是的，但又不完全是，我真正期望的仿佛是让时间停止，或许把我们被偷走的时间再找回来，但休依没有——或者说拒绝——回忆起我的事实把我拉回到我原本的自己。很奇怪，他们每个人都清晰地保留在我的记忆中，但我却从他们的记忆中完全消失了。休依怎么可能完全忘却当年因想到他的孩子前一天夜里在没有暖气的房间里几乎丧命而突然恐惧得发抖时我握住他的手让他平静下来的情景呢？忘记他还试图给我脸上一拳？难道这就是写作存在的原因吗——以此来对应遗忘？不仅仅是为作家本人，还为所有生活在底层、在文化的阳光无法照耀到的地方的人们？

我买了一份报纸，在百老汇大街上边走边读。苏联方面伤亡惨重，但战争已经慢慢转向德军失利；也有报道说在对日本的战斗中离损失的美国人将达五十万的日子不远了。我当时被征兵部门拒绝了两次，我哥哥已经去了欧洲战场，但纽约却好像没有受到多大影响。那么所有的流血牺牲意味着什么呢？如果我哥哥死了，世界会有所改变吗？作为一个不上前线的人我有时间思考这些问题。我觉得其实人们私下里是担心这些事情的，只是因拿不准，于是没有表达出来，只能随波逐流，我希望我能替这些人说话，把他们无法表达的话说出来。

自 1936 年获得第一个霍普伍德奖后，八年来我创作了四五个正规长度的剧本；写了《吉星高照的男人》的小说版；一本有关士兵训练的报告文学《处境正常》，素材来自为我的电影剧本《大兵故事》所做的调研；还有二十多个广播剧本，这是我当时的主要收入来源。走在战时的纽约大街上，我无法排释一个幸存者内心的愧疚感，为了尽己所能，我甚至申请了战时新闻处宣传情报机构的工作，但因为我只有中学法语程度并且缺乏联络网，我没被录用。我看起来像是局外人，既不属于特定的社会阶层，也不属于任何有影响力的组织，就像高中时期，其他人都跟着老师赶去某俱乐部或参加某个会议，而我还傻呆着不明白到底是怎么回事。我能确定的就是写作不是编造，我没法像《知识百科全书》中狄更斯所说的那样，他的脑中会奇迹般地编织出各种不同人物形象。而我所知道的纽约是支离破碎的，报纸上每天都登载阵亡将士的故事，城市上空仿佛飘浮着寻求这些牺牲的意义的哽咽声。我当时的心态是，一个年轻健康的男子被拒绝参战，只能看着其他人流血牺牲，这使得我有时会近乎病态地自责，对我来说，后方的自私、背叛、物欲与前方牺牲的将士和盟军的神圣使命形成了鲜明对比。我如同一根上好的弦，就等着别人来拨动，就如我前面提到的，剧本《都是我的儿子》居然是受到玛丽的妈妈，斯莱特里太太，一个我根本没有想到会对我有所启发的人的启发而创作的。

没有一部作品是仅来自一个原始素材，正如同一个人的心理状态也并不停留在一个时间、一个地点。尽管如此，托尔斯泰认为，我们希望从一部作品中读懂艺术家的灵魂，为此，艺术家必须遵循这一原则，坦率地将自画像呈现出来。我努力塑造一个真实的灵魂，塑造出我所理解的人们共同寻求生活意义的欲望。我想创作一个剧本，让它矗立在舞台上，如同天上掉下来的石头般不可抹灭。在走过了许多路后，我终于抵达了这一点：不仅对自己提出要求，也对戏剧提出要求。

在1936年春天密歇根大学的霍普伍德戏剧奖颁奖会上听到我的名字时，我当然感觉愉快，但也有点难为情，我暗自希望人们能很快忘掉这个剧本，转而喜欢我的下一个剧本。我相信我的下一个剧本会更好。

我马上给妈妈打电话，她惊叫起来，扔下电话就冲到外面去叫醒亲戚和邻居们，一直到第二天黎明，使得我刚赢得的钱有一部分流入了电话公司的账单里。在纽约第3街上，我现在有些名气了，不必再担心我会把生命荒废在整天玩街头橄榄球上。这个奖还特别让我在贝蒂舅妈面前出了一口气。她是我已故舅舅哈利的遗孀，自称能通灵、会用卡片算命。在两年前我去密歇根读书的前一天晚上，妈妈曾让她给我用卡片算过一卦。以前贝蒂身材丰满，很是美丽，还当过一段时间的脱衣舞娘；但二十年前发现她儿子卡尔是天生愚型后，她转向了宗教，她会一边忙着给儿子擦哈喇子，一边不忘用眼角的余光观察鬼魂；她会时而飞奔到儿子身边看护他，也会当着别人的面嚷嚷不让他继续说傻话；她给儿子买高档的西装领带，教他如何挽着她的胳膊，像一个真的绅士那样和她一道神气地走在大街上。

在我临行前那天晚上，贝蒂让我坐在餐厅的餐桌旁，用卡片给我算命。妈妈坐在稍远一点的地方，以便她的能量不会影响算命结果。我爸爸则在客厅里逗卡尔。"这么说你喜欢梅·韦斯特，卡尔？""啊，当然，我爱他。""那你爱他什么呢？""他太美了。"我那步入了少年的妹妹琼这时大约在楼上和她的好朋友瑞达试穿妈妈的衣服，我当时就怀疑瑞达偷拿我们家的零钱，后来证实她还偷我妈妈的首饰，显然她对我们家还没被变卖掉的几件钻石首饰感兴趣。我想我哥哥克米特这时要么出去约会了，要么在楼上卧室里给我写信，他的信模仿舅舅莫一战时维多利亚式的风格，充满了激励人的诚挚。总之，我将离别他们去远行了，如同约翰整理行装准备穿越沙漠去蒙蔽法罗王。我知道我在家的最后一个夜晚将是我此生一道小浪花的浪尖。

大家沉默着，看贝蒂舅妈把最后一张卡排好，然后按照顺序配对取卡，再把它们叠起来，停顿，沉闷之中更多的卡被变换位置。特别爱整洁的艾斯塔阿姨进来和我道别、祝我好运，她还没开口，妈妈就向她"嘘"了一声，示意她别出声，艾斯塔阿姨于是站在那里看着贝蒂舅妈排卡，一边从她几乎扁平的胸前拂去头皮屑。

　　这时贝蒂舅妈伤感地左右摇头。"他到那儿干不成什么事。过不了几个月就得退学。"恐惧迅速闪过妈妈的双眼。贝蒂舅妈笔直地看着我，把手伸过来同情地握住我的手。"别浪费钱，留在家吧，去那儿没用。"

　　尽管那时我很天真，我看着她性感的圆脸时，想过这其中嫉妒恐怕大于神的启示，但很快将这一想法排遣掉了，毕竟我们是一家人，她怎么会不希望我过得好呢。事实上她触动了我那根迷信的神经，恰好将我内心的担忧说了出来，这使我感到沮丧晦气。好在妈妈很勇敢地恢复常态，她飞快地准备好咖啡和蛋糕，把懊丧的气氛转变为快乐的聚会。吃着美味的蛋糕，客人们纷纷向我祝贺。第二天早上，爸爸和克米特去汽车站送我，好像我是离家去往亚洲的荒蛮之地，在最后分别的时刻，克米特突然把他头上戴的帽子摘下来扣在我头上作为告别礼物，克米特戴上帽子总是显得很帅气，而我戴帽子则看起来傻乎乎的。这顶帽子陪伴了我四年，但大学时代最后一次在公路旁等着搭顺风车回家时我把它给丢了，当时我站在纽约州奥宁塔市附近的一片麦田里，那是个阳光明媚的春日，偶尔刮过一阵狂风，当我向那辆好意在这条荒凉的路段上停下来让我搭乘的车子跑去时，猛然一阵风把帽子从我头上掀走了，就像从小孩子手中吹跑的气球那样，很快它就飘得很远很远。

　　到1936年春天获得霍普伍德奖时我已经不再担心我会退学回家了，但我希望贝蒂舅妈知道我得了奖，我想这也是让我自己确信这一事实，因为那天晚上贝蒂舅妈卜的卦也正是我自己所担心的。而我的得奖其实未必是对我的前途的保证，我在开始花这笔奖金的同时也开始担心我是否还有东西可写，这一习惯一直伴随我至今。我当时把我知道的有关家庭的事情全都写了出来，而我对其他的事情几乎一无所知，此外，这个剧本的主题是一个工厂老板的长子和对社会有抵触情绪的父亲在他工厂的一次罢工事件中所爆发的矛盾，我虽把剧本中的父亲写得低了，但我却赢得了我真实生活中父亲的认可，我不必再假装对他说我是在学新闻——一份有老板和工资的真正的职业。对我哥哥克米特，我总有一些负疚感，我这个原本学习不好的人却跑出来读书，把料理家事的责任都留给了他，我得的奖可能会让他觉得他作出的牺牲没有白费，尽管他很可能私下里嘀咕为什么他不是得奖人。他是在为一个理想化的父亲服务，而我是在写作中降低这一理想化的形象。

得这个奖带给了我诸多好处，使我得以聆听埃里克·沃特教授破例地把我的剧本当作语言精炼的范本朗诵给他的论文班学生，沃特教授是个可爱、常忘记生活中小事的人，他的领带经常不在他衬衣领子下面待着，他进教室时经常会漫不经心地把自己从外套中褪出来，却忘了把外套挂起来，等到讲了半小时课后，他那双眼睛会透过厚厚的镜片吃惊地看着躺在地上的外套，琢磨它怎么会从衣钩上跑到地上。埃里克·沃特教授坚持用他的中西部口音念我的纽约人对话，让我的耳朵好不受用，特别是他把"哦，耶"*说成"哦，呀"时，但是他糟糕的表演实在很可爱，每当某句话引发一阵笑声，他会抬起头来，面颊红红的泛着光，得意地看着我。在学期刚开始时，他邀请我在下课后和他一起走走，这让我受宠若惊，所以在他开口说话之前，我这个低年级本科生的自我感觉就上升了有好几英尺。他要和我说的话题是我的文章显示出我有评论家的才气，如果我再努力学习几年，比如说十年，那么我可能会成为一个评论家。天！十年，我要到三十岁才能当评论家！我暗自以为一年后，或者顶多两年——绝对不用九年，但

---

* 原文"Oh, yeah"，意为"哦，是的"。

后来证明确实等了九年——我就可以成为剧作家了。沃特教授把我引荐给教剧本创作的肯尼斯·罗尔教授。罗尔教授很欢迎我去听他的课，并很快成为我创作的评判人兼知己，他的友谊对我有很大的帮助；此外他在我创作发展上最大的帮助是他强调剧本构造的动态，这通常不是大学课程的内容。他的学问和对我的支持非常重要，特别是他成为戏剧协会剧团的顾问、经常为协会诵读新剧本后，他对我的鼓励就显得更有分量。

同样是这位埃里克·沃特教授，在五十年代早期把我带到他在新办公大楼的办公室里，指点我修改在《假日》上发表的文章。这时他已升任为学校的教务长，穿着做工精致的西装，领带已经不再从领子一侧跑出来，而是服帖地待在胸前，他办公室的外间还有两个秘书，但他说话仍旧咬舌儿，仍旧面颊红润，仍旧认真地听我说话，并不时露出赞同的微笑。他希望我在文章中提及麦卡锡主义，因为其偏执狂精神正在伤害学生和教师及校方之间的交流，再加上当时美国大公司争着录用大学毕业生，所以年轻人被灌输了平坦安逸的生活态度，沃特教授认为，当时学生们最大的目标就是如何适应大公司的要求，而不是培养区分真理和谬误的能力，"他们能得高分，但是不再像先前的学生那样聚在路灯下探讨社会问题"，或者说探讨当前世界的错误，并且寻求解决方法，而这些是当时的公司企业雇主们不感兴趣的或者甚至是不喜欢的。沃特教授把我介绍给学生指导教授，这位教授很天真，完全没有考虑到整个事件的险恶性，他告诉我联邦调查局征集学生来报告他们教授的激进言论，与此同时他们也要求教授报告学生们的危险观点。在五十年代匿名告密者的阴影还没有完全笼罩整个大学时，沃特教务长已经在为未来忧心忡忡了。

1936年获得霍普伍德奖后，我自我感觉良好，就仿佛旭日东升，我自然而然在想象中把自己和百老汇的著名剧作家们相比较——首先是克利福德·奥德兹，还有马克斯韦尔·安德森、塞缪尔·N.贝尔曼、西德尼·霍华德、西德尼·金斯利、菲利普·巴里，以及其他十几个名噪一时但很快被忘却的剧作家。不管怎么说，当时没有多少美国剧作家和我的创作有关联，当然奥德兹和只延续了几个星期的安德森除外，我当时认为安德森很有可能突破百老汇习惯的尘埃，但他作品中不自然的古董风格让我对他很快就不那么感兴趣了。

至于尤金·奥尼尔，他剧作中幼稚可笑的二十年代俚语在三十年代中期看起来很老旧，他不断重复的风格也让我在读他的剧本时免不了打瞌睡，我觉得他的剧本有自我膨胀的嫌疑。人们总是以自己的历史背景去看作家，从我当时的角度来看，奥尼尔像是一位神秘而富有的剧作家，隶属于上层社会、戏剧协会剧团和逃避现实的"文化"，他在多年之后才展现出他完全相反的一面，才显出他远比奥德兹更绝对，更超越常情，尽管奥德兹显得纯洁而具有革命意识，表现得像一个光明的承载者，这些当然是由于奥德兹本人对社会主义和理想主义苏联所持的支持态度，这和他剧作中以抒情方式表达期冀的绝望感一样广为人知。奥尼尔却在奥德兹正当红的时候开始事业上沉寂的十年，这看起来证实了他陈旧的个人主义的萎缩，他对个人救世的挽歌式的期盼使人联想起酗酒的二十年代，和奥德兹喜剧式地大声抨击社会形成了对照。正如同常常发生的那样，我们总是局限于通过一个作家的立场，而不是他具体正在做的事情来评论他，我们更多地听取评论媒介的评论而不是看作家本身的文学创作。

一直到四十年代末，此时和二三十年代完全不同，奥尼尔的剧作《送冰的人来了》和我的剧本《都是我的儿子》在1946年同一演出季节上演，尽管《送冰的人来了》初演时反响并不大，但从中我看到奥尼尔对资本主义文明的抨击远远强过奥德兹。奥德兹剧中的人物之所以是局外人，是因为他们进入不了社会；而奥尼尔笔下的局外人，则总是急于想要冲出去，他们急切地要扔掉这种充满了自我吹捧的祝贺和对精神价值抱以骄饰的虔诚，而实际上产出的是空虚和目光短浅，满怀无端的绝望者的社会。如果判断激进主义的标准是内容而不是一定的报章标签，诸如"天主教""犹太人""悲剧""阶级概念"，那么奥尼尔应该被列为头号反资本主义的作家，奥德兹则应该算是持有社会主义观点的资本主义改良派；奥尼尔看不到资本主义有任何希望，但是他不像奥德兹，他不属于任何政治流派，至少在他的持社会主义观点的青年时代之后他没有属于过任何政治流派。奥尼尔在作品中描述了工人阶级、妓女、社会渣滓以及白人世界中的黑人，但因为他本人不是马克思主义者，他的剧本从来没有被评论为是对资本主义的批判。

真正的奥德兹也并不是如当时所宣传的那样，他可能在某一段时间挥舞过红旗，也很高兴被称为"工人阶级的风暴鸟"，但这只是他所希望做到的，事实上他并不具备条件。真正的奥德兹是个美国浪漫主义者，同时也是名百老汇作家，或许更多的是个无产阶级带头人，说他是个矛盾人物，也就是说他很活跃但充满痛苦。他的导演和好友哈罗德·克勒曼有一次去好莱坞看他时读到他描述自己的一段话——"对奥德兹来说，好莱坞是罪恶"——克勒曼读到这段话时禁不住笑了。"你有什么好笑的，这是事实。"奥德兹不高兴地说。他正如同一个丧失了道德标准的人。

人们可以很容易地批评他在电影剧本中浪费了他的才能（其中大部分并没有被拍出来），但是什么样的戏剧界才能使他保持忠诚呢？百老汇商业剧院如同一个排斥自己心脏的器官，奥德兹在晚年觉得被冷落和训斥，正如同威廉斯和奥尼尔那样，我自己也体验过他们的苦衷，不过没有他们那样惨痛，这也许是因为我本来对完全被接受就不存太高的期望——我学会了在商业和艺术的结合破裂时不要那么吃惊。美国剧作家的故事有着许多重复——被捧上天后很快又被拒绝或轻视，任何不想重复自己的剧作家都无法逃脱。

在三十年代中期，用克勒曼的说法"奥德兹的后期剧作"《等待老左》之后再有《醒来并歌唱！》，奥德兹向前迈了一大步，成为一个挑战社会的左翼人士，更进一步的是，诗人突然跳上舞台，扔掉了中产阶级的温和举止，如同一个来自曼哈顿街上的小市民那样尖叫谩骂，这使得美国戏剧史上，语言本身首次成为一个剧作家的独特标志。在当时的美国，戏剧本不是政治的和抒情的，当时走红的剧目《八点钟晚餐》《舞台之门》《儿童时间》《化石森林》和《费城故事》都属于后者，当时走红的另一部戏《我们的小镇》相对而言是最抒情的，但其语言和奥德兹相比还是逊色了许多，此外因为奥德兹的语言如同未经雕琢的钻石，他的形象自始至终都充满了他一生都在提倡的伦理和社会责任感，面对通俗文化所要求的快餐式和不痛不痒的娱乐，不是他的激进主义（无论是实际意义的还是来自宣传的），而是他的艺术才是他所背负的真正的十字架；对政治毫不关心的弗朗西斯·司各特·菲茨杰拉德也面临同样的问题。奥德兹戏剧里典型的人物是《金色男孩》中的乔·波拿巴，根据克勒曼的说法，这个人物是以奥德兹本人为原型的，这是个在快速赚钱以及好莱坞-百老汇票房名声和表达他的艺术灵魂的小提琴之间撕扯的形象。

假期回到纽约时，我满脑子都装满了"团体剧场"美妙的剧作，我当时把所有向传统挑战——也包括向传统的百老汇剧院挑战——的作品都理想化了，这些剧作的外在气势：由鲍里斯·阿伦森和莫迪凯·戈列利克设计的置景、灯光，环绕演员们那种独特的宁静气氛以及演员们看起来既自然又超然的举止，这一切都让我倾倒，至今我仍能记起由路德·阿德勒和斯黛拉·阿德勒（他们是我父亲的英雄雅各布·阿德勒的孩子）、伊利亚·卡赞、鲍比·刘易斯、桑福德·迈斯纳表演的一些大场景，我能把五十年前他们在台上所站的位置都清楚地回忆起来，这倒不是我的记忆力特别好，而是演员们的舞台表演真实到家，他们完全融入了角色。当我回忆起这些往事时，时间仿佛停滞了。他们好像从来不会摆出没有意义的姿势。我看得最真切的一部剧是艾比剧院的《朱诺和孔雀》，主演是萨拉·奥尔古德和巴里·菲茨杰拉德，他们就像是在真理面前谦逊而虔敬的人。我记忆中对色彩的印象也很深，阿伦森和戈列利克用色彩来诠释故事，如同画家作画那样。多年后我了解到"团体剧场"中当年一些不愉快的故事：有人得了抑郁症，有人自私，有人高傲，野心十足，但从我当时五十五美分票价的楼上座位看过去，那里的一切都是艺术和崇高境界的梦想。事实也的确如此，艺术往往比艺术家更高尚。

当时我和一些年轻作家认为莉莲·海尔曼*的剧作不在这组充满激情和挑战风格的剧本中，尽管她在作品中剖析社会的道貌岸然，但她笔下的中产阶级看起来如同其不值得那样同时又是很强壮的，所以当我们知道她本人其实是左翼时是很吃惊的。她作品中的对话也很高雅，从而与那些总是急躁和兴奋地大声抗议的剧作有所不同，无疑我们中一部分人认为她是杰出的百老汇作家而不是局外作家的看法是不公正的，她的情节从来都很稳当，那种严谨是我们当时这些太年轻也太不仔细的人所不能充分欣赏的，我们当时寻找的是正义的愤怒，而不是缓慢展开的情节。此外更重要的是，好莱坞是堕落的中心，而看起来她在那里也颇受欢迎，简而言之，就是作为叛逆者的我们不知道如何来理想化地看待成功人士，不过一个光明的传播者好像不应该把大部分工作生涯耗费在诸如山姆·戈德文†这样的商人身上。

---

* Lilian Hellman（1905—1984），美国著名剧作家。
† Sam Goldwyn（1879—1974），好莱坞著名制片人。

三十年代的我仍旧很单纯，1939 年的那段时间里显然如此。那时我刚从大学毕业几个月，在联邦戏剧项目中找到的每周挣二十三美元的工作很快就要结束了，但我并没有太多犹豫就回绝了二十世纪福克斯公司一位代理提议的周薪二百五十美元的工作。有十几个青年作家接受了这份工作，他们被戏称为将像运牲口般被送往加州赴任。有天下午我们举办了一个欢送他们的聚会，参加者全是左翼人士，其中一些给《新大众》文学版撰稿。其中两个人创作过虽没有上演但我认为很有才气的剧本，我问他们为什么要离开剧院，其中一人回答说："你没有意识到有多少人在看电影吗？我们想要影响这些人。"但是他们能影响观众什么呢？大家都知道电影的审核很严格，因为这些年轻人的社会责任感和他们对为福克斯公司工作的兴趣之间并没有矛盾，我提问："如果福克斯公司每个星期也就付你们三十五美元，你们还会这样说吗？"对我来说，我很不理解他们会如此兴致勃勃地朝一个不自由的目标飞奔过去，一想到有人会对我写的剧本进行编辑，哪怕就只改一个字也让我觉得不舒服，而想到要把写好的剧本交给制作人，从而让制作人成为剧本的所有者——这实在太不可思议。的确，用艺术换钱这过程本身就令人反感，一直到四十年代末我听到一个演员称他的会计为商业顾问时，我还是无法接受：一个艺术家竟然有一个会计，一个商业顾问！

　　自然，我不能摆脱渴望成名及随之而来的权力的凡人梦想，这权力意味着财富、声望和在戏剧界的成就，但成功必须在不牺牲个人独立的前提下获得才行，个人独立是戏剧界独有的一个特征。有人说，奥德兹搬进了第五大道 1 号，那是当时纽约最漂亮的公寓大楼，据说他拥有上千张唱片，我每次路过那里时都免不了抬头看一眼矗立在华盛顿广场旁的漂亮大楼，想到他伸手可及的一书架一书架的古典音乐唱片，或许还有美丽的女演员躺在他的沙发上，而他则顶着一头令人诧异的鬈发忧郁地望着楼下的街景——这些等待他的打字机来描述和记录的场景。人们等待奥德兹的剧本就如同等待热点新闻，仿佛通过他，我们能了解到该如何看待我们自己和我们的未来，但在三十年代那些年月里，共产主义威望甚高，有传言说甚至华尔街的金融分析家也要向共产党知识分子精英请教如何应对下一次危机，如果说马克思主义是魔法，那么奥德兹手中则持着魔杖，当然这样的情形是没法永远持续的。

在那四五年里，没有其他作家像奥德兹那样注重维护自己的独特象征，奥尼尔出自耶利米，奥德兹出自以赛亚，他们俩都是先知本性，他们成为成功的剧作家部分缘自政治，不单单是他们的戏剧才华。

当然我的这些印象是经过了从第五大道1号的顶楼到地面这么远距离的过滤之后获得的，甚至更远的距离：从纽约到安阿伯。我当时除了学校正常的学习和打工外，每学期写一部剧本。针对自己在戏剧创作时遇到的问题，我的阅读范围和先前有所不同。在读不同时期的西方戏剧时，我假设契诃夫、欧里庇得斯或恩斯特·托勒尔*的作品是全新的或还没有完成、有待修改的。我试着以不同于原作者的方式来改写，我想象它们不再是先辈的杰作，而是先辈放弃修改的随意之作。在把它们当作可修改的作品后，我无法再从古希腊作品中找到亚里士多德所描述的那种共性，比如《埃阿斯》，其本质就和《俄狄浦斯在科罗诺斯》完全不同，通过我的改写，它们讲述故事的方式，最终都变得切合实际和为人所熟悉，同时我通过忠实于原作的主题和矛盾冲突来保持其戏剧张力。我对古希腊戏剧创作理念非常感兴趣，剧作家把过去延伸得那么久远，以至于戏剧原型消失在传说中，又在当下浮出水面，令舞台上的角色面临进退两难的困境，这些角色对一连串看似巧合却显现出

---

* Ernst Toller（1893—1939），德国著名剧作家，以表现主义剧作著称。

和过去息息相关的事件感到非常震惊（拥有过去是为了让现在变得重要！）。但发现了其中的关联，也就展现了这些角色各自的特性，自相矛盾的是，每个角色独特的个性又体现了他与所有人的命运是联系在一起的。

当然整件事的目的是为了证实和阐述我们看不见的力量和其对违背道德法规的人类的必然惩罚。什么是道德法规呢？不过是人类神圣而不间歇的社会生存抗争，复仇是美丽的，因为剧作证实了世间是有天道的，上帝强有力的警察力量厄里倪厄斯*是安排到世间来维持人性中无止境的自我修正的强烈欲望的平衡，她反对人与人相互摧残。

我无法在奥德兹的剧作中找到上述的情节，他的作品仅有个人的爆发场面，但不具有驱动整个事件的能量，不过他有一个剧本《登月火箭》属于例外，这是他作为作家唯一真正成功的作品：有一个散发着整体力量的核心形象，不只是口头上的，而是天然的。我觉得很有意思，他像奥尼尔那样，是身在传统中反传统，但奥尼尔挣脱了他的天主教教义，而奥德兹的马克思主义在三十年代依然驱使他作出扭曲的表达。

我第一次遇到奥德兹是在 1940 年，我当时在第五大道和第 12 街交叉口处的道伯和派恩旧书店浏览书，我从书架间抬头时认出了他，我见过他的照片，觉得他比我想象的还更像幽灵一些。他胸前抱着两大本厚书正要离开，我那时写广播剧的收入还很低，所以进书店是只看不买，于是我跟着他走出了书店，我还是第一次做这样的事。他的头发显得软而稀少，如同蕨草茸毛，他消瘦的脸看起来有些惊诧。我极其幼稚地告诉他我也是剧作家，吃惊地意识到这话反而关闭了我们之间的交流，我当时无法知道陌生人如此的自我介绍对奥德兹来说有

---

* Erinyes，希腊神话中的复仇三女神。

多么无聊，但我还是问了他正在写什么，他举着手里的书说："我正在写一个关于伍德罗·威尔逊的剧本。"

十八年后他在好莱坞摄影棚遇到梦露，邀请我们俩共进晚餐。但在此之前我和奥德兹也碰到过，那是1949年在华尔道夫酒店召开的世界和平文化和科学会议上，我们俩同是艺术评委。这次会议后来被认为是一个历史的转折点。

在二战后冷战气氛逐渐浓厚的情况下参与重新恢复和苏联的战时同盟的工作是件危险的事情，而且人们当时就会感觉到这危险，不过对我来说，这一会议是在努力地继续一项正在受到威胁的工作，事实上，盟军在二战时共同抵抗轴心国的四年合作仅仅是这些国家从1917年苏联革命后就开始的互相对峙的一个暂停期，在希特勒被击败后这一对峙就又重新开始了，但毫无疑问，如果没有苏联对抗纳粹，整个欧洲包括英国都将会被征服，美国最好的可能则是被迫处于孤立中，最坏的可能是开始很尴尬然后则自如地和法西斯打交道，这是我的看法，所以战后急速地转向反苏联，而支持没有清肃掉纳粹的德国的做法不仅不体面，而且会导致又一次战争，这一战争可能将摧毁苏联，但也会摧毁我们的民主体制，世界局势逐渐变得紧张起来，我觉得我们如果不起来呼吁，以后必将为失去名誉和丧失权利而后悔莫及。

不过，如果我的《推销员之死》不是那么一直在全球各地成功上演的话，我可能也就不会同意做会议主席了，我觉得能把一只脚踏在演艺界之外是比较好的事情，所以在收到邀请后马上就接受了。

临近开幕时，人们无疑对会议可能带来的后果的考虑多了起来，如果说哈佛天文学家哈洛·沙普利、作曲家阿龙·科普兰、画家菲普利普·埃弗古德，以及文学界名人莉莲·海尔曼、诺曼·梅勒、马克·冯·多伦、路易斯·昂特梅耶、诺曼·卡森斯等人是与会发言者中比较谨慎的自由人士，那么奥德兹则属于激进的发言人，另外还有一些来自苏联的艺术家，包括作曲家德米特里·肖斯塔科维奇、作家A.A.法捷耶夫。

此时非美活动调查委员会已经成了好莱坞固定的思想警察，不过在纽约还仅仅调查了几位著名的演员而已。因为有那么多著名人士来参加世界和平文化和科学会议，非美活动调查委员会无疑会对这一会议特别感兴趣。此外，会议开幕的头天晚上，《生活》杂志刊登了整两页几十位与会名人的小照。的确，随着时间的推移，"华尔道夫会议支持者"或"参与者"将成为不忠实于美国行为的关键词。此外，各大媒体都报道了一则新闻：在华尔道夫酒店每个入口处都站了一排修女，她们是来为与会者被魔鬼诱惑的灵魂祈祷的。在会议开幕的那天早上，我从两位跪在地上祈祷的慈祥的修女中间穿过，走进华尔道夫酒店大门。这样象征性的表达方式在当时也是很令人难以理解的。

来参加会议的观众出乎意料的少，这证实了人们当时的恐惧心理。我的责任其实只是简单地在台上通告下一位演讲者的姓名，并且关照到台下希望发言的观众。台下的观众只有二三十人，其中有八到十人情绪特别激愤，玛丽·麦卡锡来了，多年后和我成了好友的作曲家尼古拉斯·纳博科夫也来了，还有几位来自托洛茨基阵营。这是我第一次参加这样的会议，我不知道事态会如何发展。有几位发言人呼吁世界不要让美国-苏联战时同盟瓦解。著名作曲家德米特里·肖斯塔科维奇个头矮小，身形瘦弱，高度近视但身板挺得笔直，发言时眼睛始终没有从讲稿上抬起过，他讲话的内容是向世界保证苏联的和平意愿。当他结束发言坐下时，他直视着台下如机器般不可交流的观众。陪同他的人甚至都没有试着把他介绍给我们这些艺术评委。我现在已经记不起反苏联人士具体说了什么，有三四个人向肖斯塔科维奇提了苏联政府压迫本国艺术家和苏联所占领的东欧国家艺术家的问题，肖斯塔科维奇保持沉默。我们当时都不知道他正在和斯大林进行一场决战。事实上整个会议都没有真正的辩论，除了将冷战气氛提到一个新的高度外，会议没有取得任何效果。一个作家和艺术家的会议可以引发公众如此广泛的怀疑和愤怒可以说是二战后的一个新现象。

即便现在回忆起近四十年前的会议，都还有些黑暗和恐怖的感觉，人们坐在那里就如同索尔·斯坦伯格[*]所画的画一样，每个人头上都有一只气球，上面写着根本不可辨认的字迹。我们这些大部分有才华、但极少数是真正天才的人就坐在那里，回过头来看，当时双方都不完全对，苏联的辩护者和激进的反共派都错了，简单来说，政治是选择，并且往往没有多少真正可以选择的，如同一局没有多少余地可动的象棋盘。

轮到奥德兹发言了，他在好莱坞住了差不多十年，尽管他还在说要写舞台剧本，并且的确在几年后创作了他最后一个剧本《桃花盛开》，但当时他和我还没有多少交往，我觉得这是因为他对我的创作有些嫉妒，四年后我的《萨勒姆的女巫》成了当时百老汇唯一批判反共狂热的剧目，奥德兹则对卡赞不屑地说这部剧"仅仅是说两个人糟糕的婚姻罢了"。莉莲·海尔曼对这一剧本的评价要好些。剧本在百老汇上演之前先在特拉华州的威明顿进行了预演，演出后我们一起散步，沉默地走了二十分钟后，她说："这是个好剧本。"如果我们这些左翼作家真的是像报纸所报道的那样在搞阴谋，那么这显然没有渗透到我们之间的互相支持和理解中，不过我不觉得我自己当时对他们俩没什么成见是多么了不起的事，或许这是因为我知道如果我们之间存在竞争，那我已经是赢家了，但我对来自左翼作家的批评态度的敏感度，大大超过对来自其他人的批评，无疑这是我们之间同行相轻的结果。

听众们开始静下来听奥德兹的演讲，我完全不知道他的演讲内容，

---

[*] Saul Steinberg（1914—1999），美国著名的插图画家和漫画家。

我只知道自己是反对重新反对苏联并对其加以讨伐的，并不知道他对苏联的态度。

奥德兹站起来准备讲话时注意力似乎有些分散，他没打领带，衬衣领没有扣，西装敞开着，我想起许多年前我想象他的性格会像个很坚定的军人，但是他现在看起来这么消瘦并且孩子气地敏感，我们扮演多么不同的角色！奥德兹显然是在争取权威效益，他戏剧性的演讲让我终生难忘，让我失望地看到历史也可能被粉饰和编造。

我的看法是：当时已经是 1949 年了，距离奥德兹的反叛戏剧创作鼎盛期的美国大萧条时代背景已经有十五年之久了，可他仍然把自己放在这一时期内，尽管他已经在好莱坞享受了十年，但他显然觉得在听众面前他得仍旧表现得像 1935 年那样，他必须重新认证他的"奥德兹"特征。

我自己当时又是怎样的呢？如果我对自己的态度拿不准，那么我为什么要冒险应承下来当会议主席呢？我不是感觉到在未来的几年中这事可能会给我的自由带来麻烦吗？

我在两年前就试着决定我的哲学观点是不是站在马克思主义一边，《都是我的儿子》收到不少很好的评论，也收到不少温吞吞的评论，这个剧本的命运难卜，在这当口《每日工人报》对该剧评价极好，但指出该剧的真实性可能反而会影响其商业命运，但在评论家布鲁克斯·阿特金森在《纽约时报》上发表的几篇文章使该剧受到广泛关注后，《每日工人报》又重新对该剧做了评论，这回指出该剧有支持资本主义的倾向——因为剧中工厂老板把有质量问题的部件运送给军队，结果造成战斗机坠毁，而他儿子克里斯·凯勒最终还是选择了继承工厂而不是成为一个革命者。当时我开始意识到，对左倾人士来说，失败是艺术纯洁的最好佐证。

为了澄清我自己对这个问题的看法，我写了一篇文章，探讨如果马克思主义真的是社会科学，那么一个马克思主义作家不可以把社会可能发生的情况和他本人诚实的观察藏起来去证实一个政治宣传观点，简而言之，克里斯·凯勒在真实生活中不可能成为一个革命者，这也不是这个剧所要讨论的问题，再说先决的结论是不符合科学原则的。我把这篇论文读给在市中心剧院区开会的一群作家听，我发现很多人感到疑惑不解，因为我听起来像是在说艺术（至少是好的艺术）而不是在做宣传。作家不能制造真理而只能发现真理，所以作家首先要尊重事实，而不是想当然地去挖掘藏在其背后的原则。从原则上说，马克思主义作为艺术创作的辅助并不比天主教或佛教要好或坏，只能说如果一门哲学给予艺术家刺激和挑战，那么它就是有助于艺术家的。

事实上，我向在座的左翼作家们（他们中大多数人是欣赏《都是我的儿子》的）指出，如果我在创作这个剧本时选择了遵从共产党章程的话，这个剧本根本就写不出来，因为在二战期间，美国共产党反对一切有碍国家的做法，罢工是不允许的，全社会都处在战时戒备状态中，当然，我和大家都知道这是胡扯，从整体来看，当时产品利润是很高的，此外如果反法西斯的目的是真实的话，那么社会实际体现出的则是另一回事。我用了两年多的时间写作《都是我的儿子》，我当时估计剧本上演时战争恐怕还在继续，那么这个剧对自诩爱国其实更注重利润的商界和共产主义者这两种人来说会像是炸弹爆炸。

事实也的确如此。《都是我的儿子》上演几星期后，一名工程师写信给《纽约时报》，指出剧中涉及的技术部分并非事实，他说当时所有的飞机部件都要经过 X 光检测，不可能像剧中工厂老板乔·凯勒那样让部件漏过军队检验员检查的，这封观众来信接下来指责该剧明显是为共产党做宣传。1947 年 7 月，在《都是我的儿子》上演七个月后，由于天主教退伍军人协会的反对，该剧原计划在德国为美国驻军的演出被取消。协会的负责人麦克斯·索伦森承认他根本没看过该剧，因为"太忙，没空看戏"，但他仍旧指责该剧是"共产党的宣传工具"，要求查出"战争部是谁做出这样的决定的"（乔·麦卡锡的非美活动调查委员会要五年后才出现，但他的入场乐已经奏响了）。索伦森的观点很快得到社会主义组织"新领袖"的响应，"新领袖"强硬的反斯大林立场使得他们全然不考虑美国的具体情况。

不过我幸运地躲过了回应这些指责的麻烦，因为当时一个参议院委员会公开了俄亥俄州怀特航空公司丑闻，他们贿赂军队检验人员，将产品检验"不合格"的标签换成"合格"，运送了很多这样的伪劣部件给军队，正如评论家布鲁克斯·阿特金森在文章中指出的那样，怀特航空公司"通过在测试中做假、伪造测试报告和不销毁不合格产品成功地让政府接受伪劣部件"，阿特金森还嗅到了未来，他指出攻击我的人是"在向文艺审查和限制的方向发展，他们觉得如果艺术不痛不痒、永远不接触现实会让他们更愉快"。在俄亥俄州怀特航空公司丑闻中，只有几位相关人员被关进监狱，而在我的剧中，受到良心谴责的乔·凯勒开枪自杀，更糟的是，怀特航空公司当时撤回不合格产品并不会使该公司倒闭，而剧中凯勒的小公司则因做假事件倒闭。

也许我的论文对某些人的思想产生过影响，但并没有在左翼作家中引起任何争议，不过写论文的过程倒是帮我理顺了思路。

与此同时，作为这个"支持苏联会议"的艺术评审委员会主席，我被"反共"的"左派"归为斯大林主义者，但现在我回忆起这段经历来，作曲家肖斯塔科维奇是其中印象最深的——这是怎样的假面舞会！当时斯大林正在肃反运动中，肖斯塔科维奇保证他将改造自己，那么他在纽约会议上做的报告以及他对提问保持沉默是为了避免进一步的惩罚吗？要到三十年后他当年所受到的迫害才被公之于众，天知道那一天在会上他在想什么，闪现过什么样的念头，有没有想过要大声喊出来？他得用多大的忍耐力才能控制住自己不表露出来以免给美国抨击他的国家添加素材，而当时他的国家正在使他生活在地狱中？

不管我当时对马克思主义理论持什么样的批评态度，我是不可能加入反苏阵营的，何况当时我感觉到反苏派还在反对和谴责美国的左翼历史，尽管我当时对这一系列问题还没有答案，但所有这些加起来使我越来越觉得要逆着反苏风潮。所以我在会议上等着奥德兹开始他的讲话，比任何时候都确信我在这一风潮中的做法应该是静等着风暴到来。

奥德兹演讲前连反共阵营的人也出奇地安静，他们集中坐在一起，和其他人隔着几张椅子。奥德兹以一种几乎听不见的声音开始，他提问："为什么会存在战争的威胁？"

他停顿下来，会议厅里安静极了，他继续停顿着，我脑子里闪过他可能是过于戏剧化了的念头，但观众此时还保持着安静。

"为什么，"他继续用接近耳语的声音说，"我们如此急切地交流，从艺术家到艺术家，从哲学家到哲学家，为什么政治家不能坚持我们两国间不能也不应该有战争的立场？这是由什么导致的呢？为什么会存在战争的威胁？"

提问在静寂中盘旋，听众们将身体前倾，努力倾听他的声音。现在，慢慢地，他的一只手举过头顶，又握成了拳头，接下来他大声地喊道："金钱！"

四五次的重复让听众觉得有些可笑，更糟的是奥德兹自己没有意识到他有多么可笑，我坐在那里想着不公正的问题：他在好莱坞浪费才华猛赚大钱算是干什么呢？如果刚才这激情的口号是来自一个专心创作舞台剧而不是一个受雇于好莱坞且以为那里会允许他诚实说话的剧作家，那么观众是会有共鸣的。为什么只有少数美国人没有堕落，而他们的声音才是诚实的公众不可否认的，这问题显然超越了奥德兹，难道这仅仅是因为我们以极快的速度消耗一切，甚至包括说真话，因此就都没有足够时间成熟了吗？不过奥德兹这一古怪的挑战姿态还是勇气可嘉的，好莱坞最有权威的专栏作家已经嗅到了左翼倾向并且马上就要拿他来开刀了。

1958 年，玛丽莲在为影片《热情似火》开拍做准备时遇到了奥德兹，她给了他我的《不合时宜的人》脚本，奥德兹提议一起吃饭讨论这个脚本——更重要的是——讨论他的一个项目，他希望玛丽莲能任主演。我那时在康州和加州两地跑，一边继续忙我的剧本，一边尽可能给玛丽莲一些帮助。在他们约定吃饭的那天下午，奥德兹给我们在比弗利山酒店的房子打电话确认饭局的时间和地点，我不得不告诉他玛丽莲今晚没法去吃饭了，这是她的休息日，因为头天晚上没睡好，她当时正在努力想补一觉。在我们一起生活的五年中，每部片子的拍摄过程中她都会很难受，现在她正接近到了难受不堪的程度。她觉得很抱歉不能去赴约，就让我自己去和他吃饭。他为此感到失望，但我倒很高兴有机会和他单独聊聊，他对于我和我们那个时代的戏剧来说意味着许多自相矛盾的事情。

在酒店外我上了他满是灰尘的老式林肯车。他看起来比十年前在华尔道夫会议上所见老了一些，但举止中仍有一股孩子气，尽管他想掩饰对只能和我一个人共进晚餐的失望。我比他小九岁，但我感觉我自己比他老成，至少没有那么强烈的犹疑感，果然他在车上转过头来问我："你想去哪儿吃饭？"

因为他已经在这儿住了二十年，我说只要他喜欢，任何餐馆对我来说都没有问题，但他坚持说——"我对这城市不那么熟悉。"这装出来的不熟悉很孩子气，让人一眼就能看穿，完全没有城府，这显得他非常脆弱，我不知道他是不是在试图让自己相信这么多年来他没有把自己浪费在这个他后来称他憎恨的电影界。在等他来的时候，我决定要告诉他在三十年代我还是个学生时他的作品对我有多么大的影响，但现在我发现他有如此强烈的自我防卫感，便不再有心情称赞他的过去了。

犹豫了一阵子，他想好了一家餐馆，但一路上还是拐错了几次，抬头看着大街上的路牌，好像他从来没见过似的。我们的晚餐还没吃就已经结束了。正如我怀疑的那样，他其实对《不合时宜的人》没有多大兴趣，仅仅提及玛丽莲时，他才让他的兴趣自然流露出来。当他睁圆了眼睛提出作为一个粉丝的好奇问题时，他忘却了自我防卫。"她是读书的，不是吗？"他问道，好像她是只珍奇羚羊或天才的黑猩猩。我回答说是，便没再往下细说。除了科莱特*的《谢里》和几部短篇小说外，我没见过玛丽莲通读完哪一本书。她觉得她不需要，她只要读几页就能了解全书。事实也往往如此，许多书她打开了但很快就发现没必要读下去或对她来说不真实。因为她不想要显得很文化，她觉得没必要去读那些不能让她激动的书。她无法放弃对小说的不信任，她想要的只是事实，就像是看文献资料那样的事实。伯纳德·马拉默德†的一篇小说让她很生气，因为看起来书中没有把强奸写得那么悲惨和让人不齿，"作者不懂什么是强奸，他不应该假装他知道"。我暗示也许作者是故意这样表述以引导读者深入感受这点，但她绝不肯接受文学以讽刺的方式来表述她自己经历过的侮辱。在许多其他方面，只要痛苦的画面或场景一出现，她的幽默感就会完全消失。在她漫不经心和聪明的外表下，死亡随时随地都在陪伴她，也许正是这一潜意识使她情感强烈，让她在忘却的边缘舞蹈。

在这点上她生来就是弗洛伊德精神分析学的信徒：人们说出的话

---

* Colette（1873—1954），法国女作家。

† Bernard Malamud（1914—1986），美国二十世纪著名犹太人作家。

一定是意识中要说的，没有无意说错这么一说；每一个词、每一个手势都显示出内心的意愿，不管是不是有意识的，看起来最无害的话语可能隐藏着罪恶的威胁。我则总是过于不在乎了，忽略了我周围的威胁而仅仅考虑继续过我的日常生活，这一习惯已经使我们俩之间造成了严重的误解。在屏幕上如同香槟的金色女孩居然能读书让奥德兹这样敏感的人甚至都感到吃惊则是另一说了，但对奥德兹和许多他之前或他之后的观察家们来说，她的整个个性是她散发出的欢乐。当我们坐在这家有点像纽约那种普通意大利餐馆里吃甜点和咖啡时，奥德兹看起来有点类似玛丽莲那样在感知上特别的天真，如同她一样，他也是个自我摧残的宝贝，在森林里用一把上了膛的手枪来梳理后脑勺的头发。

到1958年这时候，距离奥德兹和非美活动调查委员会"合作"已经有六年了，距离我拒绝合作以蔑视罪被判监禁也有两年了，但奥德兹在华盛顿的表演对我来说一直是悲哀的尾声而不是高潮。我当时认为——现在还这样认为——当年这段历史中最关键的是非美活动调查委员会憎恨艺术家的野蛮做法和其对受害者所获得的公众关注以及他们由此额外赚取的巨额利润的嫉妒。对同一时代的人来说，奥德兹不单单是他自己，他还是当时美国成功艺术家的典范，尤其在功成名就这点上，他是如此美国化——他希望获得一切，而恰恰这点背叛了他。他多年的好友、布景设计师鲍里斯·阿伦森曾说过："奥德兹有一个麻烦，他总是想要处处是第一：最棒的恋人、最顾家的男人；既是比利·罗斯*最好的朋友，同时又会进城去和共产党的头头们一起坐坐；既是戏剧界最出色的实验艺术家，同时又是价格最高的电影脚本作家。可谁又能总是面面俱到呢？他最不愿意做的就是伤害他人。这对他这样的人来说很不

---

* Billy Rose（1899—1966），美国娱乐界大亨。

寻常。"

在非美活动调查委员会作证时，他也是如此。他会在此时严厉地谴责他们，而彼时仍然用一丝不变的严正的声调帮他们确认他所知道的共产党员名单。直到临死前他依然无法面对现实，饱受癌症折磨的他突然举起一只拳头，试图从病床上站起来，抓住守护在身边的朋友的手说："奥德兹正在回来！奥德兹才刚刚开始！"美国满是承诺，奥德兹样样都买，倾其所有。

哈罗德·克勒曼还算比较清醒，但偶尔会爬到奥德兹的云彩上和他作伴。克勒曼总是鼓励他离开好莱坞，让他"回归"，就像让什么人回归到能令他灵魂复苏的宗教一样。当然是没有什么可回归的，没有剧院也没有戏剧文化可以回归，有的只是演艺业和戏剧地产业，甚至连这些也终究很快就消失了，因为新潮而乏味的大酒店建筑逐渐取代了一幢幢古雅的老建筑。在美国戏剧界，故事总是一样，令人厌烦：成功是通向失败最快的捷径，如果你无法自己做到，不用愁，会有不少人乐意推你一把。

一个剧本，哪怕是愤怒和批判类的，在一定程度上也可以说是一封写给世界的情书，剧作家在其中急切地等待对他的爱的回应。当然，如何遭到拒绝后再回过头去给同一个恋人写下一封同样出色的情书是有诀窍的。这显然是属于年轻人的职业，一个双脚坚定地踏在他的那喀索斯*花园里耕耘的年轻人。从密歇根大学毕业后两年，我写了六个剧本，其中一个是关于蒙特祖玛和科尔特斯的大悲剧。这些剧本全部被当时唯一的剧院制作人、位于百老汇的各家剧院拒绝了。我将蒙特

---

* Narcissus，希腊神话人物，因爱恋自己在水中的倒影而憔悴致死的美少年，死后化为水仙花。

祖玛剧本寄给"团体剧场"，连封回信都没有收到。

到将近三十岁时，我又攒了两三个没人要上演的剧本。我开始写作《都是我的儿子》，并决定把它作为我剧作家的最后一试。我认识一些近四十岁却还在等待自己剧本首演的剧作家，但生活中有太多有意思的事情可以做，在剧院制作人门前转来转去实在是浪费时间。我向自己保证：我要在自己完全确认每一页都和整体结合得天衣无缝后才把本子交出去，这个剧本会被接受；如果判断失误，我将就此离开戏剧界，改用别的形式创作。到1947年，在这个剧本上花了两年时间后，我把它送到了出版经纪人利兰·海沃德那里。我是名美国剧作家，换句话说，是一个通晓弱肉强食的达尔文主义者，已经学会了不指望得到多少恩赐（尽管海沃德私下里还希望能得到一点）。

在四十年代，剧作家是个值得骄傲的艰辛行业。《时代周刊》把剧作家创作的轰动剧作称为"突破"，意为这些作品如同定向打靶，活跃并且很有技术，打中了牛眼就能获得巨额奖金。成功的剧作不是由文坛无名小卒拼凑出来的，他们就像修车行里摇车柄的小工，而应该由叼着雪茄的高级汽车技师那样的剧作家（根据当时的说法）在为全体美国大众服务。

美国戏剧面对的观众是：没耐心听长演讲，不理解文学隐喻，对失败者完全没有同情怜悯，对胜者却充满了怯懦。美国观众可以说是一群听到"文化"一词就会起身拿帽子走路的人。当然还是有许多很出色、很有文化的观众，但不管怎么说，一个剧目必须基于抓住所有的观众，不过这样的观众基础（从实际情况和想象出来的这两方面来看）带来的一个好处就是促使美国戏剧倾向于人物和情节的语言表达尽可能地少，而动作则尽可能地多，这使得舞台对话简洁而舞台主动动态多于被动反应。每个作家都有各自的特点，我和田纳西·威廉斯就很适应这一风格，那些年是不允许某个角色坐在舞台一角大段大段地叙述，而其他人物安静地站在附近等待独白结束的（当奥尼尔使用大段独白时，他的故事还在继续上演。要是故事没有了，那他就失败了）。而把舞台上出现一段时间空白、停在那里什么都不发生视为戏剧界独特的文化创新，则是遥远得不可想象的事了。比如当时改革创新的《玻璃动物园》很有诗意，但使这个剧能够诗意地表达的原因是这个剧有很强的戏剧结构。诗歌在戏剧中不是，至少不应该是原因，而是结果，通过戏剧结构和人物，人们完全能够感受到作者的个人情感。

时代有一天将发展到讲故事的戏剧不再是时髦的了，原子弹爆炸把延续早年传统的信誉全给炸飞了，世界将发展到既没有轰轰烈烈也没有哭哭啼啼，只剩下两个人坐在一堆废钢铁上努力理解对方在说什么但最终还是没明白。尽管我很难不同意这说法，但是我走在纽约大街上还是会时不时地碰到十多年没看见过的我的或我父亲我哥哥的早年的熟人；如同以往一样，纽约还是一个在时间中逐渐建立起来的城市，处在不断变化和衰落的进程中。

现在我走过47街和第6街时，感觉其破败正如同1938年那样。不过那时街角处有一幢四层小楼，楼下是家烟草店，玻璃橱窗已多年没擦过，里面摆着多年没人动过的布满了灰尘的烟斗。我才刚上到二楼，弗兰克斯先生就已经从楼上探出身来，以他友好而神经质的方式向我招手。我刚大学毕业，来这里的目的是为了使我能符合进入联邦戏剧项目工作的条件。

"嗨，我说！"他笑着说，一边伸出手，一边把我带进他家的小公寓，"希德尼还没回来呢，但他几分钟就到了。他去城里领警服了。"他总是管儿子叫希德尼，而我们其他人都被简称为伯尼、丹尼、阿提、山姆。他的穿着也很正式，这天穿着硬领衬衣，打着真丝领带。以独自在家待了一天的老人对来访者的热心和老派的礼貌举止，他示意我坐在我儿时印象中曾很高雅，但如今已显破旧的翼状靠背椅上。我儿时常去他们在 110 街的公寓和希德玩，我们把抓来的萤火虫从六楼放出窗外，俯瞰下面在暮色中静谧神奇地伸向远方的中央公园。

弗兰克斯先生不说话时看起来还是挺正常的，他和蔼地笑着，圆圆的脸上看不出有任何担忧，深蓝色的领带在硬领下垂着，金色的袖扣在脏兮兮的后窗玻璃照进来的灰暗光线下居然还闪着光。这房子像个旧家具仓库，装满了他们原来十一个居室公寓里全部家具，卷着的地毯如柱子般靠立在高高堆起几乎顶上天花板的箱子柜子旁。

我问审核人员是否来过了。

"没有，没人来过，今天可能来。"

"你不介意我在这儿等一会儿？"

"哦，当然不介意，很高兴你来，要喝茶吗？"自从七年前，也就是 1931 年他搬到这里后，茶是他唯一会做的东西。

尽管昨天我们就是这样坐着的，我忘记了他这些年来竟变得如此像一个木偶，他坐在那里安然地、完全被动地等待我把对话带到下一话题，或就那么坐着，我也忘了他是那么频繁地在重复自己，"呵，是吧"是他用来重复的句子。

"据预测今年夏天会很热。"

"呵，是吧。"（那是预料中的）

"不过不会缺水。"

"呵，是吧。"（中度惊奇）

"经济状况似乎要开始好起来了。"

"呵……是吧。"（微笑着不相信）

在以后的岁月，我把他看做是经济大萧条时代的典型例子。1930 年前，他一直是个成功的银行家，有着幸福和睦的家庭。然而短短几个月，他的银行资产蒸发了，太太去世了，女儿自杀了。看他微笑着坐在这里，我难过得很想赶快逃离，如同逃避黑色预言。而最糟糕的是他现在这么平静欢快地和我在一起。

这段时间里我每天都从布鲁克林的家里来到这里，目的是向福利部的审核人员证实我住在这里。要加入联邦戏剧项目得先加入领取福利金的行列，为了表明我是个无家可归的青年，我把父亲带到靠近哈得孙河的福利部的老库房办公楼，上演了一场父母赶逆子出门的情景。那位福利部工作人员听我陈述了不再被允许住在家里的原因，他叹了口气，表示我符合资格。但这并不意味他就相信了我们的话，他八成认为我们这样做是迫于经济困难。现在最后的一个步骤是审核人员上门拜访，看看我是否真的住在我给出地址的这家和我们家没有亲属关系的人家。按照我们的布置，那张属于我但其实从来没有睡过的床放在窗下，我的大衣挂在煤气管上的挂衣钩上，最画龙点睛的是我放了双球鞋在床下，因为那时我只剩一双皮鞋可穿了。

因为弗兰克斯先生不主动说话，我们很快就陷入了沉默。从1930年后他就没有多少话要说了，在他脑袋后面的书架上放着希德的哥伦比亚大学科学学士证书，旁边是学业优秀证书，希德现在正乘地铁从靠近中央街的警察总局的一家商店领了他的第一套警服回来。这时我注意到弗兰克斯先生已经戒烟了，同时回忆起当年的情形：他在一大早叼着装了切好的雪茄的烟斗从我家公寓楼旁走过110街的人行道去乘他的米色洛克墨比豪华车到华尔街上班，给他开车的司机阿尔弗雷德在车旁等着他。

这时楼梯上响起脚步声，一步跨两格楼梯，弗兰克斯先生还没来得及从椅子上起身，希德就冲进门来。他腋下夹着个长方形盒子。"嗨！"他解开盒子上的绳子，把蓝色的警服拿出来时，我们都笑了。希德很高大，黑头发，黑眼睛，长睫毛，嘴很有棱角，一脸的聪明相，他好奇心强，反应快且爱拿人开心。他把警察徽章别在警服上，站在那里让我们检验，他自己也从紫檀木颜色的落地镜中照着，然后他转向我，我们乐得前仰后合的，警服的领子不服帖地与脖子分开着，袖子也有点长，我让他戴上帽子，在他的太阳穴和帽子之间看得见有空隙。

"如果有什么事情发生，那你可怎么办？"

"我有哨子，看在上帝的分上，我可以叫其他警察来。"

这时传来敲门声，我们立刻安静下来。他们家从来没有客人来，一定就是福利部的审核员。希德去开了门，来人开口就问我在不在，显然这位审核员已经习惯了不等人邀请就直接进门。不过希德的警服上衣让他有点拿不准，另外希德的米色裤子也让他有点迷惑。他满是疑惑地让我们指给他看我的床、我的衣服在哪里。我们领他看了所有东西，包括洗澡间里我放毛巾的小盒子。很快他就走了，我的话好像都还没说完。等门关上后，弗兰克斯先生转身对我说："呵，是吧！"（这事结果不错，不是吗！）

现在希德把警服挂了起来，从盒子里抽出他领来的手枪，装上子弹。弗兰克斯先生在一旁看着，担忧地说："呵，是吧。"他知道他儿子的生活正在发生重大改变。装子弹时希德脸上的笑容消失了，我现在看到他是真的警察了。

自从两年前大学毕业后，希德的生活经历了那个时代典型的一场退化。该如何生活这个问题，已经要从分析将自己放在什么位置上才能从社会获取一部分金钱开始。他很客观地考虑这个问题。当时制造业根本没工作，做广告、卖嘴皮子——这些被他称为狗屁的工作——就成了首选。希德去了 42 街的图书馆分析哪里可能有工作，还选了一些免费课程。作为实习他选了为 FL 牌内裤做广告，尝试为这个产品设计广告，这事终究没成。之后他加入了一个上门销售吸尘器的公司，分析研究了这一行业的情况后，他很快就成为公司里销量最高的人。

公司让他领导一队人马，负责布朗克斯区的整个西南部分。他相信他的成功是由于他把目标放在如何鼓动起妇女买吸尘器上，按他的说法，这些妇女根本就不需要这些吸尘器，如同不需要在头上开个口子一样。

他发现挨家挨户上门销售时，客户，尤其是妇女，通常会对陌生人很友好而不愿发生矛盾，所以诀窍就是问一些必定是肯定答案的问题。"这里是费尔维尤街 910 号吗？""是的。""您是布朗太太吗？""是的。""您家里有地毯吗？""是的，我家有。"如此等等。

"等到我说到我的吸尘器时，我已经让她们一个劲地点头点得都停不住了。第二步是负疚感：你打开的那台机器，一定是装在新纸箱里的；你切开新纸箱，就产生了一种责任；你花工夫拆包，就让她们有欠于你；等到你开始在地毯上示范时，你就把她们给套住了——你为她们干了活，她们欠了你，她们浪费了你宝贵的时光……"

这样工作了一年后，希德的厌恶感让他无法再忍受了，尽管——或者说是因为——他开始有机会接触公司的高层。他到位于州府阿伯尼的公司地区总部开会，受邀和副总裁共进午餐，这些都让他觉得更厌恶更不踏实，他这时再次研究考虑了他的状况，意识到他已经无法否认他是在整天撒谎，一周有六天在撒谎，编造一种基本上并不必要的需要。他放弃了抽烟，不是因为健康的缘故，而是他不喜欢香烟的推销广告，他改抽雪茄，是一种没有标签不做广告的牌子，在他家楼下的烟草店有卖。在他通过了警察考试后，他很客观地总结出对自己未来的看法，我们俩坐在街角的小店吃着蓝莓松糕，喝着咖啡时，他解释给我听。

"我不是一个特有才的人，我知道我可以成为一个很好的工程师，但这行现在是一抓一大把，或许以后情况也不会有多少改变，除非再有一次战争。如果我先去当警察，等到那时候我存够钱了就可以再回学校去读一个工程学位。有两样东西我不能容忍，一个是经济上的不安全感，一个是胡扯。工程师是真正的职业，但是我现在没法实现，当警察在经济上有安全感，另外现在看来，这行里胡扯还是比较少的。"

或许这就是他第一次穿上警服后我们笑得那么厉害的原因，他将警服穿成了化装舞会装，仅仅化装而已，显得荒谬而孩子气，而这也是为什么在他给枪装子弹时我们止住了笑——我们俩都意识到这才是真正的他。

在四十年代早期我们还是每年见两三次面。一开始他还把警察看作是暂时工作，但他结婚后，就渐渐不提这话题了。二战开始后，他觉得穿警服比穿军装合适，尽管他在哈莱姆区被枪击中过几次，警察在那里殉职的概率恐怕不低于在战场上阵亡。

一段时期后，我意识到我们每次见面都是我提出的，尽管不大情愿承认，但随着我逐渐成为知名作家，我们的生活轨道越来越不同了，但是他当时还保留着对拉格迪亚[*]行政当局腐败的义愤（拉格迪亚曾被认为是属于自由派并且比较诚实的），他以越来越少的幽默感谈论罗斯福的犬儒主义政策，在罗斯福第四次也是最后一次竞选总统时他竟连票也没去投，终于我不再能想象他对未来的看法，同样我也不再能想象美国的未来。

有天晚上，我们在离他们警局不远的第3街上的一家爱尔兰酒吧喝啤酒。我们沉默的时间越来越长，他身上某些顽固的消极态度是在把我推离开，但我还是偶尔会看到那个我儿时就熟知的眼睛亮晶晶的男孩，那个能少有地把今年夏天的玻璃球很有远见地存到明年夏天的男孩，现在他说："当我追进漆黑的小巷去抓那些狗娘养的，我不去想他成长中糟糕的家庭影响和悲惨的童年。"同时他也没有和一个同事成

---

[*]　La Guardia（1882—1947），1934—1945年间任纽约市市长。

为朋友。"早上我把身体带去班上，晚上我又把它给带回家。"在他看来其他警察都是无可救药地反动，歧视犹太人并且无知，但是他当年想要重回学校深造的理想已经消失了。"我这条路要走到头了，我想要退休金，就它了，退休后我也许会试着再当工程师或者就待在家剪剪纸玩具算了。"

但是每次见到我父母，他都会重新找回旧时的欢乐。他和我父母聊他的孩子或他家在大萧条前的事情，他看起来像是个孤儿，我母亲所有的话题都离不开个人生活，他也会对我母亲说许多知心话，他甚至向她表示尽管他当年拒绝向口是心非的工作妥协，但他感觉最终还是背叛了自己，跌入了另一份和先前一样不诚实和不真实的工作。星期天下午，他们坐在我父母家后面的晒台上，看着我当年种在后院里的梨树和苹果树，那是 1930 年我在科特兰街买来的，一棵三十五美分，现在已经枝繁叶茂了。他伸直了腿，把脚后跟搁在铁栏杆上，他的府绸夹克衫敞开着，露出挂在他屁股后面的枪袋。每隔几个月他都会来听我母亲说他母亲的事，他发现无论怎么努力，都无法回忆起他的母亲，这是他生活中一个无法做逻辑分析的缺损。"哦，她总是打扮得很漂亮很优雅，但只要一下雨，她马上就会拿起你的雨鞋去学校门口等你，她的希德尼！——老天，你是她生活的全部……"这时他的脸色会变得柔和明朗起来，仿佛通过我母亲的声音他感到他自己的母亲就在身边。他喜欢我母亲不断重复这些往事，这使他的生活又找回了一些甜美，他甚至都不在乎我母亲没完没了地督促他改变职业。

"但是如果你没有一技之长……"他试着再从头解释一遍。

"看在老天的分上，希德尼，经济开始复苏了，你是个年轻人，凭你的脑子不愁做出一番事业！"透过他的黑眼睛，我看得出他受到了感染，并意识到他可能是受了刺激才决定不要在生活中进取的，因为他母亲抛下他死去了。

这些拜访接近结束时，他往往一边直盯着后院，一边嚼着便宜的雪茄，我想我看到了他所看到的——不是当时的经济复苏，而是未来的经济崩溃，大萧条在他脑中留下了一道刀痕。他离开时，我母亲总会把他的头拉近去亲吻他的眼帘，亲切得像是亲吻临睡前的孩子。

四十年代中期开始我们俩不再见面了，每次我提议见面时他总说晚上有事要忙，后来我就不再坚持了。1955 年的某一天，我走在列克星敦大道上，看见他和八九个穿着短袖衫和拉链夹克衫的警察在一起。那是个怡人的春日傍晚，夜幕下紫色的天空，正如当年我们俩等着放萤火虫的夜晚。

那时有三四个星期，《纽约世界电讯报》、赫斯特报业的《美国纽约日报》以及沃尔特·温切尔和埃德·沙利文的《纽约每日新闻》专栏都在抨击我的左翼背景，而我本人则整个夏天都在为一部以战时少年犯罪团伙为主题的电影搜集资料。这部电影将由纽约市政府部门提供经费拍摄，我后来才了解到，非美活动调查委员会秘密派了多洛雷丝·斯科蒂夫人来告诫主管我这个电影项目的纽约市政官员，她说非美活动调查委员会正在试图把我列为共产党分子，尽管还没有下定论，但还是不要和我打交道为妙，非美活动调查委员会的宣传部门也跟着一起鼓噪，直到纽约市政府取消了和我的电影项目的合作才算罢休。那是一个黑名单的年代，我许多演员朋友的事业都被它毁了，那时几乎看不到有谁做出任何有效的抵抗。

这队警察在往 67 街的方向走，从列克星敦大道往下拐一点就是他们的分局，他们一边走一边很投入地讨论着什么，在拐角处还停下了脚步。我从后面赶上了他们，我已经有些年没见希德了，很兴奋能再次看见他，并在离他十码远时喊了他的名字。

我很肯定他听出了我的声音，但当我走上前伸出手时，他只是半转过身，有些勉强地笑着，轻轻握了握我的手就立即放开。这时他走在前面的同事回过头来看着我们。"我得回去报告。"希德转身去追他的同事，此时他们已经到拐向警察分局的街角了。

现在想起来，我的照片在过去几个星期上了《纽约每日新闻》两次，而就在几天前，《纽约世界电讯报》还发表了一篇评论，认为应该"允许"我执笔这部关于少年犯罪问题的影片——该报到底还是号称"自由派"的报纸——只不过它同时建议在影片中隐去我的名字。到那时为止，还没有任何一方对如此苏联式的对待异见作家的方法做出任何反应。

在此后的三十年里，我每每路过这个警察分局都不免会想到希德，他当时是担心受到牵连呢，还是真的被同化，成了一个早期的新保守主义者？我记得当时我一直走到街口，看着他走上警察局的台阶。警察局的大门两侧挂着两盏绿色圆灯，灯光彩虹般地照在拾阶而上的年轻警察们身上。希德边走边和一个警察谈论着什么，看来他终于和同事成为了朋友。

他的不友善让我恼火，但与此同时我回忆起他把瓶子里的萤火虫放到110街的情景。沿着列克星敦大道走着，我脑子里想着我们现在是否比以往更注重一连串强烈的感受，而不是逐渐地去感受，是否由此促发了艺术的多种形式，在我自己的创作中，我总是觉得要一个高潮接着另一个高潮，如同电影蒙太奇，或者像乔伊斯风格的诗歌那样有许多很火爆的词藻，或者像毕加索立体风格的人物画，取自许多角度，并且缩短时间上的距离。生活本身是一个持续的多次曝光，之所以看起来像这样难道是因为现代生活总是处于快速变化的状态中，事实往往显得更易变而不是事实本身？难道这就是为什么（至少是在美国）人们往往生活在企盼和不安之中？

阿拉伯人把十字军称为"受诅咒的人"——如同欧洲中世纪的犹

太人一样，在去拯救"上帝之城"耶路撒冷的途中，他们遭遇了十字军如此频繁的大屠杀——然而，基督教中的十字军形象一派高贵，全然完美男人的典范。到底哪一种才是真正的历史呢？

人生历练构成岁月。我的部分岁月便同斯梅德利·D.巴特勒有关。那是一名退役海军少将。1935年的一天，他来到安阿伯市做演讲。

我为《日报》去他在宾馆的房间登门访问。这个男人胸肌发达，个头矮小，必须把自己撑高一英寸才能达到海军的身高要求。但是凭着在街头闯荡的强悍与智慧，他从士兵爬到了部队最高等级之一。有几年，他曾率领舰队挺进尼加拉瓜、海地、古巴、多米尼加共和国和洪都拉斯，镇压那些反对美国支持的政体的叛乱。就和所有警察一样，他是在为大多数人捍卫和平。对于这一点，他从未怀疑过，直到他接到命令要率队登陆墨西哥。当他入港抵达时，迎接他的是花旗银行在墨西哥的分行代表。少将回忆说，当他驱车行进于那座城市的时候，一切宁静而祥和。而坐在他身边的这位银行官员却把他领进里间的办公室，里面已有其他几位重要人士在等候。桌面上摊开一幅那个国家的地图，上面标注出发现地下藏有石油的地区。为了给钻井设备让道，政府命令当地居民搬离那些地区，但是，人们拒绝服从。这位银行官员解释道，这与法相违，因为根据宪法，那些地区已经全由政府没收充公。此外，有组织正继续在延搁政府军队。海军即要镇压的正是这些武装游击队。

少将预感到海军伤亡将不在少数，于是说在同意真正开战之前他必须先同美国大使馆商议此事。然而美国大使馆已经由在座的一位高官代表发言，称大使同花旗银行那位人士观点一致，必将给他绿灯前进。

巴特勒那晚的演讲基本上是在重复他所写的内容："在我的帮助下，墨西哥尤其是坦皮科成为了美国可以安全获取石油利益的地方……在我的帮助下，海地和古巴变成了花旗银行能够正大光明地聚敛财富的地方……在我的帮助下，尼加拉瓜被布朗兄弟国际银行公司在 1909 年至 1912 年间净化了。我为了美国制糖业的利益在 1916 年给多米尼加共和国带去了光明。我为了美国水果公司的利益在 1903 年把洪都拉斯摆平了。"但是，他的军队被花旗银行公然雇用，为谋私利而令美国人的生命受到威胁，这一切最终与他所言完全南辕北辙。

他想到一个办法，要制定一条宪法修正案，禁止所有美国海军战舰驶离十二英里的限定范围。对于一个非帝国主义国家、军事上孤立的美国而言，这是一剂确切而有效的药方。他面对我直挺挺地坐在椅子上，抽着雪茄，面无笑容，下巴凸出。即便当时我知道他这个梦想无法实现，却和他同样这么期盼着。那天下午他证实了一点，即我们的命运听凭有钱人处置。

到希尔音乐厅听他演讲的人还不到一半席位。我在《日报》发表的那篇报道附有一张他的照片，并概述了他宣讲的细节。我现在想不起后来是否再听说过斯梅德利·D.巴特勒少将的消息，但是我经常想起他——尤其是近几年，当我读到报道说我们的舰队再次停靠在拉丁美洲的某个海岸的时候，当我听到有人再次大肆宣讲我们的政策如何善心诚意的时候。如果说在此期间的半个世纪里，对这些政策的反对态度日渐强势，那么现实中所牵涉的就更复杂。现在和 1935 年不同，共产主义与苏维埃成为唯一的威胁，但实质问题似乎并无多大改变——还是中美洲国家的贫困和暴政，反对贫困和暴政的暴动，以及美国坚持除了投我所好否则不应做任何根本改变的决心。

巴特勒没有加入任何政治党派，显然也不是激进分子，但是他对因为某人的私利而穷兵黩武感到愤怒。这种单纯的愤怒却更加说明，世界的发展必须超越私有资本的统治。1935 年他向希尔音乐厅里的学生听众讲述这个简单的故事时，观看奥德兹《等待老左》的纽约观众正举着拳头一跃而起，大声回应着演员们的叫喊："罢工！罢工！"好像出租车司机的罢工掌握着那把象征通向自由的钥匙。此乃世道也。所以，十四年后奥德兹在华尔道夫大会上站起来高喊出美苏僵局的根源"金——钱！"时，这一举动以政治分析来看在当时也许显得简单，但是对我来说，它让人们记住我们的良知和过去一样，并没有多接近美好。到 1949 年，没有人知道有哪个国家通过自由选举实现了共产主义政体执政，而所有人都知道，事实上拥有大批追随者的捷克共产党就在最近突发政变，推翻了那个国家的合法政府。这种时候，良知又如何能够接近美好呢？

重点是，在三十年代，未来一度似乎仍在召唤着我们。但是，随着二战的结束、核弹的存在以及东西方仇恨的深化，似乎除了心脏的下一次跳动，不再留下什么让人期盼的东西。要信仰一种政治学说就像没有什么充足的理由却同意把所有的牙齿拔掉，把四肢的某部分切除，或是把眼睛摘除。不过，必须还有些什么是比这种不确定性要好的。所以，人们努力否认自己知道是事实的东西，或者是自己怀疑是事实的东西。人们谈及的是拒绝失去希望，而不是事实本身。

在一次餐会上也笼罩着这样的情绪。那是大约一年前，莉莲·海尔曼邀请我参加她与南斯拉夫联盟两个年轻代表的会面。她认为这是千载难逢的机会，可以获取一些最近南斯拉夫退出共产国际的内幕消息。这件事犹如晴天霹雳，震惊了全世界。这是苏联人缔造的共产主义毗邻国家在战后刚组成不久的前线上产生的第一个裂缝，令人惊讶不已。许多人甚至以为这是某种阴谋。苏联支持派与反对派两边都认定，把所有的共产主义者联系起来的正是与斯大林的血盟。相反，民族主义情结这种被马克思主义与资本主义的理性主义宣讲到几乎不再存在的力量，现在反而正粉墨登场。

那两个代表如此年轻——看上去仿佛还不到三十岁——令我感到

惊讶。他们坐在莉莲精美的桌旁，斯拉夫人方正的脸上不苟言笑。因为急于取悦莉莲，他们如参加学校考试般，言语间小心翼翼，对斯大林或者苏联人绝无微词，但是对铁托宣布必须摆脱苏联的保护无不感到悲痛惋惜。他们带来的消息是，苏维埃政权已经榨干了南斯拉夫的血汗，一边是将机器以及其他所有能够运走的东西席卷一空，另一边是强迫进行有损南斯拉夫而有利于苏联的所有经济交易。其理由（铁托最终指明为纯粹的借口和谎言）就是，要确保所有地方的社会主义建设，首先就必须确保苏联这个大保护国的建设。

但是今晚他们希望莉莲明白南斯拉夫并无反苏倾向，这一点不言而喻。这只是民族存亡的一个危难时刻，他们希望有一天还能再次与苏维埃政权肩并肩站在一起，但是是作为平等的国家，而非某个殖民地那样。

莉莲很少提问，只是安静地听着，有些不同寻常。她吐出层层烟雾，看起来几乎不为所动。情感上她应该和我一样为这些人感动；他们并非对社会主义理想的实践感到失望的中产阶级知识分子，而是曾经在山里抗击过纳粹的前游击队员。他们说话的时候，一团火焰闪了闪，发出噼啪声，眼看即将熄灭。他们正在告诉我们，那些几千年来彼此都在苦征恶战的国家却最终因为社会主义这个根基结成互惠互助、和平发展的关系，但是这种曾被宣传为联盟的和睦的东西已经破裂。这也曾是欧洲历史上那次最可怕的战争衍生出来的梦想。而就在这里，这两个年轻的老兵所描述的苏联的行径与大英帝国在被剥削的马来半岛或者印度的所作所为如出一辙。此外，他们首先是南斯拉夫人，其次才是共产主义者，这就表示民族主义（左派视为妖魔鬼怪，右派拥为传统家园）不仅适合赤色分子，而且也是弱势民族抵抗贪婪强权的最后防御。苏联正是那强权之一。简而言之，那个老亚当回来了，世界又如战前般运转。世人依然学无所成，一切依旧一成不变，这样的一无是处，令人沮丧，也难以接受。一个社会主义国家能够如此剥削它的兄弟国家，尤其是英勇反抗纳粹的南斯拉夫，这已是令人出离愤怒的事情。

任何郑重的承诺都会自我升华。苏联在战争中超乎想象的牺牲似乎还是抵消了有关它对异己者残暴的指控和反犹太主义的谣言。结果是，即便是仇恨苏维埃的奥威尔对苏联集中营也一无所知，无论是它庞大的规模还是它残暴的恐怖。而且，甚至对斯大林有几分赞许。

无论如何，想不理睬这两个年轻人是不可能的。他们讲完了自己的故事，正看着莉莲，等她回应。他们的西服很不合身，装不下他们矮胖、魁梧的身形，衬衣领子皱巴巴的。他们满脸通红，看起来就像特意打扮的农民正在东区这间装修豪华的起居室里恳求着一位贵妇。我也看着莉莲，同时思索着为什么她的回应会对他们显得特别重要。一年前我去法国和意大利时，第一次见识了欧洲人对政治界的作家相当惊人的崇敬程度。然而像他们这样的纯政治人士如此重视莉莲·海尔曼对他们政策的看法，这似乎还是非常奇特的。

我们就坐在她对面的沙发上，而她把玩着水杯，如母狮子般斜着头，陷入沉思中。我比她小大约十岁，所以对我而言，她独特的身体里散发着美国南方贵妇的一种神秘气质，同时结合了支持苏维埃的情结。她办了一个沙龙，里面进出的都是一些可以称之为要人的人士——包括从左倾律师、劳工领袖和像利奥·胡贝尔曼的马克思主义理论家到她的伴侣达希尔·哈米特，再到知名外科医生、著名心理医生、政治家、联合国外交官、富商、各种作家、好莱坞制片人与编剧，自然还有她的同行——百老汇的每一个专业人士。我在那个地方从来都不太自在，我猜部分原因是跟名人在一起时我还是很难放松，因为空气中难免有一种论资排辈的味道，让人无法专注当下的话题；还让人沮丧的是，感觉被迫要讲一些妙语或者奇闻逸事来吸人眼目，而且最好是有关这个精英社会阶层之上或者之下的阶层的生活故事。面对这种高雅做派，我就会缄默不语，态度粗野，以此来抗拒这种做派的一种好斗的自我意识。

不过今晚，当南斯拉夫山地的冷风吹过这间起居室，里面人少得不同寻常，那却是另外一回事了。房间里挂着高高的、打着弯曲线脚的丝绒布帘，墙边闪亮的花梨木桌上摆着银制纪念品，钢琴上放着一张莉莲年纪再小一些时候的照片。她长发披肩，凝视远方，目光倨傲。坐在沙发上喝着东西、听完代表讲的故事的，却是我以前从未见过的一个温和的莉莲。她从来都是舌尖口快，笑声豪爽，对于谎言永远斗争到底、直言不讳。她似乎觉得，人们几乎永远都是所知多于所言，生活没有那么神秘，它更像是一种有意的自欺欺人来逃避责任。那么她生活的任务就是要让人们面对他们已经知道的但没有勇气说出来的东西。她不能忍受将无意识作为借口，正如她不能忍受一无所知一样，一丁点儿气味就让她反扑过去。这不是说她看不见自己身上的谬误，但它往往来一个特殊的现象。有时候她认为自己是个非常诗意的、无知的年轻女孩，只是被迫承担了过多的权力，而她真的不觉得权力这东西是为她所有的。被迫，是的，是被其他的人，大部分是软弱的、缺乏勇气和意志的男人，但也有一些头脑空空、卖弄风情的女人。他们的懦弱迫使她抓住舵柄，大胆地将船驶离虚假的岩石。陷入这些更为脆弱、更女性化的情绪的时候，她似乎要召唤一个领袖、一个主人，好像一只任性的小马驹蹭在驯马师手上停住，让他摸一摸又能飞奔而去。但是她会从这种小女孩的幼稚中很快地恢复过来，甚至嘲笑自己想要逃离自我，因为这个自我最终无法抗拒去担任某种领袖（如果不是统治者）的模范角色。

南斯拉夫人等待答复的时候，她转身看向我，目光带着疑问。我想那是我第一次看到她无法回答的神情。但是对我来说她的观点才重要，而不是我的——关于巴尔干半岛人民或是高层政策，除了在报纸上读到的，我又知道什么呢？她才是知情人呀。

对于代表的离开，我只有一个记忆：他们俩都拿着一模一样的灰色毡帽，大约是一起在纽约买的，两人站在门口不停地鞠躬告别的时候，双手不自觉地紧紧拽着帽子，双眼迷茫而不安。他们离开之后，莉莲回到起居室，坚持要我们再喝一杯。她倒酒的时候我们都不言语。然后她又在沙发上坐了下来，带着浓重的疑问语气问我："你信他们的话么？"

我能听见马车绕着帐篷打圈圈，而路障上高高堆起了叮当作响的理性解释。我的确完完全全地相信那些代表，但是同时又感觉到要忠于过去、忠于反法西斯的那股拉力，那都是过去多年亲苏维埃的情感因素。我们不是真理的求索者，而是一种岌岌可危的信仰的保卫者。不过，无论人们如何的迷茫困惑，这种信仰里仍然包藏着某种神圣的真理。数年后，对于忠于对象的错误，我对自己的责怪远远超过对莉莲的，因为我意识到自己半信半疑、左右摇摆，而她似乎更坚持己见、深信不疑；所以如果说她错的比我多，那么她亦比我诚实，因为她一直都认为，任何真理，只要于己相违，有可能干扰到她对自己信仰的忠诚，那么即便难堪，也要去否定它，此乃易事。比起谬论，她更害怕的是害怕本身；重要的是要一直抗争。她对苏维埃思想的忠诚对她而言，在某种程度上就如同对朋友的忠诚。忠诚的意思就是同舟共济，即使船只不按计划朝一个会将所有乘客引向灾难的方向驶去。其实，她的忠诚是她最令人感动的地方，正如她与达希尔·哈米特和桃乐丝·帕克在共患难的时候仍能保持长久的友谊一样令人感动。

对于她的那个问题，我回答说他们说的听起来挺真实。她说，一切都会过去——当然，除非结果铁托竟是美国特工。不过她也只是在重复一种当时人人听说的猜测。

二十年后，我和妻子英格访问苏联。我们来到莫斯科，与伊利亚·爱伦堡和其他幸存下来的苏联作家面对面地坐着。就在莉莲家晚餐之时，他们正蒙受着牢狱之苦，更甚者，正遭受精神上的折磨——"我们睡觉的时候要竖起一只耳朵来听凌晨三点电梯上来的声响，然后大气也不敢出，直到它过了我们这一层。"他这么告诉英格。此刻回想起和莉莲在一起的那些夜晚，就像在超现实中旅行了一趟；就此来看，我们好像历史的傻子、奔腾骏马鬃毛里的跳蚤，而我们竟还以为骏马的行程受我们决定去信或不信的东西的影响。

穿上外套要离开莉莲住所的时候，我不敢告诉她，也不敢自我坦陈：我的迟疑不定令我自己感到多么地沮丧！但是我们握手道别时，我知道她显然已经振作，看起来又是那么地坚强、笔挺和自信，仿佛已经有人为她把难题解决了。我想那个时候我第一次清楚地知道，自己有些害怕真的与她作对。陪伴了我一生的那种负罪感她从未有过，她会把责任归罪于外界而非自身。不过，假如我们做不了朋友，很可能倒是因为我们在戏剧界的竞争。我相信她对于我的成功感到相当愤恨。而我心里也可能一直对文人雅士感到不自在。这算是遗传自我父亲，他对开放的纽曼一家等这类人总是感到羞怯、尴尬。最后，同许多男人一样，我永远害怕那种把所有不相干的事情很快就变成道德问题的女人。莉莲随口就说"不可思议"，因此即便是她，我们也有办法让她嘲笑自己，一次又一次地愤慨五十年代将过去二十年的单纯扭曲成无比陌生的新形态而使世道一反常态。

总之，仁慈地说，在天下扰攘、人人自危、只得明哲保身的那些年里，如果说没有弄虚作假，那么自欺欺人也已比比皆是。

说起我们这代人，没人不会提到我们与某个主义的联系，并把它看成"失败了的上帝"，但我慢慢觉得这个说法是错的。它是偶像而非上帝。偶像明白地告诉人们该信仰什么，而上帝给他们选择，他们必须自己做出决定。其中差别并非小事：在偶像面前，人们就是需要依赖的孩子；在上帝面前，他们既背负重担，同时又有自由去参与进行永无止境的创作的决定。这种矛盾之上是层层遮盖，即便在现在也和三十年代早期一样，难以揭开处置，将来亦是如此，而西方社会却继续令许多人精神异化、冷漠空虚、没有生活与文化的快乐，因此他们渴望有一种超级意志来引导他们的生活。

再次让我想起偶像与上帝的关系是在土耳其。1985年，我与哈罗德·品特受国际笔会和赫尔辛基观察委员会的委托去那里。此时离三十年代已很久远，但是通过同土耳其作家的几次谈话，我被带回到五十年前，回到布鲁克林区、安阿伯市和纽约市。这些对话，在那样一个历史时刻，本可能发生在其他许多地方，从北京、哈瓦那到纽约，从莫斯科、金边到布拉格。

这些作家中有一些人因为加入了反对土耳其依附美国和苏联的和平组织，曾在土耳其可怕的监狱里受到严刑拷打。如同第三世界大多数知识分子一样，他们多多少少都是传统左派，蔑视美国民主原则的虚伪，他们对我们的所知只是我们支持各地的右派独裁专制，包括将他们囚禁的土耳其军阀政府。

一天晚上，他们大约二十人在一家餐厅宴请我们。觥筹交错之间我们开始感到一种难以理解的敌意，毕竟，我们到这里来是为了让全世界关注他们的境况。一个男士举杯站起来，面露讥讽，宣布说："为我们有朝一日富裕了能够出访美国去调查民权现状干杯！"后来我与他交谈，觉得很难判断他是取笑我们此行的反动政府的特工呢，还是纯粹只是把我当作他们的大敌——美国人——来攻击的共产主义者。

另一位作家，坐在我旁边，已经喝了不少伏特加，用手扶着头对我说："如果他们再逮捕我，我就逃离这个国家。我再也受不了那样的折磨。"他身穿一件方格呢子运动夹克和一条宽裤，打着一条棱纹布领带，剪着一头五十年代学院风格的短发。"你是马克思主义者吗？"他突然问道。

"什么叫马克思主义者？"我回答。

他一脸诧异地看着我："什么叫马克思主义者！马克思主义者就是马克思主义者！"不过，他的语气里痛苦多过愤怒。

"你的意思是中国的马克思主义者与苏联的马克思主义者没什么两样吗？可是此时这两支世界上最大的武装军队正在边境上严阵以待——就像两百万人在对垒。那又如何解释越南与柬埔寨的生死相残？还有柬埔寨波尔布特与柬埔寨亲越南派呢？我还没提以色列与叙利亚呢。"

我看得出自己伤了他的感情；他从未想要这样去看待这件事情。现在的他满怀失望，但是为了那坚如磐石的信仰唯有忍受，如同忍受身上牢狱之时的伤疤一样。却不想我轻而易举便将那信仰分崩离析，于是勃然大怒："不，不，马克思主义者只有一个！"他的喊声几乎盖过旁边曼陀林的琴声和民谣歌手轻快的歌声。

我不再紧紧相逼，却想起"基督教唯一论"在爱尔兰自伐至亡，或是黎巴嫩的"伊斯兰教唯一论"，或是十七世纪以基督为名发动的三十年大战几乎摧毁整个欧洲，又或是以色列的"犹太教唯一论"燃起东正教教徒与世俗犹太人之间的血腥仇恨。

"也许我们正经历世界的再次部落化。"我说，"古老文明的遗迹正接二连三自长眠中醒来，也许马克思主义正是给这一返祖的部落主义的盛行带来现代声音的方法。"

另外一个声音插了进来，那是阿齐兹·聂辛，创作了约九十本幽默作品和诗歌的作家。年轻的时候他成为一名马克思主义者，而现在是社会主义者。他曾多次入狱，几年前因为在文中抨击了伊朗国王而服刑六个月。每个土耳其人都知道他的名字和故事：他如何离开军校，最终与由他的老同学组成的、由美国支援的军阀专政为敌。五十岁的他个头矮小，仪态雍容尊贵，家世富比王侯。

"就在上次战争过后，斯大林想要夺取东部一个省区和博斯普鲁斯海峡，"他说，"而现在，苏联还想迫使我们割让我们边境上的部分地区，面积可是不小。"

我开始有些不解：一个左派分子会在一个美国人面前发表言论抨击苏联，这有点奇怪。我说，马克思主义显然不能成功地遏制苏联的扩张主义，至少在这个地区不行。他沉痛地表示同意，尽管眼中还有一丝迟疑与苦恼。

之前那个身穿运动夹克、备受折磨的男子也沉痛地点点头，看似没有转换话题的意思，接着说："是的，美国帝国主义在我们边境上一路安置导弹基地，几十个呢！"随着他对美国在土耳其驻军规模的详细描述，苏联要求土耳其割让省区的话题很快就石沉大海了。

"那么作为马克思主义者，"我试图追随他们的思路接着问道，"你们如何在两大强国之间定位自己呢？两个都对土耳其的独立构成威胁，对吧？"

他们竟瞪着我，眼神空洞，显得古怪，既不是完全否认，也不承认他们真的腹背受敌，反而更像玄虚的停顿，卡在争论的逻辑和其结论无以达成这二者交会的地方。我无意击中了一个现象——隔阂的神秘之处——战后年代里这种现象一直困扰着许多地方。

循规蹈矩的人们，在证明自己信仰错误的事实面前，反而更加抱定信念来逃避绝望的痛苦。失去希望就是堕落。这里便有两个马克思主义者，驱车几个小时从苏联边境某处而来。他们以为苏联人希望越过此处向南进入土耳其境内，但是他们几乎所有的愤怒都是针对美国。不必介意苏联现状；苏联是他们敌人的敌人，那便足够——足够令他们不会屈服于他们身边的魔鬼。

我明白他们的绝望，因为如果隔阂是思想道德的奖赏，而事实只是旁枝末节的话，那也只能如此。

五十年代早期，美国右派的复苏，即麦卡锡参议员带领下的对自由党派的打击，其中一个目的，就是要诛锄异己。一时之间归顺成为当时的新风潮。

五十年代初期，我已经认识一些再也不被制片人雇用的电台编剧。起初，人们以为，倘使他们不是什么党派人士但也相去不远，于是大家认为整个社会还是团结安定的。但是现在，美国的第一个氢弹试验受到许多谴责，被斥缺乏人道主义，而人们期待苏联即将拥有自己的氢弹。因此随之而来的是，飘浮的疑云开始取代脚下自由民主坚实的土壤。日复一日，人们并不知道这团云朵何时会像个蛋奶酥倾盆而落。一天，在布鲁克林高地，一切似乎全都发生了。

当时六十多岁的路易斯·昂特梅耶是诗人、选集编者，有着老纽约人独特的长相和贵族式的大鼻子，热衷于交谈，尤其是谈论作家和写作。四十年前，他放弃了家族的珠宝生意要当诗人。他结过四次婚——有两次娶的都是同一个女人，诗人琼·斯塔尔——从事过教书、写作和出版，而随着电视的迅速兴起，他突然成为《明星猜猜看》节目初期全国知名的常客之一。那是电视行业早期一个颇受欢迎的节目，是要他和专栏作家桃乐丝·基尔加伦、出版家贝内特·瑟夫以及阿琳·弗朗西斯在指定时间内通过提问来努力猜出受邀来宾的职业，问题越少越好。节目里妙语连珠、妙趣横生，路易斯则是个中能手，他能即刻用上他听过的所有笑话和双关语，所以非常受人喜爱。

路易斯热爱诗歌和妙龄女子，当然排名不分前后。他在八十五岁生日时说："我还在追求这些。唯一不同的就是我现在记不得是因为什么了。"他同美国许多大诗人交情甚笃——其中有威廉·卡洛斯·威廉斯、罗伯特·弗罗斯特、埃德娜·圣·文森特·米莱、玛丽安·摩尔——他这个人可以只是和知己聊聊天、打打趣很容易就消磨掉一个下午。一天晚上路易斯做有关语源学的长篇演讲。我看到年长威严的罗伯特·弗罗斯特一动不动地坐着聆听，那种恭敬真是不同寻常。那天下午，我的长毛垂耳狗"红"——后来我把个性乖张的它给了福特车商之后，趁他还没改变主意赶紧逃离他的展室——冲出我们位于威洛斯特里特的房子大门，跑下台阶，然后撞上了一辆路过的车子，把脑袋撞得更傻了，疯了般四处乱跑，我只好一路追赶它直到布鲁克林高地。晚上弗罗斯特听了这个追逐的事情后，瞪着双眼好像总统山上的头像那样，慢吞吞地说："这只狗听起来挺有趣的。"

路易斯非常享受生活，尤其是现在他上了电视后名利双收。他现任也是最后一任的妻子布莱娜——名字来自威廉·杰宁斯·布莱恩，是她父母取的，他们都是民粹党党员——是《名媛》杂志的编辑。她个性活泼风趣，与他不相上下，但是路易斯的精力无人能及；他诙谐逗趣，总是滔滔不绝，她只能双手捂住耳朵，在屋子中央大叫以示抗议。平静下来后，他会走到钢琴前大声弹奏贝多芬的曲子。他俩温文尔雅，现在凭着每周收到的一张数目可观的支票住在布鲁克林高地凌乱但却舒适的公寓里。

对世界总是充满信心的路易斯似乎不知内疚为何物。我听过他唯一一次自责是在他九十多岁。当时他突然说："我写得太多了。"但是估计多半也是客套而已。我想也许正是因为这种单纯，所以当有一天他像平常那样在节目开始前一个小时到达电视台录制间，被制片人告知不必再来上节目时，他才如此毫无准备。似乎是因为《生活》杂志将他划入黑名单，说他是华尔道夫大会的赞助商，结果有人组织写信抗议他上《明星猜猜看》，于是吓得广告商让他走人。

那个制片人实际上还是路易斯的学生，多年前上过他的文学课。对于不得不辞退路易斯他也很难过，尤其当时是他主张第一个就要请他来的。但是，多年后路易斯在书中提到，那个制片人从这件事情振作之后坦言："问题在于我们知道你与左派从未有过任何关联，所以你没有什么好说的，但是他们还是不会相信。于是看起来好像是你不愿意当个好美国人。"

路易斯回到了他的公寓。平常我们每周会在街上碰到一两次，或者大约每个月联系一次，但是现在，我在街上再也没见过他或是收到他的信。我打电话过去，总是布莱娜接的，含糊其词地说他不想再接电话，更愿意等到我们可以再聚一聚的时候。但也并未成真。因为不常看电视，我并不知道他不上节目了，只是想着等他想打电话了就会打给我。

路易斯有几乎一年半的时间没走出公寓。内心涌起的无比巨大的恐惧，把他吓住了。那不仅仅是对政治的恐惧，真正让他害怕的是他见识了人情淡薄。他一直深深地去爱与被爱着，尤其是在那个电视节目里他的字字珠玑受到极大的赞誉，可是忽然之间，他就被弃之街头，销声匿迹。十多年后我写了一部剧本——《堕落之后》，其中心思想的来源之一就在于此。

像路易斯·昂特梅耶这样的男人失败的原因，我想，不单单在于个人，还在于历史——那熟悉的过去带给他的安全感忽然就被从他身下抽走，而问题在于是否真的存在这种安全感。

三十年代，安阿伯市小镇的魅力之一，在我看来，就是安全感。这与狗咬狗的纽约对比起来极其鲜明。如果某天下午纽约第五大道上躺着一个将死之人，要过了很久才会有人停下来看他怎么了。短短十几二十年后的人们回望三十年代无不感伤怀念，以为那个时代处处互助互爱。

"团结曾经存在，逝去必是凶兆"这种概念从何而来？人们似乎经常认为贫穷的三十年代就是我们潜意识里的固定坐标，往后所有的事情都以此作为衡量的标准，甚至那些年轻人也这么看待事情，即便他们对那些事情的了解只是通过父母和书籍。人们并没有变得更加功利，但是，大约在1936年，不关心政治的人们生平第一次开始考虑要采取共同行动求得绝处逢生。于是应运而生的是大众的工团主义和联邦政府第一批系统的救济活动，还有农场合作运动的复苏、田纳西流域管理局的成立以及其他公益活动。这些增加了人们的就业，给更多的地区输送了电力，修建了新的桥梁和高架渠，开展了大规模的再造林工程，给学生提供贷款研究这个国家的民俗历史——歌曲和传说第一次得到收集、出版——这一切富有想象力的举动替政府打造了另一种形象：不管它有过多少错误和浪费，政府总是站在人民一边。海明威写道："一个人是永远得不到那该死的机会的。"——这是一个专业孤独者的惊人认知：一种新型英雄登上了舞台，他的自尊要求他与同胞们团结一致。于是学校里其他所有的男生似乎一度都在学习以便成为社会工作者。

到了1936年我读大学三年级的时候，对于底层生活有了更多体味之后，再也没空去感伤。在纽约制衣中心推手推车——是我暑假的其中一份兼职——到了邮局接近包裹邮寄的下班时间，你得跟想插队抢时间的恶霸拼命，才能守住位置。我的工作一天九个小时，是替山姆·夏普斯店铺驾驶货车穿梭于城市道路之间。这得一路不停地争夺停车车位和桥梁入口道。此外，等我停下车去送货或是取货的空当还得担心会有车贼光顾。那个时候流行的歌曲、戏剧和电影的突降法似乎都被奇怪地错放了位置。斯坦贝克在《愤怒的葡萄》中写到，一个店主没有收钱就把一条十美分的面包给了饥饿的一家人，这一幕或许感人，但与我经历过的所有现实相去甚远。

所以，等我 1937 年元旦从安阿伯市北上密歇根的弗林特，去为《日报》报道通用汽车子公司费希博德一号工厂发生罢工静坐时，我自然地和工人打成一片；事实上，是我的工作经历令我为他们这种新的团结深为惊叹。成百上千名普通工人，其中大多数受雇于对联邦保持敌对的南方各州，某日就这么关闭机器，把厂房大门从里面锁了起来并拒绝离开，除非他们的工会被人承认能够代表他们谈判。

我从安阿伯市搭了便车于中午到达。载我的是一位测试福特汽车的年轻试车驾驶员，他的工作就是给两年后上市的新型双门小轿车设定里数，如果车子出了问题，就要打电话向位于迪尔本的工厂报告。福特公司自然就是所有反对工会的公司里面最为暴力的一个。这位南方小伙子很高兴北上弗林特的路上有人作伴，便跟我聊起催泪气体的事情。这事众人皆知。为了避免他的工人决定静坐，亨利·福特把催泪气体打入工厂的洒水系统中。"唉，他们在福特公司罢工，而我却在掉头回家，就因为那个地方有人要被毙了。"他大笑着说。那个时候法西斯思想在全世界异常活跃，弗林特的这一幕似乎与它背道而驰。

费希博德的工厂沿着一条宽敞的大道一路延伸，对面即是通用汽车公司行政大楼，里面是办公室用人和行政人员工作的地方。两栋大楼由横跨那条大道的封闭型天桥连接起来。那位福特汽车驾驶员害怕卷入与工会有关联的种种事情，只向下看了一眼那条街便把车开走了，留下我站在那里。实际上我的脚边的确有三个国民兵，其中两个蹲着，一个俯卧在人行道上，他们正守着三脚架上的一把机关枪，把枪向上对着工厂大楼一处两层楼高的地方。我后来才知道他们向三个到屋顶散步的工人开了枪，伤了其中一个。其他士兵取下步枪，悄悄地移动，几辆载满年轻警察的军用卡车把街道两头给封锁了。两辆警车直挺挺地倒放着，很是奇怪。有人告诉我，那是因为工人们用消防水龙带喷出的巨大水柱造成的，他们把水龙带连接到热水出口，就此不让警察和士兵靠近。为了阻止他们从封闭型天桥强行攻入，工人们还把几辆雪佛兰车的车身直立着并联起来，把天桥紧紧地封住。这是罢工的第三天。四处一片寂静，只是偶尔从工厂里面传来萨克斯管低沉的声调（工厂里面有一支临时凑成的爵士乐队，会不时地响起几首曲子，然后又悄无声息了）。此时萨克斯管吹奏者似乎正在独奏练习。当几个妇人拿着饭盒出现的时候，二楼窗户挤满了人头向下张望着。工人们挨个举起饭盒，还一直聊着天，偶尔爆笑几声；然后女人们挥挥手就走了。我听说，在工厂里面，男人们都在汽车座位上休息睡觉，但也很小心地拿纸垫着；看似奇怪，但对他们来说财产权还是非常神圣的。

我在一条小巷里面找到了工会办公室，爬上一段楼梯，走到一间空旷的仓库上面的小房间。我听说，组织罢工的两兄弟就是从那里开始的。一个头戴棒球帽的年轻人正隔着窗户盯着外面。他看了我一眼，然后介绍自己叫沃尔特·鲁瑟（他哥哥维克多曾出游苏联，有人谣传他是社会主义者）。我问沃尔特现在情况如何。他一头红发，脸色苍白，总是深思熟虑的样子。我原以为会见到一个野蛮的家伙，对我想做的事情毫无兴趣，但是他对我这个大学生小记者却礼遇有加、直截了当。

"嗯，让我想想，"他把身子往椅子上一靠，说道，"我想我们目前的成员已经超过三百人……"

三百人！多么惊人的数字，我想。媒体有许多报道声称整个事情只是侥幸，很快即将偃旗息鼓，因为要召集的是没有手艺的工人，而不是早在世纪之交就已结成的精英工会的机械师、机床维修工和木匠。这种做法真是前所未闻。

"但是报名人数一直在不断增加。"

"所以你认为你们会受到认可？他们要在里面待多久才会厌

倦呢？"

"我想他们会一直待在里面。"

"我能问你为什么吗？"

他唇边浮上一丝微笑。"他们已经喜欢待在里面了吧。"我们都笑了。"你知道，他们共同经历过许多事情。现在他们已经懂得为自己自豪，在里面感觉非常好。"

跟沃尔特·鲁瑟谈话，我发现他并不认为自己是这个重大事件的主控者，最多只是对从地下一直沸腾直上的一种情绪给予引导、使之成型。我已听说，某些艰难的组织活动是由共产主义者而为，但似乎没人知道我能在哪找到他们，所以我一直没有找到。

我必须于胜利日前返校上课。那天是 1937 年 2 月 11 日，公司最终做出让步，承认全美汽车工人联合会的合法存在。这令我感到在这世上更为安全。同其他想在当时写作或是进行艺术创作的人们一样，我似乎看到一种崭新的美诞生了。我本不会想到还有一种新的强权也正于此创造出来。当然，这种强权不会经常向世人摆出一副恣凶稔恶的嘴脸，也不会偶尔查禁我写的电影剧本——但是十五年后便是如此。不过，必须说明的是，全美汽车工人联合会自身还是非常民主的。

意义继续在被扭曲。奥德兹在华尔道夫大会上高声大喊、努力要复活的正是三十年代那股精神，虽然这在 1949 年显得不合时宜。当我回想起那些修女，回想起当我从她们中间小心翼翼地走过时她们抬起洁净、惊恐的脸庞向我瞥来一眼，还回想起几乎四十年后当我在报纸上读到，第三世界的天主教神职人员在帮助穷人并经常领导革命，而不是充当富人的侍从，整个世界似乎正在进化。现在也是如此，美国一个天主教主教委员会谴责了一条联邦政府政策带来的无情压力，因为它愿意让文盲、种族主义和饥荒逐渐削弱多数社会机构，而我想起了试图和跪在华尔道夫大厅门口前的那排修女讨论这类事情时的那种绝望。她们和我最终看到的是同一个世界，但是，我的改变同她们的也一样。

两年后我完成《都是我的儿子》，把它送到赫尔曼·舒姆林手中，当时他已经制作并导演了莉莲·海尔曼的剧本。三四天后，他告诉我他"看不懂"。赫尔曼正是百老汇特有的声名显赫的制片人，为人一丝不苟、严气正性，但性情温和，说话总是轻声细语——直到他失去耐性（别人是这么跟我说的）。很显然，他对莉莲已是耐性尽失，正如莉莲对他一样，他们已经分道扬镳。他迫切需要一位新的社会剧剧作家，但显然我的剧本把他难住了。我想象不出是什么令他困惑。但是花了两年时间最为用心的创作被视为失败之作，这对我而言真是一次打击，尤其我还发誓过，假如《都是我的儿子》失败，我将放弃戏剧创作。

那几年夏天，玛丽和我、还有我们的第一个孩子简，都在长岛杰弗逊港口附近的一间平房度假。房子是租来的，我就是在厨房那张瓷面圆桌上完成这个剧本的。我把一份稿子给了老朋友兼度假邻居拉尔夫·贝尔。他曾上过我在密歇根的课程，现在已是一名舞台及电台演员。拉尔夫的妻子珀特·凯尔顿比他年长，出身于表演世家，参演过《齐格菲尔德》歌舞剧，既是歌剧演员又是百老汇喜剧演员。在杰克·格利森的电视节目《蜜月期》里，她成为第一位扮演他妻子的演员，即最初的克拉姆登太太。她读了我的剧本后说它是大作，"好似一部歌剧"。这一赞誉之词，加上她睁大的双眼中充满惊叹的神情，使我有了信心来面对舒姆林的否认。查理·卓别林曾将自己那顶著名的圆顶礼帽馈赠与珀特，赞赏她在《齐格菲尔德》歌舞剧中对他的模仿，并为此于二十年代重返舞台。珀特生来就具备一种后台智慧，笑声极具感染力。她当时正在学习基督教科学，以治疗自己的癫痫病。1946年的那个夏天，我们都没有想到，四五年后这位全国知名的、全国最大的热播电视节目女星会收到一封电报——就在芝加哥一家医院的病床上，当时她正因一场小病在接受治疗——电报通知她被剧组解聘了。一长串的询问后事因终于明了：许多年前，拉尔夫曾经参加过五一节游行。我知道拉尔夫与左翼根本从未有过任何关联，只不过在那年凑热闹，和一群演员一起做了无谓的抗议，而珀特一生中甚至从未参加投票。

这个情形，同昂特梅耶的遭遇无不相似。可以说，把珀特打倒在地的那种残酷无情令她深感惧怕，以至于后来她总是小心翼翼，尽管她在黑名单恐怖事件结束很久之后继续在戏剧界和电影界做得相当成功。我想1946年的我们不会相信会有这样一份黑名单存在，也不会相信一个人生活和事业的电源会被这样切断，空留下无用的电线。

正如我提到的，我也把剧本送给了迷人的利兰·海沃德，我名义上的经纪人。但是毫无回应。过了一周左右，我到他的办公室去，却被告知他还没有看过剧本，人在加利福尼亚，无法联系。我便对他那位忧心忡忡的秘书说，我要马上收回所有剧本手稿，就此离开这家经纪公司。我提起这件事情是因为它让我明白，我从某处找回一种自信，认为自己不能再被耽误。那也许只是绝境中的自尊心，但是我真的收起我之前所有的剧本手稿，然后离去。然而，那个秘书还是说服我把最新的剧本留下给一位布朗小姐看一看。

于是凯·布朗成为我的经纪人，时间长达将近四十年。第二天她在杰弗逊港口打电话告诉我剧本很棒，她很荣幸能够负责这个剧本。既然舒姆林拒绝了它，她知道该把它拿给谁。那天玛丽、简和我正开着纳什-拉菲耶特那辆老双门车返回纽约，车里塞满简的小床、玩具以及我们的行李。就在驶离南州公园公路的时候，我一下踩住刹车踏板，弄爆了一个轮胎。仿佛好事来临的征兆，前方二十码处就有一家轮胎商店。我花了十二美元买了只新轮胎，这个价钱远远超过我的支付能力。

我听说过伊利亚·卡赞，当然还有哈罗德·克勒曼——"团体剧场"的领导之一，而且是剧场里文学修养最高的人物。"团体剧场"已于五年前消失，但最近他们突然又开始合作，进行戏剧的商业制作。凯认为除了他们，戏剧协会剧团也可能会对我的剧本感兴趣。一两天之内，两个组织都表示想要选用《都是我的儿子》。

戏剧协会剧团领导人泰瑞莎·海尔朋要求我对组织全心全意。因为1937年"新剧局"评选我为一个全国大奖获得者的时候，她正是"新剧局"的长官。戏剧协会剧团曾是奥尼尔的第一个制片方，不过最近几年，它的名声更为"夸张"显赫，让我稍感不适。

相反，卡赞和克勒曼却是那个三十年代混合体的缔造者之一，它结合了斯坦尼斯拉夫斯基理论与真正令我着迷的社会反抗。于是我很快便决定选择他们的新组织，但是我没准备好会被问到我想要他们俩当中的哪一个来做导演。在我的印象中，克勒曼一直是剧场里的思想主导者；他曾执导过奥德兹在三十年代的所有戏剧，对于我这样的门外汉而言他已经是一个传奇人物。不过，据说卡赞更为激进、更为活跃，虽然他比自己的导师克勒曼年轻，得到的赞誉也较少。此时我认识许多演员，在他们描绘出来的画面中，克勒曼可能虽有灵感但常摸索徘徊，卡赞则足智多谋，能够一语中的。

自然，能在他们两人的办公室与其会面以确定导演人选，真是令人兴奋不已。假如真有导演能手这样的东西存在，这里便有最伟大的两位。我想最初五分钟的尴尬过后我就喜欢上他们两个了。他们对剧本赞不绝口，并感谢我选择他们而不是戏剧协会剧团，这对他们的新公司而言已经是一种胜利。空气中激情万丈。卡赞大大的鼻子下面挂着一张大大的笑嘴，他的头向下倾斜着，好像斗士那样。克勒曼摩拳擦掌着向后靠去，好像要坐下来大食烤鸡似的。气氛真是和乐融融，而且带着点迫不及待的热切。在那个年代，人们仍然可以想象，可能除了医生救死扶伤，人类能够做的最重要的一件事情就是写一部好的剧本。

大约十年前，我在大厅一头问过吉姆·多尔，演员通常能干多久。在经济大萧条的那些日子里，哈罗德·克勒曼挺身而出，仿佛新戏剧的神父，以藐视不公、拯救患病民族的灵魂为己任。卡赞参与了《等待老左》的演出，我还看过他在《金色男孩》中所扮演的福塞利。那是一名歹徒，出现在健身房的门口。当他看到路德·阿德勒捶打沙袋时，脚跟连动都没动便俯身向前恶狠狠地说："我要扒下那个男孩身上的一块肉。"啊，多么迷人、多么硬朗犀利的人物形象！而现在他们两个如此期待我的剧本。我成功了。

之前我一直过着几近与世隔绝的生活，偶尔给电台写写剧本以应付开支，余下的每一天都在创作《都是我的儿子》，直至它完美无缺。每天早上去位于东57街的制片办公室看克勒曼和卡赞面试演员，都像第一次去一样兴奋不已。当然，没有人会长得像我剧本中角色的原型"真人"。年轻女孩都太漂亮，男孩都太英俊；即便有长相普通的，身上却有着常人所没有的一种演员的能量。我担心他们过于做作。但在角色安排的那五六周里，我对戏剧的了解已经超过我之前所知道的一切。

卡赞把演员个性客观化的能力真的就是临床心理学的一个手法。他可以一边同演员亲密友好地交流，一边却又抽身而出来评估他给那个角色留下的印象。我们最后成型的人物角色，他早在上台前就已知道或是觉察，因此表演能力方面就没有什么大问题了。闻起来好像理发店的克勒曼负责面试女士，这成了一份苦差，因为他尝到的激情与幸福都将化为泡沫。他似乎从未发觉一个女士的缺点，只有优点——她也许会有两对耳朵，但是话说回来，她的双腿优美动人，或是眼睛明媚迷人，或者笑声热情奔放。他俩那位抽雪茄的经纪人沃尔特·弗里德自己也对经过他桌子的一列女孩们难以免疫，还口齿不清地对着在祷告的克勒曼说他预感戏会火的。办公室里人一走空，克勒曼立刻让他年轻的秘书——另一个仰慕他的崇拜者——跪着给他擦拭皮鞋，而他则开心地搓着手掌，放声大笑，向上帝要求："我要成功，成功！"

这一要求在 1947 年有它自身的历史意义，因为它使人们想起"团体剧场"一直一贫如洗的年代，而这次商业制作正式宣告了那个年代的结束。现在每个角色都能找到最佳演员人选，而不必在"团体剧场"之外寻找演员。有时这样不仅是需要的，更是必要的。克勒曼也开始认可戏剧的一种新现实主义；这个剧本不用征得一小派出于艺术或者社会意义而自愿忽略某些乏味笔触的观众的同意。尽管对没被选中执导此戏感到相当失望（至少在我看来显然如此），克勒曼在热情万丈、情不自禁之时也会突然大手往桌上一拍，起身大叫："天杀的，这出戏成了！"

曾在"团体剧场"里担任过克勒曼的舞台监督的卡赞仍把他看作父辈级大师。卡赞对这出可能成功的戏所付出的热情绝不比他少，而且只会显得更深谋远虑，无论付出多大代价都要抓住一个客观实在的视角，不要留下什么遗憾。重要的是要给观众传达什么，不能有什么地方要他们原谅和同情。克勒曼的才智吸引的是文化界的高级评判人士，在他们面前他使出十八般武艺；假如他在戏剧的现实中失败、作品不被世俗眼光认可，他还能在一种对其作品的更高价值的形而上的评价中得到慰藉。卡赞仰望天空只为了看天气如何，而不是那些支持性的评价。他的演员从他那儿得到的更多是训练而非指导。他指了指演员，然后走到他身边，用手抱住他的肩膀，好像钢筋一般的拥抱却很温柔。"挑选演员占了戏剧的百分之九十五。"他会这么说，因为观众只知道他们的所见所闻，而不知道作者或者导演努力想要在他们面前呈现的是什么。在《都是我的儿子》中，他无情地操练着演员们，正如我在写作时操练着自己一样。在一次排演中，扮演愤怒的律师儿子、乔·凯勒那位无辜入狱的同伴的卡尔·莫尔登被卡赞越逼越紧直至情绪爆发，他冲上舞台，站在扮演他妹妹的女演员洛伊丝·惠勒面前，根本无法言语，头昏眼花，身子摇摆不定，几近崩溃。卡赞为此感到满意，自己突破了莫尔登尊严的外在防线。

对待阿瑟·肯尼迪亦是如此。他在第一幕中美好的理想主义到了第二幕高潮处必须转为嗜血的愤怒。卡赞知道这一场戏是整出戏的成败所在。他安排那位有罪的父亲——由埃德·贝格利扮演——两手捧头无比悔恨地坐着，此时肯尼迪一拳挥下打到他背上。排练多次后，贝格利的背已疼痛难忍，只好用绳带在外套底下绑一块橡皮衬垫以作保护。这便是那次制作中贴近真实情感的情形。

权力越来越大的卡赞在那些日子里咄咄逼人，工作起来信心十足、雷厉风行。他要求删除一长段重要的台词，是那个医生邻居在悼念他青年时期完美主义的逝去。这个建议我一直反对，直到我同卡赞之前一样，开始听出那段台词只是作者操作的结果，而非这部戏剧基本结构里真正的组成部分。尽管并非完全如谣传所言，但据说他在这件事情上的看法完全得益于他妻子莫莉的分析能力。据我所知，她非常擅长勾勒出一个剧本故事的力量线条和人物结构，但有时候又会去其糟粕过甚、危及精华。卡赞则更像个诗人，只是有时不太确定是要任剧情恣意发展，还是争取稳妥维持主要情节。不过，从某种意义上说，莫莉不仅仅在戏剧上是他的理性良知，对此他既要有所依傍，偶尔又得暗中闪躲。

在卡赞制片厂的生活洋溢着我之前描绘过的一种默默同谋的气氛，谋反的不只针对现存的戏剧界，还有这个社会——资本主义制度——实际上，就是这次戏剧演出之外的每一个人。人们陆续不断地到他耳旁窃窃私语，而且彼此耳语着，时不时地四下张望。我对这一切陌生至极，也非常好奇，虽然我几乎猜不到他们在说什么。我能感受到的是对这个男人的爱戴，因他孜孜不倦地抉瑕摘衅。你知道自己隶属第一阵营，目标就是要获得胜利，安不安全倒不太重要。观众就是我们的敌人，要像女人一样去征服、去支配直至最后去爱惜。成功的道路就在脚下，只要我们清楚这个戏剧的使命、它存在的原因以及演员的动机、个性轮廓和才华。但是卡赞的才华不仅仅只是技术的精湛；他从"团体剧场"和其在苏联以及欧洲的先例那里学习到，一个戏剧演出的制作就是，或者说应该是，从衍生它的厚重的文化身上切下来的一块薄片。它要倾诉的对象不仅是观众，还有其他戏剧、绘画、舞蹈、音乐以及人类用于表达的所有形式，由此无论何时我们都可解读我们的时代。所以他会让这个演员去听某支爵士乐的曲子，让那个演员去读某本小说，另外一个去看心理医生，再有一个，他只是给他一个吻。另外，虽然他从未提及政治人物或者观点，人们认为他是认同左派的理想主义的，无论是情感上还是理智上他都忠诚于工人以及贫穷质朴的人们。同奥德兹一样，他将三十年代逐渐黯淡的色彩织入四十年代和五十年代，即曾经将世界各地的艺术家们联合起来的反法西斯文化的共鸣。

然而，即便在1947年，大家都明白卡赞是独自一人站立在这种遵循潜规则的氛围之中。和他有着非常相似的生活观与戏剧观的老朋友兼导演搭档克勒曼与他的同志情谊就从未逾越过戏剧的围墙，合作中也从未用过任何一种政治事例。哈罗德只是默默地让你知道，只要他能忍受他就会和你一直待在同一列火车上，但也有可能因为利益他早你一两个站下车。奇怪的是，在台上卡赞总的说来安静而温情，而哈罗德却会咆哮、尖叫、号叫，不过他的激情从未令他忘却晚餐的约会。同时，他会去看望生病或是不安的演员，然后接连几个小时地握着他的手，这样的事他也没和任何人提起过。但是工作于他就是工作，对于任何超过他所能给予的东西他会小心地不予允诺——也许没有超过。简而言之，克勒曼的自私同他的爱心一起都是真实流露。

在卡赞的制作中我学到了存在于各种手法综合表达当中的美感。起初布景被拿进来的时候，我很奇怪为什么绿草葱葱的后院中央会有一块低低的土丘，为此演员得绕道而行，否则会被绊倒。女士们尤其不方便，因为她们的鞋跟会被卡住。于是我问卡赞它为什么在那里。他忍住爆笑，像透露秘密般静静地说："那是一座坟墓。"

"坟墓！这是他们的后院呀！"

"但是布景说明是要一块墓地。我不太清楚，也许马克斯是对的。你干吗不去叫他解释一下，然后来告诉我他的说法。"

莫迪凯·戈列利克，也就是马克斯，是"团体剧场"的另一位老将，才华横溢，脾气暴躁。他设计的布景可能是牙医诊所或是健身房，但无论是什么布景，都蕴含着浓缩了手边那个戏剧的中心意象的一种喻义，至少他脑海中是如此安排。我去找马克斯的时候心里焦虑不安，担心演员被他所设计的那块土丘绊倒，从而毁了我的戏。他长得像没有胡子的亚伯拉罕，一个腰板挺直的狂热者，拥有恐怖分子的自信以及满身血迹的复仇天使的微笑——当他在唇枪舌剑中击倒对手时，那个微笑就会在他唇边浮现。

"跌倒？我没看见有什么人会跌倒。"

"嗯，他们稍微踉跄了一下，这会让他们不太肯定要怎么表演。"

"如果他们不太肯定，你该去跟导演谈。缺乏自信是他负责的活儿。"

"可是马克斯，这是什么意思呢？——在舞台中央放一块那样的土丘。"

"你写了一个墓地的剧本，"他一字一句地答道，好似我眼睛后面闪烁着字，他正在将它们读出来，"而不是什么纪实报告。这出戏发生在一个墓园里，他俩的儿子葬在那里，而他也就成了他俩已被埋葬的良知，通过他穿透墓地触及他们。虽然那块土丘令他们不便，但是却能一直提醒他们这一切表演的真正意义所在。所以，土丘永存！"事实上，慢慢地，我不得不承认，虽然说不清是以什么方式，但那块土丘的确将表演统一起来，结成一股颇具力量的全神贯注。如果有人偶尔被绊倒了，也许它真的可以让他们记得这出戏的意义正是在于揭示人心险恶。不过，这一做法无论是成功还是没有意义，马克斯都对卡赞、我以及其他所有人出言恐吓，要我们相信它的成功，否则等于选择违抗他，此举无异于自杀。

卡赞、克勒曼、戈列利克、阿瑟·肯尼迪、卡尔·莫尔登——这些人全都曾与现已消亡的"团体剧场"关系紧密。它对戏剧的影响，无论多么错综复杂，一直延续至后来的几十年，并延伸至美国之外。故而，我对他们的理想主义自然比他们本人更为慎重。但是我不是演员，承受得起机会主义让人伤心的结果。而他们却得生活，当钞票车开来的时候，他们中许多人要趁着它还没开走赶紧跳上车去。排练的时候，他们就像橄榄球球队一样，相互扶持、批评、指正，因为"团体剧场"的宗旨是整体的和谐，而非个人的明星体制，那在他们眼中不啻于艺术家愤世嫉俗的症状。

这出戏的首演在纽黑文市拉开，除了吸引住观众，它还重新唤醒了战争年代里那黯淡的理想主义。如此严肃的作品能够一炮而红、大获成功，这样的前景令全体演员对演出狂热地吹毛求疵起来，以确保整体效果。到了波士顿以及随后的纽约时，这个演出就如同在笔直、干净的弹道上射出的一发子弹，把观众都打回到座位上。

成名只是孤独的另一种形式，要承认这点得花上很长一段时间。尤其是在人们认为戏剧写作既是门手艺，也处于一个艺术的时代，一个严肃的剧本居然能赢得百老汇的观众，真是令人称羡。尤其是这类努力通常都以失败告终，所以它的成功更是羡煞旁人。当我不再只是一名观看者，而成了被看者时，起初我并不认为我的生活会有什么改变。因此《都是我的儿子》在百老汇上演一两个月后，我干起了长岛市那家工厂的那份工作，似乎是为了确保我和过去保持关联。我用一周里比较好的时间围着一个圆形柜台工作，身旁站着六个或八个男女。他们全都沉默不语，好像坐牢的犯人，装配着木制啤酒箱的分隔间。我的剧本每周可赚大约两千美元，而我在这里的薪水却是最少的，一小时四十美分。几天之后，自我逃离、自我回归的不现实便耗尽我的精力，我只有辞工了。我现在只能猜测当时是一时冲动，我想成为一个集体里的一员，而不想真正接受似乎由名气所带来的孤独。但是其实没有什么集体，那些工人一辈子没接触过戏剧，也许以后也不会接触。假如说我以为自己在某种高度上是在替他们发言，那其实只是我的错觉，而他们对此知之甚少。

不过我也是在对自己的出色做出反应，而以前那种兄弟之争的矛盾重又燃起，因为那些矛盾既不能开诚布公也不能置之不理。我既想又不想超过我哥哥，或者更准确地说，我心里那个小男孩并不想要那样，因为我已非常清楚克米特为我的成功有多么自豪。不过，那最初的教堂深入脑中，里面的主面朝两个方向。无论如何，我还是把那长达一周、收入甚少、令人无法想象的工作放置于偶像脚边，返回家中，回到我的写作生涯中。为了《都是我的儿子》，我也付出了其他代价，而此剧的确是我唯一一部制作严谨的戏剧，其他六七部戏则具有诗歌形式，更为松散，更为飘忽不定。现在我希望能开启我视野的另一面，在我想象中那将是通向我内心混乱的路径。

在那家箱子工厂的经历并非我第一次试图逃离作家的孤独生活。大战时期，我在海军造船厂（那是我完全自愿参加的）的日子有一部分也说明了我对集体的相同渴望，因为我为政府多个机构广播的电台工作可以说是对战争有所帮助，并胜于我为修船所做的一切。我于1943年年初离开造船厂，当时赫尔曼·舒姆林把我推荐给莱斯特·考恩，一位好莱坞的制片人。他正在寻找一个年轻作家来为《这就是你的战争》写电影剧本。那是一个专栏报道集子，作者是美国人最喜爱的战事记者、美联社的厄尼·派尔。当时离把《吉星高照的男人》搬上舞台几乎还有两年时间，我完全就是无名小辈。但是看在舒姆林作为制片人兼导演的声望分上，考恩同意付我一周七百五十美元把派尔的书改编成电影。要过很久、很久以后这个工程才最终变成电影《百战英雄》，那之前还要经过其他四五个作家反复推敲，重塑我原本那个有关步兵连横穿战场的剧本。

对于电影剧本创作，我有一种偏见，认为那称不上艺术——那只是头脑的创作，而非灵魂之作——所以，我很难觉得自己不是在机械而冷淡地操作。不过，之后几个月里，当我走过本宁堡、坎贝尔营地以及其他五六个训练营去了解士兵，了解一场只有几个从战场上回来训练他人的基干士兵刚刚经历过的战争，我比自己预期的学到了更多的东西。在欧洲战区，我们唯一认真涉及的就是在北非发生的凯赛林隘口战役，当时德国人对我们百般蹂躏。

与即将发生在朝鲜和越南的战争截然相反，我想不起有任何细节显示美国军方的坦克兵、滑翔部队、伞兵和步兵曾经质疑过我们最终会取得胜利。战胜只是时间问题。而且对于许多人而言，军队是逃离经济大萧条、向前迈进一大步的途径，因为大部分人都很肯定，只要战争结束，经济危机又会席卷而来。我不断在寻找促使他们这么肯定的思想根源，但是战争要比一场橄榄球比赛复杂——胜败事关尊严。不过我写的是一个通讯文学作品——《情况正常》——也是我出版的第一本书，借此我想找出这些人的行动背后一个更为高尚的动机。事实上，有少数人想要在美国对日本偷袭的反击背后挖掘出某种意义，最后却只能归结为大概只有某个什么人才知道其中奥妙吧。但是即便如此，这个世界仍然远离越南的无政府主义，甚或远离朝鲜战争。虽然他们无法用言语表明，但是他们一致秉持着一种信念：这场史上最为宏大的杀戮，即一场遍及这个星球海、陆、空各处的战争，终会令文明岌岌可危。

我的这个电影剧本反映了我对明星制本能且平民的怀疑。我努力使连队里的每一个人都成为那场战争的中心，一样举足轻重。在家独自创作五六周之后，我堆积的手稿不少于一百五十页，这时考恩把我叫到好莱坞。但我先要陪他去趟华盛顿，见一见美国陆军部的首领，向他们说一说我们这部电影，因为我们会需要军队的许多配合和设备，更不用说还需要几辆潜水艇和一小支海军战役中队。为什么会需要中队，我不得而知，因为我没有写过海事场景。不过考恩行事总是神秘兮兮。他之前曾在俄亥俄州任篮球教练，个子矮小，鼻子扁平，笑起来嘴角好似一片哈密瓜。

在华盛顿，我依然是那么天真。三天三夜里我被介绍给多位将军和上校，他们显然相信，他们个人即将因为这部电影而闻名世界。剧本里其实并没有他们军衔那样的角色，但我很清楚这事提都不能提。正值各地战火纷飞之时，而考恩能够一通电话就召集一小群高级军官来听我介绍这部电影。他还不停地重复道，这部电影的主要品质在于它"将普通的美国军人推至战场前线，从而展示出他就是电影的全部"。他们对此的理解只能是众志成城、精忠报国，真是新奇而令人惊异的想法。我咬紧牙关，努力不要在每天天亮之时放弃不干。

但是华盛顿也有自己的痛苦。我有一位朋友乔·里斯，是名电台作家，当时在国会图书馆民俗部工作。那次他请我和他妻子以及他们的一位年轻女性朋友吃饭。据报道，这位朋友的丈夫于几个月前在

"摩尔曼斯克巡航"行动中失踪了。他的驱逐舰在给开往苏联的商船护航的途中要么是被损坏要么是沉没，那些商船装载的都是根据租借法案供给友邦的武器、物资、食粮。当我注视着她恍惚不安的脸庞时，突然觉得战争变得很真实。她几乎每天都到某海军办公室去询问，好像她年轻的丈夫还有生还的希望。我请她跳舞。她告诉我她现在和很多年轻的水手上床。她的坦诚令我非常诧异，也很感动，因为这样的话使我相信她的想法，即她是透过他们去碰触埋葬了她爱人的那片海。我自己也想和她上床，虽然她并不符合我的审美观，但是她的想法的诗意给我的刺激几乎如同肉体的刺激。不过，正是死亡的冲击，令她对生活、对性爱忘情投入，并令她对悲痛尤为偏好。我内心的脆弱，通常都被我小心庇护着，于她却心有戚戚焉。于是我明白自己不再如之前想象的那般正人君子。

我如此忘我，在乘火车前往好莱坞的漫漫长路上便对玛丽畅谈自己被这个女人吸引，还说假如我还没有结婚一定想和她上床。在我看来，这种说法毫无争议性。如果换一种文化视角，就可当成男人的又一次愚蠢，或者也不过只是人性的一次冲动，不必计较。但是，这却引来强烈的反感和厌恶——就好像是我非要用火车厕所里找到的一支牙刷不可了——结果，玛丽对我的信任，我对她毫无顾忌的依赖，全都受到重创。她的反应即便愚蠢又夸张，她还是察觉到一丝真相；我已将我本性里存在的那个部分暴露出来，这在我们的婚姻里几乎秘而不见。这类坦诚只会让我面红耳赤，也让我们到达好莱坞时神情紧张、忧伤。

不过，我天性乐观，这片乌云很快就迎风飘散。我以为自己的婚姻稳定不变——当时的我，年过二十五，朋友当中无人离婚。美国人当时也还没有"婚姻无足轻重"的风气。一想到是自己动摇了自己的婚姻，尤其是因为愚蠢而无事生非，我心头就一片沉重。

彼时，我工作（或是想要工作）的地方是总务室的一间办公室。

那座大楼只有一层，里面杂乱无章。从窗外看去是一片宽阔的草地，草地尽头是巨大的摄影棚，当时里面同时在拍摄两三部电影。我的剧本分别拿给不同的导演看，其中有一位曾与英国突击队参与了惊险的迪耶普突击行动。他每天都来，和莱斯特私下商讨。最后，几周过后他把我拉到一旁，问我有没有领到薪水，因为他自己没有。他是几个人当中来得最早的，这几个人要绞尽脑汁想故事，直到最后智穷才尽。同时，莱斯特还让军队特派步兵，倒霉的他们一个接着一个地坐下来跟我说他们的战斗史，但却没有一个故事能让我用到剧本里的。看着这些孩子们，我很不好意思。他们怀抱着能参与电影演出的希望而兴奋不已，在等候室一坐就是一整天，直到最后他们也渐渐离开。

最后，一天晚上，来的竟是劳伦斯·斯托林斯本人。他是最著名的编剧家之一，与马克斯韦尔·安德森合写了《荣誉值几个钱？》，并创作了其他战争电影，包括我少年时期的最爱——《战地之花》。斯托林斯在第一次世界大战中失去了一条腿，走路时跛得厉害，但对我而言却更显军威。一天傍晚，当司机小心翼翼地驾车带着我们俩穿行于好莱坞时，我为自己能够赢得这份工作、踏入这种生活感到非常荣幸，因为借此我能够为反法西斯战争大施拳脚。

斯托林斯说话轻声细语、和蔼可亲。"虽然你从未入伍当兵，剧本却写得惊人地好。那种不特写某一个人的手法会很感人，并会逐渐突出一个连队或者整支军队的主题。这手法非常特别，我之前从没见过。"

沉浸在幸福中的我解释道，我是想通过对整个团队近乎平均的强调来象征战争的民主理想。我更大胆地提出东线战场形势的逆转，这在当时叫人难以置信。其实苏联开始让我觉得他们有可能击退德军，直到现在大家都相信，因为拥有技术优势和作战能力，苏联必胜无疑。"正是苏军对自己理念的信仰才有助于局面的扭转。"我说。

"不是这样的，"斯托林斯答道，对我露出长者的微笑，"他们用的是他们的警卫师。一名警卫师骑兵想的不是社会主义,他是带着他的胡子和他特别的制服到那里去的,他不会退缩,永远不会,因为他是一名警卫师骑兵。你要在剧本里注意这一点——但又不必文过其实。战争从来都不是为了信仰或者理念,它说的是你和你的战友以及不要最后灰头土脸或胆小懦弱。战争就是把整个世界变成一个酒气冲天的酒吧间。另外还有一点……"

我这才明白原来是莱斯特唆使他来跟我谈话。我们并非在闲聊。我在这份工作里的未来取决于主题,而我几个月的付出忽然就成败未决了。

斯托林斯说:"他们从来都没打算照着你的剧本来拍。"我呆住了。莱斯特不是很积极吗?他们为什么不要这么拍?"他是很积极,剧本也很好。但是,阿瑟,所有的战争电影都是一样的。要有一个大个子和一个小个子;他们块头不同,你才可以在硝烟弥漫的战争场面中迅速识别他们。还要有一个女孩,他俩中一个得到了她,但她爱的却是另外一个,而最后她得到的是他。结局是他俩都得离开她,因为她是个外国人。故事真让人心碎。他俩可以有一个中弹,最好是在手臂上,或是头部受伤,缠着绷带。"

车子在我租住的房子前面停下。斯托林斯碰了碰我的膝盖:"你能改好的。努力吧。"

我看着车子驶进暮色沉沉、深蓝色的黑夜,站在那里,站在好莱坞这个酒池肉林里升起的一片湿气之中,我为自己浪费了如此多的希望和努力感到难堪,因为没人希望我重新创作《战地之花》——他刚才所描述的正是这部电影。不为别的,只因我对厄尼·派尔有义务,不要用斯托林斯勾勒的那种电影来美化他或是他爱戴的人。

《这就是你的战争》的电影版权遭到所有大公司的争抢,最后作为无党派人士的考恩赢得了派尔的同意——不久后我听说是暂时性的——因为只有他一个人保证，电影突出的将不是派尔而是士兵们。在公众心中派尔占据着一个独特的位置；他与其他记者都不相同。渴望了解情况的军人亲属每天满怀信任地阅读他的报道，因为他总是给出他在国外所遇到的人的姓名和地址。事实上，他不仅和他们有难同当，而且当部队收兵回营时，他还要一个单位一个单位地跑以继续战斗，所以他几乎比每一名士兵经历的战役都多。

派尔寻求的角色不是生动活泼，或极度爱国的。杀戮对所有阵营来说都是人类的一场大灾难。大战前他曾开着小小的福特车，旁边载着他妻子，游历了中西部，同普通老百姓聊天，收集最家常的故事和最质朴的情感来和他的读者分享。他的每日专栏让人感到亲切、温馨、幽默，而且能感到小地方的氛围。战争只是猝死的普通老百姓。

直到我去新墨西哥州阿布奎基市拜访派尔时，我才知道他已经拒绝同考恩签订合同，除非他能看到电影剧本。但就在那时，也就是斯托林斯同我那次具有决定意义的谈话的前几个月，能给他看的只有一些场次顺序和细节要点，至于场次的内容我还没有写呢。和他同坐在他在阿布奎基的起居室里的时候，我才逐渐明白，我是被派来说服美国最受爱戴的记者，要让他相信考恩的信誉以及他们对于电影的高尚打算。正如这部电影在操纵无知大众一样，我先是欺骗了军队老大，现在则轮到派尔——这次任务艰难得多，因为"好莱坞"这个词对他而言就意味着欺诈。

我乘坐的是从好莱坞起飞的 C-47，机上还有从太平洋休假归来的二十多名海军战斗机驾驶员，着陆时我们都呕吐不止。落基山脉上空雷电交加，飞机在空中不断颠簸，几秒之间升降几百英尺。机翼摆动明显，并一度在一个山顶斜坡擦着树顶而过。唯一不受干扰的乘客是一位年过六旬的女士。她两腿交叉，坐在右手边的独座上。飞机几乎要倒转时她还在看报，一边吃着"好时"杏仁巧克力条。我们受到的惩罚如此严厉，驾驶员们只好改乘火车前行。着陆后，在走到那栋简陋的机场大楼里面的路上，我一直扭动脚踝，他们也一样。我坐了下来，等着派尔叫的出租车来把我接走。我躺在宾馆床上的时候，竟发现两腿直挺挺地升到半空中。我坐起来，然后再躺下去，但是它们还是失控地摆了上来。最后我只好侧躺，让两腿跟身体垂直伸展着休息。一周后我在机场等候飞回纽约的时候，厄尼介绍我认识负责纪念品柜台的那位女士，她认出我了。"上周我真的以为你被人打了，正想叫救护车呢，出租车司机就来了。我不相信你能站起来走出去。你的脸色好像死人一样。"

和大多数美国式英雄人物一样，派尔曾备受折磨，缺乏自信，满心愧疚。他体格瘦小，浅茶色的头发稀稀疏疏，性格温和谦卑，貌似绝对不会愿意把自己往战场上送的人。他和妻子生活在一起，因为那时他妻子在住院治疗——他坚持声称为——酒精中毒。他们的家是住宅区二三十间设计相同的房屋中小小的一间，都是最近在市区外围边上建起来的。那个地方似乎空气沉闷、气氛低沉，但是当你跨出门廊，面向前面的平顶山，无边无际的新墨西哥就在你眼前延展开来，色彩斑斓美如画，变幻莫测，与日俱新。晚饭过后我们去散步，此时才日落时分，但大街上已空无一人，偶尔经过的车辆只会更显得这个小城市特别幽静。一天晚上，我们看见一个印第安人独自站在角落里，胳膊下抱着一捆东西，目光笔直地凝视着前方的落日。我以为他在等红绿灯，但是灯换了后他还是一动也不动。许多年后我把他写进《不合时宜的人》，但是约翰·休斯顿不满将这个美国难民作为象征人物，拍摄时将镜头匆匆带过，并没有真正表现他。我猜是这个人物的象征意义太过于个人化而不能对其他人产生意义吧。

正是在这些布满忧伤的晚上散步，令我慢慢意识到，考恩在利用

310　　　阿瑟·米勒自传

我去争取让厄尼签了合同。我告诉厄尼，我对剧本的定稿并无控制权，他的决定不应该取决于对我的好感。但是他想让美国大兵名垂青史的愿望如此强烈，所以让自己相信，我的存在可以保证剧本不会被滥用。为此我深感荣幸，所以也对自己如此承诺。最后我俩为这一快乐的幻想而拥抱。

一天晚上，我向他说起我的剧本《吉星高照的男人》，它已被选中将在下一年上演。在他家那间家具简陋的起居室里，我就着壁炉的火光连比带划地将故事完整地说出来，边说还边修改，结果我在他脸上看到了惊奇与敬畏的神情。结束时他问道："你从哪里得到这个故事的？"我编出来的，我说，取材于我妻子的亲戚。"这就是我的人生故事呀。"他说。

正如他自己所描述的那样，他总是过于谦逊与害羞，所以不敢想象自己会变成现在这样一个明星记者。的确，正是他内向的本性促使他产生那个非常成功的想法，即和他妻子游遍各小城镇，从而避开重大事件，也回避了记者们通常的猎取读者的需要。他成功地塑造了一种公众形象，即一对浪漫夫妻体悟着那群未被歌颂的美国民众所带来的永恒真理。他认为是好运终生陪伴着他，而且他从未明白他的职业生涯为何会如此成功。他隐约觉得灾难在伺机而动，并会不期而至。

当我们在为我们特别有趣的人生干杯庆祝时，他看着火光，开始讲起在意大利的一次漫长经历。就在几个月前，他遇到"一群意大利人和几支德国军队。他们都已死去，刚被堆在一起，应该是差不多同时被杀害的，因为尸体刚刚开始僵硬。几乎所有人都勃起，有些人的老二从纽扣下突出来，差不多有两百只直冲向天空"。我想起曾经看过这篇专栏文章，但是他当然没有提到勃起。他没看我一眼，接着说："我遇到这件事时还是个孩子……"他停住了，没有再补充。

接着轮到我忏悔。令我自己惊讶的是，我谈起的是华盛顿那名丈夫于海上失踪的女了。不过他先我一步把我的话打断了。"别，别再做那样的事情。婚姻就是一切。性这玩意儿没什么好处，它给不了你什么……你以为你必须要做，其实不是。你妻子听起来像是个好女人……"让我突然感到惊讶的是他那深深的、真切的关怀，而我原来想象的会是某种对于我有艳遇好运的嫉妒。

但是在那个晚上以及其他晚上，他给我的主要信息却是他拒绝憎恨敌方士兵，因为他们和我们的士兵一样，都是被这场杀戮困住的人。那便是他对于一场超越了政治的人类灾难那充满敬重与隐忍的看法，透过这一视角我第一次发觉他悲剧性的人格。因此我绝不能为了一部电影而背叛他的期望，这部电影讲的当然不会是一个大个子、一个小个子和一个女孩的故事。

几天后我回到布鲁克林，接到莱斯特的电话，宣布厄尼签了合同，现在电影是"势在必行"了——就好像他以前和我说过"势在不行"一样——还说，美联社正在举办庆祝会，这个活动的头儿李·米勒本人邀请我参加，当然活动的明星就是厄尼。我坐上地铁，想要忘记斯托林斯几周前说过的现实主义，并期待着再次见到派尔。

那晚十点过后，美联社里的觥筹交错才暂停片刻，好让我们十一二人得以逃到"21"吃点东西。餐厅里已经空了一半，但是独自坐在一张餐桌旁大啃碎面包片屑的正是另一位美国英雄：约翰·斯坦贝克。后来我才知道他是李·米勒的老朋友，被李·米勒派到苏联和其他地方做通讯记者。没办法，我们只有和他一起坐了。

我以前从没见过斯坦贝克，令我意外的是，同厄尼·派尔一样，他很容易脸红，与派尔不同的是，他似乎想要在形象上提升他自己，能够代表西部强壮、能干、热心的形象，而他本性中的敏感与感性却被一种激进的愤世嫉俗所遮掩，甚至会过激为残酷。他写了——在《小红马》、《人鼠之间》、故事《女儿》，当然还有《愤怒的葡萄》

里——那些烙印在美国土地上的场景，就像印在镍币上的印第安人的轮廓一样。发现他在这样一个颓废的地方无所事事，我有些失望。我尽量自然地坐到餐桌尽头，没有和他交谈。派尔既不吃东西也不喝酒，我猜是某个原因让他没了庆祝的欲望。账单递上来的时候，斯坦贝克一把抓了过去，直到李·米勒抗议说美联社要付账的时候他才发了慈悲，要掷币决定谁来买单。他输了，便付了总开支几百美元。这一举动尤显夸张，他和服务员交易的时候，其他人略感尴尬。

走到路上，派尔把我拉到一旁说："我希望你能盯紧此事。别让他们把它毁了，好吗？"我承诺会尽我所能。他又说可能要到电影拍摄完毕才能再见到我，因为他已经决定到海外去——尽管李·米勒力劝他说，他已历尽千辛万苦，可以留在国内安享晚年，为美联社做他喜欢做的事情。但是他的双眼透露出他在这里并不快乐，此时刚过了一个虚情假意的晚上后更是如此。于是我们握手道别。1945年攻占日本附近一座名叫家岛的小岛屿的时候，一颗子弹打穿他的头，最终在散兵坑里死去。他已受够了一帆风顺。也许他不能忍受的是死里逃生或者苟且偷生。

我和斯坦贝克沿着第六大道往上走去他的公寓。一种几近狂热的情绪泄露了他对自己的焦虑和不满。他酗酒的妻子最近从公寓的阳台摔了下来，而他要忍受成名而来的矛盾——想要向人倾诉，却又怀疑所有的聆听者。他好像一个来自小地方的笨小子，处处无所适从，像个乡巴佬般抢着付账——一个纽约作家是不会想去为十个并非他邀请进餐的人付账的，那不会显示出充满自信的优越感，只会说明内心的自卑。天气很冷，但他没穿大衣，我们走向公园的时候他喜欢敞开胸膛迎风而上。他好似被缚的巨人，该与太阳、流水和大地为伴，而非人行道和精明人士。他脸上已无一丝尴尬的神情，并对有关人们的某些丑陋真相停止了大肆嘲讽——在餐厅的时候他一直在冷嘲热讽——但是他仍然躁动不安、郁郁寡欢。我那时并不知道他刚和妻子离婚。我所不理解的是这样一个行文明确、文笔优美的作家私底下竟如此缺乏自信。

我向斯坦贝克道了晚安，接着走到地铁站。站在几乎空无一人的列车里等待车门关上的时候，我看见一个年老的正统犹太教教徒走了进来。他手里抓着一大捆东西，用细绳和棕色纸包裹着。他的胡子又长又白，戴着一顶黑色宽边毡帽，露出传统的侧边发辫，全身散发出生还者焦虑的能量。这样的人总是好像一种返祖现象，一种承载了消亡多年的过去的化石。我父亲在制衣厂里遇到过正统犹太教教徒，对他们的生活方式表达过一些不满；他们要么在收集救济品，要么做起生意来心狠手辣。这一指控在我听来很是刺耳。

车上乘客很少，他匆匆打量了一下他们，似乎紧张得直冒汗。最后他挑了我身边的位子坐下。他发红的脸颊让我想起在餐厅红了脸的斯坦贝克。这个晚上到处都是紧张不安的男人。他突然向我靠了过来，把嘴凑近我耳朵问道："你是犹太人吗？"

"是的。"

"你是犹太人？"他重复道，半信半疑，想要得到更多的肯定。

"我说了是的。"

他睁大双眼，满是忧虑，但还是决定冒一冒险："请问地铁会在坚尼街站停么？"

我想大笑，但还是点点头，向他保证会停。他似乎心满意足地放松下来。我也松了一口气。透过衣袖我能感觉到他身体的热度。像他那样的人就像野兽一样被追捕，这再次令人觉得难以置信。我下定决心要攻克那部电影剧本里的任何难题，还要确定它能为我们的士兵在攻打敌军时加油助威，但要通过在电影里给每一个角色赋予自己的观点和位置来实现。

几周后我回到好莱坞，却沮丧地发现另一位知名导演在考恩办公室里走动，他同样不领薪水。一天下午，我正无聊地看着窗外的摄影棚。突然，好似做梦般，大约二十个身材姣好的歌舞团女孩拿着一模一样的金属午餐饭盒出现在绿色草坪，在一座由多利安式石柱支撑的、两层楼高的希腊式白色拱门下坐了下来开始吃东西。那座拱门应该是某个场景遗留下来的道具。她们的脸被画成一半白色一半绿色，以搭配同样两色的紧身衣和鞋袜。其中有个女孩不时站起来，露出细长、漂亮的大腿，并走过去和另一个女孩聊天，体态好像一只小羚羊。我听不到她们说什么，但这种无声反而给这幅场景增添了一种梦幻的氛围。此时一辆拖拉机拉着一辆四轮大篷车过来了，车子栏杆里围着一头巨大的棕熊。车子停在女孩们中间，她们齐欢笑，开心地向棕熊挥手。它俯视着她们，就好像它也在做梦一样。

现在映入眼帘的是由穿着制服的司机驾驶的一辆又重又老的明妮花敞篷房车，正好停在笼子下面。这就是我和希德·弗兰克斯以前喜欢在110街路边看到的那种豪华加长型轿车。一位穿着白衣制服的护士从后座站了起来，扶起一位老先生。接着两个男人从幕后一间摄影棚匆匆跑出来接车，并把那位老先生扶出车外。我这才认出，那位客人就是 W.C. 菲尔兹。

笼子旁边摆了把轻便梯。尽管冬日寒冷，这位伟大的喜剧演员仍然戴着草帽。他努力迈了三四步，上到与笼子同高的梯台上。那里站着个摄影师，拿着部格拉菲相机在对焦。有人递给菲尔兹一个苹果。他把苹果放到栏杆之间，以引诱熊站起来。熊对着苹果眨了眨眼，不怎么感兴趣。菲尔兹拿起苹果，把它放得更高，还是没有什么效果。突然那头熊毫无缘故地站了起来，张开巨掌抓住栏杆，把口鼻伸向了苹果，菲尔兹却抓住苹果不让它够着。闪光灯一闪，一张菲尔兹与熊近在咫尺的照片诞生了，他与那只动物四目相对时，脸上的表情与它惊人地相似。

当熊站好去够苹果时，菲尔兹小心翼翼地从胸口口袋掏出一支水枪，脸上一副恶作剧的神情，直接射到熊的脸上。它一脸惊愕，向后立起，几乎要摔倒。菲尔兹快速走下梯子，动作快得惊人。他一回到车上，护士就将毯子盖在他膝盖上，车子立刻开走了。

要把思绪拉回到摆在我书桌上的那部有关第二次世界大战的史诗著作上，并非易事。不过，我已结束了想象，只是在把那个故事的元素从一个地方挪到另一个地方，而考恩悄悄暗示我剧本还"路漫漫其修远兮"。但是，"求索"至何方？又为何而"求索"呢？战争中牺牲者的神圣与好莱坞的荒诞之间的反差开始令我费尽心力，最后耗尽我的想象力。女孩们离开了草坪，那只熊和笼子也走了，留下的只有那座单调、空旷的希腊式拱门。

此时我意外地听到摩托车发动的声响，就在我的窗户底下。骑车的人穿着黑色皮衣，头戴黑色头盔，手戴印有纹章的大手套，黑色皮质裹腿在这部黑色机车上摆来摆去。真是好莱坞典型的信差呀，我想。我再次试着要专注在剧本上，但响起了敲门声。我打开门，发现是那个摩托车手，他胳膊下夹着头盔，一边在脱手套。令我惊讶的是，他是个戴眼镜的中年人。我猜他是给我捎来考恩的特种电报。此时的考恩回到了华盛顿，无疑正在安排如何使用那十万辆坦克和一百万人。

"你是米勒，对吗？"

"对的。"我等着他递给我邮件。

"我叫勒梅，来和你合写剧本。"

"来和我合写剧本？"

"莱斯特没有告诉你吗？他让我来和你合作剧本。"

"没有，他从未提过此事。请进，请坐。"

就在那一刻，没有一丝挣扎，甚至毫不费力，我便决定辞工，但是我想知道到底是怎么一回事。

我们在唯一的书桌前坐下。我慢慢想起艾伦·勒梅这个名字与动作片的关联，他本人好像心满意足的技师，很开心又要解决一个工作难题。他从口袋里掏出一沓全新的档案卡，放在桌上。"我认为最好的办法就是把每个角色的名字写在卡上……"

"对不起，"我说，"请问你读过我的剧本了吗？"

"没有，还没呢，不过我会读的。可是我想，如果你将每个角色的名字告诉我，我们替他做个卡片，就能节省时间了。"

"那我们用卡片做什么？"

"我们要做的就是把卡片综合起来，从而减少角色的数量。换句话说，我们在每个名字下面写下角色的主要情节，然后看能否拿出几个情节安排给一个角色而非三四个。"

"我明白了。所以我们最后得出的……就像一个大个子和一个小个子？"

"不一定只有两个。我们最终可能有三四个角色，但是一定要有一个主角和一个配角，诸如此类。依此类推。对了，你吃午饭了吗？"

"还没。不如坐你的摩托车去？"

"太好了。我知道一个地方，就在一英里开外。"

出了办公室走在路上，让待在好莱坞的我第一次觉得完全自由自在。我走到考恩秘书的办公桌前，叫她发一封电报到华盛顿，谢谢他给我这次机会为这部电影编写剧本，但是我从未同意和别人合写，另外我将于明日返回纽约，我的工作就此结束。

勒梅骑车技术一流，而坐在"英国凯旋"后座的感觉亦是非凡。我们一路随车子歪来倒去，到了餐厅前他突然来个漂亮的急刹车，我差一点就从他的后背皮衣上滑出去飞过他头顶。

勒梅可能也为这部电影做了些好事，自然就被一个又一个的作家取代了，不过最终《百战英雄》还是完成了，并且结果好得惊人。当然，它与最初的设计几乎毫无关联了，已经变成一个平凡的故事。由罗伯特·米彻姆扮演的步兵队长仁民爱物，最终死于战中。故事很感人，但对我而言完全没有任何创意和兴趣。厄尼的角色由伯吉斯·梅雷迪斯扮演，当时他是一名青春洋溢、热情奔放的演员，拥有美国人可人的头脑。但是我能感觉到派尔的一种品质未被呈现，不是因为表演，而是因为剧本的构想。几十年后在越南战争期间，当我回想起派尔洞察到所有的战争都是兄弟之间的内战，这种兄弟相残给所有补偿性的荣誉蒙上了阴影，并令一切说法难以产生意义，我这才明白那种品质是什么。可想而知，这部电影讲述的是敌人之间的战争，而在当时，要把德国人同他们的对手相提并论，几乎是不可能的。然而，派尔运用他那"大街"的通俗话语，已经在悲剧（恐怕他会嫌这个词太过深奥而弃之不用）这一可怕的飞机上瞥见了那场战争。如果说考恩取得了某种令派尔和美国人感到荣耀的非凡成就，那就是把他们刻画得比他们本身还要浅薄。

我的名字当然从没在电影里出现过，但六年后——在《都是我的儿子》和《推销员之死》之后——一天下午，我意外地接到考恩的一通电话。他干笑几声后，问我是否想把名字加在重新发行的电影里面。我说我想那已经不再是我的剧本了。

"但是里面还有很多你的东西呀，阿瑟。事实上，电影里最好的部分大多都是你写的。"

"真的吗？我想不起有看到这样的东西，不过也许有的吧。"接着半开玩笑地，当然只有一半，我说，"这么说吧，莱斯特，你付我两万块就能把我的名字挂上去。"

他笑了起来，我也笑了。对我而言，那就是《百战英雄》的最终结局。

五

　　我又来到了阿布奎基市。但是派尔去世已有五年。从那次我俩沿着明月当空、空无一人的主街漫步、相谈自卑问题至今也将近十年。此时，"超级首领号"停在阳光普照的支线边道上加水。我往回走，来到最后一节车厢，站住向下看那空荡荡的铁轨向前延伸横穿米黄色的新墨西哥州。这种寂静总能让我激动。天空宽广、蔚蓝、明朗，恰似初生之时。对于一个三十五岁的男人而言，我似乎除了工作其他一无所成。如同桑顿·怀尔德在《媒人》中说到的那样，我已冒险无数，却一无所获。于是我想，一个人要到什么时候才能停止工作、开始生活？

　　我知道，那个美国故事就在我身边，就在这块可怕的国土之上，可我却无法拥抱它的伟大，但也明白，时光飞逝，我在虚度光阴。我为《都是我的儿子》和《推销员之死》感到自豪，但都已成为过去。我又想起了那个画面，我和厄尼曾见过的那个孤独的印第安人，他在阿布奎基市街角落凝视着落日。真是奇怪，想到他我竟觉得寂寞，并想象着假如我还能找到那个角落，即便经过了这些年，他一定仍旧站在那里，痴痴地凝视着，一动不动，目光中充满悲伤。在我的想象里，他已经变成风景中的一景。

明天就要到好莱坞了，我为此兴奋起来。这次，我是带着几部成功的戏剧和一部颇有挑战性的电影剧本而去的。我很高兴写了这个电影剧本，即便可能永远也拍不成电影。但它也算是一种尝试，要在这个美国的影视中心劈出一条路来。这次的创作除了这点，就没有别的意义了。

坐在被人扔在铁轨旁边的一只啤酒箱上，我努力把自己想象成一个来看火车开动的本地人。那是一种更换身份、将自己遗失在美国的诱惑。我的人生犯了一个错误。也许只是我太早结婚了。

卡赞正在我们那间车厢里研究那部有关海滨的剧本。我写的这个故事可信度很高，是的，但不是我的亲身经历，所以我不是很有信心。

火车下面冒出一顶灰色帽子，那人看着我。也许对他来说，我属于这里。他的身子薄如纸，很惬意地拱起躺在被阳光晒得暖洋洋的火车轮子上。我想，假如火车弃我而去，留在新墨西哥州的我可就人生地不熟了。一种自由感和拥有无限选择的感觉让我很心动。

事实上我认识一个新墨西哥人，就一个。此时我想到他，那个我见过的唯一一个戴着八角框眼镜的人，头发还中分。他有一个狮子鼻，一副荷兰人的长相，神情淡然。在1950年，很难和美国人说清楚拉尔夫·尼福斯为什么死于1937年春天，年仅二十三岁——甚至有可能是他特意为之的。

拉尔夫在新墨西哥的一个大牧场上长大。在去密歇根大学之前，他从未到过密西西比河以东。如同他那副老师一般的长相，他的性格就是那种西部人的个性，说话轻声细语，做决定时慢条斯理，心意一旦已定绝不动摇。我们在一间合作社自助餐厅的厨房里肩并肩地洗过碗长达数月，可是他几乎从不和我聊政治。不过，关于西班牙也没什么可争论的——对我们而言，法西斯必须罢手，这一点毋庸置疑。我

阿瑟·米勒自传

也从未想过问他是不是共产党员；当时这没什么关系。并非所有的志愿者都是共产党员。

我和他开车向东穿越俄亥俄州的时候——车子是前不久我用二十二美元向一名研究生买来的，是款1927年的T型双门小轿车，车身对我们而言实在太小了——一路上，我自己一直犹豫不决，好像负罪一样。上一刻我准备好了要不顾一切跟他走，和他一起加入西班牙的亚伯拉罕–林肯装甲旅，可下一刻想到此生还没写出一部伟大的剧本我又太害怕。最可怕的是，如果告诉母亲我要上战场，结果会怎样就不得而知了。我从没想过如果去了还会活着回来。车子铁质发动机正稳稳当当地嘀答作响，坐在拉尔夫身旁的我却已经想着如新墨西哥州一样沉默的他已是死人。夜幕降临，开始下起雨来。我们沿着水牛城东部17国道爬上山区。只有一个雨刷，还得手动操作，所以如果一只手摇动雨刷而只剩另一只手控制车轮，一撞上石块的话，车轮就会打滑。雨越下越大，最后我什么也看不见，只好小心地把车开到路边，可以感觉得到轮子下面的泥泞，所以我猜我们是在一块田里。我把车停下，熄了火，关了灯。车顶上好像有弹片一波又一波地落在雨布上。

和他肩并肩坐在车里，被黑暗包围着，我第一次有机会问起他事情的过程。他有纽约市中心的一个地址，他要去那里报到。党组织会把他需要的文件给他。他不知道装甲旅有没有制服，但他怀疑没有，希望能穿着他自己的衣服上战场。我觉得有点奇怪。"我拿枪一定很帅"，这是他描述自己的第一句话，也是唯一一句。不过我不认为左翼分子压抑个人情感有什么不对，那毕竟也没有任何真正的意义——一切唯有责任。这种观念中有一种牧师的心态。我想打破砂锅问到底；他有没有告诉父母他要去打仗？

"说了。"他说，没有第二句话了。

"那他们怎么说？"

漆黑中我只能感觉到他向我转过头来，那表情我想是惊讶吧。"我不知道。"他说，好像他从没考虑过这个问题。他已成了战争的新郎。

后半个世纪里，西班牙一直令所有解放战争蒙上阴影。拉尔夫·尼福斯那燃烧着信念的悠长目光一直盘旋在中国和越南的上空，在法国抗德游击队和阿尔及利亚民族解放阵线的上空，以及在那几十次非正规军凭借一腔热忱反抗正规军的战争中。

雨势没有减弱，我开了一整天的车。但车里睡不下两个人，于是我从后车厢拿出黄色雨衣，把位子让给拉尔夫。我平躺在被雨水浸透的地上，用手臂枕着脸，很快就睡着了。而雨一直劈头盖脸地下着。

我被阳光叫醒。睁开眼，我看见一双女人的鞋子，厚厚的脚踝，往上几寸是两条腿。一个中年人从上方对我怒目而视。在她背后是她的房子。我们开进的是她泥泞的草坪，车子给它凿出道道来了。我试着向她解释，但她太生气了，我只好上车马上把车开走。

开了几英里，行星齿轮变速器的绑带前段开始滑落。我打开齿轮箱，把它拧紧。引擎响了起来。但上到半山腰，我们就几乎动不了了。于是我把车调头倒着往上开。赶上我们的司机看我们显然是反方向上山，都赶忙踩刹车以免撞上，然后在我们后面再发动车子。从我们旁边经过的时候，他们通常都探出窗外对我们骂骂咧咧的。只有一两个开玩笑地要我们加油前进。接着电池没电了，刹车也不灵了。为了能下到镇子里，我只有一边踩着后退踏板来减速，一边和拉尔夫一起拍打车门，叫喊着提醒人们躲开。

我身上只有大概三块钱，拉尔夫同意拿出四块钱来分摊油钱，但修车就甭想了。我们必须赶到纽约，赶上西班牙战争，这样拉尔夫就能在那儿英勇就义。就是这种情况我们也得开着这辆车完成它。我已经开始为他哀悼，在我眼中他开始变得美丽，虽然他本人并不好看，因为他有点朝天鼻，还有眯眯眼，脖子挺直，相当严肃，不过也很纯真。

最后开到乔治华盛顿大桥的时候，前轮突然狠狠地晃了一下，就像马戏团里的游乐车那样，我几乎抓不住方向盘。此时是六月里的一天，风和日丽，阳光在哈得孙河上闪烁，桥的尽头便是纽约。就在我们开到尽头的时候，一个警察出现了，疲惫地抬起了他的手。我赶紧踩住后退踏板，以确保在撞到他之前把车停下。这么做的时候，车子呜呜作响，不过好在它停住了，尽管气喘吁吁的。那些警察都是懒洋洋的样子，这个也一样。他走到我窗前，查看了一下车子。他也有点纯真。

"你不是想把这玩意儿开进城里吧。会要人命的。你知道，这城里有很多人，很多车，还有很多东西。"显然是那块密歇根的车牌让他以为，我们是从可能只有两条街道的地方来的。

"嗯，我只是想去布鲁克林，以后我再也不会开它了……"

他想不出要做什么，或说什么，于是站在那里点点头。但我想问他怎么上到河滨车道，以此证实我的清白。显然，那块密歇根的车牌，还有拉尔夫身旁两个用晾衣绳绑在军用背囊上的旅行袋，让我们得到一些同情。那位警察往一座路灯灯柱一指，说："看见那块牌子吗？"

"嗯哪。"我答道，尽量像个乡巴佬那样。

"上面写着 169 街，懂了吗？这样，你向右转，每到一个街角就注意看一下，那上面会写着 168、167、166、165……"

"我懂了。你是说，那些是街道。"

"就是这个意思，那些是街道。当你走到上面写着 164 的地方，就向右转，从那儿你就能开上车道了。但是要慢慢开，好吗？不要着急。在布鲁克林区开车差不多要一个小时。慢慢来，祝你好运。"

"非常感谢！"

"尽量不要把人撞死咯。"

拉尔夫想看看42街，所以我们转弯穿过市区。在百老汇街角，他晃了一圈，第一次也是最后一次全部看了一遍。这个时候还没有可卡因和海洛因的惠顾，不过剧场华盖在阳光下变得明亮且异常绚烂；那种张扬、喧嚣的氛围表面上看来一如往常那样欢欣鼓舞。百老汇中午依旧人流如潮。年轻人从布朗克斯北上，或者从布鲁克林南下，到"派拉蒙"和"宫殿"来感受感受。他们大口嚼着五分钱的热狗，渴望感受到这些电影殿堂给人带来希望的魅力，这与他们单调无趣的街道剧院截然不同。

上了有六车道的海洋公路后，我的T型轿车就像即将回到厩里的马儿一样，不再来回折腾，变得温顺起来。我们也能在空旷的公路上歇一口气了。骑马专用道上的一群马让拉尔夫很迷惑不解，他不太相信还有人掏钱来骑马，而且还是原地闲逛而已。我告诉他我自己也经常这么做，一小时得两块钱呢。他凑上前仔细地看着那些长达数里的整洁的独户住宅，好像刘姥姥进了大观园。到了我家，我母亲热情地招待我们，给他在沙发上铺了一张床。可一听说他的任务，母亲便僵住了，担心他会传染给我。只要我一提到他即将乘船横跨大西洋前往西班牙，她就拿眼光威胁我。拉尔夫对这事只字不提。林肯装甲旅还是一个非法征兵的组织。他和我们住到第三个晚上，也是最后一晚，尽管我们都笨拙地想尽办法来活跃谈话的气氛，他还是沉默，而我们所有人也跟着沉默下来。我开始讨厌我母亲，因为她毫无原则的自私以及对我的阻挠。我也开始对自己说，你已经过了二十一岁，可以自己做决定了。可是想到拉尔夫已经毕业而我还有一年才拿到学位——好像非得拿个学位才能英勇就义似的——我就退缩了。其实很多时候我是不怕死的；没有谁会真的在二十一二岁死去，除非身体不佳。大概拉尔夫除外。无论如何，是我在自己身上找不到那个可以推动我的开关，不能像拉尔夫那样毅然决然吧。在这最后一夜，我们沉默地吃饭，没人再想为了客套而继续闲聊，因为拉尔夫似乎将自己裹进就义者与世隔绝的薄膜里了。他也许是在硬起心肠，不让自己偏离航线。但我觉得，虽然我们只共处了短短几天，但是他已经慢慢在抗拒日常生活的平凡琐碎。

第二天早上，我带着他走过三个街区去到卡尔弗高架捷运线。我这两年就是搭乘它去仓库上班的。列车还是木质的，又旧又漏风，里面有铁制的煤炉。到了冬天，煤炉周围坐着几个戴着手套的乘客，手都伸得长长的。我们一路走着，我总想缩短我和拉尔夫的距离，因为那会显得我俩彼此间有一种不信任感；毕竟他要干的是一件不合法的事情。当时，我的词典里还没有"命运"这个词，但是在那天早上我明白了，我不会去西班牙，我的航线朝另一个方向驶去。在旋转门前，拉尔夫回头看了一眼，一语不发，干脆地向我挥了下手，然后拖着装满他全部家当的重重的旅行袋，走进摇摇晃晃的列车里。他想的都是他的任务，我在那一刻很想知道他怕不怕死。我跑下长长的铁皮阶梯来到人行道，大步往家里走。途中经过两块空地，是以前我们玩橄榄球的地方。我很高兴，春日阳光明媚，碧空如洗，正午时分布鲁克林鸦默雀静；我很高兴，感到自己身体里有一股膨胀的力量。从 M 大道转进第 3 街后，我开始奋力奔跑起来。到我们家门口台阶的时候，我的心脏怦怦狂跳。我走进家里，看见母亲坐在后面厨房的壁炉前。她平静地抬头瞥了我一眼。她赢了。因为这一点我对她有些恼怒，但更恼怒的是自己和她是一丘之貉。我不能和她待在一个房间里，于是打开后门，走到我七年前搭建的灰色门廊上。这个门廊——只有我偷偷地发现———一直在以每年不到一英寸的速度跟主楼剥离开来。

我大四回到学校的时候，拉尔夫·尼福斯被捕的消息传遍了整个校园。后来他又没事了！我高兴极了，仿佛是自己洗清了罪名一样。可是大约两三周后，有消息说，佛朗哥的摩尔军队枪毙了他们的犯人，而他是其中一个。这成了我内心背负的一笔债，也是一股无形的力量，促使我在十几年后能从一群修女对华尔道夫的包围圈中跨过去。这还是我们所有人制造出来的众多秘密债务中的一笔，我们这些人的灵魂已经随军入伍了，一心一意、同心协力要反法西斯。这或许不只是一种心意，而是一种决裂的氛围，要和似乎漫延于世界范围的欧东·冯·霍尔瓦所谓的"大鱼时代"的潮流决裂，因为那样的时代潮流中，人活着的标志只有微笑、杀戮以及进食。

好莱坞对我而言总能散发出某些五味杂陈却又相互冲突的气味。我曾把它称为酒池肉林，里面满是女人肉体上干净褶皱里散发的湿气，还混合了海盐刺鼻的气味；有在海上航行的刺激气氛，也有摄影棚里死气沉沉的臭气；有纯汽油味，也有口红的香味；有游泳池里的氯气，也有杜鹃花和夹竹桃没有香味的味道，它们是大自然对塑料植物的尝试，它们是真正属于大山的植物，而不是待在洛杉矶这个获救的荒漠里，而它们的人工味儿却为那高度完美增添了永不凋零的色彩。

二十世纪福克斯电影公司的一名员工到车站来接我们。他把一辆小型的林肯黑色轿车的钥匙递给卡赞，没等点完头就留下我们走了，让我们自己把车开走。

我已三十多岁了，可是看待社会的眼光还有一半像个少年。1950年的好莱坞还没有失去它神秘魅力的招牌。对在布鲁克林读高中的孩子来说，它既是成功乐园，也是避难之地。同时，让我高兴的是，我们穿越洛杉矶开往比弗利山的时候，我的心情和差不多八年前时很是不同。当初我只是来给考恩的电影工作的无名小卒；而现在，这个地方对我来说只关乎权力以及该如何使用权力，那可能就是我的剧本的收获吧。在阳光直射之下，我发觉自己开始紧绷起来，那是体内那个小男孩闻到了性的气息以及制作电影的冒险性。那个时候，电影制片厂还是独揽大权，作家对剧本的控制权——或者还有导演对电影也一样——这种想法根本没得商量。所以我以为，在接下来的日子里，我们要迎接的是一场战斗，但是它值得我们为之付出：一部真实的电影，讲述的是"美国梦"照耀下那个黑暗的地下室的故事。所有的东西都相互冲突，我心内外皆如此。而我和卡赞的关系也很复杂。

我和同他共事过的其他作家没有什么不同，都觉得我们合作的时候，总是不会忘记说它是一种幻觉。因为制作戏剧也好、电影也好，人们聚到一起主要是作为创作整体的一分子，而不是因为爱或是相互关怀。之前我认识的卡赞不会闲聊，不会无缘无故地打电话，因为那时他四十多岁，正是创业成名之时。但假如说他被打磨成一部工作机器，那也是他吸引作家的原因之一，作家们永远想不走弯路而能直达体系的核心，从而激发出混沌生活的狂野火花。

我们开进比弗利山庄，街道两旁对称排列着的都是名人和富豪的金窝银窝，刺激着我野心勃勃的内心，也留下了不安的忧虑。这地方如此完美，真令人沮丧——也许它就是这样吧，彻头彻尾的物质至上。法国乡村风格隔着一条车道与新英格兰农舍风格相邻，新英格兰农舍风格隔着一条树篱与都铎城堡风格相邻。对于每一个人来说，那都是他的一个梦想。能和梦想有关联的只有那位沉默的花匠——一个小个子日本人——和他的儿子。他从一个草坪走到另一个草坪进行打扫，捡起棕榈树枯黄的落叶。那叶子松脆枯萎、无所畏惧。而每一栋房子不动声色就能尽显其魅力，并力保永不荒废，它们全都过于完美而无法灭亡。现在，我拿着一个剧本走进这个安详的酣梦里。它讲的却是一个破旧的海滨码头，阳光之下尘土飞扬，还散发着钢铁刺鼻的气味。那里简直就是贫民窟，没有什么是完整无缺的，全部支离破碎。相比之下，年轻的比弗利山庄的优越感就此凝结在时间的长河里。当然啦，房子里面可是狂风恶浪，只是当时我对此还一无所知。

我计划只待一个星期。我们住的是查尔斯·费尔德曼的房子。他之前做过经纪人，现在是顶级制片人之一（他最近制作的电影《欲望号街车》，是由卡赞执导的）。他仪表堂堂、温文尔雅，年近五十，希望在卡赞那里能有用武之地。我还在修改剧本，因为还是太长了。不过卡赞相信，框架已经很好，足以为拍摄电影所用。他给哥伦比亚的老板哈利·柯恩也送去一份副本。柯恩做决定之前我还有一两天时间来继续修改。

不过，根本不可能静下心来。当我坐在费尔德曼家游泳池旁边的玻璃餐桌旁，海滨码头一点一点地消融在闪烁在甜酒蛋之上的阳光里；口口声声说要努力写出东西来，结果也是自欺欺人。一个菲律宾用人负责倒咖啡以及其他所有吃的，只要我能想得出来。最后我放弃了写作，躺在那儿看着树叶，上面没有一只鸟停留，心想这是不是就是所谓的"入了行"。我永远也无法回答这个问题；也许好莱坞只是埃舍尔*的一幅活画作，根本没有圈内，只有圈外，因为我遇见的每一个人都把自己看作永远来来去去的圈外人，就像华盛顿的政客们。

此外，每个晚上都有"派对"。虽然房子上上下下都还放着费尔德曼年轻妻子的照片，但他们已经离婚或者说分居。晚餐通常都有八九个人。他们的习惯让我既感到兴奋又很迷惑；即便他们是携伴同行而来，彼此其实都是刚认识不久，有些就只是在一个小时前才认识的；女士们——她们当中有一些人，也许不是全部，渴望出名——都开着自己的车子来，并独自离去。我得费一会儿工夫才弄明白，我可以从她们当中挑一些来专属于我。我后来在一首名为《加利福尼亚诗句》的诗中写到，女人要想在好莱坞成名，必须要有一辆车。晚餐过后，

---

* Maurits Cornelis Escher（1898—1972），荷兰艺术家，以源自数学灵感的木刻、版画等而闻名，作品中可以看到对分形、对称、密铺平面、双曲几何和多面体等数学概念的形象表达。

大家围坐在简朴的起居室里，或者晃到外面游泳池边说悄悄话，又或者在大乐队甜腻腻的唱片音乐伴奏之下翩翩起舞。有一次，我的舞伴是一位年轻优雅的高个子女士。有人告诉我，她继承了一大笔财产，想来好莱坞当明星。但是很难知道，她的完全沉默是一种蔑视呢，还是敬畏？或许是那笔巨大财富带给她压力，从而让她产生了惰性？一天晚上，杰克·华纳来了，他的长相同喜剧演员维克多·摩尔扮演的温特格林惊人地相似。他在《我颂三者》中扮演年轻力壮的总统候选人一角。他在一张高背椅上坐了一个多小时，一直咧嘴微笑，笑话说个不停，俨然一派好莱坞派对的作风。不过，华纳兄弟电影公司比起其他公司是稍微多了些社会责任感，拍了好几部不错的时事影片和人物传记影片。有那么一瞬间，我怀疑自己是不是个势利小人，想要故意压抑自己对他那种文化类型的反常的喜欢，因为他让我想到我父亲。如果当初父亲决定借钱给比尔·福克斯，父亲也应该受到同样的尊重。

显然，华纳感兴趣的是单独和卡赞谈正事。他曾经不顾卡赞是左派而想聘请他。不久，华纳在"非美活动调查委员会"面前表现得好像一位友好证人，他向委员们郑重保证，他一直坚守一个原则，那就是只要见到赤色分子走过来，他一定背过身去。

这些晚上秘而不宣的主题似乎就是性和演戏机会。多年以后经过思考，我想起路易十四的宫廷生活。一样是人来人往，都想趋炎附势。不过在凡尔赛宫，通常都是女人大权在握。而在好莱坞，她们最多只能享受和权力的片刻温存，而为权贵服务的经历则成为她们年老时的回忆。但是我内心的那个男孩还是会为以前只在屏幕上看到的男男女女以及久闻大名的导演们感到目眩神迷。在等待哈利·柯恩对剧本做决定的时候，我开始期待参加这些晚宴，见到那些贵宾。平常我都待在只有一张书桌、一台打字机的四面围墙里，所以这里的一切令我感到如此新鲜刺激，如此不真实，却又如此令我着迷；谈话也不总是索然无味的。例如，国家的时局动荡与你想制作的电影有着直接的关联，所以人们对新闻标题之下事件真相的兴趣就不仅仅是不切实际。与别处不同，这里的人们对内幕如饥似渴。我以前也从未见过人们对待性的态度可以如此随便，只把它当作对成功的奖赏；权豪势要可以挑女人陪睡这一传统由来已久，这也是全世界男人公认的一项权力。但在这里，这种事情简直到了乏味的地步，但也算一种激励的动力吧。

有一天晚上，卡赞于数日前介绍我认识的一位年轻女子迅速成为众人关注的焦点，同时也引来公然的冷嘲热讽。她的经纪人兼保护人强尼·海德刚刚去世，不过生前还是帮她争取到几个小角色，并令她日后为约翰·休斯顿所用，在《夜阑人未静》中扮演路易斯·卡尔亨的情人。实际上，扮演这样一个没有台词的角色，她并未引起多少关注。要回忆她在电影里面的样子我还得想一下。当时她更像是花瓶而非演员，是对卡尔亨的伪善与权力一种近乎无声的讽刺，是倚在社会中腐败的市侩代表肩膀上的典型的金发碧眼的傻妞儿。这满屋子的女演员和要人夫人们全都精心打扮，举止尤为端庄大方，含蓄内敛。而玛丽莲·梦露好似大鸟笼里的一只怪鸟，姿色撩人，让人看不顺眼。也许只是因为她的裙子紧得引人注目，无须暗示就直接宣告她有一副好身材，而且全场数她最好。并且，她比我第一次见到时更显年轻、纯情。费尔德曼屋里的女人们对她的嫉恨足以燃起浓烟滚滚。也有例外，那就是女演员伊夫林·凯耶斯，休斯顿的前妻。她和玛丽莲一起坐在长椅上谈心。随后她看着和别人跳舞的玛丽莲对我轻声说道："她们要把她活活吃了下去。"看着她和舞伴摇摆身姿，想要在她身上挑出一点瑕疵都是枉然。她完美到似乎只有受伤之后才能有些常人的样子。正是这样的完美能够唤起一种保护欲，尽管同时我也怀疑，要在这里生存这么久，还有如此成就，她得多么强悍。不过此时，她显然是独闯江湖。

在此几天前，我跟卡赞去了二十世纪福克斯公司摄影棚。卡赞和他们有协约在身，所以有很多朋友在那里工作。其中一位是卡赞之前的电影剪辑师，现在在执导一部喜剧《自我感觉年轻》。里面有我父亲极其厌恶的蒙蒂·伍利，玛丽莲在里面演一个小角色。对于电影制作，我还是门外汉，觉得很神奇。我们到的时候正在拍摄夜店的场景，玛丽莲穿着一件黑色透明蕾丝裙，正被指导如何从大厅走过来勾引住一脸胡楂的伍利的目光。镜头从后面拍她摇摆的臀部，她的动作优美流畅，又有点好笑。事实上她就是这么走路的：她留在沙滩上的脚印一定是条直线，后跟落下的位置恰恰就在上一个脚趾印前面，走路时把胯部往前推动。

拍摄结束后她走到卡赞前面来，卡赞之前和海德来看望过她。我站在离她有几码远的地方，看着她在白炽灯下的侧面。她的头发盘在头顶；罩着黑色蕾丝面纱的脸上流着泪水，她不时地掀起面纱擦眼睛。我跟她握手的时候，一种震撼经由她身体的颤动迅速传遍全身。这种感觉同她的悲伤很不相称，尤其是在这一片炫目的、堆满机械的、刚刚搭建起来的新场景的一片混乱当中。她后来解释，她当时一直流着泪，对卡赞哭诉海德在医院去世的时候一直叫她的名字，可是他家人不允许她进去看他。她在走廊上听到他的声音，后来只好像往常那样，孤身一人离开。

她拍完这部电影里的戏份后第二天，便随我们来到哈利·柯恩位于哥伦比亚公司的办公室。那间办公室很宽敞，但是里面使用的是从廉价木材场买来的褪色镶木，给人一种勉强的感觉，也说明了他顽固务实的性格。这让人记起他是从曼哈顿底层的海滨贫民窟发迹的。柯恩是一个强悍的追梦人，他为自己没有大股东而骄傲，与我父亲是同一类人，其中还有杰克·华纳以及其他一两个行将就木的代表，柯恩是最后一个。他目不转睛地盯着玛丽莲，拉起裤子在她前面转悠，好像曼哈顿准备冲刺的出租车司机一样，努力回想曾在什么地方见过她。他的脸色从回忆中恢复了正常，不过他盯着她看的时候，还一直那么粗鲁和直率。他粗声粗气地说道，"我估摸我知道你是哪家的闺女。"而她痛苦地坐在那里，觉得既好笑又不好意思。一缕阳光穿过棕色威尼斯百叶窗的边缘照下来，她的脸看起来有点肿，没那么好看了。但只要她一动手指，那曲线就美得让人心动了。

"这部电影赚不了一个子儿。"柯恩坐回办公桌背后便狠狠地宣布。他似乎一直能透过空气听到门外的动静，所以停顿了一下，然后猛地按到按钮上，透过对讲机对在紧闭的门口后面的秘书大声嚷嚷着。他对这个演播中心每个角落发生的每一件事情都一清二楚。我们一边继续讨论我们的电影，他一边对着军营一般的大厅发号施令。"尽管我是打那个地方来的，"他用毛茸茸的手指猛戳剧本，说道，"整个故事我也十分了解，但是它赚不了一个子儿。不过，我愿意冒个险，如果你先不拿任何报酬，等赚到钱后再说的话。此外，我支持拍这部电影，是——"他转过身子，直直地指着卡赞——"我想这部电影之后你来给我拍一部电影。"

接着，他突然转向玛丽莲，说："我记起你是谁了！"很显然，那不是愉快的回忆；事实上是曾经有一次，他邀请她登上他的游艇，但她拒绝了，除非他妻子一起跟着去——这一羞辱相当严重，那一刻他额头因为怒火红了一片。

这个回忆似乎又令他想要按按钮。他俯向桌面，猛敲了一下，叫道："给我'飞儿'！"他站了一会儿，一边计算着，火气越来越大，然后就推开按钮，尽全力吼叫："我要'飞儿'！马上就要！"

门外传来跑步声。大门一开，进来一个六十出头的小个子男人，竖着衣领，戴着领带，扣着袖扣：是乔·菲尔，柯恩的总管家。他气喘吁吁，满头大汗，无疑是跑了好长一段路。

"是，柯恩先生。"虽然脸颊通红，秃顶泛白，他还是喘着气说出话来。

柯恩毫不掩饰他的轻蔑，那副神情很是难看。他随便说了一些要求，然后背过身去，相当冷静地继续我们中断的谈话。他再一次盯着玛丽莲，后者坐得远远的，垂下眼帘，不再说一句话。菲尔扮演完柯恩权力的受害者的角色后便无声无息地离开了。这其实也是向我们宣告，今后我们也要服从于他。

"这样成不成？等我们有了利润之后再算钱，怎么样？我是说，你们都是他妈的理想主义者，对吧？"他激动的微笑令人讨厌，不过他的挑战我还是可以接受的：他下的赌注是他的资金和电影公司，我下的是我的剧本，而卡赞下的则是工作能力。

条约商定后，柯恩宣布，剧本既然涉及工会，就得让他在工会的关系诊断一下。这显得相当奇怪，但是这个圈子对我来说是全新的，我没有先例可鉴，只好同意。因此柯恩坐在办公桌后嚷着把之前提到的行政人员叫来。不一会儿那个人便出现了。是常青藤联盟的一位绅士，第一眼就让人觉得气宇非凡，因为他的领子、领带和夹克让人想起东部一本正经的做派。他为哥伦比亚公司协商工会合同。他长着一张北方佬的脸，干干净净，泰然自若，又像深藏不露，不会喜形于色，只会微微一笑，或者只在眼中精光一闪。柯恩已提前一天把剧本给他，现在要求他说出自己的看法。他回答说剧本很棒，以他的经历来看，准确地描述了纽约海滨码头的情况。柯恩第一次流露出惊艳的神情，上下打量了我一眼，微微露出敬佩，因为称赞我的是一个敦本务实的平民而非演艺圈的某个白痴。

现在柯恩周边的气氛似乎轻松起来。毫无疑问，是因为他想象着在我和卡赞身上投机他自己已经大获成功，而且还有额外加分，即制作了一部史无前例的、关注重大社会问题的现实主义电影，没有第二家公司曾涉及过。他一脸洋洋自得，从抽屉里抽出一本书递给我，叫我考虑把它改编成电影剧本。我没有打算受雇于他，但答应读一读。我仍然想努力相信，我们达成了我们的初衷，此外还即将揭露码头工人的生活状况；一想到当初在布鲁克林高地墙壁上的那些涂鸦即将有所作为，我兴奋极了。我向玛丽莲看去，她也在看我，但只能偷偷一笑，以免又引起柯恩的注意。卡赞开始讨论拍摄时间了，希望能给他特别长的进度来拍好电影。对她的渴望如此明确，我只好决定，可以的话我今晚必须离开，否则我将在这里失去自己。

"我得把它拿给联邦调查局检查一下。"我听到柯恩生硬地说。我想了好一会儿他所谓"拿给联邦调查局检查一下"的是什么，结果是剧本。

我一度以为他在开玩笑。"有什么要检查的？"我诧异地问道。

柯恩耸了耸肩。"这儿有一个他们的人，我想让他看一看，毕竟牵扯到海滨码头嘛。"

阳光依旧明媚，我们开车离开。我在想我们追求的到底是什么。如果他指的是要检查卡赞和我的背景，那也不需要看剧本呀。这很有可能将成为我经历过的最为短暂的成功吧。但是我仍然乐观其成，即便可能是因为柯恩自己青年时期在海滨码头的经历以及他在工会的关系对这部电影公正的热情，柯恩现在因此非常关注这部电影。我记得在报纸上看到过有关好莱坞工会拉帮结派的报道，所以很想知道，他是否会想拐弯抹角来攻击这个名为《铁钩》的剧本。

无论如何，我们还没得到柯恩的保证，我想最好再多待一两天，直到联邦调查局做出判决。于是我们三个把卡赞的朋友都拜访了个遍——半夜三更把罗伯特·阿特里一家叫醒，和《欲望号街车》的音乐指导阿尔弗雷德·纽曼喝酒。我们说着蠢话，还开心地自嘲。我们如此肆意，不仅因为玛丽莲如此美丽，我想，还因为她是个孤儿，这令她更迷人；实际上她无处可去，无人可依。

我们三人逛到一家书店，因为玛丽莲想找一本《推销员之死》。我在戏剧类书架上找到一本，转身递给她的时候，透过眼角余光看见一个男人，好像是个中国人或日本人，隔着一条走道正盯着她看，一边在裤子里自慰。她没看见，我赶快把她带离那个男人的视线。她穿的是很平常的衬衫和裙子，一点都不撩人，但即便是在这里，即便她只关注身外之物，她还是魅力四射。她说喜欢诗歌，我们找到几本弗罗斯特、惠特曼和E.E.卡明斯的诗集。看着她嘴唇微启默念卡明斯的诗歌，感觉很奇怪——她从如此简单又如此深邃的诗歌当中读到什么呢？她不属于我所熟知的世界。她像漂浮在海上的软木塞，从世界的另一头或是海滩一百里之下航行而来。她开始读的时候，眼中充满惊恐，好像害怕被发现做错事情的学生，但读到诗中那个瘸了腿的卖气球的人后面那个小小的意外的转折，她又突然纵声大笑——"这真是个美好的春天！"一个程式化的作品都能轻易打动她。她脸上露出了天真和惊叹的神情。我们之间开始有了一丝牵连的细线。"这真是个美好的春天！"我们走出来去拿车的路上她反反复复地念着，一度又大笑起来，仿佛收到了一份意外的礼物。我想，假如卡明斯在这里的话，看到她清新的反应不知道该有多高兴呢！也许会再次决定尽快离开加利福尼亚。

柯恩还是没有消息。游泳池边的日子如此惬意，剧本都已写得七零八落，我最终放弃了要专心写剧本。被欲望勾了魂的我一直来回游个不停，但也为这个捉摸不透的年轻女子身上一种高尚无形的精神感到迷惑不解——虽然没有碰触，但我和她已经交换了一种秘密，一种如同希望的东西，属于我俩的希望。我到处查找着可疑的解释，自忖也许是之前从未有人送过书给她，并最后一次对自己说我必须要离开。

卡赞和玛丽莲到机场送我登机。夜幕刚刚降临。我去售票处再次查看了航班，这个时候应该广播登机了。玛丽莲陪着我。我等售票员过来的时候，她后退几步，看了看四周，又走了回来；休息室里有十几个人，几乎全在看着她。她穿着米色的裙子和白色的缎面衬衫，头发垂到肩上，向右侧分。看着她让我心痛。我知道我必须逃离，否则就会陷入无法预知的深渊。即便是光芒四射，她身上仍笼罩着一种困扰着我的阴沉。我还没有想到她是在我的羞涩中感到一种安全感。她一直生活在疏离、涣散和受人侵犯的生活之中，那种安全感可以把她解救出来。而我正好相反，我痛恨自己一辈子局促不安，直到现在也没什么改变。道别时我吻了她的脸颊，她吃惊地吸了口气。我开始笑她演过头了，直到看出她眼中认真的神情。我惊呆了，悔不该笑，急忙后退转身登机。召唤我的不仅仅是责任感；我不得不逃离她那孩子般的眷恋，如同我自己对自我满足的不羁的渴望。这种渴望一方面创造出我想要的艺术，另一方面也因为它的不负责任让我反感。当然，逃离是为了回到道德的保障里面，但不一定是回到真实当中。返程的路上，她的气息依然在我指间。我知道单纯从技术上而言我还是清白的，然而真相是我已变了心。不过，这也说明一件事，即我毕竟也会被性迷失自我。我怀抱着这个崭新的秘密，就好像有种力量向外发散。我很欢迎它的到来，来证明我又能写作了。不过不是电影剧本那种苦差事，那个只要会写作就能做的事情和存在以及感觉无关。我感觉到心里有了一个新的戏剧，而戏剧正是鲜活的自我。

回到布鲁克林，我一会儿为自己逃离毁灭而高兴，一会儿却又质疑自己为什么要离开。日复一日卡赞都没有消息，而我开始觉得释怀。柯恩最后一定是退回那个剧本了，这就意味着我不必再回到好莱坞；也许写作太性感了，并不真的适用于雇佣关系。同时，玛丽必定看出我的不安，她和我一样，都不能原谅我这个人。最后电话响了。是卡赞。音量极其轻柔，我想，就好像办公室里还有别人一样，但那不太可能；也许我只是察觉到他对公众有一种恐惧。

柯恩想要做些改动，他说，如果我同意的话，这个电影还是可以做的。主要的改动是，故事里的反派，包括工会的恶棍和他们帮派的保护人，都要改为共产党员。我大笑起来，其实心都寒了。卡赞说他只是转述柯恩的话，并相信我不会因为他的意见而有所误解。好莱坞所有工会的主席洛伊·布鲁尔也被卷入这件事——估计是联邦调查局干的；他读了剧本后断然说里面全是一派胡言，作为国际码头工人联合会主席乔·瑞安的密友，他知道我所描述的那些事件都没在码头发生过。最后，他告知柯恩，如果电影拍了出来，他会动员全国所有的放映师起来罢工，让电影永远无法上映。此外，联邦调查局认为电影内容过于危险，有可能会在全国海滨码头引起动乱，而此时朝鲜战争正需要国内能保证提供源源不断的人力、物力。事实上，除非把托尼·阿纳斯塔西娅改成共产党员，否则制作这部电影就是一项反美行为，近乎叛国。

我几乎说不出话来，只好对他们说我能确定的一个事实就是，布鲁克林的海滨码头没有什么共产党员，如果把剧本里码头工人反抗的敲诈恶棍改成共产党员，那简直是愚蠢至极，而我今后也将会没脸再靠近码头。卡赞平静而无助地重复道，无论愚蠢与否，那都是柯恩、布鲁尔和联邦调查局联合坚持的要求。一两个小时后，我发了封电报给哈利·柯恩，既然无法满足他的要求，我要求拿回我的剧本。第二天早上，一个小男孩把一封电报送到布鲁克林高地我家门口："此刻我等正试图把剧本修改为亲美的，你竟退出，有趣。哈利·柯恩。"

我再一次在布鲁克林高地上游荡，步行或者骑车穿过那座解放之桥，摸索着走到"炮台"码头看人们乘坐渡轮去自由女神像。到如今，墙上"鸽子皮特·潘托"的涂鸦已被多年污浊的雨水洗刷一空，我知道我永远也无法挽救这个我从未谋面过的男人的命运，那好似沉入海底的无名鱼饵的命运。我们这代人对工会这一概念倾注了那么多理想化的期盼，可在这件事情上工会只是再一次招摇撞骗。这本是司空见惯之事，不过，他们如此系统地严防谨守，看紧每一个海滨码头，并冠之以爱国之名，实在贻笑大方。这甚至不是我个人可信与否的问题；当下海滨码头的腐败情况已被一份共和党的报纸《纽约太阳报》详尽披露，作者是一位名为马尔科姆·约翰逊的特派记者，他让整个诈骗势力的所作所为一览无遗，尽人皆知。他和我在同一天获得"普利策奖"，我获奖的作品是《推销员之死》。事实上，乔·瑞安本人很快也因为担任国际码头工人联合会主席时所犯的罪行被遣送到"新新监狱"。所以没有什么义务再为事实疾呼。此事已有人为之。可是，桥上依旧车水马龙，川流不息。那桥之下才是我的电影剧本所描绘的情景，才是约翰逊小心披露的情形。这个国家对腐败党恶佑奸，同时却又让自己的孩子奔赴八千英里之外的朝鲜去惩恶扬善。

我想，困惑之夜正在降临，并将困惑不止。数年后我从年轻的新朋友——尤其是威廉·斯泰伦和詹姆士·琼斯——身上了解到，五十年代早期只是他们的启蒙阶段。在他们看来，美国如果不能成为世界的领袖，也注定要成为先驱。就此之后我才慢慢明白当初是我视野狭窄。他们这些生活在罗马、伦敦或是巴黎的作家是一场胜仗的继承人。在他们眼中，美国这样一个国家可能会在时运不济之时拿下那个安慰奖，但此外它仍是自由之家。

从我游走的桥上看去，也不太看得出来那番情景。我想过要就我在好莱坞的不幸遭遇写一篇文章，来展现美国的自由状况。但此举好似自怨自艾在做一番毫无意义的表演，尤其是当一个叫布鲁尔的人在约翰逊的报道面前还能将我的剧本称为一派胡言，还能让强悍的哈利·柯恩臣服于他并尾随其后，撤退时还披戴着美国国旗。我想，假如我真的要说出我的看法，我必须要在能产生影响的地方说，就不会像昨日的报纸被弃之一旁。我不会因为一个剧作家自己的电影剧本被禁用就期望每个人都能同仇敌忾；相反，我可能甚至会因为构思了一个有可能阻碍顺利派遣军队前往朝鲜的故事而要面对新的攻击。此乃世道也。我孑然一身，众多不能登上"美国世纪"这列火车的人们亦有同感。人们无从得知火车将驶向何方，它的轨道终止于一片沙漠之中，那里居住着人类大部分的贫穷难民。

在我感到被孤立的绝望背后，有的不仅仅是一般的印象。大约一年前，我曾受西蒙与舒斯特出版社的高级编辑杰克·古德曼邀请，参加过一个每周一次的讨论会，主要探讨作家可以做些什么来对抗当时弥漫全国的那种恐慌。大家开始害怕说出的任何一个观点都会被归于左派甚至是自由党，更不用提亲苏联派的观点。我们正直奔一个主题时代而去，即一位美国参议员几乎可以把国防部部长、美国前陆军上将和美国前国务卿乔治·C.马歇尔称为与斯大林联盟的共产党员，而且这么做还不会引起人们巨大的反感。

每个星期二晚上，杰克在位于格林尼治村一楼的那间破旧却舒适的起居室里，成功地聚集了报界和小说界的几十位名人。当时任《周六晚间邮报》的编辑埃德加·斯诺，小说家、驻中国的记者杰克·贝尔登，小说家、《纽约客》的记者约翰·赫西，《生活》杂志的理查德·劳特巴赫，小说家、《读者文摘》的记者艾拉·沃尔弗特以及《国际先驱论坛报》的国际新闻编辑乔·巴纳斯都是其中常客，摄影师罗伯特·卡帕同其他几个人每周也在此进出。很快还有律师和商人加入进来，他们都为当下的不可知论所困扰。我们这二三十人围坐在一起喝酒抽烟，努力想在媒体当中形成一股逆流来对抗右派铺天盖地的宣传。有人建议用散文，主题可以不用顾虑，还有人联系了其他不在纽约的作家，询问他们的看法。当时正在俄亥俄州科学种田的小说家路易斯·布罗姆菲尔德在回信中勃然大怒，痛斥我们所有人同共产党员同流合污。此乃世道也。

几个月过去了，我们提出多个议案，以及通过多次实际的努力，想要发表一两篇文章来回应偏执的时局，但最后没有一句被刊登了出来。这一打击即便不是终生难忘，却也够震撼了：无论我们的名气如何，我们也只不过是一群挥之即去的雇工。全国教师只要和共产党有所关联，无论是思想上还是实质上，也无论是真的还仅仅只是嫌疑，都被解雇了。同样的还有科学家、外交官、邮递员、演员、导演、作家——仿佛这个"真实的"美国正挺身反抗那不易理解的一切、那全然或貌似来自异域的一切；仿佛那一切蕴含着一种更为危险的东西。美国国土之外便是龙潭虎穴，一片污浊之地，美国唯有洁身自好，出淤泥而不染。对于这一切人们毫无反驳之计。我们现在所在的这个国家已被攻占，任何人都可能是敌方的间谍。的确，一年之内，古德曼被众议院非美活动调查委员会提去审问，不是指控他支持共产主义，而是要求他解释为什么会有这些聚会，非赤色分子的他为何会赞助这种反美活动，它牵涉到如此众多的一流作家和编辑。总之，在我们这群酗酒的小团队中出了个告密者，因为委员会居然知道每一个与会者的姓名。

过了十年、二十年甚至三十年，我们才清楚推动这次国内运动的，主要是一个有意识的决定。起初由共和党的一个部门提出，当时共和党已在野近二十年，他们想把"新政"的基本政策和卖国求荣等同起来；之后又得到民主党的默许并开始实施。但在当时，在大多数民众看来，这场运动好似一场自然灾难，是一次永不停歇的地震，动摇着政治时局。麦卡锡不顾民主党对他断断续续的抗议，很快就将整个罗斯福-杜鲁门时代称为"叛国的二十年"。而且实际上，到了里根执政的八十年代，行政机构对"新政"的支持援助大部分已被拒绝履行，虽然只有等到国家经济崩溃那些支援才可能完全分崩离析。

我的妻子英格（当时我还不认识她）于1951年以摄影记者的身份来到好莱坞执行一项重要任务，却遭到一名移民局检察官的严格审问，她的旅行箱里放有一本由伦敦的左翼图书俱乐部出版的小说，因此被怀疑与共产党有染。大战期间她曾在纳粹德国待过，并一度顶着枪林弹雨被迫在柏林的滕佩尔豪夫机场做苦力。最后斯文有礼的她忍无可忍，不得不反问那位检察官说，如果她真是共产党员，又如何能在纳粹德国的战争中幸存下来呢？而且为什么都不问她是不是有可能和纳粹有关联呢？不过当然啦，我们都过于忙着接纳公然使用虚假身份的纳粹战犯，包括男人和一些女人。几十年后他们最终因在欧洲犯下的罪行而被引渡回国进行审判。此乃世道也。

我逐渐习惯与一种无形的愤怒共处。除了I.F.斯通，我现在想不起还有哪一位记者毫无畏惧、逆风前行。只有他，自行发表四页的时事通讯周报，坚持针砭时事，并未遵循一定要谨守反共口号的规则。全世界共产党势力最小的国家就属美国了，但美国的行为却如临大敌，仿佛腥风血雨将至。我的律师们在办公室里讨论着某个与政治无关的公务问题，我随口说了句百老汇剧场因为迅速商业化正在变得"腐朽"，其中一位埋首阅读文件的律师抬头看了我一眼，语气平平地谴责道："那可是共产党的立场。"那一刻我几乎气绝，不是因为害怕，而是震惊于一切讨论都已被这样的疑云层层笼罩，令人窒息。那么我是不是就要小心在说到百老汇商业化的时候永远不使用那个字眼了呢？我觉得以目前贫瘠的状态，商业化的趋势正要兴起就终结了。

不过，伴随着愤怒的还有愧疚，那是怀疑主义者的愧疚。那种怀疑主义其实说明他对人云亦云的大众的背叛，但众口铄金的可怕使我产生一种防卫心理，对此我渐渐厌恶起来。假如说这样的虚假还不够多，作为著名剧作家的我还有另外一种存在状态，即享受着各种荣耀，包括"年度最佳父亲奖"——这个荣誉多么讽刺；看看我自己里外不一，外有和玛丽的不和，内有想要冲破一具否定自我的空壳的压力。我不想再背离工作带给我的权力，我想在中规中矩的人生中填满离经叛道的经历，虽然同时对其后果又担心害怕——也许比较担心的不是那后果对我的影响，而是对我所爱之人的影响。不知不觉中我将弗洛伊德称为压抑之回归的东西从我内心深处召唤了出来。一开始，我小心翼翼地（也许我自以为如此）让女性的神秘与恩惠像惊涛拍岸一样将头脑冲昏了一两次，那便足以粉碎我对包括婚姻在内的社会程序的必然性的最后信念。流动性和偶然性很快就浩浩荡荡淹没了所有的法则，既有心理层面也有法律方面。我们好像都是创造神话的生物，不仅创造了艺术，还创造了一样虚构、一样任人安排自身存在的生命。我们要是知道这一点就好了。

我看见公共生活的文明被巧妙地从政治主体上剥离掉，好像昆虫或者小鸟的翅膀被疯狂的小孩撕下那样。伟大高贵的公民被标榜为叛徒，对此民众竟没有一方显示出真正的反感。显然没有人再会遵守、宽容那些不成文的规则了。我不想抛弃具有公众意识的那个自我，那是我有把握能掌控的美国心的唯一一部分。但是我内心依然混乱不堪；一颗年轻的心从长眠之中醒来，想要得到女性的恩惠，那是他创造力的源泉；想要得到女人无限的祝福，那是男人内心最深处的幸福，好比天空一样宽阔无边、无以回报、必不可少。如同熊熊烈火吸尽空气中的所有氧气一样，巨大的成功已经耗尽生活赐予我的所有的爱。假如我时不时地责怪我自己或是我妻子或是一个诱人的母亲的困惑，那么很久很久以后，这一切将会从过去向我走来，作为我为自己的所得而被要求付出的代价。

如果曾经有一度我在向右派靠拢的压力之下更加左倾，硬要解释的话那便是我为了自我放逐、为了捍卫我刚在这个世界有立足之地而故意为之。随波逐流是梦想的杀手；我厌恶了害怕，厌恶了生活，厌恶了自己，还厌恶了这么多天来极权爱国者欢欣鼓舞地迈着坚定不移的步伐。

我参加了共产党派作家在起居室召开的几次会议，但是我觉得在那里我跟我一个人的时候一样不真实。他们都是非常体面的中产阶级，也许正在搜寻出对自我认识看法大体一致的同类人，之后在这样或者那样的膜拜仪式或者自修会中实现自我认识。但是这一次，要实现自我净化需要牺牲当下来成就完美的社会主义的未来，以驱逐空虚、矛盾、含糊而到达一个坚实而确定的道德平台。左派的某种自鸣得意和相互致贺很难同令我烦恼的所有忐忑不安协调起来，尽管当时我觉得自己对自我认识仍很遥远。无论如何，那就是我的矛盾之一：我需要集体，需要团结，可同时我却觉得自己不可能出席任何会议或真的接受他们默默的归类同化。并且当我最后无路可退，我就要猜疑，易卜生或是契诃夫所创作出来的那种富有哲理、超越政治的理想存在的可能性到底有多少。那一理想的高贵似乎已经被技术性或战略性操作所取代，无论是对自己还是这个国家或者整个世界而言。后来我逐渐把这个矛盾放在卓越的缺乏当中来思考，不过我还没有想到一点，即就某种特别的意义来说政治就是一种逃避；现在它仍然还像是一种根本的现实，每个人都应该与它紧密相关。如果我就此转身抽离，那么逃避对别人的幻灭感就如同逃避自己的混乱以及不满一样。

到了这个时候，五十年代早期，林子里挤满了理想破灭的前激进分子。不仅是对苏联感到破灭，还有自由主义，甚至还有科学自身可以增强精神的承诺。犹太人拥抱了天主教；社会主义者加入到政治迫害运动的阵营中去，而无视它的公民自由权的涵义；当了一辈子和平主义者的人则在猛敲冷战的大鼓。所有这一切好像另一种逃避，我们都知道生活已变成一团道德的乱麻，大家都要逃离这团乱麻。有人始终不喜欢反苏的前激进分子重生后的壮观场面，部分原因是这样的转变正当其时。此外，我自己轻轻抓住坚定不移的、普遍的忠诚不放，受人嘲笑，而且我的恐惧还引发了对自早年起就与我如影随形的自我主义的自我控诉。不管怎样，即便严惩苏联已经变得非常流行，但对我而言那都不是问题的关键；关键是我们赞成的是什么。这些转变是如何改变这些人的？如何让他们离开那块居住着大多数人的死亡平板？假如左翼一直数着念珠祷告，为一个没有阶级划分的公正社会的遥远未来反复祈祷，那么右翼新兴的正教就在要求得到美国社会的认可。而我很难认可他们，因为有诸如剧本遭禁而锁在抽屉里的例子在前。那些例子揭示的不仅是对桥下成千上万个群众的集体压迫，现在又有右翼工会的高压势力横跨全国直抵哥伦比亚电影公司的制片厂内。

我本该为自己的特立独行感到高兴，也该从易卜生的话中得到鼓舞——他在《人民公敌》的签名中写道："世界上最强大的人，是最孤立的人！"但是我身上的犹太血统排斥自我救赎，认为那已接近原罪。一个人的真理必须有助于公共正义和宽恕，必须转变这座城市的思潮，否则桥的两头将一直回响着市民盲目的咆哮声。

五十年代早期，所谓的荒诞派戏剧依旧方兴未艾，其中大部分创作矫揉造作，令我反感。但是每一代作家都为自己的成果努力付出过，自然有义务捍卫它。假如我真的遵循日常观察的逻辑，那我自己也算得上荒诞派了，因为我也时常对时事摇头，对它们的离奇感到不可置信，只好大声地干笑几声。

我把《推销员之死》卖给了斯坦利·克雷默，他为哥伦比亚公司拍了这部电影。我唯独参与的是抱怨电影剧本像是被割草机砍掉了几乎全部的高潮，只留下一片平坦，令人困惑，不知道剧本如何施展魅力来吸引观众到剧院观看。电影剧本的作者斯坦利·罗伯茨飞来东部和我坐下来说理。我想起他有一个反应可以说明问题所在。

第一幕里，琳达恳请儿子们要对他们的父亲有点同情心之后，比夫动了怜悯之心，同意继续留在纽约并去找工作，只要能避开威利。但是琳达觉得理由不恰当给否决了：他必须给父亲心理上的支持。对比夫而言这意味着要放弃反对威利关于他该如何过好自己的生活的想法。于是他爆发了："我恨这座城市，可我还是留下来了！你还想要怎么样？"对此琳达答道："比夫，他快死了。"接着便描述了威利为自杀所做的准备。

这一环节虽小但很重要，是要引出后面的高潮，但却被一笔带过。我不明白。"可是，"罗伯茨解释说，"他怎么能那样对母亲大喊大叫呢？"

这只是这部电影以及好莱坞电影会有的一小部分麻烦，不过它应该关联到更主要、更深层的困难：弗雷德里克·马奇被指导要把威利扮演成一个疯子，完完全全失控，还不切实际。马奇是我们这个舞台角色的首选，但他推掉了这个角色——尽管多年之后他安慰自己说，是因为当初没有被正式邀约。他当然本该成为电影界的一个奇葩，不过扮演疯子的话，他的表演极有可预见性。不仅如此，那种误解能够消融一个人与社会的紧张关系，能够消除这个剧本的社会时代性，抹去它的语境。假如他是疯子，就不能忍受自己被当作凡事直言不讳的代表。就好比李尔王从未真正掌握政权，便只能想象自己是个国王一样。

但是，此乃世道也，即便是这个删节版的剧本也被认为太激进了。我先是被哥伦比亚公司的公关部门要求发表一份反共声明以息事宁人。因为美国退伍军人协会警告说，如果我不能遵照时下惯例，在《综艺》杂志上广而告之自己申斥赤色分子，他们就会在全国范围对这部电影进行纠察整治。我拒绝了这一要求。接下来我被告知，自己被哥伦比亚公司请去观看他们刚刚完成的一个二十五分钟的短片。他们建议，但凡《推销员之死》上映的地方，都把这个短片当作预告片来播放。

这个小小的杰作拍摄的地点是纽约城市大学商学院的校园里，内容主要是采访了几名教授。他们面带笑容地解释道，威利·洛曼并非时代典型人物，只是从前那个的确艰难时期的推销员。如今推销员已经是一份良好的职业，无论是收入上还是精神上都得到无限的补偿。事实上，他们说得自己好像就是威利·洛曼，只不过多了一纸文凭，多了飞黄腾达，还有一身膘肉。当然啦，因为参与创作了哥伦比亚电影公司这篇令人钦佩的说明文，公司对他们自然少不了慷慨赏个酒钱。当位于第七大道的这间放映室亮起灯的时候，陪我一起观看短片的那两三位官员就在等我的反应。他们全都一言不发。那种沉默在我看来，如果说不上是不好意思，也隐约带着一种防卫心理。

和这些领着高薪的人坐在那里，我被种种情绪困住，矛盾至极。但是，这一切好似一个看手势猜字谜的游戏，在它上面悬浮着人们对它的一种无以言表的恐惧。放映室里弥漫着的是爱国者们的威胁，他们要在商业上扼杀这部电影，要对我展开一场粗鲁的打压行动。这里唯一真实的感受就是恐惧，但是当然没有人会承认这一点。相反，我被迫承认短片"并不太糟"，而且"它可以帮助电影卖座"。不过倒不会有人，可能包括他们的雇主哈利·柯恩在内，真的以为我会对国家构成威胁，那么电影当然也不会。

"如果你们觉得这部电影令你们蒙羞，你们干吗还要拍它？"我问道，"如果《推销员之死》真的那么出格，那么没有意义，大家为什么不起身离开电影院呢？"

虽然不是很肯定，但我想我这番慷慨陈词让他们松了一口气。我喃喃自语说，要起诉公司用这个毫无诚信的短片破坏了我财产的价值。当我察觉到他们言语之中有某种挫败的无力感，我开始认为，也许私下里他们甚至会赞同我的立场。不过那样只会让事情变得更糟，不仅是对他们、对我，而且还对这个国家，因为我们所有人都在集体伪装。即使我变得和他们一样恐慌，我也还有一样他们所没有的东西，即对我剧本的自豪感。那是无法背叛的东西，最终成了我的依靠，因为实际上我被他们要求同意说，《推销员之死》在道德上毫无意义，只是由一个白痴胡诌的故事。对此，回答很简单："不。"我们友好地分开了，短片是否曾被播出，我是从没听说过。他们只是尽了自己的责任，本可以回去汇报说是我威胁说要打官司，这样可能就能够让哥伦比亚公司摆脱退伍军人协会的威胁——毫无疑问，这才是整件事情的关键所在，否则公司就得拿出几十万美元。

这样一来，虽然我在这场"我们一起消灭米勒"的游戏中还握着几张牌，但是我仍清楚地知道一个事实，即自己已是掌权人士的眼中钉，他们只等着一枪击毙。不过我忘性极大，尽管常常觉得有座冰山压在身上要我屈服，还是能够投入到我的工作中去。某些时候整个气氛甚至变得非常滑稽。有一天早上，一个男人——他的名字在我遥远的记忆中已变得模糊——打电话给我说，他曾在林肯装甲旅任职，在西班牙认识了拉尔夫·尼福斯。他有些重要的事情想要和我讨论。我猜他可能是有一些政治上的麻烦，不幸地以为我的名气能够帮他解围。在那个时候那么做可是个大错误。不过他坐在我起居室的沙发上，膝盖上放着黑色旅行箱，神情不安但和蔼可亲地宣布，他想卖得克萨斯州一些油井的股票给我。这个时候他让我明白时代在改变。他解释说，自从他被列入黑名单丢了工会的工作之后，他就开始从事这个行业，但也慢慢地喜欢上它，而且开始挣到钱了。接着有了这样一段话，就好像是历史本身在某些时候写来确定时代主题的台词。"我的意思是，"他说，语气开始真切诚挚起来，"我们不要忘了，当工人接管这个国家的时候，他们也会需要石油，甚至比我们还要迫切需要，因为社会主义将要扩大生产！”加尔文主义在这最奇怪的地方得以永垂不朽、浴火重生；一直以来，重要的是要确定是在为别人做好事。

在这些日子里，惊恐、绝望的路易斯·昂特梅耶把他在雷姆森街的公寓大门一关，整整一年都没有出来过。直到三十年后，我才从《纽约时报》的哈里森·索尔兹伯里那里了解到，仿佛照镜子般，世界另一端和我们一样疯狂。就在此刻，斯大林的审查制度如此严厉，以至于除了官方传单其他一律不能报道。西方媒体毫无办法，只好沮丧地离开莫斯科，只留下少数几个代理记者。索尔兹伯里当时是《时报》驻莫斯科的记者，他决定留下，凿开苏联式恐怖的冰层。要想报道一点真实新闻，他得在电讯里使用一种即兴密码。在美国，因为有宪法保障，伤害是受限的。但是在两国之间，政治讨论的主要问题却局限在忠诚之上；八十年代，索尔兹伯里了解到——因为《信息自由法案》*的关系——他本人曾被联邦调查局严重怀疑为红色间谍，部分原因是有那么多记者离开莫斯科而他坚持留下。此乃世道也。

然而要如何说明这一切？如何找到呐喊的方式？当下的小说、戏剧对这场来势汹汹的灾难甚至没半点暗示，而电影让全国处于一片歌舞升平之中。不过，在桥下，没人想要掩盖一个事实，即新时代已经来临，至少它与过去的那种延续性开始变得支离破碎。

根据朝鲜战争新的条例，没有海岸护卫队的通行证就不能进入海滨码头。米契·贝伦森只好到私人工厂里找了份工作。他长这么大一直是个组织者，现在他第一次发现自己面对的是一个奇怪的狗咬狗的社会。对此他束手无策，如同辞去了神职的神学院学生。根据世俗标准，他毫无社会阅历，毫无工作背景，没有社会保障卡，更没有受过

---

* 《信息自由法案》是 1966 年美国颁布的一项旨在促进美国联邦政府信息公开化的行政法规，规定联邦政府的记录和档案除某些政府信息免于公开外，原则上向所有人开放。后来该法案又经过了多次修改。

培训。他漂浮在一湍汹涌的竞争激流之上，必须很快学会游泳，否则就会被淹没。

虽然确定自己是在浪费生命（他并不知道，他和隆吉的影响力带来的后果是，几年后托尼·阿纳斯塔西娅为码头工人们在海滨码头修建了第一家医疗设施——阿纳斯塔西娅诊所），但是奇怪的是他却热情洋溢。因为尽管他缺乏一个竞争激烈的社会所需要的一切经验，但他现在越来越惊讶地发现，作为组织者的人生与学徒的人生之间有着一定的联系。两者都得决定早上要去的地方、要打的电话或者要见的人以及如何安排时间。朝九晚五的生活对他和任何一个资本家而言都是陌生的，他们更习惯随兴的、富有冒险性的生活。人们最终将明白一个可怕的真相：销售一场革命并非完全与别的销售无关。

米契担任组织者时一周能挣二十美元，如果他领得到薪水的话。囊中羞涩让人生出一种视钱财如粪土的贵族优越感，因而他从未幻想过能腰缠万贯。钱对他来说也没有什么情感价值；真到了穷困潦倒的时候，他总能在这个城市里找到朋友帮忙。那些年以来，那些人曾和他在工会的组织战中共同奋战过。

不过现在他得去找一份工作。这时他突然想到，唯一和他有过交情的老板就是克劳斯，下东区的一个毛衣厂商。不过此人对他心怀恨意，因为九年前他对这家工厂发动过一场历时长久的罢工。接连十四个月多一点的时间里，他每天早上都带领着工人在倒霉的工厂前一圈又一圈地走，口中还呼喊着口号。伯尼·克劳斯得挤过人群才能走入办公室，每天早上他都会稍微停下脚步，对贝伦森挥着拳头，高声叫道："你这该死的布尔什维克，但愿你在地狱腐烂，屁股上全是老鼠！"贝伦森则张开双臂，咯咯地笑着答道："伯尼，冷静！"

所以，当米契走近工厂时内心是很不安的。不过当他一打开临街大门，一股羊毛烧焦和木材燃烧的气味引起了他的注意。在一片臭气熏天的污泥浊水中，坐着现已五十岁的伯尼·克劳斯。他正迅速老去，肥胖又秃顶，脸色像死人一样惨白。当他看到站在面前的竟是米契，眼中又开始流露出宿怨的神情。

"慢着，克劳斯，放轻松嘛。我只是来跟你讨份工作。"

"工作！你是来跟我讨工作吗？"克劳斯原本会暴跳如雷的，但是他刚经历了一场火灾，保险公司却不愿给他的货多付一丁点儿赔偿，说是其余存货的受损程度未达赔偿标准。这让他非常沮丧。

到了傍晚，克劳斯决定聘请贝伦森担任推销员，并且即刻让他就职。贝伦森先是打开消防水管对着完好的毛衣喷水，然后报告消防署他已把余火熄灭，最后竟让保险公司付清了全部赔款。接下来，克劳斯把一批货卖给费城的金贝尔百货公司，但订货单照例被立即取消。这令贝伦森勃然大怒，返回费城，义愤填膺地做了番慷慨陈词，说得对方目瞪口呆，撤回退货单——这一胜仗在毛衣业史上闻所未闻——对方还在金贝尔给他提供了一份工作。

贝伦森在五年之内几度成为百万富翁，还为老人院设计住房，并名噪一时。但他还是抽着他能找到的最便宜的香烟，开着一辆破车，单单管理着他居住在郊区的那个小村庄。"我发现，"有一次他对我说，"这才是真的民主。最后真的是由人民来做根本性决定。虽然要花很多时间，他们也常常被愚弄，但最后还是奏效了。这太美好了。"

可是，一旦证明了自己的能力，他也同时失去了马克思主义对于毁灭和获得救赎的感人预言，那么毫无疑问，他只有开始接受神秘主义。他赢得了整个世界，却失去了信仰，变成一个平凡、快乐但不安的人。

大学二年级的时候，沃尔特·鲍尔斯·皮尔斯博瑞教授给我们上心理学课。最后一节课结束之时，这位受人敬重的教授看着学生们一张张脸庞，突然停了下来。作为我们教科书的杰出作者，他在自己的领域里可是独占鳌头。但对我而言，他的魅力来自他本人多年来被人奉为体制之风范。他个头很高，一头白发，系着深色领带，衣领硬挺，目光深邃，透着一股美国早期悲壮庄严的气质。教室里一片静默，我们全都意识到他不仅是在和我们道别，也在和他的工作道别，因为他已临近退休年龄。他说："我不敢说能教导你们如何培养自己的健康心理，但有一个道理我希望你们能坚守：对任何事情都不要考虑得过久。"

这句话在1935年似乎显得非常愚蠢，因为当时我正努力集中精力创作新的剧本，而全国面临种种困境似乎早已人心涣散。不过现如今，在十五年后的五十年代早期，我意识到自己对婚姻和工作的想法陷入了迷思，耳边不断响起他老人家的话。对于我和玛丽的未来，我既满怀爱恋与希望，又心生不满和沮丧，觉得自己一直被人审视和指责着，没完没了。为了走出困境，我开始和技术高超的弗洛伊德派心理学家鲁道夫·勒文斯泰因做分析。但是不管我的自主权会造成多大的破坏，我绝不可能让出自主权而拿自己的创造力去冒险，对于这一点他很聪明没有假装能够理解。所以在这样一种公正的分析评估面前，在这样一种可能比以往更为冷静地评估人类行为的方法面前，我从不弄虚作假，即使它只是让我和一个好人成为了朋友。不过，我还是不可避免地感到害怕，害怕自己如此殚精竭虑却只满足了可能只对分析家有益的贫瘠的客观分析，却于作家无益，因为随性而活的冲动才是他们的能源。

我一直抗拒心理分析的最终评定，原因具体有二。我参加分析是为了拯救婚姻，但这一前提本身就有问题，它让人对了婚姻和谐而自省产生了怀疑。不过，我还被那一特殊历史时刻所产生的另一种怀疑所困扰。当全国似乎在为乔·麦卡锡在全美掀起的反对一切异类

（包括思想本身）的狂潮而欢呼时，我却作茧自缚，越陷越深，不能自拔，即便这一困境如我所期望的只有短暂的一时而已。同时，我不能消除自己身上同那群无党派人士以及左派人士的共性，这些人在历史急转直下、把我们甩到外太空时兴奋地发现了精神分析。我的困难纯粹属于个人，但我忍不住怀疑，精神分析是一种异化的形式，不仅被用于代替马克思主义，而且可以代替任何一种社会激进主义。简而言之，我内心的认知同我行动的改良南辕北辙。

纽约这个一直流淌着多种地下文化的河床，现在成了由被剥夺了地盘的无党派人士和左派人士构成的潺潺小溪。他们仓皇逃离"自我否决"这座早已轰塌的古老城堡。这座城堡曾经对社会进步信心无限，也曾通过政治的正确性来证明自己处于历史前沿的领先地位。可是，"美国人的自我"这个清教词条一贯是需要一套道德标准来监督的。那么马克思主义一旦被宣布为离经叛道，弗洛伊德心理分析学就让获得拯救的人同样感到沾沾自喜。只是这一次，像我这样的迷失者所面对的挑战不是去加入一支哨兵队或是一支西班牙军队，而是得忏悔自己是个自私的混蛋，从不知道如何去爱。心理分析的原意是否是指感性与责任愉快且自由的联合，这我从没发现过，也许只是因为我被迫退回去捍卫那个越来越狭窄的空间，那个可以让我纯粹以作家自处的空间。我不得不在能够重整思路之前先保住自己的一席之地，因为社会不会被动地等待我。

再一次，让我焦虑和恐惧的不只是我从报纸上看到的东西。肖恩·奥凯西的一部新戏《大公鸡》宣布要在纽约上演，美国退伍军人协会立即威胁要纠察剧院。单这一点本就足以让任何一位制片人为这部戏剧的商业利益三思而行。再加上戏剧的主要赞助人佩吉·卡尔曼夫人不久前刚刚皈依天主教，读完剧本后，她认为有违天主教教义，于是收回了钱。毫无疑问，尽管没有违反天主教，但这出戏有反教权论。可是更让协会感兴趣的，大概是奥凯西在皱巴巴的夹克翻领上别着一枚绣有铁锤和镰刀标志的徽章，仿佛在明确表明共产主义已经俘获了他那颗爱尔兰人的心。从奥凯西的话中可以看出，他同我听说过的其他共产主义者并不相同。我更愿怀疑他扮演的是保守分子，尤其是英国的保守主义者，当然他们总是很健忘，令人气愤。他自己离开爱尔兰流亡他乡，爱尔兰的爱尔兰人也会忘记他的存在，因为在他之前他们已有乔伊斯，而且他们所想的都是离开这个国家移居国外。无论如何，鉴于他某些戏剧精彩绝伦，他的自传令人赞叹，协会却在暗中加害这样的天才，这真是令我愤慨不已。当这部戏的制片人向剧作家协会寻求救援时——退伍军人协会的威胁已经冻结了他的资金来源，导致整个制作陷入困境——我提出一个建议，并于一天下午汇报给剧作家协会的官员。值班的有我们穿着整洁时髦的主席莫斯·哈特，我很羡慕他那些漂亮的烟斗，虽然依照我的品位来看它们都太精致小巧了；有奥斯卡·汉默斯坦二世，他温文尔雅的表面下隐藏着自由意志论者的尖锐看法；还有剧作家、罗斯福的讲稿起草人、公民自由活动家罗伯特·舍伍德，他的一些早期作品直言不讳地提出个体被现代文明这部压路机所打压的问题。当时在场的还有阿瑟·斯沃特兹（和其他几个现已被遗忘的人），他是多部热门音乐剧的制片人兼作曲家，如《一场小表演》《篷车队》《迎风飘扬的旗帜》和《布鲁克林有棵树》，此人机智幽默，富有爱心，招人喜欢。

我提议我们立即宣布，针对退伍军人协会对奥凯西的戏剧设岗纠察一事，号召剧作家组成一条反纠察阵线以捍卫戏剧自由。围坐在会议桌旁的人们闻言都大为震惊，气氛尴尬。不过汉默斯坦二世倒是一脸认真关注的神情。也许现在还没有人准备要冲到舒伯特巷举牌游行，但在我看来，我们的讨论也在朝着维护奥凯西的言论方向进行着。可就在这个节骨眼上，阿瑟·斯沃特兹显然心烦意乱到了无以复加的程度，他警告说，如果协会的资金里有一分钱被用在维护一个共产主义者身上，他就会带领所有愿意追随他的会员离开，重建一个新的戏剧家组织。想到协会可能要面临分裂这一突如其来的后果，所有的讨论全都停止，提议就此终结。我现在毫不怀疑假如哪天退伍军人协会要对我的下一部戏查办严禁，我不能期望能从我的剧作家同行那里得到真正的保护，因为戏剧界这些响当当的人物不是胆小如鼠，就是不知所措。此乃世道也。事实上，我们也不难想象退伍军人协会这样一个思想工作小组可以权倾天下，动动嘴皮子就能决定所有新戏中哪一部可以、哪一部不可以在纽约的舞台上演出。我自己已经领教过协会的厉害，他们不仅对《推销员之死》的电影版本提出过警告，还阻止了巡回剧团在两三个地方的演出。那个剧团包括扮演威利的托马斯·米切尔、扮演哈皮的达伦·马盖文、扮演比夫的凯文·麦卡锡以及扮演琳达的琼·沃克——他们的演出被波士顿评论家称为史上最佳的爱尔兰戏剧表演。在伊利诺伊州的某个镇上，纠察行动非常彻底，最后剧院里只留下一名观众。米切尔坚持只为这名观众也要把戏演完，但我从不知他对这次演出有何看法。

也许我比其他人更害怕，因为我害怕害怕的感觉。但也正是我的这一天性以及这一特定时刻，我渴望塑造一个相当崇高的戏剧家的形象：那是个能揭示真理的领袖，他挥舞着光明，令前来的"混乱"怪兽双目失明。戏剧演出是艺术中的一门物理学，一撒谎就失败，若遵循人类生活的首要原则则成功。背负着如此痛苦却又令人快乐的重担，我们不能轻易想着开溜逃跑、隐居山野。

鲍比·刘易斯带着重新改编易卜生《人民公敌》的想法来找我，说想让弗雷德里克·马奇和他的妻子弗洛伦丝·埃尔德里奇来扮演斯多克曼夫妇。这令我士气大振。这些戏剧界的老一辈，我从未把他们和激进政治联系在一起，现在却激愤不已。我很快了解到马奇夫妇正在起诉一个人，因为那个人给他们贴上了共产主义分子的标签；这令他们失去了电影角色，从而觉得自己和斯多克曼夫妇同病相怜，后者也是在困境中被一群暴徒百般折磨。鲍比·刘易斯这位"团体剧场"的老将曾在多年前将萨洛扬*的《我心在高原》搬上舞台，演出细腻、富于想象，令我钦佩不已。他的明哲保身令他置身于党派纷争之外。我更愿意把他作为演艺人士来信赖，尽管我觉得他的这个提议只会把我们的命运往赤色分子捕手的靶心推得更近。

我又看了一遍剧本，觉得尽管它的主题涉及时事，但剧本已经落伍。不过它的制片人——一个富有的年轻商人，是瑞典一位参议员的儿子，名叫拉尔斯·诺登森——看到一股前法西斯狂潮正席卷美国，便给我施压要着手改编剧本。他自己逐字逐句地翻译了易卜生的挪威语原著，并愿意把它提供出来。他声称他的译文一点都不会像一般的翻译那样呆板，相反会很地道，辛辣刺激得很。毕竟这部作品是在暴怒之下完成的，而且用时极短，并非易卜生惯常的风格。诺登森这一实验性的译文手稿全是皮钦语，甚至连句子都不完整。但有了这第一版本我便开始动手了，很快我就确信自己能通过一种斗争形式抓住易卜生的精髓，我相信他会喜欢这样。

和往常一样，我努力将自己对生活的感受戏剧化，并从中找到我真正信仰的东西。我对这个戏剧越熟悉，其中一两个含义就越让我觉得不舒服。虽然斯多克曼医生为获得对社会诉之真相的绝对权力而斗争令人钦佩，但同时他也在暗指存在着一个模糊的精英阶层，他们可以给人们开药方，告诉人们应该信仰什么。对民主人士而言，这药方

---

*　William Saroyan（1908—1981），美国小说家、剧作家。代表作有著名话剧《鼎盛年华》和长篇小说《人间喜剧》等。其作品富有人情味和幽默感，不事雕琢，语言简练生动。

开得可是太大了，直到我记起几年前自己曾在一次马克思主义者的集会上说过，艺术家有责任占有新领地。我还说，假如大战期间我遵守了这个党派的纲领，或是国家出版的标准，那一定写不出《都是我的儿子》——这个剧本在战争结束后的今天才被称赞是有勇气、有远见、有真理的杰作。易卜生-斯多克曼只是在向无知之人宣告艺术家自称为先遣兵这一远古的说法。

不过，在一个民主社会，要把非凡的远见归因于一个自选团体，还是很难自圆其说，尽管已成常例。易卜生同时还提到物竞天择，这只会让事情更混乱，甚至会引来血雨腥风。事实上，这位伟人自己也发现有必要从剧本所隐含的社会达尔文主义退后一些。方法是，他到挪威参加了一次工会会议，并向恼怒的与会者保证，他只是需要得到思想革新派的认可。这个派别对其他民众而言毫无影响力，只有提倡新思想、新发现的权力，投票支持的也不多。不过，在我看来，这位抗辩者在这部戏里没有这么直言不讳。

于是我将这个问题嫁接到美国，让它因时制宜——即便不是出于神权，也是出于一种抵制随波逐流的压力的需要。这次演出全面开花，场景配备齐全。弗雷德里克·马奇才华横溢，怒发冲冠。埃尔德里奇则竭尽全力给斯多克曼忧虑、忠诚的妻子那一相当灰暗的角色赋予一些色彩。假如刘易斯犯了错，那也是因为他追求一种过分的别致生动和精益求精，尤其是在鼓动群众的那一场。马奇站在市民上面，伸出双臂，好像十字架上的基督。对于一部教育戏剧来说，以这样的场景开始既危险又令人反感。不过这些只是我自己在吹毛求疵罢了。整个演出既震撼又直接。在后来的几十场演出中，这个剧本同样令观众激动不已，尽管百老汇的反应非常平淡。

这部戏剧一直是传道之作，易卜生借此来反击媒体和社会对他另一部戏《群鬼》的诽谤。诽谤一事在当时成了丑闻一则。乔治·S.考夫曼很久之前曾告诫说，鉴于百老汇对戴着娱乐面具进行的思想教育一贯敏感，一个剧作家想要弘扬主旨，最好还是通过"西联汇款"。不过我自己的感受却是，这部戏本可通过民众的口碑载道，他们人数众多，可以集体抵制当时那种高压氛围。然而媒体随即做出反弹，仿佛被我们玷污了圣洁一样。其中一些评论家，虽有几分聪明，却断言在斯多克曼夫妇一位忠诚的支持者的台词里发现了我反美宣传之笔。那是个船长，硬朗粗犷。在戏剧的末尾，他在夫妇俩那间被暴民抄袭过的起居室里向他们表示慰问。他们垂头丧气地坐着，想着接下来该怎么办："嗯，也许你们应该去美国。"海对面的生活会更自由吧。这些评论家认为，米勒注入式的反讽就是典型地对圣人易卜生的戏剧的粗制滥造，以达到嘲笑美国公民伪自由的目的。我很想指出，那句台词是我直接从易卜生的挪威原著中拿过来的，但我忍住了，因为我绝望地意识到，对于怀疑我利用易卜生来为赤色分子作掩护的人来说，一切都无济于事。那些评论家连易卜生的一言半语都没读过就跳起来要捍卫他们的圣洁，这更加证明了盲目偏执的力量。而我们原本就是希望通过创作这个戏剧，也许能够突破那种偏执。

《人民公敌》在 1950 年的失败令我深感困惑。我按照惯例通过写作来努力厘清思路。我开始构思当时被我称为《一个意大利人的悲剧》的剧本，但几个月后就搁到了一旁。故事起初的框架来自文尼·隆吉，但在 1950 年那份粗略的首稿中，故事演变成对于一个充满乱伦感并厌恶排斥这种感觉的神秘世界的探究，继而发展成一起谋杀后畏罪自杀的事件。我真的不明白自己为什么要写它，但因为我越来越渴望明朗，我只有让每一扇窗户都敞开；那是重生之前痛苦的时段，甚至也许是我的第二个青春期，在自己无缘无故创造出来的世界里，我似乎成了一个令自己和其他所有人都感到陌生的人。但是，我还没来得及完成这部戏，故事的轨迹就消失了，我再次感到挫败。直到大约五年后，它才重新浮出水面，变成了《桥头眺望》，结构还是原本的独幕剧。过了十多年后我见到了年轻演员罗伯特·杜瓦尔，才最终瞥见这部戏里代表本我的一些东西。我从未听说过他，直到那时乌卢·格罗斯巴德在大搞外百老汇的戏剧复兴。我看着杜瓦尔，在他扮演的艾迪·卡波恩身上看到了最不可思议的化身——我突然看到了父亲对我妹妹的溺爱，并透过他流露的情感感受到自己的情感。我在写这部戏时，正穿行于一个陌生的、丑陋的、充满禁忌的精神国度。我克制着想要前进的冲动，直到我天性中真的那部分随着一个场景、一个词、一个想法落在纸上而昭然若揭。

1950 年未完成的探究里，还有一个讲述一群做研究的内科医生的故事。他们受雇于一位富有的制药商。他激励他们去做重大发现，同时又唆使他们为他的商业利益服务。他一边煽动他们研究的野心，一边又巧妙地牵着他们的鼻子走。他们则一面嘲笑他赤裸裸的商人本色，一面又对他阿谀奉承。在当时的我看来，这群医生与这位制药商就是典型的被俘虏的艺术家-创世主。

我在他们当中还创作了蒂贝茨医生的情妇洛兰。她身上有一点点玛丽莲——当时我与她还不熟——的影子。但对待性她态度开放，为人率真，她大致能感觉到生活注定会不幸，但她无所顾忌，不抱期待。她天生就有一种本领能令男人对她不以礼相待，直到她无意间以不同的方式陷他们每一个人于悲剧之中——有人因为害怕失去社会地位而缩回到无爱无益的婚姻当中去；有人则为她抛弃了家庭，结果反被她抛弃，只因她喜新厌旧了。她的性就像一股神一般令人盲目的力量，尽管残酷却令人如飞蛾扑火。她的性感慢慢变成同某一终极人性唯一真实的联系，变成给予我们生命、真实的一切。她似一道光芒，照射出社会束缚男人、扼杀灵魂、按部就班的制式——但她自己的灵魂也无安身之地，无信仰之处。她允人自由的承诺最终都将化为幻影。

整个故事背后矗立着一个理想的人类形象。那一形象——他们原以为自己的科学研究可以担任——拥有一种他们没有力气、没有信念再去抓住的救赎的力量。他们已经长大，进入了自我阶段，没有什么理想是看不穿的，没有什么信仰能令信徒们对这样一种文化抱有希望。这种文化是从一个人的社会理想来奖赏他的性感指数，会令他与他人为敌。

这部戏我没有写完，因为我无法接受它所预示的虚无主义在思想上造成的灾难。是的，作为作家我相信这部戏，但作为一个人我不能承认。当然，我所不知道的是，几年之后我自己却要在它的预言里煎熬度日。我把它搁置一旁，开始改编易卜生的剧本。这个剧本当然是很清楚地阐明抵制同化的主旨，但也很肯定希望和人性，同时也是一部不涉及性欲的戏剧。它的某些部分反映出我自己分裂的状态：一边是想要保全家庭、尽到为人父的责任的决心；一边是对家庭、社会、各种角色是否合理的疑心，因为那些世俗规范会禁锢我的天性和想象力，将我套住。对此我无能为力。我过去压抑自己的部分正在回归，所以活该我一直在为自己的背叛自责不已。因为我心里知道，我想在我艺术的灵感面前毫不设防。而那些灵感既不只在妻子身上，也不只在家庭身上，而是再次在一种女性恩赐的感觉里面，这种东西似乎不太属于这个世界。往小里说，它就是性饥渴，但这更与真实面对我自己以及我的天性有关；往大处说，它甚至与来看我的戏剧的人有关。我非常非常地希望，我可以始终如一，不再分裂；无论是台前还是幕后，都用同一种声音说话。我不明白，婚姻生活和家庭生活中为什么必须运用到隐形的自我审查的策略，还有不甚巧妙的托词，以及暗中背叛？但是我缺乏勇气用长篇大论来宣告自己已经不再如从前完整如初了，我的未来也不知道会怎样。我开始沉默以对，不知道该说什么，不该说什么，因为我已经出轨，失去了判断力，不知道一个人的伴侣能够或是应该能够承受多少。我的生活一片混乱，爱恨情仇无比纠结，上一秒钟心中陡升希望，下一秒钟却又垂头丧气。

到此时，我和玛丽莲才相处几个小时而已，但她已在我的脑中扎根，带着一股无人理解的生机勃勃的力量，似乎即将把周围宽广的黑暗地带全都照亮。我挣扎着想要保全我的婚姻和家庭，同时弄清楚我为何觉得仿佛失去了从小就一直拥有的自制力。我为谁而写？我为何而写？我需要的是某个东西或者某个人的祝福，可跟我说的都只是道德。我逐渐意识到，我一直以为自己的创作是为了某个崇高的目标，但现在我不再信奉这个目标了。我已经学会如何一个人长时间地独处。不过我一直猜想会有个人在暗中照看着我。当然，那就是我母亲，我的第一位观众——实际上这是对母亲最原始意义的概念。这个概念，大概只有当初的那个小男孩，那个对她的统治又爱又恨的小男孩，透过神秘的血液才真正知道。我母亲的致命缺点就是，如常人一般望子成龙。这个愿望过于庸俗，以至于她那张古老的权力之网难以完好无损；她的爱太过真切，掺杂了太多她个性当中并不纯粹、重于交易的那部分的各种需要。没有童年的那些神话，我肯定不能快乐地生活，因为从本质上来说它们是我们一直成长的粮食，是我们对自身、对世界坚信不疑的能量。缪斯一直是个令人崇拜的女人。愿上帝帮助她。而现在她已消失不见。

最后我厌倦了假装当房东，尤其是当亨利·达文波特的房东，便卖掉了我们在雅致小院的房子，在附近的威娄街上买了套十九世纪中期的独户型住房，离河边只有一个街区（我后来才知道，那位匿名购买我们房子的人就是伟大的黑人历史学家 W.E.B. 杜波依斯。他是因为害怕没人会直接把房子卖给他，只好通过中介）。为了表示我对我们的婚姻很有信心，我花了一周的时间在门廊装了新的毛地板，再在上面装上软木地板，并在厨房修建了各种便利设施。我做了一个对自己家庭的未来信心十足的男人应该做的五十件事。但是，我们之间那种愉快的信任感像小鸟一样飞走了。新鸟笼同没有小鸟在歌唱的旧鸟笼一样，空荡荡的。

我偶尔会收到玛丽莲寄来的只言片语，足以温暖我的心。她的笔迹很是奇怪，弯弯曲曲地斜向一边，经常弯到页边空白最底下，然后再翻到纸的背面继续写。同时用到两三种不同颜色的钢笔，中间还冒出铅笔写的字。她说希望她来东部出差的时候我们能再见面，还说如果我给她一些鼓励的话，她愿意只为见我而来。我回了一封墨迹斑驳但很正式的信，说我不能给她想象中的生活，并祝她顺利。然而，有些晚上很是煎熬，我几乎就要转动方向盘向西开去，然后踩住刹车不放。可是我也不是能做如此之举的人。

就在我心乱如麻、纠缠不清的同时，有谣言说，在众议院非美活动调查委员会的压力之下，开始出现怪异的游戏，已在动摇戏剧界。当时戏剧界里还没有类似黑名单的东西，这当然是因为和好莱坞的那种霸权公司不同，戏剧界还没有一个由强大的制片人组成的团体可以受他们威胁，进而去管制旗下的艺术家们。在戏剧这一行，资金来自几十位小投资方，大多数制片人只是临时占用几张帐篷，演出一结束帐篷就被拆除不见了。此外，戏剧演员很少有人名扬全美，尤其是在选票区。那么如果选票结果是和填字游戏一起出现在末页的话，此委员会显然也不会想要"调查"。但是，纽约遭遇了众议院非美活动调查委员会的几次突袭。而且人们听说，待选证人都会说好了要在委员会面前相互指证，这样才能在检举揭发这个事上让良心过得去一些。难免有个别人拒绝这样做，然后没经过他们同意就被指证了，他们那些刚刚获得重生的前战友斩钉截铁地说他们就是不折不扣的共产党员。对此他们的抗议只会令这一指证显得更为合理。

这种局势令我感到非常沮丧，原因不仅是表面的那么简单。我当然讨厌那些人在这个低级的、维护那些道貌岸然的拉票者的护法官面前卑躬屈膝，但我对他们不只是愤怒，还有深深的怜悯。更令我困扰的是，时间一周一周地过去，我们却越来越难以简洁明了地说清整个过程为何是卑劣无耻的。比如，自三十年代晚期或四十年早期以来，一个人在 1950 年和 1951 年的被指控几乎都跟政治没有什么关联。因为那些年里，他们的理想主义完全合法，他们得以将俄国革命作为人类一大进步来拥护。然而众议院非美活动调查委员会却成功地制造了一种感觉，让人以为他们是在调查一项进行中的阴谋。其次，他们被控告触犯的不是任何一种法律，因为共产党是合法的，它通常支持的自由立场貌似没有追求社会主义理想之意，包括它的前线亦是如此。

听证会被一层对道德的迷思笼罩着。似乎没有人能够穿透那层迷思澄清问题，即便是时不时将历史扭曲一下也不行，例如，有好战的演员表示不想作答以示对调查委员会的藐视，他们把自己想象成了格奥尔基·季米特洛夫的继承人。这位英雄人物在纳粹法庭之上，面对折磨以及立即处决的威胁，将纵火焚烧德意志帝国国会的指控矛头反过来指向纳粹党，并控诉他们，是他们自己点燃大火的，事实上的确是他们所为（令人惊讶的是，他逃过一劫，并在战后成为具有共产主义性质的保加利亚的总理）。这种反抗行为在三十年代就是一种惊心动魄的传说，在那场激进运动中烙下的是抵抗法西斯分子之理想策略的烙印。问题是，在纽约，调查委员会的成员全都是民主选举产生，并不计划要以暴力恐怖拿下共和国。而且，他们当中至少有一些人是真的因为最近中国红色政权的胜利、苏联的原子弹试验以及苏维埃在东欧领土的扩张而感到恐慌。换句话说，这种混合了真正的天真、深刻可查的危险以及不法之徒乱不安的局势是不可能平定下来了。尤其当时一群已经多年未曾置身政局的演员公开露面，却也绝不能将一个苏联人赶出华沙或者布达佩斯。

也许比起其他所有人，更令我不安的是被制造出来的气氛。一种猜疑的氛围笼罩着四周。被渗透的不仅有电台、电视台和电影厂，还有布鲁克林高地的圣三一堂。教堂牧师威廉·霍华德·梅利什神父被迫离开他的讲坛，全家也被逐出家门，就因为法衣室被隔离出来开展一场反共产主义活动。他年迈的父亲约翰·霍华德·梅利什——早些年还是这个高大华丽的新教圣公会里一表人才、倍受欢迎的牧师，几十年来主持过多位纽约市市长的宣誓就职仪式——已卧床不起躺在顶楼房间，而他儿子及其家人都被赶到大街上去了。作为苏联战时救济基金一个分区的领导，他已变成一位相当天真的信仰者，即便不相信苏维埃体制，也坚信苏维埃理想的仁慈。他从未放弃自己作为一名虔诚的基督徒的身份，对此似乎没人质疑。他长达数月的自我辩护最后变成一起民事法院的案件，最终维持了他主教的权力但却解雇了他。对此我只能得出一个结论，即这个国家正打算变成政治上的一块巨型独石，无法容忍任何重要事物本质上的差异。不过说到我的作品，我已经改编了《人民公敌》——几乎是梅利什案件的惊人复制，其主要角色完全呈现出一种愚蠢的固执——而这一剧本没有成功。

在那些日子里我是不会这么说的。但我要寻找的是一个隐喻，是从心里蹦出来的一个意象，它包罗万象、充满光明，是一件响亮的乐器，其余音将直接穿透这股瘴气的中心。因为假如当下这种话语的堕落仍在继续（我有充分的理由相信它会），我们的民主体制将不复存在，因为要想存在，需要一种基本的信任。

我在密歇根大学上美国历史课的时候了解到萨勒姆的巫术，但它在我脑中一直是湮灭多时的过去那些无法言说的神秘事物之一。那个时候人们大都相信灵魂能够离开肉体，看得见摸得着。或许我母亲仍相信这一点，虽然只是大脑中的一小部分相信。而我怀疑许多人和我一样，对于预兆都是偷偷地接受。马里昂·斯塔基的一本《魔鬼在马萨诸塞》仿佛是在冥冥之中落到我手上。我回想那个奇特的故事的时候，它又浮现上来，不过这次相当详细周密。

　　一开始我排斥写这种题材的剧本。我认为是因为我过于理性，导致自己无法真正随性而狂野地爆发一次。一个剧本不能只是描述一种情感，它得变成那种情感。不过过了几周，在我和萨勒姆之间、萨勒姆和华盛顿之间慢慢地产生了一种活生生的关联，并在我脑海中成形了——无论它们会是什么别的东西，华盛顿的听证会在我看来就是如同仪式一样。毕竟，几乎每一个案件里，调查委员会事先就知道他们希望证人能够给予他们的东西：他那些党员同志的名字。联邦调查局很久以前就已打入共产党内部，告密者很久以前就已在不同的会议上辨认出那些与会者。听证会的主要目的，和在十七世纪的萨勒姆一模一样，就是要被告公开认罪，谴责他的同伙以及他的魔鬼主子，并违背可恶的旧誓言来证明他全新的忠诚——于是他得以释放，重新加入由体面人士组成的社会群体。换句话来说，这两种仪式程序里面都包裹着一样的精神——悔悟并非于私下庄严而为，而是在公开场合公然进行。萨勒姆诉讼事件实际上更具法律理由，因为被告假如是有亲近污秽者之罪，那就是违反了禁止实施巫术的法律，这既是民事犯罪也是宗教犯罪；然而违反众议院非美活动调查委员会的人却不能被控告实施了任何此类罪行，而只能是一种精神犯罪，是受到了政敌的欲望与意识形态的摆布。他被传唤到委员会面前，给安上一个坏名字，而这个名字会毁了他的事业。

　　实质上它可归结为一条叫道德罪的政府法令，很容易就能用例行的演说之词使之消失不见：朗诵出犯罪同伙的名字，声明放弃之前的信念。最后这一条大概是看手势猜字谜游戏当中最令人难过也是最真实的部分了，因为到二十世纪五十年代早期，几乎没有什么人——艺术界的则更少——不将自己对于苏维埃的幻想置之身后。

正是这样一种非物质化的元素，这种超现实的精神交易，吸引了我，因为犯罪和认罪的仪式遵循了宗教调查的所有形式，当然除了被触犯的机构不是上帝和他的牧师，而是一个国会委员会（其某些个别成员是真的没有宗教信仰，比如 J. 帕内尔·托马斯。他反共的愤慨情绪只为了偷窃的贪婪之心，为此他很快就在一家联邦监狱里服刑，在离他不远的另一间牢房里关着小林·拉德纳，他因为藐视国会而被判入狱——就是他拒绝回答托马斯的问题）。我们正进入人类学和梦的领域，政治术语在这里是无法渗透的。政治是一门意识太过清醒的行当，无法照亮大众意识里黑暗的角落。在那里，无法言说的卑劣、隐秘的恐惧统治着背叛与暴怒纵横交错的领地。麦卡锡的兴起仅仅是个开始，没有人想到会超越总统自身的权力，直到他想毁掉军队那些尊敬的首领，军队才让他下台。

我想要根据萨勒姆巫术审判事件写一个剧本的决心并不坚定。首先是因为技术性问题，其次是我怀疑不仅会把自己写入一片政治的荒野里面去，还有个人生活的荒野之地。因为就在考虑萨勒姆故事的头几周里，那个中心人物、那个作为能量的充沛来源而一直反复出现的人物的原型就是那个充满负罪感的男人——约翰·普洛克托。他同他年少的女仆发生了关系，后来看着她变成那群猎杀女巫的团队的领导者，看着她用手指控他那位遭到自己背叛的妻子，为此深感恐惧。这个故事充满力量的脉络还是纠结不清，但本能提醒我，这些思路如往常一样，一旦展现无遗，我也不能幸免。所以，我决定北上马萨诸塞州萨勒姆镇，开始一次探索旅行，在那里还能找到那次女巫审判原始的法庭记录。做这个决定，我不仅是向北行进，同时也是向我的内心迈步。无论是向着哪个方向，我都不能不感到焦虑不安。我动身的前一天，卡赞打来电话说要见我。

他不是那种会闲聊的人，至少和我不这样，并且过去几周里这样的电话他已打过两三次，我于是开始怀疑他出事了，很严重，而且应该同委员会有关。1952年4月初一个天色微暗的早上，我在雨中开车来到康涅狄格州，一边咒骂着这个年头，因为我只知道我的朋友要跟我说，他已决定同委员会合作。虽然他曾同我提过，十五年前他同共产党有过一段短暂的接触，但我知道之后他再也没有什么政治生活，至少在我们相识的五年里没有。我发现自己心生怒火，不是针对亲如兄长的他，而是对委员会。此时，在我看来，它就是一个政客团伙，其道德信念同托尼·阿纳斯塔西娅的差不多，实际上，或许比他的还少些。

太阳只出来了一小会儿。我们离开卡赞的房子，在寒冷的乡下林子里走着。树干滴着雨滴，空气中飘浮着大雨过后土壤里散发出来的一股腐烂和新生的气息。我认为，他正努力要让自己看起来如释重负，要让那件事情看起来已无大碍，甚至令人开心。事实很简单，到现在也成了老生常谈，一下子就能讲清。他曾受到传唤，拒绝过合作，但还是改变想法，回到秘密会议上作证，确认了几十个人的名字，那是很久以前他在共产党待过的几个月里认识的人。现在他感觉好些了，对一切都更清楚了。实际上，他想要我出出主意，就好像他还没干过那些事一样。受人肯定才是他所需要的；毕竟他对共产党员没什么同情心。那么干吗还要显出一副好像口下留情的样子？

不过和这件事本身一样严重的是，我无法把握的是我们之间的虚假。我从不曾肯定过自己对他意味着什么。但曾在我梦中出现的他就像一个兄弟，我们还对着彼此会心一笑，把其他人都隔离在我们之外。现在听他说话，我竟开始害怕。他的话里有一种让人沮丧的逻辑：除非全盘招供，否则他甭想在美国再拍一部电影，即便此时他正处在创造力最巅峰时期，而且他大概也拿不到护照到国外工作。假如戏剧仍对他敞开大门，那也不再是他的主要兴趣所在；他想要开拓他的电影生涯，那是他心之所往的事业。他以前的老板，也是他的老朋友，二十世纪福克斯公司的总裁斯皮洛斯·斯库拉斯曾对他长篇大论，说除非他让委员会满意，否则不会聘用他。我想正如他说的，那些才华不如他的人很容易对此嗤之以鼻，但我相信他是戏剧界的天才。在这个领域里，演员和剧本关心的是一位同其他导演所走的工作轨道完全不同的旁观者。假如受困不能施展才华，还要被赶到大街上，那对他而言不啻于翻天覆地般恐怖。他以前就总说，他来自幸存者一族，他的任务就是要存活下来。他尽量据实而言，可这却是在这片林子里、在我面前静静地揭开一种不幸，因为我觉得自己对他起了恻隐之心，但同时又怕他。假如我和他是同一时代的人，他一定也得把我牺牲掉。我最终能想到的就是这个。之后，这个想法再也挥之不去了。

他说：所有的关系都会变成一种利害关系；无论如何这就是最终的结果；这里也一样：只要待着有用就尽可能地待着，只要还算方便就尽可能地相信着；我们是池塘里悠然巡游的鱼，一边还得抬眼斜视去寻找落下的面包屑，以求存活；我只能说这一切将会过去，也必须过去，因为假如放任这种局势肆意发展下去，它会吞噬掉使这个国家团结一致的黏合剂。我说，现在在散播恐惧的并不是赤色分子，而是另一方；而且不能再这么没完没了地继续下去，总有一天这会把全国逼疯的。然后我还说我对这次可能还是很遗憾。不过，假如卡赞知道我多年前曾出席过共产党作家的会议，还在一次会议上演讲过，那么我还是有可能被他牺牲掉的。想到这点似乎觉得不可思议，但我却越来越能淡然处之。我感到一片寂静升起，笼罩在我四周，一股无形的气流带着隐隐的震动横亘于我俩之间，好像在不停地呻吟，让我们再也听不见也说不了。那是忧伤，真正令人惋惜，让人无力。我们只能这样了。他没有义务变得比现在更坚强，政府也没有权利要求任何人变得更坚强。在美国，政府不负责那份活儿。我正同全国一起体会着一种之前我从未想象过的苦涩，还有一种怨恨，怨恨国家如此愚蠢，将自由抛弃。这个男人因为他人性中的软弱已经被迫自取其辱，而现在会有谁或有什么因此而更安全可靠呢？所有这些苦闷又捍卫了怎样的真理呢？

我上车即将离去之时，莫莉·卡赞从房里出来，走入再次下起的毛毛细雨中；我猜她能看得出来事情没谈好。她激动的眼神让人不能直视。历史直接在脑中印刷出几行字，一直留着，直至跟人一块儿进到坟墓里。她是个相当讲究仁义道德的女人。我曾说过，她有一种分析的才能，可以看出一个剧本里有什么地方没有显现主题，或是有什么地方作者因为过于陶醉而偏离了冲突焦点。早在《推销员之死》开始排练之前，她已经反复给我施压，要我剔除本大叔这个角色以及过去发生的所有场景，因为它们以最严格的意义来说无关紧要。我想，那就是心理分析学上"独一无二"这一还原论方法的惊人例子吧。这个方法就是将体验连同它那些即刻被辨识出来的旧反论削去得一样远，因为人们都错误地相信，色彩、语调甚至其中的渴望之情不会改变命运。

我刚把半个身子坐进车里，莫莉就走出来问了句令人难忘的话：我是否意识到联合电工工会已在共产分子的掌控之中？这个为丈夫的事业打拼的女人站在细雨中，似乎被这个疯狂的问题折磨多时。若换作更为平和的场合，这样的问题一定会让她大声嘲笑，说这和我们面前这一困境风马牛不相及。我低声答说我多年前听说过联合电工工会。然后她指向大路告诉我，对于这个国家我不再了解了，住在那条路上的每一个人都赞同调查委员会及其所作所为。我不知道还能说什么来跨越我们之间那道渐变宽阔的裂缝。我说了自己不能认同他们的决定之后，她在临别前尴尬的一刻问我，是否会暂住在我那间离这儿有半个小时车程的房子里。我说我要去的是萨勒姆。她马上明白我要去那里的含义。突如其来的惊恐，也许还有怒气，让她双眼睁大。"你不要把这个同女巫相提并论！"我告诉她我根本还不确定能否写成这个剧本，但我打算研究一下那里提供的一些材料。于是我们严肃地挥手告别。然后我便发动车子离开了。

一旦上了路，开着车向北行驶时，我想到，对于那些住在我经过的舒适房子里的人，也许她说的是对的，于是觉得是自己离经叛道了。因为如同往常一样我同时背负着好几种矛盾，于是那种异化的感受显得更尖锐。一方面手足之情仍同过去一样活生生痛在我心上，另一方面是如果有必要、卡赞一定会出卖我这一不可否认的事实。从某个意义上来说，我是光着身子去往萨勒姆，还不能接受人性的最平常的体验，即利益的转变令相爱的夫妻反目成仇，令慈爱的父母冷漠无情，监视甚至剥削他们的孩子，等等。正如我已经从阅读中得知，那就是萨勒姆那个古老村庄的真实故事。那时候他们称之为破除彼此的仁慈。灰色雨丝落在挡风玻璃上，也落在我的心上。

那时的萨勒姆是个日渐没落、几近被人遗忘的小镇。最初，它是南方殖民地之母普利茅斯边上的一块盐渍地，从上一代开始因为工业现代化进程而被人冷落。小镇四周被钢铁般的海湾环抱着。这天下午，它浸泡在寒冷阴暗的细雨里，好像一只被遗弃的小狗。我喜欢它，喜欢它抑郁、隐蔽的气息。我来到政府大楼，向职员要了1692年的小镇大事记。但得等上几分钟，因为此时他拿出了去年和三四年前的大册书，把它们交给两个房地产经纪商，他们要为一处房产交易查找契约文件。屋子里很安静。我在一扇高高的窗户旁边发现灰色光源。从窗户看出去，下面是一片海。我现在隐约记得，当初那些被判了罪的人一定也能从女巫山的绞架上看到这如同水银般的水面，只是现在谁也不能肯定那座山在哪里。

事实上，我从法庭记录里没有了解到什么新东西。但我想研究一下审讯的实际对话，那在我听来像是一种打结的说话方式——大约十年后我和劳伦斯·奥利弗有过一次谈话，话题就是这个。他当时在伦敦制作那出辉煌的《萨勒姆的女巫》，要为演员寻找一种口音。做了很多调查之后他决定使用诺森伯兰郡的一种方言。说这种方言时得咬紧牙关。我在政府大楼听到的就是这样。从书写体系来看，它似乎是种粗喉音，相当苏格兰的语言。我默念那些单词几个小时后——它们通常是按照音标拼写的，由法院职员临时速记下来，或是由牧师在审讯进行时同步记录——觉得有些信心了，也许我可以掌握好它。一段时间以后我慢慢爱上它的感觉，那种好像抛过光的坚硬的木头的感觉。出乎我意料的是，我甚至还能自己详细说明几种语法形式，尤其是双重否定，它们出现在审讯记录上的频率比在剧本里要少得多。

"我从他家门前经过的时候，我的马车就陷在［粘在］那条大马路上动不了。"一个原告的证词如是说，"而他就站在他家窗户背后瞪着我看。当他再转过身去，车轮又能动了。"一辆马车竟被一道目光施了巫术。还有其他许多的描述都如绘画一般，好像用相机将动作定格——一名男子无法从床上起身，头部仰起，身子被一个从他家窗户飘进来的女人压住。在这里，就在这海湾旁边，读着这些证词的感受与在纽约读审讯档案时完全不同。在这儿是身临其境。政府大楼五点钟关门，到小镇上也无事可做，只有沿街散步。天刚黑，我来到一家糖果店前面，那里聚集着一群青少年。他们看到两个女孩前后拥抱着出现在街角时都兴奋地大笑起来。她们用双腿夹着一根扫帚并腿跳跃。我奇怪的是，他们怎么知道我在这儿的呢？那个时候的萨勒姆实际上并不热衷于讨论巫术，也不会为此过于骄傲。只有在有了《萨勒姆的女巫》之后，小镇才开始开发成旅游胜地"女巫受审游览地"。街道上有一套指示牌说明某某人在何处被捕、被审讯或是被判绞刑。在我夜间散步的那个时候，马萨诸塞州还没有任何一个立法机关出示一篇短小的悔过书来向无辜受刑的人们致歉。他们认为这种提议是对这个州的荣誉的诋毁而不予采纳，即便是两个半世纪之后亦如此。这种错位的自尊心长久以来阻碍了萨勒姆法庭说出那个就在它眼皮底下的真相。现在这一自尊心在这仍活跃着。这对这部戏也是好的，真相就在氛围之中。

同每一份罪犯审判记录一样，这一份记录也充满了对于人物关系种种引人入胜但不完整的暗示，亦可谓话中有话。第二天，历史协会那栋小小的楼房里死一般的寂静。两位年迈的女管理员牢牢地盯着我，眼神中隐藏着深深的诧异；这儿通常没有什么访客。我在里面发现了查尔斯·W. 乌普海姆那部写于十九世纪、鲜为人知的名作《萨勒姆巫术案》。第二天下午，我在书中发现了构成我戏剧中心的确凿的依据：普洛克托婚姻的破裂以及阿碧格·威廉斯要让伊丽莎白被杀的决心，这样她才能拥有约翰。我推断她给约翰一家做仆人的时候已和约翰上过床，后来伊丽莎白才解聘了她。

"……在审讯伊丽莎白·普洛克托的时候，阿碧格·威廉斯和安·普特南两人都提出愿意痛打普洛克托；可是当阿碧格的手靠近时，竟然打开了——原本是要挥拳而来的——越来越靠近普洛克托的时候反而极为轻盈地落下。最后手指全都打开，那只手轻轻地碰了碰普洛克托的头巾，而阿碧格却立刻大喊道她的手指、她的手指，她的手指烧了起来……"

令这一极其精准的描述具有讽刺意味的是，它的作者是巴里斯神父。他努力要表现出女孩们的痛苦是多么真实，从而显示出像伊丽莎白·普洛克托这样的人又是多么危险。当然讽刺是当恐惧进入大脑时通常被人们免除、麻痹的东西。讽刺的确是予人平静的绝好的礼物。因为显然地，帕里斯描述的这个女孩转头研究起她的前女主人的面孔，体会着一个刽子手的愉悦的恐惧感。她要痛打的不仅是单独的一个受害者，一个现在想要否认她的情人的妻子，而且还要打击正在观看并为她鼓掌的整个社会，因为她那坚定的清除感染了全部人的罪恶的勇气。日复一日吸引我的就是这个"清除"的念头的反弹，这种为了用别人的血来抹掉自己的卑劣而将它投射到别人身上的举动。正如我当时在多封私人信件上写到的一样，"现在没有人是安全可靠的"。

将这一连串个人悲剧变成戏剧而非小说——这是摆在我面前一项艰巨而吓人的任务。我渐渐认为那是一本记录下所有事件的名副其实的《圣经》，我也不知道在不弱化这本《圣经》的情况下写作是否真的可行。我的决心一时一样，因为这出戏的主题，也是把所有事件浓缩起来的关键，在我摸索所有这一切的内在联系的时候一直和自己保持距离——因为我知道，单纯只靠意念来完成一部戏剧，那无疑会变成充满说教的失败之作。现在的我早已大大超越了说教的动机；我知道我在这里用了许多伪装谈论到的不只是我的这个时代，还有我自己的生活。

有一天，我在历史协会看资料，除了我，好像根本就没有人走进来打扰那两位阴沉的管理员面无表情的平静。看了几个小时起身要离开的时候，我注意到一面墙上挂着几幅裱好的蚀刻版画，画的就是巫术审判事件，显然是当时一位亲眼所见的艺术家所作。其中有一幅画里，一束阴森森的光柱从一间拱顶房间高处的一扇窗户里射下来，落在一位法官头上。他脸色煞白，长长的白胡须垂到腰间，惊恐地举起双臂似在防卫。而在他下方，一群痛苦的女孩子尖叫着伸手去抓那些折磨她们的无形的人。画的边上推挤着黑乎乎的、几乎不可辨识的人影，不过有几个男人还能辨认出来。他们同那位法官一样蓄着胡须，因为出离愤怒都向后退缩了。突然间我回忆起我从指缝间瞥见到的那些在 114 街那间犹太教堂里跳舞的男人们。二者的身体动作都一样狂乱——在这幅画中，大人们都在回避，害怕看到一件超自然事件；在我记忆中的也是一样怪异但更快乐的情形——两个场景都由上帝长长的缰绳牵制着，甚为恐怖。我立刻明白了其中的关联：犹太人道德上的坚定和这个族群对来自外面队伍的污染的防御。是的，就在那一瞬间我读懂了萨勒姆，它突然就成了我自己的财产。我也许还不能从这一堆杂乱无章的东西中将一个戏剧整出个形状来，但现在这个戏剧是我的了，而且我觉得，只要我自己的框架成型，我就可以开始围绕着它动笔了。

我于那天下午晚些时候离开了萨勒姆。收音机里传出六点钟的整点新闻。夜幕笼罩住挡风玻璃。雨一直没有停。播音员播了一条公告，是伊利亚·卡赞在非美活动调查委员会面前所说的证词，并提到他指名道姓说出的那些人物，我一个也不认识。在这之前我几乎都忘了他，因为我已深深地陷入那一段过去。那个播音员的声音好似对一种私人的悲痛粗暴而野蛮的侵犯。我记得当时自己的想法，即整件事情被人为地弄成听起来全跟政治有关，而实际上却变成另外一回事。我说不上来那是什么。

我正开往纽约，回到人世间来。我心头一片麻木。那条公告每半个小时重复一次。我希望他们能打住。我感到一种尴尬，不仅仅为他，还为我们所有人，我们都成了——同伙（我想是这个词吧），因为我们置身事外。政治成分只是其中一部分，也许甚至只是一小部分。我们全都为相同的英雄欢呼，为相同的、神话般的反抗者欢呼。也许就只是这样。从很久以前的西班牙战争到德国反法西斯分子和意大利人，那些英勇的男人、女人是我们身份的最佳代表，全都成了我们那个年代的牺牲品。

我们现在拥有的好像是对正剧里所宣传的主题的一种戏仿。委员会事先得知全部名单的时候，就不是要揭露什么阴谋了，而是在象征性地表示，它既不会把任何人吊在绞架上，也不会砍掉那个人的头。他们不会动任何一样东西，一丁点儿都不会动一动，除了在证人因为仍然关爱着朋友而令朋友经常面临与之分离的时候，我们呼吸的空气变得稀薄了一些，我们的意义完全被瓦解毁灭。

快到纽约的时候，我依旧感觉得到那些细节历历在目，如此真实可信。当我沿着市中心湿漉漉的、闪闪发亮的大路开往布鲁克林大桥的时候，我发现自己一直保持低速，就好像是要保护我心底的那份真实，以免它被迅速遗忘。全心全意来写这部戏剧对我来说不再是个问题；我已做了这个决定，不必再从萨勒姆到这个城市的路上为这件事烦恼。

莫莉对这部以萨勒姆为隐喻的戏剧立即表示反对，这也是这样一部戏剧受到的最激烈的反对，这我早已料到。"共产主义分子是存在着的，"这句话反复说着，"但是女巫绝对是不曾存在过的。"我不希望回避这一点，没有必要；我只需要对自己、对事实负责，但我也不想受到它的牵制，尤其是在我还不清楚戏剧的主题之前。目前我手上拥有的是一堆故事，证明一个发生内讧的村落被怀疑与偏执所毁灭——实际也是如此。一百年后才有人买下原先的一些农场。它们之前的主人就是那些被绞死的人。这便是对他们的诅咒。

因此说什么"女巫绝对是不曾存在过的"是不对的。我很肯定帕里斯神父家里那位来自巴巴多斯的黑奴提图巴曾对那些女孩施展巫术。但更重要的是，那时候无论是在这里还是欧洲，在教会内部还是外部，如果有人说女巫并不存在，恐怕最有智慧的头脑也会忿忿不平的吧，因为《圣经》在三种不同场合之下都告诫人们不要同女巫打交道。爱迪生、约翰逊博士、金·詹姆士以及整个英国教会上下都秉持着跟布莱克斯通相同的观点。他本人就是英国法学的代言人，他宣布："想否认巫术与魔法有可能存在，想否认它们真实的存在，就等于要驳斥《旧约》和《新约》不同章节中出现的神谕；这种东西本身就是一个真理，对此世界上每一个民族都已反复做出证明，有用真凭实据的，也有用严刑峻法的。这些至少都暗示人们有可能同恶魔有过交易。"约翰·卫斯理一言以蔽之："否认巫术，实际上就是否认《圣经》。"这些肯定之词照例都有一个来由：当时所谓的"背信弃义"言论的抬头令人担忧。"背信弃义"指的是怀疑论、自然神论甚至是无神论——而巫术则是对上帝最大的嘲讽。搜捕女巫行动等于是在告诉人们："你们必须来到教堂同我们聚集在一起，因为只有我们站在你和要颠覆全世界的魔鬼之间。"无论是那时还是现在，在那崇高道德的愤慨底下是我们深厚的友谊的力量，以及对这一力量的期盼。当欧洲有几十万人因为巫术受到处决的时候，还要说其原因纯属虚构，那就是太愚蠢了。

但是主题不是看法；它是行为，是一个不停歇的过程，好像一个在发育的胎儿，或者，对了，像一种癌症；它是一个破坏者，一边变化，一边创造或是毁灭；它是个悖论，没有东西可以不解开它所有的矛盾就能直达答案的。这个答案在恰当的时间能让全局从头至尾豁然开朗。几周来我从各个方面发起攻击，实验性地写了一幕又一幕戏。之后，我在萨勒姆的经历里堆积起内部层层的对仗，那似乎蕴含着通往高潮的道路。我不禁问自己，假如我们现在这种情形发生在当时的萨勒姆，那会是什么东西不让这些人像现在这样反目成仇呢？

我看到的证词里面几乎每一个都以揭发性关系为主题，不是直言不讳就是欲盖弥彰。首先，恶魔本人几乎总是白人群体里的黑人。当然，当初那个令这么多人相信是撒旦统治了整个小镇的煽动性事例就是黑奴提图巴被迫认罪。但除此之外，人们很少会指控别人对他们施展妖术，而且几乎所有被蛊惑的女人都是受到一名巫士，即男巫所诱惑。人们被蛊惑而背弃基督教行为规范的时间通常都是夜间。十来个人躺在床上睡觉，一个幽灵般的来客活生生地从窗户或者门口飘进来，躺在他们身上，或者挑逗他们做一些接吻之类的下流举动，又或者命令他们签署"恶魔协约"，那是幽灵地下组织的成员花名册。那些作了证的人得到的慰藉是如高潮一般的亢奋；的确有人鼓励他们在法庭上公开谈论他们同一个不是自己配偶的人的床上韵事，一个正戴着手铐、站在他们这些上帝谦恭的代理官面前的活生生的人。

这里存在着一种罪恶感，一种不正当性关系的罪恶感（的确，尽管新英格兰威严的法官们得到自己这种圣战的祝福，他们还是很快就同他们神圣的少年证人玩起了推圆盘游戏，还和他们到当地小酒馆一起喝上一杯麦芽酒——那当然是邪恶的事情，不过现在可以做了，因为在这场与地狱的大战中他们为上帝而战了）。假如当初没有引燃罪恶感的导火索，假如狂热崇拜和压制氛围没有如此严防谨守，那么就不可能会有什么爆发了。约翰·普洛克托当时被迫要供认犯的不是一桩喻意上的罪行，而是同一名被指认的少年同伙真正发生了性行为。他也许可以拯救所有村民，仅有的方法是——让大家都清醒地意识到，那些被压抑然后戴着神圣的面具出来谋杀所有人的，到底为何物。

因此，有关女巫是否能同共产主义分子相提并论这一政治问题便不再是主要问题了。显然，虽然相隔两个世纪，二者类似的地方在于因对模范而光明的社会怀有不正当的、压抑着的疏离感和敌意从而产生的罪恶感。那个社会是由它最正统的拥护者来定义的。

没有罪恶感的话，二十世纪五十年代的迫害赤色分子运动也不会产生如此强大的势力。一旦有人承认任何同马克思主义立场有一丝共识的想法不仅在政治上而且在道德上都是不正当的，那么一贯对马克思主义理论与态度进行改写的自由党派就完全无法正常活动了。前共产主义分子有罪恶感是因为他那时真的相信苏联在发展一种属于未来的体制，没有人类剥削和不合理浪费，他天真地认为那并非一个世俗王国，而是一种精神境界，这样的天真甚至到了现在也是罪恶感与耻辱感产生之源。

众议院非美活动调查委员会自1938年成立至今，但在"新政"和罗斯福公然拥护一项庞大的社会运作法政策的时候，即使会让人经常想起社会主义的运作方法，却也没有形成什么罪恶感的导火索。可是如同萨勒姆的情形一样，四十年代晚期局势变了。社交的规则突然改变了，或是被改变了。之前那些只是反资本主义体制——反正统派的态度现在被认为是不神圣的，在道德上是遭人唾弃的，并且，虽然不是真的要叛国谋反，但在当时也相去不远了。美国一直是个信教的国家。

我想我一直在寻找一位悲剧性英雄，找了那么久，现在终于找到了；萨勒姆的故事不会被抛弃了。我调查得越多就越肯定，之前也许看似不可能，但现在我们可以看到在某些时刻一个人的良知也能够挽救一个世界免于堕落。

这年盛夏时节，我看到了这一时刻——普洛克托最终能够将他觉得不值得"如圣人般攀附绞架"（正如我给他的台词）的愧疚感置之脑后，并撕毁自己的告白来反抗法庭，最后招致自己被处决。这部戏剧就此完成了。我的意外收获之一就是改变了对希腊悲剧的看法；它们应该是有过一定的疗效，即通过将宗族对于无法弥补的残暴行为的接受能力提升到良知觉悟的高度，这样就能把那一能力升华，并纳入新的制度里去，就像雅典娜带来的法典能平定那无休无止的原始仇杀。

"每一位剧作家都得用到杰德·哈里斯一次，"乔治·考夫曼曾经说过，"就像出麻疹一样。"我同卡赞合作了两次，同他分享过对戏剧和人生的看法之后，要找一位新导演是件难以面对的事情。我自己还不够资深，还比不上给《都是我的儿子》和《销售员之死》做过宣传的年长的吉姆·普洛克特，他能历数出哈里斯于二十年代晚期和三十年代早期导演过的一长串成功的作品。那年头，一个明星导演可以一部接着一部执导演出长达数年甚至几十年之久，其个人风格可统领一个时代。这在当时仍然同时上演几十部话剧的百老汇时有发生。哈里斯制作过的戏剧有由天真无邪的海伦·海丝出演的《卖弄风情》《百老汇》《皇家一族》以及《头版》；执导过的舞台剧有《万尼亚舅舅》《钦差大臣》《玩偶之家》《我们的小镇》，其中值得一提的是萨特写的《红色手套》。可是到了五十年代，他便风光不再了。不过，就在几年前，他接手改编一部失败的作品《华盛顿广场》，将它重新命名为《女继承人》，大获成功。他同露丝·戈登育有一子，并同百老汇戏剧界所有大人物斗个不停。被吉姆第一次带去同他认识的我对此并不知情。我们相见是在康涅狄格州西港港口那艘六十英尺长、闪闪发亮的摩托游艇上。

吉姆·普洛克特鼻子扁平，脖子粗厚，秃头，二十来岁的时候在康奈尔当过摔跤手，加上近视，走起路来会像摔跤手那样脚趾向内弯地慢慢跑跳。他讲话还有点口齿不清。跟他那个年代许多新闻工作者一样，他也是容易伤感到不可救药，尤其是对有才华的人，无论是走钢丝的杂技演员还是剧作家。他小的时候，在南美洲参加革命的父亲会在有探亲假的时候定期地露露面，有时候则是从某个传说发现有金子的丛林里探险回来。所以，吉姆很早就养成一个习惯，用不同寻常且奇异的形象把人们传奇化，结果，这些人当中的一位——杰德·哈里斯就成了二十世纪最重要的代表之一。"会有很多人说杰德的坏话，"吉姆有一次语带保留地警告道，这是很少有的情形，"但是他身上有一种才华。我相信没有人会永远看不到这种才华。"

正如我后来所知道的那样，哈里斯可以临时使用那艘被小心翼翼保养得毫无瑕疵的游艇，至于要不要买下它，就不得而知了（当然不是用钱买啦，毕竟他也没钱）。船上还有一名年轻可爱的女子，总是沉默不语，毫无疑问也是在试用期。我很快便猜测到，杰德身上的优点就是缺点，即一种纠缠他心灵和身体的力量，一种不能容忍否定的嗜好。如果你纠正他把星期天说成星期二，他会带着坏坏的笑，把厚厚的下巴向前一伸，说："我从不和人才争辩。"我一开始就怀疑，他对我来说太过高级了，会很麻烦。但是他对剧本和演员的见识又很广博，令人感到新奇，此外他还自称大体通晓诗歌和文学。像他这类人，吃饭后起身离桌的时候不用多说什么就会让你觉得，他同温斯顿·丘吉尔、穆罕默德·甘地，也许还有格特鲁德·斯坦因都关系匪浅。杰德曾自成一格，只是他的风格总是受到质疑，尤其是在这种风格不仅是一种娱乐形式，而且还是一种武器的时候。

不过，同所有自成一格的人物一样，他也有盲目、幼稚的一面。例如有一次我开着我那辆福特车送他去波士顿，经过收费站的时候，我付了钱给收费员后就要开走，他却大喊着叫我停车。我刹了车，问他怎么回事。他打手势要我回到收费员那里，说："你没有给他小费。"这是我同一位新导演的初步接触，却可以看出我俩对现实的认知不太一致。不过后面还有更妙的消息。我带他去波士顿是要去见一见在那里参与新演出的阿瑟·肯尼迪。肯尼迪出演过我的两部戏剧，我认为他或许可以扮演约翰·普洛克托。可是杰德从我第一次提出这个想法起就觉得厌恶。

"他打哪里来的？"他问。

"马萨诸塞州的伍斯特。"

"我就知道。他的脚长成那样。"

"什么样？"

"那样呀！你都没看见过吗？老天爷呀，你还让他演了两部戏？"

"我不明白你在说什么。"

那天晚上，杰德看到肯尼迪上了台便推了推我，指给我看："那边！看到了没？他妈的他就是个种土豆的。看到他把脚放下来的样子吗？他就像是踩在田里，吭哧，吭哧，吭哧！"

返回纽约的路上，我坚持肯尼迪能够抒情写意，最后我们还是决定录用他。杰德对他的脚有意见虽然有些荒谬，但也说明他对这部戏有误解。可我通常都很乐观，也乐意忽略这种误解。他觉得肯尼迪太普通了，却忽略了一点，即约翰·普洛克托不是个演员，而是萨勒姆的一个农夫。哈里斯真的就把这部作品视为一幅"荷兰绘画"，一部古典剧作，必须要隆重上演——当作入睡的邀请函喽，我想。不过对于其余演员的选配他是对的，整个阵容毫无疑问是非常华丽强大的。由八十高龄的沃尔特·汉普登这位非凡的人物扮演丹佛斯，伶牙俐齿的菲利普·柯立芝扮演哈桑，E.G. 马歇尔扮牧师赫尔，碧翠丝·史翠扮演伊丽莎白，而由一个年迈的、饱谙世故的杂耍演员约瑟夫·斯威尼扮演因为拒绝出庭作证而被乱石打死的八旬农夫詹理斯·考莱。

这一强大团队一起排演十天之后，舞台上一派死气沉沉。我想起一句古谚语，大意是说，用了清教徒的服装，表演就从没成功过（这也许是模仿了马克斯·戈登在制作一部关于拿破仑的戏剧失败后宣布过的话："我再也不会制作一部用鹅毛笔写出来的戏剧了！"）。那些表演缺少即兴性。我知道演员们就是害怕哈里斯。他有时会打断一场戏，恶狠狠地奚落演员，只因他在台上没有站定位置；他甚至会为了强调一个元音而一字一顿地朗读台词；或者让演员背过身去，这样表演时就看不到彼此，目的是强调某种古典的、非个性化的克制，对此他坚持必须保留。整件事正演变成荒诞的对于纪律而非情感上的训练。这可行不通呀。一天早上，杰德没有出现在排演场上。

我打电话到他在中央公园南面借来的公寓。他接了电话，沉默了半分钟，低声说道："阿瑟，我要死了。"我知道，他不是在夸大其词。

"医生怎么说？"我赶到他床前几分钟后问道。

杰德绝望地摇了摇头。"他不知道。"他答道。我本该知道，无论杰德得的是什么病，绝非一般医学能够治疗的。"我想让你来排练演出。"他低声说，牙齿在打战。他从被单下伸出毛茸茸的手臂，握住了我的手。"你是个好孩子。"他郑重地说，仿佛这是人生中我们在一起的最后一刻。

我安慰他说，我们全都期盼着他痊愈并再次见到他——这是个谎言，但我马上发现自己是可以被原谅的——之后，我回到剧院。排演了半个小时，我一转身却看见杰德就坐在我身后，穿着大衣，竖起领子，牙齿还在打战——一个成为自己艺术人质的人。不到一个小时，他重返舞台，告诉肯尼迪该把他那土块一般的双脚准确地放在什么地方，说台词的时候又该把身子转过多少度。

这么大一个剧团里面只有 E.G. 马歇尔一人曾毫不畏惧地同杰德对视，看到他垂下眼睛。一天晚上马歇尔来彩排，手里拿着一个装有四分之一威士忌酒的酒瓶。他扮演的牧师赫尔在这一场戏里要逼迫普洛克托背诵十诫，以证明他的虔诚，其间他坚持要一直把酒瓶拿在手里。肯尼迪在被反复严格盘问的时候，马歇尔就站在那里。杰德爬上舞台，叫马歇尔向前移动几英寸，这时马歇尔举起酒瓶，把酒喝光，悠闲地转了个身，愉快地将瓶子甩过整支乐队上空，瓶子落到一片漆黑的阳台上，摔得粉碎。然后，他转身面对杰德，吧唧着嘴巴，问："好了，你想让我做的是什么？"就我所知，杰德后来再也不曾给过他一个指示。

杰德是个魅力十足的男人，只是常常处在失控的边缘，我想那就是他贵为权威的原因吧。我们惯于服从狂人。尽管如此，他也可以说是个可爱、有趣的人。有一天我去到他的公寓，发现他躺在长椅上读一本奇厚无比的书。于是我说很少看到新书有这么厚。"哦，对呀，"杰德说，"虽然很长，但它很无趣呢。"不过，他经常喜怒无常。几分钟后，我们一边轻松地聊着天，一边站在电梯旁等着门开。毫无预警地，他开始拼命对着金属门又踢又拍，弄得门隆隆作响，还一边大喊："上来！"喊了一声又一声。大约一分钟后，七十多岁、年迈体弱的电梯先生出现在打开的门口旁边，双眼充满惊吓，试图解释延误的原因。但杰德控制不住自己，一把抓住老人的衣襟吼道："我可一直在按铃！"他还用力把老人撞向电梯墙壁，直到我把他拉走。等我们走到大街上，他又恢复正常了，开始讨论要买一部二手的克莱斯勒，是在司机和后座之间有块间隔板的那种。当时他显然还养不起一辆带司机的车，但在去剧场的路上，他坚持要在百老汇的展品室里把那款车炫耀给我看，上下车好几次，把所有的门关了又开，让经销商以为交易就要谈成了呢。

到了我们准备动身去特拉华州的维明顿市做第一次公演的时候，我想杰德知道自己还没有找到这部戏剧的核心所在，所以几天来他接二连三地提出许多匪夷所思的要求——例如，解雇一些演员——直到制片人柯密特·布卢姆加登认为是时候同他脱离关系了。这个提议显然令杰德甚为欢喜。不过，他还是坚持要得到这个演出一份很大的份额，以回报他的退出——这是不可能的。

第一次演出在杜邦王国的故乡——维明顿市受到了非常热烈的欢迎。我上一次拜访这个城市是在九年前带着戏剧《吉星高照的男人》而来。我印象中的维明顿是个乡下的商业小镇。那个时候那里的观众就像夏令剧场里的人群一样，心不在焉，很是遥远。但是现在这些人在落幕时全都站起来，呼喊着作者的名字。我站在戏院的后台，身旁是莉莲·海尔曼和布卢姆加登。我心情依然低落，因为这次创作意志消沉，也因为我对它在纽约的命运真的没有信心。这时杰德出现在台上，两侧分别是分外诧异的肯尼迪和目瞪口呆的 E.G. 马歇尔。杰德以作者的身份鞠躬答礼。帷幕在观众对我流露出的一片真挚爱意中落下，即便那上面的我比我在今早当地报纸上的样子看起来老了有一二十岁。喜欢杰德的莉莲笑弯了腰，快喘不过气来。布卢姆加登跟她学到一个词，便反复说道："不可思议！不可思议！"很快，杰德来了，他伸出手并摊开掌心，给我看从他夹克上扯下来的几根线。"是演员们把我拉到台上去的。看，他们还扯掉了我的扣子！"他解释道。最后似乎终于有些什么渗透了进来，告诉他他努力的模仿并不高级。我对他微微一笑，拍了拍他的肩膀。他转过身对着莉莲和柯密特重复着那套扣子与夹克的表演，以求证明他还是个天性高贵的人。当然啦，肯尼迪和马歇尔根本没有把他拉到台上去。

纽约对于一部戏剧的反应从未令我感到惊讶，在马丁·贝克剧院的这个首演之夜也不例外，它距离《推销员之死》上演大约已有四年之久。我知道我们已将一部炙手可热的戏剧冷却了下来，因此它不会让任何人深深感动。它不是一种由内而外的表演，而是一种有意识的表现。杰德的确不止一次透露过，他讨厌卡赞作品中的那种煽情手法，而他打算要用自己的一贯风格来制作《萨勒姆的女巫》。无论如何，我没有料到纽约观众在明白了这部戏剧的主题的时候会如此敌对；他们头顶上空像是结了一层无形的冰，厚得都能在上面溜冰了。结束的时候我站在大厅里，那些和我算是君子之交的同行从我身旁走过，当我不存在一样。

评论比我预期的要好一些。不过《纽约时报》称这部戏"冷漠"，这让我想起杰德说过，他在排演桑顿·怀尔德的《我们的小镇》的时候曾经邀请布鲁克斯·阿特金森共进午餐，希望能让他做好准备接受一部没有布景的戏剧，这种想法在当时极具颠覆性。"我邀请他来看我们排演，这样他就能了解戏剧。于是我告诉他：'布鲁克斯，你对戏剧一无所知，那我们为什么不开始用这部戏给你教教学呢？'他好像轻轻笑了一声，说自己也乐意这么做，只不过一个《时报》的评论人不能做这类事情。"事实上，在对《萨勒姆的女巫》的评论里，阿特金森并不能区分剧本和客观冷静的制作之间的差别。

一个月左右过后，收入明显开始下滑，肯尼迪和碧翠丝·史翠很快就要离开去拍电影。剩下的演员都坚持低薪甚至无薪演出，尤其是在一场表演之后。那是约翰·普洛克托被处死的一场戏，观众们全都起立，低下头默哀了好几分钟。就在那时，罗森伯格一家在"新新监狱"被处以电刑。有一些演员面对着一排排低头沉默的观众，不明白发生了什么事情，随后被他们的同事轻声告知。后来这部戏对他们而言就变成了表示抵抗的一种举动。我把戏重新执导过，让莫林·斯特普尔顿扮演伊丽莎白·普洛克托，而由 E.G. 马歇尔取代肯尼迪。为了省下舞台管理的费用，我让人把布景都挪走，舞台上一片漆黑，只有几束白光从头至尾不曾移动过。我认为这种简化效果反而更加强烈。我们把演出又延续了几周，但最后来的观众人数不甚理想。最后一场落幕后我走上舞台，面对演员们坐下，对他们说了谢谢，他们也对我说了谢谢，然后我们就这么你看看我我看看你地坐着。有人抽抽搭搭地哭了起来，接着是另外一人。于是，突然地，这几个月来堆积的沮丧心情，加上一年多来为这个剧本的写作与修改付出的辛苦，全都涌上我的心头。我只好走进漆黑的后台，啜泣了一两分钟，然后回去道别。

在美国，许多东西一贯是两年不到就全都面目全非。虽然人们仍然受到麦卡锡主义的摧残，但是这股势力开始日渐衰落。新版的《萨勒姆的女巫》由保罗·利班执导，作为纽约史上第一批外百老汇剧目在马提尼克酒店的一个剧场开演。这次演出略为稚嫩，许多演员都是新手，缺乏原班演员的完美，但是，这次演出忠于原剧，既绝望又火热，而且演出还持续了近两年。难免会有一些评论人认为我改写了剧本。但我当然没有改动一个字，只是时代变了，可能现在人们对我们在迫害赤色分子运动早期的所作所为有些后悔。"那股可以一直反复涌现的不朽的潜在势力"这一暗喻现在可以被允许给新闻界进行考量。

最后，《萨勒姆的女巫》成为我的戏剧当中迄今被搬上舞台最频繁的作品，国内国外都有演出。然而它的含义在不同的地方、不同的时间就不一样。当这部戏突然在某个国家大获成功，我几乎就能说出那里的政治形势如何如何——不是警告说专制正在横行，就是回顾起专制刚刚结束。最近的例子是1986年冬天，英国皇家莎士比亚剧团在英国各大教堂以及城市各个露天广场巡回演出《萨勒姆的女巫》之后，又在波兰的两个城市用英语演出了一周时间。一些政府要员也莅临观看。他们的出席更进一步传递了这部戏描写的对于他们被迫服务的专制的抵抗这一信息。1980年在上海，这部戏则隐隐喻示了"文化大革命"下的生活。十年来，到处是指控与诬陷，几乎摧毁了中国最后的文化生活。

五十年代晚期，法国导演雷蒙德·卢洛制作了感人的电影版《萨勒姆的女巫》，由西蒙娜·西戈诺雷特和伊芙·蒙坦德主演。据报道，他们在舞台剧制作方面都已经有很大的影响（我因为受到美国国务院的出行禁令无法前往观看）。不过，让-保罗·萨特的电影剧本在我看来似乎是随意把一张马克思主义的网抛到这个故事上，结果变得有些荒诞。萨特将巫术事件的爆发归结于贫富农民之间的斗争，但事实上，像吕蓓卡·诺斯这样的受害者都是大农场主阶层出身的，而像普洛克托夫妇的这类人也并非穷人。看到十字架出现在农舍墙上，我觉得很滑稽，因为它总是出现在法国天主教徒家庭里，却绝对不会出现在清教徒家庭中。不过，西蒙娜·西戈诺雷特的表演令人非常感动，而且整部电影有种高贵的宏伟气势。萨勒姆和普洛克托夫妇都染上了典型的法式放纵色彩，那些压抑的欲望因即将来临的灾难而颤抖。

1965年观看奥利弗执导的《萨勒姆的女巫》时，我坐在一对年轻的英国夫妻后面。第二幕落幕时，我听到那位女士对她的伴侣说的话后，有一种奇特的满足感。她说："我相信这出戏同那位美国参议员有些干系——他叫什么来着？"此时这部戏已经脱胎换骨，成为了艺术，成为了纯粹展示人类情感的表演。无意中听到的这些话让我觉得自己仿佛死而复生，这感觉真好。

但是，《萨勒姆的女巫》在那时候仍是失败的。不过，对此我并不感到遗憾。虽是逆风而行，我已直抒己见。人们现在都以为我要求当个领导什么的，尽管我完全没有这种想法，还是难免偶尔要做个演讲。例如约翰·福斯特·杜勒斯最近声称他领导的国务院完全有权利拒签新闻记者去往中国的护照："如果政府有权利禁止商人同中国共产主义分子做生意来帮助他们，那么作家也有同样的义务。"美国新闻工作者同业公会邀请我就此发表演讲。显然，杜勒斯以为他禁止我们去了解中国，这个世界上人口最为众多的国家就会退出历史舞台。套用希特勒对战争的诠释，我把这称为"全面外交"，《纽约时报》则把我这番话大肆报道了一番。不过，只有傻子才会以为美国人会反对杜勒斯。每当我们忘记首要原则时，脑海中就不断浮现出休伊·朗说的话："法西斯主义是打着反法西斯主义的口号降临的。"因为人民的知情权肯定是不同于买卖权。我毫不怀疑我的这些演讲只会归入 J. 埃德加·胡佛为我建立的档案中去。我在给一个有着激进倾向的团体——全国文艺、科技、学术委员会——演讲时说道，鉴于几乎没有一部电影、戏剧或书籍提及黑名单事件和对美国民权运动的猛烈抨击，我们必须思考自我审查是不是摆在我们面前的真正问题。不过那时同现在一样，演讲时我总是掏心掏肺，最后却只觉得自己枉费心机、一无是处。最后见真章的是创作，好的创作会在演讲被遗忘后仍旧长久存在。

不过要重返书桌前还是不太容易，尤其是当我觉得《萨勒姆的女巫》作为一部商业作品虽然失败了，但作为一部戏剧却大获成功。1953年至1954年间，我忍不住想，时代不但抛弃了我，还抛弃了美国传统文化。可怕的是，我越来越孤僻，无论是在戏剧界还是生活里。

大约就在这个时候，蒙哥马利·克里夫特打来电话，说他和凯文·麦卡锡正在凤凰剧院制作《海鸥》，问我愿不愿去看排演。因为没有导演，我认为尽管他们很努力、很用心，但整部戏没有简明扼要的中心，即便是由山姆·贾菲来扮演多尔恩医生，也不会一炮而红。我同演员们聊了几个下午，想找到一条他们可以依循、具有喻意的线索，但除了蒙蒂的一段评论外一无所获，这段评论他反复念叨了几年，甚至在大约七年后拍摄《不合时宜的人》时也提到了。扮演特里波列夫时，他不太确定他为什么会自杀。于是我建议他把特里波列夫将左轮手枪指着自己的脑袋，想成是为了瞄准他的母亲阿尔卡金娜。这一想法让他豁然开朗起来，并想要把他自杀的一幕发生在舞台上，而不是在舞台之下。

不过这一切只是消遣；我没有当导演的干劲，也许只是因为要这么长时间地与人为伴，还得舍弃对自我的孤芳自赏而去迁就别人，这很难。此外，令人高兴的是，文字要比其他一切东西游走到更远的地方，还能注入令人称奇的新意，有些还能让作家看清自己。这样的例子我有过一次。那是一次非常意外的情形。一天晚上同蒙蒂和凯文排演结束之后，我准备离开剧院大厅。

一场大雨倾盆而下，下个没完没了，第二大道一片汪洋。大厅里面倒是空荡荡的。一个相当古怪的年轻人站在那里，身旁放着一把湿漉漉的雨伞。他脚穿胶鞋，身穿白色衬衫，打着黑色领带，披着黑色大衣和黑色西服，两眼漆黑，黑色头发好似一顶卷毛头盔。他走近我的时候，眼神狂热，嘴角挂着唾沫。

他提醒我，几周前他曾打来电话，问我可不可以花几分钟时间来解释一个问题。我想起来了，他是哥伦比亚大学二年级的学生，来自阿根廷，想要和我讨论《萨勒姆的女巫》。我让他上车坐在我身边，心里却想着尽快在下车前就把他打发掉，而不必将他请至起居室。因为他很古怪，令我不安。

大雨毫不留情，继续下着，狂风掀起水波，流过空荡荡的大道。他正襟危坐，雨伞放在膝盖中间，我注意到他戴着一枚戒指，上面镶着一颗大钻石。随便聊了几个与艺术有关的话题后——他说他是个画家——我让他说出他的问题。他问我是否相信一个人可以"影响"另一个人的行为。我以为他说的是文学或绘画，便说我自己就受过不同作家的影响，但是他指的是别的东西。

"我的意思是一个人能……"他欲言又止。

"控制？"

"是的，就是这个词，控制。"

"有人在控制你吗？"

"对，一直这样。"

"你知道是谁吗？"

"我伯母。"

他说，这位女士在老家那栋大房子里将他抚养长大，给他洗澡，教他读书，替他穿衣打扮，直到十来岁时他关注的焦点悄然发生了变化，并意识到她暗中决定要杀害他。"她从五个街区之外的地方往家里走来的时候我就能知道，她对我的影响力太强了。"

那现在在纽约他应该没有什么好害怕的了吧？恰恰相反，就在上个礼拜的一次晚会上，他刚要穿过屋子去跟他喜欢的一个女同学打招呼，突然被撞到钢琴上，断了两颗门牙，上嘴唇也破了。他把包在血迹斑斑的手帕里的那两颗牙齿碎片给我看。

"可是是谁推你的呢？"

"我伯母。她不希望我和女孩子做朋友。"

"从阿根廷那么遥远的地方？"

"距离并不重要，她可以出现在任何地方。"

"我猜你去看过医生吧。"

"去过，他们什么都不懂。"

"你为什么要挑我来听你的故事？"

"因为《萨勒姆的女巫》。"

我大吃一惊。"可《萨勒姆的女巫》有什么地方会让你认为……"

"那些女孩子。她们受到这些女巫的折磨。"

"哦，对。我明白了。不过你要知道，我不认为她们说的都是真话。"

"她们说的当然是真话。"

一阵寒意蹿上我的脊梁。我不去想它，尽我所能帮这个可怜的孩子解决问题。

"可我是在布宜诺斯艾利斯看这出戏的，我想你能明白我的意思，因为你知道的确会发生这种事情。"

他最终走出我的生活是在第二年夏天快要结束的时候。他住了院，精神疗法也治不好他的幻觉。不过，他探察到这部戏剧里有种现实，我在写作的时候也不能证明它真的存在，但是他让我意识到这种现实肯定存在。

尽管仍然无所适从，尽管顾虑重重，我还是接受了特拉华州雅顿夏令剧场的邀请，去执导《都是我的儿子》的舞台剧。凯文·麦卡锡扮演克里斯，拉里·盖茨扮演乔·凯勒，而我妹妹，琼·卡普兰饰演安妮（琼已经成为天赋极高的女演员，她参演了百老汇的多部作品，包括《侦探故事》和《安妮日记》）。我当时神情恍惚，不堪一击，《萨勒姆的女巫》失败带来的创伤比我自己以为的还要深刻，所以要找到能够授予我权力的演员是令人担忧的。我以前从未想到，演员在台上的感觉是那么赤裸、那么脆弱，所以让他依赖自己、让自己成为重要人物真是再容易不过的了。

但是，整个过程真是令人厌恶。我从来没有这么不想当导演的，你总是要让人安心，可我自己都不太有信心。权力这个东西可是骗人的。我似乎跨过了愿意将自己托付给另一个人的那条界限。这不是怨恨生活的问题，而是看清了生活本质。易卜生的那句台词"世界上最强大的人是最孤立的人"一直浮现在脑中。

马丁·瑞特是一名演员，我听说他是"团体剧场"里的年轻成员，但从未与其谋面，所以接到他的来电我非常兴奋，像是受邀脱离孤海一般。他正在出演《桃花盛开》，这是奥德兹最新的——居然也是他最后的——戏；这出戏大概一两个月以后就要下档了，所以制片人罗伯特·怀特黑德同意让演员们在星期天晚上使用剧场来表演他们想演的任何戏剧。我会不会有个独幕剧可以让他们来演呢？

假装是在为一群临时组织起来的演员而非为外百老汇的一部首场演出创作，我只花了不到两个星期的时间就完成了《两个星期一的回忆》。这好似一部纪念我在零部件五金店那些岁月的挽歌之作。我想我选择这个题材是出于再次碰触一种我所能理解的现实的需要，而不像美国目前喧闹但却空洞的那种现实。在大家轰轰烈烈地以逃避为乐的闲暇之余，我成功地抓住了一个没有人想要碰触的主题：经济大萧条和生存的艰辛。

瑞特身材魁梧，个性开朗，是玩扑克牌和赌马的好手。对于这部新的独幕剧，他非常兴奋，但认为我需要为它写一幕开场戏，让整个晚上圆满落幕。我特别喜欢这种单纯只有戏剧的积极氛围，也很享受自己能够安排演员角色的权力，无需担心那些会让工作扫兴的商业考量。此外，百老汇剧院从来没有上演过独幕剧，全国其他地方也几乎没有。而这一点让这次创作更加吸引人。更棒的是，周日晚上来看演出的人大都不会是有名的商人，而是真正的戏剧爱好者。即便我发现在民主的理想和排斥他人而独有戏迷这种令人欣慰的想法之间有一丝丝的矛盾，这种矛盾也会被创作的愉快所淹没。

我踱来踱去好几天，想找到既短又好的题材。然后，突然地，我之前那部《一个意大利人的悲剧》似乎刚好吻合独幕剧的框架，只有一条主线，自然而然地引向爆炸性的高潮。为了这部非正式的作品，我担心了多年的、为百老汇戏剧打造的大型戏剧《桥头眺望》现在不到十天就给我拿了过来。马丁读过之后，对于我把它当作开场戏的想法捧腹大笑，因为现在它显然成了重头戏。

但是，很快地，现实出现了逆流，其速度如此之快，破坏力如此之强。《桃花盛开》被迫停演，时间比预期的要早得多，这样我们就不能用到它的剧院了。另一方面，由同一个剧团上演的两部新的独幕剧在百老汇突然大受欢迎。我自然得在最初那个单纯的想法和柯密特·布卢姆加登急切地想要一部全新大剧之间举棋不定。直觉让我小心百老汇，我觉得这些戏剧并不属于那里，但是最后虚荣心胜出。不过在百老汇做一次全面的尝试也有好处，特别是他们提供优秀的演员，这是城市某个角落里的小制作所无法企及的。1955 年，外百老汇戏剧仍处于发展初期。

不过，成也萧何，败也萧何，选角一贯如此。《桥头眺望》出自码头，出自我的卡拉布里亚之行和西西里之行。而结果我们用的主要都是有着白人新教徒血统的演员——他们当中只有杰克·华登懂得那种行话，有那种感觉。是我自己的错，因为玛丽莲·梦露最终进入了我的生活。我既对自己的婚姻感到绝望，又对她感到惊讶，这两种情绪掺杂在一起，让我没有心思去认真选角。我只好接受老一套说辞：好演员，无论是什么类型的，都能所向披靡。然而他们不能。梵·赫夫林是俄克拉何马州一名牙医的儿子，对自己有无扮演一个意大利码头工人的能力充满疑虑，于是叫我带他去红钩码头兜一圈，把他介绍给那里的人认认识。他把他们的语言当作外语来研究，不幸的是，他说出来的话听着就像外语。其实就是因为过于注重口音和发音方式，才让他最后说得不地道。

J. 卡洛尔·纳许这个演员塑造异族人物形象的所有技巧都是在好莱坞几十年现学而来，现在在这也故技重演，根本不管瑞特拼命想要把他打造成为一个同真实生活里的人物相像的人。纳许扮演《两个星期一的回忆》里那位长得像水桶一样的仓库工头格斯的时候，让人把重达八磅的东西塞进鞋子里，这样走路就像类人猿似的古怪。可在《桥头眺望》里扮演担任旁白的律师，他没有形体上的花招来支撑。首演之夜，他胡乱拼凑着台词，好似一个变戏法的一直漏接他的瓶状棒：在一段台词中，他本来要说的是弗兰基·耶鲁，一个曾横行在红钩码头血迹斑驳的街道上、臭名昭著的匪徒的名字，结果却说成了"弗兰基·莱恩"，一位著名民谣歌手。他自己却很高兴的样子，因为能够记住这段特别长的台词其他所有部分。

《桥头眺望》在三十多年后能够继续活跃在全世界的舞台之上，其实并非得益于最初的这个制作。这个制作只是尽量使它看起来像是一个专业但却毫无关联的复仇故事。情况更糟的是，我不能责怪别人，是我自己的错。对玛丽莲一往情深之后，我好似上天又入地，并为自己可能正陷入一种不是我自己的新生活感到焦虑。我的意志似乎已经蒸发了，我只能接受布卢姆加登对诞生一部百老汇卖座戏剧的热切期盼，尽管我写的其实与此截然不同。它本身朴实无华，却又冷酷无情，令人恐惧。作为已经成功执导过《城市边缘》、《夏日春情》和《原野铁汉》的电影导演马丁·瑞特，这次却第一次置身事外，配合好我。因为他认为这是他必须做的，不要过分执着自己对于该如何执导这个戏剧的想法。总而言之，这部戏在舞台上淡而无味；人物之间没有难以名状的编织网，无法将许多看似沉闷无趣的单独部分神奇地统一起来。

看演出的时候，我觉得自己离它很遥远，仿佛是个游客无意中走进剧院。《两个星期一的回忆》即便明明就是一部回忆录，似乎也要竭力做出效果，而不是悠闲漫步在回忆的时光场景里。一年多以后，彼得·布鲁克在伦敦把《桥头眺望》重新改编成大型戏剧。就在"戏剧剧院"的首演之前，我问他觉得英国人会怎么看这部戏，我最记得他说过的话："我敢肯定它的冷酷无情不会让他们反感；英国人会避开易卜生、希腊戏剧以及其他所有展现生活一些潜在逻辑的东西，因为如果发生了什么事，就等于引发别的事情出来。假如他们在意的话，我猜他们会逃离这个国家，因为每个人都知道在这里看不到未来。在这里，我们仰仗发生快乐的意外，而在《桥头眺望》里情况则另当别论。"

的确，这部戏对于我的主要意义在于它自己把过程层层剥开，那是生活的一种无情。因为我感觉到自己周身神思恍惚、消沉倦怠，生命之树变成了蜿蜒曲折的藤蔓。一些具有影响力的前马克思主义者正在实施的、广受赞誉的"意识的终结"对我来说是在消解人类命运这一观念。基本上，人们最后都将只剩孤独。每个人都将只有自己，只为自己而活。那种孤独还叠加了生活的悲伤，尽管这样可能会让一些人获得自由，独行其道，还可财源广进。我们美国刚刚开始兴起"垮掉的一代"运动，它赋予寂寂无闻人士一个称号，赋予我们无形的生存一种形式。我当时对此毫无认同感。如何生活和如何轻松是两码事，尤其是当你有了孩子，还得担心（这种担心从来没有离开过我）一些被生活嘲笑的卑鄙东西在扰乱着美国思想——那些东西得靠艺术的策略才能攻破。过了一段时间后我才明白，"垮掉的一代"瞄准的是同一个怪物，但使用的却是一口袋完全不同的把戏。

那时人们对《桥头眺望》的反应真的比我评判的要好很多，也比我记忆中的要好很多。不过我还得见见那位有时不相信自己的评论人会密谋反对他的艺术家。也许那也是一种负面记忆，因为我心里有种东西正在否认我同这部戏剧的关系，即便是在快要首演的时候。我自己同自己作对，努力想要将自己的生活抛到身后，而平静和混乱在我内心交战，产生出一种平行的压力，一边是这部戏剧正统、平静的古典主义，一边则是乱伦欲望以及由此而来的背叛带来的躁动。

我不再知道自己想要什么——当然不是婚姻的结束，可想到要将玛丽莲逐出我的生活我又难以忍受。我的世界似乎在自相冲撞，过去的一切在我脚下炸得粉碎。紧接着我再次受到攻击。

第一批火力在 1953 年降临。我收到一个商业组织"比利时-美国联社"发来的电报，邀请我参加《萨勒姆的女巫》在布鲁塞尔的首映，费用全包。这是这部戏在欧洲大陆的第一次演出，我希望它最终能证明这部戏的生命力。我致电答复接受邀请，却发现我的护照已经过期。蒙哥马利·克里夫特陪我去位于市中心华尔街上的护照办事处，然后我们要去市中心另一端的第二大道观看《海鸥》的排演。我希望他们加快办事速度，因为要赶上星期六晚上的开演，我得在星期五之前去往布鲁塞尔，而那天已经是星期一了。

我等了两天都没收到什么消息，于是我的律师约翰·沃顿联系了一个在华盛顿的同事，他叫约瑟夫·L.拉乌二世。他到星期四才从国务院护照办事处主任露丝·B.史普利女士口中探知，在她看来，我出国这件事"不是为了国家的利益"，所以不打算给我延期。我觉得她说话的口气就像《爱丽丝漫游奇境记》里的公爵夫人，让人对她们的命令想要予以反驳——无论是过了几个星期、几个月甚至是几年，仍是如此。我不得不给比利时国家剧院发电报说，我无法及时拿到护照，故而不能出席。毫无疑问，我的档案就在史普利夫人手中，而且她显然一定没有批准，因为里面有一大堆登载着我同左翼有关的条目，有我签名的请愿书，有我参加的会议，当然还有我同卡赞公开的决裂，这件事曾有许多新闻报道过。

布鲁塞尔的报纸已经报道了我会出现在首映上，于是当帷幕落下，人们开始呼喊作家的名字，喊声持续不断。最后，一个男人从乐队前排站了起来，向大家致谢。观众们诚挚地为他欢呼。当然，他们把他误认为是剧作家本人了。其实他是一位美国大使。他大概是考虑到那些赞助了这个晚上演出的亲美派人物才出席的。不过，这场奇特的偷梁换柱一旦被发现，报纸立马对美国政策发起攻击，就我被迫缺席、不能支持自己的戏剧对麦卡锡主义表示抗议。比利时的这一特性在二十五年后的七十年代晚期又出现了一次。当时我是在比利时驻美大使馆出席一场向我致敬的招待会。我走进驻美大使馆而受到大家鼓掌欢迎，这样的事在1953年简直是想都不敢想的。

《桥头眺望》开始排演的时候，我遭到另一次攻击。即便在当时，我的生活如秋千一般跌宕起伏，一会儿给我惊吓，一会儿又逗我开心。我和玛丽莲住在她在华尔道夫大厦高层转租来的公寓里，然而下面满街都是《纽约每日新闻》、《纽约世界电讯报》和《美国纽约日报》。每一份报纸刊登了他们一周内尽可能得到的有关她的所有照片，并且还愤愤不平地请求瓦格纳市长和市议会要把他们自己同我颠覆性、非美国化的存在脱掉干系。

这次的问题是，那部关于青少年犯罪的电影，我用了两个月在布鲁克林的街道收集资料，现在终于可以坐下来开始写了。虽然布卢姆加登、瑞特和我在春季就完成了《桥头眺望》和《两个星期一的回忆》主要演员的选角，但要到秋季才开始演出，所以中间我有一段很长的空隙。一位我不认识的年轻制片人建议我就最近发生的黑帮火并事件写部电影剧本，因为似乎没有人能理解这次事件造成的冲击力。他和市政府签了份协约，由他们提供警察配合作家以及这部电影所有工作人员的工作（尤其是能够进出各个警署），而市政府则获得电影盈利的百分之五。这的确是相当丰厚的分成了。其中尤为重要的是"支援青少年"机构的配合。这是一个新的城市机构，把年轻的街道工作者派遣至帮派中，试图将他们引回正道。我过去曾拒绝过许多收入更为可观的邀请，但这个挑战令我心动，我接受了。酬劳是几千美元，如果电影赚钱，还有盈利的一小部分提成。

在那些街区待上几个月后，我大体有了提纲，并得到大家诚挚的赞同，其中包括天主教福利机构。他们同这个城市里那些贫困的青少年长时间接触，从而令他们在一片混乱的帮派现状中树立了领导的基础。可是，这个策划即将化为泡影：众议院非美活动调查委员会审查员斯科蒂夫人悄然出现在纽约，来提醒市政府，只要和我有关联，等待他们的只有难处，因为我迟早都要被搞垮。不过她犯了一个几乎是致命的错误。她找上的竟是"支援青少年"机构的头儿，单单是他的名字和背景就能让她相信他的政治倾向。詹姆斯·麦卡锡虽然毕业于爱尔兰圣母大学，却讨厌跟他同姓的那位对民主的侵犯，反而是在直接见证了我对于青少年犯罪问题相当来之不易的看法之后，他表示了高度的认同。

我得在"支援青少年"机构名誉委员会的一次理事会上接受一项政治经济状况调查。在这之前这些人从未见过面。这个委员会由各市级部门的领导组成，包括卫生部。他们当中没有一个人对社工工作有丝毫的了解。现在他们被召集起来向我发问，然后投票决定是否允许我写这个电影剧本。我一向乐观，倒还不至于妄想，所以当我们聚集在市政厅一间大大的屋子里，我觉得他们大部分人有点尴尬，因为是被迫充当裁决的角色，而对于这个案子他们几乎无能为力。但是有一个女士，看上去神志不清，面黄肌瘦，还穿着网球鞋，尖叫说，阿瑟·米勒在朝鲜杀死了我们的士兵。她还一直指着一本四英寸厚的文件夹，说：里面都是政府对我叛国的记录——这无疑就是斯科蒂夫人对世界知识的贡献了。轮到我说话了。我说，我认为我有资格写这部电影，证明就是我的工作。此外，我不打算为了获得我生而有之的一项权利去讨论我的政治观点。委员会私下做出裁决，我只差一票就胜利了，这在历史上已经算是激励人心的惊喜了。此乃世道也。

所以，我们头上总是笼罩着一圈光环，预示着临近的灾难。危难重重的高压气层覆盖着我们在华尔道夫大厦的分分秒秒。不过不仅仅是因为我的状况。玛丽莲自己在好莱坞销声匿迹，宣布罢工，直到她的商业伙伴、摄影师弥尔顿·格林能够就她同二十世纪福克斯公司的合同重新谈判。这样她就可以阶段性地和她的新公司"玛丽莲·梦露制作公司"制作独立电影了。她对此抱有很高的期望，它可以保证体面的角色和个人尊严。当时那些有权有势的电影专栏作家自然就对玛丽莲开枪了：这个毫无演技的荡妇竟然厚颜无耻到敢对二十世纪福克斯这样伟大而高贵的公司提出艺术家才能提的要求。

她也开始旁听李·斯特拉斯伯格在演员工作室开设的课程。她还不敢开口说话，因为对斯特拉斯伯格至高无上的权威，还有对纽约整个"演员说了算"的氛围充满了敬畏。跟好莱坞关注的东西相反，他们要的是对演员艺术的关注，而非鼻子或者胸部的形状。我同斯特拉斯伯格只有点头之交，倒是到处都能听到他在"团体剧场"脾气火暴的故事——有人说他曾经有一次把一名演员扔下了台。我尊重的演员，包括我妹妹琼，都崇敬他，但是对表演及其问题分析极其敏锐的蒙哥马利·克里夫特却认为他是个冒牌货。我觉得，玛丽莲如何同斯特拉斯伯格打交道是她自己的事，尤其我们的关系才开始不久。假如她很快就在说出他名字的时候又是低声细语，又是无比崇敬，那么我猜，在见利忘义的好莱坞丛林里待过多年的她是需要那样一种信仰的。理想化也许会导致幻灭，但是没有理想就没有生活。只是我还未看清，我自己也是被她理想化了，以为我是个完美无缺的人。

那时，她对我而言则好似一道旋转的亮光，充满矛盾和诱人的神秘。上一秒凶悍野蛮，下一秒却又诗情画意、多愁善感，很少有人过了年少时期还能如此感性。有时候，她好像把所有男人都视作男孩，是有着各种迫切需要的孩子，而她有责任去满足他们的需要；与此同时，她成人的一面又会站在一旁观看这个游戏。男人是欲望做的，那么不可一世，又不可冒犯。她好像说过，有一次在一个晚会上，她被两个客人压住，试图强奸她。她说后来她逃脱了，但是这段陈述的真实性并没有这件事同她个人的关联来得重要。奇怪的是她似是置身事外。最终这样一种对事不对人的态度会呈现出一种近似神性的东西。在这一点上她就不能谴责或者甚至评判那些伤害过她的人们。和她在一起就是要被她接受，就像从以怀疑作为常识的生活转入一种恩宠的亮光之中。她没有什么常识，但是她所具备的是一种更为神圣的东西，一种长远的眼光。对此她自己也是偶尔才意识到：人类都是有需要的，也都是伤痕累累的。她最想要的不是评判，而是从一份冷酷无情的职业中赢得认可，从因为她美若天仙而对她的仁慈熟视无睹的男人那里赢得认可。她既是皇后又是流浪儿，有时会拜倒在她自己的身体面前，但有时又会因它而感到绝望——"噢，漂亮的女孩太多了。"她这么说是想表达她既赞叹又崇敬的心情，仿佛她的美背叛了她对更为长久的认可的追求。对我自己而言，这些都无法说清。我投身到激流当中，停不下来也没有东西可以握住，最后她就是一切真实的东西。很容易就能猜到，我对她的生活所不了解的地方是什么。我想我更能感受到她的回忆带来的痛苦，因为我没有她那种小小的自豪感，是为自己能够度过那样一种生活而骄傲的自豪感。

这个夏天很是讽刺，充满了我永远也不会忘记的强烈画面。很多个早上，我同马丁·布卢姆加登一起计划新的戏剧制作，为剩下的角色面试演员，或是在鲍里斯·阿伦森和丽莎·阿伦森夫妇俩位于中央公园西面的公寓里研究他为那两部戏修改了无数遍的舞台布景设计。我只有一半的心思留在那里，但仍然对生活充满喜悦，同时又充满愧疚。我晕头转向，脑中一片混乱，沉醉在现在那种爆炸开来、无边无际的美好当中。下午晚些时候，我都会出门去布鲁克林，待在湾脊过热的轴承箱里，缠着文森特·里乔。他正在教我该如何在一个聚集了这个城市最暴力行径的地方行事。夏天的晚上最适合战事，一不留心就会有事，这也说明我自己小心谨慎地在假装过一种井然有序的生活。

里乔位于湾脊的那部分基地是个白人居住的贫民窟，有爱尔兰人、意大利人以及一些德国人和挪威人背景的家庭。从街上看去，那些房子还不太烂。大型的黑人贫民窟贝德福德-史岱文森社区离这里不远，但种族矛盾不是问题。实际上，黑人男孩偶尔会坐很长时间的地铁来加入白人的群架，只因为他们自己家里太过太平，想看看打斗场面。当然，黑人帮派火并的次数不会少过白人帮派的，事由也不会好到哪里去。这么打斗实在令人费解，因为这样似乎也无利可图呀；有一个英俊高大的黑人小伙子，十八岁，父亲是一名内科医生，住在布朗克斯。他大老远坐车到湾脊来打架。我问他原因，他只耸了耸肩，神情晦涩且带一丝蔑视地看了我一眼，好像我无权刺探他的想法。他们从无意义的打斗当中得到一种奇怪的尊严，好似敢于踢翻社会用来摆放得失的各种台子。这种精神的逻辑就在于思想的非理性。

有了里乔当向导，就不难去了解从外面看来好似一个封闭的丛林世界的真实样子。不久之后我们就很清楚，由男孩而不是大人领导的部落组织正在取代体弱或是失去踪影的父辈。这些年轻人回到了骑士制度的年代，他们混乱的脑中飘扬着误读的三角旗。不过，他们也不是没有难处。帮派有自己的首领、财务主管、作战将领——一个小型的政府。不过这个政府不是构建在任何物质利益的基础之上，而是基于敬重，尤其是敬重他们的领袖。在美国，他们什么都不相信；在帮派里，他们什么都不怀疑。有人可能会突然决定到富尔顿街去抢劫街上的路人，但那都是作为个人，而不是帮派成员的行为，在偷袭的时候也不会寻找帮派的支援。作为帮派成员，他们就是一支影子部队，认为自己是要为像荣誉和伟大那样的战利品而战。我很快了解到，问题在于，社会想要镇压这些帮派，是因为他们以为人们做事的唯一动机便是得到好处。然而帮派尽管采取的是扭曲和极端的方式，却认为自己是在帮助社区。帮派成员渴望骄傲；至于钱，等有空的时候再自己去赚。同所有理想主义一样，他们的理想主义让他们很难弄明白他们真正想要的是什么，以及什么东西能够满足他们的渴望。

里乔自己曾是在贫民窟长大的小孩，家里有二十一个兄弟姐妹，他最小，都在相当贫困的条件下长大，所以他明白这一点。二十来岁的时候，他从圣约翰大学毕业，没有拿到高等学位，也没有希望可以拿到。至少在他心里，自己与正在监管渗透计划的"支援青少年"机构需要的才智过人这一领导身份不符，甚至有失身份。在这支部队里，他像一个轻量级拳击手——就像他自己说的，"我在这里赢得了我的假牙"——他敏捷的组合拳特别为他赢得了孩子们的尊敬。他的方法在理论上很简单："他们都没了父亲，所以我就是他们的榜样。这样他们会针对我的弱点不断来试探我，我要么屈服于他们的威胁，要么参加一场帮派大战。他们希望我欺骗他们，同时又偷偷希望我别那样；就好像你想在做好事的同时还可以继续做坏事。"所以他们很是纠结，一开始对他看不顺眼，后来却又真心希望通过他的榜样力量和帮助获得救赎。

里乔游刃有余地扮演着社会代表和孩子们信任的盟友这两个角色。警方从未真正接受过"支援青少年"机构提出的街道工作者不必透露案情的请求，尽管对于这一敏感话题双方已达成一致。实际上，警方想要让街道工作者充当卧底，这个当然会摧毁孩子们对他们的信任。某些个别警察理解并尊重这种守口如瓶的做法，但是大部分人很是痛恨。于是慢慢地这种保密工作受到了腐蚀，再加上其他原因，这个计划最终瓦解了。

1955 年，形势急转直下，即使是那个时候人们都有所感觉：首先，街区里第一次注意到毒品这个东西，不过我认为这只是预示了远比帮派更广泛却无从定义的迷失。一天晚上，我和吉姆·麦卡锡以及"支援青少年"机构的主要理论家、哥伦比亚大学社工学院的理查德·克洛沃德一起吃饭，大家提到一个问题，即这代年轻人同我们三十年代的年轻人有什么不同？我们坐在下东区一家意大利面连锁店里，旁边是一个安居工程住宅区，一场暴动正在发生，损失惨重。过道着了火，电梯被人弄坏，窗户被砸碎，粪便洒满楼梯。不过，没有什么人员伤亡。警方没办法了，把麦卡锡叫来给出些点子，因为作为瓦格纳市长在青少年问题方面的纠纷调解专家，他现在已经有些名气。

麦卡锡高大肥胖，性格开朗，同帮派接触的时候，时不时戴着一顶棒球帽。麦卡锡很爱笑，有一双爱尔兰人相当纯真的眼睛，不过却从不失严谨；谈话的时候，他总是不断点头并说："对的，对的。"他认为这次蓄意破坏行为和住宅区过去几个月发生的事情有些关联。人们组织了一个住户联合工会，由其委员会负责维持每一层楼的秩序，其成员拜访有孩子惹事的家庭，他们通常还担任公寓之间纠纷的裁判员。情况一直良好，直到这个地区的一位州众议员派人调查这个工会，说它是赤色分子的阵地，并在很短的时间内把它给解散了，吓跑了所有成员。吉姆提出，这个住宅区发起的这个政治组织已经提升了住户们的士气和责任感，他们当中许多人是给别人当用人的，有些还时不时地失业。当然，吃饭当天我们三个都理解，"支援青少年"机构作为一个城市机构，不太可能来保护这个住户联合工会，因为它的确有可能是一个左翼领导的组织，即便此时它做的是对社会有益的事情。我们好奇的是，什么可以取代它呢？民主党和共和党都不太可能会组织安居工程的住户委员会；这不是他们的行事作风。总而言之，这次暴动，也许还有其他一些暴动，可追溯至自我表达的失败。

将这个住宅区去政治化，导致一个更大的问题，即在不久的将来带动人们的会是什么样的社会理想？五十年代令人迷惑不解，至少现在看来，那个时代没有一个主导声音或是主导潮流。我们三个都成长于经济大萧条时代，那时根本不可能把个人的命运同社会的命运分开来考虑。这个无名的住户联合工会的出现好似回归到三十年代风格，即陷入共同困境的集体都会采取这种非常中规中矩的做法——齐心协力，排除万难。也许是有共产主义分子在支持这个工会，但是假如集体行动本身被禁止的话，那么集体责任感显然就得不到众人的支持，最后难免会以人人为己而告终，到时不知所措或是无动于衷的警方就得狂接电话了。

我们感觉到我们就站在海湾的边缘，我们必须跨步过去。"如果这种集体行动被判出局，那人们会如何设想他们的发展呢？"我特别问了一下克洛沃德，因为他比我或麦卡锡更有理论导向。

"那就是生活方式的问题了。"他回答道。

我之前从未听过这个说法。"这是什么意思？"

"将来会有各种相互竞争的生活方式，即在着装、说话方式、饮食品位、车子等方面存在着的象征性的、本质上无意义的各种差异。现在，阶级斗争已经结束，甚至也许连平民百姓组织这样的概念也都消失了。人们对集体行动的兴趣会越来越淡，即便是现在，人们也开始觉得那很奇怪，没什么意义。认同感将越来越体现在生活方式上——那样的话，个人在政治上将选择中立。那是一种方式意识，而非阶级意识。"

这一看法对我来说似乎有些空洞。不过，某个七月的晚上我再次想到它。那时天刚黑，我看见我认识的一个男孩比利倒在湾脊的门口，不省人事。他生在一个码头工人家庭，家中有六个孩子。父亲汤米·弗莱厄蒂是个小个子男人，全家住在一家小馆子上面。汤米很喜欢站在人行道上，跟过往的每一个人挑战绕着街区快走。他从未输过，即使对手是年轻人。他的快脚是他的骄傲。我不止一次看见比利和他的哥哥们强迫他们的父亲回到楼上，一是因为他的孩子气让他们尴尬，二是为了他们的母亲，那是位非常可爱、高尚的女士，现在正抚育着她的第六个婴儿。他们全家都长得很好看，蓝色的眼睛，亚麻色的头发，男孩高大挺拔。才四十出头的母亲玛格丽特秀丽可人。比利是她的掌上明珠，因为他从未偷窃，从未被捕过。他的一双手娇皮嫩肉，模样长得精致俊美，似乎注定会做出一番事业，就像他舅舅雷蒙德在华尔街当了一名成功的股票经纪人那样——从街道尽头还能看见港湾对面、华尔街上那栋明净的证券大楼。

在我和比利的朋友看来，他过去几周的举动似乎变得怪异；他变得鬼鬼祟祟的，一副心不在焉的样子，没人明白他为何突然如此。帮派打斗的时候，他总是没了身影。最后大家才意识到，毒品——一旦他们得知他正在吸毒——让人变得一无是处。啤酒是另外一回事，它有时会让你掉以轻心，但海洛因则令人无法自拔。当然，问题不在于他们不赞成吸毒，而在于他们损失了一个好战士。毒品所包含着的根本性的个人主义甚至威胁到了他们的亚文化，很快他们就清楚地了解到这种威胁。当新的革命开始把毒品当作对社会的挑衅以及获得解放的途径来吹捧时，我对六十年代这一切的记忆反而显得不真实，甚至显得荒谬。

比利服用毒品过量致死。我想，他吸毒的原因可能是对其知之甚少，或者是出于悲观绝望，但不会是为了抗议；这样的身亡在当时仍然非常新奇，所以它的确是任意而为。它根本就毫无意义，纯属浪费，无可挽救。我把它同克洛沃德关于"生活方式"的理念联系起来，但仍然无法完全准确地理解。给比利守灵是在小馆子上面家里那间小小的房间里。他美丽的母亲膝上抱着最小的孩子坐着，目光直视前方，脸上僵着一个笑容，眼神中既没有苦涩也没有愤怒，因为她已经无欲无求了。儿子们都穿着他们最好的衣服，坐着在那里无聊地叹气，小心看护着他们的母亲。而他们的父亲面对着十几个吊唁者，他那好表现的本性又被点燃了，他起身到处炫耀他为这个场合买来的新领带。他向我靠过来，拍着领带说："阿瑟，喜欢这条领带吗？"他的愚昧让他的儿子们痛苦万分，又无可奈何。比利躺在打开的棺材里，除了一脸惊讶，看上去还是老样子。皮肤还是那么美丽，却要被埋葬，十八岁的脸庞几乎没有留下什么痕迹。我那时本来就无法相信他只是一场灾难的第一个受害者。

和帮派兄弟们在街头混了三四周以后，我对于能否写一部电影剧本保持着谨慎的乐观。首先，我非常喜欢他们说的残缺的英语。一个身材强壮的意大利男孩，绰号叫"油头"，个性讨人喜欢，只是不停地自慰。只要有人要求，他就乐意给人展示他那巨大的阴茎，好像是哪个陌生人在地铁上莫名其妙递给他的珍贵礼物一样。那年春天，他和其他三十来个小伙子一起，被车子送到基督教青年会位于皮克斯基尔附近的一个营地——这是他们第一次在国内出游。他们在这里自然要比在街道上安全多了，可他们害怕一个人待着，坚持要求几人一起睡在一张小床上。只有"油头"很自在,好像他有了他的阴茎就够了。他常常独自一人闲逛,不是上树看看鸟儿,就是愣愣地看着小溪发呆。他在小溪里捉到一只巨大的锦龟,往它脖子上系了根绳子,站在旁边,耐心地等着它挪步,每过一会儿就跟着走几步,好像那是条拴着皮带的狗一样。他抬头看着我,说:"我在和大自然交流呢。"

基督教青年会的营地通常在早春时节就都关闭了,不过为了兄弟们过个周末特别开放了。此时,因为管理者已获悉兄弟们的名声,就不会再安排其他的孩子。二十年代哈莱姆区的帮派兄弟们大多是运动高手,我希望现在他们也一样。不过,从终于击中一球到他们到达第一垒,这些孩子就已经上气不接下气,只能躺倒在地了。他们进到湖水里却踌躇不前,没人敢走到水漫过头部以上的地方。他们还拒绝打外场,除非一次有六个人,因为害怕没接到高飞球会被嘲笑。无论谁没接到球,他们都会替他粉饰太平,即便是像一群鹅一样一起移动。

突然,来了满满一车的女孩子,都是曼哈顿某个中产阶级的中学的学生。营地管理员马上把里乔叫来,告诉他把兄弟们弄上车,尽快离开营地。但是里乔向他保证一切都会安然无恙。我却认为,当女孩们绷着紧身游泳衣突然出现在游泳池周围时,那会相当危险。强奸是帮派偶尔沉溺的游戏之一。我四处扫视是否有麻烦的迹象。神奇的是,兄弟们全都消失不见,游泳池完全被女孩们享用。我以为他们在讨论如何出击,便出去找他们。走了仅仅几码远,我发现他们就蹲在周围的灌木丛里,好像无名岛上一群受到惊吓的原住民,透过叶子间的缝隙盯着不可思议的入侵者。我从未见过他们如此严肃,如此敬畏,尤其是看到一个女孩从跳板上高高跃起、屈体潜入水中,而紧跟着其他人以赛跑的方式斜身入水,在游泳池里来来回回、时快时慢地游着。此时,存在着两种文明,区别在于,一种属于那些能够自如呼吸、衣食无忧、可以接受教育的人,另一种属于那些几乎不能呼吸、一穷二白、寒酸羞愧的人。

从街头的生活回到华尔道夫大厦高层的玛丽莲身边，那是一个巨大的跳跃，不过并不像它看起来那样是个中断。当然，要是让我看见湾脊糖果店里的男孩们饥渴地看着今天《纽约每日新闻》刊登了她的某张照片，那是有点奇怪。我知道几个小时后我一定会把这事告诉她的。不过对于下面所发生的事情，从精神上来说，她倒是不陌生。那时，电影明星的收入开始上涨了，可是因为一份旧合同，她的薪水都是固定的，所以她像一个革命者那样恼怒。为了获取制作自己的电影的自由，她同福克斯公司斗争了许久。在这过程当中，她的立场就是要反对电影公司利用她过去这几年一直飙升的名气。她渴望得到的东西同帮派弟兄奋力拼搏但却徒劳无益的目标其实没有什么不同，就是在一个认为他们一无是处的世界里获得自尊。在所有有关她的文章中，甚至是那些充满赞誉的文章中，她几乎找不到一个句子不是在对她屈尊俯就的。大部分文章似乎出自对她垂涎不已的白痴。他们喜欢假装认为，她机智的性感使她比妓女好不到哪里去，而且若真是个妓女，也是个哑口无言的妓女。

现在我对她更为了解之后，也开始像她那样看待这个世界，而这样的视野既新鲜又危险。我们离六十年代末仍有十五年的时间，美国仍旧还是一片净土，仍然否定掉它那些非分之想，仍然遵守某种纯净真实的典范。当有人发现玛丽莲一本裸体彩色照片的日历时，电影公司勃然大怒，想尽一切办法来遏制它的传播，甚至发疯似的给她施加压力，要她否认拍过那些照片。但是，她平静地坦言说，她需要那笔钱，那副曼妙的身体的确是她本人的，事实上，那也是她最珍贵的财富。尽管不久以后一切都风平浪静，甚至有人敬佩她不屈不挠，但是她心知肚明，当下是伪善当道，所以她永远都会是它的靶心。

玛丽莲的生活信念是，她的确代表着传统社会必须否定和掩盖的东西。她没期待要去改变这一点。不过，我开始了解她的时候，她正好刚刚引起公众的好奇心，有时还有喜欢的成分。这让她暂时以为，也许她可以创造出一种实实在在、受人尊敬的生活。她的依赖来自最平凡的观众群，包括工人阶层、酒吧里的人们、住在拖带式居住车里为账单头痛不已的家庭主妇、被种种自己不理解的解释弄得头昏脑涨的高中生以及那些因无知——她也认为他们是——而受骗上当、受人摆布的群众。她希望他们看到她的照片后，不会觉得钱白花。

"赋予一个角色特征的，"我曾在笔记本里写道，"是他无法逃避的各种挑战。而那些被他逃避掉的挑战，则会令他感到懊悔。"

不过，经验不足的我却遗漏了过去这个东西强悍的力量，它会漫过长达一生的克制这个堤坝，而选择本身就会七零八落在四处漂浮。在湾脊的街道里，当那个帮派兄弟非常残忍地反抗学校和父母费力对他做的如此华而不实的道德说教，生活就已经将人们对规矩的最后一丝敬意轰炸掉了。与此同时，我也一天天地在摸索着能看到一幅差不多一样浪漫的光景，看到更为真实的生活，而且它会欢迎自己的进化，而不是想要否定它。我已经远离了我自己的过去，现在它好像是一系列虚假的存在。我无助地意识到自己正走向一种故障，即在我身边，那些老信仰和旧限定都失效无用了。也许一切都和这个国家政治生活中偏执狂那种暴戾不羁的疯狂暴力有关。规则已被废除，台上圈绳已被切断，打斗已经扩散到所有人群里去。这便是我当时对生活的感受。

一天晚上，在一个可以看得见华尔街建筑轮廓的废弃的码头，聚集了两个帮派，要进行里乔发明的一种新型的打斗方式。帮派之战酝酿已久，彼此都已恶语相向，并且拒绝通过赔礼道歉来解决。于是里乔说服各自的头儿（他把骑士制度那套单人马上枪术比赛体制搬过来

用，其实自己对此却是一无所知），双方各自选出一名战士，代表它来
上演一场"公平的决斗"。经过几周的谈判，终于要在这个晚上做个了
结。大约有五十个兄弟聚集在这个残缺的码头，年龄从十二岁到十八
岁不等。没有武器，只有拳脚。其实没有几个擅长拳脚功夫；他们
都是一直操家伙在街上打架的人，有链条、刀子，有时还有一袋钢化
轴承。

　　月黑风高夜，即便是在河边还是闷热无比。几艘货轮搁置在路中
间，其中一艘船上还传来一首波多黎各的电台广告歌曲，飘过水面传
至我们耳中。"我听到，这乐曲越过海面而来"——我不由得回想起
一句同这个丑陋时刻不合时宜的动人歌词。肯尼·科斯特洛——一个
瘦小的十六岁男孩，是个急性子，蹲过班房，弹得一手好吉他，那是
他从富尔顿街的一家当铺偷了把吉他之后开始玩的——在警察巡逻车
车灯的照耀之下从他的同党里面手舞足蹈地走过来。当时，他和他的
对手——一个比他更为粗壮笨重的意大利男孩，名字我倒是一直都不
知道——正面对面站着，里乔站在中间，给他们当裁判，而警察巡逻
车恰巧就出现了。像蜂巢炸开了一样，科斯特洛出拳又快又猛，把那
个大个子家伙打得向后倒地，格斗刚开始一分钟就结束了，不多不少。
大家几乎都松了一口气，事情得到了解决，尽管没人清楚是什么事。
里乔做了场出色的演讲，开头是："大家注意了，我得说——你们令我
感到骄傲。"他赞扬了他们所有人，因为他们发明出解决纷争的一种震
撼全世界的新方法。他把头头们叫了过来，让他们握手言欢，并称赞
他们在捍卫自己队伍的荣誉中所表现出来的智慧。对于那些沮丧的年
轻战士无言的反对，他讨巧地向双方帮派兄弟许诺，明天晚上将由市
政府出钱，用公车送大家到康尼岛游玩，每个人能得到一餐免费的热
狗和一瓶苏打水，如果有余钱的话还有更多免费的东西。

　　巡逻车转弯的时候，我瞥了一眼里面那两个警察，然后车子威严

离去，驶入黑暗中。里乔在展示权威的时候，他们并不觉得有趣，那个权威一直都为他们所独有。他们常常在每个街区逡巡，一旦在街角发现一群男孩，就走下车，拿着棍棒追打上几分钟，权当活动筋骨，"驱散一群不法之徒"。

大约就在那个时候，还是在那些街角，开始涌现了一些陌生人，但警察对他们视而不见。他们会把好奇的男孩子带进小巷，把一些他可能想要尝试的粉状物馈赠给他。那些玻璃纸袋子里的东西会令这个时候的帮派看似非常健康，实则是许多这样的街区还知道要保有尊严的最后一个阶段。

他们都是无人想要的孩子，他们同所有旁观者一样，非常清楚这一点。他们是多余分子。从监狱里出来之后，他们会在酒吧里骄傲地展示有关自己的报纸剪报，都是他们多次被捕和审讯的记录。这些剪报被他们小心翼翼地折好放在一个信封里并随身带着，就像演员带着他们的通告一样。知名度就是一切。如果你的名字上了报纸，你就存在；如果你的照片上了头条，你就永垂不朽了——你已冲出这种令人窒息的默默无闻，冲出这种虚无。

因为我已婚而玛丽莲只要从宾馆房门看出去一眼就会被拍照的缘故，我们两人单独共度了许多时光。假如我们在日常的消遣之余还能自由活动，我俩就会促膝长谈。两人即使沉默不语，也能感到彼此心心相连，这就和性一样神秘，一样难以割断。晚上，看着外面璀璨夺目的城市，我觉得，我俩都以为另一半的存在如梦如幻。我们的关系似乎行将结束，它显然是一次错误的结合，就好像我们来自两种气候，无法融合。但是，彼此差异的冲突之下似乎潜藏着无法言说的东西，好似一张深色的地毯，让我们可以在上面自由行走。我俩心中各自站着一个影子，还不能转身，影影绰绰无法看清全貌，从一个角度将我俩彼此拉近，一开始是好奇，慢慢地就是希望被对方的差异所改变，就像光明渴望黑暗，黑暗渴望光明一样。许多年后，在柬埔寨吴哥窟的寺庙里，那些头戴皇冠、身形丰满的女神浮雕雕像，她们石头般冷漠的目光，以及淡淡然而坚定、俯瞰众生的微笑，将我带回到那些静默而喧嚣的晚上。那时我们身边似乎只有生命鲜活的现在，没有将来，也没有过去。

再一次沉默过后我说："你是我遇到过的最悲伤的女孩。"

一开始她以为她失败了；她曾经说过，男人都只想要开心的女孩。不过接着，当她发现我是在赞美她时，一丝微笑浮上了嘴角："你是唯一对我这么说的人。"

我们同所有坠入爱河的人一样，都在为彼此确定新的角色；也和所有重获新生的人一样，看到的每一样事物都那么新鲜，世界已焕然一新。从那些窗户往下看，整个城市似乎是刚刚建好的梦幻之城。走到街上，看着别人，我开始涌起一股奇怪的、全新的柔情，这令我想起自己孩子出生的时候。我开着车把他们从医院带回家，一路上小心翼翼又担惊受怕，交通似乎突然变得既混乱又危险。

我的心总是一会儿说不要想她，过了一会儿又拼命在想她——一面在逃离我现在知道的、那个藏在她心里的无情的女人，一面又再回到那个还是孩子的女人的身边。

她俩经常密不可分。"我从未想过要在我是个孤儿这件事情上大做文章。只是有人雇了本·赫特要把我的经历写出来，于是他说：'好的，请坐下，想想你自己发生过什么有趣的事情。'其实我这个人挺无趣的，所以我想呀，也许我可以告诉他他们把我送进孤儿院这件事。然后他说这很棒，就把它写了出来，然后它突然就变成一件大事了。"

她当然不是孤儿，不完全是，因为她总是有个母亲，也许甚至还有个父亲，只是不知道在哪里，就跟许多其他从未被称为孤儿的孩子一样。不过，当她母亲被送进精神病院的时候，她实在没有别的地方可去，于是他们把她安置在一家孤儿院里。然而因为赫特在书里加以证实，她孤儿的身份渐渐被当成了事实。事实上，当她离那家孤儿院越来越近时，她意识到了那是什么地方，感到一股真正的恐惧，狠狠地跺脚大声喊道："我不是个孤儿！我不是个孤儿！"她在恐惧自己的母亲不承认她并把她交给陌生人。随着时光流逝，我看到她总是需要变化无常的年长妇人在身边，她们利用她，在内心深处找到某种变态的乐趣，这似乎成为她纪念碑的墙上又一块不可避免的石头。不过，那还没完。

我现在看来，她还承受着加利福尼亚南部那个肮脏的、拜占庭式的下流圈子的种种传闻，尽管她已经逃离了那里晴朗却腐朽的月球表面。我们排演《桥头眺望》期间——和《推销员之死》一样，都是在42街那家尘土飞扬、摇摇欲坠的新阿姆斯特丹顶层剧院里排演——我每天都从她那张摆在大厅里、和真人一样大小的剪贴画报面前经过。那是她在《七年之痒》里著名的大笑的镜头：她身穿一袭白裙，站在地下道的通风口上，裙摆被风吹起。然后，我会坐上六个小时，看梵·赫夫林扮演的艾迪·卡波恩如何战胜内心的冲动，他既不能捕捉到它也不能消灭它。如何才能走到舞台上去向梵描述六根清净、刻意遗忘却又感到害怕的感觉呢？那正是这个演出所缺乏的东西，也许也是这个剧本在写作阶段就已缺乏的东西。人如何能够走向自己正在逃离的东西呢？

我无法理解她如何成为一种真实的象征；也许只是因为，一看到她，男人开始不忠，女人则妒火中烧。原本都妥协地活着，都在自欺欺人，而她的身体却好似真实的一道白光。她知道她可以像一枚手榴弹滚进一个聚会，用一个微笑就可以破坏一对自信满满的夫妇，而她很享受这种能力。不过，丑话说前头，好景不长在。有一天这种能力也会令她自食其果的，不过时候未到，不是现在。

无法猜测她想为自己要些什么，因为她自己除了希望能够顺利过好每一天，别的就不知道了。她出现的时候未来就消失了；她似乎没有什么期盼，这就像自由。与此同时，神秘把它自己的重担放在我们身上，那是未知的重担。

一天晚上，我们坐着俯瞰这座城市时，她无意中说到她年迈的"姨妈"，一位基督教科学会会员，名叫安娜，是她认识的聪明善良的女人，在她十四五岁的时候生病过世了。安娜很爱她，一度做过她的临时监护人，玛丽莲也慢慢变得依赖她。她和安娜住在一起的时间不长，但是她的去世还是令她很震惊。"她去世的第二天我去到她家，在她床上躺下……就这么在她枕头上躺了一两个小时。然后我去了墓地，一些男人在挖坟，他们放了一把梯子在里面。我问说我可不可以下到那里面去，他们说当然可以。于是我下去了，然后躺在地上，仰望天空。景色真好呀，身下的泥地冰冷冰冷的。那些男人开始想要找点乐子，不过在他们抓到我之前我就爬了出来。他们人还是挺好的，还开我的玩笑。然后我就走了。"

说也奇怪，她开始着手重新安排自己生活的时候，似乎并不知道害怕；可是当她想要坚持自己权利、想要表演的时候，她就得打败自己与生俱来的那种恐惧。斯特拉斯伯格建议她研究一下奥尼尔《安娜·克里斯蒂》里安娜这一角色。一天晚上，她拿着其中几页来试验一下对我的效果。这是我第一次瞥见她的内心世界；一开始几乎听不到她念的是什么，她更像是在祈祷而非演戏。"真不敢相信我在做这个。"她突然大笑着说道。即使就在这个她想私下证实自己价值的时候，她的过去也没有放过她，那些过去就是要置人于死地。一种仿佛愧疚的东西遏制了她的声音。

那不只是她母亲带来的负面影响——那女人一直疑神疑鬼，后来确诊为精神分裂症患者并住进医院，她曾想把还是婴儿的玛丽莲闷死在婴儿床里；还有宗教对她的谴责，而她不得不为自己辩护。这一污点好似诅咒一直反复出现。

她的养父母信奉的基本教义派教会举行露天大型仪式的时候，她只有五六岁。成百上千个孩子全部一样地打扮，女孩身着白色裙装，男孩则是蓝色长裤、白色衬衣，全都背对着洛杉矶某地山区里一个巨型的天然圆形场地的四面站好。每个女孩都有一个斗篷，一面是红色，另一面是白色。开始的时候她们把红色那一面露出来。在唱宗教复兴运动赞美诗的时候，到了有标志的地方她们就要把斗篷里面翻转过来，从代表原罪的红色转为代表被救赎者纯净的白色。神奇的是，山坡这边的全都在赞美诗唱到恰当的地方转为白色，只除了这一片大地正中央的那一个红点。那个当场被抓到出了错的小女孩就是她，现在的她抱着一种怜爱之心笑了起来。"我只是忘得一干二净了。一切都那么有趣，每个人都在把斗篷翻转过来，而且她们全都记得按时做到，我太为她们感到高兴了，竟然就把自己要做的给忘得一干二净！"她笑得弯下了腰，仿佛这事就发生在昨天而非二十五年前。但是，她还是因为自己的失败受到了打击，还有人告诉她，她为此还要受到耶稣本人的谴责，而这仅仅是说明上帝不喜欢她的例子之一。"耶稣应该要宽以待人的，不过他们从来都不提到这一点；如果你做了错事，他就一定会出来敲你的头。"她对此当然可以一笑置之，不过，她眼睛背后有种东西即便到了现在都没有笑意。

一切都在加速发展。这部戏在波士顿似乎比我预期的更加感人，不过我还是怀疑我们有没有找到它的主音。我在宾馆的房间里重读了《哈姆雷特》的第一幕。读到他装疯卖傻的情节时我突然明白，人们遭遇到显而易见是毫无办法的两难困境之时，应对的方法不是疯狂而是愚蠢：他必须要为父亲复仇，但同时想到可以取代他的位置他也开心。除了笑你还能做什么呢？他确信身边的每一个人都在撒谎，即便他也觉得自己虚假得很。他没有办法在纯粹而放松地表达情感的时候却不担心自己泄露了——什么，对此他甚至都再也不记得了。他只知道他比其他任何人更为诚实。可一旦独处，他知道自己表里不一。我和我的家庭越来越疏离，所以我很认同他的自我谴责和自我厌恶，也很认同他对自己的罪过恨得咬牙切齿，以及他想从中走出来但却不断失败。

马丁·瑞特把我带到赛马场玩了几个下午，还解释了什么是内幕新闻，可我还是没弄明白。不过我们赢了几美元。他母亲曾是一名职业赌徒。他多少总能赢那么一点儿。我从来都不知道赛马有那么好玩，几乎就像玩玩具一样。

对于导戏，他非常谦虚谨慎。这方面有点像卡赞，但跟杰德就完全相反了，杰德总是自吹自擂。我认为马丁是把导演看作是一种必不可少的力量，但本质上是上帝的助手，而不是上帝本人。他说，首要的工作是要发觉剧本说的是什么，而不是它让你想到了什么。他并不自命博学多才——他不会这样，是因为实际上他读了很多书——工作的时候他既用脑也用心；他担心让演员思考的太多，反而不能本能地体会角色和情境。这一点又和卡赞的方法很相似。我想大概是他们的表演背景让他们都如此朴实无华。

三十年以后达斯汀·霍夫曼会这么说——"你总是侥幸成功"——但是在第一次制作《桥头眺望》的时候，我们最终无法要求自己那样做，只好保持在"非常好"。乌卢·格罗斯巴德于1965年在外百老汇的那次演出神奇地抓住了这部戏的灵魂，是得益于选角上出色的判断，再加上运气非常好。两位默默无闻的年轻演员，罗伯特·杜瓦尔和强·沃特，分别扮演艾迪和鲁道夫。我无法想象，像杜瓦尔这类同布鲁克林码头毫不相干的人怎能表演得如此深刻。后来在后台,他介绍我认识他的父母。他父亲是名海军上将,穿着一身笔挺的白色制服站在那里,而杜瓦尔自己也说得一口完美的、文雅的英语。还有一个说话带着鼻音的年轻的舞台监督助理跳上跳下的,格罗斯巴德却跟我说,我要记住几年后要让这个人演威利·洛曼。我仔细观察着笨拙的达斯汀·霍夫曼以及他那个好像从来都没通过气的大鼻子,心想,这个可怜的家伙怎么会以为自己适合任何一种表演工作呢?于是我之前对格罗斯巴德的评价差一点就一落千丈了。但是,格罗斯巴德看到的不是霍夫曼,而是一个演员,一种灵魂的东西。这种同精髓赤裸裸的亲密接触正是他的作品里面每一个角色所具有的东西。

这部戏上演了一段时间之后,演员们注意到有一个男人每天晚上都会出现在离舞台只有几英尺远的前几排的位置。他每次都很感动,也是最后离场的一批观众。一天晚上,一个演员走下来和他聊了起来。“我认识那一家人,”他说,一边擦了擦他的眼睛,“他们住在布朗克斯。整个故事都是真的,除了结尾给改了。”那真实生活中的结局是如何的呢?“艾迪打了个小盹,那女孩就进来拿刀刺在他的心上。”对于住在布朗克斯的这个家庭,我自然是一无所知的,但这结局也太令人震惊了!

那天玛丽莲特意来波士顿看我。她穿着一件厚厚的针织毛衫,戴着一顶大大的白色毛帽,整个盖住她的额头,穿着一条黑白格子毛呢裙,还有一双软皮平底鞋,所以没人把她认出来。二十九岁的她就好像高中女学生一样。那件毛衣太过暗沉,倒是她的太阳眼镜吸引了一些路人的眼光。我们走了很久,在一家街区剧院看了部新电影《君子好述》,到一家小餐馆吃了一顿饭。餐馆的女招待莫名其妙地受她吸引,一直对着她唠叨个没完,大概是直觉地嗅到她身上的某种独特,即使她穿着那些普普通通的衣服。

她说，一家足科医师协会想要拍她的脚的照片，因为它们长得非常完美，而一所牙科学校想要拍她的嘴和牙齿，因为它们也完美无缺。我们四目相对地坐着，等待着未来再靠近一点，内心不是不感到害怕。

"我一直在努力，"我说，"教会自己怎样来失去你，可我还没学会。"

她的脸上充满了一种说不出来的焦虑。"你为什么得失去我呢？"她摘下眼镜，对我怜爱地一笑。

那位顶着一头染成浅色头发的中年女招待此时恰巧经过我们这一桌，并听到了玛丽莲的话。她认出了她，嘴巴张得大大的，然后转身看我，表情既惊奇又恼怒，也许甚至已经愤愤不平了，对于我竟如此愚蠢、如此残忍地让她的偶像有一丁点难过。就在那一秒钟，她对玛丽莲的保护之心涌了上来，就像保护自家财产一样，尽管她认识的她只是荧屏上的人。过了一会她拿着一张纸回来要签名。

我们走回宾馆的时候，玛丽莲感觉到我身上一种无形的沉重。"怎么了？"

"好像你是属于她的。"我没把话说完。

"那不意味着什么啦。"

可是，站在那条空荡荡的人行道上的我们，不再只是拥有彼此而已。

六

内华达州的金字塔湖在 1956 年只是一池月湖。过了很久，码头、热狗摊子和汽艇的轰隆声才炸开湖区杳无人烟、神秘莫测的魔法。这个灰色盐水湖长达数英里，周围是印第安派尤特人的一个保留地。这个地方地势险峻但很美丽，偶尔受到电影公司的青睐，来此拍摄来自太空的怪物的场景。我来这里是为了达到内华达州对于离婚的要求，其实比较简单，就是要在这里住满六周；而纽约州的法律仍要求有通奸的证据。索尔·贝娄为了同样的理由也待在内华达州。他和我的书都是同一个编辑负责，那就是维京出版社的帕斯卡·柯维奇。柯维奇还叫他帮忙给我找个住的地方。湖边有两间小屋，贝娄住了其中一间，于是我住另一间。他当时正在创作《雨王汉德逊》。而将自己的生活弄得天翻地覆之后的我则想同刚刚踏上的这片土地做些私人接触。

这就是内华达，漂泊者、流浪汉以及社会异类名副其实的家园。在我们的小屋和大约四十英里开外的里诺市之间只有一部电话，是在公路边上一个孤零零的电话亭里。白天的时候大概只有三辆车子开过这条公路，晚上就没车了。那附近有个废弃的汽车旅馆，里面有几间空房间，给人住到他们可以离婚。现在住在那里的只有旅馆的所有者——一对烦恼的夫妇。那个男人是个相当认真的马匹饲养员，他有半打纯种马在湖边吃草，都没有绑上缰绳。他，或者他的妻子，或是他们雇来的人会开车来传唤我们其中一个到那个电话亭去接电话。我们的电话很少，电话那头是好像已渐渐变得遥远的美国。四周群山环绕，山头不高。因为锈蚀的缘故，群山在万籁俱寂的岁月中一直变换着它们的紫红色。索尔有时会花上半个小时爬到离我们小屋有半英里远的山头背后，对着一片寂静大吼，以清空他的肺。我猜，那是一种自我接触练习吧，也是一天当中最大的事情了。他在这里的藏书已经足够一个小型的大学图书馆用了。

湖区那头一英里处可以看见有一座岛——有人告诉我们，上面全是响尾蛇——看起来好像只有一百码远，空气清新。印第安人不断把联邦政府的警示牌从岸边有危险的地方移走，因为如果里诺有渔夫胆敢穿着高筒靴越雷池一步，就有可能因此丧命。不过，没什么人来过。少数几个来过的据说已被吸入湖底，他们的尸体漂了几英里后沉入湖水填满的峡谷里，还因为水流顺时针流动的关系，在数月或数年间时不时地浮上来又沉下去。湖区里有一种奇怪的大嘴鱼，长着胡须，非常可怕，属于未进化的种类，据说只有这里以及印度的一个湖里才有。我看见过一只印第安人的老鹰飞过湖面，把它独特的蛋落在这里。我们每周开着索尔的雪佛兰去里诺一次，去买日用品，顺便把衣服送洗了。在这四十英里的路途中我们没被别的车子赶上过，也没赶上过什么车。那是个适合思考的好地方，如果你敢的话。有许多空间给你希望，也有许多秘密让你绝望。我已进入未知之地，无论是精神上还是身体上都是如此。那未知之地一直是一片漆黑，只有等到它通往光明。

不过目前只有些许微光。我想，离婚在某种程度上是努力争取真实的一种乐观举动，是对荒废的一种反叛。不过，我们过去什么样，现在大体也是如此。乌龟伸长脖子去够高处美味的嫩芽，这一决心并不会照亮它的甲壳。我有时不得不想，对于我自己的真实，我并没能宣告成功，反而是避之若浼。玛丽莲正在拍摄《巴士站》，由乔舒亚·洛根执导。从她给我的潦草的留言中可以看出，她也很苦恼。这部戏曾大获成功，角色似乎也是为她量身定做。虽然还是会忧虑不安，但她期待和洛根一起工作。这位受人尊敬的导演曾执导过百老汇许许多多部卖座作品，其中有《南太平洋》和《罗伯茨先生》。她说，我们的新生活一定会到来，这念头让她想到未来时对自己有了某种期盼，这是她以前从未感受过的。不过，令人困惑的是，无论我说什么，似乎都不能令她高兴起来。

一天晚上，汽车旅馆的主人把我叫醒，有人打电话找我。已经过了十一点钟，也早过了玛丽莲在拍摄期间的睡觉时间。卡车沿着沙石路一路颠簸开到电话亭，里面只有月亮映出的淡绿色光亮。每一颗星星似乎都簇拥在西边宽广的苍穹之中。从电话亭下边门缝渗进来的风贴着我赤裸的脚踝，冰冷冰冷的。

她一贯轻吞慢吐的话音几乎飘忽难辨。"我办不到，我不能这么演。噢，爸爸，我办不到……"她一直那么叫我，起初是开玩笑，后来就成了习惯。不过现在没有在开玩笑；她很绝望，快要哭了。奇怪的是，她听起来像是在说自己的隐私，几乎是在自言自语，甚至都不用人称。"说那场戏我演得很低俗。那是什么，注册护士？受不了女人，他们都受不了，他们害怕女人，他们这帮人都一样。低俗！本该要扯掉我的尾巴的。这东西在我身上从我背后的衣服里伸出来。不过要生气地扯，那就是在作弄我，那我才能做反应，而不是把它偷偷拿走，我甚至都不知道他已经拿走了。所以我说，把它扯掉，冲我发火，那样我才能做出真实的反应。可他们害怕演得下流，因为观众可能不会赞同。你明白我的意思吗？我不是科班出身的演员，如果我没在做这件事，我就假装不来的。我所知道的就是真实！如果那不真实，我就办不到！

我那么说就说我低俗！恨我！恨我！"

"本来要跑进牛仔竞技场的，我的鞋子却掉了。我看见他开始要喊停的，可接着他看到人们都笑了，笑得那样开怀，于是他让我跑回去拿起鞋子，继续拍完那场戏。可是，假如我不继续拍的话，他原本就要喊停！事情发生的那一刻我就知道效果会很好，结果果真如此，但是他什么都不知道！"

这一切都只是问题的表面，悲痛在底下翻江倒海。然后她提高嗓门，激动地说："我不想干了，我想要静静地生活，我恨透了，我再也不想干了，我想要到乡下静静地生活，你需要我的时候我就在你身边。我再也无法独自奋斗了……"

我问她，难道她的合作伙伴弥尔顿·格林不能帮忙吗？她的声音更加低沉，好像要保密似的；当时弥尔顿和其他人就在屋子里。但是他害怕为了她同洛根当面冲突。

她对洛根的抱怨本身——对那盛行的"演员说了算"是一次小小的打击——在我看来没有我从中听到的一种新的恐惧来得更为重要。那是一个被遗弃了的声音冲着耳聋的天空大声喊出来的恐惧。我们之间远隔千里，那死气沉沉的距离令我沮丧到要窒息；无论跟洛根有关的真相是什么，至少她的认真是毋庸置疑的，因为她正游走在边缘地带，若是坠落，将永无出头之日。这是她第一次听起来那么没有安全感、那么恐慌，我感受到她对我的全盘信任。以前她总是隐藏着自己的软弱，我突然间明白，我就是她的一切了。我想起几个月前，她告诉我她把一份合同推迟了，格林和他的律师却一直催促她签字，这样就可以开她自己的新公司；这份合同让格林拥有百分之五十一的控股权，而她只有百分之四十九。作为回报，他会联系到新的唱片和电影制作项目，这些都不要求她参与。可是，新公司目前的资产就只有她和她的薪水。她不愿对此事纠缠不休，也努力从间接的背叛中走出来。

即便是现在，在说到格林面对洛根却不能保护她而让她失望的时候，她好像仍很讨厌公然表示对他的愤怒。就我而言，我希望她能信任他；我对我自己的商业事务就兴味索然，只要求最低限度、必要的了解，大部分决定都交给律师和会计师，这样自己就可以自由工作。我对格林不熟；我只是出于本能，不想看到她对人失去信心。

我一直想安抚她，但她似乎正陷在某个我无法触及的地方，她的声音越来越低。我正在失去她。远在那一方的她正悄然离去，而合伙人和朋友就在她身旁。"噢，爸爸，我做不到，我做不到！"我眼前突然浮现她自杀的画面，之前我从不会把这和她联系在一起。我想了又想，想找个认识的在好莱坞的人去看看她，但一个也没有。我突然觉得呼吸不畅，大脑一阵晕眩，膝盖支撑不住了，只觉得自己滑到了电话亭的地板上，听筒从手中滑了出去。大概几秒钟后我恢复了知觉，头部上方的听筒里还传来她的轻声低语。过了一会我站了起来，劝她面对事实：事情都过去了，她该努力不要让这件事影响到明天，就把那活儿干完，继续工作。还有光在我眼睛背后不断旋转着。一旦这部电影完工，我们就结婚，开始崭新又真切的生活。"我再也不想要这一切了，爸爸，我一个人无法跟他们抗争，我想和你到乡下生活，做个好妻子。如果有人想要我拍一部很棒的电影……"好的，好的，好的，都过去了。沙漠的寂静仿佛愈合伤口似的席卷了我们，笼罩了一切。

我将公路抛在身后，走向那两间小屋和那一轮垂挂天际的月亮。我以前从未晕厥过，可像是有什么东西重重地压了下来，我的肺被刮伤了，仿佛哭泣了很久很久。然后我觉得伤好了，像是跨过了自己内心的一道分界线，登上了平和这架飞机，我所有的零件被焊接在一起。我爱她，仿佛已经爱了一辈子；她的痛苦也是我的痛苦。我身上的血液似乎表明了这一点。窗户外面，低矮的群山笼罩在月光下，这片荒地万籁俱寂，湖光黯淡，湖里还有那条史前鱼永远渴望地游向印度——我觉得自己的幸福好像这个死气沉沉、纹丝不动的空间里一道灼热的光芒。我努力回想起一部戏剧，剧中人们遭受打击却从不言败，突然之间，我明白了那部悲剧所揭示的那种无以言状的幸福。突然之间，那隐藏着的规律，生活对持续不变的境况发出的微笑，今晚我都感觉到了，就仿佛从我出生之日起她的存在就一直在我体内发育、成熟。过去这一年的痛苦，同孩子们分离的愧疚感，以及背井离乡，现在看来都是为了前方正在等待着我们的一切而必须付出的代价。那一切就是富有创意、心心相印的生活。几个月来，也可能是几年来，我心中第一次涌现一股强烈的意念，那是想要写作的信号，不过这也只是像今晚那样既单纯又真实的感受而已。要合二为一，灵与欲，欲望与理智，都是一体。我们所有的戏剧——当然也包括我自己的在内，还有那些大师的戏剧——现在在人类巨大的可能性面前似乎都是微不足道的。创作戏剧的都是些不幸福的人——易卜生，一个妄想症患者，对年轻女子充满欲望，却不敢承认；契诃夫，一个绝症患者，差点被不忠的妻子抛弃；斯特林堡，对阉割终日惶恐不安。哪里才有古希腊人心胸宽广坦荡的视野？哪里才有健康大方对抗灾难那种灿烂明媚的身心？而玛丽莲在她那迷迷茫茫、跌跌撞撞的摸索之中，无意中成为一个范例。多年前她接受了自己被人抛弃的身份，甚至还沾沾自喜，一开始成为卫道者抵制的受害人，后来因事业成功而受到骚扰；从她拒绝穿胸罩到她笑着承认日历上的照片，她那生气勃勃的率真——非常不美国化，尤其当时这个新帝国正准备领导因大战损失严重的西方世界——就是健康，就是一个人放弃自己对井然有序的生活所抱有的种种幻想而显示出来的力量。她隐藏起所有的苦痛，而开始受人艳羡。那是获得自由以及由此带来的快乐的信号。此花，出淤泥而不染。之后不久，将是灿烂人生。

内华达很容易界定，但难以理解。在去里诺的公路左侧，有一个由木桩支撑着的、裹着沥青纸的黑色小屋，大约二十英尺宽，里面有把粗制的梯子，从地板中央伸进地下的一个洞里。一辆崭新却布满尘土的凯迪拉克停在附近。这里的主人是个小个子男人，穿着靴子和牛仔裤，戴着一顶汗迹斑斑的宽边帽，性情开朗，平易近人。他需要现金的时候，就从起居室顺着梯子下到洞口走进银矿矿井里。这事很简单，却难以理解，尤其是当我得知他在这间支架房里放了一架大钢琴，却只拿着筷子在上面弹奏时。对内华达人而言，这种想法没有什么值得特别注意的。

大约一个礼拜之后，我和在里诺遇到的两个参加竞技表演的牛仔一起去到沙漠。他们在闲暇之余去捕捉野马。我们来到某处中央的一间废弃的窝棚里。那是很久以前某个牧场主搭建来避雨的，现在被任何恰巧路过的人用来小憩。唯一的一扇窗户已经没有玻璃了，大门拴着一条铰链敞开着。几百本杂志扔得到处都是。一共有两种类型，一是《花花公子》及其复印本，一是西部故事。角落里堆着的杂志厚达一英尺，说明这么多年来，成百上千个牛仔曾带着他们的杂志在这里逗留过，休息、看杂志、做梦。在马背上生活了多年的男人，却想要从电影里找到他们的模型，并且想象不出有比被选中去扮演一个电影角色更好的运气，我感到很奇怪，而我的两位朋友无法理解我。电影里的牛仔成了真正的牛仔，他们倒是模仿的。艺术（至少是这种艺术）的最终胜利，竟是使得一个人在自己身上感受到的真实性还少于从一个角色中感受到的。

四年之后，这些人中的一个出现在我们拍摄《不合时宜的人》的片场。好好叙旧一番过后，他从摄影机旁边看过去。当时克拉克·盖博正在向玛丽莲详细地讲述他所扮演的角色的过往，而这部分我是从这位牛仔的生活经历里汲取资源的。这场戏结束的时候，他向我转过身来，连连摇头，既兴奋又高兴："听起来真实到不行。"不过看得出来，他没有意识到自己的人生经历被当成素材了，或许他甚至也没意识到可能是种改编。所以内华达对我而言变成了一面镜子，只不过镜子里映射出来的除了一片广阔的天空什么也没有。

沙漠地带远离所有车道，有时在地下有一些生命迹象：在鼠尾草和沙子之间，一根棍子上挂着一条要晾干的短裤，或是一件 T 袖。我的朋友们从来都不敢靠近，尽管他们号称认识这些地下洞穴居民中的一些人。这些都是应被缉拿归案之人，多半是因为谋杀罪。州警察知道他们就在此处，却没人过问为什么从来都不逮捕他们，不过，人们不免会怀疑有人行了贿。

我们每周到里诺购物和洗衣服的时候，看待这个镇子的方式同那些来寻欢作乐的游客又不同；几周之后，赌博行业的低级趣味令人感到郁闷。超市收银台旁边，那些抱着婴儿的女人总会把零钱扔进等候在一旁的角子机，但是从她们淡漠、苍白的脸色看来，她们并没有赢钱的急切心情。那举动就是一种习惯动作，如同把一张舒洁纸巾扔出窗外一般毫无乐趣、疲倦乏力、盲目无神。只是一群穿着牛仔裤和破布鞋的女人扔钱而已。

一天晚上临近黄昏的时候，我们来到一个位于沙漠边缘的小镇，这里住着大约八户或十户人家，镇上只有一条弯曲的街道。我和那两个牛仔在一家小食品杂货店买了多筋牛排，牛肉就挂在收银机上方，老板伸手一够就将肉切了下来。我们还买了一条长长的、软绵绵的白面包和一些盐。然后我们走到外面，用干枯的鼠尾草根生火，插上棍子，开始烤肉，并拿鼠尾草戳肉，肉汁流淌下来浸湿了面包。估计我们每个人都吃了几磅的牛肉，那可以称得上是我吃过的最好的一餐了。

我们坐在火边消食的时候，月亮升了起来，那两个男人赏月的样子就好像在看一个女人。从他们脸上淡淡的笑容可以看出，男人正在幻想着什么。

偶尔会有一周，他们轮流和在那一带候在不同床前的两三个女人上床，不过，提到她们的时候他们总是语带尊重之意。将要离婚的人总是从全国各地源源不断地涌到这里来，他们形形色色的个性让我的朋友们觉得甚是有趣。他们自己离了婚，对于维持婚姻的艰辛深有体会。在那片天空下，在那些恒久不变的山峦中间，他们懂得天气，懂得动物，懂得彼此，但是女人却永远是个谜。这两人里面较年长的那位叫威尔·宾汉姆，四十出头，是个套绳竞技牛仔。他离开了妻子和一个六岁大的女儿。偶尔经过内华达州北部的一个小镇时，他会顺路去看望她们。他一个人过着自给自足的生活，似乎认为这样的生活即便不算完美却也是不可避免的。不过，对于离开孩子始终感到愧疚。这些壮硕的西部男人如此敏感，这倒是令人安心，我想不起曾在什么作品里读到过这点特质，除了弗兰克·诺里斯在那部被人遗忘的著作《麦克提格》里略有提及。

一天，我那点儿储备粮吃完了，却不想跑那么远去里诺，便决定去几英里开外的保留地找那家印第安人的店。我发现它隐藏在离湖区几英里远的山谷里，是个普通的店铺，后面有一圈倾斜的小木屋，四周都是生锈的碎片、破烂的自行车、洗衣机以及来自另一种文化的汽车零件。泥路旁边孤零零地立着一台气泵。那间物资贫乏的店铺里面，有个印第安中年妇女正在食物箱子里摆放着自制的鹿皮鞋，箱子旁边就是乳酪、黄油和牛奶。我问她能不能买些牛奶、面包和黄油，于是她开始用她那双农民式的黝黑的手拿出我的货品。就在这时，一个大腹便便的印第安中年男人头上反扣着一顶破烂的斯泰森毡帽从里屋走了出来，并问道有没有招待好我。我刚回答完，他的眉毛就一抬："你来自布鲁克林哪一区？"他问的时候笑得很开心。他在大西洋大道住了二十年，给乔治·华盛顿大桥以及纽约的其他桥梁作高空画家，存了钱，就回来买了这个店铺。但是奇怪的是，他觉得自己和这里格格不入，总是心神不定。"这里的人总是垂头丧气，他们不再努力改善自身。"我们走到外面，我正要回到车上的时候，他失望地坦言道。

道别时我问他叫什么名字。

"莫。"

"这不是印第安人的名字，对吧？"

"对的。不过没有人会念我的印第安名字，布鲁克林的每一个人便开始叫我莫，于是现在这就成了莫的小店。我还打算挂个招牌。"

我开车慢慢离开时，透过后视镜看见那个女人从店里走了出来，莫顺着那条泥路用手指着我这个也来自布鲁克林的人。他看上去非常快活，可是也许回到店里之后又会遗憾当初离开了喧闹的大西洋大道。内华达普遍给人一种无家可归的感觉，莫名让人觉得美丽，也许是因为它给人们营造了一种求知心切的氛围，而不像在其他安静的地方通常看到的那样安于现状。我希望我能把这一点写出来。

每周我都会飞到洛杉矶一次。按照法律规定，这其实是违法的，因为我居住在内华达州的日子是不能有所间断的。不过冒这个险倒是不太要紧，毕竟这整个过程只是走个过场。这套程序显然是为了把渴望离婚的人带到这个州来，而把费用带给律师。

玛丽莲对于《巴士站》的紧张情绪似乎是根深蒂固，不过她对洛根没有那么敌对了，稍微更乐意看到自己有可能在这部电影里表现良好。就我的私心而言，我无法想象她在银幕上会不够光彩夺目，我想她的担忧过于夸张了。她的教练，也是李·斯特拉斯伯格的妻子波拉，就住在夏托·马蒙特酒店玛丽莲房间的隔壁。她等于李的代理人，每天都打电话给在纽约的他商谈玛丽莲的问题。

我慢慢发觉波拉极具喜感，激动起来也许还有点吓人。就像莫里哀笔下的角色一样显然坚信，一个演员无论是出于好奇旁听了李的一两次课，还是认真接受过几年的训练，他总是属于斯特拉斯伯格这一家，就像一个剑桥学生永远属于他的学院一样。"现在我们的人已经遍布全球。"有一天她这么对我说，还提到在不同国家拍摄电影的那些演员，其中有一些我恰巧认识，曾在这个制片场做过最短暂的停留。有一次她甚至把著名电影服装设计师让·路易称为"我们最好的设计师之一"，言谈间还暗示他很可能是跟李学习到针线活的。

有一次，我去看望玛丽莲，波拉抓住我的胳膊，要我马上坐下来，听一段李的录音，这是他最近为传奇般的意大利女演员艾莲诺拉·杜丝的诞辰或逝世周年发表的演讲。波拉站在一旁，像歌剧女主角那样一本正经地握紧双手，下巴仰起，当录音机里传出李的声音时，她双眼深情地看向远方。

"现在大多数人以为我们敬重杜丝是因为她是一位伟大的女演员，"他故弄玄虚地开始了，"但那不是我们敬重她的原因。"长久的停顿。我开始思索，那我们是为什么敬重杜丝呢？"根本不是那么一回事。"他接着说。"伟大的女演员有很多，包括在世的和去世的、美国的和外国的。一代接着一代，有很多演员创造了非凡的舞台形象和丰富的舞台人生，其中有英国人，有瑞典人，有德国人，还有意大利人、荷兰人、西班牙人、法国人，每个国家每个时代都有优秀的男女演员。"我一直在等着他说出我们敬重杜丝的原因，思绪开始游离。而那段插入语还在继续，还在扩展，朝各个方向延伸出去，问题本身开始慢慢淡去被置之脑后，唯有我费了好大的劲才想起杜丝才是中心主题。那段演讲又延续了至少二十分钟。

可怜的玛丽莲聚精会神地坐在那里，她崇敬的目光中掺杂着一丝迷惑。我怎样才能告诉她，我十分怀疑，她那诲人不倦的导师是不是心怀一丝令人不安的威利·洛曼主义，即唾沫横飞、编造事实的倾向。但是，她对他过度依赖，自是无法接受任何像这样反驳他的权威的看法；假如现在把这副拐杖踢掉，她也许就会倒下了。而且那些才智过人、相当优秀的演员对他如此信赖，我又凭什么这样评判他呢？我只能坐在那里听着他在录音机里说得天花乱坠，而且看到尽管我们还是未被告知敬重杜丝的原因，波拉却几乎就要顶礼膜拜的样子时，我还得忍住不开她的玩笑。不过，既然有时候我也被人理想化，尽管这种情形的不真实感偶尔会令人不太舒服，我就不说什么了，至少现在不说吧。不管怎样，我仍在幻想，正如玛丽莲一样，我别把自己和她的事业牵扯到一起——我们都认为，没有什么必要那样，因为已经有格林在经营她的商业事务，还有李帮她增强她作为演员的自信心，还会有什么别的必要呢。现在她和格林之间的问题已经解决了，他们在玛丽莲·梦露制作公司的股份便倒转过来，变成她占百分之五十一，而他是百分之四十九，这样便恢复了她的主控权。同时，他正在为公司创造新的项目，以便使它同她的工作独立开来。这样做对国税局是很有必要的，因为如果如她所愿，她要开始用收入存钱的话，在缴税时可缴纳企业所得税而非个人所得税。这也是因为她并不相信自己的名气会长长久久。

新公司的第一部影片是由劳伦斯·奥利弗执导并同她一块儿演出的泰伦斯·拉提根的作品《游龙戏凤》。那是一部轻喜剧，根据他的剧本《睡王子》改编而成。我们于六月完婚后不久电影即在英格兰开始拍摄。令人开心的是，英国当时被视为微不足道但却正蓬勃发展的戏剧界里面最成功的制作人宾基·博蒙特，已经决定重新制作《桥头眺望》，由彼得·布鲁克执导，排演时间与《游龙戏凤》相同。我正计划要将这个独幕剧拓展为多幕剧。于是我想象着，我们两人肩并肩地做着自己的工作，相互支持。这一切似乎即将梦想成真。

纽约的记者招待会上人满为患，奥利弗站在她身边宣布两人的合作。评论家认为，他俩是电影史上最不可思议的组合，他代表着高雅艺术，而她只不过是个拍情色照片的后起之秀。忽然，她那件礼服的肩带断了，马上引发一阵阵兴奋的吸气声，大家企盼她暴露得更多。但是和他们期待的相反，她没有故作娇羞姿态，从台上逃开，反而轻松地问道谁有安全别针。《纽约时报》秉持着它一贯的风格毫不怀疑整件事情都是事先安排好的。也就是在那个时候，她被问到是否真的想出演《卡拉马佐夫兄弟》，如果是真的，那出演的是什么角色。这样的问题挑衅意味十足，人们哄堂大笑起来，就好像是她计划要长出胡子去扮演其中一位兄弟似的。她回答说她想扮演格露莘卡，并补充道："她是个女孩。"然后就此打住，而没有公然暗示那群笑得最大声的记者当中有相当一部分人可能过于忙着去新闻学校上学，也没什么时间去读那本书。屋子里的这群天才中还有人问她能不能把"格露莘卡"拼写出来。玛丽莲自然是听出了他的弦外之音；即使记者招待会上有劳伦斯爵士飞越大西洋来到她身旁给她站台，她也得不到一个要宣布新影片的艺人应有的尊严。当然，一个女人身上无法同时具备性感和庄严。看起来这种美国病是不会灭绝的。事实是，提出和奥利弗合作这一想法的正是她本人，但绝不是因为那样会令她在公众心目中有一个新的形象；她目前的形象已经足够好了。是因为这样的搭配呈现出来的荒谬可笑让她觉得非常有意思，要是电影剧本合适的话，甚至还可能迸发出火花。而如果这次合作还能让媒体给予她额外的礼遇，那就再好不过啦。

我在内华达州快要住满规定的期限时，我开始担心我们结婚的消息会不受我们控制而弄得尽人皆知。一天早上，当一辆摄像卡车出现在我的小木屋前面那条湖区公路上时，我才意识到自己过于低估了事态。一组人员从车里出来，还有一位准备好了要就我们的安排狂轰滥炸般发问的采访记者。我还没有想到，在那种情形之下，一个人会真的变成公共财产。我再往回看时，想得到的唯一理由就是，我一生当中可能只看过半打不到的电视节目——我甚至都没有电视机，而在1956年许多人仍可这么说。那是件痛苦的事，尤其还不只是对我们的干扰；我很快就意识到，我身上有一种东西为我同玛丽莲心心相印而感到骄傲——但同时也清楚，我们看似不够般配这一点正是我们成为新闻的部分原因。

不过，我很肯定，媒体几周后就会对我们感到厌倦，而去锁定新的内容。我在内华达住到第四十二天的时候，便一早把我带来的几样东西打包放到旅行箱里，把打字机放进里面的盒子里，同索尔道了别，于十点钟走进一位律师位于里诺的办公室。这位律师名叫埃德温·希尔斯，约翰·沃顿在遥远的纽约挑选他来监管我的离婚事宜，以便顺利完成法律常规程序。在去往里诺的路上，我坐在汽车旅馆主人的那辆小卡车里，看着窗外瘦骨嶙峋的小山，知道自己以后再也看不到它们，内心涌上一阵懊悔，为了那失去的寂静。我已经慢慢习惯每天早上醒来便依赖着的寂静，以及群山于早晚间变换的色彩。喧嚣在等我——难道都错了吗？我撇去这个念头，暗暗责备自己自私的毛病。

律师的候客室大而朴实，没有通常那种故弄玄虚的样子，令人安心。窗户外面可以俯瞰街对面的梅普斯酒店。墙壁是低等的仿红木复合板，随着窗户上边的空调机一起嗡嗡作响。饮水冷却器上面那个倒立的瓶子在这么早的时候都还是满的。一个男人，我猜是个客户，坐在亮闪闪的、包着塑料布的黑色长沙发上，抽着烟凝视前方。我刚放好我的旅行箱和打字机，希尔斯律师就从他办公室的里间匆匆走了出来，叫我再等几分钟。我还没得及仔细看清他的脸，他就又回到他的办公室，关上了门。

那扇门上方挂着一个公牛的头，牛角粗得像烟道排气管一样，角尖之间的距离至少有十英尺宽，朝下冲着我的脸。几十个匾牌、证书以及奖状布满一方墙壁。授予希尔斯先生荣誉的不仅有美国退伍军人协会、美国海外退伍军人协会、天主教退伍军人协会，还有全国步枪协会、手枪爱好者组织、格兰其协会、扶轮社、哥伦布骑士会、消防员组织和白玫瑰之子；他获得过屠马饲养员奖状，还收到过内华达参议员帕特·麦卡伦（同众议院非美活动调查委员会现任主席共同提议麦卡伦-沃尔特法案，旨在将"造反派"驱逐出国）、参议员约瑟夫·麦卡锡和众议员理查德·M.尼克松的私人信件，感谢他为国服役。希尔斯先生在不同时期、不同地点积极捍卫美国价值观的举动给他们全都留下了深刻印象。我在这样一个安静的早上办理离婚，的确是来对了地方。给我的新律师授予荣誉的那些组织里有两三个曾三番五次纠察过我的戏剧，这竟令我有种变态的快感。不过到现在，美国时下的日常食物——面包和红酒成了一个干巴巴的反语。

我找了个离另外那个客户有十几英尺远的位子坐了下来，心里琢磨着，希尔斯这样忙忙碌碌的样子是不是在表明，爱国的他并不乐意来做我的代表。另一方面，约翰·沃顿之所以选择他一定是因为他在这种事情上是个可以信赖的能手，也许他只是太过操劳了。毕竟他也让另一个客户等着，而且这家伙在我看来不属于政治这一路的，而是一副有钱牛仔的样子。

实际上，就我对他的观察，他同约翰·韦恩长得极为相像，都噘着嘴，极为咄咄逼人。他穿着一套鸽灰色的西部衣服，看上去至少有六英尺六英寸高，衬衣和裤子精致、平整的布料下面肌肉厚实，如同眼镜蛇一般。我估计，他那双靴子价格至少在五百美元，而他身旁坐垫上的那顶灰色斯泰森毡帽似乎是不甚赞同地看着我。令人惊讶的是，我们四目交错的时候，我自认我在他眼中看到一种亲切柔和的善意。不过我还是不能卸下防卫，尤其是在这个充满盲目爱国主义的城堡里。

希尔斯再次匆匆而入，举起一只手指向我示意。我们聚在一扇窗户前面，下面里诺的街道空旷无人，好似在梦中，曝晒在高达九十华氏度的骄阳之下。我们在一起的时候，他显然相当紧张。这个男人六十有余，左侧有几缕头发被拨过来盖住淡红色的头皮。他戴着一副厚厚的无框眼镜，穿着一套蓝色的细条纹西服，打着一条细长的闪亮的领带，用了类似银子的材料做的，估计是他在某次国庆游行骑马时戴过的。他抬眼看我的时候带着一种不易解读的纯真，如同刺蝶鱼游过游泳者的面罩前面时的眼神。他用拇指和食指紧紧扣住我的手肘，以一种我几乎快要听不到的音量非常亲密地问我："他找到了你吗？"

"谁？"

"他没有找到你？"他满怀希望地问道。

"你指的是谁？"

他握紧放在我手肘上的手指时，眼镜里一直闪烁出光芒。"众议院非美活动调查委员会的一名调查委员拿着传票一直在这儿找你。"他一动也不动地等待着，嘴巴微开地望着我，好似伴着我漂浮在沉默的大海里。

原来如此，情形峰回路转，令我松了一口气。命运最终来临了，高举的斧头最终落下了。

"会不会有事呀？"他带着一种令人感动的天真问道。

那位鸽灰色的牛仔转头看向我们这边。问题已经从离婚变成被处以私刑。"我想不出来他们现在还在找我的原因。"我说，但随即顿住，想起了一段他永远也无法理解的纠结的历史；委员会大势已去已经有一段时间了，假如过去那些年里我在政治上更引人注意的时候，他们都没有骚扰我的话，现在我对政治根本就兴味索然，他们这么做似乎就毫无意义。我想，从历史的角度来看，我们都处在一条狭窄的沟槽里，一边是国内宏伟的反共产主义运动，另一边则是随之而来的被赋予崇高色彩的事业——等待了我们大约七年的越南战争。

"他说今早晚些时候会再来，他知道你今天会在这儿。"

"好吧，我看对此我也无计可施。"

"难道你想收了那张传票？"

"你什么意思？"我有些诧异地发现，希尔斯把这个国家差不多看成了是他自己的，以至于他不需要一定得接受它的所有指令。

"是这样子的，这栋大楼有个后门。你可以待在我的办公室里面，然后我会把法官请到这里来，这样你就不必到法庭去。因为我想这个家伙大概会在那边等着你。"

这意外的援助令我心头涌上一股感激之情。刹那间我意识到，他墙壁上的那些奖框实际上是在证明他彻彻底底的美国无政府主义。过去几年里，我对于这种主张开始非常尊敬，把它当作我们对抗法西斯思想的最后一个据点。

可是此刻我下不了决心。看到我踌躇不定，他说他得到办公室打个电话，很快就回来。

我站在窗前看着下面空荡荡的街道。我的大脑已经停机。双腿突然变得疲惫无力，于是我坐了下来，等我发现我选的位置正对着那位鸽灰色牛仔时已经迟了。他突出的下巴就像个铁三角。此时他看着我的眼睛。"我叫卡尔·罗伊斯。我知道你是谁。"我很意外，说很高兴见到他。他很有气势地倾身越过我俩之间的距离，和我握了握手。他结了茧的手掌很坚硬，足以把钉子拍进木板里。我第一次注意到屋子角落里一根头部雕着老鹰像的杆子上有一面很大的美国国旗，那颜色怪吓人的。我沉默着，等待空空的脑袋被填满。

"你打算怎么办呀？"他的语气不偏不倚。我得小心。

"我还没空来想一想。"我拿话搪塞他。他想干什么？他是谁？

"我希望你不要告诉那些混账任何事情。"我们现在不再客客气气的了。他天蓝色的眼中冒着怒火。

我猜他看得出我很惊讶。但如果会错了意，后果会很严重，我还是小心翼翼地避开，"我一直都反对委员会的。"

"你认识达希尔·哈米特吗？"

"当然认识。我肯定。"像哈米特这样的激进分子和约翰·韦恩到底会有什么关系？

"在阿留申战役时他是我的中士；我们在同一个帐篷里一起生活了好几年。我现在知道的所有事情都是他教我的。"我哑口无言了。早几年前，哈米特因为拒绝把民权大会保释金的捐助者的名字给调查委员而在监狱里待了一段时间。

我同哈米特并不亲近，如果是因为他沉默寡言就好了——有时候我想，这种缄默像是一种策略，让其他所有人在他沉默着扬起眉毛之前就处于戒备状态。不过他这个人很少有，是个讲究原则的人，人们都会尊敬他，而且，当然啦，他的文笔也相当出色。尽管他以行动力闻名，我过去还是常常怀疑他并不真的是守口如瓶。对于战后出现的一切新形势，他似乎都不屑地微笑以对，仿佛过去即将去而复返，而当下并不重要。和他的终身伴侣莉莲·海尔曼一样，无论相应地被判什么罪行，他都是公认的贵族。虽然他假装诋毁发育不全的政治以及那些抛弃海明威和菲兹杰拉德的人，但他显然觉得自己同他们要比自己同左翼作家的关系更为亲近。二十年代仍是他的参考标准，那个时候人们乐于敬重有才华的人以及有趣的有钱人。而能以最快速度令他暴跳如雷的便是当下，人们对于人际关系的品质漠不关心。

罗伊斯也加入进来出谋划策，让我开始觉得头晕。"我今天到这儿只是要买牛。我的家在得克萨斯州。花一个半小时，我就能用飞机带你离开这里；我的飞机和驾驶员正等在飞机场；我有一两千英亩的地，其中有栋房子还空着，就在地中央。在那里他们永远也找不到你的。你可以藏身在那里，等这事过去了，等他们都累了，再出来。其实他们追查达希尔的时候，他就待在那栋房子里。不过那时他太傻了，离开了那里，然后就被他们捉住了。假如他一直待在那里的话，他就不会被捕入狱了。只要你高兴，你想待多久都可以，也许在那个地方待上一两个月还可以写点东西。你就可以不管他们了。"

"我是在想，这样的话会不会像是我想躲避传票。那样他们可就可以趁机把这事越闹越大。"

但是罗伊斯认为那是小事一桩，不予考虑——手中握有几千英亩土地的他才不会在乎别人怎么看。"我倒不担心那个；主要是不能让他们捉到你。反正这一切对于他们都是在作秀。"

希尔斯从办公室里出来告诉罗伊斯，他现在可以沿着这条街往下走，到律师事务所另一个办公室把买牛合同签了。我们三人一起走到外面这扇门门口。"那是架塞斯纳·巴伦飞机，机翼是红白相间的。你只要说要罗伊斯的塞斯纳就行了。驾驶员名叫比尔·西斯利。我可以打电话告诉他你要来。考虑一下吧，我希望你能这么做。我大约一个小时或者一个半小时后到那里。如果你愿意的话，可以在飞机里等着，在那里他们不会碰你的。"

"你可以从后门离开，"希尔斯补充道，"我在这栋大楼后面停了一辆车，还有司机。我可以现在告诉他你要走，他就会开车送你到机场。我已经派人去接法官了，大约二十分钟后他就到这里。这样的话，你就不必去法庭。"

"我不知道。"我喃喃低语道。罗伊斯抓住我的手，两眼充满鼓励，深深地看了我一眼，然后转身走了出去。

"请告知我。"希尔斯说，然后回到了办公室。

我再次站到窗边，想要理清思绪。既然众所周知我和玛丽莲很快即将结婚，那么我若消失，一定会引起轩然大波，而所有攻击的矛头都会指向她。她的生活将翻开新的篇章，但这次是耸人听闻的、暗含背叛的一章。另外，这样我也没有机会向我的孩子做出解释。不过几千英亩土地上一栋独屋的画面让我对那种宁静充满了向往。也许在那儿我又可以开始写作了……

我不得不挪动双腿，因为全身都绷得紧紧的。我往外走，走到电梯前摁了铃。我看到一个敞开的金银丝条笼子升上来停在我面前的门口。里面有个男人。门开了，他瞥了我一眼，向希尔斯的门口走去。我还来不及想，嘴里就蹦出这句话：

"你是在找我吗？"

他转过身折回到我面前：是个生活在郊区、安逸的男人，四十多岁，几乎与我同高，穿着一件淡红色的亚麻格子运动夹克和一条宽松长裤，头发剪得舒适好看，一副不识愁滋味的模样。我想他的眼神透露出一种被人出其不意先下手为强的惊异。也许这就是我不坐电梯离开去往得克萨斯州、反而做出这一举动的原因。我猜是我不想逃离我自己或是别的什么人。我讨厌自己胆怯。

他从胸前口袋里拿出那张粉红色的、薄薄的传票，一边问我是不是米勒，一边把它贴近我的翻领，技巧地给我呈上传票。我看了看那张纸，却什么也没看到。此时他放松下来，问我愿不愿意和他喝杯咖啡，就以两个寻常老百姓的身份。我出于好奇便答应了，于是我俩走进街对面梅普斯酒店一楼的咖啡店里。

他的名字威廉·惠勒听起来非常耳熟。原来我曾在报上看过有关这位聪明绝顶的调查委员的报道。他在让电影界人士开窍方面卓有成效。我想知道被一个这样的能人惩罚会是什么感觉。也可能是我一直渴望能在这如梦如幻的事件当中寻求一种真实感，使我想要得到除了刽子手的一纸证明之外的一些东西。

我们先是就天气和内华达假装闲聊了几句，有趣的是，对于内华达以赌博行业为主的风气，他表示了不赞同的看法。然后他说："我想来谈谈此事。我们真的没有必要把这事弄得尽人皆知。"

我点点头，没说什么。

"顺便提一下，"他突然别扭地转移了话题，好像是才刚想起要说似的，可惜演得不够逼真，不太能够令人信服，"我和李·科布可是非常要好的朋友。你见过他吗？"

"没有。不过他住在加利福尼亚，对吧？"

"是的。我只是猜猜而已，他对你可是极为钦佩。"

这个很显然是他想查出我对李的态度的伎俩之一。三年前李已经给委员会通风报信了。对此我现在可能会公然批评他，或是黑着脸拒绝讨论他的背叛行径。不过李的问题倒在其次；摆在我们面前的真正问题是，在委员会面前我会怎么做，是只小猫咪还是条响尾蛇。只是我现在还不必表明态度，这令我很高兴。事实上，对于李这个扮演威利·洛曼的第一人，我总认为他更像是个可怜的受害者而不是坏人。虽然犯了大错，但他也只是个一心只想演戏的演员，从未想要充当英雄，但就我所知，他也实实在在地证明了委员会对于艺术家毫无道理的残忍。李·科布和政治的关系就如同我的脚和政治的关系那样，他只是被三十年代将苏联理想化的风潮拂之而去的又一粒尘埃。这股风潮正是在经济大萧条令人幻灭之后席卷了整个西方世界。

"你认为他作为一个演员如何？"

"这个嘛，他当然是我最喜欢的威利。"

我的称赞似乎令他很惊讶；显然他期待看到的是对一个告密者的

愤慨。我决定要配合那种气氛，于是向他坦言："事实上，我还让他在《桥头眺望》中扮演埃迪·卡波恩。他是我的第一人选。"

惠勒的脸上露出他真的感到迷惑不解的神情，那么不加掩饰，让我低估了他职业上的镇静程度。这难道就是那种敏锐的天才吗？一个让这么多演员和导演都皈依了他的众神的斯文加利？

"我对此一无所知。"他相当狐疑地说道。

"你为什么不问问他的经纪人呢？"

"你真的找他来演？"

"哦，是的。"

"你自己和他谈的？"

"不，布卢姆加登和他的经纪人谈的。您瞧，"我补充道，"我丝毫不怀疑，李是我所能想象到的扮演艾迪·卡波恩最好的演员。我对因为演员的政治观点就把他们列入黑名单那一套并不买账。即使我和他们看法完全不同，我还是告诉布卢姆加登要找他来演。马丁·瑞特也没有反对。"我还加了一句，因为他一定知道瑞特对他这位老朋友在委员会面前倒戈一事评价极差。

惠勒不说话了，似乎不确定要保持哪个立场。"你和我预料中的完全不同。"最后他说道。

"对于那事，你应该先和李的经纪人确认一下。"

"他本该能把那一角色演得很好的。"

"哦，是的。他也是想演来着。但是经纪人告诉布卢姆加登，李害怕出演我的一部戏剧，是因为退伍军人协会又会因此把他弄得水深火热。"我不必提醒惠勒的是，《桥头眺望》还是一部关于一个男人将自己的亲戚揭发给移民局的戏剧。无论嘲讽与否，我一直认为，在那种情形之下，李带上舞台的会是一个受尽折磨的码头工人的痛苦，而不是一个潜心研究之后的角色。

"也许你会想和我再谈一谈，"惠勒说，"我可以在纽约或者洛杉矶同你见面，这两个地方都可以。"

"如果我得说些什么的话，我会对我的律师说的。"

"我明白了。"他似乎想要继续施压，但很快便放弃了。"好吧，就这样吧。"一句话，我就交由委员会全权处理了。

我们站了起来，我面无表情地跟他道了别。他晃悠着走进大厅，这里即便是一大早也能听到角子机被捶打的闷响声。可笑的是，当他被大厅里的人群吞没了身影，我忍不住想知道，这件事情对他是否有意义，或者只是政府出钱让他从洛杉矶到里诺游览一番，做一次小小的谈话，好让他在回去打他的高尔夫球之前填好一份漂亮的报告。不过很少有人那么疲惫不堪的；我们全都有某种信仰的吧，我想。当然，我们片刻的交谈并未提及我触犯了法律。事情最终就是，因为过去我的确怀抱某种信念，也的确为了宣扬社会主义思想同其他志同道合的作家见了面，或者更是为了宣扬人类博爱精神，无论其途径如何乱七八糟、完全未经检验，那么我要不要同意接受认罪的一种公共仪式，即一种对国家这个本世纪唯一真正可靠的神俯首帖耳的义务呢？如今所有这一切早已随风而逝，说起来也没什么很大的意义，不再有什么美国左翼分子的蛛丝马迹了，现实中也不再有什么需要忠诚或是不忠诚以对的了。意思是，的确没有别的，除了一个人年轻时候所拥有的最远大的思想。但那些想法结果的确在实践中遭到了极大的误解。可是，青春的激情拥有一种高尚的意味；正是那颗年轻、宽广的心现在准备背叛、否认或是蔑视。我并未想过要从我曾经拥护过的马克思主义当中为自己获取任何东西，这是肯定的。和所有那些人生的输家团结一致的做法与其说是出于政治立场，不如说是道德感的关系；表面上是唯物主义对于权力的攻击，实则是权力的自我牺牲；也是自我的救赎。就像那次，《都是我的儿子》大获成功的一个礼拜之后，我离开了，自己在招聘所报名找了一份家政工作，结果只能忍受一周之久。所以我时不时地把自己扔到这个或者那个党的前线，一直待到它那刻板的空洞让我觉得无趣或是感到挫败。不过，到了1956年这个时候，我学会了将那份激情追溯到比道德和公共改革稍微没那么崇高的地方，追溯到同我哥哥以及文盲的父亲那古老的竞争。我通过宣称自己形同一介草民来躲避他们对于我的成功隐喻式的报复，而在真实世界中却日夜操劳，以求获取我的艺术可以为我赢得的所有荣誉和优越感。

　　二十二年后我听到了有关我自己的故事——从中国作家的口中，那时候"文化大革命"结束了，他们结束了流亡得以返乡。当然了，他们吃到的苦头比我们的大得多。不过我自己的经历使得他们的情感容易被理解，这令他们不太舒服。

　　到纽约的飞机空了一半位子，于是我可以伸展身子跨过一两个座位坐着。现在我才有空来害怕。倒不是害怕自己会怎么样，而是害怕不能接受这次传票去解释我的人生，不能作为一个真正的美国人去为自己的人生辩护，虽然事实上我并不明白自己的人生又是如何。这就好像有些时候，那些未曾结束的回忆又会回来，还带着一些令人尴尬的未解之疑。也许我根本不是什么革命者，而只是个遵奉者，一心只怕左派人士瞧不起那些连失败都不曾有、从而证明了美国体内脉搏跳动仍然强烈的人。例如，我很久以前就发觉左派人士不能认同《推销员之死》和《都是我的儿子》的背后存在的东西：他们的成功和评判准则让他们对于美国戏剧不能而且在理论上也不应该能够支持反映社会现实的戏剧这种陈腔滥调投以质疑的态度。一部真正在讲述事实如何的戏剧是不可能成功的。左派一直活在基督重现之前的世界末日里，对那些消极的道德家而言是活在一个令人愉悦的精神环境里，因为他们只需要知道何为"真"即可得到救赎，而救赎本是如同保罗神学一般古老、如同因信称义一般迷人的困境。不过，作为一名艺术工作者，我知道创作要求向前迈进，要对这个世界昏昏入睡着的感知能力给以冲击。我的一生就是一场斗争，主动与被动之间、创作与冷眼旁观之间的一场斗争。在飞往纽约的途中，我想起了在几年前做过的一个梦。梦中我在一个剧场里，正和一群观众在观看我的一部戏剧。突然地我发觉他们全都如死人般一动也不动。我匆匆掠过一眼，竟看到家人、朋友以及我一生当中遇到过的所有人的面孔，于是我大喊一声："天啊！我杀死了他们所有的人！"将现实进行再创作竟如同把灵魂从那些被描述的人的身体里窃取出来一样；不过我也感到一种违法的兴奋，因为自己触犯了十诫，因为自己创造了生命，就跟上帝一样。

我现在想起了我自密歇根大学毕业之后在联邦戏剧项目中度过的那六个月。当时大约有四五十位剧作家，他们在 1939 年每周领取 22.77 美元来生产剧本。大多数剧本我都读过，发现它们写得极差，完全不合格——果不其然，随着战争临近，这个项目一结束，他们全都杳无音信。偷偷地和他们这些平庸之辈保持距离的我，装出一副同是百老汇商业主义歧视真正艺术的受害者的模样，而心里却认为那些天资浅薄的人纯粹就是懒得人尽其才，只喜欢不断埋怨那个体制给他们一些破烂不堪、粗制滥造的场景。事实是我一直保有一种信仰，即无论是不是资本主义体制，好人还是会成功的。

不过，我口袋里的传票作为一把工具而言太钝，无法造成什么细微的差别：为了捍卫我的荣誉，我必须挫败委员会，这个态度将必不可免地使我不仅看上去是亲苏维埃派，尽管此时对于苏维埃体制我早已失去最后的信心，而且——更为隐秘、更为痛苦的是——还要摆出一副对融入那个由无能者和艺术上的失败者组成的团体感到满足的模样。这些失败者就是那些唉声叹气的左派文人，我同他们这类人永远分道扬镳。不过，毋庸置疑的是，我永远也不会把我知道的、身为共产主义者的那些作家的名字给委员会的。这与别的无关，只和我自己有关；我也可以有合理的理由去随波逐流，唯独还得考虑到最重要的一点：我只是不相信，我知道的任何事情或者我说得出名字的任何一个人，会对美国的民主构成一丁点儿的威胁。我对美国共产主义分子的真正看法是，他们这一派等于是为了美国社会里与他们相关的一切动静在喜马拉雅山某处祈祷。但是我不认为他们对我个人造成过什么特别的伤害，所以当他们只是在站台等候救赎列车经过的小混混的时候，我也就既不必报复他们，也不必做出过激的破坏行径。

但是，如何使所有这一切为人所理解，尤其是为一个蓬勃发展、越来越自满的国家所理解，这把我给难住了。的确，我确信《两个星期一的回忆》与《桥头眺望》的失败有一部分原因在于它们贫困，甚至是绝望的形象；美国一贯都不承认自己的痛苦；回忆被判出局。今后当六十年代参加越南战争的那些人发现无法把他们发生了巨变的看法传给淡漠的一代新人，我的不善言辞将会被重复提到。麦克利什说得对：美国就是希望——它对回想那些失败者毫无兴趣。

首要的事情是，有关即将来临的婚礼的消息已经传开来了；显然，要不是为了确定人们的关注也包括了调查委员会，惠勒也不会大老远地来到内华达。势头减弱甚至到了危急时刻的委员会此时非常需要公众的注意。

在某种情形之下，人害怕到了一定的程度反而镇定下来。我反正已经是千夫所指了，自己倒无所谓，我比较担心的是玛丽莲。此外，一切都不真实，此事有种胡闹的味道，我反倒没那么恐慌了；穿着漂亮的鸽灰色牛仔服的卡尔·罗伊斯此刻就坐在我身旁。此时他必须回到他在得克萨斯州的土地上。但是，他纯粹而阳刚的怀疑态度，他那颗仁爱的、坚持美国无政府主义的心，正和我一起飞翔。我从某个地方继承了一种可靠的风格，即临危不惧、泰然处之。也许是从我们在深渊边上扎营这一长达两千年的历史那里继承来的。我向后倒去，任地心引力牵引着我。毕竟我是个美国人，是这个不可预知的岛屿的公民，也是这个像云霄飞车一样的社会的公民。谁知道呢？——也许好事为期不远了。或许我本该逃到得克萨斯州来对抗现实？

套用一句温斯顿·丘吉尔形容德国人品性的话，媒体对玛丽莲·梦露要么是俯首称臣，要么就是同仇敌忾。像《纽约每日新闻》这类报纸，当时的风格极为保守，见到画面中有我必定非常厌恶。不过即便除了这个不知好歹的过失之外，她和乔·迪马乔分手粉碎了他们认定的一桩完美的美式婚姻，这也是不可原谅的。于是，对于她从拍摄《巴士站》返回一事，他们认为极为严重的，不仅是她的形象会遭到损坏，她的美也会被丑化。现在她和奥利弗同台的梦想即将实现了，更是如此。但是，她不愿自己同无数个自诩为了追求艺术而刚愎自用的小明星那样被人遗忘，而是要在我们举办婚礼不久就前往英格兰拍摄《游龙戏凤》。为此我们得做些什么。

我们暂时住在萨顿酒店的一套公寓里。每天早上才八点，就有一群摄影记者守在大门外。一开始我以为是她非凡的名气所致，最后，为了让他们离开，我们俩在人行道上临时举办了一场记者招待会，可是《纽约每日新闻》和《纽约邮报》（它当时还是开明的）的纪实小说记者还是每天天一亮就出现了。为什么呢？我们自忖。一天早上，答案揭晓了。玛丽莲从大厅内就发现了他们，于是由原路返回，往地下室走去，希望走便门能躲开他们。她没有化妆，穿着一件印着水渍的宽大毛衣，用一块印花头巾包住头发，在下巴下打个结，看上去像是牙疼一样。她想去市中心见她的分析师但又不引人注目的时候，就经常着这套装束。

那批待命的新闻记者向那条小巷扑了过来，将她包围在垃圾桶中间，拍下了他们等待多日的照片。《纽约每日新闻》还用了头版一整页来刊登那张照片。这位所谓的美人、人称美国甜心的她在照片里头发打结，双眼浮肿，一只手还冲着读者挥舞，好像陷在垃圾堆里的泼妇在骂街。可是时隔不到六年，同样还是这份报纸，相当自然地用了全部版面来表达他们对于她的逝世的无尽哀痛之情。

二十世纪福克斯公司再一次神秘地卷入我的生活；我要动身前往华盛顿之前的那个晚上，斯皮洛斯·斯库拉斯意外地来拜访我们，想说服我同委员会合作。他先从好莱坞打来电话问玛丽莲，他一到纽约能不能顺便来坐一坐。我当然知道这意味着什么，因为二十世纪福克斯公司的总裁是不会有做这种闪电式拜访的习惯的，而且无论如何也不是要见玛丽莲，因为制片厂同她之间仍存在不和。他也许希望不要让我因为藐视委员会而有可能蹲监狱。也不是说我对他很重要，但假如我们打算结婚的传言是真的，那么那些爱国组织就可能会决定纠察她的电影。此乃世道也。如果说他的来电让我们感到意外，那也是因为他以前不会做得这么早。一般都认为他是以他令人信服的混合式风格彻底改变了许多演员和导演，这种风格融合了真正的信念、家长式作风和演艺行业常见的对坏名气的惧怕。

她挂上电话回到我身边说是斯库拉斯时，我看起来一定非常别扭，因为她马上叫我不要拒绝和他见面。这倒是有点奇怪。

她恼过他、恨过他，也曾把他当作在制片厂最后一位可以依赖的朋友那样好言相待过。毋庸置疑的是，此时的她已荣升为大明星了，可他拒绝付给她作为大明星应有的正常福利——最好的化妆间，对摄影师和导演的选择权，以及作为目前公众最喜欢的艺人所应得的尊敬——尽管对此她很愤怒，她还是会为他经常伴随着泪水的、一再的安慰所感动，因为他说，她跟他甚至要比他自己的宝贝女儿跟他还要亲近。但是与此同时，她确信是他的冷酷无情让他拒绝承认她是福克斯公司最有吸引力的人。

公司还坚持按照过去的合同支付玛丽莲薪水，她每部影片的片酬是十五万美金，相比于她巨大的市场价值来说，这个数字即使在当时也是微不足道的。这个数字是她还没有形成她的那种特有的性感迷人形象之前商定的，而公司正开始从她的形象中获得巨额的利润。但是，尽管有着种种的不愉快，当斯库拉斯拥抱着她，说"你是我的女儿"，玛丽莲的怨恨就会烟消云散。当她对斯库拉斯怀着温柔的感情时，我也会觉得受到鼓舞；我们很快就会结婚，我发现我对她的任何正面的无忧无虑的感觉都会觉得非常兴奋。不管怎么说，如何回应斯库拉斯完全取决于我，而关于这一点我没有丝毫的犹疑。当然，他的到访增加了我的不安，我担心我的公众形象会给玛丽莲的事业带来负面影响。

以我的判断，斯库拉斯很可能只是条滑头的鳝鱼，而不是一个真正的坏家伙，因为他的狡猾过于明显，一眼就能被看穿。人们也永远不会对他的位置产生一丁点儿的怀疑——他就站在权势的边儿上。当他沉溺于自己激情充沛、自我吹嘘的演讲，比如关于荣誉、同情和真理的话题，那一定是在地中海式的或更准确地说是阿基里斯式的人生某些意义重大的传统仪式上，诸如婚礼和孩子出生——特别是庆祝男孩子出生。还有，他令人瞠目结舌的欺骗则是为了维护权势而有必要周期性使用的。我以前曾见过他几次，但仅有一次领教了他的口若悬河振振有词，我永远也不会忘记。

大约是在五年前的一个下午，我碰巧在 46 街的福克斯大楼前遇见了卡赞，他当时正要去见斯库拉斯。他邀请我和他一起去，而我正没有别的事情好做，于是就同意了。卡赞当时还处在他电影导演生涯的起步阶段，对他的工作觉得非常兴奋；而来自希腊的斯库拉斯则是他的朋友、老板和教父。

斯库拉斯的办公室和室内网球场的大小相当，其中一面墙整个儿被一张世界地图覆盖着，而在这张地图前面是一张有棺材那么长的办公桌。在那张地图上，拉丁美洲大约有十英尺长，其他的洲也相对显得非常巨大，在福克斯公司有办事处的所有城市上面都标着一颗大大的红星。而浅褐色大理石桌面上，只有个孤零零的巴洛克式的小雕像，上面插着一支金笔和一支铅笔。

在这张大桌子的一角坐着乔治·杰塞尔，他当时大约五十来岁。他两只手轮流抓住我和卡赞的手热情地问好。斯库拉斯冲我们挥了挥手，我们坐在了他浅褐色的沙发上，那沙发的坐垫又深又松软，让人觉得简直不可能再站起来。

我实在想象不出来是为什么，站在桌子后面的斯库拉斯用他特有的沙哑喊叫式的声音开始演讲，那阵势仿佛他对着的是几千号听众。他长篇大论地攻击富兰克林·罗斯福，而当时罗斯福总统已经去世六年了。他不时用手掌拍打着石头桌面以示强调，偶尔还挑衅似的摇头或竖起手指在卡赞面前摇晃；他措词激烈地谴责那位已故的总统，把他描绘成一个没有信誉、不值得尊敬的胆小鬼。

"他真是太可怕了！"杰塞尔忽然从他的座位上大声嚷嚷了一句。

"他不只是太可怕，他是个他妈的狗娘养的。"

"那个王八蛋。"杰塞尔附和着，生气地摇着头，同时瞟了我和卡赞一眼，好像我们应该马上对那个混蛋采取些什么行动。"我可以告诉你，斯库拉斯，你……"

"你什么也不懂！"

"我知道你明白，斯库拉斯，我在得梅因，那时他……"

"别和我提得梅因！"斯库拉斯粗暴地打断他，"这个家伙把上百万人出卖给了斯大林，他简直是斯大林的代理人！他绝对是个代理人！"然后，他再用力地敲打着桌子。

"他比代理人还要糟！"杰塞尔高声叫着，像是为了要强调他的存在。

可紧接着，没有任何哪怕是稍稍的一点暗示或是声调的变化或是调整一下谈话重点，斯库拉斯把头骄傲地一仰，宣布道："没有富兰克林·罗斯福，美国可能在1935年春天爆发革命。他挽救了美国。"

"你他妈的说得对！"杰塞尔依旧喊了起来，对这个一百八十度的大转弯连眼皮都没眨一下。"我的天，"他夸张地用同情的语调说，"那时候，人们在挨饿，死在街头……"

斯库拉斯接着开始极力地赞扬罗斯福，带着一种伤感的赞美；而杰塞尔悲伤得掉了眼泪，泪水挂在他的下眼帘上。斯库拉斯摇摇头，又说起已故总统的种种美德、他的幽默和慷慨。我用了好几个星期才意识到斯库拉斯津津乐道这种表演是要让卡赞，可能也包括我，明白他的能量是如此巨大，他可以在我们面前大肆炫耀他的矛盾之处而丝毫不会减少他的权威。他是沙滩上的一头公海象，只对着太阳炫耀他的快乐生活。

当我打开门让斯库拉斯走进我们的公寓时，我看见的却是一个疲惫萎靡的老人，穿着件男式晚礼服。也许这些年，他真的衰老了许多。他颤抖的手显得软弱无力，他的目光滑过我的脸庞却没有了往常的兴奋，仿佛他对这次会面并不怎么期待。他看上去就是个秃了顶的男人，有着厚厚的胸脯和粗粗的脖子；他站着的时候，身体的重心稍稍向后，腰板挺直，缩着下巴，像个拳击手。他可以在脸上挂着温和的微笑，眼睛却灵活地逡巡着敌人的迹象。玛丽莲立即走到大厅，和他拥抱在一起，他差一点就哭了，或许是因为他以前不得不拒绝她的那些要求。"太棒了！太棒了！"他闭着眼睛重复着这句话，鼻子埋在她的头发里。

玛丽莲被感动了，这让人惊讶。那时候我并不知道，上了年纪的男人常常可以唤起玛丽莲某种强烈的意识，让她感到自己的力量，而这种感觉在她心里会转化为同情，有时候甚至是爱。她和老年男人近距离接触甚至会使他们浑身颤抖，而这比一地下室的钱或是剧院上空回响的巨大掌声更让玛丽莲有安全感。斯库拉斯握住玛丽莲的手放在唇边，他把她拉到沙发上坐在她的旁边，但是玛丽莲立刻跳了起来，坚持要为他倒一杯法国白兰地；而他也不顾自己的哮喘病接受了并啜了一小口。她重新回到沙发上，坐在他的旁边，把腿蜷起来，她把脸转向他，上嘴唇微微翘着，像是一匹被勒紧的马的嘴唇，沉着但又自傲地痉挛着。他无法克制地被她的美丽迷惑住了，她当时穿着件拜伦式高领米色丝绸上衣、紧身的白裙子，脚下是闪亮的白色皮高跟鞋。他有几个月没有见到她了，已经忘记了她的美丽足以带来的冲击。

斯库拉斯坐在那儿，一侧的脸颊看上去像是只笨拙的马戏团的熊，他不停地扭动沙发上的坐垫，带着他近乎青春期少年般生涩的魅力，他为他们共同的在好莱坞的朋友们的生老病死而伤感，还有他的别墅出现的问题，以及他女儿生活的新动向。玛丽莲表现得迷人而快乐，仿佛仅仅是某种感情就可以令她快乐，几乎不去在意它是善意还是恶意，只有那情感是真实的。斯库拉斯开始恳求她放弃她自组的公司重新回到他的制片厂，这真让人难以置信，因为相关的合同在一年前就已经签署了。不过，玛丽莲理解他的处境，知道他有些事情一下子难以启齿，只好这样兜圈子。非常荒谬的是，他显示出尊重顺从的态度，这让玛丽莲感动，她认真地聆听并给予回应，好像他们在谈论一件真事。

"我的甜心，亲爱的，我真为你担忧。那些人这些年来对你做的事情真让人我受不了。我不是二十世纪福克斯，我只是个总裁。凭良心说，我保证你回到二十世纪福克斯会开心。我可是很严肃地在谈这个问题。玛丽莲，亲爱的，你犯了个大错，回来吧，我们才是你的家，你的爸爸妈妈。"他就这样一直说下去，就像有些鱼要先在酸性的水里喷洒一些碱，然后才产卵。然后，他谈到了他的大教堂，是他在洛杉矶为希腊东正教修建的教堂，那是他一生的荣耀。你可以痛恨斯库拉斯，你又不得不喜爱他，仅仅因为即使是他无视事实的天真，也至少不是机械和干巴巴的，而是有一份热情在里面。当他谈论一件事情的时候，他是实话实说。

终于，斯库拉斯从伤感中解脱了出来，他拉住玛丽莲的手，和她贴得很近，他问道："你恋爱了？我的甜心。"

她看上去像被什么东西填满了，喘了口气，然后点点头表示承认。

"你肯定？"

迎着他的目光，她似乎不无歉意，面对这个知道她过去的人，她再次点了点头。

"上帝保佑你！太好了。"他说，一边像父亲般慈祥地拍着她的手。如果是真的爱情和婚姻，特别是后者，上帝就进入了这段关系，而不只是瞎胡闹了。斯库拉斯坐在那儿不停地点着头，脑子在不停地盘算，看上去像是在研究地毯上他的短小的黑皮鞋。接着，他转向我，说："上帝保佑你，阿瑟，太好了。我知道你是个好人，你要好好照顾这个姑娘。向上帝保证，她就像是我的亲生女儿。"

现在，他相信我们不仅仅是要制造轰动效应，而他的公司也无可避免地很危险地被卷了进来。玛丽莲在完全自由之前还欠公司两部影片，如果她结婚，对她的单身性感形象整个儿是破坏；而嫁给我，以我当时的状况，无异于一场灾难。

他叹了口气。"阿瑟，我真的希望你在对委员会作证时不要犯可怕的错误。"

我有绝对的理由相信，我说的每一句话，他都有可能告诉给委员会，所以我只是耸了耸肩，含糊地说我将会做我认为正确的事情。

　　他看着我的反应，变得非常清醒了。"我对那些国会议员非常了解，阿瑟，我们是朋友。他们不是坏人，他们是通情达理的人。我个人相信，阿瑟，你的案子可以在行政部门私下进行，你明白吗？其实，没有必要在公众面前举行。如果你愿意，我可以帮你安排这件事。"

　　这就意味着为了"洗脱"我自己，作为交换，我需要说出一些人的名字，然后再向委员会鞠躬致谢，比如需要公开感谢那些帮助我回到美国怀抱的委员们。这省却了公开的质询，我却是要面对摄像机接受质询。

　　"我是反对这个委员会的，斯库拉斯。我怎么能站出来对他们表示感谢呢？"

　　就在我回答他的时候，我听见他说"苏格拉底"，而等我说完了，他说："你肯定读过这个人的书。"

　　"苏格拉底！斯库拉斯，他也同样受到了类似这样的委员会的谴责……"

　　"是的，但是，他有勇气说出他是怎么想的，阿瑟。"

　　我一时间被他的说法迷惑了，直到我意识到，他是指我应该利用听证会的机会来说明我和左翼及自由主义者的不同，是要我对我的阵营进行"攻击"，也是表明我对委员会的降服。克利福德·奥德兹多少是被人操纵着这样做了，而这是他在晚年不停后悔的一件事。

　　"我不需要国会委员会给我一个平台去攻击左派，斯库拉斯，我会找一个适当的时机这样做的。"个人来说，我感谢那些和我在戏剧界合作的明星，那里没有黑名单；而在电影业，我现在恐怕就得和我的编剧生涯亲吻告别了。

　　他站起来，手指指向天花板，试图使自己看上去是被一种狂热的、令人深信不疑的信念推动着，但我觉得他演讲中那些老调重弹，使他的感情听上去颇为空洞。"斯大林，"他开始了，"处死希腊人，阿瑟。我知道我在说什么！希腊的共产党制造了内战，残忍地折磨和枪杀希腊人。"接着，他开始一股脑地谈论起希腊战后发生在右翼和左翼之间的政治灾难，并且巧妙地把所有错误都推到后者身上，而把所有好的一面都归功于前者。但即使是我知道或是能够了解到当时左翼的残忍，也不会改变我对1956年这一事件的看法，这是公然对美国基本人权的蔑视，那个委员会中的一些东西是我根本无法支持的。

"没有什么可商量的，斯库拉斯，我不能那样做。我根本不喜欢那些人。"

愤怒是如何击中了我，或究竟是由什么引发了我的愤怒，事后我无论如何也回忆不起来了，但是在他的步步紧逼之下，我觉得我被逼到了墙角；他像是在试图控制我的作品，这让人无法忍受。我刚说了一两句话，他便迅速明白了我的意思。于是，他握紧双拳去拿他的大衣去了。他的大衣躺在沙发靠背上，而我难以置信地听见他嘟囔道："你是个苏格拉底。"他再次拥抱了玛丽莲，但这一次，是带着真正的伤感；然后，我把他送到电梯口。当电梯上来的时候，他有点儿倦意了；电梯门合上，他朝我看了最后一眼，那眼神完全忽视我的存在，就像我是这幢建筑当中他碰到的某个完全的陌生人，不值得浪费任何感情。

等我回到屋子的时候，玛丽莲啜着白兰地，情绪有些不安。我感到斯库拉斯打动了她，并不是因为他和我的争论，而是因为他的那份感情，为他多少有些疯狂地对她的关心。几年后，斯库拉斯在尼基塔·赫鲁晓夫到访电影公司的时候将玛丽莲介绍给他，并称她是个伟大的明星。毫无疑问，那位苏维埃主席被她的美丽深深迷住了，而她也表示喜欢他的坦率。斯库拉斯接着开始讲述他和他的兄弟们来到美国时，全部的家当就是几张地毯，而现在他是二十世纪福克斯的总裁，这就是美国能提供给人的机会。而赫鲁晓夫站起来反击道，自己原是个穷矿工的儿子，但现在是整个苏维埃的主席。玛丽莲认为这个回答非常精彩；正像她一样，赫鲁晓夫也是独一无二。

　　我母亲、玛丽莲和我坐在纽约中央火车站的椅子上，等着广播里叫前往华盛顿的乘客上车。我当时能隐约想到的是这真是一次无谓的旅行。这整件事毫无意义，除了我为此需要支付上万元的律师费，后来这笔费用的大部分被我在律师事务所的朋友们免除了。玛丽莲很勇敢，她竭力不表现出她的担忧，而我也为了她的缘故努力表现得平静。我们两个人都无法表达任何我们此时此刻的真正感受，自从我们决定将两个人的命运联系在一起之后，就没有找到过片刻的宁静。此刻，我痛恨自己带给她这些麻烦。我母亲装作没有什么大不了的事情要发生的样子，轻松地和玛丽莲谈论起她的服饰；我想，在玛丽莲的眼里，她一定是个毫不敏感的人。玛丽莲和上了年纪的女人之间的关系既复杂又变化不定，不论是她敏感的想象或只是黯然的猜测，她都觉得她们不会喜欢她。她对我母亲怀着一种敏感的情绪，但此刻这种情绪正在消失，就像退潮，一种阴暗而消极的力量。不过，当我在月台的台阶上转过身，挥手向她们最后告别的时候，她们两个人手挽着手站在那儿，像一对老朋友。玛丽莲也向我挥着手，同时得用另一只手拉紧貂皮大衣的领子挡住她的脸颊，以免像许多时候那样被别人认出来，引发忽然蜂拥而至的围观人群。这个姿势显示出我们生活在两个毫不相干的世界，显示出一些不真实性，她现在站在那里，一些严肃的事情让她变得严肃；而一旦她被认出来，她可能会开始笑，像个快乐的无忧无虑的金发女郎。

在乔·劳位于华盛顿的家里，我们正在喝晚饭前的开胃酒。乔·劳被他太太奥莉叫到走廊上去接电话，他回来之后忽然笑了起来，比平时更像个大孩子。

因为蝴蝶领结，乔·劳看上去比实际上更高更庞大。他是个斗志旺盛的律师，从前曾是美国民主行动的负责人，这个自由主义驱动下的组织还包括了像休伯特·汉弗莱、阿德莱·史蒂文森那样的忠实支持者。乔反对共产主义，没有其他原因，就是因为他对民主有着充满激情的爱。他对意识形态或者哲学也不感兴趣，除非这些东西能引导人们作出尊重或是蔑视个人人权的判断。他对美国在海外的势力颇感兴趣，但却没有某些人的双重标准，那些人无视"我们的"独裁者所犯下的罪行，而一味地对追随共产主义的人声嘶力竭地怒喝。他对美国的人权法案有着坚贞不渝的信念，认为那是美国民主生活的保障。在他的公众利益法律事务所里，他凭着自己的能力在商业法方面赢得了声誉。

此刻他坐在一张印花棉布包裹着的椅子上，故意使表情显得庄重："如果明天不必上听证会，你觉得怎么样？"然后才解释说，他刚才与一个代表宾夕法尼亚州众议员佛朗西斯·沃尔特的人通了话，那是委员会的主席，他提议说听证会可以取消，条件是玛丽莲同意和他握手合影。

我也不禁哑然失笑。我到现在也没有弄明白当时为什么没有被这个提议诱惑，因为那样肯定会免去不少悲哀。我们仅仅是坐在那里摇着头叹息，政治从根本上说是多么简单——就像是在娱乐行业，人们关心的就是见报率，而不管是因为什么事情而见报。

我对听证会本身的记忆总是分散的，就像那些在暴力事件发生之后的记忆。

我记得法官席背后有一面卷起来的旗子，委员们就坐在那里，居高临下地看着我和乔。我的法律顾问劳埃德·加里森就坐在我们身后，他的那种贵族式的眼神一定被委员会主席沃尔特注意到了。现在那面旗子看上去使人安心而不像在内华达那样被看作是一种威胁。如果在其他地方的另一些旗子下面，面临类似我今天这样的指控，我有可能被判处死刑。

我记得桌子上堆着一大摞的文件，审问者理查德·阿伦斯从里面拿起一张又一张的纸，读出上面的内容，都是我在许许多多年前签署的请愿信，像是在另一个国度——抗议，呼吁释放某些犯人，请求和苏联修好（对此乔坚持要看一下原稿并读出了上面另一些人的名字，其中甚至包括了罗斯福先生）——我记得我开始怀疑他是否会就这样一张张地念下去，然后问我："你是否签署过这份文件？"是的，当然，所有文件都是我签署的。在这样被问了十几次之后，还没有等他开口，我就开始回答是的。

几年以后，我从新闻中知道阿伦斯被从这个位置上解雇了。报道说他是种族主义的忠实拥护者，他为这类团体做顾问，撰写小册子，他还是宣扬黑人劣等论的专家。这一点儿也不使我吃惊。他是个矮个子，头发剃得短短的，有一张四方形的狮子狗似的脸，看上去仿佛生活在每一个方面都使他极度失望。他是个单身汉，据说在他华盛顿的房子后面有个漂亮的后花园。

我还记得我看着他递过来一张张抗议书让我辨认时的感觉，那是多么愚蠢啊！记得当时我想，在自己的个人历史当中，我的作用已经消失了。而一个简单的事实就是甚至我自己都回忆不起来是些什么伟大的组织，又是出于什么原因，我对他们表示了支持。而最糟糕的是这些"事实"使阿伦斯以一个同情者的姿态构建起关于我的生活，在当时的情况下我即使可以自由地说出真相，也变得有些不可能了。在年轻时代我的确充满激情道义地确信马克思主义是人类的希望，是我们存在的理由；它的出现就是为了抵制人类不断展示出的堕落趋势，我自己也包括在内。但又如何去解释即使阿伦斯做了一张有我签名的党员证，我也会表示同意。我也许觉得事情就是这样的，我在那一天或是那个星期下定决心，认为如果想与国内外的法西斯做斗争，就只有做我那一代人中的许多人认为必要做的事情。在关于西班牙内战时的英雄主义或是关于现在早已经被人们遗忘了的德国抵抗希特勒的戏剧或是小说里——在所有左翼的朝拜仪式中——成为赤色分子就是在拥抱希望，而希望有赖于行动。看起来也正是时候。不过当我去过东欧特别是我的苏联之行后，我终于看到了一个完全不同的现实。

历史呈现转折。在六十年代，我很容易就懂得在苏维埃化了的国家里不同政见者的恐惧与失望，那在相当大程度上是我在五十年代非美活动调查委员会面前所经历过的。

我记得委员会主席沃尔特穿着棕白色相间、鞋面带孔的鞋子，还有他鲜蓝色的夹克衫，看上去像去参加宾夕法尼亚州斯克兰顿市举行的婚礼。他从表情严肃的委员们中间走进来的时候，高兴地对我点头示意。听证会现场涌进了大批记者（其中当然包括 I.F. 斯通，他或许是当时华盛顿最勤奋也最棒的记者），但沃尔特毫不费力就掩饰了他的惊讶和好奇；尤其是现场史无前例地出现了二十几位外国记者，他们全都坐在一张离我不远的长条桌子旁。这在以前是从未发生过的事。当时，美国戏剧界中像我的作品那样在欧洲发表和广泛上演的例子尚不普遍，我得感谢我的右手多年来所做的努力。当然，我也知道他们正在想着某些扼杀欧洲传统文化的东西此刻正在这间屋子里游荡，就在那面美国国旗显示的力量上，你几乎可以触摸得到它。而我试图向他们证明这类事情不会在这里发生，至少今天不会。

我只记得与委员们的一两句对话，无一例外地让人失望。阿伦斯宣读了一份我在战争刚刚结束时所做的评论，那是美国《新大众》杂志就埃兹拉·庞德被捕所做的问卷调查，他们当时就该如何处置庞德询问了许多作家。我说庞德为墨索里尼政权做广播演讲、撰写文章，以挫伤正在德国和意大利战斗的美军的士气，他显然犯了叛国罪，应该给他相应的惩罚。

阿伦斯提及这个话题是因为他觉得我的回答与我所坚持的言论自由之间存在古怪的矛盾。而在与辛辛那提的国会议员戈登·谢勒的对话中，我们也谈到了这一问题。当时我们谈到庞德，舒瓦尔严肃地问："一个共产主义分子，如果他是个诗人，是否就有权利煽动用武力和暴力推翻现政府？通过他的文学作品，比如他的诗歌？"

我回答说："一个人有权利在他的诗歌中写任何事情。"同时我有些疑惑他为何如此愚蠢地选择诗歌作为他所谓的煽动方式的例子；他或许没有意识到，在美国，已经没有人读诗了，除了其他诗人，以及被强迫阅读诗歌的学生。显然，如果他以电影或小说为例会更有说服力。

当我明确地表示一个诗人可以合法地写类似带有颠覆性的作品时，舒瓦尔摊开双手转向其他委员们，仿佛在问："我们还能再问些什么？"

而阿伦斯，这个看上去远比其他人老练的家伙，迫使我作出解释，为什么我在这个问题上否定了庞德说话的权利，我震惊了。这真是太奇怪了，他竟然把一个在美国和平时期创作所谓颠覆性作品的诗人，与在战争期间经年累月通过广播来打击美军士气的人等同起来。但是，无论理论上如何考虑，我的思维总是走得更深。

我一定是美国为数不多的真正收听过庞德在轴心国意大利广播的人之一，而且，我至今还记得当时收听他的播音时，一阵寒流涌入心中。记得当时我买了部新的收音机，是我的朋友、英俊的苏格兰人欧文·阿拉诺夫，他当时是布鲁克林最大的百货商店 A&S 的家具采购员，以成本价卖给我的——不过在当时也还是价值不菲。这部收音机有很强的短波信号。我那时还住在威洛斯特里特，一天晚上我打开收音机，听到一个明显带有美国中西部口音的声音。我以为收到的是个美国电台，直到他开始谈论屠杀犹太人的必要性。他说得很恶毒，但同时又很冷静，让我误以为是由绝望的喜剧演员表演的品位糟糕的拙劣讽刺作品。可是，渐渐地那个男人的精神愉悦，激情充沛，让我信服，也让我不寒而栗。我们来看看欧洲，他慷慨陈词，欧洲是由互有关联的人群组成，如果只有欧洲人自己，许多问题很容易就能解决好；所以，很明显，是因为犹太人才会有这场战争，他们发誓要对非犹太教人群复仇，并且正在实施占领整个世界的计划。这一问题的唯一解决方案，他继续说，要感谢上帝希特勒充满智慧的领悟，那就是最终一次性地并永远地消灭这个隐藏着的种族。

当阿伦斯把紧实的小狮子脸朝向我，并问我在庞德的问题上如此轻易地放弃了一直信奉的言论自由原则是否觉得奇怪时，我看着这张让我痛恨终身的面孔，血开始涌上头顶。我为此感到后悔，竭力平息了自己的愤怒，不过，他还是留意到一切并且意识到他越界了，因为我显然不属于那些被送进毒气室却没有一句怨言的犹太人。庞德被控以种族谋杀罪，根据我所听到的广播，我想只要可以，他会很高兴把我这个犹太人杀掉。在阿伦斯提出这个伪善的问题前，盘问已逐渐进行不下去，但在某种程度上，我很高兴有这段小插曲；它让事情变得明朗。我反对庞德那样站在邪恶立场上的人，我为此而骄傲。

当我和乔离开聆讯室的时候，我还是觉得整个事情显得虎头蛇尾。如果委员会对我的根本兴趣仅仅在于公众宣传而非严肃地捍卫国家，我无论如何会觉得我过于自信了。同时，我也感到三四十年代已经是那么久远了，那时候我和社会主义苏维埃还联系在一起，而社会主义又是与人类的救赎紧密相连的。但是，如此的激情在听证会上却无处排遣，因为它变成了政治性的网球比赛，根据比赛的狭隘规定，球在弹回来之后一定要落在它规定的框框内。为了要证明他们是对的，委员会不得不证明我是被共产党控制的，而我不得不以相反的证据来表明，我从未涉及他们认为是叛国罪的那些事情。

他们表现出的彻底的自私以及极端美国主义的测试真的够了吗？作为基督徒，托尔斯泰曾经宣称他宁愿成为共产主义者也不要做没有任何信仰的人。当阿伦斯把一张张请愿信、抗议书和声明放在我面前——看上去我像是每天都在签名——我想到在那些遥远的日子里，我曾是多么满怀希望。如果当时没有签署任何东西或是关注得少一些，我今天可能就不会在这里。但这也并非事情的全部。我意识到那足足有六英寸厚的一沓请愿信是我对现实的否定，同样也是我对未来的承诺。事实上，我通过支持各式各样的事件来表达我对法西斯主义幽灵获胜的恐惧感，以及我的疏离感，那时我对社会主义生活一无所知，认为美国浪费了成为更好社会的潜能。我现在唯一肯定的是，在1956年，我想要认识自我的渴望，也许通过压抑我的抱负、欲望，当然还有自私，在此时此地承担起对这个世界的责任。

后来的日子里，我的脑中总响起这首交响乐的主题乐章，偶然还能吹着口哨去应和其中的一两段，但最终发现饱受惊吓的记忆让它们出现了变奏。"为什么你对美国的描述如此悲惨？"多年来我一直以为这是委员会主席对我的最终评论。但是，我重新翻阅当时的记录，才发现提问的是国会议员多利，他问道："你为什么没有利用你出色的创造力和……共产主义阴谋做斗争？……为什么你没有运用你出色的才能这样做呢？……"

但是对于他们想要我干什么，我一清二楚，就是要我保证不再写那些悲观的作品。在场没有人意识到国会议员或许没有资格向一个美国作家提出这样的问题，因为当他如此问时，所有人的脸上一片平静。

多年来，他这个问题引发的回响已经远远超越了他自身甚至他的苏维埃对手，这是无处不在的国家力量所发出的声音，是俱乐部、部落所发出的声音，也是任何有组织的社会中存在的不自由精神所发出的声音。只是沃尔特和他的委员会没有那么老练，或许也没有整个社会盲目崇拜的神学家聪明，在不应当的地方露出了马脚。沃尔特无法抗拒乐观主义的诱惑——听证会结束后，他向我表示了感谢，并希望我将来对美国的描写可以更快乐些。

而当时我头脑中意识到的是，我多么幸运；我出生在这样一个国家：它的创立者有非凡的远见，他们认为权力基本上就像个傻瓜，它需要最为基本和清晰的一系列规则去限制，包括权力本身也要受到限制，因为在愤怒失控的情况下，它有可能把整个国家都毁掉的。

但在一切结束之前，我被问道，十年前我所参加的一次共产主义作家会议，某作家是否在场。或许阿伦斯已经预料到，我当然会要求不要提出这样的问题；在那样非常的时刻，我的回答是我不会违背我的本性。可我还是缺乏相应的智慧，没有反问他们提到这个人的目的何在，特别它还是在一个全然合法的机构所举行的合法会议上被提出来的。当然，这整件事情就是一场权力的游戏；他们拥有权力并想使我让步。他们的方式是迫使我破坏人们达成的默契，这默契就是不要提及具体的名字以避免给此人带来麻烦；还有就是与他们合作，而这将导致神圣和平组织的民主原则变为畸形。他们还指责我蔑视国会委员会，因为我没有申请用宪法第五条修正案来保护自己，我相信自己并没有做什么事情需要它的保护。我重申了我的要求，请他们停止再就那个问题对我进行盘问，理由是其目的并非为了法律或是调查。之后，我因为拒绝合作再次陷入危险，他们警告我：在没有要求宪法保护的情况下，我可能会马上被投进监狱。

玛丽莲在听证会最后几日来到我身边，给我以道义上的支持；她和奥莉·劳待在一起，还要躲开媒体的注意。对我来说，让女人分担我的麻烦或脆弱从来不是件容易的事情。这点和我父亲很像，他从来都把坏消息藏在心里，当我的眼睛还只及他后面口袋露出的手帕时，我就开始感觉到了，他的从容看上去是一种美德。我把自己封闭起来，但某种恐惧占据了玛丽莲的心。我在保护伤口，使内心充满抵抗的力量，她却认为自己是个不被需要的妻子并被迫困在一幢陌生的房子里。我努力从她的角度去看这件事带来的挑战，那多少有些恐怖。这是头一次，我不得不向她表示歉意。玛丽莲想要消除精神和身体上她与另一个人之间的界限，以及与这个世界的隔阂，就像是个孩子，也像我曾经的感受，我却把她独自扔到了一边。

不过，我们很快就要出发去英国。玛丽莲要拍摄一部全新的电影，与或许是世界上最受尊敬的演员合作；我则有机会与一位年轻杰出的导演合作，也给《桥头眺望》这部戏一个全新的面貌。我必须立即投入到整个剧本的创作中去，它在戏剧结构上是一次迷人的尝试。我最初只是用像电报一样简单的文字把它设计了出来，发生在前台的故事及它本质的诉求，它与人头脑中的敬畏感有某种令人惊讶的联系。但我现在的想法有所不同，这部戏也可以令人感动，带着同情人们对主人公产生了认同感，一个做了许多毫无意义的事情的人。或许在近两年写作这部戏的过程中，我学会了稍稍延迟一下自己的判断，也不再将自己和那些不同程度被各种欲望驱使的男人们区分开来——这不是原则问题而是为了真实。

* * *

我们搭乘活塞式飞机在大西洋上空颠簸了十二个小时，又在机场经历了一场媒体遭遇战后，精疲力竭地躺在陌生的床上。机场上，劳伦斯·奥利弗兴奋得几乎要笑出声来，他说这恐怕是英国历史上规模最大的一次记者会了。那里至少聚集了四百多名记者，他们来自不列颠各个岛，远至苏格兰最偏远地区，还有来自大陆的代表团，其中有两个戴着贝雷帽的冷冰冰的巴斯克人——警察围成警戒线，将这些记者隔开。忽然，记者们的闪光灯形成一道坚实的白色灯光墙，足足闪了有半分钟，仿佛一道真实的光环。这一疯狂举止让摄影师们自己都不禁爆发出一阵笑声。实际上，他们问了些什么，她又是如何回答的，我一个字也想不起来了，不过无论在当时还是以后这都不重要。重要的是，每个人都很惊诧，玛丽莲就在他们当中，仿佛女神从他们寒冷的海面上升了起来。她微笑，他们跟着微笑；她皱眉，他们跟着皱眉；她咯咯地笑起来，他们也发出轻微而愉悦的笑声；然后他们屏息细听，仿佛置身于教堂，因为她等了会儿真的开口讲话了。她的声音温柔平静，这些大男人都变得柔软如青苔。

这对玛丽莲也是种全新的体验，喜爱中带着尊敬，没有掺杂清教徒式的冷嘲热讽；无论那些记者在性方面可能有过怎样的问题，他们毫不掩饰自己，他们会兴高采烈地冲进地狱只为博她一笑，或是从燃烧着地狱之火的垂直的悬崖上为她摘下一朵玫瑰。第二天，每一份报纸上除了玛丽莲，很少看到其他的报道；她在英国停留的几个月里，报纸上每天都有她的报道；如果她去购物，哪怕只是说了句最不相干但还可以引用的话，她都会成为另一个报道的头条，因为她，整个国家可能在人们毫不留意的情况下被拖进印度洋。女王和议会管理这个国家，而她指挥着它的心脏跳动。在到达几个星期之后，她去马克斯和斯宾塞采购，这两个商店都实行了清场并干脆把商场关闭，因为害怕拥挤的人群为了看上玛丽莲一眼而造成无法控制的混乱局面。她打破了千年传统中的不列颠式冷静。

在绿浪翻滚的萨里*，我们从穆尔子爵那里租了座乡村别墅，别墅的布局有些杂乱但没有那么潮湿。穆尔子爵是《金融时代》杂志的出版商，四十多岁，很高很瘦，头部显得狭窄。他坐在音乐室里，目光几乎无法从玛丽莲身上移开。他还特意腾出一个早晨向我们介绍这座别墅，他伸出一根手指，说："那里就是让人生厌的饭厅，你得穿过烦人的走廊和烦人的沙龙才能到达。"他尽量把介绍拖得冗长。别墅里有一对仆人夫妇，他们是从匈牙利来的难民，从布达佩斯逃出来不久。他们屏声静气地站在一角随时等待召唤，看上去像一对不知所措的鸽子。我在音乐室找到张用来工作的桌子，它在几扇敞开着的法式门后面，望出去是一块上百英尺的绿色地毯，他们称之为草坪。草坪尽头围着道砖墙，成了隔开温莎大公园的屏障。这座巨大建筑的四周便是皇家城堡，女王偶尔会在那里下榻。

在英国的第一个晚上，我们两人都疲惫不堪睡得昏沉，然后我开始做梦。在梦中我聆听到天使般的合唱声，不同声部和音色的男声在吟唱着，混合了单纯的圆润肃静的声音，简直是天籁之声。我像飘浮在声音上面，并被深深地打动了，同时，我又像是意识到自己正在做一个堂皇的梦。但是，那持久的华丽的声音渐渐把我唤醒了。我的头脑开始转动，那声音在寂静的空气中并未减弱。我睁开眼，觉得自己一定是疯了，因为即使我完全清醒了，我还是听到那合唱的声音在回荡。我在黑暗中坐起来，以为自己丧失了理智。我循着增强的副歌部分的声音望向垂着厚厚窗帘的窗户；我爬起来，小心地走到窗户旁，透过阳台的栏杆向外搜寻，却看见在明亮的月光下，至少有上百名少年和年轻人排着队站在冷风中，他们表情肃穆，正对着我们的窗户虔诚地歌唱。我迅速叫醒玛丽莲，她似醒非醒，跟着我来到窗前向外窥探。

---

* 萨里（Surrey）是英格兰东南部行政郡和历史郡，位于伦敦西南，滨泰晤士河。

我们身后没有光亮，外面人看不见我们。我们站在那儿聆听，寒冷的夜把我们的身体都冻僵了。那音乐以及骑士般的歌词混合着少年般的纯真听上去非常伤感。

"我们该怎么办？"她问道。

我依然深陷半梦半醒的状态之中，头脑完全不能运作；我们可以走到阳台上向那些人挥手，但是我们都没有穿衣服，这多少有些滑稽。我们应该先把衣服穿上？这真是问得多余。此外，如果像皇室夫妇那样在阳台上向下挥手，会不会太可笑？而如果不这样做，会不会显得不够大方？

"或许你应该穿上睡袍，然后向他们挥手。"

"我？"

"你知道，他们可绝不是为了我在歌唱，亲爱的。"

她疲惫地叹了口气，我开始感到现实毫无防备地涌了进来。那个护送我们从机场过来的英国便衣警察曾警告我们，在英国，什么稀奇古怪的疯子都有，所以若没有保镖，玛丽莲在任何情况下都不要走进人群。而这百来个疯狂的男孩合唱队很有可能是个麻烦。

"或许只有静静站着不动（stand pat）。"我说。我马上意识到我一生从未用过这样的表达方式，并不由得想起格劳乔·马克斯*的笑话："我受不了帕特（can't stand Pat），永远不能。"† 我们站在那里束手无策。当那近百个热切的声音达到一个圣歌般辉煌的高音，并在寒冷潮湿的英国的夜晚持续向我们传来的时候，玛丽莲还在半寐之间。

我们没来得及做出任何决定，最后的主音合唱拖着长长的柔和的

---

* Groucho Marx（1890—1977），又名朱利叶斯·亨利·马克斯（Julius Henry Marx），美国喜剧演员与电影明星。

† 这两句是英文中的文字游戏。stand pat 意为"静静站立"，纹丝不动；而 can't stand Pat 是喜剧演员们做的文字游戏，大写的 Pat 变成了人名，意为"受不了某人"。

尾音结束了。从栏杆望出去，我瞥见那合唱队男孩们非常安静地穿过树篱和围墙消失在夜色中，就像是小精灵退回到蘑菇的阴影中，而且很显然，他们为能够潜入玛丽莲·梦露的梦中而感到心满意足。不过，我还是有些担心，即便这些人甜美有朝气并且很忠诚，他们毕竟还是一群人哪。

一次，我梦见在一个露天广场上竖立着一个大型钢铁机器，一群人围在它周围等着吃机器送出来的汉堡包。但是突然，玛丽莲被卷进了机器的齿轮中。我发疯般地跑到机器一侧去救她，却看见出来了一个汉堡包。人群蜂拥过去抢夺，一个男人拿起那个汉堡包吃了起来，鲜血从他的唇边滴下来。我从未将她从人群中抢救出来，她可以轻而易举又享受般地应付人群，就像一位部长穿梭在他的下属之间。有时候更像是拥挤的人群给了她生命；我从未见她在被人群簇拥时表现出不快乐，即使有人扯烂她的衣服，把碎片留做纪念品。

第二天清晨奥利弗前来拜访，那天天气很好，气温适中，灿烂的阳光从窗户洒进来，一切都充满了希望。显然他想吸引玛丽莲的注意，于是迫不及待为她展示爱德华式的戏服，这是由当时英国最好的设计师伊迪丝·海德设计的，同时展示的还有戏的布景设计照片。但玛丽莲却把所有事都推给奥利弗，表示只想在影片开拍前的这一个星期里好好休息。她看上去心事重重，比我想象中的还要疲倦。

他问我有什么感兴趣的戏想看，说可以帮我们弄到戏票。他递给我一份晨报，那份报纸他是折好了放在夹克口袋里的。报上至少列了六十到七十部剧目，与纽约通常的二十几部戏相比，数量可谓惊人。但我从头到尾扫了一遍，发现没有一部戏是我听说过的，甚至他们的编剧的名字我也没听说过。许多戏的名字颇为愚蠢。

"哪一部好？"我问道。

"不，不，你来选，我不想影响你的选择。"

"但是，我对这些戏一无所知。"我抗议道。他还是拒绝提供任何建议。有一部戏单纯从名字上吸引了我。"这部如何，《愤怒的回顾》？"

他的反应很快且令人吃惊地负面，甚至是愤怒。"不，不，你不会喜欢这部戏的，换个别的。"

"为什么？这部戏有什么不好？"

"噢，这只是一出英国的滑稽剧，对时局有许多辛辣的嘲讽，尽管也有人认为是一种很好的讽刺。"他看上去像是被这出戏冒犯了，显然他的爱国心受到了伤害。

"它看上去很有意思。老实说，自萧伯纳和王尔德以后，我很久没有对英国戏剧产生共鸣了，而他们两个都是爱尔兰人。"

他让步了。"好吧，我明天晚上在那里为你留个位子。"而玛丽莲决定留在家里休息。

第二天晚上，由制片厂派给我们的司机开车，一个多小时后抵达伦敦。我从那辆租来的捷豹车里走出来，却意外地看见奥利弗就在我面前。"我决定再看一遍！"他大笑着说。走进大厅，我第一次发现英国人在看到奥利弗这样的大明星时有着极好的克制和内敛，没有人会硬生生地围过来盯着他看。此时美国人在公众场合变成了一种莫名其妙的威胁，我有些不知所措，不知该如何对待他们。当他们靠近我时，我有时不免抱怨，但不得不承认被人注意让我有种动物性的快感，尽管这与我的愿望显然背道而驰。英国人似乎更能够以一种骄傲但又不动声色的温柔来对待奥利弗，而不是将他视为己有。首次体验这样的事情我觉得美好而文雅，完全不同于美国公众场合人们的狂热折磨人还显得理所当然的态度。

我喜欢这出戏的生涩和自我放纵，它的高高掷向空中的英国式的炫耀，它对生活的放纵式的刺激，还有它充满活力的语言。肯尼思·黑格、玛丽·尤尔、阿兰·贝茨、海伦娜·休斯和约翰·韦尔什——这些人物以一种自我沉溺自暴自弃的样子在舞台上四处移动，那揭示了某种美国式的现实主义，并且将伦敦从里到外向我展示出来了，从而使这座城市变得熟悉。还有，它的台词让我想起了年轻时的克利福德·奥德兹，特别是他用尖刻的语言描述大萧条时期的纽约，以及生活的失败，那简直像是上天委派给他的任务。《愤怒的回顾》让我第一次以一个局外人的眼光来看待英国，所谓的局外人就是像我这样自己烫自己的衬衣，只从报纸上了解这座城市的好。

幕间休息时，奥利弗问我觉得如何，我回答说很棒。到了戏结尾的时候，他又问了一次，我说戏里有许多明显的缺陷，但谁会在意呢？它展示了真实的生活，是少有的成功。

乔治·迪瓦恩经营着皇家宫廷剧院，他温文尔雅，快乐而容易轻信他人。他匆忙跑过来问我们是否愿意到楼上去见一见这出戏的作者，说他正热切地等待着我们。一会儿，我们就紧挨着坐在靠近吧台的两张小桌子旁，我面向迪瓦恩，而名流奥利弗则与反叛的约翰·奥斯本面对面。我猜测他正是奥利弗艺术和意识形态上的对手。迪瓦恩深深迷恋当时毫无组织也不确定的英国剧院现代化运动，为此他创立了皇家宫廷剧院以作为现代戏剧的基地。他刚刚上演了我的《萨勒姆的女巫》，我高兴地听着他讲述这出戏如何被热情的年轻观众所接受，无意中还听到在我右边儿英寸远进行的另一场谈话。我听见奥利弗略带犹疑地问脸色苍白的奥斯本——他还是个年轻小伙子，顶着一头没有梳理的乱发，脸上一副二十分钟前才醒过来的表情——"你能为我写些什么吗？"奥利弗用他最动听的声音问道，光是声音就可能说服你用两万美元买辆没有轮子的汽车。

在奥斯本眼中，奥利弗就是英国戏剧界颓废的中产阶级的代表，对此我很肯定，但此时他的双眼闪着光，而且他也的确很快为奥利弗写了一部戏:《卖艺人》。正如奥利弗后来所说,那一夜标志着他事业中痛苦而枯竭的漫长一章就此结束。正是由此他放弃了琐碎时髦的讨好上流社会的剧目而进入了英国戏剧主流的变革当中。之后,作为国家大剧院的主力,他力求使它不再是个舒服的社团,而是反映出某种孤独和对未来的探索,那是英国戏剧在社会中发出自己声音的开始。奥利弗一生曾多次绝处逢生,这也许是最为重要的一次;在他作为一个艺术家消失的当儿,他使自己获得提升,并奇迹般地使自己更加成熟。

然而,《游龙戏凤》依然是他过去的一部分。玛丽莲很快就相信他之所以选择她,仅仅是需要她的出场所带来的经济收益。而我宁愿相信玛丽莲只对了一半;我确信奥利弗看到了他们俩在社会和文化方面合理而又具有戏剧性的差异;而且,即便他的确是出于世俗考虑而邀请玛丽莲,也不能因此否认他的艺术判断力非常准确。戏剧在某种程度上总是很厉害的。不过,由于之前和许多人的合作经历,玛丽莲未免把奥利弗理想化了,认为他是位伟大的严肃的艺术家,他的思考和决定一定超越了那些好莱坞商人——那是她想逃离开的——而且奥利弗还是她自组公司后的第一个制作搭档。她所知道的好莱坞是如此邪恶,而正宗的戏剧界应该是庄严纯洁。于是不可避免的,为了让她不逃避现实,我偶尔会替奥利弗或其他人辩护,但这似乎更显得她的想法有多么天真,结果她开始怀疑我在她极度挣扎中对她绝对的忠诚。

波拉·斯特拉斯伯格每天在拍摄场地陪着她,而且我觉得还是在拍摄最初的几周,她就令玛丽莲确信了来自奥利弗的威胁。最终,她甚至开始相信他像一个女人那样在与她竞争,他卖弄风情,想把观众性的注意力从她身上夺走。没有什么可以消除她这种对导演和合作的明星的危险看法。她的怀疑有多少是事实我弄不清楚,因为当我到位于谢珀顿的拍摄现场参观的时候，每个人都尽力表现得最好。我得承认我不能无视奥利弗的伟大之处；我在纽约看过他演的《俄狄浦斯王》，与此同时，他还在出演理查德·布林斯利·谢里丹的《批评家》，那是我能想象的最激动人心的剧场经历。所以，我不能同意他是玛丽莲所说的那种抢别人戏的低级演员。

我痛恨自己不得不面对一个事实，那就是玛丽莲有一点是正确的——我的确感觉自己和奥利弗之间拥有相同的文化纽带——而她的误解在于，她想象着自己被所谓更高等的审美贬低了。在经历了所有的冲突摩擦之后，我才渐渐明白她那种被遗弃的预感又来了；我觉得这纯粹是我们意见相左，而她则会把这种恐惧极度放大。我们之间有两个不停争论的话题，也借着争论来倾听彼此的心声：一个是关于奥利弗，另一个是更深层的潜在的挣扎，是与她认定的命运做斗争。一开始我完全不了解这一点。在关于奥利弗的争论中，她几乎不能接受任何不同观点；而是认定奥利弗背叛了她的期望。更糟糕的是，她开始怀疑我是如何进入这一使她失望的循环当中的。我几乎没有警觉到要去保护自己以及我看到的真实情况。她对我的固执己见非常失望，一切都结束了；如果她与我是如此强烈地对立，她就无法感到被爱。我在开始的时候没有足够的认识，任由事情继续发展，直到无可挽回。在片场，演员、导演、作家和摄影师面对面，所有人都感到某种迫近的折磨。他不像其他人那样擅长用盔甲把自己武装起来；或许不是现实中而只是在他的想象当中，他看到自己犹如赤身裸体，很容易受到嘲笑——玛丽莲也总是这样看待自己的处境，而且我相信，在那群人当中，她决不是唯一这样想象的人。

下午时分，当我出现在拍摄现场的时候，玛丽莲的脸像往常一样显出快乐的神气；我想，对我们俩来说，这是个挑战。我们需要去学习如何以真实的感觉相处，而不至于把我们毁灭。过多的真相是致命的。但什么才是更令人愉悦的方式，让一个人冒险去赢得生命的价值，正如我所想象的那种近乎奇迹的身体、心灵和感受的融合。在平常的日子里，我们比以前更密切了，只是更加小心。似乎有段时间，她非常突然地和奥利弗和解了，她的猜疑减低了。或许我的坚持让她睁开了一只眼。有段时间，她工作起来更轻松了，并且大胆地从她的表演中找到了些满足，那些她自己都无法否认的精彩之处。我试图抓住一切正面的信息，也或许是我过分地赞美了这些信息，她的眼睛里掠过一丝新的不确定感。像光一样纯粹绝对的真实——一点也不能少，这就是她的目标。但是，在她心底潜藏着过去被抛弃的恐惧，在陌生人的凝视下变得充耳不闻……

同时，我也必须回到我自己的工作上了，当时我相信，在奥利弗那样有经验的导演的控制下，事情自然会好转起来。我答应了彼得·布鲁克的要求，开始修改《桥头眺望》，要把它写成一出长剧，主要是拓展埃迪的太太贝特丽丝的视角，以她的眼光去看这出家庭的悲剧。我还需要在伦敦待上几天，见一些演员，为第二部分做准备，还有许多事情要处理。

可是，情形变得更糟了。这毫无疑问不是经过预先设计的，只是波拉被迫进入了一场双面游戏。一方面，她要保持她对玛丽莲的控制，不能太公开或是经常地和玛丽莲辩驳；同时，她还要介入奥利弗的事务。因此，她变成一个中间人，在奥利弗面前她是个传声筒，传达玛丽莲在表演上的意图，又将奥利弗的导演意图转达给玛丽莲。从最好的方面来看，即使对一个毫无私心的人来说，这都是不可能的任务；但对像波拉这样自负又野心勃勃的人来说，事情很快就变成了一场噩梦，就像一场婚姻里有三个人；在怎样的情景下，三人中有两个人会单独在一起，而另一个人是否会产生憎恨？厄运不可避免，已经开始将这种腐蚀传染到各处了。

当奥利弗发现他只有通过表演指导从中调解才能导玛丽莲的戏份的时候，他马上就想把波拉杀了；我也不时无意地站在他的立场，对于玛丽莲来说，她是天生的喜剧演员，却似乎被那些一知半解、毫无新意的想象和冒牌的斯坦尼斯拉夫体系的人们困扰着，使她无法发挥她天性中的快乐。玛丽莲被这种伪装的思考所迷惑，而作为表演工具这对她毫无用处，就仿佛一个天生的爵士乐手却被教导去理智地处理他天生就知道如何演奏的部分。波拉在她到达克罗伊登机场的时候就明白，玛丽莲要饰演的这个舞女是她最拿手的那类角色；但是，玛丽莲相信表演中的魔幻方式以及内心的顿悟可以驱走所有的疑问；而在这点上波拉却无法提供更好的帮助，只好不停地去解释，而她解释得越多，玛丽莲对这个舞女的角色就越发没有感觉。与此同时，和许多其他英国演员一样，奥利弗对表演体系并没有太多的耐心，尽管他自己准备角色时使用的方法和斯坦尼斯拉夫体系的演员并没有太大的差别。但是，对于他来说，角色准备是很简单的常识，是对于生活的一种模仿，而没有那种奇特的内省式的诱惑。

波拉和李的"方法表演"应用在玛丽莲身上，似乎是适得其反，是理性的危险悖论：如果你没有跟随斯特拉斯伯格学习过表演，或者你不是这方面的专家，你就失去了批评的资格；鉴于我和奥利弗都不归在这两类人当中，我们于是被禁止提供我们的经验和积累的表演常识来防止情况继续恶化下去，而且，这种限制超出了我们的忍耐。如果波拉无法帮助玛丽莲，那么也不会容许其他人提供帮助。更为复杂的是，玛丽莲对波拉并非完全信任：她把波拉仅仅看作是李的一个有才能的替身；波拉的确能干，然而却不自觉地误导了她。当然，至少波拉是熟悉"方法演技"的，知道在什么时候充满智慧地点着头，好像她很懂似的。波拉不断重复着一句话——"我只是李的代表"——我还听到过类似某种话中有话的警告，说是她并不直接对玛丽莲的困惑负责。李也不负这个责，尽管直到最后他都没有出现。那么，究竟谁该为此负责呢？我逐渐开始拒绝介入这一矛盾；如果我根本无力改变任何事情，介入就是个错误。

只有李能把玛丽莲安置好；没有他，玛丽莲对她做的任何事情都没有把握。不过，她每天和李冗长的翻译式的对话似乎对她有一点点帮助。我不可避免地觉得自己被排除在外了，成了一个无助的旁观者。于是，坦率的谈话变得越来越不可能了。她想要的是奇迹般的安全感，在真实世界中这是不存在的。

什么是真实的？我几乎愿意去相信，奥利弗正在加害于她，只是我自己都怀疑这想法是否明智。而且她曾经和另一位知名的导演乔舒亚·洛根有过类似的矛盾。别人也许忽视了这一点，认为那是玛丽莲对工作过分投入，但她感到的痛苦是真实的并且令她憔悴。最为糟糕的是，任何希望减少矛盾和使她变得理智的尝试都暗示着她产生了幻想。于是，游移不定的情感的车轮陷入了某个特定的地带，围绕着的轴心问题就是良好的忠诚。实话实说是拯救我们关系的关键方式，但现在这种方式显得非常危险，因为经过了一天的工作，她需要最为细微的安慰。

我又能如何把握这一切呢？我已经无法否认我的憎恨，因为她日渐倾向于波拉那毫无作用的指导，转而和奥利弗作对，把他当成竞争对手甚至是敌人。奥利弗也一样，他的怨恨在增加。只有波拉不是这样，她为什么要怨恨呢？她成为了最终的控制者，她越来越公开地哀叹奥利弗的背信弃义，同时，在私底下又对除了玛丽莲之外的每个人表示她本人并不相信奥利弗是这样的人，她是不得不这样做以免失去玛丽莲的信任，于是，可怜的玛丽莲完全没有任何朋友，这一切都让人们不忍细想。

对于奥利弗，他在执导玛丽莲的戏份时变得束手无策，就像是在处理玛丽莲的戏份及希望将自己对玛丽莲的设计付诸实施的时候，他感到一种让人愤怒的呆板而机械的东西。其实，奥利弗依然可以给玛丽莲在表演上加以指导，那远比波拉的混杂的表演哲学和贮备的一些琐碎的戏剧界内部的事情要强——那些事情通常是关于某个著名的业内人士如何迫不及待地恳求她或者是李帮助他在某个完全无能的导演的手下塑造好角色。然而，玛丽莲和整部片子的命运最后掌握在了波拉的手中，而这种无形的权力成为奥利弗不得不面对的一股古怪的力量。

这是一种真正的对抗，对我来说，那不仅仅是关于表演，同时也是关于生活。这出喜剧来自于一种过时的两难选择，就是社会权力的代表，一个王子，最后在一个单纯的贫穷女孩子面前变得无助，这女孩子除了性在其他方面都很无知，最后却掌握了一切的权力。照理玛丽莲对这种状况是再熟悉不过了。但是，她希望表现出训练有素，正如她在那些高境界的喜剧中看到的。她不提及自己丝毫没有减弱的不确定感，硬逼着自己挖掘角色的深度；其实，剧本中一系列台词中的点睛之笔已经说明它只需要演员的直觉，而不是所谓的研究角色的结果。作为成功扮演过众多角色的伟大演员，奥利弗清楚地知道这里面没有什么可研究的，他需要的就是玛丽莲本身，可是直截了当地将此告诉玛丽莲的确是一种侮辱。对于波拉，明确说出这一点也就意味着方法演技理论在此根本不适用。所以，事情的关键是没有人能够说出真相，而即使有人说出了真相，玛丽莲也根本无法听到。

我不知道如何去帮助她，因为尽管带着那么多焦虑，她至少在样片中的表现看上去那么完美可爱，甚至使得影片呈现出一种它本来不具备的悲情的感觉。我非常错误地以为，即使电影本身不过是一部平庸的娱乐片，但它最终会为玛丽莲带来巨大的成功。

而比其他任何事情更让她烦恼的是，玛丽莲发现弥尔顿·格林买了英国古董家具，把它们运回了家，却把账记在了玛丽莲·梦露制作公司的账上——而这个时期玛丽莲的工资是这个制作公司的唯一收入。这是另一次背叛，更让玛丽莲愤怒的是，他没有像她希望的那样击败奥利弗。

我想在玛丽莲头脑的某个地方，她清楚所有这一切都会过去，但这些问题依然会引发一些狂乱的让她害怕的东西，于是她越来越不能控制自己了；她过高估计了格林在帮助她建立自己的财政王国上的能力，她也理想化了奥利弗的形象，把他看成一个伟大的演员，不会对她产生自私的嫉妒心理，一心一意作为她的守护者，像是父亲似的角色；我也让她失望，因为我不能挥舞魔术棒为她打败所有的敌人。而她的沮丧是极度痛苦的：对于格林她不可以马上发作，因为在影片制作过程中，她依然需要他对公司进行行政管理；而在奥利弗还不得不执导这部片子的时候，她也不能表现出她所有的愤怒；对我，她的失望可以显露出来，因为她或许知道我会容忍她，然后最终会回到她的身边，她不断地测试我对她的忠诚。

对于波拉，玛丽莲能够容忍她空洞又让人费解的指导，最主要的原因是她是玛丽莲和李之间的桥梁；而对于李，玛丽莲有着宗教般的依赖。更何况，由于李不在现场，他所有的指导无法在实践中得到检验，于是他可以保持一种理想化的形象。但事实远不止这些。"波拉对我来说一点儿也不重要。"当我斗胆向她提起波拉的表演指导既相互矛盾又让人费解时，玛丽莲这样回应道。但是，没有了波拉她又完全不知所措。波拉是个敏锐的情绪不稳定的女人，也是最近出现在玛丽莲生活中的像母亲般对她进行指导的女性；根据玛丽莲的描述，以前的娜塔莎·莱泰丝——她是在波拉之前玛丽莲的表演指导，但我从未遇到过她——被迫离职是因为她的狂野而恐吓似的欺骗行为。而波拉是个有些炫耀的幻想家，尽力去编织她和她传奇似的丈夫的种种成功的神话，她实际上像个疯狂的母亲，甚至在玛丽莲看穿了她过于自负的野心的时候，她还是不可一世。她是个神奇的母亲，可以说出任何玛丽莲想听的话来肯定她的想法，包括玛丽莲是多么的脆弱无助和缺乏表演经验，使玛丽莲相信奥利弗在这部影片中实际上是要和她一争高下，他把她在影片中拍得一点儿都不迷人，好以此来衬托他自己的表演。可奥利弗为什么要冒险让这部寄托了他财政希望的片子弄砸了呢？当然没有人会这样说，因为戳穿这个悖论显然是选择站在了敌人那边。这个圈子是完全封闭的，事情经常发生在这样毫无生气的环境里，而真正的致命疯狂的母亲却在万里之遥的地方继续控制着玛丽莲。

这种控制迅速达到了顶点；一天早上，波拉宣布她必须回美国一个星期左右。当然，要由公司来出路费。格林很懊恼，而我也颇为疑惑，因为她的费用支出已经是很庞大的了（在后来一部电影《让我们相爱吧》里，波拉最后拿到的钱甚至比玛丽莲还要多）。但她显然非常自信玛丽莲是在她的控制之中，冒险把玛丽莲留给奥利弗，只会使他更加烦恼不堪。

我始终没有找到事情的真相究竟如何，不过当波拉在一两个星期后想回到英国时，基于某些原因英国当局拒绝向她重新签发工作许可，因此她被拒绝回到英国。玛丽莲立即得出结论，是弥尔顿和奥利弗合谋使波拉无法回到英国——这一分析也不是不合理，因为他们两个人由于不同的原因都痛恨波拉。盛怒的玛丽莲威胁说要退出影片的拍摄，除非波拉可以回来重新工作，这关涉到她的个人尊严。她完全不听弥尔顿或奥利弗的辩白，已经准备好坐飞机回美国了。波拉的工作签证很快签发下来了。奥利弗宣称他为此不得不求助于政府最高部门。而玛丽莲已经无法消除对这两个男人的怀疑了，并由此更加确信她生活在敌人中间。我们两个人的关系也进一步被伤害了，因为我或是其他任何人都已经无法让她安心，无法宽慰她了。而一旦她形成了对某人的看法，她是相当固执己见的。假如她的童年经历使她变成这样，这是可以理解的，但对她和她周围的人来说都更不易忍受。

当然，也有一些英国人称为"好"天气的时候，就是当天空只飘着小雨，当我们骑着自行车在温莎大公园浓密的寂静树丛穿行的时候，或者是开车到布赖顿，在海边那对我们来说典雅古老而又空无一人的街道上散步的时刻。她极力避免看上去像是个需要小心照顾的病人，我们谈论一些开心的事情，比如，我们计划重新买一座乡村别墅以替代我卖掉的那一座。等这部电影杀青，她希望成为一个妻子，生活在平静中。拍摄像是一种陷阱，她在这个过程中需要在脑后多长一双眼睛。她也不是第一个演员怀疑背叛是她生活的全部。但对我来说，这种疑虑令我疲倦而毫无结果，因为我已经把我的工作扔到一边，就像把面包扔进水里，如果它沉下去了，那就随它吧，我做了我可能做到的。她不能想象就此屈服于命运，这对她是一种惯性，她甚至在睡梦中都在和命运做斗争。不过，缺少了大量的药片，她的睡眠依然成问题，而巴比妥酸盐也比我当时意识到的还要危险。我以前曾经服用过这种药，但到了第二天，我有大半天的时间感到浑身麻木。我想，在那些日子里，玛丽莲却要用这样的方法来麻醉自己。但这一切很快就要结束了；我们将会有我们的生活，只等影片拍摄结束，我们真正的生活就会开始。

在玛丽莲为数不多的放松的时间里，她的思绪能够向外，关注社会政治或是她正在阅读的小说；她暂时不再是个竞争者，甚至不再是个演员，她作为明星的代价是巨大的。每天都会下一点儿小雨，但有几个星期天，我们可以坐在外面浓密的草坪上，而在那些不用化妆没有目的性的时刻，她看上去就像一只被追逐的动物，正受着伤而且内心的伤痛还没有平复。她谈起她想去纽约上学，学习历史和文学。"我很想知道事物是如何变成它们现在这个样子的。"此刻，仿佛有另一个女人在她身上闪现，一个在传统观念中有教养的机智的女性，受过良好教育以抵御现实的挑战。她看上去具有非常聪明的头脑，但生活却低估了这一点，她被那种只需要她展现诱惑形象的文化摧毁了。她扮演了大家所需要的角色，而现在她正在乞求去展现她的另一面，但是由于一些无法理解的原因，她的声音无法被听到，当她像其他演员那样被谈论和描写得面目全非时，她受到了深深的伤害。如果说在银幕上和对许多旁观者来说，她本身就是个尤物，除了她的智慧；而对她自己，她除了是性感的象征还有更多的梦想。还有，她的智慧很有吸引力，秘密就在于她能够清醒地认识周围，包括那些和她一起笑或是正在嘲笑她的人。几乎和所有喜剧演员一样，她对自己的评价含着些悲悯而且确信自己不仅仅是个性感的花瓶；像所有的喜剧演员一样，她对她的尊严感到绝望，对她的那些评论和扭曲成为她自身产生的氧气，使她可以自由呼吸。喜剧演员整体上来说更为深刻，在某种程度上喜剧距离凝结的生活更近，比悲剧演员还要遭受折磨，后者至少还因为他们的严肃而赢得了专业的赞誉。

但是在那个时候，在影片就要完成的时候，我们有比她的事业更多的事情需要面对。她很明显因为无法给予我帮助而觉得抱歉，而我也因着同样的原因而怀有同样的心情。我不可能为她带来什么改变，尽管她有时会宣称我改变了所有的事情。

我的一个大学老同学，名叫赫达·罗斯滕，是可以让我们都放松的人之一；她是诺曼的太太，诺曼曾经也住在密歇根，是位诗人和剧作家。赫达是玛丽莲的秘书。尽管她做事偶尔透着种诗意的模糊，但她无条件的爱弥补了一切。对于赫达，她所照看的是个——此时距离女权主义运动兴起还很遥远——男性和刚愎任性的典型受害者，其任性将导致自我毁灭。她曾是个半自愿的新娘，她爱她的男人，可她更喜欢有咖啡和香烟相伴的独身生活。然后，岁月如丝绸般滑过她的掌心，仿佛日出日落一样宁静。"噢，亲爱的，这一切都值得吗？"然后，玛丽莲伤感地笑了，一脸迷惑，她们俩会一起分享女性的孤独无助的心情。而当赫达单独和我在一起的时候，曾在哈特福德疗养所当过精神病学社工的她，对玛丽莲这样不停地拍戏是否能使她毕生的伤痛得到治愈感到绝望。"她不断用那些她始终无法面对的事情来测试自己。"对于和我们有着相似特质的人，我们总能给予某种理解；孤独的气质贯穿我们的本性，沉默是空间，我们可以相互做伴，不需要太多语言也能相互沟通。

"你们两个人都感到愧疚。"她说。那是一个下午，我们坐在音乐室里喝茶。

"我不明白为什么。"

"你们俩有相同的是非观。"

"那这究竟意味着什么呢？"

"你们都不能接受你们认为自己不应得的东西；有些本该是完美无缺的事情，你们却把它当成是例外。所以，你们在惩罚你们自己。"她随后叹了口气，就像是生活中自我惩罚的领袖，然后摇了摇她的一头金发，笑了。她天生丽质，直到二十多岁还保留了某种单纯；我曾极力批判她这种本质上的幼稚，但她幼稚的特质本身就是对我的有力反驳，从而令她转败为胜。"噢，上帝，阿瑟，我们是多么不合时宜呀！"赫达原本名叫海德薇格·罗文斯基，说话总像是契诃夫戏剧里的人物。有她围绕在身边是件开心的事情，即使人们知道她也常常制造些麻烦。此后没有几年，她死于吸烟，她曾非常贪婪地吞咽吐雾，她明白却拒绝相信有一天这将会置她于死地。

还有让我大为惊异的是，我又一次无法分辨玛丽莲的感受是真实的还是非现实的。有一天，拍摄现场正在搭建新的场景，在一片嘈杂声中，深受尊敬的西比尔·桑戴克女爵士评价说："那个小姑娘是这么多人当中唯一知道如何在镜头前表演的。"而桑戴克女士在此后数十年间被公认为是伟大的演员。一个念头忽然闪过,玛丽莲所有的猜疑最后都变成了事实,她努力从一个浅薄的角色中挖掘深度也是值得赞扬和肯定的,而问题只在于围绕在她周围的都是些平庸之才,一些嫉妒她的小气之人,和那些让人气愤的类似"已经够好的了"的安慰。在这样的时刻,我眼前浮现出一幅画面,我面对一个演员,他只是大概诵读我的剧本,而不是准确地将它表达出来。回忆起面对这样愚蠢的行为,我总是变得头脑发涨,感到被践踏和蔑视,觉得我的作品竟然被一些傻瓜嘲弄。当我确认玛丽莲的情景也很相似的时候,我坐下来抱住她,觉得非常后悔,并且再一次相信我们会克服一切,走进平和的地带。在一些黑暗的时刻,人很容易慢慢变得疯狂,更渴望找寻一些真实的东西。但真实就如一只小鸟,要经过长途跋涉才会栖息在枝头,而不会凭空掉下来。

* * *

在经历所有这一切的同时,有一支记者队伍始终守候在大门入口处,令事情更加复杂。他们的人数相对固定,在大门口到路边几百码之外一间可爱的乡村酒吧之间来回踱步。当英国人的科技创造才能与美国、德国和日本相比显得落后的时候,其新闻工作者的创造性却显然是增强了;通过他们的打字机,我们两个人成了小说中的人物,每周至少一至两次,我们的家庭对话会出现在不止一家报纸上,都是些无关紧要的事情,当然,都相当愚蠢,这些东西倒是从来没有恶意并且都是编造出来的。有一次一篇报道说,我救了玛丽莲,她骑自行车时差点儿摔伤,是我扶住了她;或者是用半个版面说,那个匈牙利仆人把面包烤焦了,玛丽莲耐心地教她如何做,还建议她如何改变发式。

但是，有一天早上，报纸上报道了一段对话，那正是我们几天前的对话，几乎一字不差。读到那段话的感觉很是奇异，是一些不合逻辑的毫无意义的词句交换，但事实是，这段对话的确在这幢房子里发生过。我们被窃听了？还是外面的某个人，比如那间酒吧里的人，收听到了我们的对话？

在我告诉拉里这件事之后没多久，一个穿着雨衣、套着短靴、留着胡子的高个子警卫开着车轰隆隆地从公司来到我们的住处。他马上召集那对匈牙利夫妇，他们出现在那个警卫的面前。警卫冷冰冰地盯着这对夫妇，没有脱下雨衣，甚至没有自我介绍。一听到警卫从牙缝里发出的吼叫，我的心开始变冷，而他的脸上却始终挂着一丝冷笑，这更显出他眼中幸灾乐祸的神情。

没有任何暗示："星期四有一趟飞往布达佩斯的飞机。除了短期逗留的签证，你们什么也没有，你们会被送上那架飞机，而且这辈子都不会再被允许进入这个国家。"那对夫妇站在门口目瞪口呆，惊慌失措，脸色煞白。他转向那个男人——平时有些胆怯，和我们说话慢声细气——问道："出卖米勒先生和夫人你们收了多少钱？"他的凶狠在匈牙利人脸上刮过一阵热风。

"我们并不知道……"

"别对我撒谎，你这小混蛋！"

我开始介入。我说，并没有证据，你也没有举证的权力，其实这只是唬人的伎俩。但是警卫迅速站直，向我露出温和文明的笑容，说："我想以后这些人不会再给您惹麻烦了。"他转向那两个人："是吗？"

"不会了，先生。"那男人和他妻子一起答道。对于这个忽然而降的麻烦，此刻他们显得如释重负，即使那些招供言不由衷。

"到底有多少钱？"

"五镑，先生。"那男人回答得很平淡，但他的双腿在哆嗦。

"可你向他们多要了多少？"

那女人强作镇静。"那仅仅是……"

"不许你对我用那个词。仅仅可不是你用的词。"那女人凸出的双眼看着地毯。"你们还将从中得到多少钱？"

"没有了。"那男人绝望地说道。

"很好。你到门口和那些人说清楚，如果你透露的再有一个字见报，你们两个就会被送上去往布达佩斯的飞机，听清楚了吗？"

"是的，先生。我马上去告诉他们。"

我们说过的话再也没有被泄露出去。那个警卫在瞬间从如此凶狠的人变成最体贴入微的英国绅士，这真让我震惊。这真是需要一个历史悠久的帝国才会创造出如此这般的人物来管理它。

每天都有邮包送来，这让我们看到了英国社会的另一面，它可能是独一无二的。毫无疑问，玛丽莲这样的巨星已经不是人类了。但是除了超自然，人们无法确定究竟该用什么来界定她；她在公众的想象中是一种渴望，就像他们对神的渴望一样。公众把她捧至太阳前，让阳光聚焦达到燃点，这在某种程度上可以让他们的时间停滞，让他们在自己身上感受到她的生命。有些信是直接寄给她的，就好像她是某个机构，相当自信地问她要钱去做手术，付买房贷款的首期，或是上学的学费。但也有个别的时候，有人寄来粪便，或是一顶园丁的破帽子，说是送给她做个纪念，因为喜欢玫瑰的老人就要离开人世了。另外，总是有些疯狂地想和她做爱或是结婚的人的信。大约有百分之五十的信是精神有问题的；有几个人答应帮助她走出悲惨的境地，有些说免费为她做这件事，但另一些却说要收费。有一个男人约玛丽莲和他及"他的兄弟们"在一个煤矿见面；而另一个约她到苏格兰湖钓鱼。或许最可怜的是一些困惑的女性，她们想知道如何才能"像你"

那样完美，仿佛她是个小仙女，只消用魔杖在她们身上一点，一切就会被激活，变得美好，就像碧莉·别克在《绿野仙踪》里那样。玛丽莲很难平心静气地阅读一袋又一袋的信件，赫达便将自认为会让玛丽莲感动和深受鼓舞的交给她，并为她起草回信，而玛丽莲坚持在上面亲笔签名。

但赫达逐渐失去了兴致，多半是因为她发现自己无法忍受目睹玛丽莲无休止的极度愤怒的情绪，也因为玛丽莲渐渐对她这位朋友失去了耐心。赫达看上去失去了以前那种无私的发自内心的支持。她会提及一些让玛丽莲生气的事情，"但你肯定拉里是这个意思吗？"赫达觉得一个陷阱正在逼近；她不再每件事情都支持玛丽莲，因此她被指控为不忠诚，而她原则上也不赞成玛丽莲那种不健康的幻想。电影还没有完成，赫达就回家了；不过玛丽莲依然是她的诗意的金发女孩儿，对男性充满了诱惑。赫达曾经对此很高兴，仿佛这是对所有女性生活中遇到的不公正待遇的一种报复。"噢，亲爱的，"她看见玛丽莲穿了件新衣服，或摆了个完美的姿势，美丽得令人过目难忘时，总是这样感叹，"你拥有了一切！"——潜台词就是为什么你还不快乐。玛丽莲明白她的意思，然后她们总是一起笑起来，无助地摇晃着一头金发，笑倒在对方怀里。

看来我必须和政府部门打交道了，否则将寸步难行。"王室侍从办公室"宣布《桥头眺望》不可以在英国剧院上演，因为艾迪·卡波恩指控他妻子的侄子鲁道夫有同性恋的嫌疑，为了证明这一点，他抓住鲁道夫并吻了他。毫无疑问，同性恋当时在公众场合还是普遍不被接受的，1956年的舞台上是不容许有直接的同性恋的场景的。

宾基·博蒙特是 H.M. 特纳特制作公司的老板，当时这是伦敦颇有地位且最为活跃的戏剧制作公司。博蒙特几乎立即就想到了解决方案，使事情看上去不仅完满，他还可以大赚一笔，至少他是这样相信的。根据法律，私人戏剧俱乐部几乎是完全自由的。"喜剧剧院"这个名字无论怎么看都是个普通的商业演出公司，但他把它改名为"喜剧剧院俱乐部"，将俱乐部会员的票价提高了四毛钱，会员只有购买后才能进入。美国的共同制作人鲍勃·怀特黑德甚至没有想到这一点，当他希望能够从增加的票价中获得回扣的时候，已经太迟了。面对鲍勃的要求，博蒙特微微一笑——我把它称作"英国式顽皮"，那是他的常备武器——拒绝了他的请求，他也拒绝了包括我的经理人提出的分成要求。我喜欢博蒙特，因为即使对一部文学作品或艺术作品，他的目的都非常简单，即希望赚钱。对他来说只有一种观众，而不是有各式各样情感的观众；在伊丽莎白时代，唯一的挑战就是征服他们。他是个厉害的谈判对手，他看上去热爱剧院和优秀的剧目，他懂得什么是出色的表演并要求这一切。有好几个月，他每个星期一早上都安排新戏的彩排，而且为了新戏在全城挑选演员。当我和他同车前往我新剧的首映礼的时候，我开口赞美他的劳斯莱斯车很棒，他只回答了一个词："租的。"（他决不会把讨论引向歧路，比如讨论我的分成。）作为制作人，他不需要咨询任何人的意见就能决定排练和上演哪一出戏，这种制作人非常罕见，不仅有钱，而且对自己的判断非常有信心。当然，英国的观众可能是世界上最善良的观众，这一点也帮了他不少忙。

《桥头眺望》挑选演员的剧场就背对着柯文特花园的蔬菜货架。坐在彼得·布鲁克旁边，看着一个个仿佛刚从牛津赶来的演员登上台，背诵着布鲁克林码头上意大利裔美国人的台词，我真觉得痛苦。一天，我绝望地问彼得，我们是否可以让剧场后面的伦敦街头小贩，就像戏中生活在底层的人物来试试。我问："难道一个杂货店老板的儿子从来没有想过成为演员吗？"

"这些人就是小贩的儿子，"彼得指着一群正在剧场一侧等待试演的年轻人回答道，"但是，他们接受了训练，口音就变成了现在这样。几乎所有的戏讲述的都是相似的故事，都是用这样的语言写成的。"相同的场景在三十年之后再次出现，那时我在中国。我坚持《推销员之死》这出戏的演员不要化西方式的妆和戴假发，以遮掩自己中国人的模样。一开始我的意见让他们非常吃惊，因为这远离了中国剧场的传统，那就是剧场和现实生活的联系不大；中国人走进剧场是希望能进入诗歌、音乐和翻译的场景，而非进入模仿现实的情景。

演员们根本无法学习到西西里美国人的地道口音，安东尼·奎尔、玛丽·尤尔和其他演员后来试着发明一种地球上从未有过的口音，但结果是英国的观众相信他们所听到的就是布鲁克林口音。演员们也觉得他们发音正确，我也没有予以纠正，因为这一新编的语言配上他们演出时的情绪，营造出一个完全虚构的世界，但这个世界是内在统一的，完全有说明力的，尽管它模拟的布鲁克林码头区是如此遥远甚至根本不存在。《桥头眺望》由布鲁克执导，成了一出感情浓烈的英雄似的作品，那些工人阶级的角色看上去比现实生活中更高大魁梧甚至有些陌生。戏的开场是在红钩区的一条街上，背景是搭建的红砖居民楼的外墙，然后外墙迅速分开，向观众展示出里面的地下室，而上层是设计巧妙的防火通道，将整座大楼的正面和舞台的后台连接在一起。结尾时，邻居们出现在防火通道上，像支合唱团，而艾迪可以和他们交流，向他的社区、他的良心喊话，以取得他们的支持。从某种程度上来说，把整个的三层楼分成两半是非常棒的，它扩展了这个神秘故事的空间。

还有一些事情使这出戏的制作让我感到新奇。当所有的布景第一次搭建好的那一天，在布鲁克的安排下，十几个舞台工作人员的妻子携带着孩子被邀请到现场观看，而她们的丈夫在台上骄傲地描绘和展示舞台布景的变化，大楼被分开的那一幕尤其令人印象深刻，台下的家属发出"噢——""啊——"的声音。在纽约我从未留意过这些有趣的幕后人员，这一发现让我伤感，对我们来说，戏剧似乎纯粹变成了与金钱相关的事情。

在当时，对英国人来说，这是一出很新奇的剧目，特别是他们本国的剧目大多如此符合中产阶级的品位，如此温文尔雅。媒体对这出戏赞誉有加，而演员团体尤其觉得具有充分的挑战性。于是，在几个星期之内，他们就在皇家剧院召开了一次大会，来讨论英国戏剧界对戏剧现状应该做些什么。

当我和许多戏剧界其他人士同时出现在舞台上时，观众的问题却都朝向我，这是我没有料到的，特别是和我一起的都是英国最著名的演员、导演及一些当地名人，比如科林·威尔逊，他是个有趣的叛逆者，帆布背包就是他的一切；还有肯尼思·泰南，如果他不是战后最好的戏剧评论家，也可以说是当时最好的评论家。在五十年代进入六十年代期间，英国人正是从美国戏剧中寻找戏剧的生命力；而另一方面，对学术多元理论了如指掌的美国评论界却对这一历史事实采取了压制的态度。

英国的戏剧观众不断提及一个问题，那就是：为什么英国的戏剧如此无趣？即使我这个初入此境的人也在令人沮丧的选角过程开始怀疑。我想，问题不仅仅是英国戏剧的主题和素材几乎全部来自狭隘的中产阶级生活，而且以我一个外来者的眼光来看，甚至这两方面也像是经过了中产阶级特性这个过滤器；而正是他们具备的高品位始终不断地检视他们看到的作品。《愤怒的回顾》的上演显示出有些什么在涌动，不过，像这样的原创作品出现在英国的舞台上要比类似的带着反叛情绪的作品出现在美国舞台上晚了大约二十年，而后者也是通过中产阶级的特性来体现这种反叛的，在这一点上两地并没有什么不同。事实上，质疑美国价值观和社会成为严肃戏剧的标准，这在美国有更长的历史，甚至可以追溯到二十年代奥尼尔的作品，尽管人们通常并不认为他是名社会批评家。一句话，我怀疑英国戏剧全然没有留意它所处的社会的变化。

但后来当我想到这些时，问题看上去更为复杂；阶级或是世袭制度也牵涉进来了。我回忆起我在1950年参观英国国会下议院时的情景，那时保罗·穆尼导演的《推销员之死》正在伦敦上演。我从空荡荡的游客大厅望进去，反对党工党的温斯顿·丘吉尔和安东尼·伊顿坐在第一排椅子上，以高人一等的姿态望着下议院里势单力薄的共产党议员——来自克莱德的威利·加拉赫。加拉赫正在对议员们发表演讲，他把两个大拇指插在他没有熨烫过的裤子口袋里。就在加拉赫演讲到高潮时，我听见丘吉尔压低嗓门——但声音足以让大家都听见——说："把你的手从口袋里拿出来，伙计！"他说这话时嘴里甚至还叼着雪茄烟。加拉赫立即把手指拿了出来——毫无疑问，他会为此痛恨自己好几个星期。这是阶级的语言和服从的概念，而无论是那不可思议的命令还是对它的反应，我在美国从未经历过，甚至无法想象这种情景。

我回忆起那次戏剧界的大会是在星期天晚上召开的，玛丽莲坐在第一排。这是我第一次觉得人们将她视为一个人来对待，就和对待其他女演员一样。她坐在一群人当中，他们专注地讨论严肃事件，没有人盯着看或对她窃窃私语。我不能确定对于这种平常的对待她是如何想的，但在回去的路上，我想如果能够在这样平常的氛围中生活，我们应该可以很好地一起过日子。一路上她坐在车上没有说话，任由自己沉浸在美妙的沉默中。一个伟大的明星将自己孤立于冷静而对她毫不注意的普通人之外，将留下无法愈合的伤口。但是在罗克斯伯里的家里，时间一长，人们对待她也和对待其他人没什么两样。

我们被邀请——或者说被召集——去参加一场电影招待会，女王和她的随员也会参加。伦敦警察局的两辆无牌照车一前一后护送着我们前往剧院，一个便衣警察坐在我们的司机旁边。玛丽莲打扮得非常引人注目，一件深紫罗兰色的连衣裙紧贴在身上，使她几乎无法坐下，看上去像是生活在上个世纪九十年代的人。在此之前，我们待在奥利弗的家里，玛丽莲对他很温柔，还和他开玩笑，而奥利弗看上去很雀跃，尽管他们在过去几个月里冲突不断。大约有五十只已经打开的牡蛎放在一个大浅盘里，我站在那里边吃，边暗自希望我们可以不用那么快就离开去往剧院。

在剧院大堂，大约有二十个贵族正在等待女王、菲利普亲王和玛格丽特公主。其中有个身材瘦小、面容羞涩的女孩子，她长长的头发盘在头上，正好站在我的身后，所以我问了她的名字：碧姬·芭铎。女王到了，她王冠上的宝石发出一阵强光，这是剧院里的政治舞台。而我们都在表演，女王伸出她的手，我们回以感激的微笑、鞠躬和行屈膝礼。世界就像一个剧场并非只是比喻，它是非常现实的描述，而在此刻的情境里，则表现为由惯例和排练组成的、每一步都被规范化了的礼节仪式。

大约在三十年后，我有过不同的经历。我在林肯中心等待，等待适当的时候出现在大厅里参加嘉奖仪式。总统里根先生咧着嘴微笑着走进来，和我们这些获奖人——艾萨克·斯特恩、丹尼·凯、莉娜·霍恩、吉安·卡洛·梅诺蒂——以及我们的配偶一一握手。里根立刻谈起该如何应付短时间内和几百个人握手的场面，他不时地需要这样做。他刚刚从另一个活动现场赶过来，于是干脆接着和我们谈这个话题。他握住我伸出的手，将食指压在我手腕上，这种方式使他可以紧握住我的手，也可以在任何他想放手的时候放开。"如果有人紧抓住你的手，那滋味可不好受，特别是那些老太太，"他笑道，"她们可以把你的手一直拉到膝盖的地方。"从整体上说,这是个不同的剧院,但是,我们的表演成分并没有减少,一种放松的、即兴的美国式表演,这与女王式的表演是不同的。她带来的是某种深深的敬畏——但考虑到她可操控的战舰已所剩无几,使人敬畏而非使人喜悦,才是她的工作方针。

电影的拍摄工作中也有让人快乐的时刻。我有时会在下午骑自行车到大约十英里远的谢珀顿摄影棚探班,发现玛丽莲正在和其他演员开玩笑。现在轮到拉里看上去心事重重,不那么快乐了。从这次开始,我放弃了猜测的努力,并且依然相信一旦影片杀青,我们就可以开始新的生活。我甚至回了趟美国,和正在放假的孩子们度过了一段日子,回来的时候我相信我们已经克服了那些困难。但是,事情又变得更糟了。拉里决定请我们去看戏,毫无疑问,是想舒缓再度紧张的关系。

在伦敦和玛丽莲出门还是件需要精心谋划的工作。这一次,我们将汽车直接开到了舞台的侧门,在大幕开启的瞬间偷偷地溜到座位上,以免影响演出。我没有留意到这出戏的名字或是导演、演员的名字,而拉里似乎也不想费心作介绍,我手上没有剧目简介也不便四处搜寻,于是在完全一无所知的情况下观看演出。剧情设置在一个优雅房子的阳台上,似乎是在加勒比海的某处。我试着倾听演员的台词,可是在极度英国化的台词和情节之间,我几乎看不到演员们有什么动作。不久,我就开始无法忍受,大脑不再工作了。拉里为什么请我们看这样一出戏呢?

偶然间,戏中也会跳出一句才华横溢的句子,令人惊讶,而我忽然注意到戏中女主角的扮演者正是拉里的妻子:费雯丽。原来如此!我于是更专注地听台词,可是并没有觉得比刚才好。那都是些毫无生气、虚假做作的台词，像是放在玻璃瓶里的花朵。幕间休息时，我侧过身子越过玛丽莲问拉里："这是谁写的？"他微微一笑，没有回答。"时不时冒出几个句子像是诺埃尔·科沃德*的，可是出现得并不频繁。到底是谁写的？"

"这出戏叫《南海泡沫》，正是诺埃尔·科沃德的作品。"

"真的！"

"安静。"他笑着说。

"我的天！我还能说什么呢？"

"你已经说了。"

我们低头笑了起来。然后我问："那这出戏是谁导的？"我甚至无法在语气里掩饰我的失望，导演部分更让我失望，只会让费雯丽一会儿站在舞台的左边，一会儿冲到右边，然后回到舞台的后面。

拉里迟疑着没有回答，再一次露出他挖苦似的克制的微笑。

"真的，导演是谁？"

"我。"

我摸了摸我的傻脑袋，把它撞向前排的椅背。但我们的友谊还是保存了下来。这也是他已经逝去的过往的一部分，这出戏没有留下任何痕迹，现在，它只是逝去的时间传来的回音。

看到玛丽莲又重新变得愤怒真令人害怕，让她愤怒的不仅是奥利弗，玛丽莲已经十分肯定他看不起她；还有弥尔顿·格林，她甚至不能再和他交谈了；最后，是她自己。我发现我已经被她排除出了她失望的名单，因为我毫无能力为她改变任何事，使她不可能轻松离开这

---

* Noel Coward（1899—1973），英国剧作家、演员、作曲家和导演，戏剧因机智和高雅的对话而闻名。因影片《与祖国同在》获得 1943 年奥斯卡荣誉奖。

部电影的制作。愤怒，无情、无休止的愤怒，最后，拒绝听从可能使事情有所改善的任何建议。当我试着平息她的怒火的时候，她认为她的理想被平庸化了。而且，的确，对于我来说，任何一部电影都不值得这种毁灭，而对她，理论上表演是值得付出生命的。之后，我不由得想，这是表演艺术和写作的不同；表演是表演者的艺术，而作家则可以把作品留给世人去评价。我依然相信她在这部电影中的表演是非常诙谐的，而她则因为过分看重自己的表演而变得焦虑。她不能休息甚至无法真正入睡，当然巴比妥酸盐在影片扭曲的制作过程中的作用超过了其他一切。

巨大的失望无法得到缓解，负罪感变成了我们生活的主要感觉，两个人都无法回避。我们都无法奇妙地改变另一个人的生活；我们的生活回到了以前的状态，或者更糟，看上去倒像是我们误导了对方。她没办法重新振奋去抵抗我们的失败，她生活在毫无保留也没有担忧的状态下，没有希望也没有绝望，直至她对她周围的人都没有了怀疑。唯一例外的是两个人，赫达和波拉；这两个人都不会再和她有矛盾，前者已经不再爱她，后者则失去了操纵她的热情。

那个时期，她在纽约一名女医生那里做了一年多的心理分析，后来又先后去看了两个心理分析师：先是玛丽安娜·克里斯，然后是拉尔夫·格林森，这两位医生都完全而且毫无保留地热心帮助她。但无论这些细节多么美好，她的悲剧却主要是根植在她从出生开始就被责难——或者说"被诅咒"更为准确——尽管她意识到自己的命运，也满怀希望地想要改变。她所经历的事情总是戴着伪装，要么是无辜的，要么是不吉利的；她喜欢老人和孩子，这些人和她一样无助，不可能加害于人。而其他人本质上是危险和令人厌恶的，他们被一种赠予的性感解除了武装，这一性感达到一种境界，甚至超越了感觉本身，那是被赠予的纯粹的女性气质。但这些都不可能永远持续下去，而她只想永远生活在顶峰；只有持续增长的成功的声浪才能让她感到安全，或者至少可以原谅自己。而当这种声音变弱的时候，她就变得对自己都冷酷起来，觉得自己一无是处，只是世界上的一个泡沫；厌恶的感觉让她无法入睡，然后重新开始吃安眠药，像是每晚都进行的慢性自杀。但即使如此，她也还能够一次次燃起希望，就像鱼儿穿越黑色的海洋，在重新落入黑色的水中之前迎着太阳飞行。如果有人了解她内心的悲伤，或许会为她那些重新振作的行为感到骄傲。

但我恐怕英国还让我们两个变得谦卑了。

再一次与政府发生冲突。那天我正坐在音乐室里写《不合时宜的人》的首稿，先写出一个故事大纲。但像是进入梦境，我看见一个戴着头盔的警察推着黑色自行车顺着草坪走了过来。他在敞开的法式门前停了一下然后闪了进来，因为里面太暗，他一时有些难以适应。我站起来打招呼。

"您是阿瑟·米勒先生吗？"

"是的。"我的心一下子揪了起来——是我的孩子出什么事情了，或者是玛丽莲！

"我要您跟我去一趟外交部，先生。"

"你要带我去外交部？"

"正是这样，先生。"

"外交部在哪里呢？"

"外交部在伦敦，先生。"

"为什么你要带我去那里？"

"我是奉命前来的，先生。"

"为什么？什么原因？"

"我不清楚，先生。"

在那个疯狂的时刻，我一时竟有些糊涂，难道我要坐在他的自行车把手上去伦敦吗？"但是我没有接到任何通知。"我说。

"他们要您今天就去，先生。我们有一辆车。您现在可以走了吗？车随后就到。"

他站在那里手扶着自行车把手，一身省警察的装束，就像是从阿加莎·克里斯蒂的书里走出来的——戴着高高的黑色头盔，一双无知的蓝眼睛——盲目地执行着他的任务。我告诉他我可以用自己的车和司机，并同意立即动身。

一小时之后，我们到达了外交部，有个人已经等候在那里。不过他的任务只是带着我走过令人迷惑的办公大楼通道。经过了几十个来自不同国家穿着不同服饰的哀求者，终于，我们进入了一间办公室，里面有一扇一人高的窗子，朝向灰蒙蒙的通风口。这是狄更斯的故乡。向我打招呼的官员留着警卫式的胡须，一只眼睛戴着眼罩，腿瘸得很厉害，上身要靠束胸衣式的东西支撑着，我可以从他昂贵的宽大的衬衣里隐约看见那束胸衣的轮廓。毫无疑问，他曾是被击落的喷火式战斗机的飞行员，现在则是个快乐的人——戏剧由此展开。

"啊，电影拍摄进展如何？你喜欢萨里吗？我看过你们两个人骑自行车的照片，是个骑车的好地方，不是吗？我还记得，那里有个相当不错的酒吧，就在你住的那条路上。你在写什么吗？好极了！希望我们不久可以在这里看到它。我很喜欢你的《推销员之死》，我在凤凰城看的，是吧？是保罗·穆尼？非常棒，是的。"寒暄完毕，他用一个不易察觉的微笑而不是兴奋的停顿改变了谈话的方向，其实我们两个人都像在期待着盘子里的那只烤鸡，然后，我们四目相对。他有一头红发。

"你的护照下个月就过期了，米勒先生。"

"噢？我想是的，我最近没有检查过。"事情是这样的：我只有一本有效期半年的护照，因为我藐视国会的审讯将于几个月后在联邦法院审理。美国国务院和那个所谓委员会还有美国政府里所有我的仰慕者全都伸长胳膊正掐着我的脖子。"那又如何呢？"

"我们想知道你在电影拍摄完毕之后，有什么计划呢？"

"我的计划？我们会回家。"

"我明白。就这些。"

"我懂了。我只是不明白为什么你们这么急着让我来这里。"

他选择不去理会我委婉的抗议。

"你的孩子们在美国，对吗？"

"是的。"

"那你在本国有房产吗？"

"没有。"

"当然，你在这里也没有亲戚。"

"我迫不及待地想回家。"

"我想也是这样。好吧，非常感谢你的到来。"他站了起来。

"老实说，我似乎也没有别的选择。"我们都笑了起来。他决定稍稍向我解释一下。

"在与你类似的情况下，有些人选择不回去，我们希望这种情况不会发生在你身上。"

换一种说法，作为对美国的羞辱，我是否应该表示我受到太多的烦扰，我想留在英国，就像卓别林、约瑟夫·洛塞或拉里·艾德勒等人一样？在过去大约五年的冷战时期里，有一长串这类艺术家的名字，这真是美国在国际上的羞耻。设想一下吧，如果玛丽莲也留在英国，后果会是怎样。华盛顿那些可怜的家伙，在把我重新置于他们的控制之前，肯定会好几天睡不着。

在回萨里的路上，我避免去对我曾深深赞美的英国式自由做清醒的分析。随着经济的衰退，他们在政治上变得如此无助。真可悲。一个在世界上缺乏安全感的国家。当然，我始终没有忘记身穿制服的司机正在送我回到可爱的英国乡村别墅。在1965年，超现实主义就是自然主义。在其他一些更为符合逻辑的时代，我可能要偷偷躲在灌木草丛后面以免被人发现，成为一个政治上的贱民。难怪要认清现实、去触摸它、感受它的确定性是如此困难。约翰·普洛克托，甚至艾迪·卡波恩，还有上帝和一个社区来进行有序和全面的谴责。而现在？我的双胞胎和我坐在同一辆车上，他是模拟的另一个我，我每天早上为他刮胡子，如果需要，送他去和记者见面；如果必要，让他去外交部办事，很显然他仅仅是我的复制品而已。怎么能够想象我成为从美国逃走的人们当中的一员？我就像我的双胞胎一样爱着那个国家，却要背上憎恨它的名声。

那天下午，我重新回到桌前写《不合时宜的人》，讲述了三个男人没有办法在地球上找到自己的家，为了找点什么做，他们捕杀野马，然后把它们宰杀制成喂狗的罐头；而有一个女人，和他们一样无家可归，但她本能地感受到生命的神圣，并揭示生命存在的意义。这是个关于冷漠的故事，不仅在内华达，我在世界各地都能感受到这一点。我们对自己毫无掌握我们生活的能力感到震撼，而内华达只是完美体现了我们共同所失去的。

无论如何，玛丽莲不是个冷漠的人；她人生中显示的痛苦，她与死亡天使的奋力角逐；对任何漠不关心的人来说，她都是一种活生生的控诉。

当然，这一切也有政治的折射；人类历史上最残酷的战争刚刚过去十年，而反对希特勒主义的两大盟友正相互虎视眈眈。虚无成了生活的定律，也让伤感到处蔓延。

我如果一旦申请避难，英格兰的友善将会消失得无影无踪。我想起那个警卫对那对匈牙利夫妇的粗暴审问。

萨里和纽约北部西彻斯特的郊区非常相似，都相当富有，有着修剪齐整的灌木丛，以及令人感觉舒适。一旦我的护照到期，我也就失去了法律的保护，而现在距离彼时只有几个星期。然后，我将在联邦法庭面临藐视国会的审讯，所有人都说我很可能被定罪，甚至被送进监狱。令我感到惊讶的是，我自己对此无动于衷，好像在听一则平常的消息。

一天晚上，在金字塔湖畔，我睡不着，便在沙滩上散步，伸着懒腰。那仿佛是徜徉在杜阿尼耶·卢梭[*]的画中，大片黑色的陆地包围着大海，一轮冷月低低地挂在上面，四周是光怪陆离的群山。在湖水深处那条史前鱼依旧在游动着。响尾蛇拥有这座岛屿，它们在暗处静静地躺着。没有任何东西移动。或许我是某个人梦境的一部分，然后从梦境中跌出来，跌入空虚。我的孩子们一定觉得诧异，我究竟是怎样一个人？谁可以解释这个世界？什么是正确的问题？月亮知道，那一眨不眨的眼睛。英格兰现在也有些内华达式的东西。还有，那名瘸腿的前战斗机飞行员对我进行盘问的时候，我是否察觉出他流露出些微的遗憾？这样的想法令我欣慰……

能够活到现在的另一个小小的满足之处，在于可以看到赫达·霍珀和卢埃拉·帕森斯对其他人来说什么也不是，这两个人仅仅是过去娱乐业的遗留。如果说好莱坞在瓦解成更小的单位之前，是一个由半打实力雄厚的制作公司组成、势力遍及全球的联合帝国的话，这两位辛迪加式的小道专栏作家就是守护的复仇女神，是主妇式的警察在巡

---

[*] Douanier Rousseau（1844—1910），法国原始派画家，以描绘平静生活和城市风景著称。

逻，以驱逐那些罪恶的不爱国的反对美国的叛逆者，两人根本没有资格与下面几位值得称道的信徒呼吸同样清新的空气，比如路易斯·B.梅耶、哈里·科恩、杰克·华纳、达里尔·扎纳克、山姆·高德温及其他几个人。几百万的读者每天都阅读她们的专栏报道，接受她们的意见，学着该去痛恨谁或是该为谁而鼓掌。这本该是个笑话，但是她们针对某个人发起的反对运动却颇具成效，比如因为卓别林和自由党以及左翼人士有牵连，她们发起了反对卓别林的运动；而这场运动，甚至导致《大独裁者》这样的电影也惨遭失败，最终把这部电影和卓别林一起驱逐出了美国。

这两位女士所捍卫的价值是多元的，但总结起来只有一个词：娱乐。她们不需要理论性的总结，而是从骨子里就懂得在接下来的几十年里，整个国家的主要事情实际上就是被娱乐。除了极少数值得称道的例子，美国电影总体上忽视了法西斯主义在美国的抬头、人们在大萧条时期所遭受的苦难、西班牙内战、国家的极大堕落，或者即使在好莱坞电影中提及这些话题，也是需要裹上一层厚厚的保护糖浆，确保不会引爆炸弹或是真正触及痛处。

两位女士对左翼人士的猛烈抨击，也只有从左翼的实践中复制而来的某些行为才能匹配——十年后，我在苏联读到其对苏维埃作家的创作指导时忽然想到了这个问题，它教导作家不要将自己的智慧用来批评而应该多多赞美这个国家。美国电影在那里歌颂美国的价值观，这与娱乐概念是结合在一起的；的确，许多年来，我一直在疑惑非美活动调查委员会为什么要修理好莱坞的左翼人士，我想真正的原因并不是怕他们的政治信仰会危害国家，而是怕他们对国家的娱乐特点带来威胁。事实上，作家们主动将厚厚一沓手稿带上听证会，以证明他们从来没有将非娱乐性的政治内容写入任何一部作品。显然，他们理所当然地认为越是空洞的作品就越美国化。

泰伦斯·拉提根技巧出众，多年来成功写出过许多聪明智慧的喜剧。他在伦敦自己家中为玛丽莲举办了一个晚会。在一个巨大沙龙的一侧举办的相对正式的晚会，一支小型的管弦乐队轻柔地演奏着美国音乐，英国戏剧界的重要人物们或是跳舞或是站在一旁聊天。卢埃拉·帕森斯坐在高背椅上四处张望，她个子高大，披着件黑色的小披风，看上去像是在自己的神坛传教的女祭司。她不断接受人们的问候，从未站起来过。当我得知她的身份后非常吃惊，没想到她的影响力已经扩展到这个岛国。但是，演员、导演以及他们的伴侣一个接一个地上前向她致敬。她看上去明显很兴奋，这是真正英国式的等级，而非好莱坞的拙劣复制品。

而令我非常惊讶的是，当我被介绍给她的时候，她肥胖的脸上露出高兴的神情。那是一张常年试图从别人脸上搜寻秘密而变得苍老疲惫的脸，让那些秘密曝光曾是她几十年来的辛苦工作。事实上她转向我，伸出手，用略带美国中部的口音邀请我坐在她的旁边。"认识你真高兴。请！坐吧！"我搬了张矮许多的凳子坐在她旁边，仰望着她，像是在仰视教皇的出现。"你们两个人在一起是多么了不起啊。我们都爱玛丽莲，看到她终于找到幸福真让人高兴。她看上去真的快乐。"我只是点着头，回忆起她的专栏从未停止用流言蜚语谴责玛丽莲试图逃脱小明星命运的野心——从而威胁到娱乐大众。

望着身边眼花缭乱的众宾客，我就像置身于梦境中，在一个被锁住的剧院里，和上百名演员一起排演、跳舞、相互聊天直到永远，虽然这里的确也有富有才华的人们真诚地欢迎玛丽莲。我忽然觉得对无休止地判断人们的真诚度感到精疲力竭，我只想离开这个剧院回到我的家中。

七

有一出戏的名字引起了我的注意,"为聋子做的音乐",它或许代表了我们回到美国及之后发生的事情带给我的感觉。贝多芬在完全失去听力的情况下指挥了第九交响乐的首演,到了中间部分,节奏完全乱了;所以,贝多芬挥动着他的手臂,听着他听到的东西,而听众听到的是完全不同的东西。

我再不能听清时代的节拍了;戏剧界和整个国家因自我放纵让艺术陷入混乱,仿佛幼稚中又透着真诚。有时候,虚无主义如一缕青烟从空中飘过,但我又有什么资格去做出判断呢?做出判断比以前更为艰难了。但也有些时候,我觉得这是件好事情,因为我再也不会将三十和四十年代的道德主义浪漫化了。

我们找到了一套出人意料的便宜但很宽敞的公寓,就在东河的旁边。很快,我们每天的行程固定了下来,玛丽莲早上去见心理分析师,然后去李·斯特拉斯伯格家里,接受几个小时的私人表演训练课程。偶尔我们会去布鲁克林区看望我的父母,他们会把邻居带进来,那些人羞涩地表达他们对玛丽莲的喜爱。而在大门前的街上,当她从那间小房子里走出来的时候,一大群孩子们会冲着她欢呼。玛丽莲对这些平常人的出现表现得很高兴，她尤其喜欢我上了年纪的父亲；而我父亲一见她就喜形于色，他对浅色皮肤的人有些疯狂并且喜欢美女，但实际上，是他不加掩饰的父亲般的溺爱让玛丽莲觉得安全。他总是随身携带一张登有他和玛丽莲合影的旧报纸，向任何愿意停下来看一眼的人炫耀。还有，年纪让他变得脆弱，玛丽莲深受感动，对他温柔以待；当她舒服地和我父亲一起坐在沙发上的时候，她的紧张似乎都离她而去了。而因为和她的接触，父亲逐渐消失的感觉也不再苍白。是玛丽莲让我重新认识了我父亲，他没有一定之规的敏感，他对戏剧具有良好品位，对表演有着清醒判断。我再一次认识到，和我母亲相比，他是如此清醒，拒绝多愁善感，他也更难被虚假的表演和糟糕的剧本所糊弄。事实上，告诉他我想写的故事，我可以从他的反应中判断故事与最终的剧本形式是否合拍。他甚至不懂得读和写，也因此培养出了听觉上的理解力，渴望倾听别人说话，就像个农民；因为没有评断或是学习的压力，他可以对他所听到的事情做出最自然单纯的反应。我发现，如果我无法向他讲清楚我的故事，那就是连我自己也不清楚这个故事，或是因为太敏感反而失去了中心；而当他的蓝眼睛闪现出可以看见我正在讲述的东西的神情的时候，我知道我的描述是真实而鲜活的。

想到马上要面对华盛顿联邦法院的检察官和法官，并有可能被送进监狱，我就觉得奇怪。同时我也在努力将一出新戏中复杂的关系理出个头绪。在城市里我只写出过《桥头眺望》，其余都是在不同乡村写就的。我也在四下寻找想买栋合适的房子，有时我会开车和我的小儿子鲍勃一起去，他就坐在我的旁边。

我写了个实验性的场景，卡洛是个年轻的天才物理学家，他父亲也是名伟大的物理学家；他崇拜父亲，却反对父亲为军队研制新式武器。卡洛发现了某种射线理论，这种射线可以从大气中分离，并且阻止它周围的一切电子活动，这就意味着它甚至可以让心跳停止。他对自己的发现感到害怕，于是决定去向父亲寻求建议。可是，当他开始描述这种射线的时候，他忽然意识到他不能信任他的父亲，不能保证父亲不会将这个信息透露给军队。

这场戏陷入了完美的僵局。卡洛重新沉默，成为了他自己的俘虏，甚至对自己取得巨大科学胜利所应有的自我满足感也被剥夺了。这个秘密无可避免使他坐立不安，他试图向一位他一度怀疑与俄国人有联系的同事透露他所发现的令人无法置信的理论；他想有人窃取他的这一成果，他希望无论如何他的这一理论可以付诸实践。但他的父亲，他在向那位同事透露一切之前就已经与他断绝了关系。

他自我疏离的情绪把他带到了光影斑驳的世界；他一会儿觉得自己是全能的，一会儿又觉得自己很无助，甚至怀疑他体内存在着隐蔽的无法证实的狂躁，这使他产生幻觉，想象出一种毁灭性武器；而他想象中要摧毁的武器，在现实世界中并不存在。但是，如果不去阐述他的发现及在这个他完全不能信任的世界上冒险生产出这种武器，客观事实就不可能得到确认。于是，他为守住这个秘密而日渐憔悴，它占据了他的心灵，并逐渐占据了任何一个他清醒的时刻，甚至他的梦境。确切地说，他变成了自己的那个秘密，直到他一无所有，只剩下一个无法言说的故事。

一个暴风雨的下午，我提出等玛丽莲结束课程后开车到斯特拉斯伯格家里接她回来，因为下那么大雨很难叫到计程车。当我走进中央公园西部公寓宽敞的大厅的时候，我惊讶地听到像用萨克斯风和爵士乐演奏的斯特拉文斯基的乐曲。李出来迎接我，我马上问起这张美妙的唱片。他回我一个神秘、难以理解的微笑，然后说这是张很特殊的唱片。"可究竟是什么？谁演奏的？"我问道。他仍然没有回答，只有傲慢而略带隐秘的微笑，然后再次宣称这张唱片是独一无二的。

玛丽莲正在隔壁的房间里穿外套，是我喜欢的浅色驼绒大衣，那张唱片就放在她附近的桌子上，乐曲已接近尾声。我走过去想拿起来看，李忽然伸出手抢了过去，看上去无比小心。他把唱片竖起来放在自己胸前，以免我看见封面上的商标，但我已经看到商标是灰色的，那是哥伦比亚唱片公司的颜色。

"是伍迪·赫尔曼。"他说。

"真的？我不知道他也演奏古典乐曲。"

玛丽莲尊敬地望着他。"噢，是的，当然。这是他送给我的。"

"标题是什么？我也想买一张。"

"不，不可能。你看这个编码。"他把唱片放平，指着一串任何一张古典唱片上都印有的长长的序号。"这是个很特别的编码。就是说你不可能像买普通唱片那样到外面买到它。"

"但是，这就是个普通的编码。我想我所有的唱片上都印着类似的数字。"

"噢，那不同。"他坚持说，不过略略有些窘迫了。

"那你是怎么得到的？"

"我告诉你了，是伍迪自己给我的。"

我看着他的眼睛。玛丽莲站在那里，为他和这个著名音乐家有如此亲密的关系而骄傲。面对如此拙劣的装腔作势，我感到一阵绝望。或许他又担心他做得太过有些危险，于是打破了沉默。

"当然，如果你真想买一张的话，你可以记下这个编码，然后去订购。"也就是说，这是张私人唱片，但同时在公共场所也可以买得到。我想，又一个威利·洛曼。

一切是那么奇怪。玛丽莲看上去越来越被虚假的事物所包围，我和其他任何人都无法向她指出这一点。她像是在房椽上临时吊起来的网中旋转，我担心有一天这网会被扯断。我唯一希望的是她能够迅速变得强大。李对玛丽莲是如此残忍，我不禁祈祷但愿我是错的，但愿他并非是我所想的江湖骗子。我想是我还不够了解演员。如果他能够让演员慢慢树立起自信，那是件好事。我也不断提醒自己，许多我认识的聪明能干的演员都很推崇他；但另一方面，也有些同样能干的演员认为他是个骗子。卡赞有一次提到斯特拉斯伯格，说他最大的错误在于他使那些演员越来越依赖于他，而非相反。但演员的本钱在于相信自己，如果李能让玛丽莲增强自信，那也是件值得高兴的事情，不管他用什么方式做到这一点。

　　同样让人奇怪的，是玛丽莲的情绪变化。一个星期之内，她会忽而像是拥有了征服世界的力量，但转而，没有任何征兆，她又陷进自我怀疑的沼泽。她有时就像托尔斯泰在《战争与和平》中所写的领袖人物——由于某种神秘的共识，他们对别人具有某种威慑力，没有人能准确地明白为什么，而他们对此也半信半疑，把它视为他们真实天性的流露。而这些人的内心深处，却是如平常人一样脆弱和神秘。就玛丽莲而言，她就是个孩子，一个受过虐待的小女孩。她从未停止过探究这个世界和周围的人，从不放过哪怕丁点儿的敌意；所有的人都能感觉到她对安全感有多么渴望，她诙谐轻巧地一笑，用她的魅力赢得大家，于是人们用她喜欢的话来安慰她，而真实也离她越来越远。但总有一天她会变得足够强壮，去面对这一切，相信她是被人爱着的……

　　有一天，她会像里尔克诗中描述的不快乐的心神不定的女人，她走到窗前，向下面的草坪张望，却看见那棵她看了上百次的大树——"忽然间一切都美好起来了"（Und plötzlich ist alles gut）。这个时刻终会来到，平衡，恢复，流水般的沉默，或许是通过我，或许不是，但她会在忽然间意识到一切事物都是美好的。

在过去盛大的美国追捕赤色分子行动的五六年间，有过几次审判，它们无一例外都在一两个小时内就完成了。整个程序非常简单：先由法庭宣读被告拒绝在非美活动调查委员会前回答的所谓问题；再由一位"共产主义专家"证明，被告拒绝回答问题是因为他们要遵守"共产党人的纪律"；然后，法官宣判被告犯有藐视国会罪。其中有些人为此蹲过一年大狱，比如好莱坞十人。这十人全是剧作家和导演，十年前被捕，在第一次对电影业人士进行的这类恶意审判中被判了刑。但是最近一段时间，部分公众对此产生了疲倦症，这缓和了审判的程序，在量刑方面也更多使用罚款和缓刑，尽管这对每个案件而言毫无意义。我的案件引发了公众的广泛关注，我有理由担心我可能会遭遇更苛刻而非更宽容的对待，因为非美活动调查委员会或许希望借惩罚我来证明自己是对的。

联邦地区法庭的法官查尔斯·麦克劳克林坐在高高的法官席后面，看上去很像沃伦·加梅利尔·哈定。很长一段时间，我一直记得这位已去世总统的英俊面孔。他去世时，我还住在纽约的法洛克威，那个星期用黑布装饰的他的遗像悬挂在每一个商店橱窗里。麦克劳克林满头银发，梳理得很整齐，他瞥了一眼身边的民主党人，也是我的律师乔·劳，以及检察官希茨，和蔼地脱口而出，审讯肯定会在中午时分结束，最多也就一个半小时；希茨也温和地附和说，这个政府的案件绝对不需要太多的时间；劳看上去同样和蔼，但他用男中音的嗓子干笑了两声，伸手摸了摸他的圆点领带，宣布说他的案子至少需要四五天的时间来做陈述。

希茨脸上闪过一阵惊讶，那种惊讶在我的记忆中仿佛是听觉上而非视觉上的，就如上满发条的玩具被拿起然后又被放在地毯上自我旋转时发出的咔咔声。而法官本人看上去也相当震惊，像希茨一样努力想弄清楚劳所说是何意，因为这还是首次有律师想要赢得一起藐视国会的案子，在以往的案例中，律师只是一味无望地退让。而我则过于迟钝，直到后来劳解释给我听，我才明白究竟是怎样一回事。我所知道的是从那个时刻起，负极电流开始从凳子和政府桌子方向朝我射来，而在乔·劳不可思议的声明之前，我几乎引不起各方的注意。一个被告想打赢这类的官司显然是对所有正派和尊贵传统的无礼冒犯。

　　而乔·劳这样做，是从沃特金斯的案子中得到启发，他觉得即使不能打赢官司，但至少会有审讯记录，这样上诉时将有利于推翻原判。在沃特金斯的案子中，他创了先例，那就是除非问题有法律目的，否则禁止委员会向证人提问。也就是说，委员们不能再像这几年他们兴高采烈做的那样，随便在大街上抓一些人来作证了，而是必须表明他们的问题是与委员会要提交给国会的法律问题相关。在对我的质询过程中，检控方很明显从沃特金斯案子中汲取了教训，因为他们首先试图质问的是我的护照问题。的确，我的听证会是被贴上了"使用美国护照不当"的标签。

　　显然，我该如何使用护照，使用得正确或不当，与我拒绝说出我多年前参加的会议中所遇到的作家名字之间没有丝毫联系。而一天天过去，我的困惑与绝望日益增加，因为希茨每天以差不多的句子开始他的演说："现在，当米勒先生进入捷克斯洛伐克的时候，他很清楚他在护照上的印章是禁止进入那个国家的……"照他的说法，这的确是不当使用护照，可是因为我这辈子从来没有去过或哪怕是接近过捷克斯洛伐克，所以很难弄清楚法庭希望这个虚假的断言能够证明什么。他每次站起来，我们就得再一次听他的这番指责。而每当劳站起来，有些不耐烦地再次重申他的当事人从未去过捷克时，法官只是转过头对着希茨，要求他继续。

　　在这个蜗牛爬行般缓慢的诉讼过程中，我和所有没经验的人一样感到痛苦万分；审讯时，为保持头脑清醒，我几乎为每个人都画了幅素描，画得还不错。在每个艰难的审讯日之后，我们通常都会回到乔的家里。我们迫不及待地走到酒吧台开始喝酒，而我之前是滴酒不沾的。大约是在第三个这样的夜晚，第一杯苏格兰威士忌下肚，劳突然抬起他宽大的脸庞，对着我说："嘿！"

"是的，先生。嘿什么？"

"希茨不断重复说你在1947年去了捷克斯洛伐克，是1947年，对吧？"

"是的，1947年。"

"可是在1947年，捷克斯洛伐克还是民主国家。当时的总统是爱德华·贝奈斯，对吧？"

"我的天！我差点儿访问了一个自由的国家，做了件好事！但无论如何，我从没有去过那里。"

第二天早上，劳坐在那里等待着希茨每天像祷告词一样的控诉，指责我去了一个被禁止去的国家。此时希茨开始了："当米勒先生进入捷克斯洛伐克的时候，他知道他是禁止去那个国家的，因为他的护照问题……"劳站了起来，手举得像篮球员投篮那么高："法官大人……"

坐在上面的"沃伦·加梅利尔·哈定"早已疲惫不堪，示意劳可以提问；劳停顿了一下，仿佛他面前的盘子里正有一块双层厚的羊排，羊排的两边还有一片芹菜和一块浇着奶油汁的烤土豆。他再次重申，米勒先生此生从未去过捷克斯洛伐克，但问题是即使他去过捷克，当时的捷克还是个民主国家，总统贝奈斯先生还是我们的朋友。他说，这是历史事实。

好了，现在，法庭上一片沉默。"沃伦·哈定"向下望着希茨，而希茨也正抬头望向"沃伦·哈定"；劳坐了下来，用双手整理他的领带，还在上面拍了一下。

然后，法官说话了："我想在这项起诉的四个角落范围内，这一指控并不成立。希茨先生，请继续。"

我急忙侧身向劳耳语道："他说什么呢？什么是'起诉的四个角落'？"我的眼前浮现一幅画面，在一个四角的帐篷底下，我几乎被闷死。

劳向我弯下身，让我把耳朵贴近他的嘴巴。"没什么意思。"他笑着说道。他的快乐深深感染了我，我也不禁笑了，至于在笑什么，只有上帝知道。

时光淡出又淡入，然后交错淡出。在非美活动调查委员会的质询发生四分之一世纪之后，我和妻子英格·莫拉斯、还有我们的客人劳和他的太太奥莉坐在佳能办公大楼的大会议厅里，因为国会的宴会厅正在重建，这里临时被用作肯尼迪奖章颁奖典礼的宴会大厅。一百多位宾客出席了这个颁奖礼，其中有许多是非常著名的人士，当时的国务卿乔治·舒尔茨是官方主持人。当我们和成群的名人进入这个大厅的时候，我来不及观察周围的环境，但我注意到大厅的墙壁和天花板被涂成了富有装饰性的颜色，而不是通常联邦大楼的那种黄褐色。乔·劳忽然从椅子上转身开始研究这间大厅，然后侧过身越过奥莉告诉我，我将在多年前非美活动调查委员会对我进行审讯的同一间房子里接受荣誉奖章。

当然，大厅整个陈设已经完全不同了，再加上那么多宴会桌遮住了地板，但即使是我在脑海中重新还原了以前的陈设，我还是无法把它和举行听证会的地方联系起来。我只是觉得讽刺，我回想起正是在这个房间，热辣的毒气朝我扑面而来，却让我感到金属般的冷酷。我环顾四周快乐的宾客、笑容健康的国务卿，还有那些著名的获奖者的面孔，我试着从外面俯瞰这个场景，觉得如此缺乏真实性。我原本以为经历过那样无情的排斥，就再也难以接受这种圆滑而自我恭贺的仪式了，但似乎我还是可以享受这种兴致勃勃的时刻。或许我有种错觉，以为自己失去了对权力的敬畏，以为自己曾近距离观察过权力，并知道那里没有我想要的东西。但是，我以前拥有的许多对我们系统中永恒仁慈的信仰也从我内心消失了。两次事件中唯一相同的就是那面旗帜，它依然悬挂在一个坐位上方的墙上。它甚至很可能与许多年前悬挂在国会议员沃尔特头顶上的是同一面旗帜，尽管我知道对世界上许多人来说，它标志着绝对的富有和盲目自大；而我现在还记得当时它让我感觉多么的心安。但是如何将这一切组合在一起，使我的人生拥有清晰的意义？或许我应该接受这一切只是一个梦，一个关于永久放逐和永久回归的梦。

在一个星期毫无结果的审判过程中，我能回忆起的最为有趣的谈话，是与前佛罗里达州参议员哈里·P.凯恩的对话，他当时已经处于半退休的状态，是劳找他来做我的"共产主义专家证人"的。他曾读过我的剧本，而且不相信我是在"共产党的原则"下进行创作的。通常来说，在这样的审判中只有政府方面搜集的"共产主义专家证词"——多是些前共产党的官员们——来判定被告表现出了"共产主义路西法"的所有特征。这一程序恰似1692年萨勒姆女巫审判过程的复制，当时教士们也请来相关专家来鉴定女巫的罪行。来自贝弗利的赫尔牧师就是其中之一，他是《萨勒姆的女巫》的一个角色。在我的剧本里，赫尔就像他在历史上的原型一样，因为意识到他被所谓的"受蛊惑的女孩子们"愚弄了，也因为深深的懊悔，他脱离了检控方，试图帮助由于他之前的"专家证词"指证而面临被绞死的人们，却没有成功。哈里·凯恩的故事与此惊人地相似。

凯恩在海军服役期间获得过不少奖章，他还参加过朝鲜战争。他是少数几个亲身参与过追捕赤色分子行动，最后却怀着复仇式的心态成了整个事件的反对者。他曾在他所在的华盛顿州发起过反对共产主义运动，之后，尽管没有任何政治背景，他却被共和党人挑选出来竞选参议员。他唯一的竞选纲领就是共产主义威胁论，也因此他强烈地感到他应该要求把卓别林递解出境，因为卓别林曾经请求"自认共产党员"的毕加索在法国出面帮助组织抗议活动，抗议美国的压迫。

乔·麦卡锡出来帮他助选。当时，到处都是麦卡锡的支持者，凯恩却开始对麦卡锡近乎偏执的复仇心理感到迷惑不解。有一天晚上，他们两个人都出现在美国军团礼堂的舞台上，这时候，"有几个家伙从后排站起来，激烈质问麦卡锡。在场的其他几个人把其中一个家伙赶到了大街上；而你不能不注意当时的麦卡锡是何等地愤怒——我是说，他整个人都很愤怒，该死的，他几乎在发抖。这真是奇怪。"

"总之，几年过去了。有一天，我和他，还有我们的太太们在玩扑克，忽然，乔看着我说：'你怎么看那个家伙？'

"我不知道他说的是谁。'那天晚上在军团礼堂骚扰我的家伙。'

"我差不多用了一分钟才回忆起他说的事情，噢，那是非常久远的事情了。我简直不能相信他始终记得这件事，不过看上去多年前发生在塔科马的这件事，那个和他意见不一致的家伙对他的质问，始终在困扰着他。我于是回答说：'我不知道，我猜他们就是把他扔出了礼堂。怎么啦？'

"'怎么啦？我的天，那个狗娘养的，居然敢质问我！'——然后他又开始无比愤怒。这真让人难以置信。乔归根结底不是个坏家伙。如果他愿意的话，他可以对人无比甜蜜和蔼。他只是非常反对共产主义；他一直这样。不过，我觉得他一直担心这个反对共产主义的运动最后会败在他的手上，所以他不停地寻找敌人……让我和你说实话吧，阿瑟，真正怀有仇恨的是那些太太。我们当时是在和那些参议员的太太还有她们的先生打扑克，总是那些太太说：'哎，你什么时候把这个家伙或是那个家伙抓起来？他们说了这样或那样的话，你怎么就这么放过了他们？把那个狗娘养的抓起来！'她们是真正的仇恨者。"

在法庭上，凯恩作证说，他阅读了我的剧本，并且发现它们在政治上有相互矛盾的地方，这些不可能是在共产党的控制下写出来的作品。这的确是让人兴奋的证词；但很明显，无论如何，铁轨已经铺好，而列车将向它指定的目的地驶去。

凯恩的转变开始于他的上一份职务——"颠覆活动分子控制委员会"的负责人；他在参议院连任失败之后开始担任此职务，是由艾森豪威尔总统任命的。这个委员会的宗旨是，确保赤色分子没有被政府雇用或在政府担任职务。在平常的日子里，他每天都收到一大沓来信，一些公民写信来用事实或想象告发其他公民的颠覆行径；还有一小部分是那些被指控为颠覆分子的人们写来的抗议信，对于他们与共产主义有牵联或是对共产主义抱有同情这样的所谓指控，表示自己是清白的；这类来信每天都有一定数量，最后被放进一个文件夹，完全引不起注意。

然而，有一个住在巴尔的摩的人，坚持不懈地每隔三天就写来一封申诉信，用他半文盲式的文字抗议说，他因被误认为是颠覆分子而受到不公正待遇，被邮政局解雇了；这个人最终引起了凯恩的注意。他设想道，真正的赤色分子应该是更识文断字的。于是，他回信说愿意和他见面，一起来讨论他的问题。凯恩甚至想，这个人未必敢来见他，面对他的质询。

但那个人在某一天早上出现了，并且成功地让凯恩相信他是清白的。他只是和某个知名的政党活跃人士名字相同而已。于是凯恩帮助他找回了工作，自己却开始留意那堆积如山的信件。至少有几百封信是否认指控的，或部分否认，还有懊恼的忏悔信和揭发信——一共涉及到几千个美国人，这些人从新政的时代幸存下来，现在却被简单地贴上"颠覆分子"的标签而名誉受损。凯恩开始分类整理那些信件，把明显的与不明显的赤色分子分开来，把极左人士、保守左翼人士以及自由左翼人士区别开；几个星期来，他忧心忡忡，因为他不再认为政府应该介入意识形态控制领域。他是由艾森豪威尔任命的，于是他向艾森豪威尔和盘托出了他的担忧，说他们正在建筑一个集权主义的思想控制体系。艾森豪威尔听完了他的话，随即凯恩就被解雇了。

在我的案子审讯期间，凯恩在佛罗里达电视台担任固定的政治评论员。在劳家里的客厅中和凯恩相对而坐聊天的时候，我看见这个男人脸上有某种特殊的深深疲倦，那种只有被权力摒弃并且知道它再也不会回到身边的人所特有的淡淡的笑容。

当法官麦克劳克林问我在宣判之前还有什么要补充的时候，我想我在他友善的中西部小镇面孔上看出窘困的神情。我想不出还有什么要补充的，他于是判决道：五百元罚金，一个月的监禁，监外执行。这项判决在几个月后被上诉法庭推翻，只附加了几句技术性的评论。斯皮洛斯·斯库拉斯马上向我发来了无比热情的祝贺电报。

判决一下达，麦克劳克林就迅速离开了，他向劳解释说他必须要去参加一个葬礼。因此我和劳收拾了我的涂鸦和他的几份文件，溜达着经过法院宽大的台阶，走进了华盛顿灿烂的阳光里。忽然，劳抓住我的手臂。"等等！你不能就这样离开这里，你是被宣判的罪犯。我们必须先办手续把你保释出来。"

我们又迅速折回法院大楼，跑过一道道空荡荡的大理石走廊，想找到保释室和一个职员可以让我自由离开。我们现在是在卡夫卡的国度。当时刚刚过了五点，整座联邦法院里却连个鬼影也找不到了。怎么办？就这么离开有可能引发另一项新的控告，说我无视法庭的裁决。很幸运，我们刚巧碰到了一个正晃悠着要下班的职员。他答应重新打开办公室，帮我办好一切所需要的文件和图章。

在八十年代早期，大约已经是二十五年之后了，我收到了中西部一所大学一位文学教授的来信，他说他是法官麦克劳克林的侄子，现在法官已经故去；这位教授充满感情地将法官描述为在他成长过程中有重大而又正面影响力的人，说法官温和，富有同情心，还相当有智慧。我是否该告诉他我对他叔叔的印象？尤其是，我是否该诚实说出我在案子审理过程中对他的印象？据说，他叔叔曾经向他吐露真情，说我的案子让他深受困扰并后悔参与其中。

我给那位教授回信，说我事实上并不恨那位法官，况且在现在庞大的国家机器中，他已经完全不起作用了。对于我所经历的所有这些事情，国内的自由派组织没有向我提供任何援助；在那之前两年，我被禁止创作一部关于犯罪题材的剧本，只有《世界电讯报》建议说应该"允许"我把剧本写完，但我的名字不要出现在荧幕上。对于这貌似仁慈的侮辱，公众没有任何反应，既没有来自文学界和国内自由派的反响，也没有来自重生的左翼和自由托洛茨基的反应——他们当时正全力与苏维埃的极权主义和对知识分子的迫害做斗争。我一度曾经是苏维埃的支持者；事件之后，我没有发表表明自己正确清白的辩解，或是满怀激情反苏维埃的抗议书，我只是担心盲目地反共产主义很容易在国内泛滥成原始法西斯主义，从而使国家陷入海外战争；简单地说，我当时决定保持缄默，多年来让自己游离在有影响的文学圈子之外，因为所谓立场问题产生的影响不亚于文学本身——的确，它甚至更为重大。

听证会和审讯对我就像是艺术上荒芜的经历——我在五年前就写出了《萨勒姆的女巫》，而审判本身呈现的气氛简直是剧本的复制，以致无法给予我任何新的东西。或许从长远来看，它也在某方面教导了我；十年之后，在这还不是西方知识分子共同关注的主要问题之前，我接受了国际笔会主席的职位；对一些人来说，这可能只是一次别致的经历。笔会是个由诗人、散文家和小说家组成的机构，实际上在当时早已无甚威望。当时我恰好在巴黎做一次长时间的访问，笔会的伦敦分部负责人大卫·卡佛来巴黎找到我；他迫不及待地希望一个拥有知名作品的作家来担任笔会主席，这可能将让笔会继续维持下去。我想没有哪个正值创作高峰期的作家会愿意承担这一工作，但经过几个星期的思考，我最终发现我不可能拒绝这一职务；我的美国经验带给我异常清晰的认识，我深知东欧国家的作家们正在经历着什么；全球还有极为黑暗、充满轻蔑和残酷的地方，在那里政府一旦决定作家必须保持沉默，外界就几乎听不到他们的声音，更加难以对他们施以援手。那已经是六十年代中期了，我想我可以帮助让笼罩在人类头上的冷战阴云更快消除，甚至最终消去，因为时光已经令这件事失去了往日的喧嚣。非美活动调查委员会让我产生了一种渴望，愿这类事情无法再发生，或许在以后，在世界上任何地方都不会再发生。

* * *

我们在长岛东部租的房子前面，是一片宽广的绿地，这让我们难以想象其实我们与大海是那么近。我们的邻居是一个画家和她的丈夫，他们异常珍视自己的隐私，因此也就保护了我们的隐私。现在我们可以自由地呼吸，按正常的节奏生活了。玛丽莲决定学习做饭，首先从做面条开始，她把面条挂在椅背上，再用吹风机把它们吹干。有时候，她会在阳光灿烂的日子为我剪头发，然后我们在空荡荡的阿默甘西特海滩悠然漫步，偶尔也和海滩上的渔民聊天，他们把渔网用生锈的铁链绞起来再装进卡车。这些当地人也被称为"帮纳克人"；他们温和又尊敬地向她问好，尽管她的行动让他们费解——玛丽莲将他们扔掉或是漏网的、在沙滩上奄奄一息的鱼拾起来，跑向海边，重新放入大海。这很让人感动，但又夹杂着些微紧张，让人联想到她自己对死亡的不健康的恐惧。一天，在把差不多二十四条鱼放回水中之后，她一度几乎无法呼吸，最后我只好打断她，把她拖离海岸，直到她停止这么做。

医生花了几个星期对玛丽莲进行了一系列的检查，最后确定她怀孕了，但不能排除异位怀孕的可能。我在和医生谈论这件事的时候，感觉到他非常担心这会带来危险，同时也非常希望这是一次正常的怀孕。但是，玛丽莲对他担心的语气充耳不闻。一个她自己的孩子正如一顶镶着千颗珠宝的桂冠。我尽我所能地和她一样充满期待，同时我也尝试面对现实，等待着我们的可能是个很糟糕的结局。但她一心想做母亲的心情消除了我的疑虑，在她身上已经显露出一种我从未见过的自信安静的神态。第一次，她以女主人的身份在家里招待客人，而不再像以前那样不合逻辑地抗拒这个身份，也不信任客人们的善意。她开始对周围的环境感到安全，或者至少看上去是如此。对我来说，四十多岁了要再一次做父亲反而需要一些时间去适应，但怀孕引发了她对自我的发现，这一清晰的变化足以让我相信，如果我们有一个孩子，可能会增加她的焦虑，但也很可能带给她——同时也给我——对未来的新希望。

然而，她的安宁只是短暂的；医生很快检查出她是输卵管怀孕，必须做手术终止妊娠。当她躺在医院病床上休养的时候，她的无助几乎让人无法承受：我转过身子，感到被伤害，如她一样深——恐惧得令人难以置信。一天晚上，探视完玛丽莲回到我们的公寓，我意识到这或许是一次表明她对我意味着什么的机会，她的无助令我如此深受触动。但我却什么都不能思考，所有安慰的话都显得那么无力。

有一天，摄影师萨姆·肖来医院看她，然后我们沿着东河散了一会儿步，坐在河岸的椅子上，我们开始谈论玛丽莲。我和萨姆不怎么熟；他是个毫不装腔作势的人，而且从没有利用过他与玛丽莲的友谊，他只是赞美她，赞美她的勇敢，赞美她在赤手空拳的境况下，没有同盟但又毫无保留。我说我觉得她身上有种伟大的精神，甚至是一种有些疯狂的高贵，这正是适合她的角色，一旦这样的角色出现，她就可以走出自己，认识到自己的价值。心理分析师过于热衷去谈论而不是去采取行动，而行动却是玛丽莲唯一相信的事情——她的全部生活就是主动改善自己的处境，而不是不停地抱怨。

萨姆开始谈起他在《先生》杂志上读到我的一篇小说《不合时宜的人》。"那可以改编成一部极好的电影，"他说，"里面那个女主角可以让玛丽莲试一下。"

经过了似乎没有尽头的三个小时或更长时间，救护车驶回了阿默甘西特海滩，那种经历无法言说。谁也不能保证她下一次可以成功怀孕。在某种程度上，过去再一次伸出死亡之手将她向下拽。没有任何言语可以为她改变任何事情。她躺在那里，比任何伤感还要伤感，看着小心行驶的救护车旁边穿梭的车辆，我感到一种紧迫感，很想为她做些什么。

几天之后，我开始创作一部戏的大纲，自我们结婚后这是我第一次从早工作到晚。我们的房子连着间小工作室，我可以在那里工作而不受任何干扰。我母亲前来探望我们，但很快她和玛丽莲之间就产生了某种奇怪的不信任感，我母亲缩短了行程，提前坐火车回去了。真麻烦，我想，也感到担心。玛丽莲却觉得自己做的事情没有得到认可，或许仅仅是觉得人们对她失望，但这其实是同一件事情——她非常不安，仿佛她自己遭受到威胁。我于是试着劝导她，因为我觉得她这样不是没有道理的。我母亲可以说是很迷信，她逃避生病的人；她喜欢健康又美丽的玛丽莲。这个想法在我脑中一闪而过，但玛丽莲无法释怀，以至于这个念头占据了她们相处的大部分时间。她对威胁有种神秘的直觉，希望能公开把它谈出来，然后全力以赴去抵抗它。当然，对于一个上了年纪的女人，她是无法用自己的性感来征服的。

不过，几天之后她就对此置之一笑了。很快我们就开车到偏僻的海滩去游泳。令人惊讶的是，她从来没有正规地学过游泳；这恐怕是她尝试过的最尴尬的事了，她笨拙的努力最后都付之一笑。她从水里走上来，她摄人心魄的身体背对着太阳，就像波提切利的维纳斯，有时候她甚至也有那种被盐水洗刷过的从海上升起的凝视。

《生活》杂志派来一架直升机把玛丽莲接到纽约总部去拍摄一组照片，是他们一项宣传庆祝需要的；几个小时后，她被送回来了，她走过我工作室的窗口然后走上草坪。我也从工作室走出来，我们俩站在一起，向直升机的驾驶员和护送玛丽莲回来的一位总裁挥手。她身穿一件黄色棉布直身裙，脚踩高跟鞋，手上还拿着不知是谁塞给她的两支玫瑰。她脸上的妆在阳光下呈现出一种过于虚假的白。当直升机飞走了，我们互相看着都觉得有些不可思议。这是多么复杂的感觉呀！这个国家恐怕没有哪个女人是这样飞到纽约再飞回来，仅仅为了一两张照片；他们对她有种近似疯狂的渴望。她身上有多么惊人的吸引力啊！这件事带来的困扰，就像是只粗大的铁臂伸进了我们脆弱的身体；而它同时再次强调了她的成功，也是她在公众面前的重要性的一种明证。当我们穿过草坪向我们安静的房子走回去的时候，她显得有些心不在焉，仿佛她需要时间独处，让自己安静下来，把直升机的震颤从她骨头里赶出去。我早已清楚，面对公众纯粹是工作的一部分，但玛丽莲必须面对她天生的"首映恐惧"，她内心的感受随着观众评价而沉沉浮浮；她，作为一个女人，很难让自己一边在公众面前表演亮相，一边呆在家里享受自己的私人生活。她从来是用两双眼睛来观察自己的，一双是她自己的，一双是假想的公众的目光，这造成了她无法逃避紧张的情绪。

她在阅读《不合时宜的人》，剧中牛仔的对话让她发出会心的笑声，但对于全心投入塑造罗斯琳这一角色她似乎又有所保留。而到了现在，我自己对这个计划的兴趣只着重于我的感觉：我正在为她创造一件礼物。然而，最终却变成了她不得不去扮演这个角色，这一无法避免的结果将整个计划推向了冷漠的专业性的领域。如果我的意图像我所希望确信的那样的话，她是有权利不演这个人物的——而我也不用去写这个剧本来束缚她，去做一件她并不觉得兴奋的事情。然而，她的谨慎还是受到了伤害。

在第一稿快完成的时候，我想到由约翰·休斯顿来执导这部电影。他曾在《夜阑人未静》中起用玛丽莲，几乎是第一位发现她有表演潜力的导演，而她也从不曾忘记他略显唐突的善良。休斯顿是玛丽莲为数不多关于好莱坞的美好回忆之一，这让我相信这部电影的拍摄过程会像我之前一些戏剧的制作过程那样快乐，偏执猜疑的阴云不会再笼罩着她，就像我所知道的她之前的每一部电影那样。一待剧本打印出来我就往休斯顿在爱尔兰的家里寄了一份。在我们等待回音的日子里，某些暗示开始了：玛丽莲说如果没有休斯顿，她很可能不去演这个角色了，而当她这样说的时候，她是否是有意识的……

但我已经把我的人生和她联系在一起了，而且一直期待有一天她能相信这一点——这终将无可回避。而问题在于，永久和某一个人在一起却是她身上缺失的一部分，当然也可以把这个概念播种在她的内心，让它成长，直至我们俩成为共同的生活伴侣。与此同时，很难否认她的直觉告诉她的一些事情：即使我为她写了《不合时宜的人》，并准备奉献我一两年的时间去巩固她作为一名出色演员的地位——否则我很难想象我会写一部电影剧本——但某些时候我对她还是有些担忧和不自然的地方。她可能把这理解成是我对她不满，而事实是，我只是失去了平衡而且对于预测她的情绪不再有信心。我们还在英国的时候，她对我最初的理想化的形象已经被粉碎了，变得面目全非；而如果有些什么遗留下来的话，那就是我们只好谦卑地接受现实，这意味着理想被粉碎，这对她尤其艰难，因为她似乎就是从把她周围的人和她的工作计划理想化而获得身体的能量。当然，希望绝对不会消失；总体来说，多数情况下婚姻是有预谋地否认其阴暗面而去肯定其光明的一面。

这样说是因为这样的例子在历史上俯拾皆是——古老的根生长出奇怪的花蕾。我快乐地接受了这一角色，扮演一个她心中塑造已久的可以拯救她的人，而直到现在我还没有将此变为现实；尽管她看上去是如此宽容和渴望被爱，我的自我否定的日子也早在她进入我的生活之前就已经为我准备好了。在梦想和现实之间呈现的虚空中，是无法遗忘的罪恶之虫在咬噬，我们俩感到的罪恶是天真而愚蠢的，或许更糟，我们误导了对方。但我想，百分之百的承诺可以弥补这些，我准备好了。我曾经瞧不起电影剧本，并因此拒绝了一次又一次写电影剧本的机会，而这次我说服自己，在此次冒险中，奉献是非常重要的，而奉献是承诺的根本。因此《不合时宜的人》实在是承载了太多的东西，需要巨大的力量去推动；但没有其他可能了，因为我像渴望和平那样渴望她。她依然拒绝接受阳光的照耀。

休斯顿很快从爱尔兰寄来了回信，答应执导这部电影。选择其他演员的程序很快就开始了。我们要在几个月后见面，共同完成拍摄剧本。

与此同时，玛丽莲还欠二十世纪福克斯两部片约，而因为她要拍《不合时宜的人》，他们坚持要玛丽莲在完全获得独立拍片的自由前至少完成一部。对于拍摄时间延后我是欢迎的。不久，另一部非福克斯的电影插了进来，比利·怀尔德选择玛丽莲出演他的《热情似火》。而我其实并不着急，我希望有最好的演员阵容与她合作，有些事情总是比人们预期的时间要长。在等待的时间里，我可以开始写作一个新剧本。

我估计休斯顿将会决定电影技术方面的事情，那么，制片人应该是愿意并能够使玛丽莲感到充满信心的人。我在战前就认识弗兰克·泰勒了，他那时和玛丽在同一间出版社工作。之后，他在雷纳尔和希区柯克出版社工作，在这家新公司，他很快就提供了一系列有声望的作家名单；他是我的第一位编辑，出版了我的《情况正常》，这是一本关于军营的书，源自我对厄尼·派尔的电影研究，还有一部分来自我的小说《焦点》。我听说他近两年在福克斯做制片人，但他对剧本的选择太高雅了，比如握在他手中的计划就有詹姆斯·安吉撰写的关于高更的剧本和菲茨杰拉德的作品《夜色温柔》。他骨瘦如柴，身材奇高，且久经世故，他是一个雄心勃勃的企业家和痴迷的文学爱好者的混合体。很自然地，他对我的邀约表现兴奋；而当他来到我们的公寓，第一次和玛丽莲见面的时候，他似乎很快就驱散了她习惯性地对进入她生活的新面孔感到不安的情绪。我很肯定我可以依赖他，而玛丽莲也很快有了相同的感觉。

卢·瓦萨曼就是只狡猾的鹰，他是 MCA 经纪公司的头儿，他马上同意了我所渴望的理想阵容，进而列出了名单：克拉克·盖博、蒙哥马利·克里夫特、伊莱·沃勒克和塞尔玛·里特尔。和人握手的时候，他把右手手掌竖起来，贴在自己平坦的腹部，瓦萨曼是我遇到的唯一用这种方式和人握手的。但是作为一个经纪人，他知道自己该做些什么，并且做起来毫不费力。

我遇到的第一个麻烦就是，尽管倾注了全力，盖博还是看不懂剧本。几个月后，我和他在好莱坞面对面坐着，我觉得再没有比他更适合扮演盖·郎德的演员了，盖博就是为这个角色而生的。但是读了几遍剧本后，他还是感到困惑。

"这应该是一部西部片，但其实不是，对吧？"他带着浓重的鼻音问道。他有一种工匠似的严肃。他的神秘为他莫名自信的脸孔平添上一种迷人的无辜味道。

我从来都不是很擅长向演员解释我的作品，特别是对那些要求"面包加黄油"式的简单答案的演员，我习惯于天马行空。我无法想到一个听上去不那么智慧的答案，最终造成票房失败。"它是一种东西部片。"我略有些犹豫地说。他笑了起来，并立刻表露出他的好奇。"它讲述了生活的毫无意义，或许还讲述了我们是怎样走到这一步的。"我从未理性化地概括我的故事，但他迷人的眼睛鼓励我继续下去。"西部人和西部总是被构建在一个道德平衡的世界中，在那里魔鬼有它的标签——就是那种黑色的牛仔帽——而魔鬼在结尾总是没有好下场的。这个故事可以说在同样的世界里，只是把场景从十九世纪搬到了现在；现在，即使是好人也会成为麻烦的一部分。如果你还想让我继续说下去，我恐怕会让我们两个都变得迷惑，我也不知道我写了些什么。"

他回去又把剧本看了一遍，第二天答应出演。谁也不晓得我是否触动了盖博的心弦，他是直到最近才重又开始演戏的。结了许多次婚，差不多一生都是花花公子的盖博，在快六十岁时才第一次要当父亲，而他正热切期待着。那些熟悉他的人说，他已经变得非常内省了。

蒙哥马利·克里夫特则有另一种麻烦。他自我毁灭式的放纵让他在某天晚上开车时撞上了电线杆，这令他的部分面容被毁（而我也因此被指责利用了蒙特的这一缺陷，邀请他来饰演珀斯——这个人物因为牛仔竞技表演而受伤，脸上同样有一道疤痕；尽管最初的剧本早在克里夫特车祸之前就写好了）。保险公司却不肯为蒙特出演这部戏上保险，后来由于我的担保，还有休斯顿和瓦萨曼的坚持，才终于同意了。事实上，我从来没有和蒙特讨论过他是否可以信赖，我只是把那个角色交给了他，而他也热情地应承了下来。他对于能和我、休斯顿以及玛丽莲一起工作是如此高兴，我根本不相信他会背叛他的职责。的确，他从未错过他的工作：他在电影开拍前就把他那部分台词全背了下来，而且，尽管后来影片拍摄进度一再延后，他也从未迟到过。

一个人坐在打字机面前，在白纸上写下所想象的文字，而在某个特定的时刻，他一转身却发现要面对四五百个人，还有卡车、食物推车、飞机、马匹、酒店、公路、汽车、灯光等等。所有这一切对他来说是莫名的复杂，但却不知这因何而来。很奇怪，最终他对于由于他的想象而产生的这一结果没有任何控制力；他们只顾走自己的路，一点儿也没有意识到他们目前的肉身是他所赋予的。

在拍摄过程中，我有时会对自己微笑，想到我一开始只是创造了几个孤独失意、寂寞的人，想象他们在神秘的辽阔草原上的感受。而现在，无论你往哪里看，都能看到有人在吃三明治。

第一天，我们在里诺的一条街上拍摄，我立即就与毫无文字感的摄影机产生了矛盾，它未被公认的名字是"仅仅是部机器"。对我来说，里诺的街道只可能是种感觉，摄影机却使它变成了一个实体；甚至连那些大约四年前我住在内华达期间早熟悉的普通街景，一旦被摄影镜头对准了，也仿佛有了种夸张的自我意识。休斯顿决定使用黑白胶片而不是彩色胶片，部分是为了避免这一点，但对于我来说，那种感觉始终在那里。摄影镜头有它的自我意识；在镜头中，伊甸园会变得有些过于完美。

我对电影依然无知，我不断地将我们拍摄的东西与我想象的东西进行比较。对于我们的眼睛来说，即使不是有意识地去注意，背景的东西与我们在焦点中心所看到的东西之间总存在着张力。但是镜头却普遍强调了前景和特写镜头，背景被彻底地排除在外了；因此，镜头中人和物都被前移了，而它对细节过分强调也将人的眼睛能看到的背景彻底切掉了。那种缺失了背景的视觉效果只能依靠后期的剪接和蒙太奇来创造。

玛丽莲的第一个镜头中，她站在塔奇河上的里诺桥，她扮演的新近离婚的少妇习惯性地将结婚戒指脱下来扔进河水中，庆祝自己重获自由。而笨拙的嗓音尖利的女房东塞尔玛·里特尔，正试图使她振作起来。看着玛丽莲，我不禁感觉到她的失望，不单是她所扮演的角色对婚姻的失望，也有她自己对婚姻或许还有对她个人的失望。拍完第二条后，我走过去对她说这条拍得不错，她抬起头望了我一眼，眼中满是嘲讽，仿佛我在说谎。当她用那样的眼神望着你时，你会觉得你就是在扯谎。而从某种程度上说，的确是这样的，我能感到她对一些事情——不仅仅是对她所扮演的角色——有所保留。但我坚持认为这只是她没有安全感的表现；我们一定会有未来，这部影片的拍摄正是要帮助我们走向未来。而且，电影结尾处罗斯琳最终发现要去相信一个男人，并相信自己的生存能力——这当然不是巧合。

休斯顿打心眼里满意她的表演，恭维的话冲口而出，却忽视了她提出想再拍第三条的要求。这不明智的举动像是表明他只满足于"挺好"这个标准，这触动了玛丽莲脑子里的警钟。毒气再一次充满威胁地盘旋在上空，但这一次，我和玛丽莲一样，觉得整个场面缺乏生气。像这样简单直接的场景，我怀疑她是否过于用力，赋予角色太多的意义；事实上，她已经够努力了。休斯顿显然觉得拍摄条数越多，事情将变得越艰难，但是在拍摄的第一天，他选择了掌握主动而不是向后退缩。而从玛丽莲的角度看，她没有被用到尽。

休斯顿看上去是含蓄地订下了他的原则——让演员自己去表演，导演只是监视和对效果作出评价，但是他不会把她撕碎，重新塑造，让她超越自我，他不会像李或是她的其他表演老师那样对待她。他将做他的休斯顿，而她还是她的玛丽莲，除此之外，他没有兴趣去为超越这种界限做任何努力。那天拍摄的第二个场景是在一家酒吧，玛丽莲碰到了盖博和威利斯，休斯顿的方式在这里似乎起了作用；玛丽莲显得有趣而又卖弄，同时还把人物内心的心不在焉表现得深刻。她是个专业演员，准确而快乐；我已经准备好恭喜她接受了我的意见，也赋予了这个角色生命。

而不远的地方，波拉总站在人们的视线之内。里诺天气炎热，她却坚持穿着一身黑，她说物理学上表明黑色比白色更清凉。摄制组的人立即称她为"黑色从男爵夫人"，简称"从男爵"。在拍摄间歇，她总是和玛丽莲一同待在玛丽莲的化妆车里，我一走进去，她们就陷入沉默，就像她们在休斯顿面前那样。当然，我懂的，演员在创造角色时是需要一个特定氛围，而剧作家却是构思着一切，触角伸向不同的方向，寻找剧本的内在关联和形式。她专心于自己的角色，对我或其他人视而不见也不是不合理。我所知道的是，她变得和我所认识的玛丽莲完全不同了；在屏幕上，她看上去聪明而有生气；而在生活中，她对任何人来说都是个谜，尽管拥有一切，却把自己包裹了起来。不过，工作时我自己也曾有过这样的状态，对此我并不陌生。

我知道有谣言说休斯顿对待演员和作家就是个虐待狂，但这一次我决定不去相信任何我听到的二手甚至是三手的传言。正如许多曾被拍摄或是描写过的人士，我也遇到过很多人真诚地表白他们与我有一定的关系，比如说是我的同班同学，曾帮助我写剧本，曾被我抱上床，也有的说我对他们很好或很坏，完全忽视他们，或是曾追求她们等等。有相当大比例的人们似乎是生活在他们的想象中，想象他们和一些著名人物有过复杂的关系，和他们对话争论，甚至包括恋爱事件、恋爱中分手的心碎以及重修旧好的快乐。名声就像是高高飞上天空的气球，它们安静的自由或是遭人妒忌或是被当作敌人打烂。在这个行业，我尝试着接纳一些人，只关注他们是否能诚实地工作，而不过问其他的事情。就目前我所看见的，休斯顿对这部电影和这些演员来说几乎是完美的人选。他很快就对波拉视而不见，他会说些突兀但是经过揣摩的话来恭维她——比如赞美她在大热天穿黑衣——并且用一种严肃得近乎可笑的神情倾听她的任何忠告。波拉用了些时日才弄明白这一点，而此后就有许多麻烦在等待着我们。从电影一开拍，休斯顿就坚持像对待专业演员那样对待玛丽莲，而不是像对待一个病人；她不需要他那些廉价的鼓励。这看上去展示了她的坚强，也重新让我回忆起我为什么要写这个电影剧本，那就是希望我们可以有机会像一对搭档那样生活和工作都在一起。我看到，不管休斯顿的名声如何，他有很好的忍耐力，他鼓励人们勇敢面对，这或许因为他把自己视为与各种看上去难以成功的事情做斗争的勇士。他要展示玛丽莲在整个角色塑造过程中不断挑战那些纠缠着她的问题，最终做出出色的表演，尽管实际上，玛丽莲已经拥有塑造好这个角色的一切资源。

休斯顿一定知晓，她在上一部影片——也就是由比利·怀尔德执导的《热情似火》——中有非凡的喜剧表演，这掩饰了她在整个制作过程中的极度痛苦。他怀疑是她选择了让生活中的痛苦继续下去。他从未嫉恨过人们的性情——潜意识不是他所关心、也不是他在导演过程中要考虑的。演员的工作是表演，而如何组织表演是导演而非其他任何人的工作，这是所有导演的基本工作。至于我，他则视为新鲜空气。我也计划着激发出玛丽莲所有的勇气，而她的反应正如他所期待的，至少在最初几天是这样。但很快，她内心的忧虑就显露出来了，只是这次，无论是休斯顿还是与她合作的演员都没有做错什么。

我知道最初我期待她是她所嘲讽的那种"男人都爱的快乐女孩"，后来却发现正好相反，她是个焦虑不安的女人，无论朝向哪个方向，她的绝望都在日渐加深。《不合时宜的人》开拍后，我已无法否认，即便有一把可以打开玛丽莲绝望锁链的钥匙，也不在我手中。

在拍摄《让我们相爱吧》和《热情似火》两部戏的时候，我完全放弃了写作的希望；我决定将自己奉献给她，给她某种情感上的支持，这可能会说服她，在这个世界上她并不孤单——我以为这是玛丽莲问题的核心所在。我甚至重写了《让我们相爱吧》的剧本——一个我根本就不觉得值得在打字机上打出来的剧本——这一过分举动正是试图将她从完全的灾难中解救出来。但显然我完全错估了，这并没有拉近我们的距离。她似乎对我作为奉献者所奉献的大量时间感到习以为常，而如果她内心的焦虑痛苦无法消除是清晰可见的话，还有一点也同样地清晰，那就是，毫不夸张地说，我没有任何办法去减缓她这种毁灭的过程。

《不合时宜的人》开拍后，我一直寄望于发生某种改变，自己也不清楚为什么。或许是因为罗斯琳这个角色，这是玛丽莲第一个严肃的角色，有着她所渴望的女性的尊严。罗斯琳的两难困境也正是她所面临的，而在影片中，这个问题得到了解决。我希望在塑造角色的整个过程中，玛丽莲能够变得同样信任他人和拥有自信，尽管我自己都怀疑我是否可以坚持这一切；我们对对方的期待都有所降低，正如没有人能在婚姻中保持自己的期望值。

尽管发生了这一切，我觉得我们之间依然存在挑战，但我相信我们可以克服。或许这需要一个奇迹，但我不会放弃与她的联系，至少我还能够在某个层面感受到她，而我相信她也不愿放弃在某种程度上与我的联系。对我们俩来说，在有限的相互关联中，并没有什么可以替代对方，哪怕是一个理想化了的人或是理由，而这种内在的关联也不会随时间而削弱。玛丽莲拥有一种革命式的理想主义，或许是因为她自身的困境造成的。我们在一起的时候，美国还不是她的反对社会变革的名词或是社会意识成为一种将要消亡的记忆，而这对她在国家和个人意识上的觉醒和她需要面对的事情非常重要。人们对于究竟是什么在左右他们的生活所知甚少，甚至一无所知，而电影、戏剧和书本在这点上对他们也全无帮助。有些时候，当谈论到这类无动于衷的时候，仿佛罗伯斯庇尔进入了她的意识，等待着愤怒和正义的通道。无论朝向哪个方向，她都看见她所形容的"游手好闲"，敷衍迎合，缺乏力量和自由的释放。她需要一个英雄，在那种时刻，没有什么是她真正在意的，包括她自己。

到了1960年，我们开始修补我们买的一幢旧房子，就在康涅狄格的罗克斯伯里，在我以前住的房子向北半英里的地方；玛丽莲开始竭尽所能地装修那幢房子。我们实际上无法满足她所有的想象，我尽量不让事情过于戏剧化，但我的担心还是不可避免地出现了，同样她对金钱的观念也牵扯进来了，问题是客观上我们究竟能够支付得起怎样的房子。钱对她来说——就像对那些极其富有或极其贫困的人那样——并不是节俭着以备不时之需，而是当有钱的时候就花掉。而对我，钱意味着自由，自由地写作而不需要受雇于某个公司或制作人。

我们花了大约一年的时间去修补这幢旧房子的一些主要问题，同时又设想可以在树林尽头建一座新房子。她联络了弗兰克·劳埃德·赖特[*]来做装修计划。她的动机很单纯，想把这座独特的房子当作礼物送给我。因此表面上我们都忘了问是否可以负担得起赖特的设计；和玛丽莲一样，赖特并不在意造价。我只好让他来，然后由玛丽莲来决定是否超出了预算。

一个灰蒙蒙的秋天早上，我们到曼哈顿去接赖特。那时他已经快九十岁了，他迅速地钻进了车后座；而在回罗克斯伯里的两个小时里，

---

[*]　Frank Lloyd Wright（1869—1959），美国二十世纪最重要的建筑师。

他一直在打鼾。他长得很高，带着某种戏剧化的英俊；他戴着宽边的西部牛仔帽，穿着宽大的格子外套，用一副接近胸腔共鸣的嗓音说话，让人联想起 W.C. 菲尔兹带着鼻音的懒洋洋的声调。一进门，他环顾下卧室，低声调侃说："啊，老房子。不值得为它花一分钱。"我们一起吃了些腌三文鱼和面包，但他不要胡椒。"永远不要吃胡椒，那东西会让你提前丧命。别吃它！"

我让玛丽莲留在屋子里，带着赖特爬上了陡峭的长斜坡，走了大约一英里，来到我们想建房子的地方。途中他甚至没有要求歇息一下。在小山顶，风在身后吹着，他转身望着眼前的非凡美景，在撒了泡尿后说："是的，是的，确实。"然后，他迅速地四下一瞥，自顾自地向山下跑去，他跑得很快，绕过岩石、山丘和坑凹的平地。当我们终于来到山脚下并放慢速度穿过一片麦茬时，我想，是时候告诉他一些他从不费心打听的事情了，那就是我们都希望生活得简单，而不要像有些人那样建造豪华得让世人侧目的大厦。我看到他对这个信息一点也不感兴趣。

他的设计图实际上更像一张印象派的水彩画，倒也没有特别的惊喜：圆形的中间部分低下来的客厅，被大约五英尺厚的粗糙的鹅卵石包围着，还有一个圆形的屋顶，直径不小于六十英尺；向外望去就是有七十英尺长的游泳池，四周环绕着粗糙石块，尽头则与倾斜的山丘连接起来。而游泳池的顶头，支撑的部分需要一些大约二十英尺厚的石块，以便可以将水托起来，人们可以站在上面；我判断，那需要很结实的材料，像修建一道马其顿防线。我问赖特建造这座房子要花多少钱，他说大约需要二十五万。以我的建房经验，我猜这个价格，应该包括了游泳池。在他那张水彩画的设计图上，有可爱的两笔勾勒出了他的幻想：有一架二十年代出品的加长豪华房车停泊在车道的转弯处，身穿制服的司机坐在敞开的司机专用房里；而一面小旗帜在房顶上空略显呆板地飘扬，很显然，这是一个信号，证明主人正在家里。他对玛丽莲的快乐梦想体现在他奇怪的结构设计中，只有一间卧室和一个很小的客厅，但却提供了一个很大的"会议室"，里面一张会议室风格的桌子，四周是十二张高背椅，人们坐在上面时椅背几乎高过头顶。或许他设想着玛丽莲坐在其中一张高背椅子上，宛若一个小国——比如说丹麦——的女王。整体来说，这更像是一个公司行政总裁私下进行非法股票交易和非法兼并的场所。

当我走进他在广场酒店的办公室，看到他的设计时，我说这和我们想象的相比还是太豪华了，而看上去这个消息也没有对他有明显的影响。在我的记忆中，他的确向我展示了一幅巨大的整座城市的水彩设计图，不是为伊朗的君主就是为某个富有的石油王国设计的，上面有几十座梦幻般的粉红色高楼和尖塔，相互交错的公路将一座又一座建筑贯穿起来。很自然地，我想要寻找用来支撑这些混凝土跑道的是什么，却什么也没有发现。

随着《不合时宜的人》一场接一场的拍摄，我内心主要的顾虑也在继续，我作品的背景是广袤死寂的内华达平原，在那里人们很容易迷失。但是，在镜头中这个背景却频繁地被那些特写镜头破坏。我也了解摄影师拉塞尔·麦蒂所坚持的观点，"观众不是为了看风景才买票进戏院的"。他是这个领域的能手，拍摄的时候，他很少使用三盏以上的灯，而且，只消一分钟就能把它们安置好。他轻视那些耗时昂贵的艺术性的灯光布置，他做事情靠的是他熟练的技能，他将电影拍得像是某个事件报道而不像是虚构的故事，这是件好事。我很快放弃了向他灌输我的理论的念头；在拍摄间歇，他总在电话机边徘徊，等待着他投资的一口油井的消息。电影只是电影，而石油喷涌而出才是美丽。技术性人员似乎是被隔离起来了，只在他们狭窄的圈子里做着自己的事情，并力图达到完美，就是这样。这些人不屑于谈论欧洲那些理论，他们像福特或是爱迪生那样实干却创造了一些我们从未尝试过的最具独创性的电影。

他们让我想到一个道具员，十多年前当《推销员之死》首次搬上舞台时，他为我们工作，他叫海米，喜欢抽雪茄。他的任务之一，是在每次演出时都要保证其中一幕中的道具烟灰缸里有许多抽了一半的罗斯柴尔德香烟烟头。威利（阿瑟·肯尼迪扮演）的儿子比夫在第一幕结束时会点燃一支烟，然后把烟头掐灭在烟灰缸里。为了体现他抽烟抽得很凶，令他父亲担忧，在下一幕里那个烟灰缸里需要有更多的烟头。海米会留意每天晚上的演出，而且对每次演出的好坏给出自己的意见。他坚持每天晚上都往那个烟灰缸里放满新抽剩的烟头，使它看上去更真实。这就是他对这出悲剧的贡献。演员们总是拿海米像母鸡般的大惊小怪开玩笑；而当他们在演出中出了错，比如错过了接口或是忘了台词，他们也要回避海米从台侧射来的不满的眼神。

我们的拍摄进度拖后了，原因是玛丽莲不能准时出现在拍摄现场，而且，迟到时间越来越长。我不知道该做些什么说些什么，我感觉到玛丽莲很愤怒，对我、对她自己、对她所做的事情都很愤怒。不仅仅是对我提出的表演建议，甚至是休斯顿提出的，她都充满了不信任感。这逐渐超越了愤怒或憎恨，仿佛一场自然灾害使人无助又震惊。玛丽莲还会和波拉一起开车到乡间的古董店，为我们的房子买回一两件小装饰品，这让我觉得惊奇，因为她已经基本上不和我说话了。我们像是两个在抢占同一个空间的人，有无数的理由无法接受另一个人的好意；那种失望是相互的，并且已经留下了它的痕迹。

现在，每天都有些奇怪的事情发生，不过也有让人高兴的事情，比如克里夫特其实是个值得信赖的人。休斯顿和我曾经担心他会重新开始酗酒而需要帮助，但结果是，他和沃勒克成了摄制组的顶梁柱。

他的第一个镜头是在他进入剧组一星期左右拍摄的，是在公路边的一个电话亭里，他有整整一页纸的台词；结果，他没有一个错误或打一个磕巴，一条就过了。休斯顿和我相互祝贺对方，对我们没有理会保险公司的误导，坚持由他来扮演这个角色而深感庆幸。我觉得这证明了只要克里夫特认为他的工作是有意义的，而不仅仅是被电影公司剥削，他就会打起精神全力以赴。当时，很多演员都不得不去做大量无关的或纯粹愚蠢的事情，这使他们神智萎缩，而通常，他们的自信也是颇为不确定的。

有时盐湖地区的温度竟然高达一百零八华氏度，而我们还必须在炫目的灯光照射下工作。为了打发时间，我和摄制组的人员互相扔足球玩。波拉在她带空调的凯迪拉克加长轿车里写信。每天早上在从里诺来拍摄现场的路上，她和玛丽莲都会在玛丽莲的车上进行排练，但是为了面子，波拉坚持说她也需要一部加长轿车，于是每天为她安排的加长轿车和司机就跟在她们后面。从车窗里望着她，我想起了拍摄《游龙戏凤》的时候；此时，她的拜占庭式的对头衔的迷恋和毫无意义的神秘行事方式都变得不那么可笑了。如果不事先表明这是个秘密，她几乎连时间都不会告诉你；她同时戴着几只表，这让不明就里的旁观者产生敬畏——一只挂在她的脖子上，一只戴在手腕上，而另一只则装在她的背包里，这样她就能同时知道伦敦、东京、墨西哥城和悉尼是什么时间，以此来暗示她和李在全世界有多么重要。

在某些漫长等待的时刻，我去和盖博聊天；他喜欢坐在湖边，在他的化妆车旁边晒太阳。他似乎认为玛丽莲正在经受精神问题的困扰；尽管每天都需要经历折磨人的等待才能开始工作，他脸上甚至从未表现出被冒犯的神情。那些熟悉他的人甚至对他这种毫无个性的耐心感到惊讶。然而，有那么一两次他的经纪人提醒我们，合约表明，如果我们超时，每天要支付他二万五千美金，而他也做好了最坏的打算。

我无法打消一个念头：我自己要为他被迫的无所事事负责，尤其当初是我说服他接下这个角色的。但他知道每个人都无能为力，包括玛丽莲自己；这可不单纯是一个明星想显示一下谁才拥有最高权力的事例。或许是玛丽莲告诉过他，他是自己童年时的偶像后，他就被软化了；事实上，玛丽莲把他的照片和她所崇拜的母亲的照片并排放在衣柜上；而她还很小的时候，甚至相信盖博就是她的父亲。盖博和我时常坐在他的化妆车的旁边，在内华达的寂静中往往半个小时不说一句话。我能够感觉到他的同情，而我肯定，他也能够感觉到我的懊悔。

我有时会问起他早年为米高梅公司所拍摄的那些电影。"通常我们会在星期五完成一部影片的拍摄，然后周末就有个晚会什么的，接下来的星期一又要开始下一部电影——它其实更像是股票公司。我的'教练'也在那里"——他是指他的助手，一个六十岁左右的男人，有一张长方脸，喜欢坐在化妆车的台阶上听盖博说话；他会主动递给盖博一些他可能需要的东西：一包香烟，一个新的过滤嘴，或是一罐冷饮，他做这些事情已经几十年了——"我的'教练'会让我脱下礼服去洗个澡，在我擦干的时候告诉我的第一句台词是什么，然后在去摄影棚的路上，我一边努力让自己清醒过来，一边听他念台词。而那边已经把我的戏服准备好了，我穿好戏装走到现场向导演打个招呼，和不管是哪个扮演女主角的演员见个面，然后努力弄清楚这个场景是在哪里——你知道夏威夷、诺姆、圣路易斯或其他什么地方。然后，大约需要二十分钟就开始实际拍摄。拍完了，就这样。大约一个星期后，你开始对所饰演的人物有了大概的了解，此时离拍摄结束也就只剩下两个星期；而当你真正理解了你的角色时，拍摄就结束了。不过，大多数电影里的角色都不值得一提，所以你只需要在拍摄时杜撰些东西，或者你甚至不需要去杜撰，因为有时候也没什么可杜撰的。当然，这一部总体上有些不同。"

盖博把他那辆银灰色的奔驰房车从加利福尼亚开来了，利用他的时间每天早上都从里诺开上山。他有着和世界历史上其他任何一位名人一样家喻户晓的面孔，他值几百万片酬，并且可以拥有世界上任何他想拥有的东西。不过，他并不厌世，对许多事情尚未失去好奇心。他会询问我的生活、我如何工作等等，当他关注这些时，我在他身上看到了我父亲那样原始的简单。或许他就是为了银幕而存在的，因为他天性如此。我又不得不想到，拥有伟大演员个性的人正如受过训练的狗熊，以某种规律吸引我们的注意，同时却伸出他们巨大的爪子来威胁我们；一个伟大的明星意味着他就是他自己，他本身就意味着些什么，甚至意味着某种危险，就像某些伟大领袖。

我把牛仔竞技表演的那场戏设在了一个特定的镇子里，那镇子的名字已经在我的记忆中消失了，它被远远地抛在沙漠里。我和两个猎马的牛仔一起去过那个镇子：一排没有漆过的松木房子，灰灰的，看上去又脏又破，而另一边是一排酒吧，总共有八或十间，简陋的露天看台前面是个临时的竞技场。而在竞技场上方可以看见教堂的尖顶，上面有个木制的十字架，看上去摇摇欲坠，是这部电影中一个不错的标志物。那排酒吧前有片凹地，于是喝醉酒的人把各种车辆轰隆隆地停进去；客人大多来自附近的一个纸板厂，在漫天石膏的灰尘里工作了一整天。而在酒吧里面，天花板及四面墙壁上到处是子弹孔，这些木头的酒吧房子像是快速交火挖出来的。这个镇子是内华达州唯一可以合法携带武器的地方，而且很多人都这么做，把一支大大的点四五式手枪别在大腿上。我在内华达的那段日子里，有一个星期六的晚上去过那里，里面充斥着极度狂躁的客人，仿佛空气中弥漫着亢奋情绪。我不由得想，是否那些艰辛空虚的日子折磨得他们想要去杀人、威胁着要杀人或是被人杀死。抢劫已经不是什么问题了，在酒吧里，只是两个人的无聊争论，最后也会导致开枪射杀，仿佛一场集体性狂欢，因为有了流血屠杀又像达到了竞技表演的高潮。

但最终我们没能在这个镇子上拍摄，因为没有足够的水供应给整个摄制队，而且它离里诺和我们住的酒店太远。我们发现了另一个地方，有更好的设备和充足的房子提供给我们：几十年前，当附近的矿业公司关闭之后，这里就变得荒无人烟了。年久失修的招牌挂在商店的橱窗里或是歪歪斜斜地挂在街道上。很难想象我们是在一个曾经有大量人口在这里生活过的镇子上拍戏；毫无疑问，那些人曾经有过梦想，希望过更好的生活，而现在，梦想早已消失。

电影中作为罗斯琳在内华达临时住处的那栋房子，是我和我的牛仔朋友当年消磨时间的另一个地方，房子的主人是斯蒂丝太太。从那里可以俯瞰不远处绿色的山谷，那里有一些树，还有足够一群牲畜吃的草地；在干旱地区，这种景象非常罕见。为了使拍摄时摄影机可以移动自如，制作部门的工作人员锯开了房子的几个角落，需要时只要拧上几颗螺丝就可以了。某天早上，根据剧情需要，我们在房前铺了蔬菜地，还在上面种了灌木。人们很快就忘了这一切都是新的；而最奇怪的是，和疯狂的上帝一样，我们破坏了现实却创造出一个虚假的世界。

我还发现，要想辨认现实中的克拉克·盖博不是个牛仔也非常困难，盖·郎德这个人物的灵感就来自于他。我们在那栋房子拍摄的时候，有个真正的牛仔突然出现在现场观看拍摄，一看就是几个小时。和盖博健壮结实的身材相比，我不禁对真正牛仔的瘦小感到失望。当然，克拉克·盖博的角色中也有我的影子，而我和牛仔也相差甚远。

还有些事情让我恍惚。几年前，就在房子里靠墙的地方，我和一个真正的牛仔还有他带来的女朋友闲坐。而现在，那面墙已经被锯开，可以从那里看见暴露的天空。或许，这神秘的警钟正是生活的回音，反映我们有意用自己的方式构建生活但也解构生活。

　　我一直试图重写电影中最后几分钟的戏，它总有些不对劲。我意识到，当初构思这个故事时我是满怀希望，而现在我对未来有种不确定感，但我依然不愿意放弃对故事结局的设定，它应该是带着虚无主义的，人们只是从各自的生活中走开了。而同时，和这个故事相反，我又不能否认生活中这种特定的不确定性正是戏中所有角色真正依赖的。事实上，承认内心的这种不确定性使他们感到自由。生活欺骗了他们，这就是现实所能带来的，而我却希望在这部电影中展示其他的可能。此外，生活中的另一种可能性也是存在的，人们找到了要找的那个人，从此厮守在一起。

　　一天下午，玛丽莲说："他们的确应该在结尾时分开。"语气中没有任何明显的情绪，仿佛是戏的另一个脚本。我立即表示反对，我的反应如此快，事实上，我知道，我害怕她是对的。这可真是个巨大的讽刺：我创作这个剧本的本意原是试图说服玛丽莲，她这样的女人也能在世上找到归宿，最后却得出了截然相反的结论。

　　有一刹那，我疑惑这是玛丽莲寻找帮助的表现，但我在她的眼中除了职业性的冷淡目光之外，读不出任何其他的东西。我无法再继续给予，因为我相信她不会接受那些东西了。随着拍摄的进行，另一个让人惊异的事实是，在某些时刻，玛丽莲看上去完全把自己包裹起来，不去注意身边的任何人；但可能在下一刻，她又那样随和，与她目光所及的每一个人闲谈——似乎她情感的溪流被冲刷成碎片，愤怒从她的心底无尽地流出。人们根本无法感受到她的感觉，也不明白她的心情究竟如何，除非她开口说话。

　　休斯顿多少有些不安了，因为玛丽莲无法按时开始工作，而且拖延的时间越来越长。她一生都在与残酷的时间角力，而这次她被重重摔在地上，几乎无法动弹；她永远是那样一类人，对他们而言，时间是一团黏稠的、纠缠不清的东西，他们不愿意去触碰，或者干脆否定——否定过去的存在。

电影开拍一个月左右时休斯顿几乎想要退出，而现在，他让波拉待在身边，征询她对玛丽莲表演的意见。他开始在牌桌上待一整晚，输掉一大笔钱后再把它们赢回来，以此来展现他的勇气。偶尔地，他坐在摄影机后边的导演椅上睡着了，或是不记得究竟要拍哪个场景。混乱出现在我们每一个人身上。他正在锻炼自己的肌肉，而且控制得很出色。

我觉得有几个星期，休斯顿完全无视波拉的存在，拒绝她的介入，认为她苛刻而不够专业。但波拉对玛丽莲的控制是如此彻底，玛丽莲从我们住的房子搬去酒店和她住在了一起；波拉最终赢得了我们这场没有宣战的战争。当然，这或许让大家都清静些，也让玛丽莲自由了，可以更专注于工作；现在她说想演这个角色了。但是我却对我们每个人是否在做我们想做的事情失去了幻想；一种单纯的毁灭性力量不受任何人控制，在鞭打着我们。而我只是觉得应该关心影片剩下的部分。这变成了一件让人痛恨的事情，占去了我太多的时间，我唯一希望的是出来的东西不要太差。还有一件事情让我感到不安，玛丽莲很容易就能从波拉那里得到越来越多的安眠药，但波拉曾应承过不会这么做，我愿意相信她，因为她很清楚这会带来怎样严重的后果。

一天晚上，晚饭后，我走到酒店附近的小公园，坐在椅子上。公园有两个相连的网球场，八个年轻女孩子正在打球。我看着她们，想到人还可以做这么简单的事情，比如让球穿过中间的网，前后打来打去，很是奇妙。姑娘们的活力和健壮吸引了我的目光，我只是看着她们，她们无拘无束地深呼吸，抹去粉红色的嘴唇上的汗水，不时响起尖声的呼喊。我真希望可以舒展一下，于是我躺在草地上，头枕着手臂，迅速地睡着了。我醒来时，整个城市变得安静，没有车水马龙；

女孩们早已离去，已经是凌晨三点了。

在酒店的赌场，休斯顿还在掷骰子，手里拿着一小杯苏格兰威士忌，他的猎装外套松松地披在肩上，好像他刚刚才披上。他刚输了两万五千块。他向我咧嘴一笑，我也朝他笑笑。看上去输了那么多钱对他来说也不是什么大事，尽管我相信等他付钱的时候，他会觉得尴尬。我躺在床上。第二天早上大约七点钟，我下楼吃早餐，休斯顿还在掷骰子，手上依然拿着杯威士忌。他已经赢回了那两万五千块，正试图再多赢一点。那件猎装外套看上去依旧整洁。只要想象一下整晚不休息，精疲力竭的感觉就再次涌上来。

麦蒂一直担心玛丽莲在特写镜头里会显得憔悴不堪，这一担心终于变成了头等重要的大事。波拉现在控制着一切，当然忍不住要抱怨，随后，她宣布说李终于要从纽约过来了。休斯顿是如此绝望，听到这个消息他似乎是高兴起来了。我当然也是，哪怕仅仅因为对于玛丽莲在扮演这个角色时表现出来的急躁和不确定感，李觉得自己应该承担一定责任。尽管玛丽莲对他的每个字都言听计从，但他始终让自己和她遇到的各种麻烦保持一段安全的距离。

我们欢迎李来还有一个原因：玛丽莲开始改台词，在整段的台词中省略单词和句子。休斯顿自己也是作家，拒绝她的改动，为了让台词准确，他不惜重拍上十次。现在看来，应该是玛丽莲的记忆力下降，脑中出现了空白，但玛丽莲解释说，那些台词本身并不重要，重要的是它们表达出的情感。简单地说，她在运用她所理解的斯特拉斯伯格表演理论。我在其他演员身上也见过这种病态的对待表演的态度，而我相信这要归咎于她始终没有控制好表演时的紧张情绪。她把台词看作障碍，于是蔑视它们，而不是通过它们去寻求当下新鲜的感觉。或许这种方式偶尔会让她感受到某种自由，但更多时候带给她的是不确定感，特别是与她演对手戏的演员以及导演都按照他们的原则忠实于剧本的时候。休斯顿认为这是极糟糕的自我放任。斯特拉斯伯格经常预言，终有一天玛丽莲需要去准备扮演一些经典角色；于是我问她和波拉又如何去准备那些经典角色呢？当每一个演员都对自己的台词极其熟悉的时候，他们也就更无法忍受别人对台词的随意修改。而玛丽莲很显然依旧重复那套所谓权威人士对她的指导，并说我们的反对让她伤心欲绝，尽管这已经很难再打动我和其他人了。事实上，她最好的表演都是依照剧本完成的，比如她在比利·怀尔德《热情似火》中的表演。在演那部戏的时候，导演要求她不得对台词做哪怕是轻微的改动，因为喜剧的台词必须精确，否则无法达到预期的效果。而一个戏剧化的角色同样需要精确，在这一点上，她像是刚刚起步；但在她的指导教师的纵容下，她在即兴表演方式中迷失了，这种方式或许只属于表演课上的练习，在真正的表演中是行不通的。

无论如何，李即将大驾光临至少是件新鲜事。他自己也曾经做过导演，可以实地观察一下他的表演指导成果，如果演员对他的指导理解正确的话，那他该意识到他的方式完全失败；而如果演员误解了他的指导，这倒正是个机会让他去纠正错误。

拍摄计划一再拖延，而我对此却无能为力，我在剧组里的作用越来越无足轻重，经常一个人打发时间。我曾经想过离开，但休斯顿时不时会找我讨论或修改剧本。有一天，我们在金字塔湖拍摄两个远景，一场是盖博（郎德）教玛丽莲（罗斯琳）骑马，另一场是他们一起游泳。湖边的那两间屋子，我和贝娄曾经住过——那差不多是四年前吧？——我从空荡荡的高速公路上向下望，布满岩石的沙滩和原始的湖泊都不见了；那里搭了个小码头，还有个快餐摊，而摩托艇正毫无目的地激起水花，发出的声响搅动着死寂的大自然。在剧本中，这个场景是为了让罗斯琳重新燃起对自己和对生活的希望。一切看上去那么富有象征意义;拍摄时,我们让摩托艇驾驶员熄掉引擎,一百码外的热狗摊前,几个顾客站在那儿,咬着热狗,注视着他。我转头寻找高速公路上的那个电话亭——我曾在那里昏厥——但它已经不见了;或许他们在小码头上安装了电话。那个电话亭的消失使我禁不住凝望远方,努力回想起曾经空荡荡的高速公路和共同将对方理想化——就在此地,我的心曾因此激荡。

我看到玛丽莲从水里出来,盖博上前拥抱她,但她看上去一点儿也不快乐,这真令我难过。虽然她勇敢地想表现出沉浸在爱河中的样子,可我对她太熟悉了,很难不留意到她的心不在焉。当我努力靠近她时,只看见她令人难以置信的冷漠。我只能远远地看着她,默默祈祷我猜错了。不过,现场表演依然带给我很大的冲击,那绝对是痛苦扭曲的表演,所有迹象都表明它缺乏生气。我几乎完全被排除在她的生活之外,但即使隔了这么远的距离来看,这部电影对她也纯粹是一种折磨。对我来说也是一样,特别是当我想起我和萨姆·肖在东河边散步,第一次构思这个故事时,幻想着这将是我送给她的一份礼物。

那整个虚假的方式着实让人反感,它是人类生活的毁灭者,特别是对于那些无法完全信任其他人的演员来说。无论波拉——或者应该说李——教了她什么,她看上去比以往任何时候都缺乏感受力,只好去思考角色应有的感受,但相对于真实的感受,抽象的思想是很难表演出来的。公平地说,多年后我再看这部戏,发现她的表演比在那段糟糕的日子里要让我信服得多。此刻我惊讶于她的表现,在当时那样的环境下,她是如何做到的呢?

那个时候,我怀疑表演是否仅仅是为社会所接受的一种自恋的借口,一种不纯净的自我陶醉,而不是对人类深刻的观察,永远也不可能使人类得到提升。在我独自度过的那段时间里,整个国家似乎也陷入了一种狂躁,这种狂躁被称为娱乐,那是对艺术全天候的模仿,它既不造成威胁，也无法救赎什么，除了使人遗忘它毫无意义。

一天晚上，我在酒店房间转换着电视频道，看到尼克松和肯尼迪正要开始他们总统竞选的电视辩论。不知什么原因，整个国家依然在继续，除了《不合时宜的人》。我要了晚餐和一瓶威士忌，坐下来看这场辩论。他们站在那儿，也是两个演员，但看上去就像高中辩论选手般不自然。尼克松似乎是穿了他哥哥的西装，脖子一直缩在领子里。露骨的野心究竟是如何激励着这两位表演者，使他们自信最终可以赢得不可能得到的权力？从电视机后面的窗口望出去，深蓝的夜空展开来，笼罩着朝向加利福尼亚的无尽山峰，那景色比电视屏幕上的两个人更吸引我。几个星期前，纵火犯点燃的森林大火使附近两个州的天空都变成了灰黑色，里诺一度断电；我们的电工将一条电线一直接到酒店六楼我们的房间，楼下停着一辆装着发电机的卡车；那是整个城市唯一亮着的灯泡，而这只是为了让玛丽莲更舒服些。这是他们的一番好意。电影摄制组总喜欢做些看上去不可思议的事情，让他们感到真实。

重新把目光投向电视屏幕，我捕捉到这场辩论中有些陈腐和预先安排好的东西。脑中有个念头一直挥之不去：这是一部电影，是一出戏剧，或是伪装得令人难以置信的电视场景，是由全美国人民挑选出的明星所演出的冗长剧情片；他们还企图根据场景来判断哪一幕的演技更好些，哪一幕的更糟。而单凭那些千篇一律的讲话，你根本辨认不出代表不同政党的两位候选人有什么实质上的不同。尼克松看上去像个狡猾的自我怜悯者，但也可以很强硬；而肯尼迪看上去对其他国家来说更有威胁，因为他有着爱尔兰式的方下巴，还有一身不错的西装。当然，他们大部分的表演要依赖于剧本，而剧本可以不断地改写。我当然倾向于肯尼迪，我猜主要是因为我们阅读过同样一些书籍。

清晨，有电话打进来。"李已经到了。他想马上见你。"

终于。现在我们至少可以让玛丽莲按照剧本完成拍摄了。

"他和休斯顿谈过了吗？"

"噢，没有。"

那声"噢"让我疑惑。为什么是"噢，没有"？难道李已经明确要反对休斯顿？如果想让情况有所改善，他们两个人首先需要的是合作。

在电梯里，我预先想好了要对斯特拉斯伯格说的话。李为我打开门。他滑稽的装束一下子让我想好的台词无影无踪：在超过华氏一百度的天气里，他穿着全套崭新僵硬的牛仔装——闪亮的靴子，皱巴巴的裤子，熨得服帖的上衣，口袋和袖口还缀着穗子——当然，还是那张聪明的苍白面孔和缺少锻炼的身体。

"瞧这身打扮。"我开口道。

他带着得意的笑容。"我晓得。这套衣服很舒服。"

"靴子也舒服吗？"我怀疑第一次穿那种尖头的西部牛仔靴是否会舒服。

"哦，它们很棒！"他边说边弯了弯膝盖。

波拉没有从沙发上站起来，她穿着件睡衣侧躺着，睡衣上印着一条龙，一只手臂支着头。她脸上露出骄傲自信的微笑，现在她的英雄赶来分担她的责任了，她的长发妖媚地披散在肩膀上，像个充满诱惑力的女奴。

李的表情变得阴沉。"我们必须严肃地谈谈这件事，阿瑟。"

"是的，这也正是我希望已久的。"

"是，情况变得不可思议。"

"我知道。"他一定想到了解决办法，可以挽救大局。那一瞬间，我甚至高兴地想，或许我错怪了他，他的确有拯救玛丽莲的秘方，就在我们谈话的同时，她的灵魂仍在坠落。

"是的。如果你们不立即采取措施，我马上带波拉离开这个地方。"他直视着我，仿佛在要求我做出承诺。

波拉？这关波拉什么事？我瞥了波拉一眼。她还在沙发上，露出满意的笑容，仿佛在说你们终于该停止对她的忽视了。

"李，我不太明白。"

"休斯顿拒绝和她说话。这简直是侮辱！我不会让这样的情况继续下去，除非他对她表现出应有的尊重。我不能忍受她受到如此怠慢。她是个艺术家！她和最伟大的艺术家们一起工作过！我绝不能让你们这样对待她！"

我目瞪口呆，焦躁地试图领会他的意思。难道波拉没有告诉他玛丽莲已陷入绝境，或许连生命都有危险，而无法完成这部电影已是毫无疑问？他怎么能专程来到这里，只为抱怨他的妻子得不到导演的尊重？或许是因为波拉疯狂的自恋，根本没有察觉到玛丽莲的危险处境？而李最终同意来这里仅仅是为了在他妻子这件无足轻重的事情上显示自己的权威，因而分散了注意力，以致不知该如何帮助玛丽莲？

我简直不敢再想下去，太可怕了。看到李站在那里，穿着那套滑稽的衣服，像个快乐的游客，我忽然怀疑我是不是把这一切看得太严重，对于玛丽莲愤怒的情绪，反应过于自我，那也可能仅仅是一个女演员在塑造角色过程中正常的焦躁情绪。我完全困惑了。

而李还在继续说，什么波拉如何觉得被孤立和羞辱，什么她是多么一心希望去指导伟大的演员表演；什么他是多么不愿介入这件事情，而现在"为了玛丽莲"不得不出面。我简直不知道对他说什么好，认真和他谈话对我都是种贬低，他被他和他妻子的重要性弄得神魂颠倒。而玛丽莲的痛苦像是遥远星球上微明的光亮，正在遥遥地熄灭，仅此而已。

"我必须先把这件事解决掉，然后才能开始其他事，阿瑟。"

"可你不能指望我去解决这件事，这是波拉和约翰之间的问题。"

"这是你的电影，你必须采取行动。"

"我的剧本，不是我的电影。我在这件事上也无能为力，李。约翰不习惯通过第三者来和他的演员沟通，我也很怀疑他会做出改变。你会和玛丽莲谈谈吗？"

"那我就不得不把波拉带走。"

"那可能就意味着这部电影给毁了，"——玛丽莲也一样，我无须多解释，如果她无法完成这部电影的话——"我想你还是去做你应该做的。我希望你能和玛丽莲谈谈，她现在需要你的帮助，对吗？"

"我会和她谈谈。"他让步说。我明白了他设定的原则，那就是他会去做他能做的，但在任何情况下，他都不会对玛丽莲负责，尤其是当她身处险境时。而他是玛丽莲唯一信赖的人。她的命运是多么完美啊。

拍摄完全停了下来。有太多不确定的因素让我们无法保证完成接下来的工作，在这样的情况下，让几十人的摄制队出发到盐湖去做准备就变得毫无意义。而指责却针对我们。无论李和玛丽莲谈了些什么，很显然，玛丽莲没有任何改变，她能否继续工作依然令人担忧，而李已经回到纽约。我来到楼上波拉的房间，很害怕因为她的混乱和心不在焉的状态，她甚至无法继续照看玛丽莲。我也不清楚波拉是否明白玛丽莲病得有多严重。我从来都不能确定波拉是否真的在意。

波拉让我进入她的房间，一只手指放在嘴唇上；我随着她走进卧室。玛丽莲坐在床上。医生正在检查她手背上的静脉，准备为她注射镇静剂。我的胃开始翻腾。她看见我后朝我尖叫，要我出去。我试着问医生是否知道玛丽莲注射了多少剂量的镇静剂还有其他药品，医生转过脸来看着我，一脸无助；那是个年轻的医生，看上去有些胆怯，希望赶快给她注射完，然后离开这里，再也不用回来。波拉站在床边，穿着她那套黑衣服，刚刚梳理的头发盘在脑后，看上去健康；她脸上涂着粉，露出母亲般的慈爱，我觉得其中还有些不易察觉的内疚；是的，现在她一定明白了这可不是桩轻省的买卖，而且已经超出了她的控制；她想提供些帮助，想让人们感谢她对玛丽莲母亲般的关怀，而实际上对这些事情她根本不关心，整件事情已经毫无希望地支离破碎了。我想把那个医生赶开，让他停止注射，但玛丽莲的尖叫声太让人害怕，而她对我的出现显出的厌恶也让我放弃了我所能给予的帮助。我只好走出来，站在客厅里等医生出来。医生也非常震惊，在给她注射了足够一场大手术的镇静剂之后，玛丽莲却依然清醒，坐在那儿不停地说话。他相信他是这个地区最后被招来的医生，但他拒绝再为玛丽莲注射任何药物，那可能危及她的生命。我重新走回卧室，她看着我，眼里依然充满仇恨，但终于稍稍镇定了些，只是呓语般不停重复着"出去"。

波拉现在对我变得友好了。"我想去吃点东西……"我也有想对她表示友好的冲动，可能是因为在绝望地等待帮助，因为我在她的眼里看到了一丝恐惧；而如果她害怕就表明她是清醒的，而如果她明白目前的状况却还依然留在这里，那么一定是因为除了对自己，她对其他人也还有些感情。我对她道谢，但没有特别说明感谢什么；她伸出手抚摸了我一下，和摄制组的一个人出去吃晚饭了。

玛丽莲闭着眼躺在那里。我注视着她缓慢地呼吸，但她看上去很平静。她是一朵铁做的花朵，在这场劫难中幸存下来。我为自己之前的判断感到绝望，我那么愚蠢地认为我个人就可以使她免于伤害，我还试图寻找其他她认可的人来分担责任。我精疲力竭，对她能重新信任我不抱任何希望；毫无疑问，我待在她身边的时间太久了，除了固守着自己的责任，什么也没有留下；而她希望的却是乘着下一次雷电的波浪奔向海边，神秘的大海女神浮出海面。她嘲笑魔法，但依然希望她触摸之处能变得快乐而光彩照人，她身上散发着某种神圣的力量，就像她摄人的眼睛。我想到了她洛杉矶的医生，但他太忙恐怕无法特地赶来——此刻，我忍不住问：她为什么不对自己负责？她当然可以做到，事实上，这是她唯一的希望……而她现在做不到，因为她那么依赖安眠药，我逐渐意识到，正是那些药品将她从我身边夺走……思维的怪圈再一次开始，我不由得开始相信没有人能和她长久地生活在一起。但现在的我比无用之人更让她讨厌，就像是一个装满钉子的口袋摔在她脸上，提醒她的失败，哪怕她这次终于真的爱上了一个人，她还是没有从过去的生活中逃脱出来。

很长一段时间以来，这是我们第一次安静地待在一起。安静中，我想到让她在这种状态下努力工作显然是残忍的——我们全都疯了，有什么令人信服的理由来证明这么做是对的呢？我必须设法停止拍摄。但我可以想象如果人们指责是她导致这部电影无法完成，她将会多么愤怒，而且这也可能毁掉她的事业。

我发现自己在幻想会发生奇迹。如果她醒来，我对她说"上帝爱你，亲爱的"，而她也相信我的话，该有多好！我多么希望我依然有我的信仰，她也一样。事情忽然变得很简单——我们创造的上帝让我们远离现实的死亡，而爱是最真实的现实。我祈祷她锐厉而痛苦的眼神可以恢复以往摄人的温柔。这是她的眼神，而对我来说这就是她自身，是她独特的标志；而在爱的另一面，关于其他人，关于她的其他事情，实际上只是充满欲望而令人恐惧的。

我进一步设想，如果玛丽莲放弃了现在明星的身份，我们是否可以过一种平常放松的生活，而不是像现在这样生活在缺氧的高空？但只在一瞬间，我就觉得这个想法无法成立，因为那样的话她就完全失去了自我。一个普通人，甚至不懂拼写——她怎么生活呢？而想象进一步展开，我开始看到一个静美的玛丽莲的形象，一个不再因为被逼到角落而恐惧的玛丽莲，一个天生充满智慧的年轻女性，以她的方式度过每一天。这有可能吗？当然，在对她几乎一无所知的时候，她的形象于我是最为可爱的。

之后，我的自我意识开始凝视着我的脸——她的明星身份就是她的成功，仅此而已；那是她的终身成就。如果换作我，让我牺牲我的艺术换得婚姻的安稳，我的感受会如何呢？一个简单的事实，真实但是致命的事实，在她和她的明星身份之间没有其他的空间存在。她是玛丽莲·梦露，正是这个身份杀死了她。而对她来说，生活没有其他可能性；她为电影而生，电影带给她的浮华荣耀使得真实生活的细节隐匿了。如果她喜欢，她可以在花园里侍弄花草，或是无休止地变换家具的位置，或是买一只灯泡一个咖啡壶，但这种日常的愉悦不可能持续太久，除非有一次新的通往月球的旅行、一个新的角色或一部新的电影。从她还是十几岁的少女开始，她就创造了一种和公众的关系。开始只是想象中的，之后变成了现实，除非她的肉体消亡，否则她无法与之分离。

我现在意识到，我渴望奇迹，却不得不承认没有什么分析是适用于她的。或许只有她令人惊诧的最后致意，她的突然死亡，可以激起她渴望的对他人的信任。她在某种程度上似乎了解这一点，所以她用药物短暂地麻醉自己，而那最终把她带向死亡。

我再也没有什么秘密武器可以帮助她了；而她也没有伸出手接受我的帮助。在这种长期的试探中我失去了信心，而且我怀疑在这种情况下，没有人可以保持信心。

只有一件事是确定的：她必须完成这部电影。影片无法完成，也就让她最巨大的恐惧变成了现实：她无法控制自己的生活，也是过去可怕回忆的持续。我再次祈祷，希望知道如何去祈祷，为她唤醒那个只知道爱的形象。但现在，连这个恐怕都太迟了。

　　一年或更早之前，玛丽莲在好莱坞拍摄《让我们相爱吧》。这是福克斯强迫她拍的，一部愚蠢的电影。有一天，沃尔特·万格来到我们住的小平房，和我讨论把加缪的《堕落》改编成电影剧本。我在他的要求下重读了小说，却缺乏改编的热情，所以我们只是简单地谈论了这本书。我听说过万格，作为制片人，他拍摄过讲述西班牙内战的电影《封锁》(*Blockade*)，阵容里有亨利·方达和玛德琳·卡罗尔；那是好莱坞少数几部描述西班牙那场民主大灾难的影片；尽管影片好像得到了来自共和党方面的支持，但还是遭到爱国人士的批评。万格看上去严肃而受过良好的教育。但总归他还是个电影制片人，陈旧好莱坞风景中的一个人；我隐约记得读过的一篇报道，多年前，他曾向他妻子的情人开枪。

　　除了哲学上的困惑，《堕落》讲述的是一个女人的矛盾，尽管里面男性叙述者的声音有些喧宾夺主，而他的思考关注于道德，尤其是对某些难题，比如一个人是否可以裁判另一个人，因为后者承认自己曾经漠视陌生人的呼救。那个反英雄的、形容自己是"裁判忏悔者"的人却正在反省自己，因为他曾经看见一个女孩子从桥上跳下去却没有及时施以援手。

　　这是个精心创造的故事，但它的结论引发我的思考：我们是否愿意面对一些可能比单纯地漠视悲剧的发生更糟糕的事情？如果那个男人冒着生命危险把那女孩儿救了下来，才发现无论他如何努力，拯救她的关键不在他，而在那女孩自己的手上，他该怎么办呢？又或者更糟，他的自负和爱情都被缠绕在拯救她的努力当中不能自拔，怎么办？是乔装的自恋抵消了符合道德的行动？老实说，如果自己不愿意被拯救，别人又怎么能真正拯救她？如何激发她被拯救的愿望难道不是个问题吗？如果你没有激发起她被拯救的愿望，你该什么时候承认自己的失败呢？如何判断这种失败，或者根本不可能去判断？《堕落》，在我看来，它结束得太早，在最令人痛苦的部分开始之前就结束了。

最终，自杀并非单纯表现自己的绝望，同时也是对其他人的憎恨。曾有这样的习俗是要在那个伤害你的人家门口上吊自杀，很显然这是对其他人的报复，也是自我毁灭的行动。而在基督教传统中，自杀的人是禁止被埋在宗教墓地的；是否因为他是怀着仇恨死去的，不仅仇恨自己，还仇视上帝及上帝赐予的生命？

她看上去不是在睡觉，而是一个奄奄一息的生命在与恶魔角斗。这该称作什么呢？她似乎只能看见自己成为受害者或成为被他人背叛的人，尽管她是她人生中仅有的乘客。但和别人一样，她是她生命的掌舵人，怎么可能是其他的人呢？我怀疑她明白这一切，只是不愿意对我承认。这也是为什么我成了对她毫无用处的人、最使她难以忍受的人。因为无法忍受她过去的生活，因为我希望医治她的伤口而不是让它恶化下去，我于是一直对她强调她是无辜的受害者，这真是个可怕的讽刺。我决定不让她生活在过去的恐怖中，试图否认那种生活对她产生的强大影响力，但她却认为自己受到了否定。只有极度优雅高尚的行为可以超越这一切。而这是不存在的。她所剩的就是继续为自己的纯真辩护，尽管在内心深处，她并不相信这一点。纯真也能杀人。

休斯顿像是抓住了牛犄角，没有完成的影片眼看到了被放弃的边缘。他安排玛丽莲飞去洛杉矶的一家私人医院，在医生的帮助下让她摆脱对安眠药的依赖。大约过了十天，她回来了——我现在看来她那令人难以置信的韧性简直是个英雄——她看上去非常镇静，或许只是眼睛没有那么明亮了。如果她继续控制使用安眠药的话，她是可以恢复往日的神采的。在玛丽莲每天专心于工作的日子里，我们又可以谈话了。虽说她对我还有些漠然，但至少不再有公开的敌意了。仿佛是心照不宣，我们都知道实际上我们已经彼此分开了；我想这缓解了她心中的压力，我为她感到高兴。

我们拍摄的最后一个镜头也恰好是影片的结尾。郎德（盖博）停下他的卡车，这样罗斯琳可以解开他的狗，那是他们围捕野马的时候他留下的。这样洛杉矶摄影棚拍摄的部分就结束了；摄影机移动用的轨道在沙漠中一直铺到卡车的后窗；当玛丽莲跳下来时，摄影机正巧停在她面前。盖博在这个时刻应该用满是伤感爱怜的眼神望着她；我站在摄影机之后，离他不到十码远的地方，而从我那里看过去，他的表情只是稍微变化了一下。

"停！好！谢谢，克拉克；谢谢，玛丽莲。"休斯顿现在看上去活跃而有效率，实际上拒绝对过去怀有些微的眷恋；拍摄结束之后，没有任何拖延，他说他必须紧接着和剪辑师展开影片的后期工作了。我问盖博最后一个镜头他是否觉得饱满。他很惊讶。"你必须观察我的眼睛。电影表演是这样的"——他用手指在眼睛附近比划出一个长方形，"你不能表现得太用力，因为在电影院里它会被放大几百倍。"而事实证明他是对的，当我重新回看样片的时候，我感到放心；他只是让自己的目光更深邃了一些，这在几码之外的地方几乎无法察觉。

现在，是说再见的时候了，他告诉我他在前一晚看了粗剪的样片，他认为《不合时宜的人》是他一生中最好的电影作品。他笑着，像个孩子，还用力抓住我的手，友好地拍了拍我的肩膀，他眼中闪着兴奋的光芒，我还从来没有见到过。他的一个朋友在旁边等着，他们要开车一起北上待一个星期，计划去钓鱼和打猎。我们相互对望，目光中有种解脱，或许还有成功的骄傲，然后他转身钻进那辆大型的克莱斯勒轿车，走了。四天后，他死于突发性心脏病。

在盖博离开之后，我四下找寻玛丽莲，却看见波拉坐在一辆棕色的加长轿车里面，她目光直视着前方，我想那是为了躲避我。正在愈合的冷漠很快占据了我的心，麻木减轻了痛苦。据我所知，波拉或许尽了她最大的努力防止情况继续恶化。

在我打开我的车门的时候，玛丽莲从大楼里走出来了，她脚步轻盈，表情和举动显得非常机敏，以至于我再一次感到疑惑，我是否把她的问题想得过于严重了。无论如何，在她最后三四部影片的拍摄过程中，她都是同样的痛苦。或许我必须让我自己对她的辛劳和愤怒感到羞愧，我在这些方面辜负了她。"男人喜欢快乐的女孩。"不管怎样，我们坐两辆车离开了拍摄地，这让我几乎觉得滑稽。

我只相信她母亲的咒语在她身上还没有结束。目前，她认真地表演，并通过她的艺术体现了自身价值，而这却受到了禁止，仿佛她犯了什么罪。罗斯琳这个角色其实没有难度，实在没有理由要让她受到这样的折磨。总而言之，经历了这一切，等于宣称她是一个高贵的女人。

我开着租来的绿色美国通用车，沿着日落大道前行。我喜欢这辆车，因为没有人会留意开车的人。我眼前闪过一个餐馆，我回忆起那还是在拍摄《让我们相爱吧》的时候，我和玛丽莲有一次心血来潮，决定不在旅馆吃每天差不多的食物，而上这家餐馆吃晚饭。我们俩都进行了伪装，她戴着大黑墨镜，围着丝织头巾，我则把眼镜摘了下来。因为没有预约，餐馆将我们拒之门外。我有些恼火地想到如果我戴上眼镜，而玛丽莲摘下她的眼镜，情况会怎样。然后，我们都笑了，但玛丽莲并不觉得这件事有多有趣。再次经过这个地方，我想起我们走到街上时，我有种被冒犯的感觉，而且惭愧地意识到，我多少开始依赖作为公众人物的力量行事了。现在，可以开着这辆小破车上街，对我确实是一种解脱。

文学的一生 547

开过几个街口，我在红灯前停下，那辆棕色的加长轿车也在我旁边停了下来。车里的两个女人都面向前方，波拉像往常一样活泼地说着什么，我忽然想到我曾经希望和她结成联盟帮助玛丽莲，我的想法再次被扭曲了。每一次，当一部制作无可避免地结束，而演员们各奔东西的时候，我总是感到心里一阵阵地刺痛。

拍摄《不合时宜的人》这样周期很长的制作，就像是在一个有四面高墙的庭院里行进。有时候我甚至记不起从写剧本开始究竟用了两年还是三年的时间。忽然，大门打开，外面快乐光明的世界出现在我眼前。我北上到了旧金山，在那里我不认识任何人——感觉很好，这是个新开始，但毫无目标。六十年代已经开始。在"饥饿人俱乐部"，我看了莫特·萨尔讽刺时政的喜剧表演，这是自三十年代"咖啡馆社交圈"后，我第一次观看带政治色彩的舞台演出。而当时我还完全不知道，萨尔尖刻冷静的风格正风靡全球；俱乐部里志趣相投的年轻观众聚在一起，似乎让我想起往日与陌生人聚会的情景，只是我们联合起来是为了集体抗议希特勒的法西斯主义入侵，而现在的年轻人却只是在等待戈多。我现在很怀疑一代人整体形象的说法，那是创造出来安慰我们自己的童话，就像墨鱼用墨汁把周围的水染黑，人们无法看清自己。

目前是艾森豪威尔，接着是肯尼迪。非常奇怪，我对自己与这个世界完全没有关联感到震惊，包括几十年来我第一次没有一个家。这是个蛮不错的可以散步的城市，感觉比纽约更安全。我想，在美国，一个陌生的城市永远比你熟悉的地方更令你觉得安全。

我以为我会没事，但每隔几小时我就开始担忧在陌生人手上的玛丽莲。我意识到除了我自己，任何人对玛丽莲都是陌生人——她和我在一起的时间比她生命中与其他任何人在一起的时间都要长——而这种自大的推断再次让我觉得羞愧。她那么努力地尝试给予，却发现得到回报是不现实的，就像我的感受。一天又一天，我慢慢意识到，她其实一直了解应该如何生存下去，我让自己驱散那些奢望。我想去康涅狄格的房子里生活，或者如果我够勇敢，可以生活在一个农场。

但还是有些黯然的时刻，我忽然怀疑她是否真的知道如何生存下去。但我在她面前无计可施，这一天二十次地抵消了我的担忧。我必须学会去想象她浮出水面，并停留在那里。听起来让人伤感，或许她才真正是属于这个世界的。我得把自己的担忧赶走——这已经不再是我的事情了，你先拯救你自己吧，任何人不会也不能替代你去做这件事。但担忧还是会回到我的脑海。我怀疑我的分析太肤浅。她的医生是否了解安眠药对她的威胁？或许医生对她感到放心，因为玛丽莲每次出现在他的办公室的时候，看上去都像个气色很好的高中女生，但其实，几个小时之前她还在死亡边缘。她具有难以置信的忍受力，医生了解这一点吗？看来她本身的精力充沛也像是要合伙来和她作对。

我重新开车回到洛杉矶，本能地猜测最早期的电影人为什么要选择这个充满人造绿色的地方为基地，这地方原本是片沙漠，需要经过灌溉才能生长出绿色的植物，从一开始就是虚假；我想起福克斯当年曾劝我父亲在此投资。这里什么都不是，只是架金钱机器。究竟是什么令许多人不断对这块地方生出崇高的期待呢？

好莱坞酒店的房门口传来敲门声。一个二十出头的年轻女孩子站在门口，穿得有些古板，一条花呢格裙子和一件上衣，像是个漂亮的假冒大学生，松软的嘴唇微微张着。

"你有墨水吗？"她有些紧张的眼睛直视着我；多么让人感动而又有创意的问话，她是在告诉我她认出了我是谁，而且知道我是一个人。

"墨水？"

"是的。我想写点儿东西。"

"可是，没有，我只有圆珠笔。"

"不，我只用真正的笔写东西。"

"哦，那你是个作家？"

这是个敏感的问题。她的脸颊开始微红。"噢，我刚刚开始，开始学习写作。"她的微笑显得苍白。

"很好。我很高兴借给你一支圆珠笔。"

"谢谢。我真的只需要墨水。"

"对不起。"

"没关系。"她转过身，因为受到拒绝而声音变得微弱。

我走到窗口，从八层楼高的房间望出去，下面是酒店的游泳池。一个女孩正缓缓爬上来。她离开泳池，在斑驳的阳光下擦拭身体，弯下腰擦干头发。她有粗壮的大腿和宽大的臀部。女人，你这被崇拜又被折磨的物种。我年轻的时候，总是觉得她们不断受到欺骗，为什么她们不清楚这一点呢？

我开车到了沙滩，但是那里冷飕飕的，周围没有几个人。慵懒的太平洋看上去总是冷漠甚至是凄凉的，不像刺激、寒冷、散发着咸味的大西洋那么充满愤怒，让人浮想联翩。

一个女孩从海中走上来，引领着整个新大陆。"这里有一百万个漂亮女孩。"有一次，当我惊诧地赞美她那条海军蓝的裙子的时候，她这样告诉我。她想要所有的东西，而有些东西可能互相矛盾；赞美她的美貌对体现她的个人价值是一种威胁；但如果对她的美丽视而不见，她又变得焦虑。

我脱掉鞋子，走进微凉的海水中，海水柔和地拍打着斜斜的沙滩。明天，我无处可去，也没有任何事情等我去做，不必担心失去的时间。但失去了些什么呢？是谁发现时间失去了？时间永远不会失去，它只是被我们丢弃了，随手抛在了一边。扮演某种角色是我们生活中的一切，而我不想再去扮演什么了，仅此而已。老实说，我没有角色可以扮演。从现在起，我必须尝试保持我内心的平静，用工作和对所有事情的开放态度让自己恢复，而不是依然对准那个已经不存在的目标。

懂得一个人是件不大可能的事情，最好别去打扰别人。生活中的讽刺是唯一确定的。像是一幕布景，我看到逐渐变冷的太阳从别的地方升起，炙热而新鲜。

真的有人觉得属于这个地方吗？想起来有些奇妙，她就出生在这里。我从来没有真正懂得她——她认为洛杉矶不是一座真实的城市，而只是种不知从何而来的想象。

就在一个与现在一样的傍晚，太阳刚刚隐没，"他们对我说一起开车去兜风，但是等我从车上下来，却发现是在孤儿院，我抓住门框大声叫着：'我不是孤儿，我不是孤儿！'他们必须把我的手指从门框上掰开。然后把我留在了那里。"她已经学会了对那些可怜的、因为无能为力而抛弃她的人付诸一笑。

我回到车上，坐在那里抖落脚上的沙子。加利福尼亚迅速变得寒冷的夜晚像是在一个温暖的房间打开了一扇冰箱的门。她在孤儿院的第一个晚上一定让她生命中所有的花蕾都凋谢了，飘落在她的内心。她的双亲都不在身边，但她确实有个母亲，也有个父亲；她是个有根的可以确定身份的人。其实你真正是谁并不要紧，你可能因为一个陌生人所说的话就被弃置在小巷里，你也可能就在他凶狠的目光凝视下消失了。所以，你最好对他乖巧些，或者是假装很乖巧，还唱着孤儿院的院歌，这就是生活的魔力。

而她的哭喊是说明她知道她有生身父亲，而他甚至是和她母亲结过婚的，尽管后来他们分手了？也可能是她的母亲，某一次从医院回来之后，虚构了一个无人知晓的、英俊富有却不肯承认她这个女儿的父亲？那可怜的女人被罪恶感折磨着，被宗教暴力逼得抬不起头，只好编造了这个私生子的故事和它的诅咒；而这几乎令她去杀人，在她心里打上了深深的烙印，这种痛苦变成碎片嵌进女儿的梦里。于是，这个诅咒就一直呆在那里了，是的。

本·赫特是第一个嗅到她是个孤儿这一信息并加以利用的，但玛丽莲从来没有明确解释过她是意图把自己描述成一个真正的孤儿呢，还是仅仅在童年时被暂时放在孤儿院里？或许她也和她的母亲一样对此感到混乱；只有一点是清晰的，私生子是一种罪恶，而这罪恶让你一无是处。赫特一定预感到了这一新闻的冲击力，如果你一无是处而又如婴儿般纯洁，你就是无助的性目标；而如果你愿意，你则拥有了最自由的精神，因为世界上没有人要求你为自己的行为负责。

而这又带来了迷惑：她最终可能因这一矛盾而大为烦恼，一方面她有住处，有家，还有母亲，所以她绝不可能是个无人保护的孤儿，也不应该像那些被抛弃的人那样受到轻视；而同时，因为你渴望她，她就是个性感迷人的尤物，不应该有家。她会成为谁呢？如果不是她性格中的某一方面执着地渴望活得有价值，这或许并不是一个让人困惑的选择。

在回纽约的飞机上，《不合时宜的人》已经离我远去了。一个六十多岁的胖男人要经过过道去洗手间，我侧身让开他，他却停了下来，用手指着我说："啊，你是……"

"我知道，但我不是他。看上去像，可我不是他。"

"莫里斯·格林？"

"不是。"但我忍不住问，"谁是莫里斯·格林？"

"谁是莫里斯·格林！"他的声音很像鲍勃·霍普*。"莫里斯·格

---

* Bob Hope（1903—2003），美国喜剧演员和电影演员。

林，波基普西。格林五金店？"

"啊！不是，我不是。"

"我发誓你俩长得一模一样。请让让。"他一边说，一边继续往前走，把我的手臂从椅背上碰了下来。谢天谢地，我已经成为背景的一部分，迅速消失在时代的人流里。

八

　　我们第一次相遇是在里诺,她跟随摄影师亨利·卡蒂埃-布列松到剧组拍摄影片花絮。在新闻界,恐怕没有哪部电影的拍摄像《不合时宜的人》那样引起他们的兴趣了。在几个月的拍摄过程中,大批记者轮番来到拍摄地进行采访,而他们是玛格南图片社派来的最后一批摄影师。玛丽莲一下子就喜欢上她,很感激她的善良和周到,感谢她不像其他摄影记者那样无孔不入。她也非常喜欢英格·莫拉斯给她拍摄的一组照片,说在里面看到了真正的感情。

　　我走进梅普斯酒吧,看见休斯顿正笑得不可开交,他旁边是位年轻的女摄影师,身材苗条,相貌高雅,留着一头短发,讲话带着欧洲口音,身上同时具有羞怯和坚强两种气质。我注意到她的短发、她透明的天蓝色的眼睛,和那种矛盾的敏感气质,但我当时满脑子想的都是影片杀青的事情,所有的东西都失去了控制;我已经很难回忆起我们当时究竟谈了些什么。而在我写下这个句子的时候,我和英格已经结婚二十五年了,那时我是无论如何也不能相信的。是什么造就了我们四分之一世纪的婚姻——我生命中最好的时光,特别是我曾理智地决定不会再结婚,不可能第三次走进婚姻!你多少会回忆起过往的誓言，但那往往和未知的将来一样不可确定。我曾经很确定我不可能再结婚，但是它就那样来了，然后停留下来，几天，几个星期，几个月。我们需要和人沟通，一个与自己相似的人，可以相互依赖。大约是五十年前，在信仰天主教的奥地利，英格的父母在婚礼之前改信新教，为的是一旦需要他们可以合法地离婚。婚姻应该持续下去，持续到它可以持续的时候，她想。然后，我们在柔和平静的心情下结婚了，在可预知的情形下尽量降低我们对婚姻的期待。这一切都像是永恒的短暂，而让我们惊奇的是，它持续下来了，像是一枝芦苇，值得赞美却不能毫不在意地依靠；说到底，婚姻，就是双方的谅解，而她也很清楚自己需要经常运用这个原则。

但在当时，我对英格·莫拉斯只是惊鸿一瞥，总共也没有说几句话。直到几个月后我们在纽约再次相遇，然后我们成了朋友。尽管英格比卡蒂埃-布列松年轻许多，但在巴黎的许多年里，她却像是起到了他的工作良心的作用。然后，她随着他一起到了美国。他们租了一辆车，横穿美国大陆，希望看看真正的美洲大陆。他们徒劳地搜寻从纽约到里诺一路上的美食。她是常年住在法国的奥地利人，而他是法国人，两个人坚信他们能从一个州到另一个州品尝到不同风味的食品，最终却发现沿途只有一样的汉堡包。很幸运地，他带了个电炉，可以烧开水，所以一路上他们就只能喝茶和靠几片生菜叶子为生。

休斯顿后来告诉我那天他们在酒吧里为什么笑成了那样。英格曾经采访《恩怨情天》剧组的拍摄现场，休斯顿在《不合时宜的人》之前刚刚在墨西哥完成了那部电影。她当时为《巴黎竞赛画报》和《生活》杂志工作。这部影片起用了奥迪·墨菲，他从二次世界大战中的一名步兵变成了电影明星，获得过一系列的美国奖章，曾一个人打死许多德国兵。有一个早上，休斯顿和几个人在拍摄地一个巨大内陆湖边捕鸭子玩。休斯顿坚持让英格坐在后边拍摄他们捕鸭子的场面。英格一个人坐在那里，对那些吵吵嚷嚷和落在她周围的小子弹，甚至她新买的长镜头都有些厌烦，于是走到湖边溜达。在远处湖面上，有一两艘斑点大小的小船。忽然其中一艘奇怪地开始抖动摇晃，那样子引起了英格的注意，她觉得那是有人在水里挣扎。于是，她叫那几个猎人注意，可他们却毫不担心，因为他们知道那是墨菲还有公司的飞行员，他们两个大男人可以应付任何情况。但英格看见的却是两个无助的男人。又过了两分钟，她脱去了外套，穿着裤子和胸罩跳进冰冷的湖里，而在游了几乎半英里之后，她发现了墨菲。墨菲正绝望地拍打着水面，精疲力竭地挣扎，无法爬上那条小船；而那名飞行员不会游泳，只能歇斯底里地大叫却无法把他拉到船上。英格让墨菲抓住她的胸罩带子，最后把他带回到岸上。整个过程时间不短，可岸上的几个人却还在追逐那些鸭子。等稍稍喘了口气，英格骂那些人是混账。几个月之后在里诺，休斯顿非常高兴再次见到了英格，想起当天的情景不禁狂笑，他向这位英俊的姑娘表达了衷心的谢意，特别代表那几个"见死不救"的人。作为感谢，墨菲把自己随身的两件东西给了英格，一只跟随他经历了二战的手表，还有一个精巧的计时器——英格依然带在身上。墨菲视若珍宝的还有一支左轮手枪，他常把它放在枕头底下，谁知有个晚上他从噩梦中醒来的时候，那支枪不小心走火，击中了帐篷的门帘。

在不同摄影公司派给她的任务之间，她临时住在纽约。而卡蒂埃-布列松和另一位伟大但风格完全不同的摄影师焦恩·迈利两个人则为了谁在英格摄影事业上扮演了唯一的"教父"式的角色而常常争论不休。在当时，他们争论的焦点是，英格在拍照的时候是否应该使用三脚架。迈利坚持说她绝对应该用三脚架，而卡蒂埃-布列松则持完全相反的意见，认为无论在何种情况下，英格都不应该用三脚架。他们用法语争吵，常常是从第6街开始一直吵到迈利位于23街的大摄影棚，纽约上空的雪花飘落在我们身上，而他们的争吵有时候还相当火爆。这个时候，英格被夹在中间，只得不停地重复："噢，我的天！别吵了，别吵了，都别吵了。"——当然，与他们确立的对她的巨大影响力相比，她所说的话显得完全不重要。他们有副热心肠，但不够冷静。他们的狂热创造出了一种单纯的感觉；自我及其所有，他们是纯真的，因为他们那样关注艺术。我希望自己能再回到那样的时期。"moi，je déteste ... moi，j'adore ... moi，je ..."*他们没完没了地挪动世界的各个部位，然后把自己放进那个大的图形，并且想当然地认为自己对世界的想法对人类具有决定性作用。我当时刚刚从好莱坞回来，欣喜地发现他们所做的一切都不是商品，只是他们对某种事物单纯的狂热的关注。有一次，卡蒂埃是那么生气，他甚至掏出了他的小折刀。他们其实热爱彼此，而英格喜欢成为他们关注的焦点，也像他们一样缺乏忍耐力。一旦英格拍出了一张好的作品，他们两个人都争相认为是自己对英格的拍摄起了作用，而完全没有另一个人的影响。

焦恩·迈利个子高大，有着中东人长灯管式的鼻子，蓄着长长的胡须。他的头发由山姆修剪，山姆也是个不适宜结婚的阿尔巴尼亚人，老为迈利跑腿。而单看迈利的发型，很容易让人分神。迈利除了摄影器材之外什么都不买，他可以啃几片奶酪和面包过一个星期，像一只山羊。在他的摄影棚失火之后，《生活》杂志在他们的大楼里给了他一间办公室。那次失火可真是一场大灾难，烧毁了他几千张相片，他收藏的礼物、旧帽子、信件，包括毕加索和其他过去五十年来重要人物写给他的信件。他喜欢跳乡村舞，每个星期到下百老汇和一群阿尔巴尼亚人跳舞，其中许多人只有他一半高。对他而言，所有的事情都妙不可言。他和作家萨洛扬有些相似，基本上是无法捕捉的，对朋友

---

* 法语，"我呀，我讨厌……我呀，我喜欢……我？我……"。

有巨大的热情，寂寞，并且对金钱没有什么概念；尽管他假装是个精明的买卖人，但实际上他并不在意那些。在他最后二十多年的时间里，他经常谈论起他的母亲，母亲对他的肯定依然重要：在七十多岁的时候，他依然在美国获得成功；而他母亲，当时已经九十多岁了，还能一口气爬上阿尔巴尼亚那些隐秘的山峰。

卡蒂埃-布列松却是从另一个星球上来的人。他出身贵族家庭，读过很多书，总是把胡子刮得干干净净，穿一件英英式软呢大衣。在二战期间，他曾被德国人抓住，后来终于在第三次越狱时逃脱，从那以后，他几乎没有停止过旅行。中国、苏联、非洲、印度——世界上优美的景象都被他的徕卡相机固定住了。如英格和迈利一样，他也喜欢绘画，但和英格不同的是，他很关心政治。

这三个人不能够或许也不愿意去了解下一代人，因为那些人无法理解摄影在某种程度上，以某种神秘的方式，是一种对未来预言的延伸。他们也无法解释为什么摄影作品必须要使心灵开放，像是拥有大海的灵魂，但这又隐约地刺激着一些人的神经，那些自私顽固又思想狭隘的人，他们甚至试图毁灭这一精神。冷漠永远是艺术的敌人，所有庸俗的伪装是艺术中最平庸的部分。我很喜欢和英格待在一起，喜欢她对所有事物有着远见，让她对所有新事物都采用一种有距离的介入的姿态。

而不断让我惊异的是她毫不掩饰的骄傲的个性。"我是个自命不凡的人。"有一次她这样说道，这意味着她永远不会站在人群中间，而只是站在人群边缘以便俯瞰一切。巴伦西亚加曾缝制了一顶灰色的宽边礼帽、一件宽大的灰色大衣还有许多其他衣物送给英格，感谢她为他们拍摄的照片，还有她可以像西班牙人那样说西班牙语，以及在与他争论的时候寸步不让。英格彻底怀疑人性中存在伟大的同情心，因为她曾经在纳粹德国那种虚假残酷的氛围中生活过。因为拒绝加入纳粹学生组织，她被送到柏林的滕珀尔霍夫军用机场的装配生产线强迫劳动，当时那里每天都受到联军的飞机轰炸，她和许多乌克兰妇女一起工作，如果真的哪一天她们被炸死了，恐怕没有什么人会想念她们。

在我们相识一年之后，我们乘一艘小渡轮穿过莱茵河，忽然一个男人朝她点头走过来，他戴着一顶软呢礼帽，穿着斜条纹的粗花呢大衣，很是得体。我正在后面栏杆边眺望远处的河岸，回过头，看见那男子微微躬身，脸上是僵硬的有些谄媚的笑容。从渡轮上开车离开的时候，英格解释说，那个男子问她是否可以帮忙找到一个出版社出版他写的书。

"他是当年把我送到滕珀尔霍夫去的那个人。"

"他想杀了你。"

"是的，你可以这么说。"英格脸色发白。

我们开车到了山顶，站在一个城堡前远眺莱茵河。真是壮丽。从一定程度上说，这些城堡都曾经由类似三K党那样的团体经营。然而，诗人海涅也曾经在这里伫立远眺。或许历史真的是严酷的，在这一点上，先锋派们是正确的。但即使如此，我还是必须找出它的连续性。一方面我们必须对这一切做出分析，以便人们懂得并在日后不犯同样的错误。而先锋派们主要谈论的观点却是改变信仰，在我看来，这不可能是正确的。而在另一方面，没有现成的语言可以描述那些"文明的谋杀犯"。

那个在船上相貌平平、礼貌有加的家伙询问英格是否可以帮他找到一家出版社，他们两个人站在风中的甲板上——那是艘只能容纳四辆汽车、少数几个乘客的小渡轮，有种田园风味，正从高耸的城堡炮塔下驶过。当年，挺着啤酒肚的城堡拥有者就是从这里下命令向那些没有交付过路费的船只开炮的。有人告诉我们，在当时这是种普遍的赚钱手段。如果你有一座城堡，这就是你的营生，你是贵族中的一员，你自得又骄傲。

而我很可能是在船上受到炮击的一个，而不是开炮的人。犹太人看问题的角度有时候就是这么让人难受。

我们开车下了山。莱茵河可以让人惧怕，如果你真的让自己这样想的话。但所有的事情都是一样的。"对任何事情都不要考虑得过久。"灰发的皮尔斯博瑞教授在1935年曾这样说过，不久前积存在他头脑里的东西始终没有来得及整理出来，让世人知道。所以我们开车下山的时候，我们谈论起别的什么事情，而不是渡轮上遇到的那个人。慢慢地，我开始理解为什么她说自己是个傲慢的人。

约翰尼·兰格纳格是我的司机兼录音师，他加大马力，小心地开着那辆1940年产的绿色雪佛兰，沿着几乎辨不出方向的路径向上，穿过松树林，树枝摩擦着这辆政府安排给我的车的车顶。忽然间，我们已经到了花岗岩峭壁的旁边了，有十层楼那么高，下面是几英里宽的地面。我们可以看见在采石场里工作的人，看上去像是一些小黑点在移动。空气里弥漫着一股树脂的味道，像是腐烂的橙子的味道。

约翰尼的头发剪得非常短。他曾努力想加入美国海军陆战队，因为他预计一场大战即将爆发，最迟在1941年，但他不想成为陆军。我们两个人坐在车里，琢磨着如何去山下和那些采石场的工人们谈话，而我要把他们的谈话用麦克风录下来，再传回在车上安装的那台灵敏的音响剪接机。我当时在为B.A.博特金所在的国会图书馆民俗部采集地方口音。在过去的十天里我们穿行在北卡罗来纳，和各式人等打交道。我觉得很神奇，在这树林茂密的地方，人们讲话的口音每一英里都有明显的不同，而有人告诉我们采石场的工人有着与众不同的口音。我当时急切地需要一份工作，就通过我的朋友乔·利斯找到了这份差事，他当时为广播部工作。我离开大学快两年了，联邦戏剧项目又被国会否决，我还没能与任何商业广播电台建立起经常性的联系，而我那两个霍普伍德奖不论是对我自己还是对其他人都显得毫无用处。

"我们为什么不回到那条小路上，看看是否可以一直通到一个办公室或是类似的地方，总该有路下去的。"我对约翰尼说。他转身看着我，我看见他的眼睛瞪得老大，嘴巴大张着。我转身从窗户望出去，却看见一支八角形的枪管。那杆枪在不停地颤动。枪那头站着一个红脸庞的老男人，穿着棉布衬衫，整个人站在卡车前——这可真是奇怪，倒像是个梦，我们怎么会完全没有听到他上来。他旁边站着个妇人，紧紧地粘在他身上，拉着他的右胳膊，嘴里不停地说着什么，看上去愤怒，却有些恐惧。

那个红脸的老男人不停地说着什么，露出马一样巨大的假牙。那女人还在不停地拉他的胳膊，叫着他的名字，像是马丁或是卡特之类的名字。

"你给我滚，你这个犹太王八蛋，不然我就他妈的把你的脑袋打爆。"他说了如何才能保障我们的安全，我把头向前紧贴在挡风玻璃窗上，而约翰尼踩紧油门让雪佛兰至少以每小时二十英里的速度向下开去。

那男人一定看到了我们车门上印着的金色字样：美国联邦政府，那意味着罗斯福——在这一带，他被称作"罗森菲尔德"——而我们都是犹太杂种，是和白人上床的黑人，而正是这些该死的犹太人在毁灭传统的基督教。与此同时，他一定也听说了我在镇上访问黑人，那些黑人工人刚刚在一片沼泽地上建好一艘船，却被造船工厂解雇而无处可去。

那支晃动的枪管在我的脑海中久久挥之不去，就像我凝视着一束刺眼的光芒。当我们开着车下山向莱茵河驶去时，那黑色的金属枪口再一次出现在我的眼前。不能简单地说过去的已经一笔勾销了。但为什么经历的那一幕和现在没有联系，对我成为现在的我没有什么特殊的影响？对我来说忘却是从六十年代开始的，是巨大的忽视的力量让我们把以前的一切一笔勾销了。

英格和我沿着麦迪逊街向华尔道夫酒店走去。英格马上要去阿根廷，为正在那里拍片的尤尔·伯连纳拍一组照片。在此之前的两年，她和伯连纳曾一起在北非为联合国拍摄那里的难民的状况。

我们走得很快。纽约已经是冬天了，那些玻璃窗后面的商店看上去更加舒适。那样的瞬间让你意识到，你们是朋友，可能会分开，也可能再见面，再分开，但都非常快乐，没有依赖。那是个美好的时刻。

还是在六年前，我在湾脊附近街上与那些野孩子度过一段时日后，曾偷偷溜进华尔道夫酒店；而大约十二年前，华尔道夫会议就在这里举行。现在我要走进去，在美国心理学协会的年会上回答观众的提问，和我一起的还有小说家詹姆斯·托·法雷尔。英格觉得这很有趣，她父亲是位教授和科学家，对她来说学术领域是严肃的。但对我来说，这次活动不过是一扇窗，让我们透过它再次观察这个时代，一个我依然不能称为"我的时代"的时代。如果一个时代是所谓"你的时代"，你和你的朋友就会对许多事情习以为常，而不会产生疑问；而现在，似乎对任何事情我都无法习以为常，也不断想弄清楚其他人习以为常的究竟是什么事情。这个国家对我来说变得陌生，我不明白为什么会变成这样，而我又是如何变成对事物不再敏感的家伙的。

有几百人坐在会场里，很奇怪绝大部分是女性。那个时候越战尚未开始，二次世界大战已经过去很久了，经济大萧条已经一去不复返。那个时候，汽车尾部还有鱼鳍一样的装饰。那是在肯尼迪遇刺之前，但卡斯特罗已经在猪湾打败我们，而男人们还留着短发。米尔顿·伯利和席德·西泽是电视界的宠儿。和许多演艺明星一样，辛纳屈还是民主党人。而整个时代的卡通式风格已经渐渐开始褪色了。自由的舆论已经开始瓦解，但人们尚不知道这一变化应该叫做什么。

我和法雷尔并排坐在一起。我努力集中精神听着台上的报告，但已经不知道我为什么会在这里；但是因为最诚实又认真的法雷尔似乎全神贯注地观察正发生的一切，我觉得我也应该那样。我或许还真希望有人忽然说些什么，打断这沉闷的节奏。

在两个人完成他们的大会发言之后，有一位听众问我：道德应该在科学研究中占有怎样的位置？每一个人都有个标签，我那时的标签还是名道德家，但我不知道自己是否还具备这个资格，我离过一次婚，正在办理第二次离婚。

我所能想到的答案是道德与科学无法剥裂开来——这显而易见，只要我们回想一下纳粹医生：以研究人体在被溺死时的身体反应为名，纳粹医生曾把人的手脚绑住，扔进水池，然后再把尸体捞上来进行解剖。这就好比说，就算你建了一座大教堂或是犹太会堂，并不表示你就有了一个宗教；而把人体切开并不意味着你是在做科学研究。我尽量答得简短，希望我们可以进入更有趣一些的话题。

但看来我的答案在人群中引起了一些骚动。这让我有些摸不着头脑。当听众们起身离开的时候，一群人——大部分是女性——把我围住，问为什么把人绑住扔进水池里不是科学。她们是认真的吗？显然是。我只能回答，如果那也能够称作科学的话，我愿意回到中世纪去。但主要是我无言以对。这是我第一次面对冷酷，如此真实但又毫无真实性可言，一群无知的兴趣十足的后人类的脸孔。我被二三十个女人包围着，她们不满足于我把人淹死不是科学的说法，而要求有进一步的解释。或许是我错了，但有一个念头在我脑海闪过，这样的问题在战前，在纳粹集中营有系统地完成这一切之前是不可能出现的。再一次，我迷失了。"假设有些医生说，他们要焚烧几百万人，用来科学地分析人体燃烧所释放的烟尘对大气是否有特殊影响——这可是以前从未进行过的试验，至少没有如此大规模地进行过——这能称为科学吗？"但我的话淹没在人群的交头接耳之中，而直到我们离开，我也不能肯定是否可以给科学下定义。我想英格的脸已变得毫无血色，就像那天在莱茵河上一样。

我们都曾被骄傲地教导说，科学是理性的胜利，我们战胜了野兽。但如果野兽掌握了科学，将会发生什么事情呢？这个早已经不再是智力范畴的问题开始在我脑中徘徊。我当时住在一家旅馆，不受任何干扰——对我来说这有些不同寻常——有太多时间独处，那些我无法定义或称呼的事情开始让我担忧。

一天下午，布鲁克斯·阿特金森来看我，没有特别的事情，就是坐在那里和我聊了一个小时左右。我觉得我让他失望了；我猜他或许期待在经历了好莱坞声名狼藉的五年后，我应该断然回归戏剧。他真的很善良，认为戏剧界需要我——他十分关心别人——但我在那些日子里感受更多的是惭愧。为什么？我也不确定，但绝对没有心情开始一部新戏。

我回望过去，感到窒息。和我同辈的人中我几乎不认识一个。我才四十五六岁，却仿佛是这世上最衰老的人。没有几个人记得我所记得的事情，这真是奇怪。

我放眼这座城市，发现同样的错乱：人们和错误的伴侣在错误的躯壳中生存，说着连他们自己也不懂或不相信的话。他们骑在摩托艇上急速前行，却不停地把东西丢入水中——孩子们、咖啡壶、盘子、猫狗、房子、丈夫们和妻子们全都在浑浊的水中旋转，然后逐渐沉没，消失在他们的视线和头脑中。

现在戏剧界的严肃作品全都与毁灭有关，这和悲剧不一样。我不能接受这一点，尽管从我生活中发生的事情来看，我其实无法与人争辩。

真够奇怪的，六十年代被喻为接受人类天性的时代，男人们去掉了幻想。但对我来说，这似乎是个否定的时代。但否定了什么？我们又做了什么无法面对的事情？

我再次想起加缪的《堕落》，一个道德家无法忘记他没有试图阻止一名少女跳河自杀。我将从不同的角度来思考。问题并不应纠缠于一个人是否可以不勇敢，而是其他。你不能强迫人们勇敢，人们可以勇敢，也可以不。对此我们能说什么呢？

每个星期我独自待在罗克斯伯里的时间越来越多，我开始担心我过于喜欢这种孤独和安静。自从上一任主人走了之后，我的谷仓开始腐烂，那片曾经养活过几代人的土地一直闲置着，哭泣着恳求人们在上面重新耕种，就好比我此时的心灵荒芜得太久。我的内心和这片土地一样渴望使用，而只有充满爱意的工作才能够填补。

英格正在法国完成她的一项采访，她总是那么兴致勃勃。我佩服她的时间观念，认为每一个小时都很重要，等待每一秒钟带来的可能性。我需要一个有序的空间重新开始工作，而当英格不在的时候，我就会陷入困惑。我不可能再做任何形式的承诺，我们都太像音乐，充满希望的幻想之声通过空气飘入我们的耳际，但只一会儿它就会消失。我既无法面对也无法逃离那种绝望，我唯一确定的就是我需要大段不被打扰的时间去重新找回我作为作家的安身立命之本。没有人会期望伴侣在生活中保持沉默。在这一年我们的相互了解中，最简单的想法——我需要别人的帮助去重新建立生活——已不仅仅是明显的事实，甚至是需要热诚和某种勇气的。或许易卜生是错的：最孤单的人，并非最坚强，只能说他更孤独而已。

沿着我的住所往下走，住着考尔德一家，桑迪和露易莎，我从四十年代末搬入这个地区起就认识他们了。他们的出现对我总像是一种安慰，但是他们那时候也开始长时间住在法国了。我倒是愿意在下午的时候去看看他们，和露易莎喝上一杯，或是在桑迪的工作室里，趁着他给汽车拾掇电线和铁皮的时候和他聊些闲话。有一次，他坐在那里画一张调音台的图纸，说是要把这个装置装在加拉加斯＊大音乐厅的天花板上——二十年后，我和英格真在那里看见了这个装置——也难怪，他是斯蒂文斯学院毕业的工程师，他的毕业成绩之高，据说创了学校的纪录。和住在谢尔曼马尔科姆·考利家附近的画家彼得·布鲁姆和他的妻子伊比一样，考尔德一家也是在大萧条时候搬来的，那时候这里仍然有很多不大而贫瘠的农场。所有这些人都晓得如何用很少的钱过快乐的日子。考尔德一家花了三千五百块买下这块地方，而一百块的首期付款是他从鲍勃·约瑟夫那里借来的，鲍勃曾是那个时代最好的图书设计师之一。这些农场尽管已经衰败，但依然保留着悠闲的乡下农场的喜庆气氛。我的谷仓里也有辆轻便的二轮马车，是以前农场主人上教堂时用的。

　　不论做什么，桑迪总是很超脱，因为在精神上他就是个孩子，连在严肃的时候也一样。他从来不理论化，不论是对艺术还是政治。他瞥一眼画布上的作品，觉得不喜欢，就直接说"狗屎狗屎"，然后再也不看它一眼。但是，对于时局他明察秋毫，当我被没收了护照并被推来搡去的那段倒霉日子里，他特地赶来对我表示欢迎。他和露易莎比我大十岁，我能在他们所见证的二三十年代中发现某种历史的欢愉感。露易莎是亨利·詹姆斯的侄孙女，而桑迪的父亲是位雕刻家，华盛顿广场那个著名的拱门就是他的作品。那时他们生活的纽约市和我认识

＊　委内瑞拉首都。

的完全不同，没有奋力打拼的移民，而是有许多古老的家族和沉默但威严的男人们。他们依然生活在轻松的波希米亚的生活方式里，不评判他人，对一切事物都充满好奇；不过，在这种外表下面却是固执的、某种程度上贵族式的对国家的责任感；在疯狂试验又自我放纵的六十年代，他们身上有种本能的从容，那种不矫情的单纯品德已经消失在历史中了。在接下来的四分之一世纪中，我尝试在作品中表达对他们两个人的爱，那就是《我什么都不记得》，一出独幕剧。

五十年代的某个星期天大早，桑迪的声音从我的卧室窗户外飘进来，他含糊的声音就像是在说一些不可能明白的句子。他的声音把我从梦中惊醒，难道他是在说法语？我走到外面，看见他穿着短裤，踩着双破拖鞋慢慢走着，旁边是法国建筑师奥斯卡·尼奇克，这位建筑师刚刚失去了听力。桑迪用花园里的一截橡皮水管和一个锡铁漏斗拼凑成一个传声筒，他正在通过这个装置和尼奇克讲话；而尼奇克一边把耳朵凑近传声筒的另一端，一边抱怨桑迪说话的声音太大。尼奇克的脖子上挂一块纸牌，上面是考尔德独特的笔迹，写着："我是聋子。"两个人手上各抓着一瓶红酒。他们当时正在讨论一个非常严肃的话题，具体题目我不记得了，但我记得我加入他们走了一小段路，直到他们拐了弯，回到一英里外考尔德的住处。他们刚刚结束彻夜长谈，两个人蹒跚地走在下山的小路上，当时每天经过那条路的车不过两三辆。

考尔德一家几乎不住在那里了，我认识的在那片农场工作的男人女人也都走光了。在寒冷的早上，你依然可以在空气里嗅到乡下田野的气息，这是个经常会触发我灵感的季节。但我还没有准备好做出承诺。正是在这样的心情之下，我接受了一个邀请，可以让我暂时逃避：去巴黎一趟。西德尼·吕美特执导的《桥头眺望》正要开拍，由雷夫·瓦朗和莫琳·斯特普林顿主演。在此之前，瓦朗在舞台上演出过这部戏，并取得了巨大成功。还有更棒的，我已经积攒了足够的稿费买辆路虎，然后开着它去巴黎。我异常清晰地意识到，这一切其实都是借口，实际上我是为了去见英格，有些时候，即使一些渺小的自我幻想也强于内心一无所有。事实是，我简单地赞美每一天，并期待新的一天的来临，英格是这样的日子中很理想的伴侣。如果不需要去确定那些他不大了解的事情或是他不大相信的事情，男人就会很快乐。我发现自己对简单的事实带有新的尊重的感觉，我只想依照事实来做事，仅此而已。或许我渴望见到英格，是因为她尊重我们之间的这种不清晰的状态，而作为艺术家，她其实非常善于在困惑中依然坚持。另外，毫无疑问，她看上去越来越美丽了。我明白，简单地说吧，我有麻烦了。

我在战后曾经住过的皇家庞特酒店现在正在维修，在经过战后许多年的尘封之后，它那古老的带着法国小资式高雅风格的金色装饰又重新闪亮了。只是那个戴着已经磨损的袖扣、每天穿过整个巴黎去喂他的宠物兔子的看门人消失了；还有，到了六十年代初，那些街道的风景也消失了：停在道路两边的小汽车挡住了低层住户的窗子以及大的出口。汽车成了巴黎街道的主要风景，而建筑变成了背景；巴黎人散落在街道上，全心担忧着车的护栏、挡板和汽油。当然，牡蛎依然令人愉悦，巴黎天空的颜色亦华丽依然。

英格细细品尝着生活，那是只有曾经接近过死亡的人才会有的方式。在这个时代，幸存者之间是相互理解的。一切对她都似乎变得简单：她对人没有什么期待，而如果她对某人有所期待，她就会提出要求，而那个人也有责任去给予。

当年在滕珀尔霍夫军用机场，大门被炸开，她麻木地走出来，很自然地向南方走去，向奥地利的方向走去。那个时候，与其说她在心里期待萨尔茨堡的亲人还活着，还不如说她只是需要一个目的地。关于那个时候，我们听了无数遍的故事是：第三帝国土崩瓦解，搭乘卡车的人、拥挤在道路两边的人，有人显示出人意料的礼貌，也有常见的背叛。直到有一天，她站在一座小桥上，正攀过栏杆，准备跳河死去。一个上了年纪的人救了她，是个拄着拐杖的士兵。他把她教训了一番，说人永远不应该放弃，并且要她跟着他走。终于，在经过了许多个日夜之后，他们到达了萨尔茨堡。

可是，她的记忆模糊了，她已经不认识自己曾经生活过的那栋房子了，而且她的父母似乎不可能还住在原来的房子里。瘸腿的士兵领着英格，走过一条又一条街道，但英格还是什么也想不起来了。直到他们到了镇子上大路交会的地方，英格才忽然感到眼前一些依稀熟悉温暖的东西。他开始嘲笑她，是啊，只有幸运的人才依然生活在这里，而这个衣衫褴褛的小姑娘不可能属于这里。终于，英格认出了自家门上的那把铜锁，她跑上前去，用力扣着门环。大门打开，里面站着她的母亲，真不可思议。一个奇迹。英格和母亲拥抱在一起，她回过头想去感谢那位士兵，但是，他已经不见了。英格跑到大街上，上上下下仔细寻找，却没有发现他的踪影，就仿佛她只是在梦里看见了一位天使。英格肯定说那不是梦。但他为什么匆忙离开？难道是他觉得自己不适应这些优雅的人？也可能，他痛恨或者是害怕有钱人？

在讲述这个故事的时候，英格没有任何的自我怜悯。倒不是因为她缺乏这种感觉，而是在她看来，任何人必须找到勇气去拯救自己，这是天经地义的事情。凡事靠自己的心理暗示会导致悲剧，而不仅仅是同情。她既不是乐观主义者也不是悲观主义者；在她看来，我们每天看到的罪恶已经够多的了，何苦再去自寻烦恼？尽管她预见人性丑恶的一面，但也对人性善良的一面表示欢迎。的确，现实主义哲学承认人们有善良的一面，否则它就没有真实地反映这个世界；但如果你认为世界令你完全绝望，那是你逃避了对善良本性的根本思考。这样的战争根本不应该让这样一个女人卷入，但她被卷入了。不过，你很难想见有一个美国人像她那样地快活。

于是，在沃尔特·万格最初和我谈到把加缪的《堕落》改编成电影剧本的四年之后——故事讲述了一个男人没有向一名跳河自杀的女性施以援手——有个女人告诉我有个男人在她跳下去的当儿把她救了上来。

然而，多么奇怪呀，他就是应该消失在空气中。

有一天中午，玛丽莲忽然出现在乡下的那栋房子前，同来的有她同母异父的姐姐贝尼斯·米勒克尔，还有演员拉尔夫·罗伯茨。罗伯茨深切关心玛丽莲，他在战争期间是卡尔森巡逻队的成员，现在则是名按摩师；他有一半印第安血统，看上去高大威武却彬彬有礼，有个巨大的腮帮子。是他开车把玛丽莲姐妹俩带上了山；他租了一辆轻型货车，因为这次来是要把属于玛丽莲的东西搬走，特别是放在二楼的那台大电视机，那是美国广播公司几年前送给玛丽莲的礼物。

玛丽莲却想向贝尼斯展示这所房子，特别是她设计改造的部分。她领着贝尼斯楼上楼下看了一圈，最后两人到了外面的草坪上，远眺无尽的风景。玛丽莲向贝尼斯介绍她如何在小屋顶上装上了天窗，以及如何把另一侧的屋顶加高，在厨房上面建成了个小房子等等。而与此同时，罗伯茨则负责把玛丽莲的东西搬上那辆货车。我给他们弄了点茶，然后独自走开了，我想玛丽莲或许希望和贝尼斯有更多的私人空间。贝尼斯来自佛罗里达，看上去年轻端庄。我知道玛丽莲是最近才和她姐姐相认的，而玛丽莲向我介绍她的这位姐姐的时候是一副骄傲的神情。在我的印象中，玛丽莲从来没有提到过她有个姐姐；或许她曾经告诉过我，她母亲在第一次婚姻中有过一个女儿，而我把这件事情忘光了。

半个小时之后，我听到货车的弹簧门砰地关上的声音。我从工作室走下来，与正要上车的罗伯茨和贝尼斯道了再见。在车库门口，我和玛丽莲面对面站着，我们相视而笑，觉得有几分荒谬。我思忖着，关于我们在一起的日子，玛丽莲会记住些什么，又会忘掉些什么。过后，我曾经问过自己，换作是我，在头脑被否定清晰之后，还能有多少记忆保留下来呢？这时候，玛丽莲注意到了我一个月前在欧洲新买的那辆路虎，她猜测我可能会在这里长住下去，这激起了她的好奇心。她想知道在车的底盘部分延伸出来的那块东西是什么，我告诉她，那是动力驱动轴承。我计划在这里种些果树，可以把洒水装置挂在上面。她用惊奇的眼神盯了我一眼，我觉得我在里面看到了一丝遗憾，她或许是想到了我们两个对这片地方曾经寄予的期望；她曾经给我施压，让我一块又一块地买地，而我最初对此是反对的，我说我觉得没有必要买那么多地，我们会因此负债，但现在看来，这是聪明而漂亮的一笔投资，尽管当时我不得不卖掉一些手稿来付地税。我现在在这里，显然想再次适应，而她再一次飘浮在半空中，正如她一直以来一样，也正如我不可以那样，如果我想继续我的工作。我们现在揭开了过去单纯忍耐的面纱。我现在觉得，如果不是通过自杀或是谋杀来逃避你生活中的种种，一个人是永远不可能真正做到解脱的。现在的我们与过去的我们相比不会有什么改变，即使我们很幸运，也不过是很艰难地才在某些重要的方面有些许提高，而玛丽莲和我都曾努力尝试最大限度地改变。

她看上去想稍稍耽搁一下才离去。在她的身后，大片的茱萸树正落下秋天最后枯黄的叶子，她身上撒满秋天灰色的光线。她穿着一双软鹿皮鞋，那总是让她看上去像是只有十四岁。她身上穿着件褐色的毛衣。忽然，她掀开衣服，露出身上纱布裹着的部分。

"看见我身上的绷带了吗？"她露出迷人的微笑，仿佛这证明了她之前的一些说法。

"你怎么啦？"

"我刚做了个胰腺手术。医生告诉我这就是我总觉得身体痛的原因。"

我知道她不是想责怪我——可能还有休斯顿——对她的病没有足够的重视，对她在片场没完没了的迟到没有耐心。她只是想说明，她在片场的行为不是因为生活琐事，也不是她的坏脾气或是对药物上瘾。但这也让我怀疑，她是否到现在还没有意识到她已经几乎把自己置于死地。因为从她的声音和她掀开上衣展示她的伤痕上来看，她可能觉得这只是一种短暂的病症，而不是她长期大量服用巴比妥酸盐的结果；她并没有意识到她自身、她的愤怒，让她处在危险之中；更准确地说，她最终依然只是个孩子或是弱者。我感到，我以前那种想给她些劝告的念头又出现了，我马上做了调整，让那些想法渐渐平息下去。只有这些已经破败不堪的信号还在我们之间挥动，而当我们挥手彼此说再见的时候，我想我们都觉得有几分可笑。他们的车子启动，沿着特别的弯道下山，那是五年前我们和建筑师一起设计的。我独自站在那里，盯着铺在柏油路上的细碎黑石子；记起玛丽莲之前曾经非常不开心，因为我们不能听到汽车轮胎驶过细碎石子时发出的美妙的爆裂声，就像人们在加利福尼亚时常听到的。这里会下雪，每个冬天一定要用耙子把它们扫到路两边。当然，你总是可以铺上更多。而她又是对的，如果你不介意那些浪费，你总是可以铺上更多。我转身走回房间，心里还在寻思这个问题。没有什么会真正结束。

这个时代有太多为了给捐赠者脸上贴金而发明的所谓荣誉，让接受者不会感到其中的可疑意味。不过出席这一次的颁奖仪式，会比较容易让人感到舒服。在蓝屋外面排起长队等待进场的人，被认为是这个国家最优秀的艺术家和作家，同时还有科学家、作曲家和音乐家。白宫安排的这次晚宴是专门为法国作家安德烈·马尔罗举办的，他目前是戴高乐政府的文化部部长。从三十年代开始，我就一直喜欢他的作品，而这次宴会更明显的目的是显示美国知识分子的自豪。而更让我觉得惊讶又荣幸的是，在这次晚会上，我会坐在杰奎琳·肯尼迪和马尔罗的旁边。身穿蓝色海军制服的领位员敏捷地带领着我们，把我们这群快乐的人排成一长溜，就像我们还是学校里的小学生，然后指引我们进入宴会厅，坐进早已经安排好的座位。我发现自己在队伍的最后面，这像是我的宿命——因为我的身高。从小学开始自己就总被安排在队伍的最后排。我慢慢往前移动，却发现一个孤单的人站在队伍外面。他的身材出人意料地高，穿着件满是褶皱的浅蓝色衬衣，他几乎没有掩饰自己的心不在焉。他的一条腿略为弯曲，脚尖抵在整洁的地板上，正勤勉地用文件纸的一角清理自己的指甲，就像是在乡下商店外面无所事事的流浪汉。慢慢地我看清楚了他的脸，认出他就是当时美国的副总统林登·约翰逊，那个晚上，他显然不在状态。那是我唯一的一次为副总统感到悲哀。

尽管在过去我曾被政府的权力弄得焦头烂额，我还是被肯尼迪的讲话打动了：终于，美国总统开始懂得美国不仅仅需要娱乐明星，也需要有头脑和想象力的人。但我最近一段时间浸淫在好莱坞那样的环境里，对他那种急促的略带侵略性的讲话方式有些警惕，他凌厉的眼神让我觉得机械和有几分吓人。他或许是个聪明人，但我对他是否有怜悯之心依然有些怀疑。当然，他的激动快乐和对周围人的吸引力，还是征服了在场的每一个人。

马尔罗的演讲使用的是激情澎湃的法语，他慷慨陈词，却不管别人是否听得懂。我相信总统夫人大部分没有听懂，而我则完全没听懂。他像是个明星剑客般挥舞着长剑，让人毫无招架之力。他抽烟抽得极凶，脸上会忽然出现惊慌的短暂痉挛，让人担心他是否可以真正放松睡觉。而法国当时的驻美大使埃尔韦·阿尔方会设法迅速在我耳边翻译一两句。大约两年后，另一个法国人让我联想到了马尔罗演讲时微妙的表情和强烈的感情。这就是亨利·卡蒂埃-布列松。坐在康涅狄格我家游泳池的旁边，亨利会为我和英格的女儿丽贝卡大声朗诵半个小时。朗诵的是法语，是著名的圣·西蒙编年体回忆录，讲述他在路易十四宫廷上的见闻。这是亨利的方式，让自己沉迷其中，同时也表达对英格女儿的赞美，尽管当时丽贝卡还不到一岁，对他所朗诵的东西包括法语一无所知。看着他坐在游泳池边耐心翻动他的袖珍版书页，而丽贝卡在边上挥舞着小手咿咿呀呀，我想到了我们美国一个近似皇室的家族，想到了肯尼迪——他如今已经遇刺身亡。

肯尼迪遇刺时，我和英格正在康涅狄格一家大型五金店里。收音机开着。"总统遭到枪击"，播音员的声音穿过四处有金属闪亮的五金店。最初，其他的两三个顾客也没有留意听。我有种想笑的冲动，或许因为这太荒谬了。两个店员依然在等着顾客。大约有一分钟的时间，我在杂乱的到处堆满金属杂物的店铺里找不到收音机的位置。我脑子里不停地想，不，这不是真的，这只是误传。终于，我找到了收音机。商店里的其他人也渐渐围拢过来。我知道这个时候英格在想什么：这些事情再次发生了。

就像原子弹轰炸广岛的消息，一而再再而三。一棵树被闪电击中，中间已经裂开，但依然活着，树枝伸向天空，无目的地摇曳，而那个问题"为什么？"延伸向阳光下阴暗的草地，直到沉默的远方。

在和英格开车回家的路上，我想到了罗斯福的死。他也是去得毫无征兆，但带给人们的震动却是不同的。罗斯福是如此主宰了我们那一代，让我们惶惑谁可以替代他来指挥当时尚未结束的战争。收音机里，播音员还在说总统的送葬队列正穿过宾夕法尼亚大街，突然，他开始无助地啜泣，仿佛是自己的父亲去世了。那种失落貌似更为隐秘。或者只是因为那个时候的我更年轻些？另一方面，肯尼迪和我同属于一个时代，他的死轻轻地触碰了未来那张脆弱的网。即使在三十年代，经历了那么多苦难困顿，人们还是感到有希望的；至少在我工作过的地方对于未来是绝对信赖的，觉得宇宙对人类还是关爱的，并不是一味地对他们进行嘲弄。而肯尼迪遇刺则像是宇宙简单地把电话挂断了。

我和乔、奥莉·劳一起参加了他的就职典礼晚会，可是，脑海里却只记得弗兰克·辛纳屈，他身边是装满东西的特殊的礼盒，而他只是独自巡视着，像个威严的长官一样俯视着欢乐的人群。这位歌手似乎对总统邀请他来为自己的就职典礼演出并不那么热衷。作为歌坛的常青树，他后来还曾在罗纳德·里根的就职典礼上演出过——就是在总统到达和离开时唱歌，这超越了政客，变得像皇室的样子了。单纯的卡尔文·柯立芝曾经说过，"商业是美国人的头等大事"，难道这证明了"美国人的头等大事不是商业"，而是娱乐——最典型地体现在美国娱乐圈，在这里你的成功最终也不过是个超现实的比喻，主宰表演者命运的却是他单纯而毫无意义的个人魅力？

但或许我对他缺乏敬畏，是因为我总记得三十年代后期的那个辛纳屈，他瘦瘦高高的，长着个鸡脖子，那次让他崭露头角的轰动性演出之后，他被一群尖叫的女孩子围在派拉蒙的剧场门口。那时我们两个一样大。

一股奇怪的、不知来自哪里的冲动慢慢涌上来，我想写一出戏。我不能确定是因为我们的年纪还是我自身的成熟，无论看什么事物我都从中看到了戏剧，而不是真实的或是令人激动的经历。几乎每件东西，比如游戏、百货公司、餐馆、一排鞋子、一辆车、一间发廊，都被重新审视，仿佛它们是某种具有自我意识的艺术形式。因为在艺术中，重要的是风格，而非内容。无论如何，人们选择一间餐馆是为了那里的风味和服务，而非去为自己增添营养；正如人们买某个牌子的鞋子不是因为它的品质，甚至不是舒适感，而是它很时髦。人们传统上认为，戏剧的重要性在于它体现了人类命运，这种说法已经变得荒谬冒失了，戏剧自会找到自己的价值。人们说，现在的戏剧界是导演的时代，剧作家只是辅助。事实上，这种说法的迷人之处不在于你怎么表述，而在于你怎样做到这一点，难道不是吗？剧作家的存在如今面临挑战；仿佛剧作家代表了平庸的概念，教士般长篇大论的台词，还有大致相仿的故事结构。一位受到太多追捧的前卫评论家甚至宣称，写一篇好的戏评要比写一出好的剧作更难。只有即兴才能让人们发现真实，意念是天生的谎言，而词语则是令人信服的欺骗。姿势，最好是沉默之姿，才是真实最后的庇护所，而即便这样，那也只是个建议，可以有不同的解读方式，并且越多越好。

还有，人们想当然地认为观众在剧场时会极度烦躁，心不在焉，他们的注意力会被周围其他事情所吸引，唯独无法集中在他们所面对的舞台上。不久后我发现，这不仅是美国独有的现象，在欧洲，戏剧也无法再引起公众的兴趣。还有一件事，没有人想看到一个故事；在我的理论里，故事意味着我们生活中从过去到现在的某些连续性；而在我们内心的直觉中，我们知道生活中是没有这样的所谓连续性的，任何事情都极有可能发生在不同类型的人物身上。现实生活中，唯一可能重新出现的元素是反常的行为，而唯一理智回应这种反常的是更为辛辣的甚至接近厌恶的笑声。

六十年代的某个下午，在彼得·布鲁克的巴黎工作室里，我观看了他的剧团大约二十名演员为一群聋哑学校的孩子们表演的情景。每个演员的手里都握着一根短棒，使用简单得像是舞蹈一样的一连串动作，创造出不同的图形来表达接触和排斥，通过一系列设计和混淆然后重新安排图形变成新的意思。演出看上去很有趣，表达出了人们的某种渴望，或许吧，我有些不能确定。

接下来，是聋哑学校的孩子们为演员们表演了。他们听不见也不能开口说话，他们被限制住了，但这正是职业演员期待的状态：除了肢体没有其他。孩子们表演了一个侦探哑剧：一个孩子被绑架，孩子的父母心急如焚，警察展开调查，最后，孩子找到了，犯罪分子得到了惩罚。整出戏都显得有些焦虑，开头和结尾，以及中间的各色人等——扮演警察的孩子为了表明自己的身份，不停地敬礼；扮演父母的孩子在舞台上跑来跑去，用手捶打胸脯，而且希望大家一起为孩子的平安归来祈祷；而警犬为了找到犯罪分子的迹象，几乎嗅遍了舞台的每一个角落；还有那个被绑架的孩子，为了表现伤心，从头到尾都在抹眼睛。但是，最让人震撼的是孩子们焦灼但无声的相互交流的渴望。他们无法用语言表达自己，所以形体动作充满了夸张的成分，然后这却比语言（如果他们不是哑巴的话，一定会开口）更恰当地表达了他们的感觉。

看来那些感官健全的人完全错了，他们试图让部分感官停止运作，以为可以更接近所谓的真实表达。在我看来，这个经历表明我们艺术表演时的肢体语言在理论上陷入枯竭；我们认为世界上已经没有什么值得去表达，因此一味追求形式和风格上的完美。聋哑人竭力想表演他们的经历，讲个故事，尽管这个故事会很老套，而那些不聋不哑的人却竭力去创造某种氛围，某种纯净而简单的感觉。

我想我之所以厌恶戏剧，在于它仅仅是一场卑鄙的对自我的演习，而非其他。现在我憎恶自我主义，尽管我和其他人一样自负。

我曾经以为讲述真相是我们唯一可以挽救的地方；但现在看来，这只不过是普遍残忍的另一种伪装。没有仁慈就不可能有真相，而没有信仰——对人类的信仰，更别提对上帝的信仰——仁慈也不过是众多选择中的一个。

人们仿佛是为不知名的上帝创作，如果没有看不见的上帝出场，努力创作就显得没有任何意义。"不要问国家可以为你做些什么，而要问自己可以为这个国家做些什么。"肯尼迪在他的就职典礼上，在狂风中发出了这样的呼吁，而年迈的罗伯特·福斯特在旁边努力抢救被大风吹走的发言稿。年轻的总统非常清楚国家需要的是什么，但他也知道那是不存在的。那为什么要写作呢？

英格在她朋友玛丽·麦卡锡的推荐下，来纽约的时候大多住在旧切尔西酒店。英格曾经为她的《威尼斯见闻》拍过照片。英格觉得这是美国最接近欧洲的一家酒店。切尔西酒店那时还不有名，六十年代中期它成为著名的艺术家聚居地而闻名遐迩；我也在里面租了间房，部分原因是老板巴特先生保证，没有人会知道我住在这里。几个星期后，国内和海外的媒体开始有报道披露我的行踪，他也是以同样快乐的笑容面对我，说他真的很无辜。不过，你很难对巴特先生生气，因为他似乎根本觉察不到别人的不快。他有一头精心打理过的短发，这位匈牙利难民出身的酒店老板有着绝对的自信和一副坏心肠。他经常消失几天，和他的匈牙利老乡去钓鱼，中间可以一轮又一轮地打牌。赌注通常是他们所拥有的酒店，有些大的如同纽约客酒店。但切尔西酒店是他所有物业中最心爱的。他会说："我喜欢和艺术家、有创造力的人打交道。"你不必去了解他而去喜欢他，如果仅仅因为你喜欢他的酒店，那就是这里容忍一切的事情。当然，只有一件事是个例外：亏空。

我曾一度被切尔西的魅力、它独特的颓败气息所迷惑，觉得那里就是我的家。它不像是在美国，没有吸尘机，没有规则，没有品位，没有羞耻。巴特的两个搭档，克罗斯和格罗斯，负责酒店所有的水管安装和修理工作，这也是为什么这里的水龙头热水在右手边，冷水在左手边——和在匈牙利一样。如果有美国小资们不小心弄错了边，把自己烫伤了，旅馆的善后服务还是很不错的。在酒店顶层，被视为重塑知识分子生活象征的维吉尔·汤姆森[*]，曾在他用橡木装饰的房子里招待我们喝酒，而掺有毒品的饮料让我和英格动弹不得；从他的房间可以看见第五大道，那个晚上真令人难忘。走廊过去住着另一位作曲家乔治·克莱因辛格，他用收集到的眼镜蛇、南美蜥蜴和乌龟来吓唬他的女朋友们，让她们大声尖叫；在他房间里有一个从地板一直顶到天花板的大水族箱，里面充满了烂泥。还有一名被免职的神甫，他看上去足有七英尺高，总是烦躁地等待着寒冷悲惨的天气带给他新的顾客，用他们的临终圣礼来支付房租。查尔斯·詹姆斯曾经是著名的裁缝，他在走廊上溜达，痛心地看着这个地方逐渐衰败，然后又被新的衰败所代替，那些粗俗的因为嗑药而迷迷糊糊的艺术家，不管是假冒的还是真实的，他们的自我吹嘘毒害了这里的整个气氛，那群人里没有一个淑女或是正人君子。还有一个私家侦探，整天坐在有四道锁的房门后面，周围是电视机、立体声音响、打字机，还有他偷来的毛皮大衣——有一天，住在他隔壁的人因为喝醉了酒，燃着的烟头引发了火灾，消防员们砸开了私家侦探的房门，才发现了藏在屋子里的大衣。

切尔西酒店给不切实际的想法提供了一个堡垒，这种精神早在因越战而激起的抗议活动很久之前就在这里存在了。我和阿瑟·克拉克约好在23街和第7街拐角的一间自助餐馆吃早餐。我小心穿过那些酩酊大醉、蜷伏在人行道上的人，要了一份丹麦果酱饼。克拉克现在半年住在斯里兰卡，他把那里称为世界花园，另外半年住在切尔西——

---

[*] Virgil Thomson（1896—1989），美国作曲家、音乐评论家。

这是个养料库，里面的养分从未被它的各种有创造力的居民浪费掉。我们周围是正在啜着咖啡的流浪女人和紧盯着报纸上赛马专栏的下了夜班的工人们，而克拉克异常兴奋地向我透露，根据最新的统计，大量排出的二氧化碳尾气将会大大加速地球的灭亡。从自动餐馆周围的环境来看，这个结论还真是显而易见。

尽管切尔西酒店有那么多让人心烦的地方：窗帘和地毯上积了好几年的灰尘，生锈的水管，漏水的冰箱，还有需要你不断往里面灌水的空调，不过，对我而言，切尔西是治愈伤口的临时之所，正如威廉·萨洛扬在剧本中借一位阿拉伯人说的一句话——六十年代，改革家们忙着把美国变成无政府社会早已经把它忘了——"没有什么是建立在海市蜃楼上的"*。在他作为亚美尼亚人所追寻的令人愉悦的混乱中，萨洛扬在四十年代就已经嗅出了美国的未来。他不像欧洲移民那样故作深沉，而是装扮成没有文化的喜剧小人物，揭露美国人深信不疑的乐观主义有多荒谬。萨洛扬用黑暗中边缘移民对美国的渴望作为这种荒谬性的某种点缀，在美国的艰难背景下，他们从未停止寻找一个安稳的栖身之所。

我注视着六十年代，一个新的时代，它带着年轻的通红的眼睛，蹒跚着进驻切尔西。我也几次尝试融进他们在仲夏节里舞蹈的行列。但心里却不由得想：我的感觉是自我中心和涉世未深，与自由没有任何关系。这也包括我对垮掉的一代的感觉，他们像是迷惘的一代的哀叹，直到越战这代人中不断有人被打死之前，他们的抱怨似乎都没有什么必要。毒品在我看来就是个毁灭者，它不是抗议社会，而只是哀伤的快感，并不能为哀悼死亡者新建的教堂增添哪怕一块砖瓦。他们打破旧的性行为规范，这为他们赢得了支持，但除此之外，这也不过

---

* 出自威廉·萨洛扬的剧本《鼎盛年华》。

是自我毁灭行为的一部分，不仅在我的生活中，这样的毁灭可以说是随处可见。美国的宗教其实是自我毁灭，不论是政治还是个人，当时还没有多少人能够认清这一点。我在切尔西的许多时间是在探索一个简单的悖论，在这样的主题下，我们可以做一出戏剧。

五十年代我待在那个酒店里，脑子里想的并不仅仅是玛丽莲。我坐在灰色的大房间里，希望能够充分地理解狄兰·托马斯，这名年轻的诗人用一种有系统的方式让自己离开了这个世界。如果他戒酒一个星期的话，他应该能健康得像头猪。很久之后，当我读到他写的关于父亲的自白，在我看来，他似乎在尽力挤压自己，用自己的艺术去挣得名声；而他亲爱的父亲，始终默默无闻，是一个作家、教师，一个失败者。托马斯把他从自己热爱的人那里继承来的才华摧毁，试图以此来改变什么。我能够了解那种过程、那种挣扎，面对父亲的失败，尽量抵挡自己的罪恶感。带着所有的罪恶感，弑父的欲望出现了，问题是你如何在这样的状态下生活下去，或者就干脆死去。

后来，又有一个人来到切尔西准备死去，他就是布兰登·贝汉*——"感化院男孩"自身——那已经是他最后的日子了。凯瑟琳·邓翰†为帮助他度过这个星期，安排他来这里住两晚。有一天，他邀请我到他房间去。他坐在那儿，湿漉漉的头发随意披散下来，脸上满是疙瘩，残缺的牙齿漏着风，一边笑一边大嚼着香肠和鸡蛋。穿着黑衣服的舞蹈演员在房间里进进出出，他们不知道该如何帮他，或许也根本无意帮他。他努力挤出笑容说："我并不是真的剧作家，你知

---

* Brendan Behan（1923—1964），爱尔兰剧作家和小说家。著有《感化院男孩》。41 岁时因酗酒身亡。

† Katherine Dunham（1909—2006），美国黑人舞蹈家、舞蹈编导和人类学者。

道——你早就知道，当然——我只是个说话的人。我在楼上有个房间，我在那里说，秘书把它们记下来，出版商不断派她来追我。我做过不少这样的事情，只是希望他们能够把装满钱的皮包在我面前倒空……但是，我想向你问个好，你好，阿特……"你好和再见，他说得很清晰；之后，他走出了房门。

他在走廊上向前伏下身子，开始呕吐，秽物喷在他的领带上，而他却还一边笑，一边讲笑话，还哼起了小调儿。就这样，也不忘哆嗦着打开《纽约邮报》，看看今天著名的伦纳德·莱昂斯*专栏上有没有再提到他。莱昂斯的专栏里总是对贝汉赞赏有加；当然，后来他的诗人之死，给了他们一份巨大的震撼。你有很多方法可以帮助他们把自己杀死。

肯定有许多人会指责是这个制度或是周围的人杀死了他；即使这个指控是真的，你也不能否认你自己成了这个阴谋的一部分，或者你最终接受了受害者这个角色，在年纪轻轻的时候死去。在美国美丽的天空下，有人愿意成就这种自我毁灭，的确是个谜。

这些人紧紧抓住自己拥有的力量，却发现了让自己自由的唯一途径。

查利·杰克逊是个秃顶的流浪汉，无论什么时候我们在大厅里相遇，他都会温柔地微笑着向你致意。从他写出让他冲上风口浪尖的小说《失去的周末》算起，又是许多年过去了。他正在戒酒，希望重新走上正轨，直至这条路对他来说太艰难，他在切尔西酒店走上了一条可以永久睡去的路，身旁是一个空药瓶。他只是个好人，除了对他自己。

在切尔西永无休止的，人们甚至相互叫不出名字的狂欢派对上，

---

*　Leonard Lyons（1906—1976），美国著名报纸专栏作家。

还出过一些其他的意外。有一次，在酒店大厅，一个愤怒的年轻女子向过路人派发一张油印的声明，在上面，她声称她想杀死一个男人——没有具体说到是哪个男人，只是男性这个物种当中的一个——因为她说，他们毁了她的生活。人们接过那张纸，停下来和她愉快地交谈。我听见一名男子和她就声明上的遣词造句发生了争论。我对酒店经理说，这位女士想要杀人，酒店方面可能应该做些什么以防不测。但她看上去是来这里开派对的，没有必要对这件事太认真。后来一天，她找到了安迪·沃霍尔，朝他开了一枪，据说打中了他的大腿根部；疯狂的派对稍稍放缓了一阵子，但很快就重新跟上了以往的节奏。

自从广岛原子弹爆炸之后，我就一直想写一部与原子弹有关的戏剧。现在，事件发生十五年之后，最初的罪恶感减少了，我反而开始觉得好奇，我当初对这个决定是肯定的。我于是更希望有第一手的资料去了解那些科学家对他们的这一发明作何感想。他们曾极力劝说杜鲁门总统先在日本外海做一次试验性的投射，因为他们也担心原子弹巨大的破坏力会造成太多的人死亡。通过吉姆·普罗科特与一位康奈尔大学物理学家的关系，我被介绍给了汉斯·贝特，他是导弹瞄准镜的设计者，没有瞄准镜，导弹就无法瞄准投射。于是，在一个雾气蒙蒙的秋天，我从罗克斯伯里家出发前往伊萨卡镇。我甚至没有意识到，事实上我是在为一部完全不同的戏《堕落之后》做准备，而两者的主题似乎是相关的。

现在，大家都已经熟悉了在原子弹研究过程中残酷而荒诞的故事。这个被称为曼哈顿计划的原子弹研究项目，主要参与者是来自德国的难民科学家。这些人知道他们在德国的老同行很可能会研制出有大规模杀伤力的武器，这样就可以辖制美国，改变整个世界的历史进程。不过，当他们研制出美国的原子弹的时候，德国军队在战场上已经开始节节败退；而且，人们发现第三帝国并没有很认真地进行原子弹的研究。在这样的情形之下，制造原子弹已经没有必要了。

这些科学家当中的许多人是犹太人，反法西斯主义者，左派，更有几个人实际上是马克思主义者。当战争结束的时候，他们看到自己制造的武器实际上成了挥舞在苏联头上的大棒，而那里可一度是他们的精神家园。其中，最为讽刺的是，作为整个计划灵魂人物的 J. 罗伯特·奥本海默曾经一度被美国国家安全机构视为危险人物，而他的工作却保证了美国在战后的世界霸主地位。

原子弹"胖子"成功爆炸十五年之后，汉斯·贝特已经五十五岁，看上去保养得体，身材魁梧，是个高山运动爱好者，喜欢穿着灯笼裤和结实的鞋子长时间在山林里步行。他的房子很像僧侣的居所，起居室宽敞但有些昏暗，中间除了一块东方风格的小地毯，几乎没有其他家具。嵌着玻璃的走廊上有一张桌子和一把椅子，伊萨卡秋天昏黄的阳光洒进来。

军用直升机依然会把他接到华盛顿征询建议，每周一次。他对某些事情有一种忧郁的好奇心，还夹杂着一些悲剧感；我于是有些犹豫，怕我主要想问的问题会让他更受伤害。我猜想，他的世界变得异常讽刺是因为在洛斯阿拉莫斯国家实验室里他起了很大的作用；他如何面对这个事实？我也知道，对这类问题没有一个简单的答案，但我却被这种感情所包围，因为我其实也面对着同样的问题。很显然，是我自己制造了生活中的两难选择，问题是：该如何让生活继续下去，而不会让自己因愤怒变得麻木呢？

他看上去是个谦谦君子，感觉敏锐，我也知道他曾强烈反对将原子弹投到有人居住的地区，却无法阻止杜鲁门总统这样做。他在曼哈顿计划中紧张地工作，是为了保护受到希特勒威胁的人们的生命。此刻，天空某处一定有传来无尽的笑声。作为物理学家，他恰巧站在一个燃点上，他纯粹的科学研究却被政治和国家权力这块热铁烫到了。

他向我解释，在欧洲——战前的美国也一样——物理学家非常孤独。物理学几乎无法进行实际的应用，因此也就没有财政上的保证，以及缺乏其他方面的优势，一个正常思维的人，谁会进入这个领域呢？物理学家是科学界的牧师，一个纯粹的研究者，只可能被少数几个他的同类所认可，别无其他。我问他是如何工作的。

"噢，早上，我在书桌前坐下，拿起铅笔，试着想些东西，把一些事情用新的方式联系起来。有时候，有些想法会跑出来，但大多数时候只是坐着，冥思苦想。这样的状态可以持续几个月，有时候几年。然后，它可能触发了一个点，你可以在脑子里把它和其他东西联系在一起。或许那些思路最终不知去处。这是一份孤独的工作，是在边缘行走。也可能，那只是以前，在原子弹没有爆炸，以及那些发展之前是这样的。"

他所描述的也正是一个作家的生活——在电影和大众娱乐之前，在真相可能被利用之前。几小时后，我意识到，就像对我一样，这一切对他同样是个谜，因而我们无法超越嘲弄的禁锢，进入一个我们可以理智思考的时代。一个人做了不是他预期要做的事。一个人无意中做了他不打算要做的事。那么，如果仅仅因为有人必须对此负责的话，是否应该是他？

如果一个人没有邪恶的意图，为什么要负责？

但是，如果这个人没有邪恶的念头，恶魔又是从哪里来的？

是否在僧侣般淡泊的表层下面，也会有潜伏的权力欲望被激发出来？是否这是他的道德，至少与我们相同的是，他身上也有愚蠢、恶劣的部分？

如果邪恶不存在于我们自身，那么它又隐藏在哪里呢？

我接着去了普林斯顿，找到了罗伯特·奥本海默。他看上去明显憔悴，精神萎靡——后来证明的确如此——或许从那个时候就可以看出来，他将不久于人世。尽管他曾经是美国的原子弹之父，很久以前政府就以安全威胁为由，拒绝他在美国政府任职。我们在他简朴的办公室里交谈。尽管我总是把他和权力、战争联系在一起，不过这个办公室还有他的花呢夹克、烟斗提醒着我，他是个学者。从我现在记得的细节来看，与贝特家斯巴达式的简朴不同，奥本海默的家更像是著名歌手或艺术家的家，那里被纪念品、照片、塑像、地毯、荣誉证书与从全世界各地来的礼物包围着。这座房子曾经超乎想象地舒适，在那些辉煌岁月，当一切都充满希望，那些美好的东西从四面八方涌来向他表达敬意。现在，屋子里有一种绝望的气氛。他的妻子姬蒂·达利特重病在身，看上去脆弱娇小，她也穿了件花呢外套，但和她瘦弱的身材相比，显得太大了。尽管如此，她看上去还是非常漂亮，她的脸甚至没有岁月的痕迹。她带着警觉的焦虑让我想起政府也曾就他们俩的行为召开过安全听证会，在那场折磨人的会议上，她以前与激进派的联系受到抨击。不过，即使病着而且心存恐惧，还是能看得出她曾经是多么精力充沛。在和学校老师的一个小型聚会上，她不停地担忧地望着我；我于是坐在她旁边，让她相信我不是来探究新的角度，让那些麻烦再来折磨他们一番，也不会在杂志或电视上发表报道。她身上有种率真的劲头，让人想到桃乐丝·帕克以及她孤单的智慧。在过去美好日子的阴影下，整个屋子的气氛显得更加灰暗。

我强调说，我所感兴趣的不仅仅是指责或是罪恶感，而是这件事当中科学家的缺席，或与科学家本身生活的联系。回望过去，我完全无法记起自己是否曾经浪漫追求过某些事情，比如一种完全个人化的表达，或者是，当事实被掩盖，我坚定地去寻找绝对真相的经历。这些理想主义的科学家是否有过相似的不连续性？在一个显得荒谬的小范围内，人类同样的困惑可能会自动显示出来：我改变了别人的生活，包括我妻子、孩子的生活，甚至世界各地一些看过我戏剧的观众的生活，然而我只能在作品里隐约瞥见一丝自我；而物理学家可能在他们的创造中会否认自我。没有更完整更鲜活的自我负责的态度，事情根本不可能有所进展，这是一次痛苦的自我剖析。我没有把它看作道德问题，而是更接近于生物学的问题；和往常一样，我从自己的行为举止开始，但总是有些鬼魅似的东西无法具体显现，让人沮丧。绝大多数人只有一部分的自己在生活，但事实上，每个人都有两个部分：一部分在行动，另一部分负责批评（这是一种特权？），它站在一边，进行观察，渴望参与自己的存在，又害怕陷入其中。

　　我甚至怀疑这种分裂下面是否掩藏着普遍的疯狂念头，比如暴力，感情和肉体分离的性交易，还有无限的娱乐欲望——这个国家的目标有时候似乎是集体化的，大家群起追寻新的方向。过往的经验已经无法在这类事件中起作用了，现在，一个模仿他人的演员或者说电影明星是这个国家最遭人嫉妒、最出名的和收入最高的；而他的成功不过是要刻意摆脱自我，但却显然成为了生活的目标。我越来越清晰地认识到，毒品浸淫的生活有一个广泛认同的益处，就是会造成某种冲动，一种让一个人的两方面合并的冲动，行为与意识进入统一的境地。但假设这不是发生在正常的社会现实中，而只是在人们的头脑中，行为与意识的合并被无意识的化学药物所替代，那里没有所谓的价值，只会把整个现实世界挡在外面，产生一种超越现实的幻觉。

　　这种对完全自我的追求似乎明确解释了《哈姆雷特》《俄狄浦斯王》和《奥赛罗》中人物的追求：否定酿成悲剧，战胜否定会成为让人生变得真实的力量。

　　和这些科学家谈话，我进入了一片黑暗而未知的领地，"讽刺"这个残忍的暴君主宰着这里；他们释放了自然界中最令人畏惧的力量，现在却发现自己被禁锢在一个狭窄的矛盾空间，最主要的是他们连最基本的决定权都没有，有权做决定的是政治家，他们的思维和动机往往卑鄙而不明智。伟大的医学科学把自己定位成为抢救生命的艺术，但同时也可能被用于消灭所有的生命。那么，物理学家又会把自己与科学的哪个方面联系在一起呢？

最终，因为奥本海默自我保护的意识使得我们的谈话无法亲密进行；我猜，他有充足的理由怀疑一个作家。不过，看上去他还是对我的问题本身感兴趣，但他的回答也只是含糊其词，除了我的中心问题：对于一些很难判断对错的行动，我们是否趋向于行动上和精神上都减少和它的联系。他一下子被打动了，眼睛里流露出一种我认为是脆弱的神情。他直视着我的眼睛，沉静但肯定地说：并不总是这样的。换句话说，他的确是痛苦的，他并不是那种感受到自己的力量，并能够只沉湎于自己独一无二的成功上的人。在那个时刻，这个回答已经让我很满足了。

离开时我相信，提出问题就是回答问题。人不得不否认，追寻真相的人身上那种明显的沮丧，在我则仿佛变成了对否认的沮丧。他们最终会相信，他们是被这段伟大的历史席卷了，就像巨大的重心吸引力把新的星球纳入自己辉煌的轨道。而事情的结果无法消散，他们不可思议的技术操作在自大粗俗的人手中，让这些人拥有了上帝般毁灭性的力量。

回到罗克斯伯里之后，我开始一页接一页地在空白稿纸上写这部戏，写像奥本海默这样的人物，正准备发出指令，对"胖子"进行决定性的爆破试验，第一场实验性爆炸。场景相当得体，但是不够生动——毕竟我离这些人的日常生活过于遥远。但是，在写作的过程中，我忽然醒悟，这类罪恶感可能是虚假的，它狡猾地创造出一种与人或事件的虚假关系，以此来制造出我们否认真正责任的借口。罪恶感令人痛苦，但不需要行动，或是为自己的行为道歉；简单来说，罪恶感削弱了我们改变生活的欲望。

现在，我更加明白自己为什么对加缪的《堕落》感到不满意。它像是在说，当你看到了自己犯有罪过这个残酷现实之后，你所能够做的就是放弃一切的判断。但这是否足以让我们停止评判别人？的确，生活中是否可能没有好与坏之间的区分？在我们接受生活中层出不穷的各种矛盾的渴望中，我们难道不再感受到道德憎恶？如果我们失去了所有的判断，我们又凭什么将一个杀人犯定罪呢？

关于原子弹爆炸的戏原本应该令人生畏，竟然变得有趣了。我不知道我会活多久，但我渴望留下一些绝对真实的东西；这部戏可能真实展现了科学的两难选择，而我对戏中揭示的东西并不觉得困窘；我以前从未写过好到让我再次阅读的时候依然不觉得脸红的作品（我认为其他作家也是这样）。

我开始寻找一种表现形式，可以把这部作品中关于否认本身的力量发掘出来。在我看来，否认是我们这个时代最大的集体谎言。当时，我还无法知道，美国正准备打越南战争，并且，系统性地否认那是一场战争，进而否认在战场上奋战的男人们拥有基本的士兵的尊严。我看清了美国文化，它就是一种否认文化，世界上最不受束缚的文化；甚至对于毒品，我们也可以说它能够扩展你的想象思维，而否认它可以摧毁人的头脑；鼓吹新的性解放，否认这消解了有激情的自我约束的长期两性爱情的可能性；那些服装和时尚则让手持股票的人在脑子里否认有人也穿工装牛仔裤和二手服装，而后者留着自然垂直的长发，装扮成拥有更自由灵魂的样子，却是在否认他们其实与这个社会并无关联。

新戏的形式不可避免地是一场忏悔，因为戏主要围绕主人公对自己的人生反省展开，他需要克服否认，到达他的内心。相比我以往搬上舞台的作品，这部戏多多少少带有自传的成分。十几年前我曾放弃一部戏，讲述一群研究者被一个药业大亨收买的故事，那里面洛兰这个角色一直停留在我的脑海，她是那样的性感，她鲜活地感受着这个世界，与另一个拥有知识分子式理智的英雄角色正好形成反差，而后者则越来越把洛兰看成是他重新感受生命真实的一种自然力量。

当《不合时宜的人》完成几个星期之后，玛丽莲回到了纽约。她打电话到我住的旅馆，那时我还没有搬到切尔西酒店。她问我："你会回家来吗？"

我良久都说不出话来。尽管我已经告诉她我会住到其他地方，但发现我不在我们的公寓时，她似乎还是吃了一惊。难道她忘记了对我的愤怒，还是她愤怒的行为对我们的意义是不一样的？她的声音里依然含有以前的温柔和脆弱的感觉，就像过去四年我们之间没有发生任何毁灭性的事件一样。在与她谈话之间，我们的过去似乎被漂白了，就像一张关于暴力场景的彩色照片，在太阳下放得太久。忽然，真实的过去就像生活本身一样变得圣洁；这种失忆症就像是让你死而复生。现在，《堕落》没有提出的问题出现在我脑海，它并不是如何在罪恶的意识中生活——那只会带来单纯的负罪感——而是，为什么一个人只有在另一个人面临被灰暗现实联合起来击败的时候，才去拯救他？《堕落》是一本旁观者的作品，而我想写的是遭受这种灾难的参与者、受侮辱的被告。就像我们所有人一样。

* * *

很快，我的草稿堆成了一沓，大大超出了一部正常剧本的内容。我在切尔西酒店写作，也有一半的时间待在罗克斯伯里，那是玛丽莲梦寐以求以她自己的品位布置出来的房子。它就在我第一所房子上面不远处，我曾在那里和玛丽以及孩子们住了五年。不过，虽然距离更近，住在那里的旧日时光却并未因此而清晰起来。在通往老房子的道路转弯处有一株枫树，在我和玛丽莲婚礼的那天，有一辆车撞到了树上，它因此逐渐干枯死去。为了避开媒体，我们是在凯·布朗位于西切斯特的家里举行的仪式，她是我的经纪人和多年的朋友。她和她丈夫吉姆、我的父母、琼和克米特以及他们的伴侣，还有罗斯滕一家出席了我们的婚礼；快乐的拉比罗伯特·戈德堡根本没有办法缓解玛丽莲的紧张情绪。我现在更能明白那种情绪，因为毫不夸张地说，全世界的人都在四处寻找我们。那天下午，我们驱车回家，在离家四分之一英里的地方，看见一辆雪佛兰斜在路边，车头和那棵树撞在了一起。我们停下来，我走下车想看个究竟，却看见一位女士正挣扎着离开前排座位，很显然，她的脖子扭断了。而在我们不远处的房子前面，一辆救护车在准备掉头，一伙人——大约有五十个报社记者和摄影师，还有一些看热闹的人——正指挥着救护车司机向车祸现场掉头。那位不幸的女士名叫玛拉·谢尔巴托夫，她出生于俄国贵族家庭，当时是法国《巴黎竞报》纽约办事处的总编；车上还有位美国摄影师。他们从我的一个邻居那儿打听到了我的地址，途中错把一辆车看作是我们的车，于是大呼小叫地撵上去，结果在这个拐弯的地方失控，汽车和大树撞到了一起。这真是毫无价值的死亡，其实，这条新闻从一开始就没有意义，但这也给我们两个蒙上了阴影。被撞的那棵树慢慢地干枯，终于在六年后倒下了，只留下一个树桩；我每次开车经过，都无法不去搜寻早已杂草丛生的树桩。

一个人要明白一部正在创作的剧本想要讲什么。关于幸存者罪恶感的主题从庞大的草稿中浮现出来了。几个月之前，在参观了莱茵兰之后，我和英格来到了奥地利的林茨，这里是希特勒的出生地，现在还依然是非常著名的反犹太地区。就在城外，在一片低矮的森林覆盖的山坡顶端，矗立着毛特豪森集中营。英格觉得我可能想看看这个地方。她在纳粹统治时期受过苦，但她幸存了下来。她不停地对过去的记忆进行筛选，是因为她想过平静的日子。

当车经过大片的小型农场的时候，我们有些奇怪地发现，在这条很少有人经过的公路上，两边的人们几乎没有人抬眼看一下究竟是谁驱车前往一座空了已久的集中营。很自然地，我猜测当年在集中营还经营的时候，这些人对不断轰鸣着驶过、里面装满了犹太人的卡车也是这样视而不见的。我不能够埋怨他们什么，这让我觉得烦恼。我不可避免地思索，如果在他们的位置上，我会做些什么。怎么能要求毫无力量的普通人对时局进行干预——即使他们的脑海中曾经闪过这类想法。

毛特豪森集中营修建得像一个城堡，营地被大块的二十五英尺高的石头墙所包围。这和由通常带刺的铁丝筑成的篱笆很不相同，显然这里是被"千年帝国"当作了永久的屠宰场。高高的大门紧闭着，旁边是扇小木门。我们上前敲门，在田野的寂静中等待有人来开门。乡间的可爱之处自然地显现，浓密的树林微微起伏，像是嘲笑着我们知道的事情。大自然中的一切都是可爱的，只有人类是丑陋的。

不一会儿，一个饶舌的圆滚滚的奥地利人出现了，像卡通人物一样吸着一支长烟斗；陪着他走出来的还有一条肥胖的腊肠犬，一副快活又好奇的样子，和它的主人一样。毫无疑问，这个男人对他这份门房的工作感到无聊，很高兴可以带领我们到里面参观。对于在这里被谋杀的几千名犹太死难者，这个奥地利人也并非全无尊重，不过，在带领我们一排排地参观以前关押犯人的棚子和集中营后院的时候，他表现得几乎是快活的。在一些地方，他会停下来向我们讲解。比如那些厚石板，顶部被凿成弧形，以便人的脖子可以卡在那里，而另一侧连着漏斗，可以将流出的血疏导出去，在这里被斩首的人，都被剃了光头，镶的金牙也被敲掉了。生命曾在这里毁灭。那奥地利人既非充满同情和懊悔，也没有对死亡漠不关心，他只是对他描述的恐怖细节很感兴趣，正如他也很尊重那些遇难者。而且非常明显，在他强壮的内心，他对此丝毫没有责备之意。（他还可以怎样？就不活了吗？）在两排营房中间一片开阔的地方，他指着一座金字塔形的石碑，告诉我们上面雕刻着这里曾经发生过的故事：一名俄国将军被迫在零摄氏度以下的寒冷天气里站在这里，他们不断往他的身上浇凉水，冰块不断加厚，直到他在那团冰坨子里被活活冻死。

从集中营出来，我们在附近小路边的一间小店喝咖啡。在旁边的桌子上，一个四十来岁的大块头工人和他八九岁的女儿坐在一起，他有一双肥大的手，正细心但又严厉地纠正女孩的数学作业。或许二十年前屠杀发生的时候他就住在这里，他知道每天不停地向山上开的卡车里究竟运送的是什么。经过了这一切，英格的动作笔直，话很少，而且面色惨白，她正在与她内心的恐惧做斗争。许多次，眼泪在她的眼眶里打转。建造这座建筑的人，还有我们在这里看到的漠视，至少毁掉了她的青年时代，让她一辈子感到沉重；她对此并不欠着什么，也因此似乎永远无法偿还什么。因为她的人道，她一直背负着这个包袱。这是个谜团。尽管在看过德国之外的世界之后，她对人性多了那么一点点信心，她显然也能够很快战胜悲观主义。看上去，总有那么一些人，人们可以向他寻求帮助……

我想，如果可以逃避被关进卡车送进山上集中营的命运，我会不惜做任何事情。这样的想法让我对死去的人不再只单纯地感到悲伤了。

在我们从林茨回来后没多久，《国际先驱论坛报》上发表了一条四行的短讯，说几个前奥斯威辛集中营的看守正在法兰克福法庭受审，那里是审判纳粹的特别法庭。我从来没有亲眼见过任何纳粹党人，于是觉得花上几小时的车程去看一下很值得。

在崭新的铺着沉静的褐色大理石地板的法庭里，稀稀落落地坐着大约几十个好奇的看客，我们也在其中。才过了几分钟，就有某家有线新闻网的记者走过来，说希望我针对这次庭审写些东西，他和他的同事很难在欧洲、美国或英国的媒体上发表类似的文章，因为战争结束十五年后，媒体对有关纳粹的报道已经完全没有兴趣了。我来这次庭审并没有计划要写东西，但在《国际先驱论坛报》的要求下，我写出了一篇长文。这篇文章后来也发表在了《国际先驱论坛报》上。

对于那一天的记忆，我还保留了一些片断。面对高高的法官席和证人席，二十三名被告坐在那里，都是男人，现在大约已经有五十或六十岁了。他们坐在一个凸起的平台上，前面是他们的律师汉斯·拉特恩泽尔。拉特恩泽尔身材高大魁梧，是美国通用汽车公司在德国的法律代表——我想，对于那些既没受过教育、生活也不见得多好的前集中营看守来说，这个律师显然过于昂贵了。弗里茨·鲍尔是主控官，他后来为我揭开了这个谜团；这些前看守威胁说，他们将披露奥斯威辛集中营里一名主要的医药专家的谋杀行为，主要是指他参与的所谓医药试验计划；交换的条件是这名来自德国富有家族制药企业的药剂师请最好的律师替他们进行辩护。的确，那名药剂师就坐在我的旁边，大约五十岁，穿着质地非常好的绿色斜纹软呢西装，戴着近视眼镜，一副认真研究的表情；可以理解他为什么那么紧张法庭上说的每一个字。他还没有被指证出来，他显然也不希望自己的身份被曝光。

其中一个被告看守在回答律师拉特恩泽尔的提问。根据设计好的提问，拉特恩泽尔要把他塑造成受人尊敬的完美父亲，没有任何不良嗜好。看守形容自己恪守父亲职责，把四个孩子都抚养成了有用的人。拉特恩泽尔很满意他的答复，正要把问题转向其他人，看守却继续唠叨了下去，说："除了我的小女儿。我不和她说话。"拉特恩泽尔显然感到惊讶，并试图打断他的委托人的陈述。那名奥斯威辛的前看守却愤怒不已，坚持告诉法庭，他是个多么忠诚的德国人，他之所以和他女儿断绝关系，是因为她决意要嫁给一个意大利人。当然，危险的意大利人，他们在联军前进的时候退缩了，背叛了第三帝国，无论如何都是皮肤黧黑、不值得信任的家伙。

还有一名看守在奥斯威辛以虐待狂闻名，他在战争快结束的时候逃离了德国，他也是少数几个逃向东边的战犯之一，大多数战犯都向西逃跑。他带来了几名来自波兰医院的证人，以证明他过去几年在华沙当护士时，病人们都视他为"母亲"，因为他对病人格外温柔。他在奥斯威辛的特长，是把人们以"鹦鹉栖息"的姿势绑在栏杆上，然后痛打他们。

鲍尔私底下承认了一个众所周知的事实：当地警察局在传唤纳粹罪行证人方面拖了后腿，而与此同时，西德政府投入了大量金钱继续这类审判。在纳粹掌权之前，鲍尔是黑森州*最年轻的最高法院法官。纳粹司法当局并没有立刻将他撤职，但他的良心让他无法执行充满种族主义的"法律"，于是他逃到了瑞典，一直待到战争结束。返回德国后，他发誓要追捕那些纳粹分子，然而现在，他的幻想破灭了。他觉得德国的纳粹思潮虽已不复存在，但普通百姓就是希望忘掉过去的一切，包括否认曾经发生的恐怖。他被普遍地视为德国的敌人，因为他还追随自己的良心——当然，这类事情也发生在其他国家。

英格和我曾经与拉特恩泽尔吃过午饭。他温和，老于世故，而且反应敏捷，对于为纳粹看守辩护，他的态度比较缓和。他说："正如美国人最先指出的那样，这不可能是公平的审判，因为控方证人要么已去世，要么年纪大了，根本记不起任何事。"那些可能在他的委托人协助下被杀害了的证人，显然不在他考虑之列，他只关注证据。

---

* 位于德国中部，法兰克福为其最大城市。

关于这次审讯，我写了篇长文，占了《国际先驱论坛报》两个版面，纽约编辑只稍作了删节。有一段时期，关于纳粹受审的报道非常多，不过，真相就像墓碑一样沉重——重要的是让人们记住这场大屠杀，而不是慢慢淡忘。然而，对大多数人来说，他们很大程度上还不清楚为什么会发生这件事，但他们继续为不同的族裔和信仰感到恐惧，而并非这些审讯让他们感到害怕。在许多情况下，无论你写了什么或是读了什么，人们总会联想到把孩子们投入毒气室有系统地杀掉的情景，那简直像是有一只冰冷的手在抽自己的嘴巴；人们似乎明白了为什么德国人不愿再提及这些事情。但是，那个前集中营看守声称憎恨意大利人，并且以为这样说对他的案子有利，他愚蠢的正义感给我留下了深刻印象；这个人曾经握有几千人的生杀大权，其中有许多才华横溢的人，可能是天才、医生、艺术家、画家、哲学家，或仅仅是普通的恋人。

再者，要就纳粹的统治找到某种共性这个问题，准确来说，也许就是世界上的权力和愚蠢总是结合在一起，其中有些不足为奇，有些缺乏振聋发聩的启示。

正是从德国回来以后，我对我写的新剧本有了一种责任感，或许是因为它的主题——关于否认的悖论——似乎很明显是德国人的主题，而德国理想化地否认自己的暴行是我们这个时代人类两难选择的典型行为。其实，戏中最尖锐地体现了这一主题的是洛兰这个角色，她曾是我未完成的那个关于药物公司的剧本中的角色；在那个剧本里，我看到了比一般嘲讽更有象征意义的一面。洛兰看上去非常相信自己的坦率，她就像一头强壮而不做判断的美丽动物，然而，在表象之下，是她痛苦地感受到她正在做的是非法勾当；她感到恐惧，因为她的坦率成了其他人对她加以蔑视的借口，人们想方设法给她制造麻烦。在既困惑不已又满怀愧疚的情况下，她悄悄地选择站到了自己的对立面，她用现实生活中的犬儒主义将脆弱的自尊碾得粉碎，而否认就在这个时候开始起作用了；即使曾经与纳粹合作，而且有着盲目的复仇之心，她都从心底认为自己是绝对无辜的。她感到自己被包围了，不能再相信任何东西。大千世界中，否认的复杂过程就在这个个体身上得到了体现，这是这出戏完美的主题；这也是为什么怀特黑德后来的评论实在超出了我的想象，他说，每个看过这部戏的人都会忽视洛兰这个人物，而玛吉这个人物纯粹是对玛丽莲的影射。我一度相信评论界会把这部戏看作是对描述世界政治以及伦理中两难选择的一次尝试。的确，在矛盾中极度痛苦挣扎的玛吉可以被看作是这部戏里最具象征意义的人物，但很显然，她绝不是这部戏存在的理由。这部戏是关于我们——无论是国家还是个人——如何由于否认而毁掉我们自身，而这是我们目前正在做的事。如果玛吉在某些地方有玛丽莲的影子，那也说明这个人物身上的痛苦挣扎是源自玛丽莲的，因为玛丽莲的性格也有很多层面。至于现实生活中，公众对玛丽莲的关注却特别否定了她和痛苦的任何联系。人们眼中，她是个"金发女郎"，是永远年轻的性感女神，应该没有任何痛苦和焦虑，是神秘的麻醉剂，是普通人的道德所无法触及的，也因此心怀真正的怜香惜玉。当然，这也是她不聪明地创造出来的神话，它一经确立，便造就了她的成功。

回头细想，我意识到我应该把虚构人物和现实人物完全区分开，在这一点上很显然是我自己太盲目，但无论如何，这部戏里绝对没有要责备谁的意思；戏中所有关于玛吉这个人物的重点是，如果她能够停止责备，责备自己或是责备他人，她或许可以得救；她也应该认识到，像所有人一样，是她自己在过自己的生活；而认识到这一点的好处在于，人们会觉得谦卑和惶惑，而不是像她极度懊悔，像是在暗示她否认对自身的悲剧负有决定性的责任。在这一层面上，无知可以杀人。但我也很快发现，无知盛行，并且毫无疑问，将会永远这样继续下去。

一开始我并没有想过玛吉会死，但她和昆汀必须分离，我需要一个强而有力的结局，以免观众看到一个带着欣慰的死亡结局的童话。但是，当人物确立起来后，玛吉似乎已经无法逃脱她的命运，我能够感受到她在逐渐趋向死亡。而这也让这个人物在我头脑中与玛丽莲区分开来，因为我当时已知玛丽莲又重新拍摄新的影片了，她买了自己的房子，很可能正生活在电影工业能够提供给她的忙碌美好的工作中。

有一天下午，我在纽约报摊上买了份杂志，忽然玛丽莲的形象出现在上面——那应该是《生活》——照片上她在游泳池里，赤裸的身体在镜头下舒展开来，她抬起脸注视着镜头。相关的配图文字说，在和迪恩·马丁主演的喜剧《濒于崩溃》中，她坚持不用替身，亲自演绎片中的裸露镜头。在我看来，她故作漫不经心的微笑与多年前她真正乐于展示自己美妙胴体的感觉很不一样。这很难不让我想到，她其实不需要再做这些了，她已经过了靠展现身体来吸引注意的阶段，难道她这么多年的辛勤工作就是为了在游泳池里裸露身体吗？那张照片的用意是庆祝以前那个满不在乎的玛丽莲又回来了，我却觉得有种诅咒式的冷酷在其中，仿佛她放弃了不再成为被遗忘的牺牲品的努力。

杂志的另一条消息说，《濒于崩溃》由于玛丽莲无休止的迟到已经停机了。而在《名利场》上，摄制组的其他员工集体签名，嘲讽地感谢玛丽莲的自我放纵为他们提供了工作的机会。没有比这带给玛丽莲的伤害更大了。

我知道她的心理分析医生非常关心她，容许她把自己想象成他的孩子；他邀请她去他家里做客，就像自己的女儿那样。面对这个令人震惊的最新消息，我希望他能够以更强硬的方式进入玛丽莲的生活，特别是准备一些预防措施，因为看上去她目前只能在意识不清的状态下才能寻找解脱。我们一起在好莱坞拍摄另一部电影的时候，我不得不请求加利福尼亚大学医学系主任的帮助，请他来说服玛丽莲摆脱对镇静剂巴比妥酸盐的依赖。其他医生都听从她的要求，不断地为她开更新更强烈的安眠药处方，而他们非常了解这有多危险。玛丽莲本身的名声和魅力成了摧毁她生活的同谋。她体内的毒素已经达到一定程度，教授把她桌上的药瓶一股脑都扔到了地上。他坚定的态度极大地震动了玛丽莲，有一段日子，她不再吃安眠药了。不过，时间一长，玛丽莲又开始相信她脑中根深蒂固的一个想法：她注定是牺牲者和受害者。在某一个时候，他几乎已经说服玛丽莲，让她认识到，是她自己在毒害自己；不过，教授的权威并未战胜她一生的自我形象。更何况，总是不断有别的医生愿意帮助她忘却现实的烦恼。

有一天，鲍勃·怀特黑德带着激动人心的消息来到切尔西。林肯中心将要开设一个新的定目剧院，他刚刚被任命为负责人。这个剧院将建于哥伦比亚环形广场的北边，两年后竣工。鲍勃曾经和柯密特·布卢姆加登一起制作了《桥头眺望》和《两个星期一的回忆》，他也是百老汇里对艺术最有野心的制作人。他已经非常成功，不过他真正的渴望是建立一个永久性的剧院，就像英国的国家剧院和老维克剧院一样。在这个剧院，美国的艺术家——作家、演员、舞台设计师、导演——可以团结一致发展出自己的路子，避免最终被商业制作毁灭。为了林肯中心的工作，他辞掉了百老汇的剧目，经济上的牺牲更加说明他对这个计划的奉献。

我是否愿意为这个剧院写一部开幕剧？他想要立刻问我的是，我是否可以和卡赞合作。卡赞是剧院的艺术总监，而哈罗德·克勒曼是剧作家和总顾问，鲍比·刘易斯担任表演学校的校长，同时执导一些剧目。很显然，这是原来的"团体剧场"在二十年后卷土重来，而这次我们有公共经费的支持和一个永久剧场。真是激动人心的计划!

对于卡赞,我必须要确认我对他的感觉。事实上,我不知道我们是否还能继续一起工作。从我这方面来说,我并没有改变对他在非美活动调查委员会上作证的看法,他这一举动伤害了他自己以及自由的权利。我也毫不怀疑他至今依然认为自己是公正的。当然,经过了这么些年,非美活动调查委员会涉及的事情早已经冷却下来,新的一代已经不了解那究竟是怎么一回事了。在今天,剩下的问题是,因为卡赞的政治立场甚至道德背叛——如果人们愿意这样形容的话——是否就应该永远将他拒于剧院大门之外,特别是一个由公共基金支持的剧院?就道德上来说,或许现在不该再把网撒得过大;因为当年支持过斯大林政权的人,有多少对自己当年的行为深刻反省过?如果对于卡赞我依然怀着某种厌恶的话,那是因为他当年被迫表示与自己的过去划清界限;而我完全不能肯定他是否应该被排除在这个计划之外,因为以他的才能和他在团体剧院的丰富经验,他担任艺术总监这个职位绰绰有余。我也不知道我是否只是理智地相信他是执导这部复杂剧目的最佳人选;不过,我认为,在这样的时刻,拒绝卡赞进入这个计划,就是拒绝了一个国家剧院的希望。

这时我更忧虑的是,我是否赶得及在林肯中心开幕的时候完成我的剧本。我还在那几百页的对话中游弋,完全看不到岸。更为现实的问题是,我无法写一部每月只在定目剧院演出有限的几场戏,我负担不起;通常,我要用好几年才能写出来,这无法带来经济上的收益,而我已经没有慷慨的资本了。但是,几星期后,在与热情洋溢的克勒曼与怀特黑德商讨,以及和卡赞开会讨论他的制作概念之后,我终于决定继续和他们合作。简而言之,所有更为重要的事实都指向撤出,但我追随我的热情,选择加入。

我在新剧院没有职位,只是提供剧本的剧作家,而且我也没有兴趣去介入剧院的管理。我真希望我可以说对于这段富有争议的历史已经有太多的描述，我没有什么可多说的了。但事实上，纽约以及来自其他地方的戏剧记者写了无以计数的文章，但关于在怀特黑德和卡赞领导下的林肯中心定目剧院究竟发生了些什么，却依然没有记载。

要完整地记述剧院发生的重要事情显然超出了这本书的范畴，我只能记述我当时知道的，以及后来听说的一些事情——当然这也是无法全面的。重要的是这超越了个人的考虑，想还原事件的真相；还有，这个计划投入了大量公共资金，艺术家和观众们也对它充满期待，他们理应看到更为优秀的剧目。最后，如果说美国想要建立一个与国家剧院这个名字相匹配的艺术机构的话，我们应该尝试从那次已经被人遗忘的失败中吸取教训。

简而言之，林肯中心委员会的大部分人是为中心的建立筹过款的银行家。他们接受一个现实，那就是尽管中心的芭蕾舞、歌剧以及交响乐的表演连年亏损，但基于他们所处的美国文化中一些古怪的原因，他们认为一个戏剧剧院应该可以扭亏为盈，至少不会赔本。经过几个月不停地商讨和统计计算，怀特黑德这个对此类事情有着巨大耐心和同情心的人试图向委员会说明一个悖论：类似这样的剧院越是成功就越是亏损。对委员会来说，这完全不符合商业原理；毕竟怀特黑德在百老汇制作的罗宾逊·杰弗斯*、卡森·麦卡勒斯†、弗里德里希·迪伦马

---

* Robinson Jeffers（1887—1962），美国抒情诗人。1924 年因发表《泰马及其他诗篇》而一举成名。主要作品还有《罗恩·斯托林》《双斧》等。他改编的古希腊悲剧《美狄亚》(1947) 于 1947 年首次被搬上舞台。

† Carson McCullers（1917—1967），美国著名作家，著有《心是孤独的猎手》《伤心咖啡馆之歌》《金色眼睛的映象》《婚礼的成员》等，多部作品被改编成电影或戏剧。

特*、罗伯特·博特†的剧目都可以赚钱,为什么在这里不行?但是他们不了解,百老汇的制作人不需要为后面一两个甚至更多等待上演的剧目支付租金、存放布景,因为国家剧院上演的剧目是不停变化的;剧院还要负责大量演员的费用,他们当中许多人在演出前的几天、几个星期甚至更长的时间里是闲散的,还有制作和存放演出服装的费用等等。即使非常成功的英国老维克剧院和后来的国家剧院,其实每年也有巨大的财政赤字。不过这些事实根本无法触动委员会的神经。委员会主席是当时世界银行的总裁乔治·伍兹,他对于这个看上去并不复杂的状况尤其不能理解。

但当时我对这些事情一无所知。我正忙着《堕落之后》剧本的收尾部分,而惊人的噩耗传来,玛丽莲去世了,显然是服用安眠药过量所致。

生命中有些人是如此鲜明,即使死去,也不会在你的感觉里消失。之后许多个星期,我需要强迫自己面对玛丽莲已经离开的事实。我意识到,当时我依然期待着可以在某个时刻某个地方再次与玛丽莲相遇,只要一次就好。我们可能会伤感地提到我们在一起时的种种傻事,那样的话,我很可能会再次陷入玛丽莲的情网。讽刺的是,她已经死去,但这无法帮助我忘记她:我依然能看见她穿过草坪向我走来,或者是摸摸草坪上的某样东西,或者在笑,同时,我想到她已经死亡的事实,就像一个人站在那里看着太阳渐渐西沉。有一天,一名记者打电话来,问我会否出席玛丽莲在加州的葬礼。仅仅是埋葬这个奇异的概念就让我震惊,我想都没想就说:"她不会在那里的。"我能感到电话那端的

---

* Friedrich Dürrenmatt(1921—1990),瑞士德语剧作家、作家。著有《老妇还乡》、《罗慕洛斯大帝》、《物理学家》等戏剧,《法官与刽子手》、《嫌疑》、《诺言》、《隧道》等小说。
† Robert Bolt(1924—1995),英国剧作家。

惊讶，但我只能挂断电话，因为我根本无法解释。我知道，如果我去了葬礼，无非是被一群摄影机还有哭喊声或是耸人听闻的消息所包围，我没有勇气承受这些。我已经做了我能做的一切，因此对我来说，站在那里与石碑一起合影显得毫无意义。不知道为什么，很久以前我对她说过的一句话总是萦绕在我耳边——"你是我见过的最伤感的女孩。"而她回答："从来没有人对我说过这样的话。"她笑了，带着发自内心的惊讶，让我想起小时候，一个装着假腿的推销员忽然对我作出的评论："你很严肃。"这让我开始改变对自己的看法。多么奇怪，玛丽莲似乎从未有过伤感的权利。

现在，媒体自然而然聚集在一起，为玛丽莲的死亡唱挽歌；而多年来正是这些媒体一直诋毁她，不是鄙视她过于看重作为女演员的演技，就是诋毁她的荣耀与骄傲。为了适应这样的现实，玛丽莲不得不变得更玩世不恭，或是更加远离现实。结果，她变成了街角诗人，企图向拽着她衣角的人群朗诵。

从四十和五十年代的现实来看，在美国人的思维中，性感与严肃是无法并存的，玛丽莲就是明证。事实上，美国人认为这两者是相互仇视甚至是相互排斥的。最后，她不得不屈服，为拍摄一张照片回到游泳池边赤裸身体。

多年以后，有位作家把玛丽莲的人生故事写进了自己的作品*，他的惯用手法就是把性感和严肃相结合，但他迫不及待地需要换取稿费以支付赡养费，因此他也仅仅是描述了一个漂亮的女人，她本质上相当于妓女，却令人惊讶地流露出优雅的智慧。如果人们仔细阅读，玛丽莲就是作者本人的女装版，表演出他自己关于好莱坞的幻想——名气、无节制的性以及权利。任何有良心的人都不会把这些细节毫无必

---

* 指作家诺曼·梅勒的传记作品《玛丽莲》(*Marilyn*, 1973)。

要地添油加醋描述一番，更何况他描述的是这样一个女人：成年后的全部生活，都处于刀口上，在自我毁灭的边缘徘徊。

我不得不想，如果在五十年代的某一天她听从我的建议，邀请这位伟大的作家来家里晚餐，她的人生是否会被描述得好一些。我听说诺曼·梅勒在罗克斯伯里买了栋房子，每一个认识他的人都告诉我，他迫不及待地想要认识玛丽莲。我记得很久以前我和他都住在布鲁克林高地时，我们有过一次短暂的对话。他宣称他随时可以写出《都是我的儿子》那样的剧本，而且估计很快就要写出来了，这着实让我惊讶。不过我忽视了这一点，认为那只是年轻人的嫉妒，每个作家都有过类似的感受，而且都会逐渐成熟起来。现在，十年之后，可能有不错的人陪他一起晚餐。不过在当时，我觉得我和玛丽莲实在太孤单了，多邀请些客人来可能有助于克服她对陌生人的不信任感。但是，她拒绝邀请梅勒，说她"清楚他那类人"，她希望开始新的生活，不想被这类人打扰。她还希望结识一些文明人，那些不会纠缠于自己或是他人形象的人。读着他的作品，我看见他对我们两个人狰狞报复的心，但这些都被很技巧地掩盖在他权威冷静的叙事中。我很怀疑，如果我们邀请他吃上一顿饭，让他有机会面对玛丽莲，感受到她的人性，而不仅仅是依赖她的公众形象，这本书根本不会存在。

因此，在他那本所谓的非虚构小说，同时也可以看作"非虚构但不精确"的作品里，玛丽莲完全被塑造成了她本人最厌恶的形象，一个自以为是的傻瓜，但正是这个形象可以让读者屈尊去欣赏玛丽莲的魅力。书中对于玛丽莲的认识都来自冷漠的摄影师弥尔顿·格林，他曾希望通过诉讼从她那里得到一笔钱，但没有成功；而不是玛丽莲所挚爱的人，比如她的心理医生拉尔夫·格林森医生，他一直试图保护她，直到她生命的最后一刻；还有她的护士，一位上了年纪的女士。在书中，这位护士被漫画式地描述为草率和不负责。当电视节目主持人迈克·华莱士在节目中追问梅勒细节时，他解释说，他怀疑这名护士在悲剧发生的那个晚上完全没有当心——这实际上严重地毁坏了她的职业声誉。华莱士继续追问，说他可以和这位女士核实一下，看她在玛丽莲生命的最后几个小时里做了些什么。这位作者却辩称，他无法联系到那名护士；华莱士忽然出人意料地说，他很轻易就与这位女士取得了联系，一点都不麻烦，你只要在洛杉矶市的电话簿上就能够查到号码；这时作者开始岔开话题，大谈传统的虚构小说的特点，并且适时地表示，自己写的"玛丽莲"不完全是真实的人物，所以周围的人也不是真实生活中围绕在玛丽莲身边的那些人。当然，在一种情况下，他能真实地感到从她身上得到的东西，那就是当一名读者在书店流连，并真的掏钱购买他这本书的时候。最后，华莱士问他，究竟为什么要写这本书？他坦白地回答：为了钱。

玛丽莲一开始就是对的，而我实在是过于轻信，通常这并不聪明，也不令人愉快。我那时还不习惯看见在名利海洋中鲨鱼游弋翻腾的景象，但却不可避免地看见他们一次又一次地攻击她。终于，整个名利游戏变成了一场制度化的妄想，折磨着她的灵魂，要置她于死地。不过，生活在无休止的猜忌防范之下似乎也毫无意义，结果是，连她都觉得无法继续下去了。

《堕落之后》在玛丽莲去世后不久上演，这注定了它的失败。除了有几位固执的评论家写的是剧评之外，其他人写的都是关于丑闻。这些人甚至完全不提及这部戏的主题、戏剧意图或是风格，只剩下了对一位已经去世的女性的攻击。事实上，所有对我的攻击都很方便地引用了剧中昆汀关于自己如何失败的独白；看上去就像剧评家们目睹了一场夫妇间的争吵，争着一起上来要抢救玛吉。

我不禁想到，这是场闹剧，人们对戏的主题视而不见的态度再次展示了人们无法面对、无法严肃地思考纯真的毁灭。正是这种否认给这部戏带来了悲剧的结局。许多人开始恨我，但是戏剧本身说出了真相；如果真相在痛苦中被掩盖，那么让观众痛苦地面对，甚至愤怒地否认就变得相当重要了。过了一段时间后，我才困难地发现人们为何对我有敌意，因为我的确是带来了坏消息。

不过，即使吵得沸沸扬扬，《堕落之后》的反响并非如我所想的一律都是负面。我回顾过去，显然除了《推销员之死》，我的每一部剧本最初都遭到了主流媒体的恶评、忽视甚至诋毁。除了一开始的布鲁克斯·阿特金森，还有后来的哈罗德·克勒曼，作为一名剧作家，我从未有过多数评论家站在我这边的情形。主要是演员和导演不断将我的剧作呈现在观众面前，也得到了支持者的热烈响应。只有在国外和美国除纽约以外的几座城市，评论界才会接纳我的作品。我也只好用契诃夫的评论来安慰自己，他说："如果我听剧评家的话，我恐怕已经酒醉潦倒而死了。"

一位老朋友凝视着摇篮里的丽贝卡。我们都差不多是快五十岁的人了，二十几岁大学毕业之后结婚，也差不多在同一时间有了孩子。可现在，我又有了一个还在襁褓中的小孩子。他对着她微笑，然后转过身对我说："我们不是已经经历过这些了吗？"

再一次重新体会做父亲的感觉，我发现年轻的时候真是浪费了很多时光。对我，中年得子是对正值越战的六十年代中人们普遍盛行的悲观主义的实质抗议。上了年纪的男人重新做了父亲总是有些荒谬，是违反自然的，而恰恰是通过这一点，他看见小孩子令人心动的对生命的迫切请求，自己的生命仿佛重新回到她清晰的、原始的凝视之中。我发现自己开始对任何带来希望的事情持保护的态度，而对所有负面的事情产生怀疑。我不肯定这种感觉究竟源自哪里，但是，我对生命的脆弱感到恐惧。哪怕仅仅是想到我正在老去，都会让我意识到这一点。

当鲍勃和简都表现出对上大学毫无兴趣，甚至仿佛那与他们丝毫不相干的时候，我意识到时代变了。我回忆起自己大学时代的最后两年，简直有些迫不及待想进入社会，觉得那更为有趣；待在学校仅仅是因为没有别的选择，外面的工作太难找了。而对于年轻一代，他们完全拒绝学校生活，似乎只有这样才能够与过去的文化传统划清界限，这实际上是很危险的。我也对说服他们缺乏信心，因为我不知道我是否了解他们眼中的真实世界。之前，越南战争让他们这代人失去了对美国的信心，也似乎丧失了对成功的渴望——这是我曾多次哀叹的背负在我们这代人身上的重压。而现在我却担心他们对此不屑一顾！我们没有公开谈论过这件事情。我只依赖于我对他们的信任。该发生的事情总会发生。

一天下午，马塞洛·马斯楚安尼来到切尔西，想和我谈谈将在佛朗哥·泽菲雷里*制作的《堕落之后》里扮演的昆汀一角。他不是个很有魅力的人，带着一贯的嘲讽幽默的微笑，仿佛生活对他一向是个误会。多年前他曾经在《推销员之死》里扮演比夫。我觉得他是饰演昆汀的完美人选，因为他也像是在思考发生在他身上的事情，同时又认为自己与角色隔着一定的距离。我很好奇他对于这部戏的态度，从我听到的关于他和女人们之间的故事，我认为这部戏对他来说有些奇怪。

"你怎样和昆汀产生共鸣？你理解他在戏里做的事情吗？"

"当然。同样的事情不时会发生在我们每一个人身上。"

---

* Franco Zeffirelli（1932—2019），意大利导演、编剧、演员，作品有《与墨索里尼喝茶》《茶花女》等。

"所以，你理解他？"

"噢，是的。"

我感觉到他有所保留，于是想给他些压力，让他说出来。

"不过，为了个女人如此烦恼？"

"为什么？你会怎么办？"

"我会"——他举起手，指了指远处——"去散个步。"

事实上，美国人要求演员与他扮演的人物个性之间有某种相近之处的想法真奇怪。他正要赶回家和费里尼谈话，后者邀请他参演一部电影，他当然会毫无条件地接受（可这样他就无法在泽菲雷利的戏里扮演昆汀了）。那部电影就是《八部半》。他对于那部电影讲述的故事一无所知，他很高兴在拍摄的第一天才拿到剧本。他说："演员首先是头畜生；如果不如此，他就一无是处。我很高兴我是这样。"与他谈话多少让我感到解脱，仿佛关于表演的争论可以停止了。

要接受因《堕落之后》对我所展开的攻击并非易事，不过，回首那段令人无法理解的对我满是仇恨的日子，我也有小小的安慰，那就是林肯中心定目剧院成立的消息，尽管当时我还不知道他们挑选了我的剧目作为首演。我得承认直到现在我也未必了解事情的全部。我当时觉得由当时美国成功的有才华的戏剧精英，比如怀特黑德、卡赞、鲍比·刘易斯、哈罗德·克勒曼来主持国家剧院是件令人兴奋的事，他们会将自己的声望和理想倾注于这项从未尝试过的事业。毕竟，许多与他们同时代的人都离开了舞台，转向电视和电影，他们是极少数可以继续传承美国戏剧的传统的人。不过媒体，特别是某些文学杂志的学术评论员，却莫名其妙地带着仇视和嘲讽评论这件事情，好像这些人的努力是个无耻的阴谋。而职业剧作家站在一旁，即便没有对试图建立非商业性剧院的努力冷嘲热讽，至多也只是保持中立。这类预先否定的态度所造成的破坏，就是克勒曼没有收到几个剧本，可以加入未来上演剧目的考虑之列。我走访了几所学校，鼓励年轻的剧作家递交作品，但负面的宣传相当成功，成功得有些不可思议。

卡赞在整个制作过程中表现出杰出的控制力，并透露出真诚。剧中贾森·罗巴兹扮演昆汀，芭芭拉·洛登扮演玛吉，这绝对称得上是卡赞最好的作品之一。当然，我的剧本也没有让他轻省，意识流式的回忆，人物出人意料地在舞台上出现和消失，以及时空的转换，这部戏的手法近似于电影蒙太奇。卡赞从来没有试图在任何一个方面偷工减料，他忠实地将戏剧本身的意义挖掘出来。位于西4街的当代剧场里人潮汹涌，尽管这出戏被敌意的气氛所笼罩，他们似乎还是被深深打动了。我现在最懊悔自己当时犯的错误是，没有阻止洛登戴上那顶金色的假发，这几乎是引导观众去联想到玛丽莲。然后，我不得不问自己，我的无视是否是我自己否认的一种形式？和往常一样，我当时将全部精力都放在这出戏的结构方面，而戏里某个角色是否与原型相似远不是我所关注的。

无论这部戏如何失败，林肯中心的这个剧院被认为是可以吸引许多普通观众的。面对毫无变化也并非志同道合的文化派系，人们呼吁剧作家和演员们的作品需要更有广度和深度。但是"革命的"评论界和先锋派权威们嘲弄这整个计划是几个银行家和戏剧正统派的合作。实际上，在剧院内部，真正的斗争就产生于一名银行家和几个戏剧正统派之间。那名银行家就是乔治·伍兹，而所谓的正统派则是怀特黑德-卡赞-克勒曼的组合。不过，关于他们之间的斗争完全没有见诸报端，这引不起媒体和学术界的任何兴趣，因为这对他们建立潮流形象没有关系；同时，我必须说，怀特黑德也没有打破级别界限直接向媒体说出真相，他期待能像一个绅士中的绅士那样赢得自己的剧场。

但怀特黑德第一次真正感受到伍兹主席的愤怒和反对，是因为他最终放弃了等待林肯中心的薇薇安·比奥蒙特剧院正式落成才开始这项计划——那要等上一两年——而是直接向纽约大学校长提出以每年一美元的价格，租用了西4街的空地，来建一个临时剧院。之后，建筑商以出人意料的速度完成了当代剧场的建设。那个建筑商是以修建大型钢材仓库著称的，这座廉价的建筑却有着难以置信的优质音响效果和不拘束的氛围，非常巧合地显现了这个不断受到中伤并最终失败的纽约公共剧场的窘况。剧院的金属屋顶有可能在开幕式那晚漏水，而就在《堕落之后》首演的那个下午，我和怀特黑德一起到第六大道买了两把螺丝刀，然后给大约六排座椅重新加固了螺丝。

巨大的反对声浪终于毁掉了建立公共剧场的所有努力，特别是当林肯中心的董事局没有坚定地抵制评论界对剧场一些毫无理性的攻击，比如他们居然宣称剧场挑选的演员很烂。而这些演员包括小贾森·罗巴兹、尚未成名的费伊·达纳韦、大卫·韦恩、约瑟夫·怀斯曼、萨洛米·詹斯以及年轻的哈尔·霍尔布鲁克，即使这样的阵容也无法平息争议。当然，他们也犯了一些错误，有些错误还很严重，比如选择不适合这个剧场的剧本。但是，最严重的失误或许是过早地把整个宏大计划透露了出去，计划中的许多东西还属于试验性质，应该尽可能低调地私下进行，直到剧院能够独立发声以及在某种程度上可以自我保障。

但不管怎样，《堕落之后》以高上座率继续上演着。正受到围攻的怀特黑德和克勒曼很快又找上门来，希望我再为他们写一部戏。由于我固有的弱点，以及我无法抵抗优秀制作公司的诱惑，我开始写作《维希事件》，并很快完成了。正如当初接受马丁·瑞特的邀请写《桥头眺望》一样，这次的创作也说明我是多么幸运，生活在一个有着高水准的专属剧场或艺术剧场的时代，这肯定让我写出的剧本比应该写的要多。给商业剧院写剧本，你要担心在选演员和制作上的一系列困难，而往往是努力几年的工作成果可能被一篇草率的评论就弄得灰心丧气，让你觉得在创作中进行的尝试是徒劳无功的，至少对我是这样。我相信我肯定不是唯一有这种感觉的人。

《维希事件》的创作根源于我的朋友也是前心理分析师鲁道夫·勒文斯泰因医生；二战中德国还没有公开占领法国时，他曾在维希藏匿过。但我对他的故事只记得个大概：一个犹太心理医生因为假证件被逮捕，被一个不认识的男子所救。这个不知名的男子不是犹太人，自己顶替心理医生站在了证件受到怀疑的队伍当中，而当时德国人正在搜查假扮成法国人的犹太人。

这个剧还有一个来源，是英格的老朋友，约瑟夫·冯·施瓦岑贝格王子。他是古老的奥地利王室里年长的幸存者，二战期间，因为拒绝与纳粹合作而吃了不少苦头。他是冯·贝格的原型，在剧中，这位王子介入，挺身而出替代了受怀疑的犹太人心理医生。所有这些都不是对现实的浪漫化或是理想化，因为在荒唐不合逻辑的层面上，施瓦岑贝格代表了对法西斯精神最基本的抵抗。他是个个子高高的优雅的单身汉，二战之后，奥地利政府容许他住在原施瓦岑贝格宫殿的一侧，他在那里度过了他最后的时光。从他的窗口望出去，约瑟夫可以对五层楼高的汉白玉苏维埃纪念碑表示惊叹，他也会绝望地斥责他最后的一名仆人——那人从走廊上蹒跚而来，戴着白手套，端上了一盘无法下咽的意大利面条。在赞助弦乐四重奏乐队和四处为他的标志汽车凑出油钱的同时，他还创造出一种文化的完整形象，那是骄傲的明证，是任何力量都无法收买的。当他用他的老式唱机播放莫扎特的奏鸣曲或是读到一名新诗人的作品的时候，他的呼吸变得急促，激动地挥舞着手臂。他也会冲到教堂做弥撒，脖子上挂着他的罗马式装饰品，金羊毛勋章*；然后他会到英格的妈妈那里讨一碗米饭，因为他相信只有

---

* Golden Fleece，旧时西班牙、奥地利的最高勋章。

英格的母亲知道怎样做米饭；之后，和阿诺尔德·凯泽林一起参加降神会的祈祷。对于凯泽林的观点，他怀着巨大的好奇，但作为一名天主教徒，他并不相信。拒绝与纳粹合作为他的名誉添上了一层光环，但实际上，他从未想过还有别的做法。对他来说，很简单，他没有别的选择，因此也无法想象他大胆地拒绝纳粹所带来的哪怕一丁点儿应得的荣誉。作为惩罚，二战期间他大部分时间都在法国做仆役，但他完全不觉得那是惩罚。约瑟夫身上有一点让我着迷，那就是他的混合特质：他洞察世界，但又很幼稚，有着不假思索的纯粹的道德准则。只有年少时被保护得很好的人才拥有这一特质；但同时也说明，这个世界已经把堕落视为理所当然的事情。

英格和我决定去奥地利拜访她的家人，从那里前往拉德米左，那是我的祖父母移民前住的地方，在波兰靠近克拉科夫的一个村子。英格的父亲迫不及待地掏出军用地图，戴上精美的眼镜，在乌克兰境内找到了拉德米左。不久，波兰驻奥地利的大使——也是一名戏剧爱好者——邀请我们共进午餐。他在饭桌上激动地告诉我《堕落之后》在华沙的演出如何美妙，然后高兴地邀请我们去参观波兰西部的拉德米左，而这个地方完全和克拉科夫没有关系。约瑟夫忽然宣称说在他年轻的时候，他记得非常清楚在波希米亚省有一个拉德米左，当时是施瓦岑贝格的领地。他还坚持说，那就是我的家乡。我说："可是我很确定那不在波希米亚。"但他笑着说："可你也不能完全肯定。所以你必须选择一个你的拉德米左，我必须选择我的拉德米左。那你就知道，我们是亲戚。"

我们最终没能前往看似随意挑选的所谓故乡，其实无处可去。此外，就算我幸运地找到了正确的拉德米左，我的亲戚们恐怕也无法在纳粹占领下幸存。所有的拉德米左，或是和它相似的镇子，都是灭绝犹太人的。

哈罗德·克勒曼制作的《维希事件》里由鲍里斯·阿伦森设计的带有神秘色彩的警察局非常漂亮。但林肯中心定目剧院这些在表演艺术上的不断尝试，只获得人们礼貌上的尊敬，而无法激起他们的兴奋之情。大约一年后，英国伦敦西区也上演了这部戏，由彼得·伍德导演，亚历克·吉尼斯饰演王子，制作要好得多。我发现，并不只是偶然，我需要向英国年轻的演员们解释一些事情——二战后的英国千疮百孔，遭受到的破坏恐怕是近千年来最严重的——现在离战争结束还不到二十年，我就需要向年轻一代解释什么是德国党卫军，他们做什么。我们轻易就把过去从我们的时代里抹去了，或许因为在太短的时间里发生了太多的事情。

应该说这部戏的命运很奇妙。这是我在苏联被禁的第一部戏。那是六十年代末，苏联在进行又一次反犹运动。而在法国，剧本经过了三位制作人的手，但都没有被接受，因为他们害怕剧中影射的法国曾经与纳粹排犹主义者合作会引起观众的憎恨。最后，直到八十年代初，皮埃尔·卡丹才把它搬上了巴黎的舞台，当然，得到的肯定是抵抗式的刻薄剧评。而在国家公共电视台播放的诺曼·劳埃德的制作可能是我看过的最富有表现力的，导演是斯塔西·基斯。

直到 1987 年戈尔巴乔夫解除了对《维希事件》的禁令，这部戏才在苏联的舞台上上演。制作人还是加林娜·沃尔切克——1968 年，他在莫斯科小剧院排演了这部戏，六次试演都取得了巨大成功，但就在首演的前夜，剧院被查封了。这次，《莫斯科新闻报》的记者打电话对我进行访问，他用欢快的语调向我提了这样几个问题：“在被禁二十年之后，这部戏终于重新上演了，你怎么看它的重要性？你希望通过这部戏传达什么样的信息？”最后，他说：“你放心，你的回答不会遭到删减。非常感谢你。”后来他们的确做到了。

过去三十年，我经常从对待我的剧作的不同态度中了解世界的思维状况，在旅行中体会剧场变化的新趋势。1965 年，劳伦斯·奥利弗满怀疑惑地聆听我讲述林肯中心定目剧院遭遇的巨大失败。他说："但是，你们几乎还没有开始呢！在搬到伦敦之前，我们花了七年在奇切斯特建立剧团，有整整四分之一的时间不停地受到嘲讽。不过没有人认为我们的整个构想应该扔进垃圾箱。这真是不可思议！"不过，他没有把美国的快餐文化因素考虑进去。

　　奥利弗正在伦敦筹备《萨勒姆的女巫》，两个月来我们反复在信里讨论这部戏里人物使用的方言。由科林·布莱克利扮演普洛克托，乔伊丝·莱德曼扮演伊丽莎白，奥利弗的制作是部经典之作，具有感动和严峻混合在一起的感觉。扮演耄耋之年的詹理斯·考莱的演员令我疑惑，这个岁数怎么精力会那么充沛，最后才发现他只有二十出头。让我难以忘怀的是第二幕开场时那段长长的沉默，普洛克托走进农舍，洗了把脸，坐下来吃晚餐，而伊丽莎白为他端上饭菜，然后忙自己的家务事。那段沉默一定持续了好几分钟，中间没有任何语言，却清晰表明了他们的尊严受到伤害，相互在生对方的气，但又尊重彼此。同时，这也让人们深深担忧，萨勒姆镇上正在发生的灾难是否会波及这个家庭。这些场面是多么准确，又多么富有激情啊！

　　在一次飞行中，我读到《纽约时报》上的一条新闻，纽约州议会的议员文森特·里乔被控每月向一位女士支付工资，而她其实什么也没有做；他很可能因此坐牢。

　　我和里乔在湾脊附近街上消磨晚上时光，已经是十多年前的事了。很久以前我读到他竞选州议员的消息，我想他身上有着不寻常的东西，他是我唯一见过的共和党的社工，最后成为了政客。那时他总是愤愤不平地抨击社工体系里人们的私欲，现在看来，莫非他自己也有同样的欲望？

现在，我回想起在湾脊夜晚紫色的灯光下，他坐在汽车防护栏上的情景。他曾是海军中勇猛的拳击手，有一头油亮的黑发，牙齿被打掉过，镶着一副过大的假牙。他指导街头的小阿飞如何挥拳打架，同时也努力寻找适合自己的位置；他可以带领人们走出迷途，和别人和平共处，这种能力让我嫉妒。我盯着报纸，里乔对社工道德伪善的精确分析闪过我的眼前。可怜的人！当面对顺从的眼睛和嗅到丛林中猎物的味道的时候，他的头脑便迅速无助地消失了。

不久，报纸上刊登了一则短消息，说他被定罪，送进了监狱。几个月后，又有一条消息说他死了，死因不明。我怀疑太多的选择带给他迷惑。谁能够想到，五十年代在湾脊街头当一个小团伙大哥的日子才是他最好的时光呢？

* * *

无论看到什么你都觉得讽刺，你就知道自己到了一定年龄。当我谈话或是写文章反对越南战争时，仿佛回到了西班牙内战时期，上演着一场我早就看过的我们被击败的电影，只是演员换了。在六十年代的反抗力量中，黑人正在觉醒，他们是那个时代令人害怕的异形人，我看见了即将到来的新的幻灭的种子。为了自我赎罪，我们再次把自己视为完全的局外人；在我们绝对有权利也有必要进行的反抗中，只剩下对个人种族和自我中心的担忧。年过五十之后，我试图掩盖过去东征圣战的回响，但显然这是不可能的。

《代价》在某种程度上正是反映这种阻挡魔鬼的努力再次失败。剧中的两兄弟，一个是警察，另一个是成功的外科医生。多年前他们发生了激烈的争吵，之后便互不理睬。家里的父亲去世，也是一家人聚在一起讨论遗产分割的时候了。现在他们已经是成年人了，也都认为他们已经足够成熟，可以冷静面对过去的背叛。但是，所有的记忆又都回来了，过去令他们愤怒的事情依然让他们感到愤怒；他们无法达成一致。他们谁也不能接受这个世界同时有他们这样两个人——一个是负责守纪的警官，一个是野心勃勃而自私的科学家，正在研制一种新的治疗方式。

我不希望去篡改这出戏或是生活想要告诉我的东西，那就是：我们已经被不断出现的幻觉彻底迷惑住了，因为认识真相代价太昂贵。在戏的结尾，八十九岁的格雷戈里·所罗门，这位二手家具商留在了满是家具的房子里，他发现了一张旧的笑声唱片，于是开始播放那张唱片，自己也大笑起来，笑得无法控制自己，听上去是伤感的，也是残忍的，他接受了这个时代变形欺骗的事实，而不是去否认它。

在《代价》中，有几场戏我特别喜欢，因为它们让我回忆起大卫·彭斯，这个鼓舞人心的狂人和他暗示过的用一种长远的视角去看待所有的生命。整部戏的制作过程波折重重。一天下午，排练几乎无法进行下去，三名主要演员阿瑟·肯尼迪、凯特·瑞德和帕特·亨格尔——这占了演员阵容的四分之一——与导演乌卢·格罗斯巴德发生了激烈争吵。忽然，大卫出现在舞台上众人的面前，他戴着帽子，穿着夹克，打着领带，可裤子却搭在一只手臂上。这时他手表上的闹钟响了。"我的天，我忘了，"他并不是在对周围的某个人说话，"我忘了我还有个小婴儿在费城医院的暖箱里。"接着，他像只白色的兔子般跑下舞台。争吵停止了，所有人都被这个男人极度愚蠢的行径惊呆了。

在费城，我后来不得不接过导演的工作，因为分歧不断扩大，几乎无法调和。终于，在纽约，还有四十八小时首演就要开始了。我坐在前排看帕特·亨格尔和凯特·瑞德排练，此时大约七点十五分，能听见前来观看带妆彩排的观众已经在剧院大厅里了。阿瑟·肯尼迪忽然来到我身后，俯身对我耳语："大卫被送去医院了。他得了肠绞痛，今晚就要做手术。"

　　我问舞台经理，候补演员对剧本是否熟悉，我得到的回答是，候补演员已经准备好，去了化妆间。我朝肯尼迪点点头，再抬头看还在排练的帕特·亨格尔和凯特·瑞德，忽然感觉到一股满足般的浓浓睡意。等我醒过来，不禁一震，帕特·亨格尔、凯特·瑞德早已去了化妆间，大幕也已垂下，观众坐满了剧场。候补演员哈罗德·加里的表演出人意料地出色，他做大卫的候补二十年了，这还是第一次有机会代替他演出。

　　尽管在死亡的边缘徘徊，大卫还是忍不住自己的幽默。演出一结束，怀特黑德和我就冲到医院，大卫正躺在手术床上等着紧急手术，皮肤如死人般惨白。他看见我们，低声说："对不起，伙计们。"我们向他保证，那个角色还是他的，等他康复可以马上回来。

　　值班护士走过来对他说："现在要把你推到楼上手术室去。"

　　大卫皱起眉头，好像在考虑这个建议。犹豫了好几秒，他终于点点头："好吧，我去。"

　　他康复了，不久就和米尔翠德·纳特威克一起主演了《70，女孩，70》。一天晚上，结束了或许是他最好的一场演出，他在台上摔倒，死掉了，此时观众的掌声还在他耳边回荡。对于他的死亡，没有人写文章表示悼念。我总是想，或许换个时间和地方，他的死就会引起作家和文人的注意，因为他们对悲壮的事情更为珍视。

　　《代价》上演了一季，而且在欧洲每个地方都被搬上了舞台，许多相当好的演员参与了演出，特别是扮演所罗门的演员们。最近的一次是在意大利的巡回演出，由雷夫·瓦朗扮演所罗门，他们从撒丁岛一直演到米兰。一部戏最终会让大家有所收获，特别是这一部。俄国异见作家列夫·科佩列夫告诉我，这部戏在莫斯科上演的时候，索尔仁尼琴曾反复前来观看，还把自己的笔记拿给演员们看，很显然戏中有些元素让他着迷，不过，笔记里具体写了些什么，我并不知晓。

我当时觉得电话那头的女人是在开玩笑，她说："我们提名你去参加代表大会……"

几天后，罗克斯伯里的民主党人坐在狭小的木头建的镇会议厅里，听我乏味的讲话。他们大约有五十人，我只认识其中几个。我向他们解释，我没有议会工作的经验，所以我觉得我的邻居、经营奶制品农场的伯查尔先生去参加代表大会更合适，因为他是民主党的基本党员。伯查尔和我得到的票数一样多。我当时还不知道，这次当选，其实是为了缓和党内的一场战争。后来镇上的民主党人重新投票，我以一票的优势当选。这让我非常高兴，觉得尽管我很少走出自己的院子参与镇上的事务，还是建立了很好的威望。

1968 年，芝加哥的代表大会埋葬了民主党以及四十多年来被委婉称为其党内哲学的东西。那一个星期在芝加哥看到的景象会永远留在我的脑海中。

凌晨两点，站在希尔顿酒店前，我和 NBC 的记者道格拉斯·凯克漫无目的地闲聊，仿佛两个在国外碰到的美国人。头戴钢盔的士兵扛着来复枪，面对着密歇根大道对面的大公园，站成长长的队伍。在黑暗的公园深处，人们可以想象年轻人聚集在一起的混乱景象，在经过了白天的殴打和逮捕之后，现在显得安静。

一辆吉普车缓缓地驶过大道。车前面的防护栏上安装着一个木框，上面缠满了电线，那是用来跟踪和发现人群的。当看见那辆吉普车慢慢向我们这个方向开过来的时候，我们立即停止了闲聊，因为它随时可能调转车头，向我们冲过来，在大街上把我们碾成碎块。凯克说："1953 年柏林暴动时，我在现场。苏联入侵布达佩斯时，我也在现场。可这次是我亲眼见过的最恐怖的暴力。"

我从来没有见过像芝加哥警察那样惨白的面孔，似乎他们所有的血液都凝结到攥紧的拳头上了。再早些时候，大约有一百名代表从这些随时准备战斗的士兵身边走过，我们每个人手中都拿着点燃的白色蜡烛，身上佩戴着大会的标志，但是那些坚定的面孔灰白的警察肆无忌惮地盯着我们从他们身边走过，也是在警告我们他们的愤怒不会因为我们而缓解。

在会议厅里，康涅狄格州的代表就坐在伊利诺伊州代表的旁边。芝加哥市的市长理查德·戴利就坐在主席台下方，有几百名手下围着他。伊利诺伊州代表阵容很大，看上去就像个橄榄球场。代表们的上衣纽扣解开着，面孔也因为愤怒而变得煞白，沉重的脚趾不停地摩擦着脚上的尖头皮鞋。

前康涅狄格州州长亚伯拉罕·里比科夫参议员走上讲台开始讲话。我手上却拿着一张招待员递过来的纸条，上面潦草地写着："他们正在大街上杀害我们，他们正在那里谋杀我们……"我拿着这张纸条从一个领袖走向另一个领袖，希望他们批准我使用麦克风；而至少现在党内的重要人物里比科夫开始发言了。实际上，他从主席台上方一直在看着戴利，并把芝加哥街头正在发生的事件称为"盖世太保式的计谋"。我朝戴利望去，他围着大衣坐在离我不到二十英尺的地方。他的团队人员围在他两侧，像杜宾犬一样逡巡着四周，仿佛一旦有人朝他们的方向走过去，就会随时扑上来。他们残酷的目光简直让人无法直视。随后我看见戴利对着主席台上怒目而视，用食指狠狠地在喉咙上比划了一下，我清晰地听见他对着里比科夫叫嚷："犹太佬！犹太佬！"戴利看上去简直是怒火中烧，不过里比科夫还是继续把他的话讲完。我的耳朵一下子聋了，我猜想是因为我听到了这辈子一直害怕听到的话，像是一堆煤朝我劈面倒下来。

尽管有传言说约翰逊总统会乘直升机降落在代表大会会议场地的

楼顶，但到底美国总统还是没有胆量出现在他自己党的代表大会上。

在巨大的集会现场中出现了片刻的安静，一个奇特的柔和的声音引起了我的注意，是艾伦·金斯堡，他依然蓄着浓密的铁丝般的胡须，剃着光头，戴着大大的眼镜。他伸出双臂，做出祈福的样子，他的男中音发出长长的喃喃自语"噢——"仿佛是在呼唤上帝和和平。但这并没有多大用，因为在我们周围，砖头被扔了一地。

我本来前所未有地充满希望，觉得至少这次的代表大会可以让和平人士把民主党内反对越南战争的人激发起来。最终，汉弗莱将成为总统候选人的可能性日趋明显，而他从未承诺会从越南撤军。我认为是时候把罗伯特·肯尼迪和尤金·麦卡锡的力量团结在一起了，至少这股力量可以挑战汉弗莱，让他在某些未来策略上做出平衡。我起草了一份声明，派发给支持尤金·麦卡锡的代表，希望他们自由投票给任何他们喜欢的人。这也意味着一些议员可能会加入已经死去的肯尼迪阵营，而肯尼迪当时仓促决定跳上反战这条船，是因为他认为这是一条可以成功的道路，而且是在要求尤金·麦卡锡保证反战策略会得到支持之后，肯尼迪才宣布竞选总统。现在也有相当多的人希望泰迪·肯尼迪能够站起来，继续他哥哥的道路。不过，尤金·麦卡锡气愤地表示，他只会容许他的人投票给乔治·麦戈文，但决不投给泰迪·肯尼迪。

我感到我彻底失败了，因为没有人提议讨论结束这场漫长的战争，还因为曾经在民主党内部带领人们反战的力量就这样失去了机会，既没有人惋惜也没有人称颂。这正是伟大的领导人崛起、正义的旗帜升起的好机会！可惜没有人这样做，于是所有的努力都化为了虚无。

不过，在六十年代，人们以为自己了解的所有事情都有可能发生改变。罗伯特·洛厄尔和太太伊丽莎白·哈德威克，还有他们十一岁的女儿在我家待了几个小时。和他们同来的还有我的邻居卡莱尔夫妇，他们也是老朋友了。那是个阴沉的十一月的下午，所有的叶子都已经凋零。下车的时候，洛厄尔假装没有看到我从房子里迎出来，而只顾照顾他刚下车的女儿。终于，我们握了握手。他正变得稀薄的头发湿湿地贴着额头。他很快就说我在南斯拉夫布莱德国际笔会上的讲话让他很感动——我也赞扬了他为反对越战而拒绝了约翰逊总统发出的参加白宫举行的艺术节的邀请。

他问起我在院子里种的树木，于是我带他去参观我的拖拉机，向他展示我的改良设备，解释如何把它安在木桩上然后用它修剪树根。洛厄尔深深地弯下腰，用温柔的语气对他女儿说："你肯定想不到我用这样的机器修剪树根，对吗？"女孩轻轻地点头，表情很不自在。

我们并肩在池塘边散步，我转身他也跟着转身，我停下来他也停下来。他一旦说起话来就停不下来。

"我喜欢卡赞，他很有魅力，但是我没让他导演我的希腊三部曲；《调包婴儿》是部杰作，可惜这么多年后被他毁掉了。"

"我可不确定《调包婴儿》是部杰作。"

"那是一部杰作。艾略特曾这样评价过。"

我很想和他辩论一下艾略特的戏剧观点，但洛厄尔已经自顾自地走到前面去了，他不会听我说，也听不见。他说，中国发生的每一件事都令人惊叹，近乎完美。他还说，他原本考虑过出席白宫的那场活动，然后找个恰当的时机跪下来，为美国在越南战争中的命运祈祷。罗斯福是个骗子、说谎者；肯尼迪读过很多书。

我说："你知道，罗斯福非常后悔当时没有对西班牙予以援助。"

"真的？"这是我的话题第一次让他停下脚步，他看上去非常渴望也很高兴听到更多的细节。"你为什么这么说？"

"哈罗德·伊克斯在日记上写到这一点。罗斯福有一次告诉他，没有支持西班牙保皇党反抗佛朗哥武装是他一生中犯下的最大错误之一。"

洛厄尔面露喜色。他喜欢这类传言,喜欢被掩藏的真相,我想他更喜欢罗斯福被悔恨刺痛的感觉。然后,他又开始往前走,平静地讲起"我那疯狂的阶段"——我猜是指白宫那件事情。我想他一定非常勇敢,可以忍受如此的记忆残片。我们一直不停地交谈,仿佛不停歇的谈话让现实既凝聚在一起,但又被困扰包围着。

想到如果他勇敢的反战主义盛行,美国没有介入反对希特勒的战争,那该是怎样的情景,我觉得非常痛苦。而他因为在二战期间拒服兵役,曾经被投入监狱。当我和他坐在草坪上,望着池塘,试图跟上他急促的不相关的思维的时候,我觉得他象征了我们那个时代、那溪水般流淌的热情,还有被毁掉的理智。这让我忽然意识到,我们其实很相似——我们年纪差不多,身高也差不多,戴着同样的玳瑁眼镜,甚至秃顶的样子都很相似——只是我心中没有魔鬼,不会对生存完全不在意。他的观点只在他的作品中起作用,在现实生活中却太绝对,以至于基本上毫无用处。而我自己,有很长一段时间无法承认自己在写作中其实是会考虑我写的东西在活着的人看来是否有价值。他朝着他的视野飞向高空,而我感到我有责任去说服我的读者,特别是那些只具有基本判断力的人。无论如何,我还是想用写作拯救美国,那也意味着要用力抓住美国人,拼命摇晃他们。

* * *

正如在奥威尔的《一九八四》里面,这场没有宣布的战事一开始像是出永恒的连续剧,但它已经被悄悄地扼杀、窒息和变得麻木了。它奇怪地改变了一些戏剧问题:以前,你必须在第三幕结束时把无意识的主题推向表面，但现在，我们已经在第三幕中了。我开始严肃地思考戏剧中那种逐渐展露主题的方式是否还能继续下去。如果不能，那我们的确进入了一种新的文化。事实上，我们的意识太强烈，太明白讨论这场战争时我们是在欺骗自己；知道自己在用现实做交易，而宁愿去面对整个国家的自我欺骗。除了我们自己没有勇气停止谎言，还有什么没有被揭露？

我的朋友希德·弗兰克斯也是名警察，他不停地提醒我："我不能读虚构的东西，因为我会不停地问自己作家们是如何知道那些人物接下来要做什么。任何人可以做任何事，我说的是任何人和任何事。而且，说到戏剧——为什么每当我觉得非常有趣的时候，幕布就会落下来？"他是走在了时代的前面；"严肃的"戏剧已经不存在了，现在流行的是充满令人惊讶的嘲讽的戏剧：任何人的确能在戏中做任何事情，从不提及不大可能的事情，这也是我们能描述的事情，仅此而已。这是一个警察开玩笑时的审美，流行于世界上任何一个警察分局。

我曾玩笑似的想过一个俄狄浦斯的现代版：一个现代男人发现他的妻子实际上是他的母亲，可他并没有挖出双眼，而是坐下来抱怨："天啊，这是什么事情！我们最好去问问医生是否会对孩子有什么影响。"秩序已被破坏，崇高感是否还有位置？我们只剩下奇闻轶事式的戏剧，不再有想要超越和崇高的压力了。

在看《头发》的时候，我惊讶地发现这是出反越战的戏，但所有的评论和宣传都没有提及这一点。当然，他们可以剃光他们领袖的头发，这象征着反生命，不过在这部制作明显混乱的戏中，这些都太隐晦了。这出戏看上去明显业余，人们在里面自慰、性交、唱歌、跳舞——让这场战争失去了崇高感，变得可笑，失去了杀戮那种震撼人心的威力。但是，任何艺术都要为它特有的形式付出代价。观众们快乐地享受剧中对庄严——那些旗帜和其他象征战争的物品——肆无忌惮的嘲弄，它带来的是轻松高涨的情绪，而不是仇恨。

我怀疑观看《头发》的观众只是捧腹大笑了一场，而不会真正思考；另一方面，自从《吕西斯特拉忒》通过戏剧宣传阻止战争的尝试失败之后，又有什么戏可以终止一场战争呢？

一天夜晚，几个当地中学生打电话来，问我是否可以捐赠一棵"和平树"种在学校的草坪上。电话里的学生压低声音，像是在做一件秘密的事情。我同意了，希望他们过来帮我从我的小树林里挖一棵树。我知道许多人尽管保持沉默，但感受是和我们相同的，不过，我也知道这样做会成为众矢之的。一天后，那个学生又打电话来了，说另一所学校的一棵和平树在夜里被人锯断了，学生们担心种上我捐赠的树会遭到当地更多爱国人士的反弹，而媒体报道说，这些人数远远超过被吓坏了的人。我觉得难过，但同时也感到一阵轻松。

很难判断大多数美国人的立场是什么。我有一个朋友住在托灵顿附近，在一家大型金属加工公司处理劳资关系。有一天早上，为了响应一个全国性的宣传活动，即"停止轰炸越南"，他戴着黑袖章来到公司。车间的工人问他家里有谁去世了？他向他们解释了原委。第二天早上，当他回到公司的时候，车间的每台机器上都挂起了美国国旗，抗议似的在那里飘扬。不过，我始终认为应该有办法让那些工人明白过来，因为他们的孩子才是真正在前线打仗的士兵。

有一个男孩，和我们住在同一条路上，小时候常常来我家，静静地看我们和客人们聊天、游泳或打球；后来，我还帮助他加入了附近社区中心的表演学校。有一天，他在自家后院往身上浇汽油，点火自焚死去了。当然，他这样做不仅仅是反战。他曾经向我倾诉，他父亲的价值观与威利·洛曼的一模一样。不过，比夫热爱他父亲，还愿意和他争吵反对他的梦想。那男孩的表演老师曾经告诉我，他非常有天赋。

　　还有一个男孩，是一个本地商人的儿子，我从他还是婴儿的时候就认识他了。他十九岁时，曾经在抽了过多的大麻后，深夜出现在我家门口，提出他可以当场"就任何话题写出一首诗"。他正是参军的年纪，又没有在学校，没有任何理由可以逃避这场他痛恨的战争。不到一年的时间，他死于吸毒过量。他原本可以成为一个成功的推销员，可以创造一项生意，将本地的岩石卖给收藏家，他的卡车上会永远装满沉甸甸的岩石，还在他两颊通红的少年时代，他就发现了这些宝藏的藏身之所。

　　在我看来，每一个人都很清楚这类的事情正在发生。那么一部戏或是一部虚构的作品又能增加什么呢？这个国家的潜意识的确被忽略了，因为经过最精心设计的关于否认的路径，我们已经学会如何硬起心肠。普遍地，伴随着每场战争和为退伍军人所举行的每次庆祝而来的意识和原来完全相反；现在这些人希望可以悄悄回到普通百姓的生活当中而不被注意。对我来说，这是很奇怪甚至邪恶的，我不自觉会联想起在毛特豪森集中营附近山上劳作的人们，当我们开车驶向那座死亡集中营，他们甚至没有抬头看上一眼。

　　还有一个年轻人，他是我老友的儿子。他从越南战场上回来之后，驾着摩托车驶往六百公里之外的一个城市。那里住着他的战友，他要找到他并杀死他，因为有一次这位战友的尖叫声引来了越共的子弹。但战友不在家，我朋友的儿子开着摩托车又回来了。他开始投资股市并很快赚了一大笔钱，不过，他还是经常神秘地暗示说，他的一些同伙——那些老兵——已经准备好要"清理"这个社会。

　　超现实的状况依然在继续。有一天，我在纽黑文绿地发表反战演讲——在这里，我很幸运地认识了威廉·斯隆·科芬，他当时是耶鲁大学的牧师；后来我们成为了亲密的朋友——几天后，又在西点军校面对数百名刚入校的新生进行演讲。是西点军校英语系的一位上校邀请我来的，一开始我回答说，他要找的一定是另一个米勒，因为我反对战争。他说："我们知道你是谁，这也是我们邀请你的原因。"我无法拒绝他的邀请。

当我还是个孩子的时候，我曾经那么渴望进入西点军校。从罗克斯伯里开车过去，大约要一个半小时。大型演讲厅挤满了人，后面的墙边站着几十位老师。当我讲到越南战争，特别是我们肯定会被打败时，那些戴着勋章的军人面无表情地看着我。我猜我已经被他们一片一片撕碎吞掉了。

美军对柬埔寨的轰炸刚刚开始。英格、丽贝卡和我两星期前才从那里旅行回来。英格希望拍摄吴哥窟以及那些无与伦比的石刻寺庙和雕塑。尽管那些神像是几个世纪前建造的，它们还是有一种根深蒂固的神圣感。各处的小亭子在入口处都有直立的阴茎石雕，那是林迦雕像，因为有太多希望怀孕的妇女坐在上面祈求神赐给她们孩子，雕像的顶部磨得闪亮——这是我的理论。几十个身穿藏红袈裟的年轻和尚，剃着光头，在神龛和神龛之间走动，向人们化缘。在我疲惫的眼中，他们看上去是那么生气勃勃。

但我带给军校学生的消息却不那么美好。我说，我很怀疑整个政府部门里可以阅读和懂得柬埔寨文的官员是否超过六个；尼克松总统下令轰炸的地方是个完全的农业区，根据我的观察，那些当地人更喜欢站在茅草屋前看着池塘里的水牛，或为孩子们洗澡和玩耍，自古以来，他们的生活就和稻田的洪涝状况息息相关。我猜我们的领导人也和我一样觉得柬埔寨人无法了解，他们决定炸平那个地方，是因为柬埔寨和北越达成一项协议，允许他们把自己的一片地方当成秘密运输通道，向北越的游击队提供物资，这是连柬埔寨的西哈努克亲王也无法阻止的行动。

为了让气氛变得轻松点，我对他们讲，有一天吃完早饭，九岁的丽贝卡跑来向我们报告，酒店游泳池里的水被抽干了一半，里面全是肥皂泡，酒店住客已经开始撤离了；我还说起酒店经理如何不愿承认事实，解释他们只是在做清洁。于是我打电话给美国驻金边的大使馆询问情况，对方安慰我们说，没有什么事情发生，我们可以继续我们的假期。当然，事实上当时我们正在支持朗诺政权，放逐西哈努克亲王；柬埔寨进入战争状况，所有机场都被关闭了。住在同一个酒店的福克斯顿夫妇来自英国，他们有一个和丽贝卡年纪相仿的女儿。为了离开吴哥，我们两家人很务实地买了一辆公共汽车，这样才能开过布满石头的小路，开了四个小时才抵达泰国和柬埔寨的边境。不过，我想说的是，想让柬埔寨人站在我们这一边是不可能的，我们不了解他们，对他们也不感兴趣，甚至完全没有和他们打过交道。他们早晚会走上反美这条路，就像越南人那样。

接下来是提问环节。一个衬衣领口至少有十七英寸的学员首先举手——我后来才知道，他的父亲是北美卡车工会芝加哥分会的老板——他说，他对于这所军事院校居然请我这样宣传失败论的人来演讲感到非常愤怒。我等待着更多的攻击。一名坐在后排的秃顶的上校高高地举起手来，他蓄着亮红色的皇家禁卫军式的胡须，胸前佩戴着勋章。在我演讲的过程中，我留意到他凶狠的目光，让我很不安。

"我……"他用居高临下的男低音说出第一个字，让我脊背一阵发凉，仿佛身处战争中心。他继续说："在金边参与军事行动长达十二年。"他停顿了一下，非常有戏剧效果。实际上，联想到他的大胡子，他的确有点像演员，一个笨拙的演员。我想，进攻来了，我完了。"我想告诉大家，米勒先生说的每件事都是真的。"说完，他转过身，离开了会场。

从那天晚上直到第二天凌晨两点，我一直待在年轻上校的家里。演讲后他坚持要请我一起吃晚饭，他和他妻子还有十几个军校军官也在。在那里我听到了这场灾难的另一面——那些饱受折磨的士兵的故事。他们每个人都以自己的方式告诉我，军队与发动这场战争毫无关系。他们从一开始就知道，他们在战场上不会取胜，但那是国家政治外交的问题，不是军队的问题。现在，他们必须换上便装才能去纽约，人们责备他们，侮辱他们，有时候甚至在大街上攻击他们。他们都在越南战场上打过仗，他们都得过无数勋章，他们眼里带着对失败的紧张感，请求我告诉国家他们无法做到的一件事：停止这场战争。他们看上去都很朴素——甚至单纯——让人联想到那些僧侣。他们都必须重回越南战场，有些人几个星期后就要出发。继续战争将导致更多的人死亡，但这些死亡毫无益处，灵魂永远无法得到救赎。

不过，罗纳德·里根到时会发明一种救赎，虚构一部按照观众需求改编了结尾的新剧本。西点军校军官们普遍意识到的悲剧被善于否定的人们小心勤勉地一点点篡改了，我们被带入了一个胜利的神话中，现实却让我们感到困惑。显然痛苦过于强大，我们对最微弱的正面消息都要加以利用，否则就无法承受。于是，狂欢式的感动和自我欣赏之门砰然大开，我们如以往那样在相同的流沙上"再次站起来了"。为死难者竖立纪念碑供我们表达哀伤，逃避则是幸存者的命运。这就像是人们见证了美国人在越南的所作所为，那些事情那么令人厌恶又无法解释，他们甚至不愿承认有五万八千名美国士兵阵亡。终于，人们再次在娱乐中找到了慰藉，以此来向自己保证我们的伟大。

六十年代在我人生中是个思想陷入困顿的时期，或许是我对任何社会预言都失去了信心，无论是人们普遍期待的学生以及黑人改革运动，还是正统人士主张的对越南进行的民主东征。在当下的历史中，我无法感受到让我振奋的东西，像在三四十年代感动我的东西那样，我只是觉得我们进入了一个道德的停滞点，剩下的只有对现实的嘲笑。在两个小时的戏剧中，无论我怎么写也无法与林登·约翰逊在某个太平洋小岛上面对一大群士兵的喊话相比；在谈到越南战争时，他兴高采烈地说："把那些浣熊皮都钉在墙上，孩子们！"我们传统中没有这样厌恶和鄙视过什么人，甚至在反纳粹的时候也没有。不过，看上去这种厌恶填满了整个画布，让人没有空间去谈论这场战争，而战争本身也没有说明什么。乐于宣布美国所有的传统价值观已经消亡也是一种逃避。在美国大街上每天来来往往的人们一样希望他们的孩子能有更好的生活，期待自己的婚姻可以维持得更长久，并且对自己的同乡还是那么依赖。我无法忘记这些。但这些普通人的心愿在艺术中没有位置，就算偶尔提及，也只是些沉闷、矫揉造作而充满欲望的东西。

目前的潮流——是否应该称之为支配性的概念，我有些犹疑——是暴露你自己，让人了解你的所有。不过我已经不相信说出来的"真实"了，比如有些人高唱的对社会和传统的反叛和挑衅，就一定是真的吗？因为赤裸裸说谎的人也是有的。

《坦白剂》是个电影脚本。我曾经写过十几个剧本，试图抓住对六十年代的感觉，但都失败了，这个剧本也是其中之一。戏中的霍吉是哥伦比亚大学的研究人员，同时也是名爵士乐乐手、剑客，还每隔几个星期就与不同的女生坠入爱河。他正着迷于一种化学试剂，它可以让最凶猛的动物——比如狼——变得可爱甚至完全温顺。这种试剂显然刺激了大脑的一部分，增加了同情与理解的成分，而不是性欲。比如狼不再向进入视野内的东西发起攻击，而是表达爱慕之情。

有一天，在去看望一位女朋友的路上，霍吉被一对瘾君子打劫了。可是这对瘾君子无意中喝下一瓶试剂，迅速被软化，不仅同情霍吉，并且相互同情，甚至怜悯起一向被他们忽视的孩子们来。后来，这一试剂落在了一家药品生产商霍克与施图茨公司手上，他们把它命名为"爱"，推向大众市场。"爱"横扫了全国的药品市场，因为人们不可避免地认为它是一剂春药。

"爱"让充满仇恨的人变得友善，不过很快情况变得复杂起来。首先是职业橄榄球比赛崩溃了，因为球员不再绊倒身边的对手、抢下他们的球，而是试图说服他们停下来；地铁系统陷于瘫痪，因为乘客们不再蜂拥挤进车厢，几千人滞留在站台上；最为危险的是全副武装的士兵们吞下了"爱"，潜艇上的水手们服用了它，把潜艇升上水面进行日光浴，结果自己却暴露给了俄国人。同时，为了避免投掷炸弹，空军飞行员把飞机开进了丛林。顽固的霍克与施图茨公司广告经理在喝了一杯"爱"之后，不再强行把自己的产品广告加入美国的电视节目，而是爱上了自己的劳斯莱斯汽车，最后带着两个车轮盖儿上床去了。没有了野蛮的欲望，这个社会变得摇摇欲坠。绝望的华盛顿官员只好向俄国投掷数千吨的"爱"，希望药剂带来相同的效果，以解除俄国人的武装。很快，双方停火，每个人都懒洋洋地躺着晒太阳，只偶尔种种西红柿——每个人都变成了这样，除了那些各类宗教的真正信仰者，他们当然拒绝让他们的信众去服用这种他们认为只是增强性能力的药品。传统的犹太教、天主教和新教在全世界联合起来，致力于禁止和销毁"爱"——因为"爱"这个魔鬼宣传的是要人们爱它，而不需要任何上帝。

不过，我最终没有完成这个剧本。我已经不再愿意向人们宣讲，让他们觉得娱乐并最终获得启发。或许也可能是人们粗暴地否定《堕落之后》，也彻底打消了我这一意愿。

在1973年秋末的一天，我收到了《纽约时报》上一篇文章的复印件，寄信人正是文章的作者：记者琼·巴塞尔。文中提到了康涅狄格州警察对一名十八岁男孩彼得·赖利杀人案件的审讯，其中赖利承认自己残酷地杀害了自己的母亲巴巴拉·吉本斯。整个案件非常残忍，凶手用刀割断了巴巴拉的喉咙，还在她的阴部插入了一只瓶子。经过审讯，彼得被判有罪。不过，在他居住的社区，那是个相对偏远的康涅狄格州北部社区，当地人却不相信彼得犯下了这桩罪行，他们有些人甚至押上自己的银行储蓄和房屋贷款，希望筹钱为彼得讨个清白。和对许多其他人的要求一样，巴塞尔希望我也能捐款，筹措足够的资金重新审理彼得的案子。

彼得既不是黑人或拉丁美洲人，也不是犹太人或极端分子；他是个单纯的受害者。我对这起谋杀案一无所知，首先吸引我的是我读到的警方审讯记录，那里面充满可怕的冷静和对弗洛伊德心理学理论的玩世不恭的误用。在我看来，这明显是个错案。开始的二十四小时内他没有任何律师，然后是十小时的审讯，彼得最后只问了那位貌似慈祥的审讯官，他是否确定是自己杀害了母亲，因为想到她的死他觉得悲伤。彼得从不知道自己的父亲是谁。据此，警察草率地做出结论，俄狄浦斯情结在男人中是非常普遍的，特别是考虑到彼得少年时期他母亲对待他的方式。彼得还年少时，他母亲经常带不同的陌生男子回家；家里只有一架双层床，彼得睡在上铺，他母亲就在下铺和那些男子做爱。精神分析学理论特别强调在这样的情况下，彼得对母亲充满了怨恨，堆积的情绪终于爆发了。很自然的，审讯的凯利警长首先让彼得相信，这种敌意完全是潜意识的——像彼得这样的少年是熟知这类词汇的，他当然知道潜意识是什么意思——警长还认为，最好的办法是让"这些情绪完全释放出来"。彼得此刻已经完全精疲力竭，最终在招供书上签了字，尽管第二天一觉醒来他就开始后悔，但已经太迟了。

与整个噩梦式的审讯过程同样骇人听闻的是：法官居然接受了这

样一份供词。尽管审讯中粗暴的洗脑方式那么明显，法官还是对本地和全国媒体对这一案件审讯程序中真正的批评充耳不闻。

结果，我在接下来的五年中花费了不少时间来帮助重新调查案情，营救出彼得。多亏两个固执的人竭尽全力的帮助，一位是詹姆斯·康韦，他是名退休侦探，这次完全是义务工作，也得不到什么感谢；还有一位是我找的律师 T. F. 吉尔罗伊·戴利，从四十年代末开始他所在的律师事务所就帮助我处理法律问题。最终，他们找到证据说明在彼得母亲被杀的那个时间，有人在离她家五英里远的地方看见过彼得。而且，目击者是当地的警察和他妻子。警方早该注意到他们的证词的，然而这份证词一直放在前任检察官的卷宗里。后来这名检察官心脏病突发死亡，继任的检察官才在档案中发现。他在法庭上把它递交给法官，对彼得的指控无法成立，彼得被当庭释放。

简单来说，在这起案件中，检察官完全知道彼得是清白的，还是判处他有罪，而州警察局也就此结束了对案件的侦讯。更令人不可思议的是，即使出示了证明彼得无罪的证据，州警察局为了维护颜面，仍然试图搬出所谓的"理论依据"为自己辩护，但那听上去那么荒唐可笑，被法官当场驳回。最后，当时已经退休的州警察局局长富森尼克亲自上门向彼得道歉，承认他们在侦讯过程中犯了错误。

俄狄浦斯情结或许是普遍适用，或许不是，不过官僚机构里培养出来的官员因害怕丢脸而产生的纯动物性反应却是普遍的，而且这种状况并不会比俄国、中国或其他任何一个地方少。但最大的不同是，我们有权利对机构的决定做出上诉，尽管上诉是昂贵的，而且是否能够改变判决全凭你的运气。在我的剧本中，几乎每部戏都有一个律师，或许因为人类就是这样，是天生的否定机器。在帮助赖利翻案的过程中，我愈加珍视法律的作用，那是我们对抗自我的最后一道力量。

彼得的故事是动人的，而且除了康韦和戴利，我是最了解案子内情的，但我还是发现我不可能就此写些什么。利用这个更正错误的机会来为自己的写作取得素材，会让我觉得非常不安，而且这也可能会带给彼得更多的痛苦。不过，我很快就发现我缺乏创作热情的另一个原因，那就是我还是对准确描述赖利案件感到困难，重复整个案件中人们津津乐道的一些细节，我感到压抑。人们很容易就明白了，警方一旦逮捕了彼得，就不会更正自己的行动，因为那会使他们的职业声望受到损害。于是问题很快从是谁杀死了巴巴拉·吉本斯，并让凶手逍遥法外，转变成究竟是谁破坏了警察的声誉？警察的行为以及案件中显露出来的令人震惊且绝对无法救赎的事实，也让我无法下笔。除了干涉公民隐私，这个羸弱的年轻人心理上很大部分还是个孩子，他被投入监狱，就像被扔进狼群，已经被生吞活剥了。案件中缺乏任何种族主义的动机，这使我们的思维超越社会学范畴；确实，彼得从儿童时代起就将警察理想化，因此，他居然相信州警察告诉他的话：他谋杀了自己的母亲，只是他不记得了。

　　让人疑惑的不是这类事情为什么会发生，而是警方的做法那么理所当然，反而是公正在事件中变得无足轻重。如果在逮捕彼得后州警察局发现了错误就马上向他道歉，有谁会反对呢？所有这些似乎都说明，人们心里的魔鬼超越了正常的利益或动机，因为他们了解利益或动机的含义。我忍不住觉得我正在观看一出皮影戏，一部古代剧作家描述一群没有头脑的人愚蠢地模仿他人行为的戏，而不是现在发生的真实事件。这不是诚实的错误，相反，这是不诚实的错误。这是波洛大侦探的工作，希望打破官僚机构的枷锁。这也延伸到当时开明的州长埃拉·格拉索的办公作风上，很长一段时间里她在犹豫，不愿意采取行动对付自己手下的官员。这些毫无意义也毫无益处的争斗实在令人费解，而我知道，要再写一部有关类似事件的戏，我已经是无能为力了。

如果说赖利的案子在漫长岁月里留下了人性黑暗的影子，其实我也从中看到人们身上最不寻常的勇气和善心，尽管我们似乎也没什么理由期待别人这样做。

　　当时我一介入彼得的案子，马上意识到他需要一个新律师。和T. F. 吉尔罗伊·戴利面谈的那一幕至今让我难忘。那是在康涅狄格州一所讲究的乡村俱乐部餐厅里，第一眼看到戴利时，我不太肯定他是否是我们需要的那个人。不过，他看上去对这个案子非常感兴趣，尽管我明确告诉他这个案子没有什么钱。简单地说，我说服了我们两个人接下这个案子。

　　我对戴利的怀疑源于我总觉得彼得的第一位律师属于思想高尚开明的民事法律师，而这个案子需要的是位强硬的刑事律师。作为年轻律师，戴利曾经在纽约联邦检察机构做事，但他留给我的第一印象是很时尚，个子非常高，有一双蓝色的眼睛，穿着花呢夹克的马术骑手，他显然是个市郊的律师，显得疲惫而不开心；我心中甚至闪过一个念头，他目前的工作可能无法让他兴奋起来。他毕业于耶鲁，成长于忍耐和富有的文化环境，这也让我觉得他不是那种有勇气有激情的战斗型律师，而当时我就意识到，在这个案子中，斗争的勇气最终将是我们取胜的关键。当时，没有人知道证明彼得无罪的那份证词就躺在前检察官的保险箱里，我只是知道，在案件完结前，新律师将要不停面对一群强硬的身穿制服的人。

　　后来，我看着戴利迅速成长起来，而且是在基本上没有报酬的情况下。他神态中驯服的马匹似的世故不见了，取而代之的是对自己州的司法体系遭到破坏而变得义愤冷静的个性，勇气和精明让他的思维变得活跃，他在精神上也很享受这起鲜活的、令人专注的案件。他最后赢得非常漂亮。同时，我想他通过这个过程也改变了他的人生，后来他成为了一名杰出的联邦法官。

很多个晚上，戴利、康韦和我为了彼得的案子聚在一起，有时候在我家，有时候在吉本斯的房子里，那是一间由路边贩卖汉堡包的小餐馆改建而成的小房子，我们试图拼凑出在悲剧发生的那个晚上究竟出了什么事。我找到了当时年事已高的米尔顿·赫尔彭医生——他或许是美国最好的犯罪病理学家——请他来检测证据。而他得出的结论是，彼得不可能用如此残忍的手段杀了人而衣服上没有留下一点血迹；当然，警察说他身上有血迹。我还找到了纽约的一位医生：赫伯特·施皮格尔医生，他是著名的催眠术专家，我请他为彼得做了检查，他在第二次审讯中的证词极大地帮助了彼得最终被无罪释放。我还安排了之前忽视此案的《纽约时报》，让他们对这个案子给予更多关注，这也使得法官检察官要打起全副精神。不过，最终是要归功于戴利和康韦令人叹服地重组了案发当晚的细节，还有戴利与检察官之间的智斗，最终使彼得·赖利被无罪释放。

我应该对这一胜利感到欢欣鼓舞，我也的确如此。但是一个更为真实的声音响了起来，凝结于我在帮助彼得被释放的斗争过程中写的一部新戏中：《创世记及其他》。和我在六十年代越南战争期间写的剧本《代价》一样，这部戏是对《圣经·创世记》的重新思考。《圣经》这部分描述的本是兄弟姐妹间互相残杀的奥秘，现在被人们解读为揭示了人类最初的天性。在剧中最初设立的家庭，完全剔除了社会的影响，这部戏要探讨兄弟姐妹之间的残杀，这是《圣经》开头的故事，也是人类第一次进退两难的选择和第一道希望之光。故事最基本的部分是两兄弟为了争夺母亲的爱——也可以说是上帝的爱——而展开的竞争，爱第一次展示出奇异的令人困惑的一面。充满单纯和实际的父母之爱的亚当和夏娃难以相信他们看见了被杀害的亚伯和毫无悔意的该隐；不过，他们也只是担忧自己在上帝控制下的生活会如何，但很显然上帝不仅准许了这样野蛮的行径，而且成为了他设计的人类永恒的特征。在这部戏中，灾难根植于人类的最原始的天性中；两兄弟之间第一次尝到了杀害同类的滋味。如果我们内心对这罪恶有所抵抗，对我们内心这颗滴答作响的定时炸弹有所抵抗的话，那也不会比亚当对他的妻子以及剩下来的一个儿子的诅咒更多——他对夏娃痛恨的、目中无人的该隐喊道："请求她的原谅！该隐，我们被野兽包围着。上帝不会再回来了！孩子，我们剩下的人是要自己承担责任的——请求她的原谅！"而该隐微笑着从容走向流亡之路，留下他的父亲在黑暗的沙漠中高喊："宽恕我们吧！"但是，亚当的哭喊也是人性构成的一部分。

直到上大学的时候我才开始去了解《圣经》，但只是作为由不同作者创作的迷人故事的集结来读的。我在书页的空白处写下自以为聪明的问题，比如：那些陪伴该隐流亡的人从哪里来？这是否是一个疏忽？《创世记》的作者难道忘记了，在天堂里应该是没有其他的人在亚当和夏娃身边的？难道"上帝"太老了，在他"写作"《圣经》的时候走神了？

然而，慢慢地人类创作《圣经》这件事情已经不再那么重要了，而它依然拥有催眠的作用。我很好奇这是为什么。圣经故事的讲述方式就像是简陋的电工图，或许这正是其迷人的部分——这样你可以自己来创作填补空白的部分。过了这么多年，上帝是否存在这一问题已经让位于另一个谜——为什么一代又一代，人们依然忙碌于不断创造上帝？我多少准备接受一个解释，那就是上帝肯定一直是即将存在的；这已经有足够的理由相信：上帝已经存在了。正如我们都知道的，上帝可能明天就出现。同时，人们拥有整装待发的船只，里面包括他们的各种渴望，为了神圣的先验性的事件，为了得到善良监护人的照看，以及监督者和警告的声音；最妙的是为了这样的概念：他们有义务去做出选择，除掉坏人，而让好人活下来。对上帝的创造者来说，上帝是与在信仰者眼中一样具有鲜活的生命力，甚至更为有力，因为他们永远不会把自己的创造从心中抹去，或把上帝变为石像，在有必要的时候随时逃避。我把这种永恒的创造过程融入了《创世记及其他》当中，这部戏提到的问题之一就是：最初是在怎样的心理状况下，人们才会在当初想到去创造上帝？然后是第二次创造，比如当下。

嘲讽贯穿了整个七十年代，一直持续到现在。1986 年，我和其他来自美洲、欧洲和非洲的五十多名作家、科学家一起站在苏联共产党中央委员会的办公室里。我低头望着米哈尔·戈尔巴乔夫慧黠的眼睛，他握着我的手，说道："我熟悉你所有的剧作。"

我几乎要冲口而出"不是所有的"，因为此时距离我的戏在苏联被列入黑名单已经有十八年了。还有一件事情，我们发表的《在俄国》这本书也遭到了粗暴对待。那是我和英格合作的三本书中的第一本，通常是她摄影，我来写文字。书里有一张叶卡捷琳娜·福尔采娃同志的照片，触怒了这位女士，当时的苏维埃文化部部长。照片上，她刚刚完成电焊工作，她脸上深深的皱纹、她担心而疲惫的神情是没有办法掩饰的（实际上，她的确经历过生活的磨难，几年前，她失宠于赫鲁晓夫，后来她曾经试图割腕自杀）。当然不只是文化部部长的虚荣心在这件事情上起了作用；还有，作为国际笔会的主席，我在此之前就开始不断打扰苏联当局，抗议他们对待作家的方式，当然还有他们仇视犹太人的政策。苏联政府对这些事情的回应就是禁止沃尔切克制作的《维希事件》上演。我敢肯定这不是巧合，因为这部戏揭示的是二战期间德国人屠杀犹太人的事件。不过其中有个角色，他是个共产主义者，而他对马克思主义错误而自欺欺人的理解，正如戏里资产阶级人士也是他们意识形态的受害者一样——这个角色对这部戏在苏联上演恐怕很难有什么帮助。

经过了漫长又曲折的道路，我终于在这个时刻接触到了苏维埃权力中心的顶端，而对这个国家方向的变化也没有让我有多少醒悟，我只有微笑，有时候可能是苦笑。我开始相信，政治世界基本上是超越任何人的控制的。的确，我们都经历过类似的情景，像是坐在一辆车上，正驶向悬崖的边缘，我们紧张得连头发都直竖起来了，觉得需要立即停下来换个司机。与戈尔巴乔夫会面背后的情况特别让人好奇，而对我的生活来说，又似乎合乎逻辑。

大约是一年前，我带着心中巨大的疑惑，参加了美国作家和苏联作家在立陶宛的维尔纽斯召开的会议。我的好朋友哈里森·索尔兹伯里热情地鼓动我前往，他是美国代表团的负责人之一，对苏联的情况也非常了解。我们这个代表团人员多样，包括了路易·奥金克洛斯、艾伦·金斯堡、威廉·加斯，以及查尔斯·富勒。这种定期由双方知识分子召开的会议恐怕是东西方和解残留下来的唯一一件事情了。如果这个座谈不是被赋予了如此重大的政治意义，我会非常遗憾地认为这就是个常规会议。不过，最终我还是厌倦了坐在那里像个傻子一样听着苏联作家对我们的攻击，也见识了美国作家超乎礼貌的自控力。1985 年在维尔纽斯，我无法继续美国人一直使用的方式，终于爆发了。当时，围坐在桌子周围的美国作家们开始谈论自己的生活和写作，但苏联代表团却不停地批评美国文学中出现的问题：黑人问题、印第安人问题和色情出版物问题。苏联的代表大多是评论家、记者和作协官员，而非真正的创作人，而我们长途跋涉决不是只为了坐在这里接受批评；我被这种情景激怒了，于是提到国际笔会的卷宗中提到的苏联诗人伊琳娜·拉图什卡娅事件，她因为创作和朗诵自己的诗作而被送到劳改营，而且当时她还生着病。如我所料，苏联方面马上严词指责我们"干涉他们的内政"。我最后总结说，还是让双方都坦诚相对，有些时候我们无法继续，因为对于我们的提问，苏联作家给出的都是罐头式的回答，几乎分辨不出这一位和那一位的答案有什么不同。

这下更不得了了，他们就像是急促鼓声中惊慌的小鸟一样炸了锅。只有一个人安静、严肃但令人惊讶地指出，我或许是对的。他就是钦吉斯·艾特玛托夫。他大约五十多岁，身材魁梧，是当时苏联最著名的作家和剧作家。他是从吉尔吉斯当选的最高苏维埃代表，并荣幸地获得在大会上讲话的机会，发言次序仅排在戈尔巴乔夫讲话之后，在整个会议中，这是很尊贵的位置。他写的作品需要勇气，因为里面指责了斯大林时代实行的对吉尔吉斯少数民族的政策，尽管媒体已经开始形式上批评斯大林，但这个话题依然是微妙的。

差不多一年之后，艾特玛托夫从他在吉尔吉斯的家里打电话给我，邀请我参加一个他保证是真正的独立作家会议，是由他个人来组织负责的，而不是在苏联作协或其他政府部门的羽翼之下。而会议的主题是探讨世界如何安全地进入第三个千禧年。他已经邀请了费里尼前来参加会议，还有迪伦马特，他们都非常感兴趣。艾特玛托夫说："让我们自由地讨论一下未来吧。"然后一一道出会前来参加会议的艺术家的名字：英国的彼得·乌斯蒂诺夫，美国的阿尔文·托夫勒和他的妻子海蒂，诺贝尔文学奖得主、法国小说家克劳德·西蒙。詹姆斯·鲍德温也答应前来，后来他也确实来了。其他还包括了来自意大利、印度、埃塞俄比亚、古巴、土耳其和西班牙的科学家和艺术家。我们的所有费用是由政府提供的，这仅有的一点意味着政府支持了这次活动；但考虑到艾特玛托夫在维尔纽斯前所未有的地位，以及他保证这是一次真正自由的聚会——加上英格热切地希望可以到遥远的吉尔吉斯拍摄——我于是答应了。如果说苏联的知识分子从未加入世界社区，那多半是因为他们自己的政府偏执狂似的监管，以至于他们像陌生人般站在别处——我们也没有竭尽所能帮助他们。

会议是在吉尔吉斯伊塞克湖畔舒适的度假胜地召开，而在第三天也是最后一天的讨论即将结束的时候，主持人宣布邀请我们和戈尔巴乔夫会面。我原本以为也就是十分钟的时间，彼此打个招呼而已，结果会见持续了两个小时四十分钟。

和他之前的执政者不一样，戈尔巴乔夫看上去并不松弛，也没有因为喝酒而变得臃肿。他穿着棕色的西装、米色的衬衣，打着条纹领带。他面露热情的微笑，眼睛里有一种自信，闪烁着当代智慧的光芒。他身上那种干练的劲头，让我想到了肯尼迪，肯尼迪也是希望作家们喜欢他的（还有摩西·达扬也是这样，我几年前曾经见过他）。

他和每个人握手寒暄完毕，带头从办公室外面走向一间会议室，会议室里长条形的桌子大约可以坐三十个人。他坐在把头的位置，身边没有顾问和助手，手上也没有讲稿。有几名翻译靠墙边坐着，头上戴着耳机，耳机与桌子上的麦克风相连。这幢摩登的办公室建筑面对着鹅卵石装饰的红场和古老的克里姆林宫，我一走进里面就注意到，它的外观就苏联式的标准来说近乎完美，内部的宁静更是强调了它的坚固。这里是黑暗的中心，或者是光明和希望的灯塔——这完全要看你怎么解读。戈尔巴乔夫纯粹的普通人的作风丝毫没有增加苏联权力的神秘感，我感到在权力中心人物的表象之下，他希望以个人的名义说些什么。

带着一丝嘲讽的微笑，他坦白说自己从来没有来过吉尔吉斯，他问我们每个人在湖边会议上都谈论了些什么。接下来，我们每一个人都简短地介绍了一下讨论的内容，而不是笼统地对讨论作出评论。事实上，我们谈论的内容并非多么深奥，但其中蕴藏着的一点颇为重要：至少在我的经验中，这是第一次，苏维埃不再对西方抱有敌意了。事实上，他们很明显是约束着自己，来反对这种古老的坏传统。古巴的利桑德罗·奥特罗毫无疑问是位马克思主义小说家，还有高大的埃塞俄比亚画家阿夫沃克·特克勒，彼时埃塞俄比亚处于"临时军事行政委员会"的统治下，政府军里充斥着各色可疑人物。不过，无论是这两个人，还是艾特玛托夫，或是他的两名助手都没有找机会把他们对马克思主义的热爱公开表达出来。我们可以谈论地球污染或是社会混乱，关于东西方都存在的科技运用使人们失业的问题，关于切尔诺贝利，关于其他任何事情，其结果也不会比一场由天主教、新教和犹太教人士组成的世界研讨会上压制他们之间的分歧更糟糕的了。这就是说，人们已经不再去试图改变别人了，剩下的仅仅是一些普遍的问题。对于我来说，几乎可以触摸到以往彼此间猜忌的气氛已经消失。这种情况会持续多久，我不知道，但我想，这已经是带来巨大希望的一种尝试了。

在戈尔巴乔夫的发言中，他强调的一点是"新思维"，并说这个词在俄国迅速地传播——就是反意识形态，它是名义上的马克思主义实用主义，而不是过时的教条主义。他也直截了当地不断提到列宁对他的启发，而不是斯大林。"在每个国家，政治需要由知识分子来滋养，因为这样更可能把人放在检验的中心。而专注于任何其他事物都是不道德的。我把列宁的这段话读了又读。"戈尔巴乔夫在某个时刻指出，"还有，在1916年，列宁写道：'一定要将整体的人类利益放在首要位置，它甚至高于无产阶级的利益。'"他停顿了一下，露出微笑。"而我希望'世界的另一边'也意识到这一点。"他似乎在暗示人类整体利益甚至应该比政党利益更为重要。如果他确实在公众面前大声说出了这些话，人们就会更严肃地对待他所说的，因为这是一股非凡的力量，质疑政党利益的绝对首要位置一直是种亵渎。不过，我回到美国，写了一篇关于这次会议的文章，当然其中包括了一些当时看来的新信息，却发现没有报社或是国家性的杂志愿意发表，所以，整体看来，我们的媒体对苏维埃世界发生的任何可能性变化依然抱有编辑犬儒主义。不仅仅是我写的文章遇到了问题，阿尔文·托夫勒也遇到了同样的问题，他是《未来的冲击》的作者，还写过一系列探索科技世界的书籍。最后，《新闻周刊》经过压缩后发表了我的文章，但把它放在了"读者的话"专栏中。看来不仅仅是苏联人应该听到他们不喜欢听的话。否认是在人们骨子里的，从来都是。

轮到我发言的时候，我向戈尔巴乔夫重述了我在伊塞克湖畔所讲的内容：我们神圣的意识形态让我们无法面对悖逆的事实。马克思主义统治着俄国，而亚当·史密斯主导着美国政府；这两种哲学，前者大约有一百年的历史，后者是两百年，而两者恐怕做梦都没有想到人类会变成这样：电脑化，图像化，一半的人在挨饿、另一半人生活奢华的境况；目前的世界，无产阶级和中产阶级在萎缩（虽然信奉马克思主义），而无家可归、挨冻受饿的人在资本主义社会的街头徘徊（虽然信奉亚当·史密斯）。如果我们能够让生活中的事实来管理这个社会，而不是双方都为理论服务，那么这两种理论在意识形态上会出现哪些变化呢……

历史是我们头脑中的包袱，我也不能幸免于带着许多这样的包袱。我看着台上的主席，思维却回到了布鲁克林东 4 街上的手球比赛，当时那个大学男孩第一次在我耳边悄声说起马克思主义。而现在——我刚刚在吉尔吉斯度过了七十一岁的生日，我和英格结婚也已经快二十五年了——我带着上了年纪的男人的怀疑主义面对世界正在进行的根本变化，聆听米哈尔·戈尔巴乔夫在台上向西方表达他的解放思想。但我想我知道他想要什么，更让人鼓舞的是在他个人背后一定有更多的势力在推动这种新的宽容态度；领导们一定意识到一个极度惊慌、对自己的人民和外国人充满猜疑的政府是不可能实现技术的进步发展的。我真正想问的并非他是否希望政权的开放，而是是否可以让真正的反对党合法化的可能性。

但是我个人也和其他"希望变化"的苏维埃领导人打过交道，并在整个过程中得到了沉痛的教训。在与戈尔巴乔夫相处的时刻，我的记忆来回跳跃，最终又回到了1967年，在莫斯科的一间酒店里，我和苏维埃政府的人商讨让苏联作家加入国际笔会的情景。

整件事情开始于1965年我在英格的巴黎寓所里接到的一通带着杂音的法语电话。我们是为了鲁西诺·维斯康蒂[*]要制作《堕落之后》而来到巴黎的，由安妮·吉拉尔多主演。可是，我发现他的关注点是错的。整个作品确实经过了深思熟虑，不过呈现出来的东西倒像要展示原始的美国性混乱，维斯康蒂在解读这部剧作上有偏差。一年后在罗马上演的另一个版本则深刻得多，是由佛朗哥·泽菲雷里导演，莫尼卡·维蒂与乔治·阿尔贝塔齐主演的。泽菲雷里并不害怕把昆汀塑造成一个充满愤怒的男人，他没有解释什么，而是在试图寻找自我，这是一种截然不同的角度，而我觉得这个版本更打动人心也更有说服力。他的舞台布景由六个或八个同心的四方形铁框组成，并逐渐向舞台深处和高处延伸，同时也逐渐变小，看上去就像从摄影机后面望进镜头的深处——两个铁框之间有黑色的丝绒幕布，演员们可以在其间自由进出，直至舞台最深处。而且，安静的升降机只要把舞台上的家具升起或降下就能够立即呈现出或是挪走昆汀脑子里所想象的空间，宛如置身梦境或幻想当中。这个制作在意大利重要的一些城市巡回演出，所得到的评价替我对它作出了肯定。

在英格公寓的那通电话中，我费了些力气才分辨出有人说"基思从伦敦打来的"，而且他必须在明天见到我，他会和一个叫卡佛的一起飞到巴黎，卡佛会向我解释一切。基思·博茨福德是小说家也是教师，

---

[*] Luchino Visconti（1906—1976），意大利电影与舞台剧导演，其执导的著名的电影有《魂断威尼斯》《白夜》《豹》等。

他和索尔·贝娄、亚伦·阿舍一起编辑过期刊《高尚的野蛮人》，我曾在上面发表过两个短篇。杂志没有存活多久，而阿舍是我当时在维京出版社的编辑。现在基思提到和"笔会"有关的什么事，对这个机构我只是恍惚听说过。

第二天，和我只有过点头之交的基思来到英格位于拉雪兹街的公寓，和他同来的是英国人大卫·卡佛，此人身形巨大，看上去像西德尼·格林斯垂特[*]，只是没有哮喘病。事实上，我很快就了解到卡佛曾经是歌剧院的男中音，二战爆发之后，他成了温莎公爵的随从，因为曾在巴哈马群岛为皇家服务，他在战争期间很是受了些苦。

英格公寓所在的房子在十六世纪曾是西班牙的大使馆，墙壁很厚，屋顶非常高，从窗户向外望，你可以看见两条街以外古老的窄巷；英格多年的女仆佛洛琳娜来自巴斯克，她总是把窗户擦得锃亮。她为我们端来咖啡时很正式地行礼，像是在侍奉三位正在进行香料交易谈判的大商人。佛洛琳娜黑色的眼睛里闪烁着快乐的光芒，等待了她心爱的女主人从美国回来小住几个月后，终于有重要的事情让她做了。

基思很快请卡佛发言。卡佛声音圆润，措词得体，但也会忽然像普通的戏剧迷一样谈论剧院的事情。他担任国际笔会秘书长已经有许多年了，显然在这上面倾注了许多希望，也花费了大量时间："但是我必须坦率地告诉您，米勒先生，我们现在到了这样的时刻：如果您不接受担任笔会主席的邀请的话，国际笔会就完了。"

国际笔会主席？我除了隐约觉得这是个类似于文学讨论俱乐部的组织外，对它几乎一无所知。

---

[*]　Sydney Greenstreet（1879—1954），英国演员。代表作有《卡萨布兰卡》《马耳他之鹰》。

卡佛解释说，国际笔会成立于战后——一战之后——创始人包括了约翰·高尔斯华绥*、萧伯纳、G.K. 切斯特顿†、H.G. 威尔斯‡、约翰·梅斯菲尔德§、阿诺德·本涅特¶、亨利·巴比塞**，以及其他一些思想相近的英国和欧洲作家，他们认为一个国际性的作家机构可以帮助作家抵抗政府施加的审查以及国家主义的压力，从而阻止另一场世界大战爆发。当然，他们没有能够阻止第二次世界大战的爆发，但是在三十年代，因为德国作家代表团不愿意就纳粹政权的审查制度和严酷迫害犹太作家予以谴责，国际笔会将他们逐出了笔会，也因此成功地吸引了全世界的关注。但是，到了现在笔会已经接近尾声。

我问："为什么选择我？"我与国际笔会没有任何联系，也没有兴趣去主持任何机构。老实说，我甚至不确定我是否还相信作家协会之类的组织。

尽管国际笔会的工作非常有价值，但它与目前二十岁和三十岁左右的一代人已经没有联系了，甚至被认为是乏味和完全不相干的机构。它同时也是冷战的受害者，对于那些没有完全站在西方一边的小国来说，冷战即使没有完全毁掉，也可以说是损害了西方的声誉。在目前缓和的状况下，人们再次呼吁容忍东西方的差异，笔会在这方面却完全没有经验。他们需要一个崭新的开始，而这个开始就是我。

卡佛弹开他的金烟盒。即使非常肯定我对这个新的方向毫无兴趣，我却无法打断这个伟岸的英国人的谈话；他金发碧眼，丝绸般光滑的

---

*　John Galsworthy（1867—1933），英国小说家、剧作家。1932年获得诺贝尔文学奖。

†　Gilbert Keith Chesterton（1874—1936），英国作家、文学评论家。

‡　Herbert George Wells（1866—1946），英国小说家，尤以科幻小说创作闻名于世。

§　John Masefield（1878—1967），英国小说家、剧作家、"桂冠诗人"。

¶　Arnold Bennett（1867—1931），英国小说家、剧作家、批评家。

**　Henri Barbusse（1873—1935），法国作家。

皮肤白得就像葡萄瓤，他的两腮泛着桃红，肩膀却像车板一样宽。

"我们试着营救一些人的生命，我们试过，救出来的不够多，但也有好几个。"

"人命？"那时候还是六十年代中期，西方社会对人权远还没有那么关注，全球性政治公益机构国际大赦组织也不过是前几年才成立。在当时情况下，人权是完全政治化的。共产主义国家只有在自己的阵营受到西方侵犯的时候才会介入；而西方也只有在亲西方的异见人士遭到镇压的时候才会发出声音。卡佛拥有一种全新的视角，就是建立去政治化的人权基础，它支持和保卫每一个人的权利，这也正是过去二十年冷战时期所缺乏的。即使这个理想听上去不那么可信，但至少还是相当有吸引力的。

卡佛举例说明国际笔会原本可以做的事情，比如在 1956 年苏联入侵匈牙利之后，他们是可以说服匈牙利政府释放那些关押在监狱里的作家的。笔会还曾经在波兰和捷克斯洛伐克设立中心，收集信息，发布言论自由受到镇压的例子（这两个中心后来被解散或是不再起作用了）。他承认说："这些都不是很规律，也不总是起作用，不过我们经常有活动，很可惜现在我们机构可能要结束了。"

可是，国际笔会的作用究竟在哪里？人们为什么会留意这个机构？

"在东方，人们对糟糕的形象宣传非常厌恶，就像西方人不喜欢这类事情一样。事实上，他们渴望别人把自己国家看成一个现代摩登的社会，绝不是专制社会。"卡佛说道，他扬起眉毛，努力忍着微笑。

"那这个机构为什么维持不下去了呢？"

你几乎可以看见他戴上了外交官式的黑色软呢礼帽。近几年，他们没有办法吸引到足够有分量的作家，国际级别的作家。他认为，我的加入可以吸引这类作家。

"我可没有办法负责一个……"

"我负责组织所有的事情。你只需要出席国际笔会年会，是定期举行的，大约一年一次。我保证不会占用你太多的时间。"

"你是需要一个傀儡人物。"

"当然不是。如果笔会主席愿意下命令，他是拥有真正权力的。"

但是我怀疑我会被利用并突如其来受到伤害，美国国务院、中央情报局或是英国的相关机构可能会插上一手。我决定放弃。

"如果我想邀请苏联作家加入笔会会怎么样？"

卡佛的嘴巴惊讶地张开了："为什么，那可太棒了！当然！好极了！事实上，你看，我们总是有分裂的危险，东方的笔会中心总是相对处于边缘；对于东方的人来说你是最具说服力的。"

"……因为如果笔会的目的是阻止战争的话，苏联作家的加入会……"

"绝对，是的。如果苏联作家能够和我们在同一组织，那还真是件大事。你决定加入吗？"

我犹豫了，我说我需要点时间想一想。但他说他需要在几天之内知道答案，"在布莱德大会的邀请送出去之前"。

"布莱德？布莱德在哪里？"

"在南斯拉夫。"

"你们在南斯拉夫也有中心？"

"哈，是的，还是个发展不错的中心。他们非常需要我们的帮助。这是我们第一次在南斯拉夫召开大会。"

一两天后，虽然有些不情愿，但被好奇心所驱使，最后我答应了他们，不过对于他们为什么选择我却始终是个谜。我只能猜测，二十年后我所了解到的可能就是原因。那是 1986 年，我连哄带骗地从联邦调查局取出了我的卷宗。在那当中，我发现了 1956 年华盛顿和美国驻莫斯科的大使馆之间的一通电话记录，里面描述了我在苏联受到的款待是"半官方的"，而且相当温馨。两个星期后，卡佛拜访了我。事实上，就在我们从东方回到巴黎的当天，博茨福德即打电话给我们。英国媒体有可能报道了我在莫斯科火车站受到了苏联作家协会相当盛大的欢迎，也可能是卡佛从其他渠道知道了我当时在苏联很受欢迎的情况。无论如何，他知道我同时被东方和西方所接受，在国际笔会生死存亡的关键时刻，我是非常理想的笔会主席人选。我很快意识到，国际笔会之所以会像被困在了水泥墙夹缝中般动弹不得，是因为它传统的冷战式反苏维埃态度。但和目前西方政府的做法一样，它正试着承认东欧是个稳定的社会集团，它的作家最好重新与西方社会取得接触，而之前相当长的一段时间里他们是被排除在外的。看来在大约四十年后，国际笔会最初的维护和平的冲动很可能会在现实世界中发挥作用了。很偶然地，我被抛入了目前还依然不大清晰的所谓缓和国际关系的过程当中，开启了一段新的完全意想不到的人生学习旅程。

对于英格来说，看见旅行箱就意味着开始整理行装。由于她的语言天赋，她在旅程还没有开始的时候就着手学习俄语了。她可以流利地说英语、法语、西班牙语和意大利语，还会说罗马尼亚语，只是有些困难，因为她在二战初期学习了这种语言，但从那以后她就没有用过。我们在希腊待了两个星期，在离开前的某天晚上，我忽然意识到英格已经在说希腊语了，而之前她从未正规学习过这种语言。我慢慢习惯了在国外就依赖英格给我做翻译，告诉我那些人正在对我说些什么，而通常我可以对此放心。她有专注于某件事情的能力，而同时显示出的漫不经心又很容易让一些有权势的男子解除戒备。在四十年代末，她采访了当时的德国总理康拉德·阿登纳并拍摄照片，结果阿登纳竭力劝说英格成为他的秘书长。八十年代我们在中国时，有一次吃午饭时，我们发现同桌的几个人中有一位是能说德语的中国官员，一位是会说俄语的中国作家，还有一位是英语流利的中文导游。这些人难得有机会说他们的第二语言，所以都很高兴能和英格练习。一时间英格要同时把三种欧洲语言翻译成中文。我似乎看见她的耳朵开始冒烟了，可是英格还不肯放弃，只是她的脸色变得越来越苍白。终于，同桌的几个人都发现了这一点，忍不住大笑起来。

我们从德国的杜塞尔多夫乘火车去莫斯科。我们在火车上过了两天两夜，穿越在一月白雪覆盖下的无垠的原野。这次访问让我再一次意识到，人类极其崇拜的领袖往往也是极其疯狂的；拿破仑可以让他的部队在雪原上边行进边作战，甚至在齐胸深的雪地里作战；而希特勒也曾经做过类似的事情。这些疯狂的领袖率领着幼稚的信众最终走入冰冷的梦境里。火车在雪原上飞快行驶，你吃早餐时，窗外是白茫茫一片；吃午餐时，窗外是白茫茫一片；然后吃晚餐时，窗外仍是白茫茫一片；你进入梦乡，梦见窗外的白雪，第二天醒来再抬头望出去，还是白茫茫一片。在两天半的时间里就没有看见过其他东西。

我的剧作在苏维埃的舞台上已经上演了近二十年；不久后我就发现，这里的观众对我的作品的反应显得更为深沉。因为媒体被控制得非常紧，虚构小说家要为自己写下的每一段话甚至每一个词是否坦诚进行辩护，最后人们发现只有剧院能为他们冲动而不受拘束的思考和感情提供巨大的空间。这并不是因为戏剧本身有什么反传统的主题，但是一个惊讶的表情、一个动作或仅仅是演员的出场就可能带来嘲讽的氛围。即使是欣赏一出古典剧目，现场表演的生动感也能让观众们充满活力，而俄国人非常珍视剧场所带来的相对自由的感觉与想象。

1965年，恰逢《桥头眺望》这部戏在莫斯科上演，我们当然要前往观赏。偌大的剧场里人头攒动，演出结束后我上台接受了观众十分钟的掌声，但很快也发现了表演中有几处值得商榷的地方。

我丝毫不懂俄语，但我能意识到至少第一幕的台词被改动了，我的翻译也确认了这一点。在《桥头眺望》中，码头工人艾迪·卡波恩对侄女凯瑟琳的感情让他背叛了自己非法移民的亲戚们——因为凯瑟琳喜欢上那个年轻人，希望嫁给他；为了除掉他，艾迪把他们全移交给警察局。艾迪是把凯瑟琳当作自己的女儿来抚养的，他不可言明的被禁止的爱在剧中应该慢慢呈现出来。但是，在苏维埃舞台上，几乎是年幼的凯瑟琳第一次经过他眼前，艾迪的目光中就充满了明显的爱意，并且对他妻子贝特丽丝说："我爱她。"这仿佛就像俄狄浦斯在剧中第一幕就对伊俄卡斯忒说："和你结婚不太好，母亲……"

　　演出结束后，我向莫斯科当代剧院的艺术指导、后来莫斯科艺术剧院的院长奥列格·叶甫列莫夫抱怨这一愚蠢的篡改，让我震惊的倒不是他对这一改动不同寻常的辩护——"我们对那些所谓的心理学没兴趣"——而是隐藏在他内心深处的轻蔑，包括蔑视剧作家对他剧本所拥有的权利。我很少在其他地方见到这么自大的人，即便在纽约。不过，他们依然对我奉承不停，这使得他们对我们的所谓欢迎仿佛像在开玩笑，甚至带有阴险的色彩，就像他们在用一只手递给你东西，又用另一只手把它砸得粉碎。

　　后来的几年里，我了解到在苏联要称赞和出版像马克·吐温和海明威等作家的作品时，这是相当普遍的做法，即在译本里删去在政治上或"道德上"对苏联不利的章节，有时候甚至添加一些对他们有利的东西，尤其是加强对美国社会所进行的批判。我很高兴《推销员之死》能在苏联上演，但这种快乐却因为他们对剧本的大肆改动而丧失殆尽：威利被滑稽地塑造成十足的傻瓜；而对威利提供过经济援助的查理，也被改写成一个小丑似的笨蛋，因为他是个商人，他甚至不可能有一点点帮助他人的举动或是一丝丝的真诚。

　　但与此同时，这里却有着广大的戏剧观众，他们对戏剧的关注近乎虔诚，他们对舞台上发生的事情那么全神贯注，而且真诚地欢迎我。把观众纯真的慷慨与苏联作家联盟主席阿列克谢·苏尔科夫为我举办的午餐会上发生的事情相比较，我第一次隐约窥见缠绕着俄国的矛盾。

苏尔科夫作为作家的名气还停留在他过去所写的关于战争的诗歌上，现在则以无情地贯彻斯大林对作家的压制政策而闻名。他头发花白，仿佛祖父似的，他如乡下人般健康纯朴，让人感到放松；不过，在为我举办的大型午餐会上，他可没有在显示柔和上浪费任何时间。要和一个不懂俄语的作家交流，天气似乎不可避免地成为了开场白。我说就我而言这里的天气真是冷得可怕。在拥挤的长桌的另一头，有个非常礼貌的声音说，去年比今年还要冷；而另一个人表示不同意，说去年应该是比今年暖和些。一时间，支持两种说法的不同声音在桌子上响起来，直到苏尔科夫往靠背上一仰，大声说："你看，米勒——我们作家永远不能就任何事情有一致的看法！"在座的众人于是大声叫嚷着表示同意，他们拼命地点头，头恨不得都撞到了桌布上；作家在生活中有义务与政党路线保持一致，短暂的分歧就这样消除了。

这个组织流露出孩子气的天真，不过让我感兴趣的是，至少在有外国人在场的情况下，他们依然表现得崇尚自由，仿佛这是一种标准。他们为什么不直接宣布说，他们相信作家应该在自己的作品中体现政党路线？还有，如果一个政党有助于社会进步，为什么作家就不应该对其观点表示赞同？但是他们不断地向自由频频点头称是，而我却选择去研究他们执意如此的心。

有一天，我和我们的导游兼翻译在积雪的街道上闲逛，他是个年轻但很严肃的家伙。经过克里姆林宫的时候，我抬眼望见人们曾告诉我的斯大林居住过的房间，于是揶揄道："他去世的那个晚上，里面一定发生了不少事，对吗？"他回应我的目光充满了惊奇。

"为什么？"他问。

"哎，其他人可能要仓促决定由谁来继任。"

"那里发生了什么，跟我们没关系。"

这真是严厉的斥责。是谁对他们进行了教导，怎么连好奇心也变得不正当了？实际上，连我的打探都略微显得邪恶。我该怎么理解呢？

当然，我们也坐在那里几个小时，观看尤里·留比莫夫根据《震撼世界的十天》而改编的舞台剧；我们希望能重新兴奋起来，因为这部戏是那么细腻，那么有品位，改编和表演都那么专业，几乎比我记忆里看过的任何舞台作品都要出色。我们完全应该分享同样的人性！当然，二十年之后，留比莫夫放弃了在不断攻击和束缚之下创作，自我放逐去了意大利。俄国是不会轻易放弃浪费她大好才华的机会的。

当然，在莫斯科的两个星期，我们也受到了来自俄罗斯艺术家最热情的欢迎：很荣幸玛娅·普丽谢斯卡娅在莫斯科彼得罗夫大剧院专门为我们表演了《堂吉诃德》当中的精彩片段，她跳舞的时候还抬眼望向我们坐的包厢；我们去了小说家康斯坦丁·西蒙诺夫的乡间别墅，他坦率地告诉我们那不堪回首的过去；伊利亚·爱伦堡向我们描述了他的经历，在他报道完西班牙内战回到苏联之后发现，所有之前从西班牙回来的记者都被枪毙了，因为怕他们受到西方的污染。尽管他最终幸存了下来，并且不止那一次——之后还有大清洗，他还是把这称为"中了大奖"。

回到巴黎之后，关于俄国我却一句话也没有说；如果我当时真的说了什么，恐怕是告诉卡佛，如果国际笔会可以冲破苏维埃的隔绝，那将绝对是件好事。坐火车进入俄国帮助我理解了更多关于渺小的含义，我想，这也一定是俄国作家时常感受到的，当他面对那样广袤的土地来表达个人独特的见解时，他同时也被包裹进了某种原始平顺的温暖之中。

1986 年我看着戈尔巴乔夫讲话时，脑子里还浮现出 1969 年我们去捷克斯洛伐克的情景。当时，苏联军队进入布拉格的坦克在建筑物表面留下的弹孔还没有被修补好，而不久前，为抗议苏联入侵镇压了捷克试图建立"带有人性面孔的社会主义"的那场运动，青年扬·帕拉赫自焚而亡。

所有的罪证还赤裸裸地在布拉格；或许因为我们是和几位忧心忡忡的剧作家走在布拉格街头，这一幕看上去就更加触目惊心。剧作家中包括了瓦茨拉夫·哈维尔和帕维尔·科胡特，前者还没有被投入监狱，后者则完全没想要逃到维也纳，尽管之前在某次搜查中，警方粗暴地关车门，差点把他妻子的一条腿压断。

一次，我们在一位小说家的家里吃晚饭，他的孩子从布帘后面往外窥视，然后叫道："爸爸？"他用手指着对面马路上停泊的一辆车，里面有警察坐在里面等待着；他们用这种计策向我们发出警告，我们是在被监视之中的。我学习着如何接受这类的监视，正如我的朋友们做的那样：麻木自己的恐惧，却让头脑保持警惕。

在文学杂志《书信》简陋的办公室里，我面对几十名作家接受访问，后来，这篇访问成为杂志社被彻底关闭前的最后一篇报道。直到那个时候，我才忽然意识到布拉格并不属于"东方"，它是一座欧洲城市，坐落在维也纳的西边，而且很明显，苏联正用最直截了当的野蛮方式控制布拉格，因为此时几百辆苏军的坦克就在郊外严阵以待。但我却固执地要感谢我唯一一次在莫斯科的经验，它帮助我更加了解了布拉格的作家。在二战期间，他们也曾经指望来自东方的部队解放他们，也曾经对与世无争的"社会主义"充满迷恋，并在其中看到了对人类的救赎。我知道这一切，对我这是超现实的大杂烩中的一部分，对他们恐怕也一样，我很高兴我了解这一切。

大约八年后，我基于在布拉格发现的各种错综复杂的关系，写出了《大主教的天花板》。大约又经过了十多年，在1986年，这部戏才由英国皇家莎士比亚剧团制作，并在巴比肯中心上演。这是一部关于隐喻和暗示的戏，华盛顿、巴黎和伦敦的政治场所对此类事件也不陌生，但戏中描述的事件的影响力要大上两倍甚至三倍，只有那些远东的作家才有机会目睹这些厚颜无耻的残酷事实。这出戏在华盛顿的肯尼迪艺术中心完成了美国的首演，不过，基本上来说是我自己造成了它的票房惨败。我错误地认为它对天真的美国观众来说过于复杂，他们会无法了解，于是做了些不应当的修改。不过正是这种形式，却在伦敦和早先的布里斯托尔老维克剧院取得了成功。时间也让人成熟，到了1986年，人们逐渐明白这部戏讲述的不仅仅是"东方"；不论自己是否意识到，在西方，每个人私下里也都需要与权力部门、与主导我们意识的事物打交道；很可能我们下意识地已经把人的自由的概念变异成了内心顺从权力或是遵循某种号召。在本世纪的最后二十五年里，人们已经很难想象世界上还有单纯坦诚的自由人只说出真相，而不隐含任何其他的目的。

　　我还不是很清楚自己为什么会接受当国际笔会主席，可我已经坐上了从巴黎飞往贝尔格莱德的飞机；不过，总是有种直觉让我决定这么做，尽管直觉不总是对的。在1965年6月，我坐在飞机上，旁边坐着一位先生；我肯定我们从未谋面，但他看上去非常面熟。"诺曼·波德霍雷茨，"他伸出手和我握手。我对于在这里见到《评论》杂志的编辑感到吃惊，他居然赏光出席敌对阵营的活动。但不久我就发现他很温和，对文学界人士以及纽约戏剧界有着风趣的见解。当然，如果他到了大会会场，了解到国际笔会究竟是怎么一回事，我估计，他即使不直接说出来，心里也多少会有些怀疑的。我非常高兴像波德霍雷茨这样知识渊博的散文家也认为国际笔会的成立有它的意义，同时，他坐在我身边和我一同出席笔会也让我认识到，至少有一个理由我应该接受笔会主席这个位置：当反对不受束缚的个人主义以及个人成功的信条开始横扫美国政坛的时候，国际笔会像是承诺要唤起人文主义者团结在一起。

谢天谢地，行程很短暂，飞机很快降落在跑道上。跑道旁边就是一片农田，人们正在犁地。波德霍雷茨的脸上平时也总是一副惊异的神色，像是个忽然睡醒的小男孩儿。此时，他的眼睛睁得比平时还要大，目光急切地从我身边的机舱窗口望出去。

这是他第一次来到一个共产主义国家，看到这片被隔离的土地，多年之后被他最喜欢的总统称为"邪恶帝国"的地方。当飞机着陆转身滑向机场的时候，两辆拖拉机出现在田野上。"他们有拖拉机！"他欢呼着说；我还以为他在开玩笑。我转过头看见他既兴奋又疑惑的表情。飞机终于停了下来，而拖拉机也朝飞机的方向驶过来。他俯身从窗口紧盯着那两辆拖拉机。他的内心该有多少情绪在翻腾啊！什么样的意识形态竟让他这样渊博的人如此惊诧，南斯拉夫也有拖拉机！

拖拉机现在离飞机只有几米远了，我甚至看见散热器上印着的西里尔文字了。"我想这是本地制造的。"我面无表情，把那些字指给他看。他完全惊呆了，我于是缓和下来说："不过它们更像是俄国制造的。"

"很可能是美国设计的。"

"这个，不会的。我知道我们的制造质量更好一些。这只是些笨重又难以操作的机器。"

他看上去多少释然了些。

"但我听说它们很耐用。"

他上了圈套，很不情愿地笑了笑。以我在苏联的经验，我知道他在这里会遇到许多事情，足以训练他从谦逊到害怕的诸多感觉。

在贝尔格莱德酒店的房间里，我还没来得及整理行装，就传来了敲门声。我打开门，是诺曼——我们的评论员总编，他是来看我得到了怎样的待遇。实际上，他们安排我住的是间巨大的套房，铁托来这里视察时就住在这里。套间总共有五六个房间以及洗手间，散发着权威又阴郁的感觉，还有整套的厨房设备和一个供开会用的起居室，里面有三张沙发和一张大的餐桌，而上面的玻璃花瓶中插着三朵表示欢迎的玫瑰花。

"见鬼，你怎么会住这么好的房间？我的就是个破旧的小套间。"

"伙计，我是笔会主席，我可能还要在这里向人群发表演讲呢。"我把他带到一个角落的窗户，那里可以通向外面的阳台，脚下就是一个巨大的广场。铁托可能曾经在这里发表过演说。诺曼笑了，但不是那么由衷。他当时还尚未发表《获得成功》这本书，不过今天看来，我怀疑在这座克罗地亚中心城市里，他可能已经着手了。作为写东西的人，我感到了他的嫉妒，因为在他身上这已经表现得很明显，也让我肯定了我的猜测。

布莱德湖位于高山上，临近午夜时分，餐馆里很是寒冷。最前面有个狭小的舞台，一个女人看上去正要脱衣，尽管此时餐馆里三十多张桌子上只坐着我们和另外五六桌客人。再早些时候，我与一个南斯拉夫的记者波格丹联络上了，另外还有两名记者参加完国际笔会在酒店的一场圆桌讨论后，也和我们一起来了。那个酒店面对着这座湖，坐落在城市的另一端。现在，我们坐在那里盯着那名脱衣舞娘，她正解开她的裙子，身体随着小乐队奏出的糟糕的爵士乐而摇摆。在附近的一张桌子上，两名本地妇人穿着厚毛衣，显得有些笨重，正和她们的丈夫啜着伏特加。她们麻木地盯着小舞台，像是在说无论如何南斯拉夫正在走向现代。

　　国际笔会代表大会才召开了两天，但足以让我担心自己是否胜任主席这个位置，也对自己除了纽约、伦敦、巴黎和最近认识的几个拉丁美洲作家外，对其他地区的作家所知甚少深感失望。我所知道的是，如果他们用某种主要语言写作的话，本可以成为世界级的作家。我们是多么受地域局限啊，除了美国人，英国人和法国人也一样。

　　无论如何，参加笔会的代表有一百五十人左右，其中大部分是学者和记者，根本不是创作者。从这一点来看，笔会更像是一个复杂微妙的外交影响力练习场；只有很少的一两个时刻表现出了坦诚。我看到法国、英国与西德的作家坐在一个房间，而东德、保加利亚、匈牙利和波兰的作家则在另一个房间，知道这次会议不会取得什么成功。他们几乎不容许道德和政治上的深层冲突浮出水面。没有人愿意国际笔会上出现像联合国大会上那样的僵局，于是都纠缠于讨论一些虚无的话题。我开始后悔接受了主席这个职位。我不想自讨苦吃，但实在很难看出在这里两种相互仇视的文化间会有很好的沟通。不过波格丹坚持说国际笔会充满活力，而且对南斯拉夫人来说，重要的是我是主席，尤其因为我是个美国人。

　　"首先，我不是个'美国人'。我的政府不喜欢我，从来都不喜欢。我也不代表美国人民。"

　　"这个我知道。"他会这样说，然后就让它含糊下去。事实很简单，甚至有些荒谬，他们认为，如果由一个美国人来当主席，他们希望脱离苏联控制的文化独立就会更加确定了。我们在一个纯粹的象征性的世界中，这让我疑惑所有的人生就是由这样的一些梦境串联起来的。

　　那个脱衣舞女脱下了她的上衣，暴露出并不那么让人惊喜的两点，不过我发现她赤裸的双腿很不错；于是我问我的新朋友，他们能否从外貌上看出她属于哪个民族。波格丹是克罗地亚人，两位记者一位是斯洛文尼亚人，一位是塞尔维亚人。现在，他们试图把她说成是其他种族，比如对斯洛文尼亚人来说她过于矮小，或对塞尔维亚人来说她的肤色太苍白，等等。表演完毕，她走下舞台，身上披着件蓝色的羊毛袍子，手里拿着衣服，从我们身边走过。我追上去叫住她，问她来自哪里。

"杜塞尔多夫。"说完，她头也不回地走了。

男人们抑制住要爆发出来的笑声，甚至抹去了脸上的微笑，以尊重国家神圣且近乎致命的部分，这可不是好笑的事情——除非你想上一分钟。此时我想起三十年代远在布鲁克林的马克思唯物主义者，我曾经猜想，一旦我父母那一代的人离世，谁会留下来埋葬犹太人，又有谁会支持犹太教教堂呢？当时，一切都那么明显，宗教的时代和少数惹麻烦的小国已经消失了，永远消失了。噢，的确是这样。

在南斯拉夫，我人生中的不真实感并没有任何改变。此后几天，这种象征性的情绪更加明显。我在杜布罗夫尼克附近的亚得里亚海游泳，上岸后，坐在我身边的朋友波格丹才告诉我，这片水域经常有鲨鱼出没，他只是不想破坏我游泳的兴致才没有提早告诉我。在上面的布莱德，我一直努力辨认大会代表们，并不断听到对我来说毫无意义、来自不知名的报纸杂志的编辑名字，以及来自我从未听说过的大学的教授。一群高谈阔论的人聚集在一起，他们悲观绝望，却又无能为力，所有这些都只是让我确信我被忽悠了。

然而，事情慢慢发生了改变。我发现斯蒂芬·斯彭德在向与会诗人发表演讲，强烈呼吁大家为一切有兴趣的人朗诵，这个想法简单但令人讶异，一时间扫除了一直笼罩着大会的阴霾。我还看见一向强烈反共产主义的小说家伊尼亚齐奥·西洛尼坐下来与智利共产主义诗人巴勃罗·聂鲁达平静地交谈。如果你仔细辨认，你会看见其他一些创作者：在英语作家群当中有罗莎蒙德·莱曼、理查德·休斯、查尔斯·奥尔森、罗比·麦考利、罗杰·沙特克，以及苏珊·桑塔格，还有南斯拉夫诺贝尔文学奖获得者伊沃·安德里奇。其实，我们大家都同样地怀疑现实，但私下里又对这次姿态式的大会有所期待。几乎是在与自己的分析做对，我开始对把国际作家们团结起来这个目标充满某种热情，当然现在看来这种团结还非常虚弱。

荷兰笔会中心的 A.登·杜拉尔德身材魁梧，满脸胡须。我了解到，几年里他一直秘密进入波兰，把笔会的钱交给因言获罪的作家的家人们。由于此次布莱德大会，作家米哈伊洛·米哈伊洛夫——因发表《一九六四年夏天的莫斯科》被判刑九个月——被释放了（尽管罪名还没有完全洗清），甚至南斯拉夫当局也公开表达了某种放松。我后来发现，卡佛曾就释放米哈伊洛夫悄悄与斯洛文尼亚笔会中心主席马泰·博尔交涉过。

我在西方作家当中穿行，听到他们谨慎地与来自东边的作家们交谈，忽然失落地想到，五十年代我的护照被美国政府没收时，美国笔会却保持了缄默。当然，过去的已经过去，现在或许是个机会，能唤起人们对不公平事件的同样愤慨，不论不公正来自哪里、来自谁。和卡佛一起，我致力于在美国以及非洲和亚洲传播笔会的新影响力。我想，我们必须尽快在非洲召开一次笔会大会（而事实上，后来象牙海岸主办了 1967 年的笔会大会）。

我们共同的敌人其实是自身可怕的目光短浅。此时我想起了 1948 年在莉莲·海尔曼家的晚餐上与两名恳切的南斯拉夫驻联合国代表的交谈，开始觉得惭愧，当时我们坐在精致的餐桌旁谈得多么抽象啊，仿佛那只是场意识形态上的争论。但南斯拉夫已经摆脱了德国的占领，而在贝尔格莱德，波格丹指着公寓建筑让我看，所有建筑外墙都有混凝土结构的射击口，一直延伸到公寓的顶端。当时铁托公开反对斯大林，南斯拉夫人显然要对苏联入侵有所准备。他还说："那些射击口朝向东边。"毫无疑问，当时那两名年轻的联合国成员一定也想到了这些射击口。

布莱德大会的头条新闻是出现了七名苏维埃"观察员",而且他们的行动方式与通常这类代表机构不同,他们没有集体行动,而是分头参加各种圆桌讨论,也没有相互监督。他们中除了列昂尼德·列昂诺夫是小说家外,其余都是尽忠职守的政府工作人员。但我想,这并不重要,重要的是这些人一致希望向我这个笔会新主席展示友好的一面——很明显,他们已经不再怀疑国际笔会是一个为西方秘密服务的机构了。

笔会代表大会的闭幕晚会在古老的布莱德城堡中举行,城堡的城垛上浪漫地装饰着各种彩灯,我和阿列克谢·苏尔科夫以及他的苏维埃同伴们坐在一起。他们正与几名南斯拉夫作家辩论他们的伏特加和当地的梅子白兰地酒究竟哪个更佳。他们都有些飘飘然,表现得都像是斯拉夫人,还高唱着革命老歌。与贝尔格莱德建筑上朝东的射击口相比,笔会似乎起到了一定的作用,至少这种讽刺是好的。

事实上,至此我已经认识到笔会将绝不仅仅是表达出一份友好的姿态;参加大会的作家们,无论才华如何,在大会上的发言,都毫无疑问带有本能的自我保护。我说,我们确实必须保持我们言论自由的非政治化立场,但这并不意味着有来自政治层面的压迫时,我们却置身事外。如果我们希望笔会成为世界性组织,就必须与世界上的政治障碍做斗争。我总结说:"对所有的事情而言,如果不遇到什么麻烦,你永远也不会把事情做好。我不能肯定,在美国,写作不再会为作家带来麻烦,我们那时就会需要你的帮助。我们必须用同样的目光审视每一种文化。"看到美国来的代表团和苏联代表团一样对我的讲话报以由衷的掌声,我感到非常高兴;而我也意识到,就像我在这次笔会代表大会上看到的,世界未来的命运实际上掌握在这两个超级大国手中。

但对于笔会要实现的整体性目标来说，它运作得还远远不那么有效，这一点我们大家都非常清楚。晚会上，严肃的侍应们手中端着烈性白酒，踌躇地穿过古老的石砖地向代表团成员走过来，而代表们已经是烂醉了，那几名苏维埃朋友看上去像是打完两次欧洲内战的幸存者。或许作为一个美国人，我在这里和大家最为疏离的地方是我的价值观，因为对那些在拉德米左和布鲁克林之外的人来说，我始终是个陌生人。他们首先抓住这点向我发难，可我最终还是化解了僵局，尤其是在无法解决的意识形态争端出现的紧张关头，我宣布说我们可以去吃午饭了。当时正是十一点或是十一点半，这让他们颇为惊讶。不过他们很快领会了这一点，于是，每当大家言语间出现紧张，"吃饭！"的声音就从不同的地方响起来，就连一位圆滚滚的保加利亚女士也每天喊上一两声，她看上去可完全不是那种滑稽的人。她不断地热情邀请我到苏菲亚访问，并且说她会带我去看那里的玫瑰田，那也是他们主要的出口产品玫瑰油的来源。

所以，这就是我的作用：做到公正，维持各方和平，并且坚持用非政治化的方式达到政治概念中的言论自由以及作家独立。让人高兴的是，无论这些人来自哪里，他们大都流露出一种无言的期待。

不过有的时候，我也会费力地捉摸他们为什么告诉我一些事情。其中有一个匈牙利作家，在大会讨论过程中，他会站起来慷慨激昂地为自己的政府对待作家的态度辩护，还宣称说，总体上来说政策是文明的。可有一次，在私下场合，他硬拉住我告诉我一个笑话："新总理把前总理叫进办公室，前总理是新总理以前的上司，当然这是斯大林死了之后了。新总理爬上办公桌，命令前总理站在他的裤裆下面张开嘴，然后开始往前总理的嘴巴里撒尿。"他是想表现自己的俏皮，还是想极力表明自己和我们这些英美的自由主义是同类的人？那是否说明，无论如何，他们还是把西方的自由主义看作文明的终极标准？

这时，苏联作家协会主席苏尔科夫出人意料地走过来对我说，他们愿意加入国际笔会。他多喝了些酒，有些摇晃地来到我的身边；他身形魁伟，和他所崇拜的作家斯坦贝克和海明威一样。他说："我们愿意加入国际笔会。我们已经准备好了如何谈判。只是在一些规则和条款上我们需要做一些修改，当然我们可以对这些进行讨论。等我回国之后，我们会安排你前来进行一次访问。"

我们握了握手。我为自己感到骄傲。在世界战场上的这个角落，某种意义上的停火协定显然刚刚达成。

当我把这个消息告诉卡佛的时候，他的脸因为兴奋泛起了红光，在笔会起死回生之后，已经非常迅速地显示出其重要意义。而且我们也一致认为苏尔科夫所谓的"修改"一定是与选举程序有关，他已经向卡佛提到过这个问题了。苏联有大量优秀的用不同语言写就的文学作品，问题是，他们究竟会要求在笔会占多少个席位；在联合国，苏联有自己的代表，乌克兰和白俄罗斯也有自己的代表。而最坏的情形是，我们可以把洛杉矶和芝加哥的笔会票数分开计算，以平衡俄罗斯代表票数；但无论怎样做，最重要的是要避免苏联以及大批的追随者们的票数比笔会其他部分的票数还要多。无论怎样，笔会虽然还存在一些问题需要解决，但我们还是应该遵循笔会最初的宗旨，即维护和平。我相信我可以毫不谦虚地说，是我的剧作中那些让两边都引发争议的关于意识形态斗争的内容起到了说服作用，从而才可能为我建立这样一座桥梁。而如果我们正开始建设一座桥梁，这正是我最初希望的。

大约过了一年多，我才终于到了莫斯科；我当时在感情上已经变成个合格的律师，因为在那段时间里，我无休止地向苏尔科夫发过许多封电报，递交过无数的信函，抗议他们逮捕作家的行为，不仅仅是在俄罗斯，还有对他们在立陶宛和爱沙尼亚逮捕作家的情况。偶尔我们也能成功为个别作家争取到出境签证，还有在他们迫害犹太人的问题上，我们也没有松懈。所以，在1967年，当苏尔科夫带着一脸笑容，笨重地走进我在莫斯科的酒店房间的时候，我决定了一点：如果有一天他们加入了国际笔会，他们在这里所做的事情要与我们的想法一致。

我和几个对当局不满的苏维埃作家保持着友谊，也因此了解到了他们对笔会的看法：国际笔会是西方一个令人激动的窗口，而其中有非常现实的好处，比如他们的作品更有机会被翻译成欧洲其他国家的语言，而不像之前那样被翻译的苏联文学作品寥寥无几；此外，一旦苏联加入笔会，他们可以和西方的作家一道保护自己这个集体，也可以争取更多的言论自由，他们的作家恐怕也不会那么轻易地就失踪了。对于苏尔科夫和当局来说，加入笔会可以在西方确立他们的威信，这可能是苏联当时最需要的事情。但无论他们因为什么样的原因加入笔会，苏尔科夫应该有足够的智慧认识到笔会的宗旨是不会因此改变的；如果他仍然希望成为笔会的一部分，也没有人会反对。现在我终于要知道他在布莱德语义含糊提起的"改变"究竟是指什么。

和苏尔科夫一起走进我房间的还有一位金发教授，他会讲俄语和英文，硕大的身材和待人的态度就像是北欧的海盗，或一头刚从笼子里逃出来的真正的俄国熊，只是他极为奉承。我已经忘了他的名字，不过在我的脑子里我一直叫他纳特。几杯伏特加下肚之后，他和苏尔科夫瘫坐在椅子上；有那么几分钟，我们的话题居然又回到了天气上，特别是对比各地不同的气温，从新西伯利亚一直说到费城。最后，苏尔科夫断然说道："苏维埃作家希望加入国际笔会。"听上去，这是最终的决定了。

我是在做梦吗？想象不论是来自莫斯科、列宁格勒或是雅尔塔，或是其他六十多个国家的作家们可以在苏维埃联盟或其他国家自由旅行，难道这样的日子指日可待了？这场景不断在我眼前闪现，以及它有可能对我们时代造就的道德和政治壁垒带来的冲击，对无处不在的无知的人们的冲击。当我们两边都能容许自由展示心中真正的恐惧——我们谦卑地决定回到从前，从头再来一次，以弄清楚如何在不断变化和毁灭的进程中生存；在因恐惧而脆弱的境况下，我们可以再次把人的感受放在首位，而不是最后考虑的因素——这样的日子现在在哪里呢？

"没有比这更让我高兴的了，"我说，"我们所有的人都欢迎你们加入国际笔会。"笔会终于像一道光照进了这个国家。

"我们有一个问题，"苏尔科夫说，"当然这很容易解决。"

"什么问题？"

"国际笔会的章程。我们必须对它做一些修改。不过很容易完成。"

纳特很快地进行了翻译。尽管他身形巨大，我几乎已经忘记了他的存在。谈话开始的时候，也就是我们谈论天气热身的时候，我只是随口问他是否到访过美国，他就开始长篇大论抱怨那些年轻作家，没写出什么东西，比如叶夫图申科和沃兹涅先斯基，随手写上几行无聊的句子，就被国内外的评论家捧上了天，还有机会到处飞来飞去；而许多教授努力工作了一辈子，是各自领域的尖子，却不为人知，也从来没有机会拜访其他地方。同样的蛀虫占据着学术界的重要位置，在哪里都一样，这也是我希望笔会能够避免的一个普遍问题，因此我们更需要加强相互之间的认同感，还有幽默感。当时我希望与他们和好，决定对任何事情都看其好的一面。越南正在遭受轰炸，我们也在那里屠杀自己人，而我需要所有我能够找到的希望。

"你考虑进行什么样的修改？"我问。我猜想可能是选举投票问题。不过，他说是其他的问题，他的眼睛一直盯着地毯。我的想象开始卷曲变形，就像被烧着了的纸张。我记忆中有关笔会宗旨的文章总共是四篇短文，每一篇都是同一个主题的变奏——作家的权利是受到保护的，他有权利表达他的观点而不受到政府或其他机构的审查；同样，其他笔会成员有义务支持他，反对国内或国外的任何文字审查。对这么清晰的反复表述，苏尔科夫想改变什么呢？

"先别担心这个，"强壮的前坦克手对我说，"我们会参加下一届代表大会，到时我们再进行讨论。"

"等一等。"我打断他，并尽量保持微笑。真是不可思议，他的种种行为像是在暗示我和他之间有某种默契，或者说我最终会成为他手中的工具。还能是什么呢——某种愤怒的情绪忽然涌上来，我需要费心邀请他们加入笔会吗？它当然无法削弱苏维埃的审查制度！我全部的希望都消失得一干二净，只是出于纯粹的好奇心，我问："你考虑进行什么样的修改？"

"我们可以下一次在笔会代表大会上讨论这个问题。"

"很好，不过你必须明白，在笔会章程这件事情上，我们必须先……"

"噢，好，米勒，你就可以对它进行修改。"他从座椅扶手上朝我俯下身来，对我世故地眨了眨眼睛。我心里咯噔一声，仿佛听到了断头台上的咔嚓声。

"我？"

"如果你同意，他们会照办的。这全都取决于你。"

"哦，这真是恭维，但是你不明白——他们必须对每一项改变进行投票。"

"如果是你的主意就不需要，米勒。如果你告诉他们怎么做……"

"可你必须说清楚，你具体想改变什么？"

"章程里有些条款苏维埃作家不能接受。那不可能。"

当然。一切都很简单：他们永远也不会同意取消苏维埃政府的文字审查制度，更别说与这一制度进行抗争；我毫无疑问是完全在笔会的章程控制之下的，正如苏维埃组织领导人被他们的章程控制一样。现在，他们试图说服我，要我帮助他们取消章程中的言论自由的部分。而他们所看中的无非是国际笔会在西方的声望；笔会刚刚修订的新章程无疑会继续鼓励言论自由，但他们却要将它变形为某种正当的理由，这还可以被解释为一个国际通行的理由，来约束他们自己的作家。

八十年代，这一幕再次在我脑中浮现，当时联合国教科文组织提议一项新的媒体"宪章"，其中规定记者不能批评政府，违反者将被吊销记者证。当然，在六十年代，我还无法遭遇这类恐怖事件，但我意识到苏尔科夫以苏联成为国际笔会成员作为条件，实际上是试图阉割笔会。

"请不要再说了，我不希望它成为一桩丑闻。"我警告他。我感到异常疲惫而且愤怒，只希望他赶快离开。他脸上祖父般的笑容消失了。"如果你这么想，这将会让整件事倒退一大步。"他并没有问我是怎么想的，这很明显。"就让事情到这一步吧，不然我们之间会产生新的冲突。或许未来什么时候我们可以一起讨论一些大家都支持的事情。不过，我喜欢章程目前所持的立场，我不愿意让你觉得我会帮助你对它进行修改。"

布丁膨胀起来但又迅速地冷却下去了。房门在他们身后关上，我又是独自一人，变得非常焦躁。他们的意思是要用一些作家的"责任"来取代笔会章程——我可以想见这一点——"作家是热爱和平的力量"，这样他们可以控制笔会代表的投票资格。我禁不住继续想道：苏尔科夫也可能是要把苏维埃的所谓"纪律"强加给笔会，把苏联老套的政府控制作家的政策传播给经历过文艺复兴和启蒙运动的西方？简言之，难道整个加入笔会的行动仅仅是一场带着伪装的进攻？

短短几分钟内，苏尔科夫教给了我很多东西。最为遗憾的是，尽管我对这件事从一开始就不无怀疑，但苏联的作家们依然希望我可以把谈判进行下去，他们渴望政策上出现奇迹，他们坚持说无论有多么奇怪的阻力，我必须更勇敢面对。

不过，当我最终意识到，这个世界实际上是反对苏尔科夫的，我的焦虑消失了。对自由的渴望深植于人类内心，他那一套必然要失败。

我再次肯定了自己的想法，却又开始担忧，不仅仅是担忧俄国。针对非美活动调查委员会的一些尖锐问题重新浮现在我脑海中。当然，美国人民会用选票让他们失去权利，而苏联人民没有这个权利，但是，为什么美国的民主制度不停地制造出这样的一些人——他们无法明了利用手中巨大的民主权利来排挤政治异见人士也是违反法律的？

难道这是场永无休止的战争吗？

美国人权法案所体现的奇迹般的理性忽然变得让人难以置信，看上去像是出自虚拟的人类大脑。美国再一次彻底地令我感动——那真是个迷人的地方，那些令人惊叹的思想。

我前面提过，我所有的作品里几乎都有个律师——我从未意识到这一点，直到一位学者写信向我指出。在我担任笔会主席四年的时间，以及我参与赖利案件的许多个月里，我开始清楚地认识到，对我来说法律才是最终的社会现实这一观点，正如物理定律是科学的基础一样——它是对秩序、对理智和公正的最终诉求。从某个基本层面来说，法律就是上帝的想法。

不过，我潜意识最深处的这一思考直到我笔会主席的任期结束很久之后才戏剧化地变得异常清晰起来，那是1978年，我和英格第一次访问中国。我们在那里碰到的第一个人就是一位侨居中国的美国左派律师，他在北京担任翻译超过二十五年了。面对"文化大革命"的结束，他正努力调整自己，不仅仅是对神秘的当下和未知的将来，而且非常有必要去面对几乎被彻底破坏的法律观念本身。

我以为我从美国媒体和美国共产主义的同情者那里已经得到了相当多的关于中国的信息，可是我还是感到惊奇。我们遇到一个又一个作家，我问起他们的创作近况，他们的回答几乎一样："我还没有准备重新开始写作——太久没写了。"为什么这么久没写东西？为什么他们所有人的情形都一样？这太令人费解了。

当然，我对中国的记忆源自三十年代埃德加·斯诺对长征的描绘，还有革命的英雄主义，而从那以后的中国现实生活从来没有进入我的视野。我们在中国的第一个星期，见到了二十几个作家、舞台电影导演、演员以及艺术家，他们不是被送进监狱，就是被发配到边远省份喂猪、种稻子，有些人甚至在那里待了十二年之久。许多人因为饱受折磨而失去了妻子或丈夫，而有着同样经历的人还有很多。

实际上，我们在火车上巧遇一位会说英语的中国人，他简单地向我们介绍了他的情况。1949 年他滞留在了康涅狄格，美国政府一直禁止他回国，直到将近三十年后的现在他才回来。这位物理学教授回到中国，并决定重新建立北京大学的物理系。

我们不敢相信北京大学没有物理系，可当时的情况就是这样。

教授悲哀地说："十年前红卫兵把系里的教师都遣散了。"

"我正四处奔走，希望找到几个原来的老教师，他们都被降了职，我看看是否能找到他们重新组建物理系。"而当时整个中国仅仅有二十五万大学生——可能比曼哈顿岛的大学生人数还要少，需要花上一些时间才能让事情走上轨道。"当然，这些人所掌握的物理学知识已经很陈旧了。中国在一些领域比世界落后了十年、二十年，甚至三十年……"

西方人对这段灾难的报道依然很糟糕，我在《遭遇中国》这篇文章里讲述了我和那位美国律师在他北京住宅里的一段对话。我问他是否考虑过修订任何法律措施，保证将来不会出现因为自我野心膨胀导致过度狂热。在回答这个问题时他的确有些局促，但他还是认为没有必要修订法律。他说："共产党知道必须做些什么来使类似的事情永远不会再发生。"

我对他的感觉很复杂。我们都在尽力保护我们精神上的选择，他几乎在中国度过了他的一生，这里应该是已经消灭了阶级差别，并且人人平等，所以到了现在他只能说——"所谓的独立司法体系意味着共产党政权有可能带来不公正；但是党本身就是人民群众，它不可能自己压迫自己，因此也没有必要有律师或是西方概念中一个独立的专门体系来保护无辜者。"

1983年，我重新来到中国，北京人民艺术剧院要排演我的《推销员之死》。我站在人艺大楼外的空地上，旁边是导演和演员英若诚，我的威利。他指着某处告诉我，十多年前的某一天，一群红卫兵让剧院的几十名演员排着队来观看他们批斗六十多岁的老舍。老舍写过许多剧本和小说（包括四十年代在美国获得成功的《骆驼祥子》）。红卫兵对老舍拳打脚踢，还把他称作资产阶级反革命分子。后来一名警察介入了此事，他假装逮捕了这个牛鬼蛇神作家，随后把他带到一个路口，放了他。第二天早上，人们在一个很浅的池塘边发现了老舍的尸体。他的遗孀认为，那些人把他的头硬按在水里，导致他死亡，因为他的鞋子还是干的。不过其他人相信，他是在极度绝望中结束了自己的生命。

* * *

记忆不断重叠，就像岩石上的地质岩层，深层的岩层有时候浮向表面，然后再次滑入岩石深处。

英格和我离开戈尔巴乔夫的会议前往伦敦，我的两部作品正在那里排演，皇家莎士比亚剧院将在巴比肯艺术中心上演《大主教的天花板》，彼得·伍德导演的《美国时钟》则会在国家大剧院上演。尽管撒切尔政府大量削减了对艺术的资助，可依靠政府津贴运作的英国剧院依然生存下来了，并保持着对艺术的执着和冒险精神，这和纽约戏剧界在金钱至上阴影下，每个人都半疯癫的紧张状况截然不同。国家大剧院排演的《美国时钟》有爵士乐队现场演奏，还有可观的群众演员在必要时出现在舞台上（这在百老汇恐怕就需要五十万美元）。排练时间非常有限，这反而使他们担心演出成败的忐忑感觉消失了，也让艺术家们在面对广大英国观众时有一个心理上的空间去想象和放松，而不仅仅是一些蒙昧的观众盲目追赶潮流。艺术家在舞台上完全放松忘我的时候，往往也是观众完全被剧情打动的时刻。而且，他们的审美愉悦得到满足，他们才会再次掏钱买票。

完成《美国时钟》已经有十几年了，我感到在伍德的版本中，他把我最初的动机做了些修正，这让我快乐中又有些失落。就像之前不止一次发生过的那样，我从未有幸和美国的观众一起充分感受到放松，特别是以戏剧形式表现政治心理主题的作品，而挑战往往发生在英国剧院。我曾经描述这部戏是一幅"壁画"，展现了美国社会在大萧条时期的群像，但是在百老汇，戏中社会所代表的东西已经死亡。在《大主教的天花板》当中，我不得不放弃了我最初的构想，而对剧本重新修订，这就是美国的剧场的恐怖现实。当然，像往常一样，我最终只能责怪自己，也体会到了绝望的孤单，最终说服自己对剧本最初的史诗性的动机进行修改，变得更为个性化，更集中体现整个社会的崩溃。

这两部戏在英国上演时，所使用的剧本还是最初没有遭到侵蚀的版本，就像刚从我的书桌上走下来似的。它们努力试着抓住我对七十年代生活的感受——我们拥有了一切，但却更加失落了——一个整体的人类的概念，私人的心理感受与社会政治结合在了一起。换句话说吧，我希望把我们放置在历史之中，展示我们真实的处境。《美国时钟》描述社会崩溃的客观事实；《大主教的天花板》的剧情基石是真正的解放。在当时，艺术界普遍弥漫着散漫、滑稽、讽刺嘲弄的超现实主义的风气；但是，第一次世界大战之后延续下来的反叛精神被削弱了，只是在形式上更为别致，形成了对生活疯狂表象的一种快乐自然主义的报道，却失去了道德的内核。简要地说，它仅仅是要避免与人类的命运正面交锋，而我们的命运总是充满着悲剧；如果剔除社会背景，它也总像是随时准备陷入痛苦。我们开始赞美和庆贺那些单纯脱节的场景。这其实与我们以往打碎再重新组合的做法是截然不同的，我们的目的是重新建立一个全新的艺术整体性，来展示不同的生活现实。我们的超现实主义是经过伪装的自然主义，而自然主义一直以来都无法反映我们正在做的事情以及我们为什么这样做。

不过我头脑中的艺术整体这个概念在戏剧界遭到怀疑。什么时候什么地点这个概念会出现，它的功效更像是为审美带来更多异域色彩。比如，阿索尔·富加德*作品中强烈、偏激的想象和对社会的责任，如果戏剧发生的地点换成是纽瓦克、费城或是哈莱姆区，百老汇的观众恐怕就很难有强烈的共鸣了，因为缺少了距离产生的浪漫感觉，还面临激起人们对种族问题的愤怒的危险——美国的观众，也和世界上大部分人一样，能够从旁观者的角度坦然赞美一些事情，一旦涉及自身，是绝不会那么潇洒的。

差不多二十年前，彼得·伍德曾在伦敦执导过我的另一部作品《维希事件》，那时候他还相当年轻。现在他在国家剧院有了自己的演

---

* Athol Fugard（1932— ），南非剧作家、演员及导演。

出剧团，和艺术家们有非常亲密的联系。他没有盲目地一头扎进《美国时钟》的排练，而是首先问我，我感觉应该如何处理这个剧本，不管怎样它在百老汇的演出是个失败（更准确地说，在剧目上演的头几天剧场里差不多是满座的，但之后制作人手里却没有一分钱可以用来做宣传，也就没有人知道它的存在了，这就是百老汇残忍空虚的地方）。

伍德的问题把我带回了我对这个剧本的最初设想。我告诉他，最终它应该是史诗式的，就像一幅大型壁画。在绘画中，我认为壁画是充分地将个人与广大的社会或者宗教背景主体调和在一起的形式——毕加索的《格尔尼卡》、里维拉或奥罗兹科*的壁画，或者更具主体性的希罗尼穆斯·博斯†的作品以及不计其数的宗教绘画。这些作品通常的情景是圣母、耶稣，旁边被几个圣徒围绕着，画家会运用他的赞助者、他的朋友或是敌人，甚至是画家自己的面孔来描绘画中的人物，整幅画作充满宗教中复活或是救赎的主题。你只有上前仔细辨认，才能发现这些个人肖像，因为相对于宏大的教诲性的主题来说，人物是次要的甚至可以忽略的细节，主题才是清晰和不加掩饰的。从表演上来说，这出剧应该要有杂耍表演那种临场发挥的自如，一种面带微笑的活泼式表演，但其本质却是嘲讽，特别是当问题涉及美国文明是否也和世界其他文明一样有它的时间性——时钟滴答作响，最终会把它带入衰落甚至死亡。这当然是从大萧条时代就开始的问题，直到第二次世界大战，用战争的方式将失业人口问题一下子解决了。

---

* Diego Rivera（1886—1957），墨西哥著名画家，二十世纪最负盛名的壁画家之一，被誉为"墨西哥壁画之父"。Jose Clemente Orozco（1883—1949），墨西哥画家。他与迭戈·里维拉一起，以壁画创作带动了墨西哥艺术的复兴。

† Hieronymus Bosch（1450—1516），荷兰画家，被誉为超现实主义的启蒙画家。

我说："在戏的结尾，除了广大的社会和人类的悲剧，我们应该感到一种美国即兴力量的重新觉醒，它近乎崇高的信念，相信一切问题都会也一定会得到解决。简单地说，就是能感到民主的能量。不过它最终是否能侥幸生存下来则始终是一个悬而未决的问题，在空气中回荡。"

这两出戏在美国被视为微不足道并竭力回避上演的作品；但在伦敦的演出，观众摩肩接踵——《美国时钟》后来被转移到国家剧院中最大的奥利弗剧场演出，并在后来获得奥利弗戏剧奖的最佳戏剧提名。更为重要的是，评论界对这部戏的反响很不一致，不过在英国，没有一个评论家拥有足够的权力可以让一部戏彻底闭幕。几个月之后，国家剧院上演了《桥头眺望》，由艾伦·雅克伯恩导演，迈克尔·冈本扮演艾迪·卡波恩（这出戏后来挪到了西区剧场）。这也意味着我的三部作品同时在伦敦上演，而过去三十年间，对这三部作品，纽约评论界要么加以指责要么漠视不理。

或许这可以让采访我的人停止追问诸如我在七十年代都做了什么这样的问题了，转而去了解一下是否相当数量的美国有价值的戏剧作品被纽约唯一的一份掌握戏剧生死大权的报纸以及完全没有远见的（如果不是完全不负责任的话）剧院管理部门给谋杀了。是的，这当中的确有些人获得了最大的利润，有小部分人甚至成了大富翁，而代价是整个戏剧界的大部分剧场苟延残喘奄奄一息。

基于美国人缺乏一种真正从过去延续的意识，我想，我们是一个没有戏剧文化的国家。我只是其中一个个案，许多年里我的戏剧出现在世界十几个国家的舞台上，但却没有在纽约上演过。所以，当乔治·斯科特的《推销员之死》在纽约上演，托尼·洛·比安科在百老汇制作了《桥头眺望》，然后达斯廷·霍夫曼再次主演了《推销员之死》，理查德·基利主演的《都是我的儿子》，还有其他一些我的主要作品接连在全国许多大城市的舞台上重新上演，人们认为我似乎是获得了"重生"，实际上却是我自己的国家对我一直视而不见。

　　某些偶然的痛苦事情也提醒我们自己所处的状况。1986年皇家莎士比亚剧院上演《大主教的天花板》，为了扮演亚德里安，这个在剧中占四分之一戏份的角色，演员罗杰·阿兰姆推辞了在当时最火爆的剧目《悲惨世界》中主演探长沙威的机会，因为他说他已经主演了六十多场《悲惨世界》，而演出我的戏在他的事业中更有挑战性，他也没有觉得做这个决定需要非凡的勇气。这才是戏剧文化的意义。而在纽约，甚至没有演员拥有足够的安全感去梦想自己做出这类的事情。类似的事情在药品文化中也有体现，在那里几十名研究人员和医师使用不同的途径研究同样的药品，相互竞争谁的方法更完美、更具生产性，他们也相互学习和受到启发。不用说，大多数的研究小组不会取得任何进展，不过，如果没有其他的研究和犯过的错误，显然不可能产生最终的成果。问题并不在于美国戏剧界没有伟大戏剧的位置，而是他们不支持优秀的作品，也没有能够带来杰出作品的土壤。

　　现在看来，我总是在两个剧场之间挣扎，一个是真实存在的剧场，一个是虚构的剧场。八十年代初，我创作一出长剧时，理想的剧场出现了。这部戏由两个独幕剧组成，其中，上半部是《献给一位女士的哀歌》——是它激发我尝试创作出一部多视角的剧本——两个人物都有各自的视角，再加上第三个，也就是整部戏的视角，作品中没有第一人称的角度，像是一段中立的经验。剧本讲述一个男人走进一家精品店，想为他垂死的爱人挑选一件礼物。女店员被他无法决定哪件礼物更适合的为难情绪打动了，因为在他看来，她展示给他的每件物品要么会唤起他的爱人对生命即将逝去的痛苦，要么会让他受到责备，因为他从未将两人的关系公开。有些时刻，那名女店员似乎变成了他垂死的爱人。整出戏笼罩在死亡之树的阴影之下。我觉得，这就像是埃舍尔绘画中的情景，水流向山顶方向，对普通人的眼睛不断寻找引力是公然的挑战。同时，它也是个提醒，让我们意识到自己的头脑是如何对生活进行"客观"创造的。

我亲自导演了《献给一位女士的哀歌》，是在纽黑文一家小剧院——长码头剧院——上演的，两个独幕剧一起演出。另一个独幕剧是《某种爱情故事》，关于一个小镇上上了年纪的私家侦探的故事。他受一个女人诱骗而接了宗案子。那女人看上去既理想化地献身要洗刷一个男人的清白，又可能暗示这个男人是有罪的。她半是妓女半是挑战侦探一直遵循的道德与公正，当然也让他濒临消失的性功能得以恢复。在两部独幕剧中，客观世界都逐渐变得暗淡而遥远，现实似乎全部或部分地按照剧中人物希望的那样组成，剩下的是他们需要独自作出决定，但他们都痛苦地意识到这些决定不过是基于幻觉以及欲望的驱使。

在接下来的几年里，我被某种时间紧迫的感觉挤压着，变得越来越深入地从我的经验中吸收东西——有些时候，已经被埋葬的一些经验忽然奔涌而出，冲到最表层，引起我的关注，也折射出新意。我试着在《危险：记忆！》这部戏中探索这个过程，尤其是在其中《克拉拉》这个部分。这是八十年代写就的一出戏，同样是由两部独幕剧组成。《克拉拉》的故事充满暴力冲击，主人公艾伯特·克罗尔在女儿纽约的办公室兼住宅里发现了她的尸体，并在侦办案子的警探询问他之前就崩溃了。在寻找杀害他女儿的凶手的过程中，他女儿这个人物不可避免地成为了事件的中心。克罗尔发现他不得不面对女儿身上的理想主义，因为她坚持要和那些被释放的犯人一起工作，并希望自己可以让他们过一种有意义的生活，而现在看来这是造成她最终被杀害的导火线。很可能，杀人犯就是这些人当中的一个，他的女儿和这个人坠入了情网，尽管她清楚这个人因为谋杀他的前女友坐过监狱，而克罗尔没有能够成功阻止这段关系。

很显然，在女儿克拉拉成长过程中，克罗尔将自己身上的理想主义教给了她。他活得很体面，甚至可以说很有勇气，本能地要成为对别人有用的人。他是那种惠特曼会称为自己人的"民主信仰者"。但是在过去二十年里，克罗尔有了变化，变得像其他人一样，作为建筑公司里的低层管理者，他必须否认企业里的种种黑暗。这不意味着他变成了坏人，只是他的理想沉沦了，同时沉沦的还有他年轻时的希望和对人性的信仰。

但是在他女儿死亡的充满血腥的房间里，他再次遭遇理想主义。他是必须否认它，深怀罪恶感以及懊悔地认为自己不应该误导了女儿；还是，无论发生什么，他应该肯定理想主义以及他之前对人性的信仰，有效地保持自己身上最美好的部分，接受女儿死去的悲剧，并依然坚信这一切都是值得的？剧本的结尾是他肯定了这一点；从女儿的悲剧中他重新发现了自己，也隐约看见价值观破碎的悲剧，他再也无法否认这一点。

有四十多年在纽约写剧本的经验，对于没有人理解艾伯特·克罗尔这个人物，我一点也不觉得奇怪。能够看懂这部戏的只有几名被称为二流的剧评家，还有一些电视评论员和为伦敦报纸供稿的英国剧评人。尽管那些重要剧评人完全无法理解剧本，甚至连剧情也弄不清楚，但在林肯中心的纽豪斯剧场观众依然是人潮汹涌。很明显，克罗尔在舞台上带给观众一些第二次世界大战之后几十年的历史经验，但我们从未对此加以注意。无论如何，受《克拉拉》的影响，我前所未有地接到许多年轻剧作家的来信；这出戏的确是根植在纽约，而那是在纽约媒体根本不了解的土地上。我从未收到过如此激动人心的表白，让我觉得所有的努力都是值得的。这些剧作家非常理解，我几乎放弃了所有的戏剧手段，除了那个侦探和克罗尔这两个主要人物的声音——这现实主义的活生生的声音，反对不道德的精神，超越了得失，也体现了生命中的死亡和死亡中的生命。

上帝的内心深处是个喜剧演员，他喜欢让我们发笑。

1978年，比利时国家剧院院长杰奎斯·休斯曼斯得知我在巴黎后，坚持邀请我前往布鲁塞尔参加《萨勒姆的女巫》上演二十五周年的庆祝活动，就是在他的剧院，这部戏在欧洲举行了首演。靠近法国和比利时交界处时，我发现我把护照落在了巴黎，不过，我还是被好心又热爱戏剧的海关官员放行了。和所有模范欧洲人一样，英格不能理解我为什么竟能把护照忘了；而我却深受震动，此次文件处理得如此轻而易举，这与二十五年前国务院不容许我离开美国时形成了多么强烈的对比呀！

美国驻比利时领事馆为我举行了欢迎酒会，总领事很自然地对我说，我和英格在比利时逗留期间，他们可以提供任何服务；我于是问他是否可以在一天之内帮我补办一本新护照，因为第二天晚上我们就要前往德国。他表示很高兴可以帮我这个忙，而且护照在第二天一早就可以办好。以他们的程序看，的确是不同寻常的速度。

第二天，我走进领事馆的接待室，十几名正在工作的男女职员都转过身，向我鼓掌。我惊呆了，差点儿笑出来，赶忙向他们致谢；可就在那一刻，记忆把我带回到1953年的某一天，我在蒙特·克里夫特的陪同下前去纽约市中心重续护照，以便我可以赶得上就在此地——比利时布鲁塞尔——举行的《萨勒姆的女巫》首演。我记起在那个星期的晚些时候，护照办事处的主任露丝·史普利女士拒绝了我的申请。此刻，露丝·史普利女士在哪里？而我就站在这里，这些美国使馆官员在为我鼓掌，《萨勒姆的女巫》还活着，并依然在上演。

总领事走出来，问我们是否可以到他的办公室聊几分钟。他面带微笑，说希望向我解释一下，他为了这本超速度的护照所做的特别努力。他个子很高，大约五十岁，坐在一张长条桌子后面，身后是一面美国国旗。比利时灰暗的光线正透过挂着窗帘的巨大窗户照进来——他开始讲述他的故事。

　　在麦卡锡年代，他也曾经与国务院方面发生过一些冲突。实际上，他曾被国务院解雇，最后是通过诉讼才重新得到了工作。因为整个诉讼过程非常昂贵，迫使他不得不把家里的房子抵押了出去，一家人艰苦度日，在被政府解雇六年之后才得到一份像样的职务。

　　不过，对于为什么把他从外交部门撤换下来，政府一直拒绝给他任何解释。终于，他千方百计获得了召开内部听证会的机会，这才了解到事情的真相。在外交部，他的第一个任命是被派驻开罗。作为年轻的未婚男子，他曾和外交部另一名年轻官员住同一套公寓。后来人们发现那名男子是个同性恋，这就意味着总领事本身也是个同性恋。事实上，正是外交部提供给他这份可同住的公寓名单，不过，这一点完全没有作为证据被提出过，当然在乔·麦卡锡和罗伊·科恩控制时期的国务院是不会这样做的。罗伊本身是一位没有公开身份的同性恋，但他们却像对着月球般大声嚷叫要在国务院反对"变态分子"。

　　当时负责内部听证会的官员是格雷厄姆·马丁，他是强硬的极右翼派人物，后来成了美国驻南越的最后一任大使，也是他监督着西贡大使馆仓皇撤离。当时负责安全的官员是斯科特·麦克劳德，他是总领事的敌人。马丁转向麦克劳德问道，这是否是你所有的证据，来证明他是不可靠的。麦克劳德肯定地回答说：是。于是，马丁当场签署命令，恢复总领事原职，将工资补发给他，还外加利息。

　　我们握手告别，总领事脸上带着愉快的笑容。他说："我只是想，你可能愿意知道我为什么对帮你加急办理护照这件事情特别热心。"我不由得感喟长寿还是有好处的。

浮华是盲目的雏形，它充满光和不协调的色彩，但什么都不确定。这很像彩虹，只能在抬头的瞬间看见，一旦你走近，它便消失在了远方。

我的父亲却正相反，他年纪越大越受到浮华的冲击。他喜欢在我的剧目上演的时候站在剧院前面，时不时踱进售票亭和那里的人们谈谈票房。他会问我："你怎么知道他们算给你的提成是对的？"的确，我怎么知道？

1962年，我和玛丽莲离婚后，她让我父亲陪同她出席了在麦迪森广场花园举办的约翰·肯尼迪生日晚会。我父亲对在那场晚会上留下的一张新闻图片视若珍宝：玛丽莲仰头开心地笑着站在一边，而肯尼迪正和我父亲握手，同样哈哈大笑，一脸的纯真和快乐，我能肯定这是我父亲一生中的惊喜之一。我当时没有发现在此后他的余生，大约四年的时间里，他花了相当可观的时间在报纸的花边新闻和娱乐专栏中找寻自己的名字，直到有一天他伤感地问我——他那时大约八十岁了——"是我看上去像你，还是你看上去像我？"

问题很严肃。我回答说："我觉得是我看上去像你。"他似乎很喜欢我的回答。

这多么奇怪啊——不只是我要和他竞争，而是他也要和我竞争。这让我稍微有些失望，事实上对我来说这是个信号，直到现在他的一部分对我来说依然掩藏在神秘之中。

我父亲是个典型的美国人，看待任何事物都带着竞争的眼光。我们曾经有一只长耳朵的猎狗叫雨果，它体积巨大，无法控制大小便，同时还很懒散，它站立起来的劲头儿活像是某个参议员刚打了吨儿醒过来似的。家里有个已经破烂的玩偶，它便经常无缘无故地抓住玩偶，把它抛起来，然后对着它大吼大叫。它一遍又一遍地玩这个把戏，直到自己精疲力竭重新回到慵懒闲散的状态，趴在那里一只耳朵耷拉下来遮住眼睛。我父亲却带着些惊异看着雨果反复无常的行动，嘴里说着："噢……每个人都有胜过他人的地方。"

在他的晚年，我父亲住在长岛的一个养老院里，他常常坐在走廊上，戴着皱巴巴的白布帽子眺望大海，在长时间的沉默间歇偶然也说上几句话。"你知道，有时候我看见远处有个小黑点，然后它变得越来越大，最后变成了一条船。"我还要向他解释地球是个球体之类的知识。八十多年来，他从没有时间坐下来看看大海。他曾经雇着几百号人，每天制作上万件大衣运往全美国的城市和乡村，而到了最后他望着大海，带着欣喜的口吻说："哦，原来地球是圆的。"

1966 年我父亲去世的那天，恰好是我要在纽约举行的国际笔会代表大会开幕式上讲话的同一天。五年前我母亲去世时，我只是感到震惊和哀伤，我望向躺在棺木中的她，忽然听到米勒拉比的声音传过来——我们没有亲戚关系，他年纪也已经很大了，还驼着背。我还很年轻时就和他相识了，不过上一次见到他是在二十多年前参加的另一个葬礼上——我很惊讶，他的声音里有种单纯清澈的柔和的感觉，他近乎欢喜地镇定，因为他真的相信是他把她送走了。我想象着我母亲变成一名年轻的女性躺在棺椁里，泪水忽然涌上眼睛——她总是对她的孩子们的人生有所期待，她为他们骄傲，却唯独没有她自己。我希望我能够更自由地表达我对她的爱，但是我成了她受挫的理想的化身，这限制了我的感情尽情释放。我们的关系还没有结束，她去得太早了。

尽管我父亲去世，我还是决定完成我在国际笔会的讲话；似乎是用了某种我不熟悉的方法，我居然做到了，我自己也感到惊讶。不过让我感到鼓舞的是，正是这次代表大会让我清晰地意识到笔会获得了新生；当时是春天，我所见过的纽约最完美的春天。不仅仅因为世界上许多最伟大的作家前来参加大会，而且他们展示出非常严肃的态度来处理具体的事物，最为重要的是捍卫文化。在我的经历中，这是第一次人们的问题不再围绕着简单的左或是右。冷战还远远没有结束，不过有各自不同政治信仰的作家们却达成了惊人的一致，他们拒绝将大会降低到单纯相互抨击的水准，而是就各自社会当中作家和出版界的状况进行了非常丰富的交流。

小说家瓦列里·塔尔西斯站在了台上，他不久之前才离开苏联，在那里他因为一部作品被投入精神病院受尽折磨。他在发言中表示，冷战没有什么作用，他要求西方用原子弹轰炸苏联。与会者一下子被他的发言惊呆了。作为笔会主席，我发言谴责了他的言论，我说无论是他演讲的内容还是他对笔会宗旨的践踏都是不能容忍的，台下两边的支持者对此衷心地报以掌声。反共流亡作家中心也迅速而强有力地对他的发言予以批评。还是在英格巴黎寓所初次见到卡佛的时候，我就朦胧地希望我们有一天能够采取类似的措施，这才是真正的生活而非日程表上乏味的意识形态争斗。

我认为代表大会上最令人鼓舞并真正起作用的是一项并没有列入日程的活动，那是在拉丁美洲作家圈里发生的事情。我注意到他们在走廊上围成一团，或是在正式会议的时候坐在会议厅的后面激动地用西班牙语相互耳语，他们相互拥抱，像是新结识的朋友。他们中许多人住得不过相距几百英里，但从来没有钱旅行，而现在在纽约他们第一次碰面了；美国笔会中心专门成立了一个基金，给他们提供经费。

因为翻译家勒维斯·加朗蒂耶尔*和律师朱尔斯·艾萨克斯——仅仅是着迷于作家们的疯狂言行而花大量时间帮助笔会——的共同努力，

---

* Lewis Galantiere，法国作家圣埃克苏佩里小说在美国的译者。

美国国务院放宽了对所谓"政治上不受欢迎的人士"的签证限制（当时这个名单并不包括前纳粹分子），真正诚恳的拉丁美洲的代表作家才得以出席这次会议（里面不包括古巴作家，他们假装收到邀请的时间太迟，所以不能出席，而之后又莫名其妙地设计来攻击聂鲁达，指责他向帝国主义投降——这是对他荣誉的攻击，聂鲁达后来的回忆录证实，他一辈子都没有原谅他们）。

我建议我们就地召开一场特殊的关于拉丁美洲作家的小型代表大会，他们迅速聚集在格拉梅西公园酒店的公共大厅里，显得非常兴奋。当时，拉丁美洲文学的大爆炸尚未在美国和欧洲意识中引爆，不过人们可以感觉到对于未来他们有着贪婪的渴望，尽管来自不同的国家，社会生存状况也迥然不同，但看上去他们都期待着分享彼此。从中间立场的秘鲁作家马里奥·略萨到阿根廷右翼作家维多利亚·奥坎普*，再到墨西哥左派作家卡洛斯·富恩特斯，他们向我展示了一幅拉丁美洲文学视角的全景式画卷，即团结、富有活力又充满希望，对此我一直深信不疑。简而言之，文学必须反映当下人们的生活，自然就会暗含对摧毁他人生活的不公正事物的谴责。笔会代表大会的主题是"拥有独立精神的作家"，这很自然地引发出一个问题：是做一个"纯粹"的作家还是做一个"有责任感"的作家，或者用富恩特斯的话来说，是做马拉美还是狄更斯。不过，这一区别在拉丁美洲文学界并没有意义（我认为在美国文学界也同样没有意义），无论是聂鲁达还是博尔赫斯、卡彭铁尔，还是阿斯图里亚斯、奥克塔维奥·帕斯，还是科塔萨尔，他们都因为社会使命感而对人类的精神生活和自由发展贡献了同样的力量。两天前，我在笔会开幕式的发言中，曾不经意地从不同的角度提到同样的想法：我

们彼此宽容的基础在于"我们都认识到，人们在不同国家的生存状态是完全不同的"，因此每个人必须对作家和文学提出更深刻更广泛的问题，而任何政治方程式在此都不适用。为了说明这一点，我举了个例子，再次提及我在伦敦的国际日纪念活动中产生的想法：我们需要不断提醒自己，全世界还有几百名作家依然被关押在监狱里。

就是在这次大会上，我确信国际笔会已经成为世界文学界的良心。实际上，我必须稍微克制下我的自豪情绪，因为我认识到正是美国作家们以我们伟大的不可救药的理想主义热情想到了这个主意，这才有可能将它付诸实现。如果说国际笔会曾经是个无关紧要的文学俱乐部，那它再也不是了。

眼前这个充斥着不同观点的会议已经给世界带来了新的启示。聂鲁达是拉丁美洲诗坛的中坚力量，在三十年代，正是阅读他的作品让我对拉丁美洲文学有了更深的了解。他得知为了让他进入美国，我们需要专门为他申请特别签证，这使他在他抵达伊始，就对美国带着些抵触的情绪。不过他很快被淹没在各种朗诵邀请当中，他在纽约 92 街举办了两次朗诵会，此外还进行了商业的朗诵录音。在位于第五大道下面的道波和波恩书店里，他驻足了几个小时，买了店里所有惠特曼创作的和关于惠特曼的书，还买了莎士比亚的十四行诗。他打开一本书朗读时，双眉扬起，看上去就像只丛林鸟———一只圆脑袋的巨型鹦鹉。尽管反对我们的拉丁美洲政策，但他对纽约和美国的热情是非常明显的。

我和英格陪他在格林威治村漫步，此时我却比任何时候都更加困惑：一个拥有完全开放精神的人怎么会继续支持斯大林主义？我唯一能想到的是，对资产阶级社会的深深的隔绝态度，将一个男人禁锢在对三十年代理想苏联的某种误读，甚至近乎宗教般的忠诚之中，对他来说，承认那个国家真正的现实让他感到羞耻。当然，再加上美国的外交政策是如此系统地支持右翼独裁者，导致本土孤立的反对派们除了苏联式的国家就没有其他的模式可以去支持了。

在笔会代表大会召开期间，我收到不少电报，其中一封来自伦敦，声称尼日利亚作家沃莱·索因卡正面临被处死的危险，而我对这位作家一无所知。很显然索因卡置个人安危于不顾，希望在可怕的内战中充当调停者的角色，让叛乱的比夫拉地区和尼日利亚政府人士进行沟通。我是否应该赶快给戈翁将军发个信息，请他赦免索因卡？戈翁不久后就成为获胜的尼日利亚政府军首脑。

大卫·卡佛在伦敦认识个名叫戴维斯的英国商人，他正要启程前往尼日利亚，可以帮我捎封信给将军。戈翁看了我的署名，带着几分疑惑问戴维斯，我是否是那个和玛丽莲结过婚的作家？在得到肯定的答复后，他下令将索因卡放了。玛丽莲如果知道这件事该会多么高兴啊！

另外一名作家费尔南多·阿拉巴尔被佛朗哥政府流放，目前住在巴黎。他返回马德里去观看自己的一部戏，并且犯了个错误，在给别人签名时写上了与佛朗哥名字谐音的双关语脏话。因为藐视当时的军政权，他有可能被判处几年徒刑，不过就在宣判之前我接到了他朋友给我发来的电报，说负责此案的法官是个戏剧迷，如果我肯出面，可能会对法官的裁定产生影响。我的剧作比如《推销员之死》在马德里上演了很长时间。最后，我的电报说服了他，阿拉巴尔是西班牙最为重要的剧作家，也是我非常喜欢的年轻剧作家。于是，法官容许才华卓著的阿拉巴尔离开西班牙，只是要他保证再也不会回来。

于是，我开始有目的地使用我的名气——比如在立陶宛、南非、捷克斯洛伐克、拉丁美洲国家、苏联、朝鲜，还有在美国多个负责审查教材的学校局，例如在伊利诺伊和得克萨斯等地方。现在，国际笔会已成为一股善良正义的力量，正如它的始创者梦想它有朝一日可以成为的那样。

用了三天的时间，我们出门爬上对面的山坡，把水桶里的数百株树苗种植在那里。终于，在其他人的帮助下，我们总共种了六千棵树苗。我用一把扁平的铲子挖出树坑，英格小心地把树苗栽进里面。英格当时正怀孕，不过很难看出来，她在生产镇痛前四个小时还在布鲁克林海军船坞的一架起重机上拍照。时光流逝是绝对的，英格此刻充满对人生神圣时刻的尊重和喜悦，这是她从她的故乡带来的。二十五年之后，我们当年种下的只及脚踝的树苗长成了浓密的树林，它们高达六十英尺，树干比电线杆还要粗。丽贝卡已经是个年轻女子，她是画家也是演员；她的哥哥罗伯特在加利福尼亚从事电影业；她的姐姐简擅长织布，同时也是位忙碌的雕塑家的妻子。我还听到有人叫我"爷爷"，我有了三个孙辈的孩子：一个三岁的女孩、一个十岁的男孩，以及一个十五岁的女孩，都是鲍勃的孩子。

不可否认我对这个称呼有些抗拒——我的天，我的人生几乎还没有开始呢！这些小人儿在我的膝盖上做什么呢？还不停地可爱地重复着这可怕的称呼。他们如此自信地想象着我是他们的爷爷。这也让我疑惑我把自己想象成了谁。

接着，习惯之后的喜悦开始蔓延，我甚至也在电话里说——"喂！我是爷爷"——就像我不是模仿他人，在愚蠢地显示自己的生殖成果。

生活还是不断有惊吓，只是中间似乎隔了些距离。最近镇上居民在附近高中召开大会，讨论核冻结的问题。人们纷纷站起来发表意见，而且总是先自报家门，再告诉大家他们在这个地方居住的时间："我叫约翰·史密斯，我在这里住了七年。"听上去像是在这里居住的年份会增加他们发言的权威性。除了一位年轻女士，她的家族从1860年就定居此地了，其他人在这里居住时间最长的是十二年。我稍微有些不情愿地宣布说，我在这里住了四十年了。人们纷纷转过头来。我是个老男人。好吧，可是我究竟是谁？

我生命中几乎一半以上的时间都住在康涅狄格乡下地区，在那里我总是期待手上的剧本或书能够赶快完成，以便有更多的时间住在城市里，一切事情都正在那里发生。想到我是这里四十多年的临时居民，不禁觉得滑稽。只要我们不相互残杀，人类可以是地球上美好而幽默的物种。当我知道即使这里发生的少数一些事件也与我无关，我的满足感开始下降；除了太阳每天升起又落下，新叶发芽然后又凋零，还有就是偶尔发生的怪事，比如最近树林里有郊狼出现。他们说，现在从加拿大延绵而下的森林面积甚至比林肯年轻时代还要广大，因为许多农场逐渐被荒废掉了。人们曾经在这一带发现过奇怪的黑熊，它们是从北部漫游而来，现在则是这些郊狼。我没有见过它们。它们脸上有种固定的自鸣得意的笑容，像是刚刚偷了些什么。另外，它们会模仿狗，却不会被错认为是狗，因为它们的眼睛——狗在几千年前被驯化后，已经失去了那种算计和自我防御般不信任的眼神。

郊狼就在那片树林里，诚恳地经营着自己的生活，尽可能生出更多的小郊狼。它们当然不知道这是我的树林。现在，我在这个房间里，黄昏时分从窗口望出去，可以看见它们警惕地穿过冬天光秃秃的树丛，而我，想来也在做着它们正在做的事——营营役役地谋生并警惕后面要陷害我的人。此时此刻，我不知道我拥有的这片土地究竟是谁的，甚至不知道我睡的那张床是谁的。黑暗中，它们看见我房间的灯光和我的踌躇，它们嗅嗅鼻子，疑惑我在这间小木屋的灯光下究竟在做什么。我对它们来说是个谜，直到它们失去了好奇心，继续自己的日子。但事实——最根本的事实——可能是，我们都是相互关联并互相凝视着的，甚至包括那些树木。

后　记

　　阿瑟·米勒形容其自传是一部先发制人的传记，在他还活着的时候完成，不给那些想给他挑毛病的传记作者机会发挥。尽管他在写作之初挺惶恐，像一位将军般保护自己免受攻击，但在写作过程中，他说，越来越享受和自己聊天，享受和那些不仅对自己也对亲历者而言真切的旧日时光相处。他觉得，美国人喜欢把自己当成亚当，生而为了重新命名世界。他问自己，大萧条和法西斯主义，对那些在他们眼里不过是个词语甚至是没那么熟的词语的人来说，到底意味着什么？他的写作因此有社会和政治的意义，可不止简单的自卫。

　　对他来说，大萧条的一个奇怪之处是它从来没有削弱美国人的乐观主义，那种对进步、科技、创新的信心。它合法化了激进主义，这种激进主义甚至影响到了白宫，使得白宫在这个世纪剩下的时间都在设法驶出其泥淖，在《阿瑟·米勒自传》出版后的几年里，眼见着新政倒退，社会和环境保护的原则被肆意践踏，他变得更加绝望。他看着政治体系落进了那些以十九世纪自由主义的眼光对待未来的右翼手里，他们心怀一种帝国的姿态，虽然他们否认任何自由和防御之外的驱动。"9·11"带给他的震惊不亚于任何一个人——飞机袭击时，他的女儿丽贝卡正在曼哈顿街头——但他憎恨那些扩张的权力，那些人以保卫国家的名义，捍卫他们所坚持的价值观免受攻击。他沮丧地看着教会和国家走得越来越近，自由放任的政治大获全胜。他觉得这就像一个新的镀金时代，一家又一家公司在腐败的迷宫中倒闭，简直不会让他感到惊讶。

大萧条的重要性在于，它上了关于人类必需品的一课，正如它上的关于因果关系那一课。对米勒来说，过去依靠记忆存在于现在，但理解过去不仅仅是一种怀旧经验，或抱憾于逝去的天真。他在剧本中不断回到过去，因为历史的教训，也因为那是个提醒，历史是人类构建的，人在其中要承担的责任比其产物更大。他在《自传》和剧本中不厌其烦地反复诉说，可不是普鲁斯特式的随机押韵练习。这是对连接和连续性的坚持。他坚信，作为个体也好，作为社会也好，我们是由自己制造出来的，这是我们的荣耀，也是我们的耻辱。从《都是我的儿子》到《完成那部电影》，他戏剧化处理了他的信念——我们要对自己的行为负责。他的自传，不论描述他的成功与失败，走错的与坚持的，在道德上都同样严格。

《自传》中没写到的，他承认，首先是在布鲁克林长大的他，对运动的热爱一度与性欲的急剧膨胀纠缠在一起，但性似乎从来与爱无关，这挺另类——他在 1995 年八十岁时回顾当初写下《自传》那个七十岁的自己时，已经能够正视这个问题了。

《自传》没写的，还有《圣经》和影响过他但从未指引他的宗教。在生命的最后一年，他甚至还出现在一档电视节目中谈论无神论，那种时刻，其他人至少会务实地试试和上帝妥协，但他始终没能让自己真正信过。在他心底信仰的，除了艺术，就是人类，他不断试炼，几近失败，但拒绝投降，拒绝向流行的绝望情绪低头。

再就是流行音乐，他也没怎么谈到流行音乐，除了提及他曾短暂尝试做一名歌手。这部分没写进来，或许是因为在辛纳屈、克罗斯比和埃拉·菲茨杰拉德的时代之后，他感觉摇滚乐枯燥、用力与乏味，他也对那些歌手绝望了，他们轻而易举地从不诚恳的流行情歌切换到广告歌。最后，八十岁之后，看上去，他终于把自己变成了一个脾气糟糕的老头儿，看不懂年轻人，但他的耳朵对不断变化的语言还是那么敏感，他记录了文化中的每一次变化，变化过去是，并且永远是绝对必要的。

其他没写到的东西，还有他和梦露关系里的情色细节，他担心营销书和买书的人会寻找这些细节。实际上，看到有一版封面提案用了她的照片，他曾经非常生气，他在选择报纸刊发的书摘时也小心翼翼，他担心对美国白雪公主生活细节的渴望，会让他俩生活的真相都变形。他知道，她的传奇拥有折射光的能量。

现在回想，他在时代的转折点出版了《自传》。仿佛在强调他对被遗忘的大萧条的观点，那年股市崩盘，经济下行，正如纽约证券交易所主席描述的，那是他经历的距离崩溃最近的事。冷战也进入结束倒计时。1989 年 11 月，柏林墙被推倒，但他是对统一的德国持怀疑态度的人之一，因为他永远忘不了曾经强大的德意志民族对他的同类所做之事。他早年的生活笼罩在法西斯的阴影下，他害怕它卷土重来。两年之后的 1991 年，第一次海湾战争爆发，这场战争的暴烈程度让他震惊，尽管第二次海湾战争没那么暴烈，但其借口之伪善，让他出离愤怒。也是在 1991 年，泛美航空倒闭，这事儿虽小，但足够写进《彼得斯先生的社会关系》，作为那个曾经坚固的世界烟消云散的象征。

他一直对世界大事感兴趣，尽管不断被震惊，他可不只是待在康涅狄格的家里观察。他不是那种关起门来搞创作、不闻不问窗外事的作家。他和纳尔逊·曼德拉、菲德尔·卡斯特罗都当面聊过，更早之前还和戈尔巴乔夫聊过，同时还在《纽约时报》对开版写评论，质问那些不尊重弱势群体的政策和价值观，在他看来，这是对他心中那个值得骄傲的美国的侮辱。实际上，他是一个爱国者，虽然不是那种挥舞国旗、支持某种帝国姿态的所谓爱国者。他非常认真地看待美国对公民的承诺，也因此，在这份承诺被持续破坏时备感错愕。

他作为公民尽职参与，他相信自己有提出反对意见的义务。与此同时，他在 1990 年代和新世纪的剧本，从《驶下摩根山》到《复活蓝调》，都是对现实的回应，他认为应该开展关于价值观念的全民论辩。对他来说，戏剧不是，并且从来都不是对现实世界的逃避，而是与现实的短兵相接。他的剧本既幽默又深刻严肃，都来自他对文化变迁的记录，他对那些生活缺乏超越性的人的细致观察，他们已经不知道从哪里找到那些东西，因此相信自己和自己的欲望是最重要的，物质世界代表人性意义极限。

到 1987 年，米勒无论如何都可以确信他已经成就了自己的事业。少有作家拥有如此长的职业生涯。全世界从来没有一天不在上演他的剧本。对他来说，在俄罗斯、以色列、匈牙利或者英国的大剧院有多个剧本同时演出，稀松平常。在莫斯科，他曾经一天里看了三场演出。在美国国内，他 1940 年代和 1950 年代的剧本在学校里进入课堂。他已经写了五十多年，时距他的剧本在百老汇首次上演已有四十三年，那部剧是一场灾难，随后《都是我的儿子》登上舞台，宣告了这位将在十年的大部分时间里主宰美国戏剧界的人的到来，接着是一段备受关注的婚姻，以及只创作了《不合时宜的人》的九年。至少在美国的背景中，他不得不适应某种漠视，仿佛他已经超越了所在的时代。

《危险：记忆！》收到的评论不好，《来自天堂》，即《创世记》的音乐剧版，即便在克利夫兰短暂上映，也没有什么反响，更别提在纽约了。甚至他制作的电影《差不多每个人都赢了》，即改编版的"某种爱情故事"（《双面镜》的其中一部分，这部剧更早时叫《2，am》），也难懂且让人失望。

听起来，这都足以让他的职业生涯注定成为未完成的交响乐。但挺奇怪，他仍被尊奉为美国文化生活的标志人物。他的剧本被清出大使馆图书馆——当众议院非美活动调查委员会派出他们愚蠢而没文化的团队出国后——但这些书依然立在全国的公立图书馆书架上。早期作品依旧定期发行。沉寂的是他后来的作品，再也没有引起关注。更奇怪的是，他在美国之外的名气变得比任何时候都大，每一个新剧本都被热情追捧，通常是由大公司的导演和演员接手。可即使当他努力把作品带回纽约，在小剧院上演，也只能看着他们遭遇批评，越演越少。

1988年，他在《纽约时报》发表了一篇为尤金·奥尼尔书信集写的评论。1930年代，他没在奥尼尔身上看到什么意义。那会儿他更关注克利福德·奥德茨表达的政治和社会愤怒。然而，1947年，他的《都是我的儿子》击败《送冰的人来了》，拿下纽约剧评人协会奖，让他挺尴尬。现在，他发现了一个志趣相投的人。这么说吧，毕竟，这个人的悲剧视野已经跟美国现实主义格格不入，他选择在海外制作他最后的剧本。田纳西·威廉斯似乎也遭受了同样的漠视。随着欧洲戏剧和美国先锋派被追捧，至少在一段时间内，米勒的命运和其他美国剧作家类似。

这种漠视，以及别的情绪，集中在他的新剧本上，它们上演的时间太短了，很难得到全国范围的关注。即使是这本在国际上大获成功的自传，在他自己的国家也从未登上过畅销书榜单，甚至还遭到了不肯接受他的人强烈批评，见不得他青春时期的承诺几十年后还有回响。《新共和》发表了一篇批评，那期封面上有幅夸张的漫画，米勒说那幅画"卑鄙"。《名利场》和《评论》也参与进来，后者长期怀着敌意，就像《戏剧》杂志的理查德·吉尔曼一样。先后执教于耶鲁与哈佛的罗伯特·布鲁斯坦在蔑视和无视之间摇摆。如果说有未来有迹可循，那么显然，米勒没有驾驭它。他觉得那两部收录于1987年《危险：记忆！》的独幕剧剧本被粗暴对待了。后来的剧本，要么没上演，要么被潦草应付，有些时候不再上演并不是因为没有观众反馈，而是因为百老汇霸道的运作方式。1994年的《碎玻璃》，在票全数售罄的情况下仍只上演了两个月，尽管观众并没有用全价买票。《最后的扬基》只上演了十三场。在1998年，因为觉得广告预算不够，帕特里克·斯图尔特在演出结束后站在舞台上，呼吁观众向朋友们介绍《驶下摩根山》。这一举动激怒了制作人。在许多方面，米勒的和百老汇的命运被紧紧地捆绑在一起，即便百老汇长期不接纳米勒和大部分严肃作家，他仍将其视为天然归宿，直到剧本在英格兰或地区性的剧院被认可。

和《自传》的反响不同，埃利亚·卡赞的自传出版后，因其坦诚获得好评，尽管他们对有些事情的描述存在显著差异。在米勒看来，卡赞这样广为人知的好色之徒，是一个不惜牺牲别人来服务自己好莱坞生涯的实用主义者，他的自传则是放大版的自辩。他是《驶下摩根山》里莱曼·费尔特的原型，这个剧本他写了好几年，并且一度曾想把它变成小说。费尔特是一个有很高天赋、有魅力、有爱的能力的男人。但他不正派，他相信自己的直觉，把背叛拔高到道德准则。除了描述一部分卡赞的肖像，米勒还在回应社会的变化——自我被置于关注的焦点。

阿瑟·米勒不从上帝那里寻求安慰，他觉得上帝总是在人需要他的时候缺席。但这也不意味着他没有信仰。他坚持认为，并且在《堕落之后》中明确指出，是人类制造了他所谴责的缺席的上帝。如果说存在一种模式、一种形状、一种规则，那么这个东西不会是他曾经相信的那样，是被正统观念或意识形态赋予的。它不会存在于一系列偶然事件中，而是在头脑和想象中，它们为无形之物赋形，因此才有艺术的力量和意义。这并没有排除道德，道德律不是形而上学的产物，而是他更愿意称之为人类良善的概念的产物。

他懂得犹太人的世界观，即一切都可能被清空。如同他在《自传》里解释的，他眼看着美国人在1929年认清了这是社会现实，但他认为，其中的危险远比人们以为的可怕。他参观集中营，还在法兰克福出席奥斯威辛集中营警卫的审判，他在这两件事中发现，那层将十足的混乱区隔开来的纸是多么脆弱，这种犹太人的经历遗产将成为所有人的经历遗产。他看到偶尔出现的反犹主义复苏，认识到作为犹太人并不是一个选择。有个挺有趣的角度，在他的文章中，犹太人有时候是"他们"，有时候是"我们"，仿佛他既想拥抱又想疏离那个从儿时起就被灌输的身份。

1948年，麦迪逊广场花园庆祝新州成立的集会，他不但参加了，还是其中作主题发言的人之一。

当安德烈·葛罗米柯抵达华尔道夫饭店以示苏联的支持时，他在现场。他虽然不是一个虔诚的犹太人，但他说，一个连妓女都是犹太人的祖国的想法，颇具吸引力。后来的几年，他既高兴又失望地看这个国家自我实现，挺过攻击，但它也开始像其他国家一样行事，有时对别国的苦难无动于衷。他在抗议上签名，为巴勒斯坦人受到的待遇哀叹，1988年，他写了一首诗纪念以色列建国五十年，诗里混杂了尊敬、理解、困惑和背叛，这都是他在过去这些年感觉到的。

紧密的犹太社群里有些东西很有吸引力，虽然他抗拒属于某种特定状态——与更广大社群保持距离，觉得那是另一种形式的湮灭。他没有按照宗教规范结婚，第一任妻子就如此。在他们这么做的年代，不只对他们而言，宗教似乎已无关紧要。那会儿重要的是激进政治。即便遭遇不可承受的打击，他也再也没有回到教会的怀抱。青少年时代他曾经短暂地试图在宗教中寻找意义，却被拒之门外，那些人没有意识到他的信仰（或者至少说是他的需求）。挺讽刺，梦露为了嫁给他要搞个皈依仪式（这种皈依没有比如何烹饪必要的犹太食物走得更远），而他自己的认同也不过是尊重犹太文化传统，以及在一个从未停止讨论国家认同的国家对陷入困境的身份的认识。他认同的，除了他既想敞开怀抱又想推远的温情，他确实感受到了一种强大的不确定性和威胁，尤其是因为纳粹对人性的揭示并未因其表面上的失败而被否定。

米勒的作品有一种紧迫感，这种紧迫感超过了他从萨勒姆驱车回来的路上，听到主播复述为了保护自己不惜牺牲别人的埃利亚·卡赞提供的名单时的感受（虽然米勒从未怀疑过，错误并不在那些默从的人，而在那些非法要求别人默从的人）。这种紧迫感来自这样的事实，即不管对个体还是对国家——以及更大层面上的一般人性——沙漏里的沙总是流动得既快又真。如果说需要定义、创造以及拥抱意义，时间是非常有限的。威利·洛曼只有二十四小时。约翰·普洛克托的世界，只有一秒钟。

米勒自传的副标题挺传统，"一部传记"，但这里涉及的人生，不单是米勒自己的，也不单是一代人的，甚至不是他始终与之互动的文化的。这是人类的传记，在自毁的倾向和无私的能力之间，不断地律动。在他的时间穿梭之旅中，他不仅试图解释自己和自己的行为，还试图解释一段不断感到失望但又不得不重新参与的历史。

自传出版时，阿瑟·米勒已经七十二岁了。他承认，写完这本书，就像走到生命尽头。第一次，他真实地感觉到衰老。毕竟他已经有了孙辈，而且还会有越来越多的孙辈，顺便提一句，他能从他们那里不断地获得快乐。他的世界似乎越来越内转，"自我十年"*已经让位于一

---

* Me decade，美国作家汤姆·沃尔夫于 1976 年提出的一个说法，描述了 1970 年代美国人的一种普遍的新态度，即原子化的个人主义和远离社群主义，与 1960 年代在美国盛行的社会价值观形成明显对比。——译注

个贪婪似乎被神圣化的十年，奥利弗·诺思这样的人成为民族英雄，他向伊朗出售武器以资助尼加拉瓜的反政府游击队，而只有那些与新的实用主义格格不入的人才认为这种行为可耻，对于这群人来说，爱国主义不只是意味着伪装成责任的权宜之计。

对米勒来说，主要缺少的是过去的政治热情，被大萧条、西班牙内战、第二次世界大战、越南战争、冷战时期反核运动激发的热情。似乎存在普遍的道德和政治的无力感。他被不断深化的保守主义排斥。里根、福特、布什，以及短暂出现的（当布什被送去医院的时刻）丹·奎尔，看上去都预示着美国世纪的衰亡。战前自由主义的瓦解在加剧，取而代之的是傲慢的美国霸权主张。在米勒看来，克林顿性骚扰标志着右派攻击左派的一个新阶段，左派变得萎靡不振，忙于防守，他们对广泛传播和讨论性丑闻行为的精确细节的坚持，让他想起了清教徒，他们对女性身体的道德冒犯与色欲融合在一起。挺讽刺，米勒发现自己和莫妮卡·莱温斯基出现在同一期《60分钟》新闻节目中，还有些欣赏这位世纪之交的交际花。1999年最高法院对选举的判决对他来说，标志着政治信仰的最终衰落。

他的朋友也在不断离开。身份多变的耶日·科辛斯基，就像梅尔维尔笔下那个花样百变的骗子一样，不断变化身份，直至用自杀结束这个游戏*；亚历克斯·诺思，为《推销员之死》作曲，他与卡赞断交；约瑟夫·劳，米勒出席非美调查委员会听证的代理律师，他在米勒就藐视国会的判决上诉中再次代理，米勒认为他是他认识的人里最令人印象深刻以及最诚实的；桑迪·考尔德，雕塑师以及罗克斯伯里的邻居（也是《我什么都不记得》中一个角色的原型）。再往后是罗伯特·怀特黑德，米勒许多部戏剧的制作人。最后是卡赞，在别人袖手

----

* 指梅尔维尔的小说《骗子：他的伪装》（1857年）中的主人公。——译注

旁观的时候，他支持卡赞获得 1999 年奥斯卡奖，他知道卡赞是自己最好的导演，即使他们之间的信任已经破裂。对米勒来说，他们每一个人的离去，都是他在现实世界中一部分自我的消失。毕竟，还有谁能做他人生的见证人呢?

在米勒 1998 年的剧本《彼得斯先生的社会关系》中，他呈现了一个男人的人生，这个人的成就已成往事，友人凋零，生命中那些重要的东西都不复存在。那些曾经熟悉的事物现在变得陌生，那些离开的人在某种程度上变得比那些还活着的人更生动。他承认，这个剧本在某种程度上是自画像，也是他对他所感知的世界的表达，这个世界缺乏目标，没有方向，唯一的例外是它在朝着原教旨主义和部落主义倒退，这一感知他在他 1994 年的剧本《碎片》中也抓住过，剧本设定在 1938 年的水晶之夜，指向的却是当代的黑暗。这个剧本排练的时候，南斯拉夫正在陷入民族主义的泥淖。

实事求是地说，他的写作中有一种能量，掩盖了对看似衰落的权力和世界的描述，这种能量与他不时的沮丧也并不一致。有一股强大的能量在涌向相反的方向。1987 年是他最有创作力的时期。1990 年代，他创作了《驶下摩根山》和小说《朴实女孩》《最后的扬基》《碎片》，《萨勒姆的女巫》的电影版在美丽的马萨诸塞的霍格岛拍摄，他还创作了《彼得斯先生的社会关系》《差不多每个人都赢了》。千禧年开始，则是电影版的《聚焦》和另外两个剧本:《复活蓝调》和《完成那部电影》，以及在短篇小说领域的突然爆发。复排版《桥头眺望》获 1998年一项托尼奖，复排版《推销员之死》则收获四项托尼奖，而且还为他带来了托尼奖终身成就奖。2001 年，英国国家剧院出品的《都是我的儿子》获得了四项奥利弗奖。换句话说，他的能量和意义还没有过时，老树还能开出新花。在他的职业生涯中，他从未上演过这么多戏剧，有这么多剧本被拍成电影，这么多故事被出版。

他可能会对新作品的接受程度感到失望，但他已经到了对作品的信心不会受到批评影响的阶段。此外，在英国，《自传》出版后他又红了一遍。布里斯托尔老维克剧团和皇家莎士比亚剧团都排演了《大主教的天花板》，采用了他的原始剧本进行排演，而不是华盛顿的肯尼迪中心上演的那个版本，在美国上演时他被说服对其进行简化，为了让市场更容易接受。1987年，BBC播出了《黄金年代》，这是1939年短暂受雇于联邦戏剧项目时开始写的，差不多是五十年前了。米勒在开车去布里斯托尔做《自传》读书分享会的路上，听了最初的反应。当他从舞台下来后，他不得不通过酒吧离开大楼，没看他的分享的人正在那里喝酒。他们主动热烈鼓掌，这种行为在英国酒客里可并不常见。

更重要的是，同年在国家剧院上演的《桥头眺望》是一部充满活力的作品，迈克尔·冈邦扮演的埃迪·卡博恩极富说服力，他总是很专注，当米勒在中场休息走过舞台时，冈邦威风凛凛来回踱步的动作从不会变形。之后，新维克剧团出品了由他改编的《人民公敌》（主演是汤姆·威尔金森，还转到西区剧院上演，这令米勒感到非常高兴，剧院当时的所有者是右派政治家、畅销书作家，后来名誉扫地的杰弗里·亚瑟），还有他与鲍勃·佩克和海伦·米伦合作的《双面镜》。

1989年，阿瑟·米勒美国研究中心在英格兰诺威奇的东安格利亚大学成立，开幕当天举行了作家、导演和演员的高阶研讨会，米勒剧本的盛大演出，以及带烟火表演的欢庆晚宴，是夜，火光照耀诺曼·福斯特塞恩斯伯里中心四十英尺窗户外的夜空。再往后一年，米勒首部失败的剧本《吉星高照的男人》，最终被布里斯托尔老维克剧团排演的版本拯救了，之后又去伦敦上演，同时，国家剧院制作的《堕落之后》由黑人演员乔塞特·西蒙出演玛吉一角，这是一个有意识的尝试，试图在米勒对他与玛丽莲·梦露婚姻破裂的描述之外，再探索更多东西。

与此同时，他的作品在东欧和中欧也受到欢迎。1988年，他的三个剧本在布达佩斯上演。1990年，有三个剧本在莫斯科上演。1991年，他的四个剧本在特拉维夫上演。1995年，有二十七个他的戏剧制作版本在德国上演。不论美国怎么看他，他都是剧本被排演次数最多的剧作家，英国国家剧院上演他剧本的次数比任何剧作家都多，唯一的例外是莎士比亚。与这些剧作多少有关，他频繁出游，有时候还会参加彩排，比如他甚至在斯德哥尔摩版《推销员之死》担任导演，他遗憾没有更频繁地这么做。

到了世纪末，钟摆又摆动回来了。1998年，纽约签名剧院上演了整整一季他的剧本，包括《彼得斯先生的社会关系》的首演。1999年，古德曼剧院制作的《推销员之死》进入百老汇，成为城中炙手可热的演出。千禧年之后，《萨勒姆的女巫》迎来惊人的复排，还有两部新剧也在美国开演。虽然它们都没有抵达米勒心里的最终目的地百老汇，但美国似乎终于接受了他们这位被世界其他国家赞美了半个世纪的作家。

多年来，国际和美国国内给了他各种奖，经常是他没听过的奖项，而且还附带现金奖励，这让他明确意识到，虽然他曾为了上学，为了让自己的剧本被接受而努力生存，但他现在不再需要钱了。这些奖项中包括西班牙的阿斯图里亚斯亲王奖和以色列的耶路撒冷奖。他抓住这两个奖项颁奖礼的机会表达政治态度。作为一个年轻人，西班牙对他来说太重要了，以至于他不得不在获奖感言中提及内战，而耶路撒冷奖则集中了他对以色列的复杂感情。

阿瑟·米勒在1987年结束了《自传》的创作。他在书的最后写道，从加拿大来的郊狼在康涅狄格的山岭奔跑，冷眼俯视，却没注意到住在旧农舍的那个男人；他每天都去一个小木屋，在那里，用他自己的话说，在满意中书写那个不让人满意的世界。在此之前的段落中，他回顾了和英格一起在山上种树的日子，当时她怀着丽贝卡。不久之后，当他拍电影版《萨勒姆的女巫》时，这个孩子会遇见她未来的丈夫丹尼尔·戴·刘易斯。对米勒来说，时间如潮水般涨落，也正是这潮水把真相与虚构冲刷到一起，相克相生，能量既向前也向后涌动。记忆是在场的真相，就像《推销员之死》里的威利·洛曼，像《彼得斯先生的社会关系》中的彼得斯先生，两个人都回首自己的一生，重新审视那些被忽略的线索，那些以前没有被探究过其意义的时刻。他的书不仅试图记录生活的细节，而且似乎是逻辑清晰地朝着某个目的地展开（死亡毕竟不是目的地，只不过是在提醒人们确证它的紧迫性）。这部自传是想记录不断变化的经验的努力，想听见回声，想理解那些顿悟般突然降临的时刻。

2005 年 2 月，他回到康涅狄格的家中，在那里等待死亡的来临。他花了两个多小时从他生来享有特权的曼哈顿来到这里，一路上看着这种特权慢慢消失。还是个孩子的时候，他从公寓楼的屋顶往下放萤火虫，看着它们随着下落，光芒渐弱。现在，他选择他康涅狄格的家，作为生命之光熄灭之地。英格的骨灰已经存放在附近（她在 2002 年 1 月 30 日去世），用一块普通的黑色石头作标记，就在他们家的路边，仿佛本来就该这么放着。她的骨灰盒是她那雕塑家女婿汤姆设计的。在这条路不远的地方，在新英格兰湿热的夏天以及凛冽的冬天里，米勒写下了他大部分剧本。

2005 年 2 月 10 日，米勒去世，英国全国发行的报纸《独立报》清空头版所有新闻，只刊发了一件事——一位剧作家之死。在罗克斯伯里三千五百英里之外，人们驻足片刻，看到了这个男人的死讯：他曾经拿起一本俄国小说在地铁上读，并觉得有一天他也能成为一名作家，后来他做到了，甚至还做了更多，他为那些需要帮助的人说话，挑战那些想让他参与罪恶共谋的人。现在，他躺在了他某一天坐下来动笔写的剧本的不远处，在那个剧本里，他写了一位生命还剩二十四小时的推销员，他的梦想总是不对，但他抓住了世界上百万人的心，半个世纪以来都如此。

克里斯托弗·比格斯比

2005 年 6 月

（苏菲　译）

Arthur Miller

TIMEBENDS: A LIFE

Copyright © 1987, 1995 by Arthur Miller

图字：09－2021－902 号

图书在版编目（CIP）数据

文学的一生：阿瑟·米勒自传 /（美）阿瑟·米勒
（Arthur Miller）著；蓝玲，林倍加，梁彦译 . —上海：
上海译文出版社，2024.4
　　书名原文：Timebends：A Life
　　ISBN 978－7－5327－9443－0

　　Ⅰ.①文… Ⅱ.①阿… ②蓝… ③林… ④梁… Ⅲ.
①米勒（Miller, Arthur 1915－2005）—自传 Ⅳ.
① K837.125.6

中国国家版本馆 CIP 数据核字（2024）第 042092 号

文学的一生： 阿瑟·米勒自传 Timebends: A life	Arthur Miller ［美］阿瑟·米勒 著 蓝 玲 林倍加 梁 彦 译	出版统筹 赵武平 责任编辑 陈飞雪 装帧设计 胡 枫

上海译文出版社有限公司出版、发行
网址：www.yiwen.com.cn
201101　上海市闵行区号景路 159 弄 B 座
上海颛辉印刷厂有限公司印刷

开本 890×1240　1/32　印张 22.75　插页 2　字数 513,000
2024 年 4 月第 1 版　2024 年 4 月第 1 次印刷

ISBN 978－7－5327－9443－0/K·325
定价：118.00 元